镰刀与城市
以上海为例的死亡社会史研究

Scythe and the City
A Social History of Death in Shanghai

[法] 安克强 (Christian Henriot) 著
刘 喆 译

上海社会科学院出版社
SHANGHAI ACADEMY OF SOCIAL SCIENCES PRESS

中文版序

　　研究死亡对历史学家来说为什么重要？因为死亡在历史研究中比比皆是。除非是考察更接近现在的时期，历史学家研究过去，主要是同那些永远消失在历史长河里的社会角色打交道。说到底，历史学家始终在同死亡打交道。历史学著作中不时遭遇死亡——战争、叛乱、谋杀、刺杀、行刑、自裁、疾病、瘟疫、饥荒等诸多事件，给历史学领域留下一地尸体。但是，这些都是死亡的具象表达，是实实在在的个体或集体的死亡。这无关死亡本身，而关乎一个社会在历史上如何构建对死亡的感知和表征，关乎怎样处置那些死者。

　　许多读者可能会觉得死亡不是个讨喜的话题。的确，死亡会唤醒对不安瞬间的记忆，譬如亲近之人的离世，但最重要的是，死亡对于任何人都是不确定和无可避免的。死亡是不可知的人类存在状态，无论科学还是宗教都改变不了这一宿命，不过两者都以各自的方式为慰藉我们尽了份力。科学改善我们的健康，延长我们的寿命；而宗教就生死的意义提供给我们一系列关于灵魂的信念。本书并不传达诸如此类的抽象理念，而是探索作为社会经历的死亡，即中国城市社会如何自我组织和应对日常生活中持续存在且增长中的死亡人口。

　　死亡不仅事关个体。它关乎作为一个整体的社会如何界定概念、规则和习俗——如何超度亡灵的仪式，它们构成对待死者的个人信念和处置标准。根植于遥远的过去，中国文化展现了非常丰富的殡葬习俗。这些习俗坚持一条不动底线（如土葬），同时允许跨空间（地区差异）、跨时间（从晚清至20世纪60年代早期）的不同适应性做法。譬如在上海，这座城市集中了全中国，乃至全世界的人。据1935年的记载，超过52个国家的人来到上海。因而，各种信仰汇聚于上海，也各自有一套殡葬礼仪和专用墓地。

　　本书试图阐述死亡在近现代中国城市社会中的意义，以上海为考察背景，借助文献说明一个多世纪来，死亡对个人、私人及公共机构，乃至商业的意义。

尽管农村的丧葬流程和习俗势必发生了改变，但在城市，特别是上海这样的大都市，巨大人口带来同样巨大的死亡人口，对于丧葬必然需要特殊形式的组织及社会和文化上的适应性做法。充沛的史料使上海成为考察这些变化的绝佳切入点。

我数年前写作此书时，把死亡作为历史研究对象的中文著作尚未问世。这完全不令人惊讶，因为在我自己对上海的死亡研究中，就已发现中国社会设计了精巧的社会脚本，如姿势仪式、规则等，与死亡保持距离，以保护生者不受影响，或更糟糕的情况——不被死亡吞没。近现代中国城市社会对死亡有一种特殊的敏感，即便时至今日仍敬而远之。在我写这篇中文版序，搜寻以死亡为主题的中文参考文献时，我逐渐意识到中国史学家尚未涉足此领域，以至于我无功而返。但我希望出版这本书的中文版能引发学界对这一话题的兴趣。中国死亡史应该有它的"菲利浦·阿利埃斯"（Philippe Aries）。

手稿完成时，我没太想好起什么书名。我犹豫的不只是什么标题能最好地概括这本书的内容，而是展现自己想研究这个主题的学术根源。前言部分，我论述了我从研究史料中的视觉文献转为研究发生在上海的死亡的过程。其中既有机遇也有时机。当然，我对中日战争时期的研究工作让我得以仔细审视上海这座城市面对的死亡问题。20世纪20年代晚期到20世纪30年代，战争多次席卷上海。1937年，日军在上海发起了毁灭性的进攻，不仅大量士兵阵亡，也有许许多多市民丧生。但从某种角度来说，这些特殊死者和数量巨大的死亡人口多少掩盖了更多普通人的正常死亡。然而，从过去的市政当局和城市组织（行会、慈善团体）获取到的丰富档案却反映了很不一样的情况。这可谓真正的认知觉醒。

我最初想给这本书取名"Death in Shanghai"。这个名字简单明了，却是我通过文献和影像一瞥这座城市里发生的死亡所产生的深深共鸣。当我漫步于冷酷的史料，卢基诺·维斯康蒂（Luchino Visconti）的名作《魂断威尼斯》（Death in Venice）里的画面闪现在了我的脑海中。电影自1971年上映以来，我看过很多遍。维斯康蒂的电影故事发生在一座深陷霍乱疫情的城市，而近现代上海也曾遭受数次严重的霍乱疫情。我着迷于《魂断威尼斯》（Death in Venice）还有更深的原因。这部电影使我回想起同一时期我在读的一部小说，加缪的《鼠疫》，至今我都对这本书印象深刻。书里也讲了一个事关可怕霍乱瘟疫的故事，故事发生在阿尔及利亚的奥兰。小说和电影都传达了面对疾病和瘟疫，个体改变自身命运的无力。这也是上海的大量个体所面对的残酷命运，在危急时期特别是战争时期，这种残酷达到了非人的程度。即便在和平时期,许多平民悄无声息地逝去,他们很少有,甚至几乎没有资源,尤其是儿童,也不指望能有体面的下葬。

在近代上海,普通人很难掌控自己的生活。当死亡来临,大多数人依赖于各种组织——慈善团体、公馆会所——来提供虽然很基本但合乎体统的下葬。本地只有一小部分人付得起殡葬店及稍晚出现的商业公司的服务费,来组织更为复杂的葬礼,同时彰显其精英身份。在穷人中,瘟疫或战争如一柄巨刃结束数以千计的生命。对于他们,死亡代表对肉体彻头彻尾的无能为力与剥夺。他们被清扫出城市,埋葬在偏远、无名的坟地。这幅景象,大量牺牲者静静地、无足轻重地死去,最终说服我回到欧洲文化中死亡的经典意象——镰刀,既是用来收获粮食的农具,更是死亡降临最强烈的象征。镰刀在中国文化中并不能引起这样的共鸣,但我估计读者也能理解《欲望都市》(Sex and the City)的引喻,这启发我最终定下了书名。

很荣幸看到这本书的中文版出版,我也希望它能吸引到中国的历史学界、历史学家和学生。我想感谢上海社会科学院出版社同意出版本书的中文版。

我要特别感谢我曾经的学生——刘喆,承担了把手稿译成中文的艰巨任务。他出色地完成了译稿。

最后,这些年我在研究上海的死亡社会历史时,很幸运马军教授(上海社会科学院),他是位杰出的历史学家;还有我的许多学生,他们热情投入了"档案助手"的工作,他们是:蒋杰、刘喆、赵伟清、徐翀。

目录

中文版序 ··· 1

前言 ··· 1

第一章　死神与上海：评估死亡 ··· 7

第二章　会馆、善会和同乡社团对死亡的管理 ·································· 35

第三章　殡葬公司和死尸处理的商业化 ··· 78

第四章　最后的安息之所：从坟地到现代墓地 ·································· 117

第五章　外国公墓和租界中的死亡 ·· 157

第六章　死无人知 ··· 181

第七章　死亡的代价与葬礼 ·· 209

第八章　火葬：从社会诅咒到政治规定 ··· 252

第九章　社会主义时期的死亡管理 ·· 275

结论 ··· 291

注释 ··· 295

参考文献 ·· 375

图表目录

表 1.1　旅沪湖州人死亡年龄(1933—1940 年) ………… 15
表 1.2　上海的死亡数据和死亡率(1950—1965 年) ………… 16
表 1.3　战后上海人口密度 ………… 19
表 1.4　上海市接种人数(1946—1949 年) ………… 26
表 2.1　上海涉及死亡管理的会馆公所 ………… 37
表 2.2　20 世纪 50 年代会馆所提供的殡葬服务范围 ………… 40
表 2.3　会馆墓地建立年份 ………… 43
表 2.4　1950 年会馆墓地的面积 ………… 49
表 2.5　宁波旅居者在上海生活时间长短的案例(1942—1943 年) ………… 59
表 3.1　战时兴起的殡仪馆和寄柩所数量 ………… 83
表 3.2　四家寄柩所的年收入情况(1941 年 2 月) ………… 87
表 3.3　1951 年会馆寄柩所的灵柩寄存状况 ………… 114
表 6.1　普善山庄在上海所收集的露尸和弃棺数量(1915—1954 年) ………… 186
表 6.2　同仁辅元堂所在法租界中所收集的露尸和弃棺数量(1929—1941 年) ………… 191
表 7.1　1933 年中国殡仪馆所提供的附录一览 ………… 236
表 7.2　南市殡仪馆 1948 年 8 月价目表 ………… 237
表 7.3　1941 年四家寄柩所每个级别的寄柩费用及数量 ………… 239
表 7.4　1946 年的寄柩费率 ………… 240
表 7.5　上海工部局公墓不同墓地和穹顶费用(1938—1943 年) ………… 241
表 7.6　家庭公墓墓位费率(1947—1948 年) ………… 243
表 7.7　针对私营墓地的推荐费率(1949 年) ………… 244

表7.8	1939年和1942年船运灵柩的费率	246
表7.9	众墓地所提供的墓葬套餐(1947—1948年)	249
表8.1	涌泉路火葬场的火葬数量(1897—1940年)	256
表9.1	殡葬行业全体会员及其收入(1949—1955年)	278
表9.2	1951年公所会馆山庄联合会会员	280

地图1.1	上海两租界地图	9
地图1.2	1935年上海市区人口密度	20
地图2.1	1918年上海及周边会馆公墓分布地图	44
地图2.2	1946年浙绍公所永息堂	74
地图3.1	1945年前殡仪馆和寄柩所的时空分布	85
地图3.2	20世纪40年代会馆公所、寄柩所和殡仪馆的分布	86
地图3.3	持续增加的寄存灵柩(1937—1941年)	92
地图3.4	持续增加的寄存灵柩(1942—1946年)	93
地图3.5	江苏、浙江、安徽等地区的主要运柩路线	103
地图4.1	1918年上海市内及周边义冢的分布	125
地图4.2	1948年上海周边私人墓地分布图	134
地图5.1	山东路公墓、八仙桥和浦东公墓	161
地图5.2	上海的外国公墓	162
地图5.3	涌泉路公墓及"钉子户"	178
地图6.1	1938—1940年法租界成人露尸的分布	195
地图6.2	1938年法租界儿童露尸分布	196
地图7.1	四个送葬队伍	223
地图7.2	1896年之巡会行程	233
地图7.3	1937年之巡会行程	233

图1.1	1937年外国租界中的霍乱病例(中国人)	28
图1.2	1938—1939年法租界天花统计	30
图2.1	扬州寄柩所	52
图2.2	20世纪40年代扬州寄柩所普通间	56

图 2.3　在上海一处码头等待船运的私人灵柩 ⋯⋯⋯⋯⋯⋯⋯⋯⋯⋯⋯⋯ 70
图 3.1　公共租界灵柩寄存数量 ⋯⋯⋯⋯⋯⋯⋯⋯⋯⋯⋯⋯⋯⋯⋯⋯⋯⋯ 91
图 4.1　被遗弃在田野中的地上棺 ⋯⋯⋯⋯⋯⋯⋯⋯⋯⋯⋯⋯⋯⋯⋯⋯ 120
图 4.2　福州附近的一处义冢地 ⋯⋯⋯⋯⋯⋯⋯⋯⋯⋯⋯⋯⋯⋯⋯⋯⋯ 128
图 5.1　卢家湾公墓葬礼数量(1918—1938 年) ⋯⋯⋯⋯⋯⋯⋯⋯⋯⋯ 163
图 5.2　浦东公墓中的棚户区 ⋯⋯⋯⋯⋯⋯⋯⋯⋯⋯⋯⋯⋯⋯⋯⋯⋯⋯ 173
图 6.1　福州附近的一座婴儿塔 ⋯⋯⋯⋯⋯⋯⋯⋯⋯⋯⋯⋯⋯⋯⋯⋯⋯ 185
图 6.2　被普善山庄入殓于一个棺材内的儿童 ⋯⋯⋯⋯⋯⋯⋯⋯⋯⋯ 190
图 6.3　人们正在观看普善山庄的工作人员将露尸入殓 ⋯⋯⋯⋯⋯⋯ 193
图 6.4　同仁辅元堂用来收集儿童露尸的人力三轮车 ⋯⋯⋯⋯⋯⋯⋯ 204
图 6.5　同仁辅元堂准备用车载运去落葬的灵柩 ⋯⋯⋯⋯⋯⋯⋯⋯⋯ 205
图 7.1　上海的中国棺材铺(20 世纪 40 年代) ⋯⋯⋯⋯⋯⋯⋯⋯⋯⋯ 213
图 7.2　在街头运输的棺材 ⋯⋯⋯⋯⋯⋯⋯⋯⋯⋯⋯⋯⋯⋯⋯⋯⋯⋯⋯ 214
图 7.3　傅筱庵葬礼上的扎彩装饰(1940 年) ⋯⋯⋯⋯⋯⋯⋯⋯⋯⋯⋯ 215
图 7.4　南京路上一名中国官员的出殡队伍 ⋯⋯⋯⋯⋯⋯⋯⋯⋯⋯⋯ 217
图 7.5　出殡队伍(19 世纪 90 年代—20 世纪前十年) ⋯⋯⋯⋯⋯⋯⋯ 217
图 7.6　由 32 位抬棺人抬着的中国精英的灵柩台 ⋯⋯⋯⋯⋯⋯⋯⋯⋯ 220
图 7.7　出殡队伍中的大型纸人形象 ⋯⋯⋯⋯⋯⋯⋯⋯⋯⋯⋯⋯⋯⋯ 221
图 7.8　北京的一次普通人的葬礼(20 世纪 20 年代) ⋯⋯⋯⋯⋯⋯⋯ 226
图 7.9　上海周边农村的一次出殡,克斯顿摄影集 ⋯⋯⋯⋯⋯⋯⋯⋯ 226

前言

本书诞生并不在计划中,或者说,它是一个意外的产物。我从来没有想过自己会把注意力放在死亡研究这样一个选题上。就像我许多同仁那样,我可以追溯一些指引我选择各种历史问题进行研究并最终将其成书的潜在力量,即便这些选择既不是有意为之也不是深思熟虑的结果。[1]我对于战争的研究和我的家庭在第二次世界大战(以下简称"二战")中的经历背景产生了共鸣。对于妓女、难民、贫民窟居民和其他一些社会上的无名之辈的研究,则很可能和我成长在由辛勤工作的体力劳动者所组成的多文化环境有关。这本书献给那些哺育我成人的长辈们,但和任何人的经历无关。

起初,我涉入上海的死亡研究是和叶文心教授(加州大学伯克利分校)以及和一系列我在2003年起开始组织的历史工作坊和视觉史料有关。[2]在2004年东京召开的第二次会议上,我们将"身体"作为工作坊的主题。由于当时我的研究主题集中于二战时的上海,士兵遗体的视觉呈现提供了一个研究的潜在路径。我对出于宣传需要而特制的、那些军事行动中的士兵形象并无兴趣,我的研究焦点是遭受苦难的身体、战争给人所带来的痛楚和伤痕、战斗中的死亡以及战争记忆。我对档案馆的第一次"扫荡",除了1937年大屠杀的巨大伤亡资料之外,只找到了很少的军事死亡资料,这让我非常沮丧和惊奇。除了医院所记载的伤兵名单和冷冰冰的数值记录之外,对于牺牲的中国士兵并无其他记录。最终,在几年之后,我尝试对1932年"一·二八"事变的一些伤亡材料进行了发掘。[3]

对于档案的探索和发掘带来了非比寻常的收获,打开了上海战时死亡诸多问题的窗户,这最终催生了那些关于上海死亡方面更大范围的问题。死亡问题在近代上海和其他中国城市中是非常重要的问题,但在过去20年浩如烟海的历史学研究中,这个题目几乎是消失的。尽管城市史研究越来越犀利地聚焦于城市一系列的日常生活,尤其是特定人群和文化发展领域,但死亡在研究中很少被提及。在早期的历史研究中,死亡与政治暴力、镇压以及就地处决(比如1927年的"四一二"事件)相联系,但是这些都是集中和匿名的死亡。在死亡的另一端,尤其是在革命和战争时期,死神的镰刀收割着个体生命。从1911年前的清政府官员到民国时期的宋教仁,再到史量才,政治暗杀达到了顶点,这些国民党人、通敌者和日本特务机关里的野蛮杀手在中日战争初期胡作非为。但是这仍属于政治暴力的范畴。[4]

我们能从中国城市或者像上海这样一个大都会的日常死亡中得到什么?事实上,就像本书后文会讨论的那般,答案非常简短。鉴于中国城市中死亡数据的重要性以及在公共空间中显而易见的存在——如葬礼、棺材在街上的运输或者露尸,我认为用大众或者街头文化的方式来做这个研究应该可行。[5]即便在卫生和公共健康领域的研究中,死亡只是和(有时也不都是这样)卫生情况、传染病或者公共卫生政策相联系。[6]

有关中国死亡的学术性研究通常属于人类学的范畴。[7]将死亡置于近代中国社会史之中的最严肃的尝试是由华琛(James Watson)和罗友枝(Evelyn Rawski)于1985年所编写的《晚清和近代中国的葬俗》(Death Ritual in Late Imperial and Modern China)。然而大体上说,这本书将注意力放在了中国的乡村社会。[8]罗梅君(Mechthild Leutner)关于近代北京的研究提供了将死亡置于城市进行考察的惊鸿一瞥,但是由于研究的时间跨度太大,在一定程度上削弱了其原本的研究目的。[9]在中国学术界,除了一些论文之外,死亡在历史研究中几乎是彻底缺失的。[10]所有现存的相关研究——大部分出现在20世纪90年代——主要集中于丧葬史以及清朝以降的丧葬习俗、葬礼和坟墓。[11]对近代以来的丧葬研究非常少,而且仅限于哲学范畴。[12]这些研究的地理范围覆盖全国,其中有三个研究更关注江苏浙江、四川和长江下游地区。[13]城市则从来不在死亡研究的相关范围内。[14]

为了理解中国的死亡,最经典的学术成果是高延(de Groot)和卢公明(Doolittle)关于19世纪福建的研究。[15]这些非凡论著,尤其是高延的研究,极其翔实。不过他们的研究聚焦在泉州地区精英的葬礼和下葬仪式,并没有告诉我们城市在19世纪中叶的发展之后是如何处理死亡问题的。直到顾德曼(Bryna Goodman)和罗威廉(Willian Rowe)分别对上海和汉口的同乡会进行研究之后,如何管理城市中的死亡问题,才有了些许眉目。他们最卓越的贡献是让我们知道了晚清和民国时期城市中死亡的不同方面。[16]有关上海社区网络在管理死亡问题中所扮演的角色,日本历史学家帆刈浩之(Hiroyuki Hokari)做过有见地的研究。[17]这个简短的回顾表明,对近代上海死亡问题的历史研究几乎无异于白手起家,欧洲史在这方面则有非常丰富多样的研究成果。

在欧洲,死亡史是和法国历史学家菲利普·阿利埃斯(Philippe Ariès)的研究成果联系在一起的。他的主要研究方向是西方文化中的死亡,他的研究不仅对这个领域产生了很大的影响,还形塑了这个学术领域。[18]但是历史学家对死亡产生兴趣要比阿利埃斯的研究早了20年,自20世纪60年代始,相关成果主要以书本和论文的形式面世。这些研究成果融入了"思想史"范畴下的更宏大的历史研究趋势。[19]即便历史学家、人类学家和社会学家对死亡史有了新的发掘,但"死亡史"这种表达方式在接下来的几十年里逐渐消失。[20]我自己的特殊兴趣是都市背景下的死亡及死尸,尽管前现代阶段的城市可能在我的研究中占了更多比重。[21]英国历史学家们对从历史的角度研究死亡有卓越的贡献。[22]总的来说,维多利亚时代吸引了绝大多数历史研究者的目光。[23]通过使用常规的历史材料以及私人文件,英国历史学家们审视了城市中死亡空间的变化(尤其是从教堂墓地到现代墓地,再到火葬的变化)[24]、死亡的经济学意义(特别是死尸的商品化进程)[25]、通过研究私人领域的丧恸和哀悼来揭示个人的情感领域[26]。这些成果促使了我将死亡的经验置于中国的文化框架以及上海的都市背景之下。在这座城市里,外国人和中国人都介入重新定义处理死者的规范和习俗的过程。[27]

在19世纪中叶开埠之前,上海一直是长江中下游一个次要的城市,但是对于一些重要的货物来说,比如棉花,上海作为一个商业港口已经扮演着举足轻重的角色。自宋朝始,上海就设有海关,城市因贸易而兴,吸引了来自中国各地数量众多的旅居者。18世纪时,这些群体已经组建了同乡组织——会馆和公所,这些组织在管理同乡群体、规范经济活动、维系群体内部以及他们与出生地之间紧密联系方面扮演了重要的角色。[28]随着19世纪40年代外国租界的建立,城市的社会结构和空间布局都发生了剧烈的变化。商业的发展,然后是工业的发展,吸引了成百上千的人来上海寻找工作和商业良机,旅居者群体呈现数量膨胀并多样化的现象,使上海成了一座庞大的移民城市。而另一些移民——西方人、日本人、印度人等——把上海变成了一座复杂的国际化大都市。对于死亡,每个群体都有自己的信仰和一整套习俗。

上海最早以老城及其沿黄浦江的商业区和港区为中心,在两个小的外国地界——英租界和法租界——成为城市的经济、文化和政治中心之后,上海的城市空间和行政格局便发生了转换。到了19—20世纪之交的时候,城市发展的重心偏向于外国人政治控制的区域,即上海工部局治理的公共租界和上海公董局管辖的法租界,以及行政中心在老城并包含新城区闸北的华界(闸北坐落于苏州河北岸并向北延展)(详见地图1.1,见后文)。上海的发展以三分天下的格局展开,在同一块城市范围内有三个自治的地域,每一个都有自己的市政机构、法律规定和行政传统。国家的力量在这座城市中很弱。大多数市政管理的事务,三个行政区域之间几乎没有任何形式的合作。死亡恰恰就是一个灰色的区域,主要靠家庭成员和同乡会来解决,仅有的数据记录显示,他们直到1937年中日战事全面爆发才不再直接介入该事项的处理。

上海的独特性能不能使其死亡社会史与其他中国城市有所不同?第一,我认为在如此多元的城市旅居者群体所构成的社会景观之下,最强势的是江南地区的文化,有大量旅居者从江南地区来到上海。和其他商业或者政治中心如汉口、南京和北京相比,上海的中国人群体中显著的多样化并无太大区别。第二,外国势力的存在也在都市的构造上又增加了一层不同的社会、文化和宗教活动。尽管这些活动确实影响了城市的死亡管理,但推动变化的主要因素是"前进"中的现代化进程。在这个过程中,中国人扮演着主要的角色,就像在其他中国城市中所发生的那样。在死亡的领域内,法律法规、仪式呈现和殡葬习俗的发展在尊重既有价值观以及城市化和现代化转型力量之间砥砺前行。

在上海及中国南部的城市里,对于死者的照顾是家庭成员以及同乡会馆或者慈善机构的责任。虽然宗教会介入仪式的操办中,但宗教机构实际上并不在死亡管理中扮演任何角色,中国政府也如此,直到1927年国民党政府的成立。所有中国人最关心的事情是寻求一处体面的下葬之地,一处个人专属的、单独的或者家族共有的安葬之所。像义冢那样将遗体埋在一起,或者像"地上棺"那样将遗体随地处置的做法,会对社会规范造成挑战,而且也被认为会对生者造成潜在的破坏性影响。不体面的葬礼不仅被认为是危险的——会有死不瞑目的游荡恶魂,也被认为是社会秩序缺失的信号,而这是要不惜一切代价避免的。最终,旅居者对叶落归根的最高诉求产生了一种文化。和西方不同的是,中国人将出生地视为一个神圣的地方,并定义和塑造了一种与众不同的、精心构建的系统和因殡葬所带来的经济活动。

整个民国时期的上海,就像一个巨大的葬礼,吞噬着成千上万的生命,即便在和平时期亦是如此。上海和前现代的法国城市或者第一次工业革命期间的英国城市(尤其是伦敦)并无区别,它榨干了农村的人口以维持城市的生命线。[29]但在20世纪之前,欧洲城市的死亡率已经急剧下降,但在上海,不断拥入的移民不仅仅给这座城市提供了维系工业和商业发展所需的关键人力资源,而且还填补了因持续大量死亡所带来的劳动力缺口。无亲无故或者亲属无法接济的穷人死在或被扔在街头、人行道上、广场上、市场里、后巷中,事实上,任何地方皆有可能。露尸成为对社会秩序的一种危害和对公共卫生安全的一种隐患。在上海,照顾穷人和赤贫人群、活人和死人,成为慈善社团最主要的工作。[30]

在研究上海死亡史的过程中,我的兴趣主要在大都市背景下的死亡形式和表达,大众与死亡有关的行为和信仰是如何经由时光演变的,以及从晚清到中华人民共和国成立后10年之间管理死亡的模式。尽管信仰和习俗可以慢慢变化,但不同的因素和事件会促使对新殡葬习俗的逐步适应和最终接受。战争就是这样一种事物,它能创造一种环境,在这种环境下,社会会松动对约定俗成的仪式的控制。国家力量是另一股推动变革的主要力量,特别是行政机构部门和政权试图通过介绍或者强推其政策和规定,使社会发生重要的调整和转变。外国租界试图推行改善公共卫生问题的法律规定,而国民党和共产党政权则致力于更激进地规范和转换几乎一整个和处理死者有关的殡葬习俗和信仰的体系。从晚清时期的放任不管,到新中国政权下的法律规定,死尸成为一个关注的焦点,也成为国家和社会间一种张力的来源。

本研究的范围是由史料和所选择的叙述对象而决定的。从城市开埠进行对外贸易的19世纪开始进行考察,1865年是一个标志性的时间点,租界开始进行5年一次的人口普查。作为一名历史学家,除了社会规范、传统惯例和法律规定之外,我也关心人口,对人口的统计将提供一个研究人口中死亡情况的必要基础。本研究的时间下限是由两个因素决定的。在上海,档案材料开放的年限只到1965—1966年,对依靠一手材料所做的研究而言,这个时间门槛并不低,所能提供的材料很有限。此外,十年特殊时期将先前和死亡有关的殡葬习俗几乎全部抹去,那些仍然维持这些做法的建筑也被破坏。也就是在此期间,火葬最终成为处理遗体的标准做法。

这部书中有部分档案来源是欧洲和美国的图书馆及档案馆,但是大部分资料都收集于上海档案馆。"死亡的档案"既丰富又粗略。其中有一大部分资料是从上海的两个租界档案中获得的,并不是有意为之,这反映了档案的情况。"死亡管理"在1927年之后的民国政府心目中,直到1937年中日战争全面爆发之前都不处于优先的位置,而晚清的档案或那些善会的档案则大部分无迹可寻。[31]死亡档案的残缺也有其他原因。市政当局在基础设施(比如墓地)的日常管理方面产生了数量可观的档案,但是大部分档案和干涉或管理城市中那些与死亡有关的各式机构没有关系。报纸是补充档案材料的主要材料来源,给本研究注入了更具体的张力感并唤起社会关注。

最后,本研究广泛收集和使用视觉材料,在研究中偏向于使用和战争有关的图片。就像华如璧(Ruby Watson)所指出的那样:"中国的流行宗教并不怎么重视灵魂的救赎",而这恰是基督教所重视的。[32]从中世纪欧洲开始,丰富的视觉形象向信教者所展现的不仅仅是基督之死,而是死亡的系列呈现:"视觉文化向人们展示了他们日常生活中的死亡。"[33]但在中国却不是这样,恰恰相反,死亡被认为拥有一种无处不在的负面影响,而且应该眼不见为净。死亡仅有的视觉呈现是死者的肖像画,后来被照片所代替。中国画家不会画任何类似于表现死亡或者表示死亡存在的内容,而这在欧洲画中是常见的。[34]即便是在20世纪,照片也不会拍摄遗体或者死者的棺材。但总的来说,照相机记录了殡葬习俗的方方面面以及葬礼空间,这有时能帮助填补文字档案的空白。颇为重要的是,试图从涉及死亡、捎带提及一个角色去世的文字文本中来辨析死亡是无法提供任何确凿证据的。中国文化将死亡围上了一堵厚厚的无声之墙。

我开始这项研究时的雄心,是为了探索那些历史中死者的心性,期望能书写一部社会文化史,既包含和尸体有关的行为和规定,又包含和死亡、悲伤、哀悼有关的个人情感。但是私人领域的情感研究并不在我的研究范围里。我可以通过研究人们是如何对特定环境作出反应,尤其是当官方的规定与他们的信仰相冲突的时候,来感知人们对死亡的情感是随着时间的推移而变化。这本书试图通过研究死亡中一些既定方面的系列小问题,来叙述19—20世纪上海这座国际大都市中的死亡社会史。大部分情况下,研究的焦点将集中在正常死亡上,意外死亡或者因战火、谋杀以及自杀所造成的血腥死亡不在研究的范围之列。[35]谋杀是一个令人感兴趣的研究主题,即便上海远不是流行故事中所描述那样的"谋杀之地",而且有时候历史学家也免不了去想象一些事情,但上海的确有杀人犯,在档案中也有很多谋杀的案例,能把历史学家带回到谋杀现场。[36]自杀是一个被写过很多次的题目,尤其是女性的自杀。除了侯艳兴的研究之外,还有顾德曼从另一个角度来研究的作品,但是大部分的研究都仅集中于对数据的分析,而少有对档案馆中待历史学家发掘的众多个人案例进行深入研究的尝试。[37]上海的死亡研究和死亡文化研究,以及中国其他城市的类似研究,仍大有可为。

第一章
死神与上海：评估死亡

谁死在上海？上海的死亡情况是如何变化的？本章试图对死亡进行评估，来审视死亡是如何对不同年龄和阶级的人造成影响，以及又是什么原因导致了人们的死亡。要评价死亡之于上海的意义，第一个难点是我们对历史上任意时间内有多少人生活在这座城市中这个问题一无所知。尽管中华帝国的行政机构在人口普查方面有悠久的历史，前现代人口普查的区域单位——以县为单位而非城市——将都市和乡村区域都包含在内。但是最主要的问题是市政府的缺失和在19世纪的暴乱中所损失的大部分档案。外国租界中的情况要好得多，但其人口统计也只是在1865年才真正开始。不过租界部分区域中的人口只代表了总人口的一小部分，直到19—20世纪之交时其人口才和华界相当。另外，两个租界当局各自独立进行人口数据普查，分类标准和年龄组的划分并不相同。所以本章尝试重构城市的人口统计，以了解在城市中有多少人死亡，并审视在这样一个巨大的城市中心中对于死亡的管理意味着什么。

但是，数字并不能反映全部的故事。本章也会探索如下问题，如死亡的程度和上海居民的平均寿命问题，并以此来突出死亡的社会分布。当然，在中国社会中，活到高寿并能三代同堂是一个被极度认同的理想状态。生活在一座拥有现代化设施、医疗基础和更高生活标准的城市理应为质量更高、寿命更长的生活创造条件。但在上海的案例中，就像很多其他中国城市那样，有其他因素影响了人们的生存机会，特别是那些不断肆虐城市的传染病。借助现代医学技术中的接种削弱了死神的力量，但是传染病在传播过程中经常带走许多生命，这些人缺乏得到合适药物的途径。传染病的问题成为当局所严重关切的事情，尽管还不成体系，当局会收集城市卫生条件和人口健康方面的重要数据。战争和社会动乱是造成早夭的重要原因，但是疾病，特别是"穷人病"，是在全年龄段缩短绝大部分人寿命的罪魁祸首。

必须直接说明一点，我们永远也不会知道究竟有多少人在上海生活和死去。想要从某些被湮没的档案文献中发掘出一套完整的人口统计数据的希望是极其渺茫的,特别是对于19世纪而言,相关档案都被付之一炬。历史学家需要接受这一事实并对可以找到的材料善加利用,它们尽管缺乏连贯性,却足以让我们窥视这座城市的人口变动,来揭示上海这座城市中关于生与死阴暗面的一些精彩部分。

上海的人口变动

在过去超过120年的时间里,上海经历了人口的猛增。1845年,当第一个外国人移居到上海时,这座城市是一座繁荣、有活力的区域商业中心,但是距离1930年它所成为的那座拥有300万人口的国际大都市还有很长的路要走,惊人的人口变化直到1949年之后仍在持续。根据1949年之后的人口普查,上海市在1953年和1964年分别拥有615万和1 086万居民,住在城市区域的分别有535万和642万人。[1]这一令人吃惊的增长对处理死尸的服务需求增加有重大影响。

上海的人口统计:初步评估

上海人口史和邹依仁(1908—1993年)关系密切。邹依仁关于1949年以前上海人口变迁的研究仍然是后世历史学家所依赖的经典学术成果。[2]邹的研究完成于1962年,对所出版史料中的人口数据进行了统计汇编。这些关于人口的表格和数据,与其说是对人口资料的系统性研究,不如说是对可用材料的混编。[3]但邹在重构1949年以前的上海人口时所遇到的困难,是用所有档案材料都无法解决的。对上海档案馆中那些相关材料的反复搜寻,使我确信关键的文件都已经遗失或者被摧毁了。[4]尽管这些调查都有非常详细的表格,但是这些一手文件对没有途径获得的学者而言,相当于没有被保留下来或是仍被封存在档案之中。[5]

在研究上海人口变化时,历史学家还必须面对另一个难点:由于三个独立的、各自拥有行政管辖权区域的存在,导致了所找到的数据并不统一。在外国租界——公共租界和法租界——于19世纪中叶在城市中建立之后,上海就在拥有三个不同市政权的情况下发展,即上海工部局(公共租界)、法租界公董局(法租界)和1927年现代市政机构成立之前的历任华界区域行政机构(详见地图1.1)。[6]在外国租界,当局每5年进行一次人口普查,1942年所统计的人口数量最多。[7]但是两个外国租界当局直到1930年之前都没考虑过合作调查。从1865—1930年,它们所使用的统计类别是不同的,如年龄、性别,等等。它们长久以来所最关心的问题就是在自己的地界上住了多少人。它们对残酷数据中能反应多少人死去的问题却关心甚少。直到1937年,中国人的死亡问题才成为官僚所关心的事情。在华界,清政府所进行的人口调查是在县一级而不是城市区域,而且这样所做的人口统计只是近似数据,而19世纪的档案又都没有保存下来。上海市政府在1929年开展了其第一次现代人口普查,随后将其升级为阶段性的人口注册。[8]

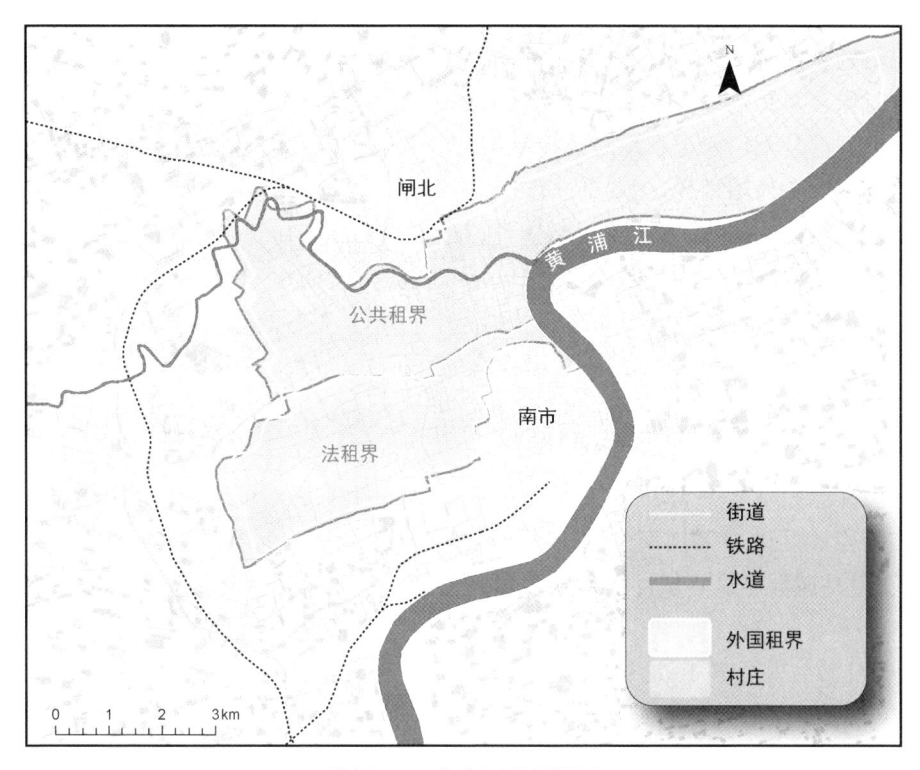

地图 1.1　上海两租界地图

来源:视觉上海网站

上海人口史在1932年和1937年两次日本侵华战事中又一次变得模糊不堪。一方面,有大量的人口拥入和拥出这座城市。1941年之后,由于食物短缺,日本军方强制执行将人口有意撤空到郊区的政策。1945年之后,城市最终处于唯一的市政机构管理之下,他们沿用了先前系统性的人口登记方式。1949年上海解放之后,人民政府努力建立起以"严肃执政、认真为民"的新政权。出于政治和经济原因,对于新政府来说要知道城市中住了多少人是非常重要的事情。在未来的许多年内,这个国家将处于一个配给体系的管理之下,而这需要对所有居民进行人口登记。即便这件事情从来就没有完全达成——同时期的人口迁移干扰了人口登记的完整性——上海市政府无疑对人口数量有了更好的了解和掌握。在国家层面，人口普查于1953年进行，然后1964年又进行了一次。

最后，对于完全理解上海人口动态的一块主要绊脚石是发生灾害时拥入城市的人口，导致灾害的因素通常都是自然原因，比如洪水，但是更常见的诱因是发生在邻近省份的军事冲突和暴力事件。就像这些人大批拥入城市时那样，一旦危机结束时，他们也会大批离开这座城市。移民人口的突然拥入和我们对这座城市的死亡研究而言密切相关，因为这些临时居民增加了总死亡率，有时候甚至是剧增。但是要估算移入的人口数字是非常困难的，大部分情况下他们都是人口登记系统的漏网之鱼。要评估他们所增加的城市死亡率就更困难了。在外国租界，当局在1870年为外国居民引入了死亡证明系统，但是他们没能对中国籍人口也实行这个办法。[9]华界要到1928年2月之后才强制执行，但是移民，甚至是永久居民都直接逃避这些规定。[10]1942年，上海公共租界工部局警务处的负责人声称公共租界中有40%左右的死亡是在缺乏医疗护理的情况下发生的，所以这些死者没有死亡证明。[11]死亡证明直到1945年才普及，但是即便在那之后，下层民众对官方手续大多没有任何兴趣。[12]1951年时，在上海街头所收集的露尸数量仍超过4万具。[13]

在原先延续到1845年的空间格局中，上海由有城墙围绕的老城及沿黄浦江的商业及港口郊区所组成。邹依仁对1850年的上海人口预估是544 413人，但是该数字显然超过了老城及其郊区居民的数量。[14]这个数字所包含的是整个上海县的人口。连续几版的《上海县志》所提供的人口预估范围是1810年的527 472人到1852年的544 413人。琳达·约翰逊（Linda Johnson）在其对1842年之前的上海的研究中，所预估的19世纪40年代早期的城市人口是约25万成年人，10年之后很有可能接近30万人。[15]人口数量随着城市对外贸易的开放而稳步上升，商业良机吸引了成千从中国南部伴随西方人来到这个城市的新移民，工作和贸易良机的许诺也是引诱他们前来的因素。1853—1855年长达17个月之久的清军对小刀会起义的镇压给城市发展造成了严重挫折，在动乱中有数千人逃离或者死亡。当清军重新控制城市时，他们进行了无情和无差别的镇压，将整个街区付之一炬。数千人在血腥攻城中被屠戮。

在20世纪到来之前，没有再出现过大规模的人口屠杀。恰恰相反：上海接纳了不计其数的从太平军所控制区域逃离的难民。[16]总人口据说达到了110万至120万，生活条件极其拥挤。[17]大部分人在城墙保护的地界之内找到了自己的家园，还有大量难民则定居在外国租界，处于治外法权和外国士兵炮舰的保护之下。人口急剧上涨的势头一直持续到19世纪60年代中期太平军在清军最后的攻势下被最终击溃的时候。随着和平与稳定的重新回归,先前住在长江下游主要城市中的居民如退潮般返回了自己的家园。但是,太平天国带来了持久性的破坏后果,连同对外贸易的扩张,无疑将长江下游城市和商业的重心从苏州和南京转移到了上海。1860 年后期的萧条,给上海不同区域人口的恢复和增长创造了条件。在苏州河对岸,一个全新的街区出现在公共租界北面。闸北踏上了其成为上海最有活力区域之一的发展之路,以及成为当战火于 1932 年和 1937 年两次来袭时市民伤亡最多的区域之一的悲剧之路。

在 19 世纪大部分时间内,并没有提及华界区域情况的人口记录。从 19 世纪 50 年代的 30 万居民开始,老城、老城郊区和新的位于北面的闸北的人口数量缓慢增长到 1910 年的 60 万。随着 1895 年之后现代工业的发展,人口猛增至 1915 年的 1 173 653 人。1929 年第一次人口普查所记录的居民数量是 1 516 092 人,但是这个数字包含了所有的农村地区的人口。上海市区内的人口数量是 961 846 人。[18] 在后一次 1935 年的普查中,数字增长是惊人的,人口突破了 200 万大关,其中市区人口是 130 万。中日战争完全打破了人口分布,所有的闸北居民大批拥入租界寻求避难,上海南部区域的居民虽然没有全部都去租界避难,但也大同小异。1942 年,在政治压力和经济萧条的双重影响下,城市人口略降至 100 多万人。

人口数量的变化在外国租界中被更好地记录下来。在租界的第一个十年里,英国租界只有几百至 500 人,人口很少。但在太平天国起义期间,租界内华洋分居的规定被废弃,外国租界中充斥着中国人,于是人口有了快速增长,从 1855 年的 2 万人增至 1865 年的 9.2 万人。在 19 世纪 70 年代中期数字略有回落,但 1890 年的数据相较 1876 年(97 335 人)翻了一倍,1905 年的数据是 1890 年(171 950 人)的 3 倍还多。所以,一系列的基准数字可以凸显出一个持续的增长过程:1910 年 50 万人、1930 年 100 万人和 1937 年 120 万人。法租界则经历了很缓慢的人口增长过程:在太平天国起义之前只有数千居民;1865 年的普查反映了一次猛烈的人口增长,但是这次普查中所记录的 55 925 位居民数量在 1876 年跌至 33 460 人;仅 30 年之后,法租界的人口又恢复到了 1865 年的水平;1910 年,人口的数量翻倍;又花了 15 年,人口的数量翻了 3 倍至 30 万人;之后的 20 世纪 30 年代,人口在 50 万上下浮动。

在抗日战争全面爆发之后,原先住在闸北和南市近 100 万人口到外国租界寻求庇护,使两个租界的人口都有了极大的增长。即便在 1942 年人口因主动或强迫迁移到郊区而有所减少,公共租界和法租界仍分别是 1 585 673 名和 854 380 名居民的家园。战争后期的经济困难促使很多居民离开了上海。

1945年,城市的总人口降至330万人,从1942年开始减少了超过50万人。但是国共内战很快又将数字往上推,1946年的城市人口恢复至1942年的水平,1947年警察所记录的居民数量共有420万人。[19] 1949年3月,在上海解放之前,人口总数越过550万大关。[20] 新政权执行将人口撤空的政策,以降低工作和食物供给的压力。但是郊区的经济困难再一次给城市带来了大量赤贫移民。[21] 1950年7月,在解放的一年之后,总人口达到了480万,而1951年7月时又增加了40万新居民。[22] 户口和食物配给制度的引入成功控制住了战后的人口飞速暴涨。在1953年的第一次人口全面普查时,城市区域的总人口是550万。10年之后,第二次普查显示人口增加到643万。[23]

上海的人口发展轨迹令人印象深刻,尽管和伦敦相比,人口增长可能显得较为节制——伦敦的人口从1800年的100万人发展到1881年的450万人和1911年的700万人。[24] 两座城市都面临过相似的住房供给问题、恶化的公共卫生问题、街道垃圾和饮用水污染问题。但是伦敦市中心区域一直通过吞并乡村不断扩大,而上海的市区范围则保持得更为集中,导致其人口的密度要高得多。1941年伦敦人口密度达到最高时甚至还不到公共租界中央区人口密度的一半。上海的经验和同时期的孟买更为类似。[25] 另外,上海所经历的人口急剧涨落给城市的基础设施带来了极大的压力。越来越险恶的自然环境、不停爆发的军事冲突以及缺乏统一的市政管理机构对上海的城市治理经验而言成为一个更大的挑战,而这也对上海的人口造成了影响。

谁在上海离世

上海的死亡方式清晰地表明"高龄"并不是最主要的死亡原因。由于疾病、缺乏妥善的医疗护理、糟糕的日常饮食以及其他因素,各年龄段都有大量人口死去。而且,各种暴力事件,尤其是1932年和1937年的日军侵华战事,对死亡率和死亡的统计产生了重大影响,既因为这两次军事冲突造成了更多的人死去,也因为有更多死去的人未被记录下来。

公共租界提供了持续时间最长、极其重要的统计数据。最长的数据统计涵盖了从1880年到1936年中外国人的死亡数据。19世纪的数据并不完整,而且很可能和实际情况相距甚远。尽管公共租界著名的医生詹姆生(Jamieson),将中国人的死亡率定在男性4.34‰、女性6.13‰,但死亡率一直到19—20世纪之交时都要高得多,在18‰到25‰。詹姆生意识到自己所估计的不足,特别是在缺乏对婴儿死亡率或者妇女在分娩时及之后死亡率的可靠记录,实际这一数字可能会高达20%。[26] 事实上,除了流行病肆虐的时期,尤其是霍乱,上海所展现的死亡率和同时期的巴黎基本相同。[27]

1910年、1925年和1930年显示了在外国人中的死亡率稳定维持在18‰至20‰这一高位。由于这些数据是建立在5年一次的普查上，我们不知道两次普查中间死亡率是如何波动的。[28]但在绝对数方面，公共租界中外国人的死亡数值从1880年只有55人到1936年的560人。上海工部局直到1902才开始对中国人口记录关键数据。在20世纪最早的30年中，死亡率颇为稳定。数字在11‰和16‰之间波动，平均数值是12.3‰。[29]但最主要的区别是死亡的绝对数值。每一年有6 000—17 000人在死后无法落葬于市政公墓。土地章程中禁止把中国人葬在外国租界，除了一些特殊和有限的例子之外，例如已经存在的义冢或是公会墓地。几千具尸体必须在上海当地的义冢或是农村墓地（以及1927年之后的中国市政公墓）中找到一片安息之所，或是要船运回自己的祖籍地落葬，这让船运公司和会馆业务繁忙（详见第二章和第三章）。

在华界，从1929—1936年，死亡率从1929—1931年的12.5‰左右逐渐降到1932年和1935年的8‰，以及1934年和1936年的10‰。在绝对数值上，死亡总数在19 000人和21 000人之间徘徊，1930年达到峰值，约23 000人。[30] 1947年，人口呈现出6.4‰低死亡率：在近420万人口中有26 700人死亡，这可能和大量拥入的难民有关，但也反映出缺乏合理的登记制度。在这一年里增长了60万居民，相较之下出生人口为65 206人。虽然死亡率压倒出生率这一趋势呈现出清晰的被逆转状态，但人口的净增长主要是因为外来移民。[31] 1948年，情况进一步变化，又增长了40万新居民，其中121 295人是新生儿。该年前10个月的死亡总数达到了39 799人，死亡率为7.8‰。[32]

但是所有和死亡有关的数字都反映了一个基本问题：许多死亡并没有被记录下来。只有外国人的数据被按时记录，大部分中国居民并没有上报死亡，而未记录死亡中数量最多的情况是那些被丢弃在城市后巷和空地上的尸体。就像在第六章中所会讨论的那样，这是一个很普遍且数量极多的现象，如果要更好地理解城市人口变化和死亡管理，就要将这个现象重新整合到研究中。除了在特定的一些危机年代，比如1932年或者1937年，5岁以下的儿童在上海街头收尸的数量中要占据平均85%的比例。举一个简单的例子，当局所记录的1947年15岁以下的死亡人数是8 888人，而在同一年，普善山庄，上海最主要一家收集露尸的慈善组织，在同一个年龄段中所收集到的尸体是13 638具。[33]所以，为了更接近死亡率的真实水平，将1900—1936年这段时间中大部分年份的死亡率直接翻倍并非是不合理的做法。这就会让上海的死亡率和死亡记录更为系统的香港不相上下。[34]

婴儿死亡率在民国时期的上海极高无比。不管是什么样的数据都呈现出5岁以下婴儿和儿童的高死亡率。1938年，在法租界一年内所收集到的所有露尸中有53.7%是婴儿。[35] 1947年，官方数据所记录的婴儿死亡率是27.7‰，但这并不包括在街头收集到的尸体。如果算上普善山庄所收集到的13 638具尸体中53.7%的婴儿尸体比例，死亡率就会增加到127‰，几乎翻了5倍。如此之高的婴儿死亡率和19世纪欧洲城市的情况更为相似。[36] 巴黎的婴儿死亡率从1881—1885年的16‰降至1906—1910年的10‰，在城市中更穷的区域中死亡率会更高。[37] 19世纪40—50年代伦敦的婴儿死亡率，在1891年降到和巴黎水平相当之前，于12‰—16‰之间波动。[38] 上海令人震惊的高婴儿死亡率，无疑解释了不将尸体埋葬而随意丢弃的做法是非常常见的。

上海是一座男性和女性居民单身比例非常高的旅居者城市。比如在现代化的工厂中，女工经常会在返回家乡结婚之前工作数年。[39] 在所有其他职业领域中都呈现出一个清晰的趋势，即男性的数量和女性相比呈现出压倒性的状态。除了娱乐行业和娼妓业以外，女性获得了慢慢进入都市劳工市场然后被雇佣的机会，比如行政、金融服务或者百货商店。[40] 所以上海的男性死亡率始终高于女性。可查到的时间最久的关于男女性别比例的数据来自公共租界。性别比例从19世纪70年代近3∶1，到19—20世纪之交的2∶1，再到1930年之后的1.5∶1。法租界1910—1936年的性别比例趋势和公共租界颇为相似。但在华界，性别比例却更低，整个20世纪30年代中男女比例为130∶100。这样的趋势到1947年时仍如此，当时是126∶100。[41] 1950年时，平均比例是1.2∶1，但不同区域的比例差异很大。[42]

考虑到上海外国人口的暂住性质，几乎不可能推断出任何形式的平均寿命。但是丰富的资料提供了一些窥探死亡年龄的机会。正如在第二章中讨论到的那样，中国的会馆公所在上海管理死亡的事务中扮演着核心角色。根据社区的规模大小，会馆建造寄柩所，灵柩会储存在那里以等待船运回乡。会馆对交由他们保管的灵柩会进行详细的记录。死者的年龄通常都会被记录下来，让我们觉得有责任研究公会成员及其家庭成员的死亡年龄。我发现湖州会馆、广肇会馆和衣装公所在近代的1928—1941年有一些注册的信息，大部分数据集中在1931—1941年。那些灵柩寄存在寄柩所的人只是人口数据中比较片面的案例。最常见的情况是死者家属很可能不会把灵柩寄放在会馆里，而穷人又通常是葬在义冢。但认为使用会馆服务的人完全符合某种特定的社会状态及从事特定职业这种想法是可行的，这些人代表了普通市民，是他们组成了人口的主要部分。

本研究只使用了湖州会馆的数据,因为其覆盖的样本数量非常多,从1933—1937年中日全面战争之前的时期,总计有2 845人的灵柩被记录在案。这并不是说湖州会馆的数据是一个人口统计的代表性案例,它所代表的是人口中的一部分湖州人在上海离世并授权会馆处理死者的例子,但是它反映了一个足够庞大的人群,我们所获知的其死亡年龄可以提供一些关于上海生与死的信息。(详见表1.1)

表1.1 旅沪湖州人死亡年龄(1933—1940年)

年 龄	人 数	百分比(%)	累计百分比(%)
<15	690	24.2	
15—19	183	6.4	30.6
20—24	242	8.5	39.1
25—29	244	8.6	47.7
30—34	195	6.8	54.5
35—39	161	5.6	60.1
40—44	229	8.0	68.2
45—49	128	4.5	72.7
50—54	154	5.4	78.1
55—59	191	6.7	84.7
60—64	161	5.6	90.4
65—69	113	4.0	94.4
70—74	71	2.5	96.8
75—79	57	2.0	98.8
80—84	16	0.6	99.4
>85	17	0.6	100.0
	2 852	100.0	

材料来源:湖州会馆,"小通间积柩底册",第三册,1936年,Q165-6-33;"左通间积柩底册",第五册,1936年,Q165-6-33;"小通间积柩底册",第三册,1936年4—8月,Q165-6-34;"右通间",1933—1937年,Q165-6-37;"右通间",1936年,Q165-6-40,"特别间",1931—1937年,Q165-6-37(2);"特别间、中正间",1936—1937年,Q165-6-39;"左通间、特别间、中正间",1933—1936年,Q165-6-45;"新近寄柩号簿",1932—1936年,Q165-6-41;"男女大小灵柩运户清册,南浔",1936年,Q165-6-46;"大场普益公墓第二公墓寄葬灵柩证书",1936—1940年,Q165-6-44;私人表格,1936—1940年,Q165-6-43;"寄柩一览",1938年4月,Q165-6-38,上海档案馆。

15 岁以下儿童的死亡率是 24.2%,这比所找到的官方统计数据要更低一些,特别是当婴儿也被计算在内的时候。很有可能是因为许多家庭并不希望承担将灵柩寄存在会馆公所以及将其死去的孩子运送回乡的费用。从儿童在所有样本中占 1/4 的比例来看,疾病给儿童造成了巨大杀伤。从表格所能获知的第二个主要发现是,即便是成年人,大部分人的寿命也被缩减。在 15—45 岁的区段,死亡年龄分布得非常平均。在这些以每 5 年为标准的年龄划分区段中,死亡率非常接近。在这里所使用的样本中,几乎有一半人在 30 岁之前就已经过世,将近 3/4 的人在 50 岁前离世。这和目前的人口数据中死亡年龄被推移至 60 岁之后以及儿童很少夭折的情况迥然不同。[43]那些在其人生晚期去世的人只占很小的比例,65 岁以上的是 9.6%,70 岁以上是 5.6%。[44]在民国时期的上海,生命周期是短暂的,死神随时随地都可能找上门。1949 年之后平均寿命有了很大提升,1951—1953 年,平均寿命从 44.6 岁上升到 58 岁,1956 年则升至 65 岁。在 15 年之内,上海人多了 20 年寿命,这表明在消除贫困以及给人们提供更多医学防护和服务方面有了普遍提高。[45]

1949 年之后,即便死亡率是处于下降的状态,死亡数字仍随着人口膨胀而上升。当然,由于有大量民众的死亡未被记录在案以及其尸体被倾倒在大街上,20 世纪 50 年代早期的统计数据低估了死亡数量。卫生局承认由于存在上述现象导致关键的统计数据并不完整且有片面性。[46]卫生局大概花了 10 年才将这一长期存在的情况画上句号。在三个城市区域中进行初步的实验之后,卫生局最终设计了一个方案,将所有的出生和死亡数据录入一个统一的强制性报告系统之中。[47]从 1950 年 7 月—1951 年 6 月,所记录的死亡总数达到 64 834 人,但街边露尸的总数达到 44 661 人。换句话说,死亡总数至少是 98 595 人,该数据意味着死亡率增长了三倍。这些细微的区别在后来的统计重建中消失不见了。年报和类似出版物中所披露的数字和在档案中所找到的数字大相径庭。上海市和市区中的死亡数字直到 1955 年都保持着稳定的状态,然后逐年下降直到 20 世纪 50 年代末(详见表 1.2)。从 1959 年开始一直到 20 世纪 60 年代前半期,死亡数字稳步下降,很可能反映了医疗服务质量和城市中生活条件的改善。

表 1.2　上海的死亡数据和死亡率(1950—1965 年)

年　份	市 中 心 区 域		城 市 区 域	
	数　量	死亡率(%)	数　量	死亡率(%)
1950	32 100	7.7	38 400	7.7
1951	59 100	13.3	74 300	14.2

(续表)

年 份	市中心区域		城市区域	
	数 量	死亡率(%)	数 量	死亡率(%)
1952	40 600	8.3	49 300	8.8
1953	45 100	8.3	52 600	8.9
1954	38 300	6.9	45 500	7.1
1955	43 800	8.0	52 800	8.2
1956	35 300	6.5	41 500	6.6
1957	34 600	5.9	40 200	6.1
1958	34 400	5.8	44 600	6.2
1959	37 200	6.4	69 700	7.8
1960	37 700	6.1	71 600	6.9
1961	37 800	5.9	81 200	7.7
1962	33 000	5.2	76 600	7.2
1963	30 300	4.7	74 400	7.0
1964	28 700	4.5	66 400	6.1
1965	27 500	4.3	62 000	5.7

材料来源：死亡数据：《上海市国民经济和社会发展历史统计资料(1949—2000)》，第 364 页；市中心区域：《上海市人口统计资料汇编(1949—1988)》，第 31—32 页；城市区域：《上海市人口统计资料汇编(1949—1988)》，第 33—34 页。

在上海解放早期，婴儿的高死亡率并没有立即改观。但是随着局势的和平和稳定，以及难民数量的下降，减轻了主要传染病的威胁。市卫生局的基本政策是优先预防。[48] 1950 年，卫生局在城市的 23 个区建立了 2.1 万个卫生小组来支持全城范围内的卫生运动。[49] 政府也于 1950 年和 1951 年在城市中组织了大规模的人口接种运动。第二个主要因素是直接对医疗机构进行增强。卫生局给 6 个区分配了医疗机构，每个机构有 6—10 个床位来接纳孕妇。每个区需要设立一个妇幼保健院来监督相关事项。[50] 该政策最后一块拼图是下到里弄层级建立小型卫生站。里弄是上海居民居住的小巷，大部分人口都居于其中。[51] 主要的工厂都需要设立类似的保健室，而规模更小的公司要组织设立保健站。[52] 照顾幼儿的托儿所数量从 1950 年的 196 所增长到 1951 年的 363 所。[53] 一般而言，人民政府在城市中花了相当大的功夫来扩展卫生设施。清洁运动、大规模接种、妥善登记人口以及扩建卫生设施多管齐下，极大地改变了城市中的人口特性。婴儿死亡率急剧下降,而平均寿命亦得到极大提升。

死亡、疾病和传染病

城市在历史上就是一个吸引农村人口来补充因疾病对人口造成毁灭性影响的地方。在公共卫生和现代医疗手段诞生之前,人们几个世纪以来都生活在不卫生的环境中,个人时刻暴露在传染病的威胁之下。过度拥挤的住房、缺乏妥善处理的垃圾以及供水不足,对产生和扩散潜在的致命细菌和病菌可谓是助纣为虐:"从农业和文明诞生开始,直到当前的世纪,传染性疾病是造成人类死亡的主要因素和稳定人口等级的最重要的方式。"[54]和平时期的生与死大多取决于对私人卫生、安全环境及所必需的公共卫生的建立和维护。而战争和动乱导致了人口数量的直接下降,这两者也破坏了人们赖以获得食物供给以及卫生保护的正常秩序。战争放大了所有在正常情况下影响健康的因素。

上海系一片富庶之地,食物不仅充足,且总体而言并不昂贵。但是许多人并没能摄入足够的营养,这削弱了他们的免疫系统。人们饱受缺乏医疗护理之苦,这导致即便是相对良性的感染都可能转变成恶性及致死的病例,尤其是在儿童群体中。由于夏天的温暖气候和环绕老城及城内河道的存在,人们被暴露在细菌、蚊子和类似的威胁之下。不合格的饮用水可能会导致一场突然而剧烈的传染病。[55]最后,上海作为港口的角色为其带来了数十万旅游者、移民、水手等,这些人并不情愿也并没有意识到自己是传染病的宿主。直到1949年近一个世纪猛增的人口数量急剧扩大了公共卫生的风险。只有到了中华人民共和国成立后早期的几十年里,通过现代药物和全城范围内的公共卫生政策双管齐下,才将卫生状况拉近至现代化国家的水平。

上海的公共卫生:一个分裂的领域

要维持公共卫生和保护人群免于传染病之苦,所要面对问题之一是极高的人口密度。在1900年之前,大部分人口居住在老城内及城外西南面沿黄浦江的城郊区域。在19世纪60年代,如果我们不考虑农村区域的人口,上海可能容纳了约35万人,每平方千米1.09万人。1910年时,相同区域和闸北的人口已经翻倍,并在第一次世界大战结束时又一次翻倍。由于市中心的位置几乎没有改变,即便在老城城墙被拆毁之后闸北和南市有过扩展,人口密度仍然有巨大的提升。在1929—1936年,三个警区(图1.2、2.1、4.1)位于高密度区域排名的前三甲,其数据在1929年是每平方千米11万至14.2万居民,到1936

年则是 13.2 万至 18 万居民,紧随其后的三个警区(图 1.3、2.2、5.1)的人口密度范围是每平方千米 8 万—9.5 万居民。[56]

外国租界的平均人口密度要低得多(详见地图 1.2)。在公共租界,人口密度从 1900 年的 13 456 人增至 1935 年的 50 838 人。人口的分布并不均衡,而且在某些地区呈现出密度更高的状态,只有靠近闸北的北区在 1935 年时的数据超过 10 万人。最小的中区,在同一时期或多或少保持着相同的密度水平(11.7 万至 13.2 万人)。[57]法租界由于其地界面积更小的关系,人口密度始终更高。直到 1914 年最后一次扩界之后,法租界的平均人口密度从 1879 年的 48 086 人到 1910 年的 80 518 人,1914 年时跌至 42 545 人。[58]在缺乏高层住宅楼的情况下,1949 年前上海的人口密度相比欧洲或美国城市,是相对较高的。纽约人口密度最高的区域在曼哈顿,1910—1920 年达到峰值 4 万人。1913 年,巴黎的平均密度是 3.7 万人,高于柏林(2.65 万人)和伦敦(1.61 万)。[59]但在 19 世纪中叶,巴黎部分街区的密度在 9 万人至 13.6 万人。[60]在 1923 年关东大地震前夕,东京大部分城市区域的人口密度是 2.8 万人。[61]总而言之,上海的人口密度让任何 19 世纪中叶,甚至更晚去城市谋生的欧洲人都相形见绌。

1945 年,即便战争在先前公共租界中区导致人口密度的增加,人口分布或多或少都差不多。在整个战后阶段,人口最高的仍然是那些区域(详见表 1.3)。人口密度如此集中并没有给传染病本身提供温床,但一旦疾病暴发,这样的密度给类似疾病的传播创造了环境。

表 1.3 战后上海人口密度

区 号	区	1945 年	1946 年	1947 年	1950 年
2	老闸	144 260	142 857	146 132	137 617
3	新城	116 837	108 828	115 593	110 951
13	邑庙	90 706	109 350	128 207	139 806
1	黄浦	79 751	79 477	83 653	74 542
5	泰山(嵩山)	78 787	83 213	88 550	93 289
8	江宁	69 141	73 779	79 959	80 918
9	北站	64 193	77 268	91 632	99 097
4	虹口	62 490	85 694	101 813	109 491

材料来源:邹依仁:《旧上海人口变迁的研究》,上海人民出版社 1980 年版,第 102—103 页。

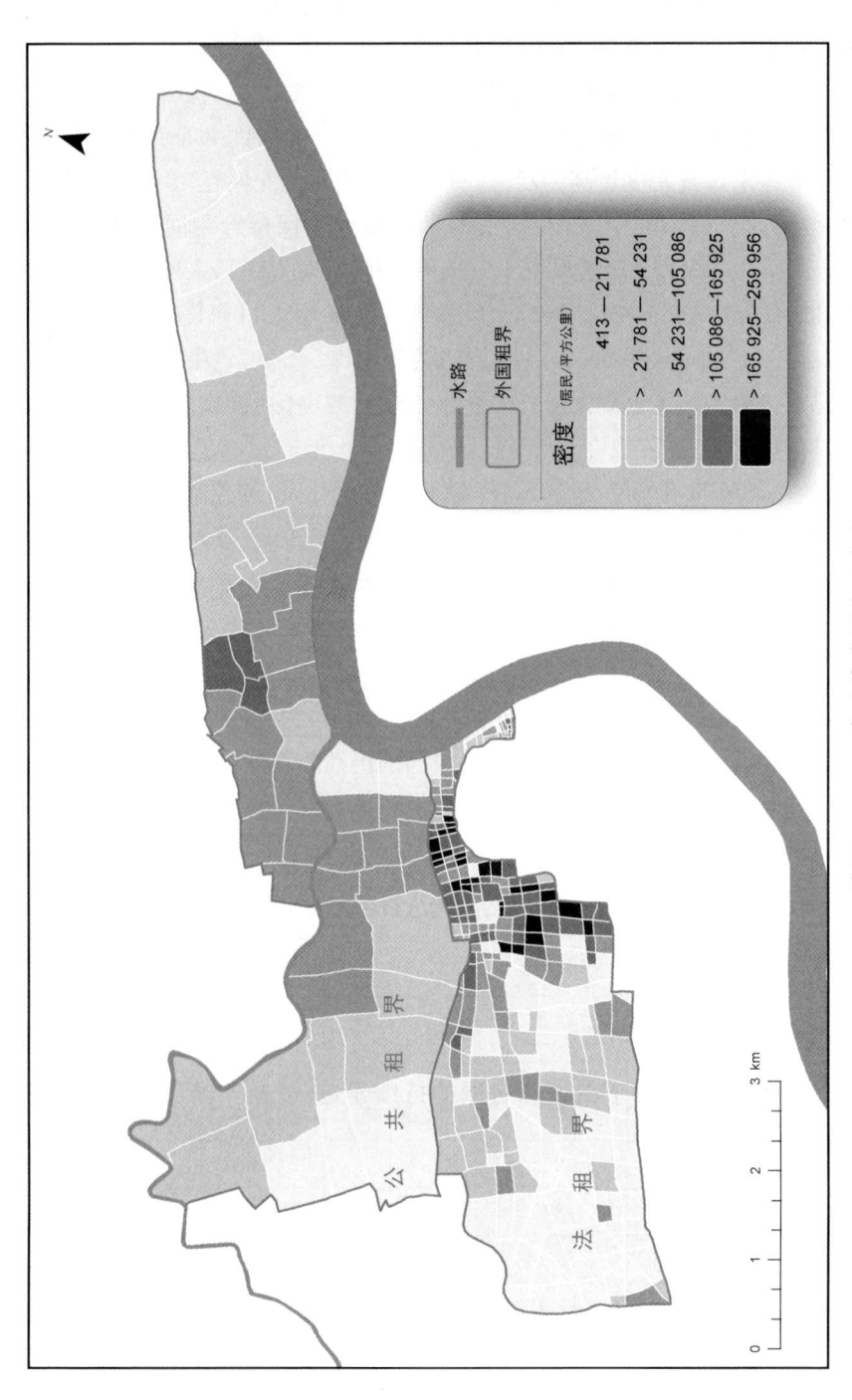

地图1.2 1935年上海市区人口密度

来源：视觉上海网站

但由于自然或人为灾害,尤其是战争,这些数据并没有将人口的巨幅变化考虑在内。在大部分样本中,难民的规模并没有达到几万人之多,这些人在几周之内拥入城市,在临时帐篷中住几个月。因为自然灾害所导致的最大人口拥入是1931年的长江水灾,给上海带来了上万难民。[62]当战争在上海周边区域出现或肆虐时,人为灾害所带来的影响更为严重,而且最终会影响到城市本身。1911年之后的政治不稳定在20世纪前20年不断给上海带来难民,但和太平天国起义或更关键的1932年和1937年所带来的难民数量相比,这些年代中所增加的人口就显得不多了。在19世纪50—60年代,尽管上万人来到上海,广阔的农村区域和城市接壤,给容纳膨胀的人口提供了可能性。同时期也是霍乱肆虐的一段时日。在1863年早期,詹姆斯·亨德森(James Henderson)——后来被上海工部局指定为第一任卫生官,报告了参观一处"糟糕大棚"的经历:里面有100人挤在一起,很多人病了,所有的人都在挨饿,有一些人已经死亡一周,他们的尸体在"污浊不堪的草席上腐烂……手臂张开……好像死亡的痛楚已经离他们而去"。[63]

另一个促使慢性疾病发展的主要因素是湿热的天气,尤其是在夏季的几个月,许多小河及河道给蚊子和其他疾病宿主提供了理想的温床。这些糟糕的情况致使外国人起初将重点聚焦在限制有利于疟疾和其他类似的由昆虫携带的疾病传播的环境上。[64]在19世纪50—80年代,上海在居民和医生中因其"各种发烧疾病"而声名狼藉。所有西方人的记述中充斥着糟糕的住房条件、街道环境以及当然不会缺席的老城中的河流和排水系统。游客、当地和来访的医生都指出恶劣的环境是中国当局对水道缺乏维护和疏通所造成的后果。[65]尽管这样的观点带有偏见。法国医生杜德兰·法戴尔(Durand Fardel)在1874年强调水污染的潜在风险,即便黄浦江的潮汐运动会将充斥着排水系统和运河的粪便及其他垃圾一并冲走。[66]外国人极其厌恶另一个做法——将灵柩寄放在家中或是公会大厅,他们视其为最大的健康危害。[67]这个做法成为一个争执焦点,导致了外国人和中国人之间的动乱。

随着时间的推移,由于街道和房屋的持续建造,以及外国当局政策的结果,溪流和池塘从城市中消失了。在法租界,公共卫生救济处向居民们发放传单来宣传抑制蚊子生长的方法。公共卫生救济处还涉入最有风险的区域进行消毒工作。到1923年,霍乱在当局所担心的传染病中仍然名列前茅。[68]1941年,公共卫生救济处最终宣布法租界可以说是安全的:"空地上的下水道和排水沟都已经被用从街区中收集到的垃圾填平塞满……工务处将低洼地区的大型渠道和水池都填平。边缘有高高草丛的池塘和溪流从租界中彻底消失……排干和填充工作每一年都逐步进行。"[69]就像这份报告所表明的那样,这是一场持久战。在邻近的公共租界,由于西区和东区未经利用的土地要大得多,普遍卫生情况不如法租界。

最后,一个保护人群免受传染病侵袭的决定性因素当然是公共机构的角色。公共卫生从一开始就是一个主要问题,无论是从自然条件还是社会状况来看皆如此。[70]但是公共卫生政策实质上需要解决外国人口的福利和保护问题。随着卫生官的任命,建立现代公共卫生局的前奏吹响了:公共租界在1871年,法租界在1910年,2个市政机构开始将其地界上的传染病记录在案,并实施渐进措施以降低健康危害因素。[71]中国人越来越多地出现在登记系统中,特别是传染病的记录。医院和私人医生必须强制递交报告。但是登记只能记录传染病的一次侵袭,无法说明传染病的病因和需要治疗的方案。在国民政府挑战外国租界并迫使他们提供更好的服务之前,卫生方面的公共财政投入都不在优先考虑范围。

在法租界,公董局在他们大部分的管理期间内并没有记录中国人的情况,即便从20世纪30年代开始他们试图通过各种社会政策来掌握这个信息,就是为了让他们的持续存在合法化。租界当局统计方式的缺陷无论是在理论层面还是实际操作上都清晰可见。客观现实是需要引入卫生措施,虽然这样违背了中国人的习俗,实施规定的市政当局缺少合法性,这种落差进一步削弱了公董局在这一领域的干涉能力。最后,在卫生基础设施和社会福利方面,为中国居民所提供的服务能落实到位的少之又少,甚至这些倡议是和由天主教宗教秩序传道业所建立的机构一起开展的。但是法租界当局的确在对抗流行病方面设计出了包含范围广泛和颇为成功的措施,尤其是在1937年之后。[72]

在公共租界内,上海工部局颇为系统地严格控制着公共卫生的公共支出。当局选择依靠个人捐献的财源,尤其是由传教团体所运作的医疗机构。很明显,由于自然的恩赐和私人个体及机构的资金,"管理上海"的真正成本被人为控制在较低水准。[73]最终,工部局卫生处拿着和警务处相比要低得多的预算,成功实施了各项措施,让城市在对抗健康危害时变得更加安全,特别是预防天花和霍乱这种传染性疾病。将环境卫生和预防措施,如预防接种和常规卫生条例的推行相结合,上海工部局最终能为其所有居民甚至更多人提供服务。[74]随着时间的推移,上海工部局和卫生处一起建立了一流的卫生基础设施,这是亚洲最好的卫生机构,和欧洲其他城市的相比亦不相上下,这给了工部局进行德治的信心,虽然这有些太迟了。[75]但是对于公共卫生的防护,造成了其与华界当局的摩擦,工部局却丝毫不理会这点,而法租界相对关注一些。政策和偏见妨碍了多方在卫生领域所急需的合作,而这是不分人种区别的。

他们的死因是什么？

纵观整个历史，上海是所有混乱的温床，这些混乱在所有其他城市，特别是在那些每年都要接待从全世界前来的上万人的港口城市中都能找到。尽管大部分传染性疾病是地方性的，它们时不时会因为外部传染，或者因为上海周边区域中不稳定的社会及经济情况而爆发成大规模传染性疾病。医生报告说可获得的医疗数据是无法引证的，这妨碍了他们弄清中国人中的死亡数量和原因。[76]中国人并没有妥善保留传染病的记录，而外国人则在加强注册系统方面缺乏记录方式或者意愿，抑或者两者都缺乏。直到1920年，中国人的死亡原因除非是由传染病造成的，否则在公共租界或者法租界的记录中都无记录。

传染性疾病在上海外国当局的观测名单中位居前列。两个租界将其地界上所有传染病案例都记录下来，这些记录首先记录的是外国人，其次是整个人口的情况，从1890年开始。将疾病分类和登记的过程是逐渐演变的，被记录的疾病范围是变化的。疾病分类在欧洲也是新事物，威廉·法尔（William Farr）的疾病分类学开创了这个领域，公共租界的卫生官和医生逐步采纳了这个分类系统。该系统帮助他们设计医疗卫生的方法，这会指导当局如何对抗不卫生的环境或者传染病的猛烈攻击。[77]随着时间的推移，疾病的分类变得更加复杂和更标准化。

对上海的外国人口而言，开展登记是为了追踪传染病的影响以及追溯人的死因。直到1922年，登记列表里包含了31种疾病，而且还增加了溺亡、自杀以及"所有其他原因"。1923年，卫生处引入了一种更详细的拥有50种疾病的分类方式。这同时反映了需要更精确记录疾病的需求以及医疗知识和诊断方式的进步。关于中国人，上海工部局从1890年开始对天花和霍乱的病例进行登记，猩红热从1902年开始入册，白喉和肺结核是1907年，流感和脑膜炎是1918年，伤寒是1923年。年报第一次详细出版了1922年《本地死因反馈》，但是只包含了13种疾病。[78]1928年，卫生处引入了更为完整的包含23种疾病的分类名单。[79]法租界根据自己的分类学方式记录死因，和工部局的分类方式相比，双方有32种疾病是一样的。法租界自己有16种分类是公共租界所没有的。由于双方分别对疾病进行记录及缺乏同质性，使得要完全重建传染病的影响或是想搞清传染病在上海致死疾病中的占比，几无可能。但是这些数据使我们可以考察一些主要的传染性疾病，尤其是那些在20世纪中发展成为大型流行病的疾病。

在公共租界，有54年的时间里收割外国人的主要"杀手"是肺结核（5 537例）、伤寒（1 291例）、猩红热（445例）、天花（427例）和霍乱（365例）。猩红热和麻疹是对儿童造成最大杀伤的疾病,而其他疾病会则对所有年龄段的人都造成了影响。对中国人造成影响的疾病顺序是肺结核(43 469例)、伤寒(15 132例)、霍乱(8 817例)、天花(8 763例)和猩红热(3 670例)。[80]两个群体的数据模式差异巨大。肺结核和伤寒在两个群体中都是杀伤力排名第一的疾病,而导致中国人死亡率较高的则是霍乱和天花这两种更为致命的疾病。关于外国人的记录几乎是完整的,但是关于中国人的数据精确性就值得商榷了,尤其是肺结核的数据。公共卫生救济处注意到肺结核在疾病总死亡率的发展和增长份额中有"令人印象深刻的规律性"。[81]

随着时间的推移,这样的情况也发生了变化。诸如霍乱、天花、白喉几乎从外国人群体的致死疾病中消失,甚至在战争期间仍然如此。只有伤寒直到1942年仍然是一个真正的威胁。在本书的分析里,所有的外国人被视作一个整体,尽管他们的社会和经济情况有很大区别,比如大部分俄国人和许多日本人所居住的环境和中国人颇为相似。对上海外国人健康情况的改善不能过度相信。直到二战之后,对抗传染病才有了真正突破,抗生素和其他药物消除了中国人口中的早夭问题。但是1946—1949年,由于大规模的人口流动和糟糕的经济状况,霍乱、伤寒和白喉造成了2 051例死亡,每种病例的数值基本在同一水平。天花造成了近1 200人死亡。大部分外国人最终幸存下来并能摆脱之前流行的传染病的骚扰,中国人则直到1950年仍饱受流行病和慢性传染病暴发之苦。

儿童极易被传染病感染呼吸系统和消化系统。不同社会层级的外国儿童大体上能从更好的生活环境中得益,但是要避免下大而化之的结论,因为"外国儿童"中人数最多的日本人,他们在上海的生活环境和那些特权群体并不相同。比如1926年,1—5岁死去的儿童有71人,其中55人(71%)是日本人。按照致死率的严重程度来排列主要疾病顺序是肺炎(20例)、麻疹(16例)和猩红热(4例)。[82]白喉也是一个主力"杀手"。1923年,法租界公共卫生救济处研究了界内的疾病特征,致命的案例要少得多。[83]1941年,白喉在外国人群体中已经消失,也不再是中国人群体中造成死亡的重要原因。[84]在中国儿童中,官方数据里最被低估的疾病无疑是猩红热和其他儿童疾病,其中麻疹又是最有可能被低估的。这些疾病在19世纪的伦敦或者巴黎也造成了一样的致命结果,但20世纪20年代便不再如此。[85]人们对街上所发现的数万儿童尸体并不进行尸检,除了传染性疾病之外,营养不良和腹泻是导致死亡的最常见因素。

在成年人中,19世纪城市中的主要祸害是臭名昭著的"上海病"[1],很多

---

[1] 编者注:即登革热。

人无法清晰辨识,或是将其和其他疾病加以区别。由于"上海病"是如此常见,以至于西方医生用"上海热"(Shanghai Fevers)来形容这类疾病。"上海病"在19世纪70年代后期呈现出下降的趋势,部分是因为对乡间和穿越城市的小河进行了清污,以及在外国租界内采用了各种方式进行消毒。[86]疟疾很可能是"上海病"的主要病因。[87]腹泻和痢疾是上海更常见的疾病,但对人口产生的致命影响要小得多。[88]1868—1872年之间在同仁医院治疗的2 107名病人中,"上海病"和痢疾有266例,也有伤寒热(69例)和斑疹伤寒疹(14例)。痢疾和伤寒热夺去了很多人的生命。在同一个医院所设立的门诊病房中,有近4 700例发烧,而腹泻和痢疾总共击倒了3 800名病人。[89]医院记录都指出声名狼藉的"上海病"在这些病人中很普遍。[90]

在这些影响居民的地方疾病中,特别是对中国居民而言,伤寒热的杀伤力巨大。在20世纪20年代早期,严加管控饮用水、接种、开展灭蚤运动的多管齐下,有效降低了疾病在欧洲人中的发病率,但中国居民没有上述因素的加成,意味着伤寒热仍在他们中间普遍流行。[91]比如1941年,近1 000名中国人因为伤寒热死去,而外国人却只有12人。[92]由于在田野中持续使用人粪以及人际感染的缘故,伤寒热仍然是上海的地方性疾病。[93]在法租界,接种只在战争期间被引入,在1938和1939年,有18 916人和13 831接受了接种,不过在接下来的两年里降至平均一年5 500人。[94]在抗战胜利后,市政当局扩大了其接种计划。

由于人口膨胀,战争给租界当局带来了越来越大的压力,直到1942年,租界的人口都比先前的数量高很多。从传染病的潜在威胁来考虑,在1938年4月,两租界当局决定互相合作共同对抗这个敌人。法租界的文件中不断出现要求与上海公共租界卫生处或者和公共租界当局本身"联系"。事实上,有一些会议的确因为合作承诺而召开,但之后就很少有证据能确定两个租界当局之间有紧密合作。在大部分时间内,合作意味着信息交换,比如关键的数据统计和预防疾病的一些方式。在阅读两个租界的档案之后,研究者不会感到两个外国租界之间互有合作。两个租界都在自己的地界上自行设计并加强其政策和执行方式。租界之外的区域大体上被视作可能会发生骚乱并蔓延到租界的地方。租界和华界卫生部门也几乎没有联系,即便在1932年至1937年,租界当局的态度有所变化,但是战争将过去的所有努力都化为乌有,而外国租界对华界统治区域的态度也回到了过去长期所持有的偏见立场。

传染病在战后仍是一个挑战。1949年的一份市政报告指出传染病在1946年至1949年9月呈现稳定的下降状态,从1946年的9 135例到1947年的5 542例,再到1948年的7 175例以及1949年前9个月的3 733人,这些传染病案例分别造成了2 286人、1 690人、2 196人和902人死亡。死亡率达到25%至30%的传染性疾病仍然是一个严重威胁。[95]但从那时开始,政府准备对新案例的出现进行应对,将这些病人迅速转移到一所独立的医院中。[96]即便传染病在城市中不可控,但由于医疗服务和更严格地监管人口,传染病所造成死亡人数要少得多。这也反映了接种的效果,数十万居民在1946—1949年接受了对抗传染病的接种(详见表1.4)。

表1.4　上海市接种人数(1946—1949年)

接种疫苗	1946年	1947年	1948年	1949年
天　花	536 573	2 252 006	2 464 381	1 350 127
白　喉	31 513	26 096	75 447	25 250
霍　乱	2 087 599	2 359 285	2 613 949	3 814 014
伤　寒	88 021	111 482	344 464	274 001
斑疹伤寒	500	0	0	0
狂犬病	3 287	3 671	4 041	2 226

材料来源:"上海市人口出生及死亡数统计表",1946—1949年,B242-1-74-61,上海档案馆,第13页。

总体情况在中华人民共和国早期继续有所改善,即便传染病仍然是造成死亡的重要因素。[97]在城市的市中心区域,1950—1957年,传染病致死率一直处于上升状态,和人口增长保持同步。在20世纪50年代的晚期和20世纪60年代的早期,又出现了一次猛烈增长,这有可能是因为食物配给数量的下降和面对疾病时更脆弱的状态。1957年,传染病案例的数字略高于400万人,是1951年数据的十倍。在1958—1959年期间,该数字超过了700万,而且直到1965年恢复到1955年的水准之前,该数字都保持着很高的水平。另外,发病率一直处于下降的状态,尤其是1963年后。在那之后,传染病案例的数字稳步下降,几乎到了对人口总死亡率的影响可以忽略不计的地步。[98]

传染病

那些暴发成传染病的疾病和侵袭欧洲城市的那些疾病并无不同。两个主要的区别是上海人口的高密度有利于病毒和微生物的传播,以及上海的基础设施更为不足,比如水的供应和质量就成为早期的主要关注问题,尤其是考虑到水和霍乱的关系。[99]公共租界在1871年第一次激烈的辩论之后,为建立第一座水处理厂花了超过 10 年的时间。上海水厂[1]在 1883 年 6 月 29 日的落成仪式可谓热闹至极,在外国租界摆脱与水污染有关的疾病方面贡献卓著。[100] 后来在法租界和华界也建立了水厂,让民众的日常生活变得更为安全。但是只有一部分人群能用上自来水,直到 1949 年,井水仍然是居民日常用水的主要水源。水质是防止传染病暴发的主要因素,尤其是对霍乱而言。有一些疾病和水质无关,比如天花。

霍乱在西方军队于 19 世纪入侵中国后来到上海,当然很可能也是因为中国水手的肠道携带了病菌。[101] 在 19 世纪 40 年代后期,霍乱已经成为城市的流行病,即便城市并没有遭受肆虐欧洲和美国城市的第一次疾病大流行的侵扰。[102] 1850 年,《北华捷报》报道称上海"被仁慈地放过一劫"。[103] 第一次严重的传染病流行发生在 1860 年和 1862 年。和早年相比,主要的区别是太平天国的军队在占领中国中部之后迫使数十万民众前往上海寻求庇护。但是当大规模的人流拥入,遇到猖獗的霍乱病毒时,便导致了可怕的后果。传染病开始大杀四方,死尸实在太多以至于无法全部下葬处理。[104] 除了一种声称将中国的各种植物草药相混合的疗法可以成功之外,无论是中药还是西药都无法对付这种疾病。[105]

1863 年,霍乱在 6 月中期又一次光临上海,但是一个月之后病情便平静下来。根据詹姆斯·亨德森所说,在这几周中,中国人的死亡率很高,每天大概有 700—1 000 例。[106] 1864—1865 年之后,对饮用水更多的关注以及通过注射静脉盐水进行治疗,都降低了霍乱在西方人中的致死率,但是霍乱在中国人中仍是"普遍而致命"的疾病。[107] 1866 年,《英国医学杂志》(*British Medical Journal*)报告称中国人的日死亡数是 3 000 人。[108] 这些大量死亡的中国人从未被妥善记录下来,也没有迫使华界政府进行任何更强的干预。[109] 总的来说,疾病的原因或者传播形式仍然是未知的,医生还是缺乏有效的治疗手段。但是,到 19 世纪 70 年代晚期时,许多人都已经清楚,被霍乱或者其他传染病所感染的人将排泄物排入河流和小河道所造成水污染,极大增加了传染病暴发的风险,毕竟这些都是主要的饮用供水来源。[110]

上海工部局对霍乱进行的连续记录最多。如果我们把死者的数量视作霍乱在公共租界流行程度的指数,该病在 1883 年、1902 年(1 500 例)、1912 年(1 321 例)、1919 年(680 例)和 1938 年(1 727 例)造成了一系列危害。[111] 在每一年的数据中,死亡人数最多的都是中国居民(大约占 95%)。在 1923 年至 1945 年期间,死亡数字相差很大,灾害显然是决定性因素。在 1932 年(水灾)

---

[1] 译者注:即杨树浦水厂。

和1938年(战乱),死亡人数显著增加(分别是5 439人和8 053人)。但是,从这两年的人口总数来看,死亡率表明了当局可以有效控制并抑制霍乱的暴发。其"定期"暴发所造成的死亡率在5‰—15‰浮动,而主要的传染病则将这一数据推至4%—5%。在1923年、1926年和1926年[1],大概11%的人口死去,但是在其他年份里,死亡率通常低于4%。换句话说,即便霍乱仍然是一种地方性疾病并威胁着上海这一忙碌港口城市的生活,其实际所造成的危害要远低于19世纪席卷全球的流行病所造成的骇人感染率和死亡率。

霍乱于1937年和1938年再一次侵袭上海,就在1937年8月日本攻击上海,人口随即大规模迁移进外国租界之后。在这两年中,霍乱杀死了约1/5的病人。缺乏足够的医疗设施、医疗报告错误和诊断延误这些因素一起导致了高死亡率。[112]1937年的霍乱病情开始得很晚,暴发于8月28日,这和8月中期开始中日之间持续到12月的冲突有关。[113]病情的传播非常突然,然后在两个月后消失。图1.1所代表的是霍乱在中国人口中传播的不完整数据。[114]我们可以从图中推测出霍乱的传播和造成大量死亡的速度有多快。在病情暴发后的第五周,霍乱已经在1 742个病例中导致了349人死亡。[115]根据法租界的报告,除了他们的数据之外,难民营并不是传播的核心区域。对医疗服务的主要担忧是难民营缺乏集中管理以及因此导致的无法开展合作和连贯的预防措施。[116]

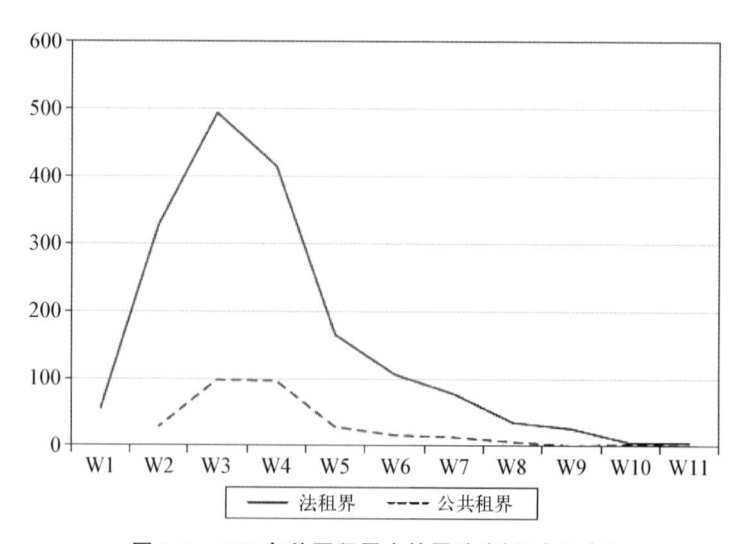

图 1.1　1937年外国租界中的霍乱病例(中国人)

来源:《霍乱病例每周演变趋势》,635 PO/A/39,南特档案馆

---

[1] 译者注:原文如此,估计是作者笔误。

1938年5月,当还有一大部分难民仍在租界时,即将到来的夏季又致使了对霍乱暴发的再一次担忧。在法租界,公共卫生救济处从巴斯德研究所预定了比正常数量多五倍还不止的疫苗。[117]当外国租界中出现第一例病例后,当局并没有陷入紧急状态。但是预防措施没能阻止一轮大规模霍乱病例的出现。5月18日在公共租界西区虹桥路难民营中出现第一例霍乱病例后便开始暴发。这标志着旨在限制该病传播的大规模运动开始开展。不到3周之后就已报告有291例新病例。[118]在法租界,公共卫生救济处决定给出现病情的铁路以西区域的所有居民进行预防接种,所有的水井都投入了大量漂白剂。[119]总而言之,在法租界中有近3 000例病例和337例死亡,在公共租界则有1 711例病例。[120]6月7日,日本当局宣布上海为霍乱感染区域并决定限制所有从上海出发的船只进入日本港口。[121]通往虹口和日本人控制区域的道路设岗严检,所有进入的个人都需要携带有效接种证明。[122]

接种开始在上海大规模进行,但是可用的卫生服务人员数量和要实现给民众接种的雄心壮志相比远远不足。[123]海军的外科医生和医务人员也被召集进队伍来帮助给尽量多的人接种。除了在永久性的卫生中心进行接种之外,街头还设立了接种的流动卫生站。在1938年的8月和9月,有290万人被接种,每周接种的人数多达12万人。码头处于严密的监控之下,主要是为了检查从黄浦江对岸运送食物和其他货品的人。[124]为了让民众广为知晓,当局通过报刊、广播和遍布城市中的海报(3.6万份)和传单(8.5万份)进行大规模宣传。[125]除了不可避免的漏洞之外,这次大规模行动最终成功帮220万人接种。

上海第二大重要的传染病是天花。这是一种古老的全球性疾病,数百年来终结了上百万人的生命。[126]因为系统性接种的缘故,天花在世纪之交时已经在欧洲几乎消失。但天花在中国还具有传染性,欧洲人自然对其还相当惧怕,[127]在上海,如果我们从中国人中死亡人数来判断,天花的主要暴发年份为1902年、1904年、1938年和1939年。考虑到相对较高的发病率,每一次暴发后的死亡人数都会达到数千人。但是最糟糕的一次是在1907年,天花的侵袭导致8 063人死亡。[128]在公共租界,卫生处鼓励人们进行接种。1912年之后,卫生处尝试通过其分支卫生办公室来接触中国民众。1929年,有58 213人来接种天花疫苗。[129]其实这和民众的真实需求量相比远远不够,但是就像在法租界那样,只有情况非常严重时才会促使当局进行大规模接种。天花直到民国时期仍是一个真正的威胁,即便从20世纪20年代开始的接种运动已经降低了其危害。

在1938—1939年,由于人口大量膨胀且居住条件恶劣,上海又暴发了一次小规模的天花传染。最早的几例病例在公共租界出现并迅速传入法租界

(详见图1.2)。人们只有在疾病发展至全身时才能诊断,但是在此期间被感染的人已经在无意中传染给了其他人并扩散了疾病。当法租界报告第一例病例时,总领事规定所有新生儿都必须接种并建议所有人在卫生中心接受免费的接种。[130]但是对于防止天花扩散而言,这样做已经太晚了。该病于12月中旬在公共租界达到发病高峰,一个月后在法租界达到高峰。位于马斯南路[1]上圣·让隔离病房(The Saint Jean Isolation Hospital)很快便被病人挤破门槛。为了容纳数量越来越多的病人,在海格路[2]原先为监狱病人所设的医院中设立了临时医院。[131]在1月早期,两家医院都已达到最大人数。在疾病暴发最初的3个月中,超过1/3的病人死去。当局通过广播站用不同的语言来警告民众传染的风险并建议去卫生中心接种。[132]虽然直到1938年9月末接种的人数是145 234人,但该年最后3个月的接种人数达到了124 626人。[133]

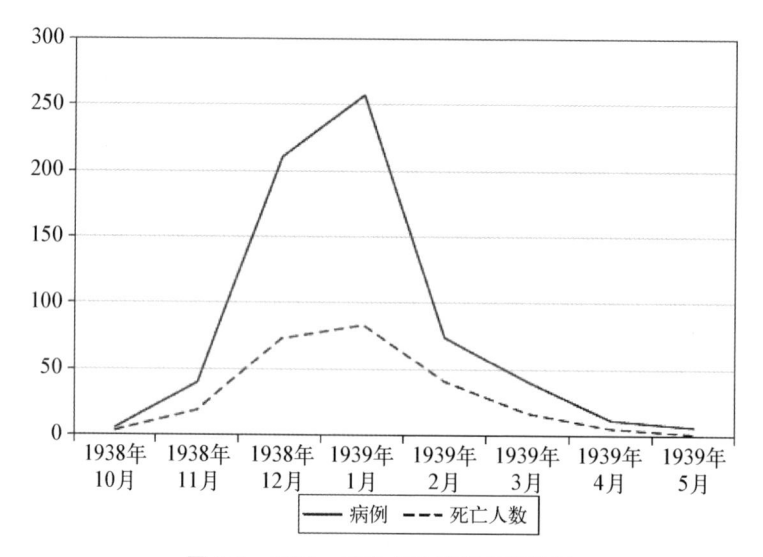

图1.2 1938—1939年法租界天花统计

来源:《法租界年报》,1939,U38-5-1274,上海档案馆。又,635 PO/A/39,南特档案馆。

在法租界中,天花最终感染了645人,其中外国人22人、中国人623人。公共租界不完整的数据显示1月初的病例是1 479人。外国人中死亡人数不多,但中国人的死亡率是38%。大部分人死于1938—1939年2月的传染病高峰时期。[134]

---

[1] 译者注:今思南路。
[2] 译者注:今华山路。

接种

接种使得人们在对抗传染病方面有了长足进步。最主要的突破发生在 19 世纪晚期,接下来的几十年中有了进一步的发展。新的疗法和对病理学更好地掌握也对一些感染性疾病提供了帮助。直到二战以及抗生素的兴起,传染性最强的疾病才成为过眼云烟,或者说至少已经不再威胁到生命安全。

在上海,接种其实较早时就已经引入,但是当局开展接种的动力在除了战争期间的其他时候一直疲软不足。中国人对接种天花疫苗并没有特别的抗拒心理。尽管接种用的还是前现代的方式,但已经这么操作了几个世纪。不过在中国并没有系统性的接种行动。在外国租界,接种在外国医院都能进行,大部分情况下还是免费的。大约每年有 1 200 人在体仁医院(Gutzlaff Hospital)接种,当疾病在人群暴发时就会有更多人这么做。在几十年中应该有数万中国人进行了接种。[135] 法租界当局很晚才开始给民众接种天花疫苗。1923 年,大量的欧洲人病例迫使当局采用接种措施。[136] 但直到 20 世纪 30 年代法租界当局才开始采取针对天花和霍乱的接种行动。20 世纪 30 年接受天花疫苗接种的人数(12 328 人)表明了当局所做的努力是有限的。在接下来的 1932 年中,接种人数翻了 3 倍。在那之后接种人数连续三年进一步提升至 5 万人左右。

如果说 1936 年见证了接种人数的巨额增长(接近 9 万人),战争则培育了天花大规模暴发的巨大风险。接种人数猛增,几乎达到全民接种的程度。这反映了自 1937 年开始,当数十万难民定居在法租界内时,当局所付出的巨大努力。在战争年间,公共卫生救济处发起了系统性的接种运动。在 1937 年和 1938 年,分别有 209 238 人和 285 633 人进行了接种。在 1938 年后期,在外国人和中国人中的一些病例引发了当局的警觉。11 月报道了 37 例病例,在接下来的两个月内,病例数暴增,每个月超过 200 例。在 1939 年的 2 月和 3 月,天花有所收敛,感染人群中最终有平均 38% 的病人最终死去。[137] 仅 1939 年一年,有 540 091 人进行了接种。在接下来的两年内,得到接种的人数平均有 40 万。[138]

法租界当局为了给每个人接种,提升了他们行动。1939 年接种行动的组织非常系统化。警察首先调查了所有人员集中的主要场所(学校、工厂、公寓楼等等)。这些地方是比较容易确认的目标,法租界当局派遣其官员去倡议接种。由于大部分人口居住在许许多多的房子和弄堂中,可行的方案是制订一个覆盖所有租界区域并以街区划分的计划。接种员团队被指定和一个街区联系并尽可能多地进行接种。最后,由于一些人可能不在家,公共卫生救济处将其接种队派往每个街区的主要道路上,而且也是免费提供对抗天花和霍乱的疫苗接种。[139] 1941年,相同的做法被保持下来,同时法租界公开宣称要给所有人接种,而且接种在法租界产科诊所中是强制性的。这一年中只有6例天花病例。[140]

霍乱是另一个需要进行疫苗接种的优先病例,即便现在我们知道通过妥善的治疗,大部分是通过静脉治疗来补充损失的体液,可以有效对抗此疾病。在华界,卫生局在预防工作方面很积极,使用了强行干预的方式,就像1934年,对某些人群进行了强行接种。[141] 就像上文讨论的那样,法租界当局的接种政策在霍乱的案例中有所不同。当租界当局侦测到霍乱病例时就开始实施接种,并宣布进入传染病疫期。这并不是一个只在本地就能解决的问题,因为所有的港口城市都惧怕被从疫区城市前来的游客或者水手所传染。如果知道一个城市有数量众多的病例,所有去其他城市的人都需要出示接种证明或者被隔离。即便在城市中,疫期时也会限制人员的流动。1939年,在一次霍乱暴发被记录后,日本领事通知两个外国租界当局,日军海军司令部决定对租界中的所有居民强制实行接种证明制度。[142]

如果我们仔细研究法租界的接种数据,就会发现接种数字呈不断上升的状态。显然,法租界当局并没有在成本上纠结——接种是免费的——而且接种数量一定超过了自己租界的人口。1939年的接种人数近150万人,第二年又增加了超过100万人。1941年是我们能查到数据的最后一年,有875 683人进行了接种。[143] 健康官的检查确认了有许多中国人从周边的华界街区来到法租界接种。公共租界遇到的情况也是如此。

法租界当局对疫情的关心是真情实意、真真切切的,在那个时候,过去所有的偏见都被放在一旁。两个租界当局意识到传染性疾病可不会有行政、社会或者宗族的隔阂。要保护人口中的特定人群而不是保护所有人并不是一个办法。一场严重的传染病完全能瘫痪地方经济。在纽约,尽管市政当局一开始对强加在人群上的接种有一些抵触,不少公司很快意识到让他们的工人进行接种是符合其最大利益的。[144] 法租界公董局和公共租界工部局历经了很长的一段路,但最终他们建立了一套全员接种的系统来对抗主要的传染性疾病。对于公众健康的关注最终战胜了对短期成本的忧虑。

疾病和死亡的总体形式

传染性疾病的流行是恐怖的,能在几周内夺去成千生命。但是大部分死亡都不是最严重的流行病造成的。在公共租界内,1921—1930年的数据突出了5种最主要的致死疾病:肺结核(9.5%)、肺炎和支气管肺炎(9.6%)、伤寒和副伤寒(5.4%)、脚气(3.6%)和心脏病(3.4%)。有近1/4的死亡是由"其他原因"造成的,虽然在这个列表里有 50 种可能的原因。[145]肺是最容易引起问题的地方,远远领先于心脏、肝脏和大脑。[146]

在此期间,外国人群中的年死亡率保持在近 500 人,然后在 20 世纪 20 年代中期之后升至 650 人,1930 年之后则超过了 800 人。在这些人中,儿童在 1921—1931 年中占了 25%—29%。自那之后,儿童就不再被分开计算了。这 10 年中,在 5 716 例病例中根据疾病重要性顺序的排名是肺结核(573 例)、肺炎(428 例)、伤寒热(292 例)、脚气(220 例)、心脏病(204 例)、支气管炎(172 例)、癌症(172 例)和天花(157 例)。霍乱在外国人致死病中排在很低的位置,这得益于他们能获得更好的过滤水、更好的住房条件和较少接近人群拥挤的街区。[147]

中国人中的死亡原因是根据一张数量更少却涵盖了大部分传染性疾病的 27 种病因分类表来记录的。[148]上海工部局年报中所报告的病例数量表明中国人的死亡数在租界总死亡数中占了 18%—20%。有很大一部分死亡病例并没有被报告,这可能会影响我们解读死因的真实分布。在 1922 年至 1930 年,卫生处记录了 2.5 万例死亡病例。在这个基础上,致死病例的排名几乎遵循着和法租界相同的方式。肺结核无疑是第一杀手,在所有病例中占了将近三分之一,在所有贫困社区中这种病是穷人病的典型象征。[149]总体来说,由于人群并不能像欧洲那样就近获得治疗。[150]伤寒热以 12.5% 的比例证明了其流行和致命的程度。麻疹(9.4%)和猩红热(4.7%)给儿童造成了巨大杀伤。天花、痢疾和霍乱都是 3%—4% 的相似比例。

1937 年法租界的数据用 41 种可能的因素来对死因进行分类。[151]1937 年,当局记录了 11 406 例死亡,如果我们把意外身亡、自杀和未具体说明的原因以及衰老(这不能算一种医学原因)排除在外,可识别的主要"杀手"在中国人和外国人中是不一样的。在总共 318 例死亡中,外国人的死因排名是心脏病(66 例)、肺结核(52 例)、癌症(33 例)以及痢疾和小肠炎(25 例)。这 4 种死因在所有非意外死亡中占了超过一半数字,加上肺炎和脑类疾病的话,数字可以达到近 3/4。在中国人中(11 026 人死亡,其中 8 692 例是死于疾病),疾病的原因更多。肺结核排在最高位(1 426 例),其他呼吸系统疾病是 541 例。排在第二位的是伤寒热(971 例),心脏病(909 例)、痢疾和小肠炎(902 例)紧随其后。造成中国人死亡最多的四种疾病占了所有非意外死亡的 48%。除了心脏病,其他三种都是由营养不良、供水不佳以及人群拥挤和不卫生的住房情况所造成的传染性疾病。[152]

小结

上海的人口统计学仍是一个谜,这幅拼图缺了很多碎片。数据能提供某个时间中一个情况的最佳反映,但是它们通常都不能展现动态变化,尤其是人口大幅变化的情况,而这种变化在城市的历史上留下了重要的印记。上海接纳了间断性的移民拥入,人口曲线呈现不断增长的状态。如果我们只考虑这个增长的曲线,变化是惊人的,但和欧洲的城市相比并没有太大不同。但是,如果我们将直到1950年之前都几乎没有改善的高死亡率也考虑进去的话,很显然,由死亡所导致的人口缺口被不断增长的移民数量所填补上。上海如果不从外界吸取生命的话是无法兴盛的,这些生命大部分来自农村地区。尽管新生儿的数量众多,但有相当大的比例连生命的第一天都没能熬过去。高婴儿死亡率是最有说服力的结论之一,即便依靠残缺的数据也能将上海的生活情况书写至20世纪50年代。

人口数据记录不足、人口的变化以及对健康和教育的有限投入反映了两个租界当局对住在其地界上的人相对冷漠的态度。将市政开支保持在最低限度始终是个问题。在公共卫生领域,租界很显然采取了更多措施来妥善记录外国人中的疾病和死亡,但是外国租界当局或多或少避免卷入到健康和教育事务中,即便是外国人的也是如此。私人领域,包括传教士的行动,被作为提供类似服务的替代者。华界的情况显然也很糟糕,相关机构直到20世纪之前都没能制定出公共卫生政策。不过即便在1927年之后,缺乏资金和战争的破坏性后果也让旨在保护人群的大部分努力付诸东流。事实上20世纪30年代后期的战事最终导致了两个外国租界通过接种来实行全民预防措施。

虽然现代生活成为新死因的创造者,比如交通和工业事故。但上海最主要的死因是疾病,尤其是那些最盛行的传染性疾病。公元10世纪目睹了霍乱病情的连续暴发,这是席卷全球的大型流行病在地方上的肆虐。这些疾病具有毁灭性且高度致命,可除了死去的外国人,追踪这一悲剧的文件是如此之薄,以至于很难得出一个真实的评估。疾病的总体类型在外国人和中国人之间并无实质性区别。最主要的区别是疾病的更高的流行程度,尤其是肺结核,这个在19世纪欧洲盛行的诅咒,却在接下来的一个世纪中在上海大肆流行。霍乱和天花直到20世纪30年代后期仍然是潜在的杀手,即便外国租界中的接种运动最终成功制止了疾病的报复。

战争在扩大传染病影响的各种例子中当然是一个不可否认的因素,但是折磨中国人群的主要小病是那些"贫穷病"。贫穷给疾病的扩散创造了条件,贫穷也使得可行的治疗遥不可及。1950年后卫生条件颇为迅速地改善,表明了只是建立基本的医疗服务就能有效地给民众提供直接且在经济上能承受的医疗护理。

第二章
会馆、善会和同乡社团对死亡的管理

在现代社会中，当城市发展到能容纳上百万人的规模时，如何划分生与死的空间便成为一道新的难题。在欧洲，习以为常的殡葬方式——比如，葬在教堂墓园、甚至直接葬在教堂内——随着城市内死者数量的上升，不得不给新的殡葬方式让路。新的墓地，无论是私人的还是公共的，都建在城外，远离居住区。对欧洲大部分城市居民来说，最后的安息之所通常是他们所居住城市的墓地，但中国的城市，尤其是在人口以旅居者为主的大型商业城市，在管理其死者的问题上却有一个更为复杂的系统。对这些旅居者而言，他们所居住和工作的城市对他们而言只是他乡，他们属于自己或者他们祖辈所出生的地方，因而他们期望在死后能魂归故里。由于城市规模和性质的不同，中国城市关于旅居者殡葬方面的处理方式一定是非常多样的。处理方式还和旅居者的社会状况、地位以及（这一点是必须考虑在内的）交通运输的技术水平相关，但是即使是远在美国西海岸的中国移民，他们仍然会组织安排将自己的遗体运回国内[1]。

在上海，旅居者占据了城市人口中极大的比例。在19世纪中叶开埠后，与西方人进行贸易让上海迅速崛起，但在此之前，上海早已是中国海岸线上一个主要的港口，一个将富庶的江南内陆与通往北部和南部中国海路相连接的关键节点。从宋朝时成为一个海关开始，继而是1292年宋朝时立县[1]，这座城市接纳和收留了从北方和南方省份前来的移民。到了18世纪的时候，数量众多的旅居者团体在当地人口中占了很大的比例[2]。外国租界的建立、海上贸易的发展以及太平天国所制造的混乱局面都给上海人口稳定、偶尔频繁的增长孕育了条件。旅居者团体随着商机和政治态势而变化，山东移民从17世纪中叶起便把持着红豆和大豆肥料的贸易，直到两个世纪之后他们的势力在上海式微为止[3]。1842年之后，广东人在西方商人之前捷足先登，人数不断增长，

---

〔1〕 编者注：作者原文如此。此处"宋朝"应为元朝。

一直到1949年为止都是南方移民团体中人数最多的一群。与之相反的案例是福建人,曾和广东人势均力敌的他们在小刀会起义(1853—1855年)之后,在清朝的野蛮镇压下几乎从上海消失[4]。不过死亡并不是一个纯粹的人口统计学问题,这些人在上海的死亡并不仅仅是个数字,其背后还牵扯到种类繁多的文化和社会背景。由于只有很小一部分人能够搞定自己的后事,社团组织为了满足过世成员,尤其是那些从离上海很远的地方来到这里的人的需要,承担起了这项责任。社团组织扮演了和英格兰或者法国教区一样的角色,尽管还没有达到与教区相同的水准,但它们所提供的服务范围超过了欧洲城市所能提供的一切。

上海的同乡会与旅居者

中国社会建立在连锁网络的基础之上,个体是家族、职业或者地区性网络中的一部分,个体必须依赖这些网络来减少闯荡异地的风险和共享资源。尽管普遍认为在城市中身份没有乡村社会那么重要,但是这些社会网络在中国城市生活中扮演着关键的角色。当然,并非所有人都能融入这些社会网络中,然而这些缺少社会网络支持的人可能会错过更多人生机会,他们只能找到不那么体面的工作,遇到严重的困难和健康问题等,然后孤苦伶仃地死去,被葬在义冢[5]。互助是这些组织兴起的重要理由,它们把来自相同地方的人在他乡聚在一起互相照顾[6]。顾德曼和罗威廉对会馆和公所有非常透彻的研究,它们是晚清和民国时期构建都市社会的重要机构[7]。同乡会主要有三种功用:它们是贸易和工艺的裁决者,旨在加强社团之间规则和标准的执行;它们是连接当局和同乡会成员之间的纽带,当局依靠同乡会收取税收、保证治安和传递裁决;它们还为自己的支持者提供一系列互助服务。本章所关心的是最后一点,聚焦于会馆和公所在管理死亡方面所扮演的角色[8]。

会馆和公所的功能互相重叠,不仅仅是因为它们都会被用来命名基于同乡关系的组织或者贸易组织,这时两者之间是可以相互替换的,还因为一个特定的贸易或者手工业组织往往是由一群来自相同地方的人所控制的,两者之间有很强的关联性。顾德曼清晰而启发性地展示了这一容易被混淆的情况[9]。在上海,会馆和公所都建立了处理会员死亡的机构,尽管会馆看起来会因为其更庞大的会员人数而更多地介入这个事务。参看表2.1,1842年之前,上海只有很少的会馆,大部分社团是在开埠和连续的移民浪潮出现之后才建立的。这张表格并不是1949年之前所有上海会馆和公所的统计表,只记录了提供殡葬服务的同乡会。表中的年份是这些会馆的建立时间,并不是他们开始着手管理死亡的年份。如果说有一些会馆从建立伊始便提供这项服务——有一些会馆声称这是自己成立的初衷——很多会馆要到更晚的时期才开始这么做，直到它们的社团规模达到提供殡葬服务的需要。最后，部分会馆尽管在其他方面继续为自己的会员服务，但它们停止了在殡葬领域的服务。1950年，上海市人民政府调查了所有涉及殡葬服务的会馆，一共有40家会馆和公所做了汇报，其中只有四家是公所，其中两家公所的成员还来自同一个地方。

表 2.1 上海涉及死亡管理的会馆公所

会 馆 名 字	成立年份	会 馆 名 字	成立年份
浙绍公所永锡堂	1737	苏州集义公所	1887
徽宁会馆	1754	莫厘三善堂	1887
泉漳会馆	1757	锡金公所	1888
潮州会馆	1759	钱江公所	1889
四明公所	1797	京江公所	1893
衣装公所	1809	海昌公所	1902
岭南山庄	1847	台州公所	1902
溧水旅沪存仁堂	1851—1861	江淮公所	1904
浙宁红帮木业公所	1857	延平山庄	1904
上海市北长生公所	1857	嘉郡会馆	1906
上海丝业会馆	1857	齐鲁别墅	1906
淮安六邑会馆	1864	湖州殡仪馆	1908
怀安堂公所	1864	通如崇海启五县会馆	1908
广肇公所	1864	西烟公所	1908
兴安会馆	1873	江阴公所	1909
晋徽会馆	1875—1908	常州会馆	1910
绍兴会馆	1876	淮扬公所	1910
平江公所	1877	金庭会馆	1910
定海善长公所	1878	蜀商公所	1910
浙金公所济善堂	1880	三山福宁会馆	1911
江宁六县公所	1881	广东旅沪顺德会馆	1900—1912
湖南会馆	1886	溧水水炉公所	1900—1912

(续表)

会馆名字	成立年份	会馆名字	成立年份
洞庭东山会馆	1912	潮惠山庄	1930—1932
浦东公所	1915	潮州武夷山庄	1930—1932
扬州七邑旅沪会馆	1915	广东三水荣乡会	1949
豆米业福济会华仁堂丙舍	1920	安徽会馆	未知
苏州义济善会	1921	嘉平宝山公所	未知
吴江会馆	1922	闽峤山庄	未知
湖北会馆	1923	苏州昌善堂	未知
徽宁歙县同乡会	1923	温州公所	未知

材料来源:"上海市会馆公所山庄调查表",1950年,B168-1-798,上海档案馆。

同乡会的殡葬活动与大背景下的当地社会状况相匹配。上海居民葬在周边。我们从很多不同途径的记载发现,除了靠黄浦江那一侧外,墓穴和坟地沿城墙将上海的老城厢围了个遍。此外,对旅居者来说,想将他们的遗体运回故乡的想法也是大部分会馆以及他们自己所属会馆所力所不能及的。想要寄存灵柩直到其被运回到故乡,在19世纪之前只有少数精英人物才能办得到,日后这种做法成为一个在社会上较普遍的现象需得益于现代的交通运输方式。1853年,在上海的广东人和福建人大概分别有8万人和5万人,同时期的宁波人大概有6万人。[10]如果对19世纪上海的死亡率做一个大概的推测,不考虑流行病30‰的死亡率,那每年会相应产生2 400人、1 500人和1 200人的死亡人数,这样的数字规模并没有超过灵柩的船运数(每年大概在3 500—3 600艘),但是并没有材料记载这样的实践或者操作。更重要的是,关于船运途径最关键的一点是购买高质量和密封性好的棺材,但这样的棺材是大多数人都承受不起的。从这些基本点出发,假设大部分旅居者都直接葬在由自己会馆或者善会所管理的当地公墓是比较合理的,这一点会在后文再讨论。

管理死亡:会馆和公所

同乡会馆在死亡管理中的角色带出了一系列关于它们自身管理之外的问题。晚清时期当一个市民去世之后会发生什么?处理尸体的过程是什么样的?在20世纪20年代殡仪馆出现之前,谁负责出殡的安排和葬礼?地方当局在多大程度上介入或者规范葬礼活动?在中国,一个人的葬礼有三个基本要素:一场仪式、一口棺材和一个安息之地(或者一个灵柩暂存之所)。19世纪的史料提供了这方面都市生活有限的信息,由于上海在官方的建制中并不是一个城市,因此并没有关于死亡的记载,只有在地方志中我们才得以一窥端倪,但除了有关名人的记述和对当地活动的草草记录之外,这些文本鲜有涉及死亡和葬礼的事情[11]。地方志中提及最多的是数量众多的义冢,这印证了大部分人死后都没有体面的葬礼且只能就地下葬的观点[12]。1872年之后,《申报》中的新闻提供了进一步探索该领域的途径,尽管大部分新闻都是关于公共方面的葬礼。对于大部分人来说,最关心的事情是购买或者弄到一口棺材以及一块墓地。约定俗成的做法是,旅居者一般会先求助于同乡会,善会也会提供类似的帮助,不过就像在第四章中所讨论的那样,他们不到万不得已一般不会找善会。

会馆是最主要的殡葬服务提供者。会馆不是商业企业,这是它们在应对当局时为了躲避税收而不断强调的观点,但是它们在运营时却像个公司,区别就在于,大多数情况下,它们的主职是为了保持和扩张自己的财产,以及帮助自己社团的成员。会馆为了给管理死亡的事务拨款,力图满足所有会员的需求(木料、棺材、寄柩、运柩),它们在这一雄心和其经济能力所限之间找寻平衡点:它们无法承受在财政上的持续损失,尽管会馆本身也会依赖那些富有成员的捐赠。总的来说,每一种方案都是通过向那些寻求会馆提供不同服务的富裕成员收更多的钱来达到财务平衡,尤其是在棺材分配、寄柩许可或者运柩等服务方面。会馆也通过发动成员进行筹款活动或者个人捐献来筹钱。通过这些办法,会馆可以弥补财政赤字、给常规的修缮拨款,抑或是建立储备金。通过不同渠道的账目统计可以发现这些是会馆筹钱的惯常办法,只有在20世纪40年代后期发生恶性通货膨胀时才例外。

会馆的第二个主要收入来源是会馆旗下地产所带来的持续收入。在管理死亡之外,会馆还经营着各种活动和事业,主要包括学校和医院。当然,会馆之间存在着差异和不同,最有钱和最有影响力的四明公所可以给自己的成员提供众多服务,这只有少数会馆能做到。不过,许多会馆还是尝试通过获取足够的资金来支撑自己的运转。我们有非常不完整的会馆财产记录,只有少数的记录可供我们一窥会馆在房地产市场中的情况。比如,广肇公所于1872年在公共租界的江西路和宁波路交界处得到了一大块地皮,使之在历经19世纪50年代的会馆毁坏和19世纪60年代的混乱局面之后得以重建,这块地皮的位置就在外滩建筑群旁边,在随后的几十年里成了一块黄金宝地。广肇公所出售或者出租大部分其拥有的地产,尤其是租给银行。1928年,它在自己的地皮上建造了一幢多层建筑,除了将第五层留作公所工作人员办公之外,其余楼层租给了银行。1950年,广肇公所仍然拥有1英亩(6亩)建有多幢高楼的土地。在北四川路,它有一大块地皮,地皮上的建筑可分为广肇公所自己的学校以及另外86间出租房[13]。1950年,租金收入成为广肇公所最主要的收入来源(占其总收入81.5%),剩下的部分则靠个人捐献(占5.3%)以及公墓收费(占13.5%)来填补[14]。

  19世纪的会馆经常在它们的章程里明确会馆在其成员死后应承担的责任[15]。会馆对成员最基础的一种支持是提供做棺材的木料。对贫穷的旅居者来说,购买做一口简单的棺材所需的木料是非常昂贵的物料支出。不过会馆也会给经济上困难的成员提供现成的棺材,这些棺材质量一般,经不起长时间运输,只能就地下葬。规模更大的会馆会有木料储备和全天制作棺材的作坊。通常情况下,除去那些免费的棺材,会馆会提供众多的、可以货到付款的棺材,四明公所就提供了18种不同等级的棺材以供选择[16]。会馆还有一种主要的帮助方式是提供寄柩的设施,直到死者的家庭有足够的钱来主办葬礼或者在一个黄道吉日将灵柩运回祖籍地。尽管寄柩面对所有成员开放,但这也是有前提条件的,即棺材的密封性须达到上佳,而这样的棺材通常价格不菲。棺材会停留数月,乃至数年,一项相关服务是以低价运送棺材,甚至免费,正如我们将看到的,这是后来两种因素结合的结果,即成员对会馆服务与日增长的期待和变得越来越便宜的交通运输成本。最后,由于大部分成员无法承受可以船运的高质量棺材,没钱的成员将葬于会馆所拥有的土地里作为无法回归故里的备选,而且只有会馆自己的成员才能这么做。

  少数会馆可以提供全套服务。随着时间的推移,会馆的接待能力也在变化,这取决于它们的经济状况、社团的规模,或者其他因素,比如官方的压力等等。想要重构所有注册会馆如何在漫长的时间中为自己的成员服务是不可能的,但是因为一些显而易见的经济原因,相较于组织棺材运输,会馆经常会把重心更多地放在为成员的本地落葬和寄柩提供方便。1950年的一个官方调查显示了会馆提供服务的种类(详见表2.2)。

表2.2 20世纪50年代会馆所提供的殡葬服务范围

服　　务	会　　馆
殡葬补贴	3
木材(免费)	5
棺材(免费)	18

(续表)

服　　务	会　　馆
葬礼(免费)	14
墓位	10
寄柩	22
船运	4

材料来源:"上海市会馆公所山庄调查表",1950年,B1680-1-798,上海档案馆。

比较清楚地是,会馆在聚焦本地落葬时会提供免费的木料、棺材和葬礼安排。只有一个会馆,即四明公所,会提供所有的服务项目。四明公所在1797年就获得了一块用于建设寄柩所的土地,同时还附有一块额外的土地作为墓地。四明公所的成员在1831年筹款建立了育材局来安排分发免费的棺材。事实上,拥有墓地的公馆通常不会支付葬在自己墓地的葬礼费用,半数会馆支付葬礼费用但没有寄存棺材的设施,其成员只能在自己保管遗体或者葬在当地墓地中二者选其一。相反地,在18个提供寄柩所的会馆中,只有4个拥有墓地[17]。事实上,大部分会馆都会给买不起和无力在会馆寄柩所寄放棺材的会员提供免费的棺材或者木料。这种20世纪50年代早期的情况是在近代史大部分阶段里都已存在的更复杂、更多样的图景之一,大部分会馆在1945年之前都会这么做,运柩除外。在任何时期,会馆、同乡会和公所都会根据自己的经济能力给自己的成员提供殡葬设施和服务,这些能力取决于同乡社区的规模,但随着时间的推移开始逐步取决于它们自己的财产——土地和房产——以及同乡富裕成员的捐献,如宁波人和广东人在提供殡葬服务方面名列前茅。在殡葬服务方面的高投入是一个印证同乡会内部身份认同构建程度的因素。

义棺的分发

义棺的分发是最基础却也是最重要的殡葬服务形式。遗体在装殓之后可以被掩埋在善会或者会馆的墓地里。在1903年和1904年,四明公所分别分发了910口和648口义棺,在随后的一年里,这一数字降到了413口[18]。在每个案例中,申请者的凭据或者经济状况必须通过担保人才能在会馆建立档案,这个担保人必须是会馆的男性会员。四明公所储备了大量棺材以备不时之需,储备量在20世纪30年代中期是500口棺材,到战争初期时已经超过1 000口棺材[19]。四明公所还大量储备了制作棺材用的木料,1939年时所储备的木料价值241 379元[20]。义棺的分发数量取决于从旅居者群体征收的款项。1939年，年报上罗列了所有捐赠者的名单，捐款数从1元至5元不等，捐款总额是2 489元[21]。如果富裕的商人是大型捐款活动的主角，那么普通民众源源不断的低额捐款则突出了在旅居者内部广泛传播的团结意识，以及他们对同乡群体中更贫穷的成员后事的关心。这种传统甚至一直持续到经济并不稳定的时期[22]。对外销售棺材是另一种支持免费分发棺材计划的办法。1934年至1937年，四明公所卖出了大约4 138口棺材，1938年卖得最多，达到了5 346口。1939年的棺材销售收入为314 788元，差不多是整个分发计划所需的一半额度，这个收入比宁波人的棺材工作坊所生产棺材的成本(216 885元)还要高[23]。

虽然不同的会馆会采用相似的做法，有些会馆在特殊情况下会帮助它们的成员。温州同乡会只在1937年采用了分发义棺的办法，同乡会估计每年对义棺的需求是40口，总计600元，同时还预估要运回温州的棺材数量每年在80口，占所需补贴数量的一半。就像四明公所，温州同乡会计划将棺材卖一个更高的价格以赚取利润来资助那些付不起棺材钱的成员。这个文件里的其他档案都是会馆拟的草稿，所以我们无从得知同乡会是否实施了自己拟定的计划[24]。不过这些档案还是使我们得以一窥同乡会在照顾自己离世成员过程中的考量和操作模式。

会馆墓地

尽管寄柩是一个接近旅居者所设想的"理想"服务，但人口和经济方面的限制等惨淡的现实是驱使着这些会馆为那些无法承担一口质量上乘的棺材以及船运灵柩的人、在城市中孤独离世的人，当然还有那些在战争中或者因流行病而大规模死去的人提供一片安息之所。建设和管理寄柩所所需的投入不少，很多小会馆没有这样的资源。购买一块地只需要一小笔资金，有一些会馆采用这个办法来提供一块殡葬的专用场地，只对自己的同乡开放。对大部分会馆来说，有一块墓地能下葬无主棺也的确是必要的，否则这些灵柩就会堆积在寄柩所。所有的会馆都定有规矩，即灵柩在寄柩所存放一定时间之后会被葬在自己的墓地或者义冢里。

在档案中并没有留下什么会馆墓地历史的痕迹。它们除了在会馆和当局发生的几次著名的冲突事件中较为引人注目外，属于不起眼的财产，并不会吸引过多关注。由于上海并没有统一的市政管理机构，会馆任何已存的登记注册都会被三个甚至更多的行政主体归档保存。地方志记录了这些坟墓信息，但只有后期的记录，而且漏洞很多[25]。最终，由人民政府在1950年初接管所有殡葬服务业时做了一次总调查。很多拥有下葬地的会馆和公所没有出现在这些调查中,出现在调查里的都是在官方压力下直到抗战时或者抗战后才买土地的会馆[26]。这些会馆对于已经计划好要将其取缔或并入市政公墓体系的政府来说,可能规模太小或者意义不大(参见第九章)。会馆墓地的主要功能会在下文提及,论述将主要聚焦在一些象征性的案例上。

一些会馆从建馆伊始就买了地皮,如果位于城外,会馆会在所建房屋周围开设义冢。中国人的标准做法是将他们的墓地设于市中心之外,这和西方人在城内建教堂墓地是一个很大的区别。大部分会馆会买一片位于农村的土地,有时候离城市会非常远,但是这些土地仍然处于未来几十年城市化开发的范围之中(详见表 2.3)。这些在上海老城南面拥有土地的会馆要比在城北和城西郊区拥有土地的会馆更幸运,当英国和法国的领事代表商议在哪里建立由《南京条约》允许划定的租界时,上海道台(上海老城的管理者)精确无比地将城墙北、黄浦江和一条小河(下文将称为护城河)之间的区域划给了他们。这整个区域,特别是在城墙和分隔两个外国租界的洋泾浜之间,主要是墓地。那里还有一些重要的地点,比如四明公所和福建会馆的墓地和建筑群。外国租界的建立推动了城市化进程,这迫使那些会馆迁移自己的房屋和墓地[27]。冲突和紧张局势时不时发生,但是总体而言,城市化的过程是平和的。家庭和会馆会收到一笔经济赔偿金,用来妥善移棺。当然,在这过程中也发生了为人所熟知的四明公所事件,不过我们也应该看到,墓园本身并不是紧张局势的主要根源。

表 2.3 会馆墓地建立年份

名　字	年　份	名　字	年　份
徽宁思恭堂	1855	四明义所	1862
福建晋惠会馆	1855	商船会馆承善堂	1863
染业公所	1855	金陵公所	1863
莫厘三善堂	1855	盐业公所	1864
江镇公所润德堂	1855	浙绍永锡堂	1870
丝业荣义堂	1860	广肇山庄	1872
潮州敦仁堂	1861	徽宁思恭堂	1875
兴安国善堂	1861	广东大埔县恒善堂	1875
丝线业崇义堂	1862	泉漳会馆	1877

材料来源:姚文楠,上海县续志,第三期(上海:南园,1918),第 272—278 页。

要精确定位会馆墓地是非常困难的,因为这些墓地的地址通常都以一种含糊的形式来标明(以河流、桥梁或者一个村庄的名字来标明,用村庄名字来标明位置已经是最清楚的方式了)。在1918年的地方志里可以发现一份冗长的名单,并附有它们在官方地图上的分布和所属区划(保和图)。在34个有记录的会馆墓地中,有19个坐落于25保,有11个在27保[28]。在浦东的第23和24保每保有两个(详见地图2.1)。所有的墓地共占地130英亩(793亩),90%的墓地集中在第25和27保,大部分在第25保的第2、12、13图(占44%)以及第27保的第11图(占20%)。尽管我们不知道这些墓地精确的位置,地图2.1展示了大部分墓地的位置选在南面的保区,这一区域除了第25保-13图和第25保-12图在原先上海老城之外,其他城市化建设滞后。有一些墓地选在西面更远的位置或者选在浦东(在此图上未显示),那里直到20世纪50年代仍处于郊野的地方。但也有一些墓地恰恰坐落于1842年后成为租界的地块上。

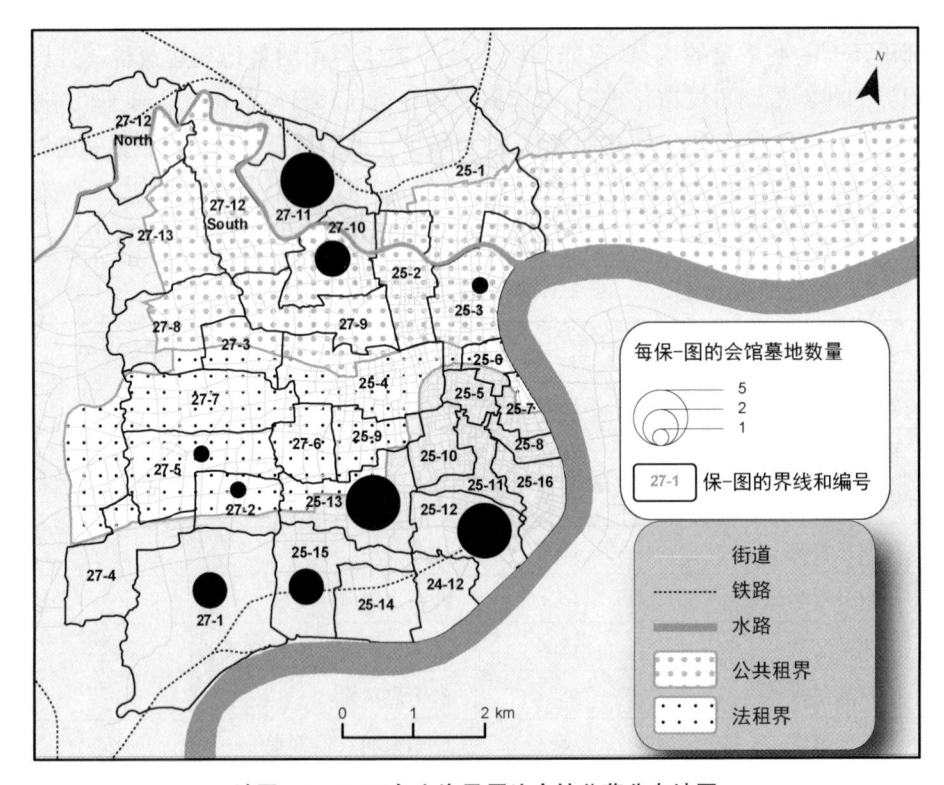

地图2.1　1918年上海及周边会馆公墓分布地图
来源:视觉上海网站

当然,有一些墓地离老城区很近,比如四明公所墓地就在城墙旁,福建会馆的墓地就在城墙北面 20 码的位置,不过都是些人迹罕至或没有商贸往来的地方。事实上,相比于老城区与黄浦江之间活力十足的商业区十六铺,这些地方都是非常安静的乡野地区。商船公所在吴淞江旁边就有一块墓地,接纳受伤或者去世的水手时,它的位置能提供便利[29]。笔者发现,上海并不像前现代的欧洲城市,它的死者是葬在城外的。人口密度以及自身拥有无数水道的城市地形特征,使上海别无选择。清帝国的地方官员并不监管墓地的开辟和管理。除了善会之外,会馆是上海周边大型墓地出现的主要驱动力,当城市化的进程与会馆墓地相遇时,通常墓地会重新选址并将遗体迁移到新址。直到 20 世纪 20 年代晚期国民政府成立后,警戒区的划分使得会馆墓地被移往更远的郊区。

在对墓地的管理过程中,有两个社群引人注目,尽管它们的管理方式有很大的不同。宁波人代表了一种坚决抵制迁坟的立场;广东人则正相反,他们在城市中留下了一条长而连续的坟墓位置。四明公所维持着最多的寄柩所,尽管公所在宁波人埋葬的地方旁边有着大大小小的地块,但在 20 世纪 40 年代之前公所并没有设立大型墓地。最终,是广东人的会馆,即广肇公所(538 亩)和潮州会馆(108 亩),在上海拥有了最大的会馆坟墓,紧随其后的是无锡人创建的锡金公所(50 亩)。在整个民国时期,政治决策和军事活动对会馆墓地的建立、迁移和管理有着直接的影响。这个故事会从广东人的墓地开始讲起,以考察城市中会馆墓地的印记。

广东人在上海组成了一个非常庞大的同乡社群。他们从不同的省份蜂拥而至,云集在几个同乡组织之下,其中广肇公所和潮州会馆是最具代表性的两个同乡会[30]。广东也是离上海最远的省份之一,这可以解释广东的社群组织为什么会集中精力于墓地之上,有些甚至还拥有寄柩所。蒸汽船出现前,用船运柩的成本一直令人望而却步。岭南山庄是城市里第一个广东人的墓地。潮州会馆和广肇公所最初在 1847 年建立了一个占地 3 英亩(19 亩)的联合墓地,在上海西门外一英里的地方[31]。一群广东商人把这片土地用来作为广东肇庆人的义冢,最后把墓地委托给广肇公所管理。在晚清波及上海的战争中,墓地和其三幢建筑经历了破坏和毁灭,建筑群在 1853 年被焚毁,1856 年重建,1862 年时清军占领该地,建筑又被大火焚毁,直到 1875 年时再重建[32]。由于战火和毁坏,广肇公所甚至遗失了证明其产权的地契。1936 年,尽管广肇公所试图在时任广东籍市长吴铁城的帮助下获取一张新的地契,但是广东会馆之间的竞争使这个尝试功亏一篑[33]。根据 1950 年的一份报告,岭南公墓直到 1930 年仍在使用,尽管当时所有的落葬都已经停止了[34]。但是在战时通往城外墓地的道路都被封锁时,岭南公墓接纳了新的落葬棺木。最终,当1947年市政机构质疑其在都市内的存在而迫使它迁坟时,岭南公墓发现它仍然没有地契[35]。

第一个重要的广东人同乡组织是潮州会馆,起初在城墙外拥有寄柩所,最终演变成了墓地。1913年,在城西八仙桥的八邑寄柩所变成八邑公墓。就像很多其他墓地一样,这块墓地被周边人口密集的区域所包围。上海法租界公董局尝试施加压力来限制它的活动,公董局在三个不同的场合要求八邑公墓出让部分公墓的土地用于修建道路。有时候各方会产生分歧,但只有在涉及经济赔偿问题上会如此。这些分歧从未像宁波墓地的案例那样演变成纠纷。墓地是组成会馆的三个帮派的联合财产,这一事实使谈判过程变得更为复杂,每个帮派对于卖掉土地的决定都有否决权[36]。在和法国人的交涉中,潮州会馆谋求上海当地中国官员的帮助,同时还雇用了律师与法国人进行谈判。最终,会馆决定放弃其所有的墓地而将土地出租,在江湾张三桥旁边购了一大片土地(19.3英亩,87亩)来建设新的墓地[37]。1923年7月15日,会馆举办了一个仪式,标志着墓地从旧址正式迁移到新址。1946年时,新墓地的面积达到了30.6英亩(186亩)[38]。

广肇公所开始和原先的潮州会馆产生了分歧。[39]广肇公所在1872年建立了属于自己的第一个墓地,在郊外占地11.5英亩(70亩),位于苏州河与未来的新闸路之间,在这块地上建立了公所的主体建筑和寄柩所[40]。1882年,公所拥有不少于8 000口灵柩,包括500口破败不堪无法修理的灵柩[41]。随着城市化进程的开展,公所开始担心公共租界已摆上纸面的扩张计划(1899年),并为此在郊区购买了一大块跨越苏州河的土地(133亩,22英亩)以备不时之需[42]。公所逐步将旅居者的遗体转移到新的地方[43]。新的墓地满足了社群将近1/4个世纪的需要,但是到了1920年,人数不断增长的广东人群体产生了数量非常庞大的死者群体,导致该墓地开始饱和。同时公所还要面临城市化的问题。闸北作为一个很有活力的区域开始发展,广肇公所旗下最重要的土地就位于繁忙的北站后面,其中的墓地有被其吞噬的威胁。在1896年,闸北还不存在,但到了1920年街道、小型工厂和密密麻麻的房子已覆盖了整个区域[44]。

在几次争论之后,公所在1924年买下了位于江湾和大场之间一大块土地(49英亩,300亩),这两个小镇位于城北几英里之外。公所用储备金(11.6万元)资助了这个计划,除了这笔款项之外还动用了广东旅居民的捐款(23.8万元)、墓地预订金(10.5万元),以及从中国各家银行的贷款(8.3万元),公所在墓地上的投资总额度达到了53.8万元[45]。由于所购之地地处偏远,无路可达,公所要求沪北工巡捐局开辟一条新的道路,但无济于事。上海工部局最终在三年之后铺设了一条道路,但与此同时公所仍无法使用其崭新的墓地[46]。1930年8月30日,墓地的奠基仪式举行,道士及僧人悉数到场,戏曲公司表演了粤剧和京剧,仪式在8月30日至9月20日举办了好几天[47]。然而直到1932年之前,新的墓地都无法完全启动使用。

广肇公所对自己的墓地非常自豪,还设立了一系列严格的规定。在规章中,广肇公所声称广肇山庄应该是一个现代的"模范公墓"[48]。墓地向所有广东人开放而不论他们具体的出生地。小一些的广东同乡组织保留了自己的墓地,但是广肇山庄在正式的说法中称其献给来自广州和肇庆农村的旅居者,但事实上,公墓将包罗所有的广东人视为天职[49]。在它的文件里,广肇公所明确指明要为上海20万广东人社群服务[50]。这一巨大的公墓预计容纳1万块公共(或"模范")墓地、1.5万块贫民墓地,和8000块儿童墓地。公墓向每块模范墓地收取一笔费用,用以支付贫民的落葬费用。模范墓地有终身租约,而贫民墓地则每十年开掘一次,骨头被置于骨灰瓮中重新埋葬。公所声称这样做符合广东人这边的一贯做法,同时还尊重了民众的感情[51]。

尽管公墓所在区域于1937年8月至11月爆发了大规模冲突,但墓地本身幸免于严重破坏。在冲突之后,公所发起了一次大清扫并计划将道路和坟冢恢复如初[52]。但是当时的通货膨胀侵蚀了会所的经济能力。1947年1月,通过售卖墓地所获得的收入仅能达到维系公墓开支的一半数额。虽然公所对贫民墓地仍然保持免费,但对常规墓地的收费却上涨了[53]。多年以来,公所持续购买额外的土地以满足持续增长的墓地要求。1950年时,公墓已经达到88.6英亩(即538亩)。那个时候,公墓已经容纳了40 000具贫民遗体和4 000具普通遗体,还有一些在1932年"一·二八"事变中牺牲的广东无名战士遗体[54]。

在20世纪20年代的早期和中期出现了建设会馆墓地的第二波浪潮。有两个因素孕育了这个趋势,首先是私人"现代墓地"的出现,这是一种对不断增长的社会需求的商业化回应(详见第四章)。其次是许多会馆无力在自己的地界上周转更多的灵柩,以及面对逐步累加的无主棺左右为难。会馆主要会采取两种应对方式:那些有足够资源的会馆会把无主棺运回他们的出生地,在当地的会馆或者义冢落葬;那些经济能力稍弱的会馆会选择在上海邻近的地方设立一片墓地。尽管类似的动机在设立墓地方面曾经出现过——比如徽宁会馆至少在1914年就拥有了儿童墓地[55]——但很明显这是新的方式。1926年,浦东公所在浦东开设了一片墓地,在广告中宣称以万国公墓为模板,万国公墓是1919年设立的中国第一块商业墓地(详见第四章)[56]。这是一个占地十亩的小墓地,有两片区域,一片划给贫民墓,另一片划给付费墓[57]。在同一年,江西会馆自己所拥有600个墓穴的墓地开园[58]。在20世纪20年代后期,徽宁会馆在闵行建立了一座义冢来埋葬无主棺[59]。水木工业所最晚于1926年已在大场开设了一个墓地来埋葬无名棺木[60]。1930年,大埔会馆制订了一个在江湾或者浦东开设占地40亩的公墓计划[61]。洞庭东山会馆在两年之后刊登了其墓地开园的广告[62]。有时候计划赶不上变化,江西会馆花了超过四年的时间才达成目标[63]。常州会馆计划在1926年开设一片墓地,但是直到九年后才真正付诸实施[64]。有一些会馆,比如徽州同乡会,一开始在上海就有墓地和寄柩所,后来在徽州又买了一块地来设立第二个寄柩所和墓地[65]。

在1924年,四明公所宣布了它在宁波建造一座公墓的打算。公所构想了一个以现代万国公墓为模板的大型墓地,为此公所还陈述了六个主要观点,主要集中在帮助社群中较弱势的群体、节省土地以及提供一个置于精心设计的环境中这一先决条件[66]。最终,公所在宁波拥有了两块埋葬无主棺木的土地。四明公所并没有考虑在上海建立一块现代墓地,虽然四明公所一开始将它的成员葬在其最早的墓地和城墙边的其他土地。1935年,中国通商银行总经理傅筱庵向宁波旅沪同乡会写了一封公开信,联合最有名望的宁波商人之一虞洽卿敦促公所在上海周边开设一块大型公墓(200亩至300亩)。他主张,宁波社群已经变得极为庞大,每年都会有大量同乡去世,许多家庭缺乏用船运柩的钱,或者即便他们能这么做,在宁波也没有地方能够下葬,如果能够在上海当地有一块墓地的话,能够避免许多麻烦,省下许多钱财[67]。这封信并没有在四明公所的董事会成员中激起紧迫感,公所直到20世纪40年代在国民政府的强压之下才采取行动。

最后一波建设会馆新墓地的浪潮起步于抗战时,但是大部分都要到抗战后阶段才解决。这股浪潮来自中国市政当局要求会馆从寄柩所转移无主棺木以及民众对本地墓地的需求逐步增加的联合压力。绝大部人无法承担寄柩所或者运柩的花费,而市政当局对寄柩提高征税额度,让会馆在经济上陷入左右为难的境地。它们应该继续在死者身上补贴或者利用自己的资源在困难时期帮助自己目前的成员吗?会馆从市政当局所定义的丙舍区的区域获得土地,这些区域远离市区。1942年,湖南会馆在青浦获得108亩(17.8英亩)土地,这块地在上海西面60英里的地方[68]。1945年,崇海会馆建立了一个新的墓地[69]。针对会馆所投入使用的墓地有一个更大的运动,即便很多会馆都懒得去注册自己的墓地产业。就在1949年上海解放后不久,有一个文件记载了11个使用墓地频繁的会馆(详见表2.4),这个文件并没有提及一些主要的墓地(如广肇山庄),但是它反映了会馆墓地的规模、不同社群的规模以及会馆的经济能力。

表 2.4 1950 年会馆墓地的面积

会 馆 公 墓	面积(亩)
四明公所	124
锡金公所	61
燕平山庄	44
湖北会馆	37
山东会馆	37
台州会馆	21
扬州七邑会馆	7
淮安六邑会馆	5
浙金积善堂	5
淮扬工业义园公所	8
洞庭东山会馆	8

材料来源:无名档案,1950年,Q118-1-6,上海档案馆。

寄柩待葬

寄柩所往往是会馆建立的奠基石。除了在面对官员和其他旅居群体时可以保护同乡社群的利益之外,在葬礼之前向同乡逝者提供体面的设施是会馆负责人所关心的主要问题。从含糊的报告中,我们找到了会馆建立的年份以及寄柩所开办的时间,在大部分的案例中这两件事是同时进行的。在1950年的一份针对42所会馆的调查中,大概有四分之一的会馆在开办之初没有寄柩所,不过设立寄柩所的时间和会馆建立之间的时间跨度差异很大,从超过一个世纪到只有短短几年都有。平江公所(苏州)和浙绍公所(绍兴)在其建立公所建立之后大约100—166年之间建立了寄柩所。1878年,建于1754年的徽宁会馆在建馆124年之后对寄柩所的正式运营进行了宣传[70]。浙宁木业公所(宁波)从建公所到建立寄柩所用了半个世纪的时间,潮惠公所(广东)则用了三十年,锡金公所(江苏)和平江公所(苏州)分别用了20年和14年才开了自己的寄柩所。四个剩下的例子(洞庭东山会馆、淮扬工业义园公所、金庭会馆和浙金公所)大致用了4—10年。不过一个显著的事实是,在笔者找到的案例中,有四分之三的会馆在建立会馆集会所时就同时建立了寄柩所,其中七家会馆在上海开埠和西人贸易之前就建好了寄柩所,有三家则是在开埠之初就建好了。

会馆中有很多例子是在1850年之后建立寄柩所的,但是在进入20世纪之后,所有的会馆都已经设立了寄柩所。换句话说,同乡会非常关心同乡逝者的命运。这在以贸易为基础的团体以及更现代的同乡会之中很少提及,可能是部分因为这恰恰迎合了每个社群中不那么富裕的那部分人的要求[71]。但公馆围绕同乡群体设立,就是为了帮助那些不那么富裕的成员。在1893年,靴鞋公所要求获得在公共租界建立寄柩所的许可,公所陈述说自己从苏北雇用了很多工人和学徒,由于很多人去世时在上海举目无亲,有可能会陈尸街头,公所认为自己有责任为他们建立一个寄柩所[72]。

将棺木寄放于寄柩所是公所内富裕成员的权力,他们并不一定是上层精英——后者不会把棺木存放在公所的寄柩所——但是根据这些群体的人口统计来看,差异是如此明显,以至于能够断言绝大部分的旅居者被排除在这项服务之外。宁波社群提供了一个很好的案例。除了在上海老城之内有大量的宁波人之外,他们还代表了法租界内近一半中国居民人口,而且很可能在公共租界里也有数量可观的宁波居民。为了容纳如此庞大的同乡人口所带来的棺材数量,会馆只能压榨有限的房产容量并将其用作寄柩所。直到世纪之交,四明公所只有位于城墙西面的一个寄柩所,在1849年之后被并入法租界的地块。这个寄柩所大概可以容纳7 000口棺木[73]。有鉴于棺木寄存的平均时长,它每年只能接收1 000—1 500口新棺木,但所存棺木的实际数字要低得多。1890年,四明公所据报道称寄容纳的棺木数量是1 800口[74]。这一数字远低于当时所预估的人口数量众多的宁波社群每年死亡的人数[75]。寄柩所只接收公所自己的成员遗体。有时候,在一艘穿过上海的船,甚至在一个更远的地方发生意外死亡时,如果遗体所属地区身份被证实的话,遗体会被带到相关会所的寄柩所。寄柩所会作为一个临时的太平间,直到家庭成员被通知可以将遗体送回祖籍地或者埋葬[76]。

与四明公所一样,大部分同乡会在上海城外建立寄柩所,但它们通常离城墙很近。有一些寄柩所位于非常偏远的地区。商船公所的承善堂寄柩所就在其所在吴淞拥有的墓地旁边。寄柩所会为那些生前受雇于沙船的水手遗体提供容纳之处[77]。有一些会馆把自己的寄柩所建在人口稠密的区域。潮州会馆于1811年开设在洋行街,在城墙与黄浦江之间,其中有70间房间作为寄柩所使用,建筑物究竟是作为会馆大楼还是寄柩所使用并没有明确区分[78]。由城市发展或后来和外国市政当局发生争端的缘故，很多会馆当初选择的会址被证明并不合适。水炉公所于 1864 年将自己拥有 40 个房间的寄柩所设在老闸北面，1887 年时，在寄柩所的默许下，它已被房子、工厂、一所花园和其他东西团团包围[79]。

平江会馆于 1880 年在城墙外建立了自己第一个寄柩所，在西门附近。由于该寄柩所太小，而且随着法租界的扩张变得越来越不实用，平江会馆就在新闸地区买了第二块地，就在广肇公所前。平江会馆还在近苏州的地方买了 5 英亩地（30 亩），建了一座墓地。然而，随后它就没有资源再造新的建筑了。1895 年，平江会馆开展了一次主要的资金募集活动，用以在新闸的地皮上造楼[80]。但是这次活动的效果不佳，平江会馆只能在 1898 年时借钱造楼。这是一个致命的决定，因为在一年之后他们发现自己的建筑就在公共租界西扩的范围里。1906 年，平江会馆又在劳勃生路[1]买了另一块地（27 亩）建了 100 个房间。它拆除了在原先地址上的建筑（70 个房间），并将建材重新用于新寄柩所的建造。平江会馆在新闸的地块上建了出租房[81]。钱江会馆——一个杭州丝绸店的同业会馆——于 19 世纪 90 年代在新闸地界建立起了自己的寄柩所，但是 30 年之后，城市的扩张使其很难在原址继续存在。1919 年时，会馆移植闸北重新置业[82]。

当时也有一些居于会馆和善会之间中等规模的葬礼机构。延绪山庄就是其中一家这样的机构，既拥有一个寄柩所又拥有一个墓地，它的宗旨之一就是下葬未葬之棺，它和上海公共慈善公墓不同，后者是一个只负责收葬露尸的组织（详见第六章），山庄是根据家庭的要求来做的。延绪山庄最早由宁波商人根据宁波人以及其他群体要求所创立。它的墓地完全免费，寄柩的年费在 1892 年时只要 2 元[83]。四明公所在其服务之外还告诉其成员可以找延绪山庄帮忙下葬[84]。延绪山庄和会所一样独立经营，严格限制灵柩在其寄柩所的寄存时间。无主棺会葬在山庄自己的墓地[85]。最终，由于城市化的压力，1917 年它在老城之外的王家宅买了一块土地，尽管它直到 20 世纪 20 年代初期依然保留着原来的土地[86]。1926 年，延绪山庄再次购买土地（2.6 英亩，16 亩）用以造新房，位于宋公园[2]旁边[87]。原来的寄柩所被出租房所代替[88]。一个相似的机构是联义寄柩所和联义山庄，一个以广东人为主的、向广大民众服务的慈善协会。[89]

会馆的寄柩所是精心设计的建筑。这些建筑的规模和品味当然要取决于会馆的财力，不过既然它们经常也是会馆建筑的一部分，它们那被精心设计的

---

[1] 译者注：今长寿路附近。
[2] 译者注：今闸北公园。

建筑结构也会传达出一种舒适和典雅之感,即便寄柩所其实只是棺木的临时安放之所罢了。直到19世纪,各种档案(包括照片、图画)里都没有记载关于会馆最初建在老城内或者靠近老城建造的寄柩所。幸运的是,笔者发现了建于19世纪晚期和20世纪早期的寄柩所的视觉和文本材料。作为20世纪40年代市政府强制执行的登记过程的一部分,会馆提供了关于自家建筑的详细蓝图,每一家都标明了规模、形制和装饰,不过其建筑风格基本都雷同。它们都是封闭的建筑,被一道高墙所包围——如果没有墙的话,寄柩所就将强制归市政当局支配——这就意味着外面的视线将被阻隔,或者外面的人甚至不知道里面的房子是干什么用的。摄影师的作品展示了这些建筑并没有典型的特征或者特殊的建筑风格,它们和普通的寺庙或者公会会所很相似(见图2.1),就这么融入普通的城市或者乡村景观之中。一道大门通往主庭院,主庭院的四周会分布有一个或者几个大厅。寄柩所通常会有一个主厅来举办接棺或者送棺典礼,以及清明节时给未葬之灵魂举办仪式[90]。

图 2.1 扬州寄柩所

来源:视觉上海网站,ID33098

寄柩所并不能免于毁灭。四明公所城外的寄柩所在1853年小刀会与清军的冲突中悉数毁于大火。5年之后,得益于富裕成员的捐助,四明公所得以试图重建寄柩所[91]。但英国士兵在1860年几乎迅速占领了原址以对抗太平军。四明公所在四年之后才重获地产的所有权,公所建筑在那时已经被严重损坏。在这种情况下,除了提供临时且不充足的棚屋之外,四明公所无法向社群提供其他服务。换句话说,那些所谓言之凿凿的关于会馆在应对中国和外国当权者时,都会表达自己会对逝者坚定承担应有的责任的话语,不过是建构出来的想象。这并不是质疑会馆真实的责任感,很明显,有时候情况会发生变化,而会馆甚至会无法保护已经转交他们保管的棺木。会馆建筑和墓地会被战争和叛乱的侵袭反复破坏。寄柩所可看成是大型的多功能建筑,可以作为宿舍、仓库以及其他之用。它在战后被军队或者难民肆意占领,早在1924年中国第一师的一个旅便强占了闽峤山庄——一个福建人的寄柩所。福建同乡会发了一封抗议信给军队总部并在报纸上公之于众[92]。

1937年的中日战争造成了更为毁灭性的后果。湖州会馆失去了所有的财产和245口存放的棺木,会馆只用船运回了一小部分从废墟中捞出的棺木。岭南山庄失去了所有的寄柩所和大部分墓地[93]。有些会馆打算移址,尽管只有极少数的会馆真的做到了这一点。湖南会馆的房屋被炸弹和大火所毁坏,会馆在公共租界建了一处低调朴素的寄柩所[94]。即便有些会馆的建筑在战火中毫发无损,但由于当时已经无法撤离这些棺木,或者仅仅是出于其经济状况已经不允许会馆再运营一个寄柩所,他们会停止寄柩所的运作来避免棺木的积压。会馆也会屈从于当局所施加的与日俱增的压力,当局将不封闭的棺椁视为潜在的污染源或者疾病传染源。1940年1月,卫生局命令潮惠会馆将寄柩所中的棺木全部移走。[95]卫生局还通知了湖州会馆做一样的事情。尽管会馆表示抗议并争辩难以找到馆主的家人且运柩的方式很困难,最终还是决定将所有剩下的灵柩都葬在大场的普益公墓[96]。在相同的压力下,1941年7月,湖南会馆登报公告说200具无主馆即将被葬在青浦的会馆公墓中[97]。实际上,200具棺木的转移和下葬是在十月份进行的,在随后的11月有107具棺木被船运运走。[98]

为了保护自己的建筑,会馆会明确寄柩所运营的管理规定。要进入寄柩所时必须拿出棺木寄存的收据。和平时期最大的威胁就是火灾,这也是会所最担心的事情,因为火灾不仅会严重损毁建筑物,还会把托付给会馆寄存的灵柩和里面的遗体都付之一炬,会馆在手持蜡烛举行仪式时是非常谨慎的[99]。但是威胁也可能由外而来。1947年的一个节日,当地居民所持的小烟花点燃了湖州会馆的建筑,造成了4间房间和18口灵柩被毁坏。湖州会馆起诉了这些粗心大意的邻居。所寄存的灵柩受到损失对同乡会馆来说无疑是最糟的情况之一,但会馆处于高度城市化的区域,使之暴露在这些风险面前。如果说对公共卫生的重视是当局迫切要求寄柩所搬到郊区去的主导因素，火灾和其他隐患所造成的结果也在推动这样的要求中插了一脚。

寄柩所的规模既有仅仅几间房间，也有整个大楼作为死者的"宿舍"。1941年12月，苏州集义公的139间房间存了812口灵柩，分别被存放在四个主要大厅内："富""贵""长""春"，布局简单，仅作储藏之用[100]。台州公所尽管规模更大，也仅仅是个储藏所，由两幢楼组成，共17个房间，可容纳463口灵柩[101]。定海善长公所有6个大厅，一共有12间房，分成6间头等房和6间普通房。所有的头等房只容纳32口灵柩，而普通房则容纳619口灵柩[102]。浙金积善堂[1]的设置则更为复杂，有一个大厅来承办仪式，有一幢楼分成4个隔间，其中3间容纳25口、30口和46口灵柩，而第四间则容纳479口灵柩[103]。豆米业公所只有一幢楼，有一个大厅既用来接待访客（客厅）又作为仪式厅（大厅）用，其寄柩所分成35间房，每间容纳60—70口灵柩，有两个普通间容纳103口和93口灵柩[104]。以上所述关于房屋结构和规模可以代表绝大多数会馆所经营的寄柩所的情况。寄柩所也提供各式各样的设备、工艺品和物件来伴棺，或用于接棺、送棺，乃至其他各种情况下所举行的仪式（比如清明节）[105]。

四明公所经营着上海规模最大、最引人瞩目的寄柩所。从它最早在城墙外的地址开始，自从和法租界在1874年和1898年发生了两次直面冲突之后，便移向城中不同的地方继续发展。1883年，公所在苏州河北岸靠近八字桥的地方建立了一个寄柩所（永昌）[106]。1889年，它在褚家桥外国租界的西面建立了西厂丙舍[107]。这两个寄柩所的所在地很快就变成了居民区。1900年，公所在浦东开设了东厂丙舍，服务于黄浦江对岸的港口设施工作的宁波人。四明公所于1903年还在老城南面购买了土地并建设了公所规模最大的寄柩设施，即南厂丙舍[108]。然而当1907年南厂丙舍开始运营时，西厂丙舍和永昌丙舍已经失去其效用并空置，后改建为出租房和一家医院[109]。最终在1910年，四明公所重新在虹口地区建立了北厂丙舍为居住于苏州河北岸的宁波旅居者提供服务[110]。

南厂丙舍是四明公所最大的建筑。在上海老城的华界之外几英里的地方，它提供了一个空间巨大的被高墙所包围的寄柩所。四明公所后来又在原基础上加盖了房屋以满足社群日渐增长的需要[111]。1920年，公所甚至重建了整个建筑群[112]。白天有4名工作人员全程看管，晚上则有两名守门人负责把门[113]。对公所来说，确保灵柩的安全是头等大事，家属往往会在灵柩里放置珠宝和其他值钱的物件。设在新桥路的正门向内通向由单层房屋组成的建筑

---

[1] 译者注：即浙金公所。

群,总共有 8 幢寄柩楼,分成 22 个主要隔间和 422 个房间[114]。第一幢建筑中,位于左侧是接待访客用的接待大厅,另一边是丙舍的办公室以及两个仪式堂。寄尸厅(死尸厅)用来举行新馆入驻的仪式。一个特殊的大厅(大招亭)用于陈放那些第二天就要被运柩离开的灵柩,尽管仪式会在地藏厅举行[115]。当来访者走进这个建筑群时,一条条里弄般的小道会引导来访者通向不同的建筑。一等区、二等区和三等区遵照东西向从新桥路始以轴线排列。再向西走,会发现另有一系列带有以单字命名("义""礼""志"等等)的隔间的厅。南厂丙舍有几百间房,可供容纳 1.5 万口灵柩。1941 年 6 月,它的实际寄柩数量只有总数的一半(7 554 口),但是到了 1951 年 3 月,寄柩数量达到了 13 654 口[116]。

北厂丙舍虽然在规模上小一些,但有相同的特点。为了更容易运送灵柩,北厂丙舍就位于一条运河边。丙舍大门朝南,里面通向密集的房屋。建筑没有庭院,但在进门处有一座土地神雕像耸立的祭坛,往左手边是办公室。继续往北走,第一排房屋包含了第一等和第二等的房间。再往北走,会发现更大的一块由三等房(两幢楼)组成的房屋群,稍向右走是两幢更大的由四等房构成的建筑物。浦东的东厂丙舍是最小的建筑。它只是一个面南而建的简单的建筑群,北门沿一条小运河。它被完全包围,和其他丙舍类似,只有三幢建筑。第一幢建筑位于右面,被保留给员工使用(办公室、幼儿园、宿舍)。另一边,位于西面的建筑用于第二等和第三等的房间。第三栋建筑位于后部,占据了所有剩下的空间。在东厂丙舍并没有一等室,因为大部分灵柩中躺着的都是工人群体。四明公所的寄柩所在 1950 年时一共包含 827 间寄柩房[117]。

寄柩所的每一栋建筑都会被给予一个单独的名字来指明它在这个建筑群中的独特地位。建筑物最常用的一个词是"间",尽管每一间中都有很多房间[118]。男性和女性的灵柩通常会被分开。四明公所在 1798 年开业之后的第二年便引入了男女灵柩分隔制度[119]。在湖州会馆中,男性的灵柩会被置于"左通间",女性的则会被置于"右通间",还有给儿童预留的"小通间"。不过棺木的分布遵照更为复杂的等级秩序,这主要取决于用户给会馆的费用高低。需要再次重申的是,关于分级存柩并没有一个统一的规定,这取决于各寄柩所本身的复杂程度,但却是当时一个普遍的现象。

在湖州会馆,寄柩所在普通的大厅上还提供了两种寄柩级别,即"正中间"和"特别间"。正中间的房间以方位来编号(右、左、北、南,等等),而特别间的每个房间都有一个固定名称。在这些房间寄柩的许可标准不是性别或者年龄,而是缴费的多少。相对较贵的两栋楼接纳所有性别的成人和儿童,尽管有一份更为详细的记录表明了寄存在正中间的儿童性别都是男孩。女孩的灵柩也会放在保存成年女性灵柩的右通间。在普通间，灵柩都上下左右叠放在一起，只有这样才能容纳尽可能多的棺材（见图2.2）。但在价位更高的房间里，棺材的数量被维持在一个很低的水平甚至还给每口棺材提供单馆小室。例如，可能将一小部分棺材根据性别重新排列在隔开的围栏中，再好一点的待遇是将一口棺材放在一个单独的空间内。特别间的用户会清楚地写明棺材是要半个小室还是一整个小室[120]。

图2.2 20世纪40年代扬州寄柩所普通间
来源：视觉上海网站，ID33097

寄柩所内的空间安排显示了人世间的社会阶层。富裕的家庭可以承担让逝者的灵柩单独放置在精心装饰的房间内的支出，收入较差的家庭就只能接受将灵柩放在或多或少有一些狭窄拥挤的房间。尽管会馆着重强调它们为自己的成员提供一片暂时的安息之地这一慈悲为怀的举动，但很明显，这样的解释隐瞒了其中更为复杂的事实。对旅居者来说，实际上有三种处理遗体的方式。第一种选择是由家庭成员来照顾遗体和其灵柩。在装殓之后，遗体会被委托给船运公司运到死者的出生地。第二种选择是将灵柩寄存在会馆的寄柩所，平均可寄存的时间限制在3年，在这之后逝者的家庭成员必须将灵柩取出下葬或者送回祖籍地。尽管这一服务具有慈善性质,但会馆在存棺时会收取费用,而这种做法把即便不是绝大部分但也数量相当多的旅居者排除在外。换句话说,寄柩所相对于一种慈善工作而言,更像是面对一个社群所提供的集体服务。

寄柩所对进出的棺材都有详细的名册。大部分记录都已经消失了,一部分原因是当寄柩所离开之后这些记录瞬间就变得没有价值,所以就没有保留下来,另一部分原因是上海的战争和武装冲突摧毁了许多这样的建筑或者它们的档案。湖南会馆在1937年与日本的战争中失去了所有的名册。那些保存下来出现在一份1941年档案记载里的名册,后来也消失了。[121] 1950年各会馆合并成一个委员会并将自己的档案交给上海市档案馆。在撰写本文的过程中,只能找到四个会馆晚期的名册:四明公所(1943年)、湖州会馆(1932—1937年)、衣庄公所(1942年)和湖南会馆(1945年)[122]。基本上,会馆的寄柩所会有两种名册,账簿和丙舍存柩票簿。湖州会馆寄柩所的每一栋楼都分开记录,还有一本关于会馆用船集体运柩的记录[123]。典型的名册会记录逝者的名字和年龄、所在灵柩的编号以及灵柩入住的日期。除了名册之外,寄柩所还给每一口棺材建立详细的表单,除了上面提及的信息之外,还记录有寄存灵柩的亲属姓名和联系地址、寄柩所里的房间位置和担保人的名字[124]。

四明公所在1942年和1943年的记录显示了相似性。但这些名册和会馆首创的形式已相距甚远。上海市政当局引入了标准的格式来收集同质化的数据并使会馆的寄柩所承担更多责任。比如四明公所采用的记录格式包含了接柩的日期、棺材的数量、逝者的名字、性别和年龄、他或者她的地址、在上海的旅居时间、死亡的时间和原因以及亲属的名字和联系地址。在出柩的记录上,寄柩所通常需要写上逝者的名字、性别和年龄、出柩号码、收柩人的联系信息。通常情况下,这些信息需要写下"目的地"才算完整,但是会馆懒得写剩下的内容。[125]在战时上海,国家权力的扩张无疑是处于上升状态的。

在接柩的时候,寄柩所会开一张寄柩票,亲属必须保存这张票作为取柩时的凭据[126]。在20世纪30年代,湖州会馆还有一份寄柩所的简配版规定[127]。会馆寄柩所是不能随意进入的。就像中国城市日常生活中的其他方面一样,会馆的一名成员必须担保申请者[128]。担保人的角色是必要的,因为他们能证明那些人的确在会馆的寄柩所里存了灵柩,尤其是在寄柩票丢失的时候或者灵柩已经不在寄柩所时。在战争期间,许多人丢失了他们的文件、停止支付寄柩费用或者只是离开了上海,当局势变得稳定或在战争之后,家庭成员会去会馆询问自己亲属灵柩的下落。在所有类似的案例中,他们必须向会馆提供家庭代表和担保人共同签署的信件[129]。

对寄柩所中灵柩的主人进行研究显示了上海殡葬活动中有趣的一面。第一个令人瞩目的元素就是相对而言的性别平等。寄柩所里遗体的性别是男性多于女性，不过这只能反应旅居者群体中的性别不平衡。笔者所找到的数据只包含当性别比例达到一个更理想的平衡状态的20世纪30年代。在湖州会馆，女性间（左通间）第五号名册记录了76名[130]。在1932年至1936年间，男性间（右通间）[1]接纳了244口棺材，包括62名16岁以下男孩的灵柩[131]。同时期的普通名册中有480人（总记录是1 330人），包括227名男性、167名女性和83名儿童[2]。大部分灵柩都放在普通间[3]。正中间接纳了12名女性、17名男性和2名儿童。级别更高的特别间接纳了22名女性、35名男性和2名儿童。儿童间的第三号名册上罗列了65名1936年4月至1937年8月存入寄柩所的儿童名录，其中45人还不到5岁[132]。这个数字，尽管数额很小，但说明了有体面收入的家庭会为了幼童寄柩，甚至会承担将其运回祖籍地妥善安葬所需的运输费用。

在四明公所的南厂丙舍，性别比例也偏向于男性。名册所提供的是1942年11月至1943年3月之间接纳灵柩的数据以及1943年从寄柩所移出的灵柩数据[133]。后者中包含了86名男性和87名女性，几乎完美对等。1942年11月，寄柩所接纳了135名女性和161名男性；第二年的3月份的数据是151名女性和187名男性，性别比率是1.2。1936年华界的性别比率是1.3，1942年公共租界的性别比率是更高一点点的1.4。两个寄柩所的性别比率都清楚反映了当时总人口的性别结构[134]。丈夫和妻子或是他们的亲属都很关心他们逝世的男性或者女性成员，无论逝者是成年人或者孩子。他们会为此在寄柩所上花钱，为的是让逝者能魂归故里这一最高目标。即便寄柩所中的灵柩反映了社会阶层的情况，但仍然可以说1930年时男性和女性在殡葬方面的待遇是相同的。这样的说法并不适用于更早的阶段，除非能从其他方面来证明，但倾向于认为这是一种惯常做法。在上海，对那些能承担寄柩所费用的人来说，男性和女性的地位是平等的。

四明公所1942—1943年的名册也提供了一份少见的信息。公所记录了棺主在上海的居住年数。这很重要，因为这个信息强调了人们为什么如此强烈地要将近亲葬在出生地的原因之一。案例包括了死于1942年11月（338

---

[1] 编者注：与前文矛盾，原文如此。
[2] 编者注：数字合计有误，原文如此。
[3] 译者注：小通间。

人)和 1943 年 3 月(296 人)这两个月内的 634 人,他们代表了宁波旅居者中随机的一部分在正常时间段的死亡人数,尽管 1942 年是特别困难的一年,因为盟军在日本偷袭珍珠港之后对日占区进行了封锁,然而在 11 月的时候并没有理由来相信这些死亡是受到了其他方面的显著影响。来城市不久的移民构成了这两个月中死者的大多数。如果我们以 1943 年为基准,超过 3/4 的旅居者是五年之内才来到上海。表 2.5 提供了详细的数据。

表 2.5 宁波旅居者在上海生活时间长短的案例(1942—1943 年)

年 份	1 年	2—3 年	4—5 年	6—10 年	11—15 年	15 年以上
数 量	136	195	158	90	23	25
百分比	22.0	31.0	25.0	14.0	3.7	4.0

材料来源:"上海特别市四明公所棺柩寄存月报表",1942—1943 年,R50-1-458,上海档案馆。

当然,其他人可以认为宁波旅居者在 20 世纪 40 年代初期的流动性是由于战争或者可利用的运输设施。这种看法是一种偏见。要把这个数据延伸到对 19 世纪的分析无疑是行不通的,不过要怀疑这一 20 世纪人口流动的主导模式同样是没有理由的。对年龄结构的分析不能脱离第一章的论述,尽管缺少儿童的数据,但是这可以确定死者的年龄跨度是全年龄段——5 岁年龄组呈均匀分布——其中有很大一部分人是英年早逝(40% 在 40 岁之前)。英年早逝和初来乍到解释了亲属为什么会关心将遗体运回出生地这件事情,并寻求会馆的支持来达到这个目标。从缺失其他旅居社群数据中进行一个总的概括是有风险的,但是那些从江苏和浙江这两个省份来的旅居者很可能具有高度的流通性,这对于理解会馆在上海死亡管理中的角色非常关键。会馆必须应付新近到来的、那些与出生地有强烈羁绊却又因年早逝而无法在上海定居的移民。

每个会馆都会规定灵柩在寄柩所的寄放时间。可寄放的时间从 3—6 年不等,3 年是最常见的规定期限。当超过寄存时间后,无主棺会被埋葬在上海当地的墓地,或者用船运回出生地葬在会馆墓地或义冢。尽管存储的压力主要取决于涌入的灵柩数目,但也存在例外。根据社群人数的规模和涌入的灵柩数量,寄存的灵柩数量会达到一个异常高的数字,尤其是那些祖籍地离上海非常远的会馆。比如 1882 年广州会馆容纳了 8 000 口灵柩[135]。5 年之后,会馆公布了一则告示要求那些灵柩在寄柩所存放时间超过六年的家庭把灵柩取走。6 年是存放最长的期限,但是会馆声称还有在那里存放超过 20 年的灵柩[136]。很显然,尽管会馆每年代表各家庭至少组织一次船运——灵柩所在家庭会出运输费用——会馆会灵活运用其规定。在 1887 年公开发表的告示中，会馆频繁提及"在同治年间寄放的灵柩"（1862—1875 年）。尽管 1887 年之后的告示声称超过六年的无主棺会在该登报公告的六个月之后下葬，但是并非都这么有系统地操作[137]。1892 年，公告特别提及了 1865 年至 1884 年寄存的灵柩必须从寄柩所离开[138]。

　　随着时间的推移，会馆对棺材能在寄柩所寄存多久的时间越来越严格。1898 年时寄柩时长的标准在 5 年以下；1908 年时减为 3 年[139]，这也是潮惠会馆所用的期限[140]。似乎到了 20 世纪初，三年成了标准期限。四明公所在 1920 年采用了更为严苛的时间规定。灵柩可以在寄柩所保存一年，这之后公所会在下葬之前将灵柩移到永昌寄柩所[141]。湖州会馆提供了另一个有趣的案例。会馆的规定清楚显示了超过 3 年的无主棺会被下葬。在日本侵略上海时，闸北寄柩所保存了 336 口灵柩，大部分（88％）其实在保存年限上都不满 3 年，多数是 1935 年时寄存的（81％）。有一小部分灵柩被允许寄存超过 3 年的强制时间。目前没有档案可以解释这样的灵活性，这 41 口逾期灵柩的棺主覆盖各个年龄段，男女皆有，可见年龄和性别都不是主要因素[142]。

　　会馆一般会下葬无主棺。1878 年 10 月，浙绍公所计划将所有寄存超过三年的无主棺下葬在浦东的义冢，公所在报纸上公告了即将执行的措施[143]。该公所还定期组织将灵柩船运回老家。1886 年，公所筹备 9 次船运，1889 年的计划是 12 次[144]。寄柩所的存储压力是迫使会馆采用严格规定并缩短灵柩寄存时间的主要因素。1886 年，洞庭会馆宣称灵柩最多在会馆寄存一年，如果亲属不能把灵柩接走，会馆将每年船运两次无主棺至义冢[145]。1898 年，福州会馆也在常规的船运之外如此操作，其寄柩所已经因为过期未取的灵柩而"棺满为患"，会馆决定将所有超过规定寄存期的灵柩下葬[146]。农业丙舍将所有超过寄存期的灵柩都葬在南翔的义冢[147]。1926 年水木公所会把无主棺运至其在大场的义冢[148]。闽峤山庄——福建人社群（三山会馆）的寄柩所——将无主棺运至其在福建的义冢[149]。但是无主棺的问题并没有完全解决。1921 年 11 月，同一个会馆在《申报》和《新闻报》上刊登了一整个星期的广告来说明它将把超过 100 口的无主棺在年底运往一处义冢[150]。1926 年 10 月，延绪山庄不得不迁址，它早在 1925 年 9 月份的报纸上刊登了告示，建议亲属们把寄存的灵柩接走，但到了 1926 年夏天，山庄仍然被数百无主棺而困扰，只能又刊登了一波广告，将 7 月中旬设为新的最后期限[151]。这个例子清晰地表明会馆通过各种方式在加强自己的规定。并不是所有的会馆都会在报纸上刊登广告，可能因为并非所有的会馆都会面临灵柩周转的问题，当会馆资源充足时，他们倾向于自己出钱将无主棺用船运走,埋在棺主的籍贯所在地。

灵柩的周转情况无疑限制了灵柩在寄柩所所能存储的时间长度。如果不扩张自己的地界,在寄柩所长时间寄柩是不可能的。根据湖州会馆的记录,对进入会馆寄柩所的灵柩平均流转数量进行评估是可能的。1937年8月所储存的灵柩中,94口是在1937年存入的,174口是1936年存入的。从1936年4月至1937年8月,进入的灵柩包括存入儿童间的72口、存入男性普通间的76口、存入女性间的76口和在两个更高档间的78口[152]。从这些不完整的数据来看,20世纪30年代平均入柩数估计为300口,平均每月25口。四明公所的灵柩数量要更多,1943年3月,仅在南厂丙舍一处,公所就记录了296口寄存的灵柩和155口移走的灵柩[153]。根据在北厂丙舍和东厂丙舍的记录清单,四明公所在20世纪40年代的月寄存灵柩数额可能要接近350—400口。

为了保证寄柩所的运营,会馆会维持一名编内人员,在"棺材拥堵期"还会增加人手来应对数量增加的棺材,比如在流行疾病肆虐或者战事爆发的时候。但是多余的人手并不是用来帮助寄柩所容纳更多灵柩的,而都是用来掩埋数目众多的灵柩。编内人员的规模也取决于旅居者群体的不同规模,尽管大部分会馆编内人员数量的变化很可能是有限的,因为同乡社群规模的上下起伏还不至于极大地影响会馆运作。那时关于员工的数据记载充其量只能算粗略。1950年,当会馆必须上交详细的财产和人员报告时,记录就比较完整,但是并没有反映出本书所研究的所有时段的情况,1950年的数据很可能是20世纪40年代中期情况的反映。档案记录显示了寄柩所较大的会馆不惜一切代价试图维持员工的生计,并努力为他们在1950年之后的新经济体制下找一份工作。

1920年,四明公所在南厂丙舍维持了一支8人的员工队伍。这支队伍包括一名经理(庶务长)、一名会计(司账)、两名维护工(常事)、两名侍茶员和两名看门人。其他雇员(馆丁)则根据需求来招募[154]。然而在上海解放的前夕,会馆的编内人员增加到313人。其中寄柩所和制备棺材的作坊的人数最多:制作棺材的木匠、油漆工、锯木匠、木雕匠和画师。还有搬运棺材的搬运工(将灵柩移入和移出寄柩所)。还有一个生产仪式物品的大群体,有126人。从事殡葬服务的编内人员总共不少于180人[155]。

各会馆征收的灵柩寄存费是不同的,而且根据灵柩所藏的房间种类所收的费用也不一样。在南厂丙舍,1920年四明公所的福字间两柩室所收年费为60元,禄字间四柩室的年费为16元,寿字间则为6元。一等室和二等室的收费分别是4元和2元。在普通室里的灵柩为免费寄存。除此之外,寄柩所还收取门票费(也叫"封口费")和转票费(也叫"开门费"),是根据房间的不同等级来收取的(门票费从0.2到2元不等,转票费从0.2元到1元不等)。在常规的寄存室,封口费是0.2元。使用仪式厅单独收费:将灵柩送走的仪式每天收费1元[156]。做一个比较的话,1921年一名新手工人每个月可以挣10元,熟练工则是每月15元到25元,一名工程师可以赚40元到90元[157]。

1939年时通货膨胀愈演愈烈,费用如火箭般蹿升。南厂丙舍福字间的门票费涨到了1 440元,禄字间的费用为3 936元,寿字间的费用则是3 078元。北厂丙舍的价格更让人接受,和南厂丙舍相同级别寄存间的收费分别是60元、448元和180元。每个丙舍的儿童间门票费为4元,但即便是这个价格也已经让大部分工人望而却步[158]。四明公所在三家寄柩所上的门票费收入是9 222元[159]。在有名字的寄存间,存柩的时间长短取决于寄柩所的时价。欠费时,灵柩会被移到普通间。但是寄柩所即便在如此收费的情况下,仍然不是商业机构。这些费用会被用来平衡账目,补贴存储在普通间的那些灵柩。1925年时,三个寄柩所获得的收入是156 679元(南厂丙舍)、231 115元(北厂丙舍)和5 365(东厂丙舍)[160]。很明显,位于浦东的寄柩所要比那些位于上海人口稠密地区的寄柩所要小得多。1939年经过巩固的预算反映了账目方面的收支平衡,收入(645 118元)比支出(625 219元)略微高出一些[161]。

和四明公所高规格寄柩间的高收费相比,燕平山庄(河北)[1]在同时期的价目是最便宜的。燕平山庄一等间寄柩的费用仅为20元一年[162]。衣庄公所的费用有两档,每年付4元和8元[163]。金庭会馆的寄柩费是一年20元,但是大部分灵柩都是免费寄存,至少在战争期间如此[164]。徽宁会馆[2]提供了三种寄柩等级,每年的费用从10元到36元不等。该会馆还有三种级别的特别间,定价为50元、100元和150元[165]。在湖州会馆,儿童的灵柩在1934年不收任何费用;成人灵柩如果放在最高等级的特别间,每个月的费用为3元;中央间的费用设置为6元,且需要提前支付。湖州会馆还给特别间的灵柩进出费设置为1元,中央间的该项费用是特别间的一半。普通间则没有任何费用。特别间和中央间的仪式和祭品收费分别是4角和2角。如果费用没能及时支付,灵柩会被移到会馆位于南市南门南面更为朴素的2号寄柩所。如果一直欠费,灵柩会被葬在义冢[166]。湖州会馆会使用位于大场的普益公墓,在那里所有的坟墓都在同一个区域[167]。在战争时期,部分会馆正式取消自己的收费标准来降低自己同乡成员的寄柩难度。四明公所、浙金公所、定海善长公所和台

---

[1] 编者注:也作"燕平公馆"。

[2] 编者注:原文为Huizhou Ningguo,即徽宁公馆。

州公所宣布免费接纳所有的同乡灵柩[168]。

寄柩所对于死者灵柩的接纳方式映射了现实生活中的生活标准。那些免费寄存的灵柩就像在仓库里一样被一起堆叠在大房间内。如果愿意花更多的钱,灵柩在独室中所享有的空间和私密性就越大。山东会馆在1937年有四种规格的寄柩室:一等间有11个、二等间30个、三等间141个和四等间191个[169]。燕平山庄有12个一等间,每间寄存两口灵柩;14个二等间,每间四口;3个更大的三等间,200口[170]。寄柩所的空间结构嵌入了社会等级的呈现。会馆所构想的寄柩所并非是纯粹的慈善机构,而是基于同乡成员社会地位的一个社群机构。

寄柩所建筑的修理和维护对于会馆来说是长年累月中一笔不菲的花销。四明公所最早买地是在1797年,1831年时,房屋的维修费用需要1.6万元[171]。四明公所并没有留下1853年或者1861年之后重建成本的记载,不过有其他丙舍重建的记录,南厂丙舍在1904年的重建费用是18.18万元,北厂丙舍的费用是21.6万元,东厂丙舍所需费用少一些,即便公所为了其重建计划筹集了23万元[172]。由于寄柩所地处郊区,土地的成本可以忽略不计。南厂丙舍和北厂丙舍的购地费用分别是3 527元和9 990元,除此之外会所还花钱筑路(总费用10 331元)。合理的建造费用是一笔更大的花销,南厂、北厂和东厂丙舍的建造费用分别是120 112元、122 125元、10 785元[173]。在大多数情况下,这些建筑能最终建成要托个体商户捐款的福,他们每人捐献了一笔钱,并不是出于商业目的,而是出于这一行为的公众认可度。捐款者的名字会被刻在每个寄柩所树立的石碑上。

船运灵柩

很难清晰界定定期船运灵柩这样的做法是什么时候开始的。就像上文所述,这起初只是一些富裕会馆所享有的特权,尽管更多的会馆在战后(1946—1949年)都参与进来,但都是为了很实际的理由。会馆之间用船运输灵柩的做法差异很大。江南地区密集的水道网连接了城市、城镇和村庄,使这样的做法成为可能,比如可以从上海一路到安徽或者湖北,或者一路向北到河南。即便是宁波的灵柩也走水路而不是海路。但是对于那些中国北面或者南面很远的省份来说,当蒸汽船运的价格随着时间的推移而下降之后,海运是唯一的选择。然而,距离仍然是决定最终成本的一个重要因素,尤其是国内不像美国加州的移民只运输遗骨回乡,国内的用船运柩回乡是包含整个遗体的而不仅仅是遗骨[174]。不同的同乡群体的社会地位不同,会面临不同的限制和成本(参见第八章)。

浙绍会馆是最早组织船运灵柩的会馆之一，他们将灵柩运回绍兴、余姚和其他同乡成员的祖籍县。浙绍会馆还保有最长的每年运输两批灵柩的记录，第一次在《申报》(1875 年)上提到用船运输灵柩，其寄柩所的灵柩使用船运的办法回乡超过三年[175]。多年以来，可能是仰仗自己的资源，浙绍会馆也会将无主棺葬在浦东白莲泾旁边的义冢[176]。然后从 1886 年 11 月开始，浙绍会馆再度启用在清明前将无主棺船运至绍兴外的义冢，或者在秋季将无主棺运到余姚外义冢的做法。但在 1896 年，会馆再度将无主棺运到浦东的白莲泾[177]。运到白莲泾应该只是临时之举，因为在接下来的几年中，浙绍会馆又开始将灵柩运回其主人不同的家乡[178]。在那之后，将无主棺定期运回浙江是一个相对固定的做法。不过到 1909 年时，浙绍会馆引入了一个处理方式不同的政策，无主棺会被运到浦东葬在义冢，而那些用船将灵柩运回家乡的家庭则需要交一小笔费用[179]。

除了档案之外，了解会馆船运灵柩的唯一方式是研究报纸上的有关报道。但是只有涉及船运的会馆的大致记录。最早提到船运灵柩的是 1880 年的洞庭会馆(洞庭三善堂)[180]。广肇公所至少在 1882 年已经开始组织安排灵柩的寄存。公众在《申报》上发通告表明了那时候还没有每年船运灵柩的做法[181]。1883 年，一个广东会馆宣布了其第五次船运[182]。潮惠会馆在 1908 年为不那么富裕的家庭补贴 15 元用以寄柩[183]。1916 年，泉漳会馆登报宣传其冬至之后将进行的船运[184]。这些公告在整个民国期间的报纸版面上时常出现[185]。

由会馆船运灵柩是稍后才发展出来的做法。四明公所的规定仅提及 1797 年寄柩所的建立，在涉及与法租界当局 1874 年和 1898 年两次冲突的档案中都没有关于船运的事情。1879 年，公所发布了一条公告，表示尽管他们已经在造一幢新的大楼，但是公所已经棺满为患。公告要求那些已经在寄柩所寄存灵柩超过两年的家庭把灵柩接走[186]。同乡成员有时候无法筹集到运柩所需的费用，四明公所便开始接受个体申请经济补助的要求。1882 年，四明公所在船运方面采取了一条特殊之"法"。1901 年，公所又迈出了新的一步，和轮船招商局订立合同，每年用轮船运送 400 口灵柩，其余的则用帆船运输。1905 年，四明公所运回 1 800 口灵柩[187]。在和法租界发生冲突之后，开启定期运柩回乡这种做法和不断增长的压力有着紧密联系，这既有政治压力也有物质压力——不断增长的灵柩寄存的压力。在宁波购买土地作为墓地以及在上海建立新的寄柩所都表明了四明公所开始意识到既有的设置已经无法再满足现实需要了。

然而与轮船招商局的合同只意味着双方之间用船运输灵柩的合作。四明公所并不对灵柩的周转承担直接责任。1905年,公所对每个寄柩的家庭每柩收费两元[188]。但1908年时,公所的行政委员会意识到仍然有太多的寄存灵柩需要处理,于是公所采用了一个新的原则:所有财力有限的宁波旅居者可以向公所汇报情况,公所会负责船运的费用[189]。一块由长生会(一个宁波同乡组织,后归入四明公所)的领导人沈洪赉所题写的碑文显示,有经济困难的宁波人可以向该组织申请帮助。长生会为此所拨的预算是一年50两[190]。这份声明并没有注明日期,但是沈洪赉在19世纪90年代后期和1911年革命之间非常活跃,长生会和四明公所在对待船运灵柩这一问题上有所转变的时间节点很接近,表明了它们之间有一个共享的议程。

帆刈浩之(Hokari Hiroyuki)认为在城市化发展的背景下不断增长的旅居者数量和愈发强烈的背井离乡感及归属感这两大因素的结合,或许可以用来解释为什么旅居者变得越来越重视魂归故里[191]。这么讲是有道理的。正如冼玉仪所指出的那样,加州的广东人移民将逝者的遗体运回他们祖先的村庄这一做法最早从1855年便开始了,一直持续到1937年的中日战争。这种做法甚至演变成美国西海岸与香港之间一门有利可图的生意,成为将遗骨运回广东的一个主要途径[192]。这个现象突出了中国人极端重视死后的葬身之地。在上海,运柩回乡对于有一定家财的旅居者而言成为一种跨阶级的期待。然而正如上文所述,会馆运柩成为一种普遍做法要晚得多,即便对于很早建立的四明公所而言,常规化的用船运柩也要到1909年才开始[193]。所以这成为一种准工业化的活动。到20世纪30年代后期,每次船运的灵柩数量接近1 500口,每年计3000口[194]。四明公所所设立的标准在其他会馆也管用,尽管它们的船运规模稍小。1936年10月,湖州会馆从寄柩所一共运输了253口灵柩回乡[195]。歙县同乡会每批运输的灵柩数量是十口[196]。

由于会馆运输灵柩是固定操作,会馆可以从船运公司那里享有优惠,让运柩的家庭获益。这并不是说运柩是免费的,即便在战争期间这都不是免费的。1937年,湖州会馆组织的一次船运就恰恰在战事爆发之前,一艘载有28口棺材的船驶往湖州,会馆认为此次运输的费用会是162元,即平均每口灵柩5.8元。存于正中间的灵柩的船运费用(10元)要比普通间的更贵(2.4元),儿童灵柩的运输费用在1.2—2.4元[197]。1939年时,四明公所在运柩回甬方面花费了10 667元,而公所从自己同乡成员身上所收取的费用是7 510元,所以在这件事情上公所是亏钱的,它们要替更穷的同乡成员出运费[198]。1942年,衣装公所将灵柩船运回安徽的运费在每口4元至5元,但是困难家庭在这方面是免费的[199]。会馆船运柩在20世纪前半叶成为一种例行操作,不仅仅是外部约束的原因,还有减轻自家寄柩所存储空间的压力,以及满足同乡成员不断增长的对于魂归故里的期望。

在战争期间,民国政府却很难迫使会馆将其地界上的灵柩移走。尽管并没有名义上的反对声,但是会馆却陷在当局所施加的最后移柩期限与自己并不愿意移走尚未到期的灵柩之间左右为难。1940 年,湖州会馆试图以很难找到灵柩主人的亲属和运柩回湖州的船只为由,来平息卫生局的怒火。最终,湖州会馆妥协,将所有无主棺葬在其位于大场普益公墓内的闸北寄柩所[200]。衣装公所也受到了类似的命令,但是其更偏远的位置使其可以抵御上级的压力。到 1942 年时衣装公所仍然在抵制疏散寄柩所灵柩的指令,不去联系那些灵柩的所属家庭[201]。1942 年 2 月,水炉公所 1 520 口之多的寄存灵柩中有很大一部分是无主棺[202]。会馆们的反抗反映了对遗体命运普遍持有的关注。在档案中的信件里可以找到大量证据来证明人们愿意花九牛二虎之力去找寻那些已经移走的或者下葬的灵柩。1940 年,一位男性写信给湖州会馆商议 1937 年 1 月时寄放在特别间一口存有女性的灵柩,这口灵柩已经被葬在了大场的普益义冢,这位男性询问这座坟墓是否能在战后被找到,并请求会馆帮忙提供纸面文书和手续使其可以掘出这口灵柩并船运[203]。

寄柩所:规定和争议

城中寄存灵柩的存在一直以来都是城市生活的一个部分。棺材的质量决定了其在气味和其他渗漏物方面的耐久度和可靠性。华界当局从来就没有关注过这点,也从来没想过要管理这件事情,他们更关心将灵柩长年累月置于地面而不下葬这件司空见惯的事情(详见第四章)。在城市中妥善保管储存灵柩随着外国租界的建立和西方人的到来成为一件重要的事情。英国人占据了老城北面沿黄浦江岸最好的地方,从那里开始,租界向西延展 1 英里。它的地界中有一些私人的坟墓,但并不包含重要的坟墓或者会馆建筑,然而一些会馆在更西面的地方所购买的土地日后成为租界扩展之后的一部分。早在 1879 年 3 月,上海工部局请求驻沪领事团从清政府拿到一纸禁令,禁止在其从外滩到山东路公墓之间的地界上存放棺材[204]。

法租界则从一开始就面对一个迥然不同的局面。法租界最早设立在从老城南面到洋泾浜之间一条狭长的地带上,洋泾浜在法租界北面将两个租界隔开(详见地图 1.1)。这块区域先前就是当作墓穴和坟地的,包含了大量的公会建筑和寄柩所。法租界当局要面对两个不同的情况。第一个是要拓展其地界范围,而要做到这点就必须移走那些坟墓。法租界当局致力于逐步将其地界上所有的墓穴和坟地都迁走,他们视这些为孕育传染病的温床。法租界公开宣称他们的目标就是要清除所有的坟地并"将其从一片广阔的亡者国度改建成一座……摩肩接踵的城市"[205]。法国人在1861年甚至试图与福建会馆沟通,让其及其灵柩主动离开,为法租界市政厅让路。至1864年,他们宣布已将所有已葬及未葬之棺处理完毕,除了一个主要机构除外,那就是四明公所[206]。公所矗立在其原来的地界上,抵抗着法租界的侵占,最后导致了两次主要的冲突事件。

四明公所坟地和寄柩所非常贴切地成为历史学家所说的"争论的焦点"[207]。除了坟地之外,让法租界当局如鲠在喉的是寄柩所上百口未下葬的灵柩。在法国人针对四明公所的财产声明中,这件事情并没有被明确提及,但却是最急迫的问题。19世纪70年代,医疗工作者仍然不清楚主要的传染性疾病的病因,尤其是导致上千人丧命的霍乱。即便上海在此10年前没有发生过严重的疫情,但霍乱仍然是一个非常致命的威胁。欧洲的城市管理普遍对公共健康和卫生愈发关注,上海的西方定居者也一样。中国的会馆公所储存了数百未葬之棺,这件事本身已经让外国人非常厌恶,当这种感觉和他们对传染病的潜在威胁感到真正的恐惧结合在一起时,就会产生一种强烈的冲动,不惜一切代价来迫使中国会馆移走那些灵柩。令人作呕的气味和恶臭是与寄存的灵柩联系最紧密的负面因素,它们给人们笼罩了一层疾病传播的巨大阴影[208]。寄柩所所储存的灵柩并没有威胁,即便法租界卫生处在1898年也确认过这点,但是在1874年和1898这两年的事件中,文化上的偏见、对疾病的恐惧、对自身力量的错误预判导致了冲突。

这两次因公墓而起的暴力冲突的故事已为人所熟知。顾德曼已经从四明公所在两次事件中对其同乡社群和法国人的所采取的行动和所扮演的角色的方面出发,进行过彻底的分析和解读[209]。他从对城市中死亡的管理这一冲突的文化敏感的角度来讨论这两起事件。两次暴力冲突的背景是非常不同的。1874年时,法租界除了沿江的区域之外还只是一片欠发展的不毛之地,四明公所的建筑和墓地的位置正好在租界的边界上,在一处法国人自己都称之为"平原"的郊区[210]。那些认为法租界公董局企图从宁波公所墓地中穿过筑路的论点,如顾德曼所言,是令人生疑的[211]。1862年,在绘制了道路分布图之后,公董局认为自己有权利执行这个计划,特别是因为四明公所曾有一次将自己的产业出售给了一位法国人(很可疑的说法),公董局还引用了那些给予外国人可以通过经济赔偿的方式来征用中国人土地的权力的条约[212]。当公所的领导人依照抵制法国人的计划,提出了一个对立的倡议时,法租界当局以"卫生,且埋葬遗体的地方最好是安静的，所以公墓应该被搬迁到远离人口稠密的地方"为由，拒绝了四明公所的要求。公董局会为迁坟提供资金[213]。法租界公董局董事不顾自己在文化上的偏见，他们认为自己的要求一点没错、非常正常，他们自己来自一个从18世纪开始公墓就服从于严格的管理规定并禁止在城内设立公墓的国家[214]。

公董局隐藏的目的是要将会所大厅中寄存的灵柩或者那些放在公墓地面上的灵柩全部移除。但是冲突的焦点是公所的负责人拒绝将宁波公墓中同乡的遗体掘出迁走，他们说道"我们公墓中的坟墓不能被亵渎，我们祖先的遗骨不能被打扰。"[215] 从筑路的角度说，他们的观点是有理由的，道路根本没必要从公墓的中间穿行而过。然而公所拒绝触碰死者遗体却有点站不住脚，在两个外国租界中有许多先例，当城市化扩展和墓地的冲突不可避免时，有许多坟墓或者墓地都迁走了，并没有形成多紧张的局势。公董局特意提到了一份1873年12月29日的报告，那份报告据说记载了四明公所要求寻找和发掘西贡路北段的一具遗骸的许可，那块地方先前曾是公所的墓地[216]。四明公所非常不希望惊扰墓园中的坟墓，但也愿意将同乡的遗骸从在先前所拥有的地界上筑路的毁坏中拯救出来[217]。这场争端本不该导致1874年5月份发生的那次暴力冲突。一件发生在该紧张局势下并不相关的事件却推动了骚乱的发生[218]。法租界当局的失败和退却使得他们无法再对宁波公墓下手，从此往后在公墓的地界上再也没有筑路、建造楼房或者运河的计划[219]。近1/4个世纪，尽管法国人对此感到深深的沮丧，但他们必须接受四明公所在其地界上存放着的大量未下葬的灵柩。

1898年第二次四明公所事件或许可以视作是围绕着相同原因所发生的相同事情的重复。两次事件有一些相似之处，导致1874年第一次事件的原因同样出现在第二次事件中。当然，两次事件之间也有很多不同之处。顾德曼已经论述了1898年宁波旅居者的反抗是如何在商业精英政治化这一更宏大背景下开展的，即便这次事件中并没有近代中国民族主义的存在，但是四明公所的这次抵抗被视作其他中国人在为了保护自己权益而对抗外国人时可以模仿的典范[220]。真正的暴力冲突是有限的，真正让法租界运行停摆其实是由四明公所领导的商店罢市、拒绝提供任何服务和对法国人的联合抵制。争论的焦点仍然以四明公所寄柩所中那些未下葬之棺为中心。相较于1874年，第二次事件时人们已经对导致传染性疾病扩散的因素有了更好的了解，上海常见的无主尸体是导致土地和水源污染的真正源头，但是四明公所中的灵柩却不会导致任何类似风险。法租界卫生局官员自己也承认密闭的灵柩是没有危险的。但正如第一章所述,上海已经经历了好几次霍乱的肆虐,而外国租界的市政官员也对城市中心那数百口一直存在的灵柩极为焦虑,这正是和1874年相比最主要的区别。在1/4个世纪中,房屋、商店和道路已经在这片殖民地上扎根,人口也翻了好几番,以至于法国人和英国人一样,也在商议租界扩展的事宜。

另一个迥异的区别是法国人让灵柩搬走的法律依据。1897年10月,上海工部局从上海会审公廨处获得一份公开声明,该声明禁止在租界里存放灵柩。同样地,法租界公董局给法租界总领事施加压力,要求其将禁止法租界内设立寄柩所的条款引入现有规定[221]。在两个案例中,法律依据是站不住脚的,因为会馆的建筑和庙宇在外国租界建立之前便已存在,在租界中享有治外法权,其土地和建筑物的使用受到保护。但法租界公董局认为自己有足够的理由要求四明公所在六个月内将寄柩所的所有灵柩全部移走,他们的计划包括征收四明公所的地皮来为一所医院、一座屠宰场和一所学校腾出空间。公所的负责人在那时已经意识到他们无法在寄柩这件事情上保持一个强硬的姿态,在六个月的时间内,他们将2 500口灵柩船运回了宁波。但这么做并不能安抚法租界当局,到了规定的时限,他们将水手们派去监督工人们拆除公墓围墙的工作。在这之后发生的混乱中,法国人再度以恶棍和恃强凌弱者的面目出现。1874年那次暴乱后是六个月艰难的谈判,又随着最终解决方案的披露而突然结束。[222]

不过两次四明公所事件的处理并没有以恢复原状而告终。四明公所在上海很多地方买地并建立了新的上文已讨论的寄柩所。公所虽保住了自己的房产,但其负责人最终意识到时代和观念已经变了,即便对中国人来说也是如此。公所的建筑可以继续履行其先前的功能,不过必须要另寻他法来容纳其灵柩,比如说,自己的墓地不能再继续用来落葬,即便像四明公所这样的富有声望的会馆,继续维持处于市中心的寄柩所也不再被接受。而且,在1906年10月之后,上海的四明公所变成了各地四明公所(南京、汉口、天津、太仓、湖州、温州、吴淞、满洲)运来的所有灵柩的集合点[223]。考虑到运入四明公所的这些灵柩数目巨大,要在城市中心继续保有一处寄柩所来储存这些灵柩是不现实的。四明公所最终顺应趋势,像所有其他会馆已经做的那样,在城市周边较远的区域重新设立了寄柩所。有一些新的寄柩所建在一起,并在那里矗立了几十年,直到它们在中日战争中被毁坏或者因战火而无法抵达。

外国租界里的未葬馆问题解决得很彻底,但是在19—20世纪之交之后，未葬馆的问题还在持续，甚至伴随着新会馆和殡葬公司的建立出现扩大的趋势。现代交通运输方式的发展使运柩回出生地变得便利，这更鼓励人们在灵柩下葬之前将其寄存。考虑到寄柩所所存灵柩的庞大数量，同乡群体中对这项服务的需求是无可否认的。会馆是寄柩的主力，同时也提供私人渠道给那些能负担得起私人公司运输费用的人（详见图 2.3）。华界当局并不希望限制寄柩，因为从某种程度上这么做可以减轻本地公墓压力。这也是外国租界中的中国居民基本没有抵制寄柩或者对墓地有需求的一个主要原因。但是管理寄柩所需要完全依赖连接上海至内地和其他沿海城市运输网络的顺畅运作，当运输出现大规模和持续性中断时，灵柩就会在上海积压。1937年8月份爆发的战争为这座城市内部一个新的大公墓的出现创造了条件，笔者会在第三章讨论。

图 2.3　在上海一处码头等待船运的私人灵柩

来源：S. J. Joseph de Reviers de Mauny，教会办公室，里昂（图片已授权使用）

在晚清时期，寄柩所不受任何行政控制或者管辖。中国的地方当局所关心的是分散在郊区和城市周边的未葬之棺（详见第四章）。然而，当局对于老城内或者城边的寄柩所扩张的担心与日俱增。1908 年，在第一部上海自治章程（《城乡自治章程》）颁布之后，负责管理老城及其城郊的沪南工巡捐局采用了两个办法：所有的寄柩所必须缴地方税，同时不允许扩建现有建筑。两年之后,沪南工巡捐局拒绝了四明公所在南市扩建其寄柩所的申请,并且还拒绝了四明公所免税的要求[224]。这并没有阻止四明公所在沪南工巡捐局动荡且短命的运作时期扩建其南厂寄柩所。不过从这时开始,让寄柩所远离人口稠密地区便成为中国当局的政策。1924年4月,江宁公所向闸北沪北工巡捐局申请将其从位于当前城市化街区中心的位置移到宋公路和芷江庙路的街角,工巡捐局回复说希望迁移的位置仍然太靠近即将城市化的区域,最终江宁公所找了一个更靠北1英里的位置[225]。

因为公墓而与会馆发生冲突的并不只有法租界。事实上,有很多争端几乎都是因筑路而起。这些争端的焦点是会馆对自己所保存遗体的极度关心。对会馆来说,通过搬迁来保护自己的墓地是常见和更简单的一种办法,但是义冢更容易被城市化的街区所包围,而抵抗的力量却更小。1908年时,争端已经不再演变成暴力事件。有两个案例显示了会馆对其墓地的坚决捍卫。1908年8月,水炉公所的成员聚集在位于白克路的公所墓地旁,抗议上海工部局的道路工程。他们对施工的工人们慷慨陈词,试图阻碍他们的工作进程。最后,警察逮捕和拘留了公所的这些成员。在一名公所代表现身并责骂了他们的行为之后,这些成员被释放。上海工部局意识到一个重要问题:购地筑路所穿过的墓地,其主人和该公所是没有任何关系的。水炉公所向会审公廨提出申诉,但是在初步的调查完成之前,公墓围墙已经被毁坏,70口棺材被露天堆在一起,下水道已经在墓地被铺设。公所争辩说土地章程保护其墓地免受任何侵害,而且章程在外国租界建立之前就已经存在。公所试图争取到上海道台的帮助,这是上海当地最高的中国行政长官,并要求将墓地完全恢复原样。最终,会审公廨站在了公所这边,承认其所拥有的全部权利[226]。

第二个事件也与筑路有关,并牵涉了一个很有势力的会馆,晋江公所。晋江公所在老城西门的城墙外拥有一块墓地,这是一块很小的地皮(3.8英亩,即23亩),购于1873年,公所在这块土地上建造了房屋,并把沿河的一段作为公墓使用。公共租界工部局需要其出售沿河的一块土地用来扩大电车轨道铺设的面积,所有沿街的房子也被要求出售用以相同的用途。这立刻招致了晋江公所成员的反对。道台派遣了一位协调员来缓解公所与工部局之间的紧张事件。他还要求四明公所(虞洽卿和周金箴)和绍兴会馆(谢纶辉,胡陆芗)有影响力的领导人来作为仲裁人。赌注效果有限——一块沿墓地的仅8英尺宽的地段——但是围绕这块地,一场激烈的争论正在成形。晋江公所大部分董事成员投票同意放弃那一长块地段,但是公所大部分成员继续反对迁移墓地,并且其意见的声响已足以让道台建议会馆谨慎行事。这次事件激起了双方在

《申报》上的唇枪舌剑：工部局是西方标准下城市现代化的拥护者，而会馆则是本身价值观和逝者宁静世界的忠诚捍卫者[227]。公所的成员甚至花了三天在《申报》上整版刊登题目为《捍卫墓地》的文章，还附上地图，据理力争[228]。之后，除了一篇代表各方的关于捍卫义冢的幽默小文之外，《申报》上并没有继续记载这场争论及其结果[229]。上海的墓地史就是一段渴望土地的城市规划者不断"入侵"的历史，同时也是一段搬迁史，每一次都牵扯到小心而又彻底的遗体大搬移。

国家的介入：管理寄柩所

1927 年国民政府统一之前，上海地方政府的监管工作非常低效，但即便如此，会馆已经无法再决定自己的命运。1927 年之后，无论是国家还是地方层面都有一个无法动摇和匹敌的决心，即改善居民健康状况和开展一系列措施来保护居民远离疾病[230]。在上海，新建立的市政机构开展了一个雄心勃勃的改革计划，覆盖了好几个与城市的死者管理有关的方面。"卫生"和"现代"是现代精英修辞中最主要的两个词汇[231]。对于寄柩所，市政当局最早所采用的规定就明确规定了寄柩所严苛的选址、建造和管理标准。正如我们所见，这是当局更宏大计划的一部分而已，包括投资建设市政公墓、为墓地规定土地政策以及开始鼓励火葬。市政当局对寄柩所日常事务的介入是前所未有的。尽管这并没有彻底改变局势，但这对于会馆的领导人来说已经是一个清晰的信号，他们现在已经处于规章制度的管辖之下，并且对寄柩所的妥善管理负有责任。这也标志着寄柩所的开业和管理开始面临越来越严格的规定。

1928 年 8 月，上海特别市政府出台了一则关于寄柩所的规定，对寄柩所施加了很多新的限制。寄柩的时间长短被限制在一年，寄柩所还需要提交月度报告。突然缩短存储期限让会馆猝不及防，这与自己章程中大部分的内容是相冲突的。会馆公所联合会召集了一次紧急会议来讨论如何应对这件事情，与此同时，联合会的主席王晓籁要求市政府取消新规定[232]。联合会如何与市政府当局的谈判并没有后续的新闻报道，但是其他的证据，比如会馆章程却表明了一个逐渐的和非对称的影响。一些会馆登报申明自己正在将存储时间超过一年的灵柩移走，这是严格按照市政府规定来做的。这条一年期的规定逐步成为行业的规范。1929 年，肉庄公所参照市政府的规定要求那些灵柩寄存时间已经超期的家庭把他们的灵柩移走[233]。海昌公所和上海演员联合会也遵从新的规定[234]。

事实上，即便是大型会馆的寄柩所也会因过量的灵柩而疲于应对。徽宁会馆在 1928 年之后定期发布无主棺按期下葬的声明[235]。晋江公所也决定暂时加强一年期规定的实行,这并不是因为政府的政策如此规定,而是因为自己的寄柩所内已棺满为患。在会馆将灵柩移去墓地之前,寄存灵柩的家庭有 10 天时间来取走它们[236]。1935 年 3 月,浙绍公所宣布永息堂的两个寄柩所都接近满员。所有寄存超过两年的灵柩会在一个露天仓库存放一年,然后再下葬。[237] 1936 年 3 月,宝山会馆敦促其同乡成员将寄存时间超过一年的灵柩取走,尽管宝山会馆并没有完全排除提供延期寄存的做法,成员可以向会馆申请并交纳相关费用,但是会馆强调这么做是遵守市政府的规定[238]。1936 年 3 月,湖北会馆邀请那些寄柩达到一年期限的家庭来取走灵柩,否则这些灵柩就会被葬在义冢[239]。尽管有许多迹象表明许多会馆遵守新的规定,但还是有一些会馆地址或者索性无视市政府的规定。也有会馆并不理会一年期的规定,继续提供可长达三年的寄柩[240]。

1931 年 5 月 25 日,上海市政府继续坚持把寄柩所从市区中搬走的做法。它用一条新的规定定义了哪些区域不能设立寄柩所,通过这条规定向会馆施压,让它们从市区搬走。1935 年 2 月,潮州会馆接到了一封提醒函,告知其寄柩所正位于一处并不适合用于寄柩的地方[241]。但是市政府缺乏加强管理的手段,一部分原因是迁移成千上万的灵柩所带来的挑战非常巨大,另一部分原因是迁移灵柩这件事情非常敏感且容易与势力大的会馆之间形成严重的对抗。市政府对市区内新寄柩所的开设采取有限的干预,大型的寄柩所仍然保留在其原址之上,比如浙绍公所的永息堂(详见地图 2.2)。1927 年之后的国民政府时期,连续几届上海市政府所采取的规定都有着相同的方式。大体上说,这些规定采用了几乎相同的语句和标准。最首要的责任,即在卫生局登记,必然需要一位卫生局官员去实地检查寄柩所的其选址是否合适、房屋的质量是否合格以及必须要检查的公共卫生方面的问题。战争时期出现了更多变化,最主要的变化是寄柩所必须每个月向当局报告自己的灵柩流转情况,卫生稽查员会定期到寄柩所核查报告的准确性。如果会馆没能呈送月度报告,卫生局会寄送一份语气严厉的催函[242]。

尽管南京政府时期对寄柩所的管理有了进步,但是 1937 年爆发的战事导致了政局的不稳定,随着华界当局的更迭,每一任政府都采用自己的一套办法。傅筱庵任日占期伪上海市长时(1938 年 10 月—1940 年 10 月)并没有什么特别的规定,在他的继任者陈公博掌权期间,伪卫生局开始着手将所有的殡仪馆和寄柩所登记在册[243]。1941 年 10 月,伪市政府的一份文件要求所有的寄柩所和殡仪馆在卫生局登记。一年之后,伪市政府又颁布了新的规定来管控

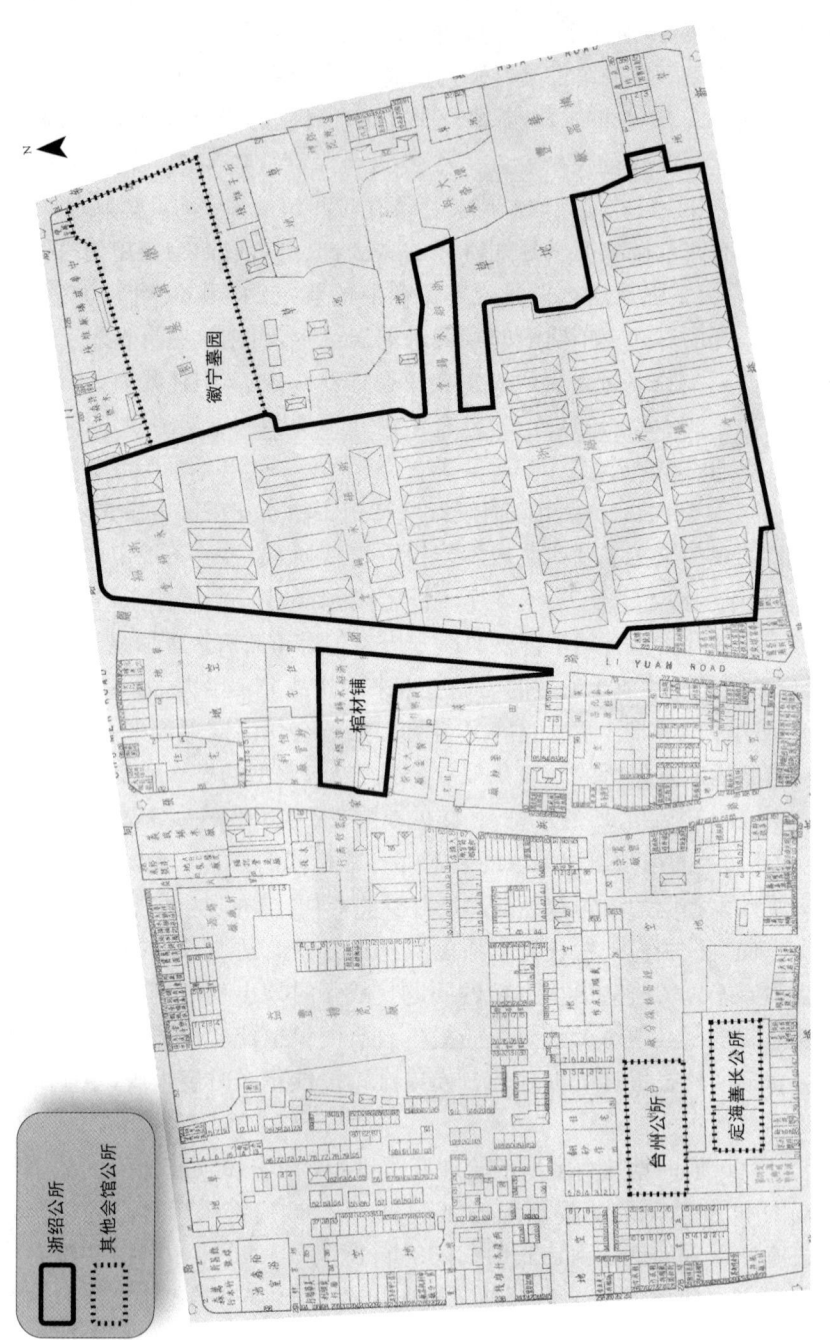

74 | 镰刀与城市：以上海为例的死亡社会史研究

地图 2.2　1946 年浙绍公所永息堂
来源：视觉上海网站

寄柩所[244]。1942年8月份,伪市政府的一条规定中采用了更为严厉的措施,里面大部分条例都是南京国民政府治下第一届上海市政府所制定条例的重编[245]。但是伪卫生局对城中寄柩所的存在采取了更为强硬的态度,将它们视之对公共卫生和市容的挑战。最终,伪卫生局采用征税的方式强迫那些不情愿的会馆搬离其寄存的灵柩。

战争时期,在外国租界和华界中,政府机构的官员都建立了定期检查寄柩所的方式。由于寄柩所庞大的寄柩数量,这项工作负荷极大,还需要招募更多员工来做(详见第三章)。为了填补检查所带来的费用,寄柩所需要交纳一笔检查费。在公共租界,卫生处根据所寄灵柩的数量来收取检查费。不过在华界所采用的是另一个体系,华界当局是根据灵柩的数量及灵柩在寄柩所储存时间长度来收费的,储存的时间越长,寄柩所要付的费用就越多[246]。会馆们抵制检查费,理由是作为慈善机构,他们是为了穷人的需要而服务的。会馆们声称自己不得不放弃设置不同种类房间的那种方式,并把它们都改建成普通间,而且不得不停止寄柩收费[247]。在一封写给伪市长的信中,伪上海市卫生局尽管表达了对会馆的同情,但是并没有同意它们的要求,并认为继续施加压力来达到清空寄存灵柩的目的是很有必要的。衣装公所希望能豁免检查费,可是被拒绝了。两年之后,1943年7月,伪上海市卫生局拒绝了另一个会馆的豁免请求[248]。但伪卫生局给四个会馆豁免了检查费,理由是他们不是由商业利益驱动的会馆:四明公所、宁绍公所、宁海善长公所[1]和台州公所[249]。这样的理由其实是靠不住的,因为所有的会馆都不是由商业利益驱动的。豁免最终还是实行了,四明公所甚至在1944年8月还再次成功申请到了豁免检查费[250]。

检查费可以被视作一种对会馆财力的釜底抽薪。有一些会馆申请迟交检查费,而其他的会馆则通过对寄柩所灵柩数量的不实统计来避免交这笔钱。这是一个骗人的伎俩,伪卫生局会派专员去做一个完全的统计,但该伎俩仍然帮这些会馆省了一些钱[251]。伪市政当局的规定并没有阻止会馆向其同乡成员提供一年后延期储存的服务,只要死者的亲属能付延期的钱就行。1943年1月,崇海会馆采用了一个新章程,章程中规定灵柩只能存一年,但是无主棺可以在下葬前寄存三年[252]。然而1943年5月,该会馆为自己的1 480口棺材交了8 189元的检查费。这样的经济压力迫使崇海会馆重新审视自己的做法。1945年6月,该会馆登报的消息称其寄柩所已经寄存了超过2 000口棺材。

―――――――
[1] 编者注:此处作者可能有误,善长公所为定海会馆所设。

6月8日,该会馆登报申明已将600口棺材移到了一个公墓[253]。10月份的第二次公开声明则是通知其成员,会馆的寄柩所不再接受新的灵柩[254]。除此之外还有其他更苛刻的规定。1943年3月,伪卫生局要求广东旅沪同乡会搬空岭南寄柩所的灵柩,同乡会准备服从规定,但最终由于伪市政当局并没有坚持,使这件事情一直推迟到1945年之后[255]。

抗战胜利后,尽管市政当局正式制定了新的政策,但基本上沿用前任的政策。新的上海特别市强烈反对把未葬之棺大量而集中地保存在市区的做法。市中心成千上万的棺材作为战争的遗产,极度增加了市府的担心。尽管规章制度并没有比先前的时期更为严苛,但卫生局对卫生的要求却更高了。卫生局还施加压力让寄柩所搬到远离市区的地方,尤其是那些战时位于先前公共租界或者租界边缘的寄柩所。卫生局向寄柩所逐渐施加压力,让它们把无主棺用船运走或者入土安葬,对寄柩所寄存超过五年和十年的灵柩收取费用的新税收比率反映了这一变化。(详见第三章)

小结

不断增长的人口意味着有更多的死者需要处理。在上海,会馆和公所(其大部分是同乡组织),是在商业化的殡葬公司出现之前承担这一职责的主要机构。在这个舞台上当然也会有其他的演员,比如善会,但是同乡会是一个为社会普遍接受的"出路":他们并不像慈善机构那样和贫穷扯上关系;他们特别迎合自己同乡成员对专属空间的需求;他们处理将遗体运回出生地的事宜。旅居者群体心中那份对地域和本土认同的强烈感使之极度关心死亡,就像他们生前互相认同的那样。伴随这份关注的是绝大多数人渴求体面入葬,但大多数人都无法企及这点。诉诸已有的殡仪馆不仅意味着不小的花费,还等同于埋葬在当地一处匿名的公墓,这些公墓多半是义冢。会馆和公所提供了一处同乡成员可以埋葬在一起的地方。尽管这些墓地仍位于他乡,但至少还算"圣地",这并不是宗教意义上的圣地,而是基于社会和文化背景的圣地。有许多旅居者在他乡生活和死去,而会馆墓地就是祖籍地在他乡的延伸。但最理想的事情莫过于能魂归故里。物质方面的限制——为了省钱以及考虑到运输状况——经常会导致延误和在适当条件下寄存灵柩的需要。会馆的寄柩所就成为满足旅居者魂归故里这一至高下葬诉求的最关键的基础设施。

尽管同乡会声称会将所有的同乡成员,无论其社会状况如何,都置于其保护伞之下,但社会和经济地位仍然是划分成员个体所能享受会馆服务等级的标准。最重要的一条划分标准是个体是否具备购买一口高品质棺材、获得一张寄枢所入场券和能够用船将灵柩运回祖籍地的能力。那些无力购买这些高品质棺材的人会得到其他形式的帮助，比如会馆会提供免费但质量差的棺材，但这也意味着他们只能选择葬在当地的会馆墓地或者义冢。毫无疑问，除了那些大型会馆每年运回祖籍地的大量棺材之外，每一个同乡群体的具体死亡数字是缺乏的。同乡会集中船运回乡的做法提供了另一个层面的葬礼服务，这不仅能满足旅居者的夙愿，也能缓解上海当地政府机构的负担，不管对华界还是租界当局来说皆如此，流畅运转的集中船运灵柩将他们从设立墓地的沉重责任中解脱出来。

在中华人民共和国成立之前，民国政府和清政府并没有对同乡会馆所提供的殡葬服务和设施的管理加以规定。当局也没有涉足公共卫生中关于尸体的处置，可能是因为这些同乡组织在这方面的所作所为是如此的高效，以及因为就像在其他方面那样，国家将上海城市管理的责任委托给了这些同乡组织。在外国租界中因尸体的处置而起的紧张和冲突，引发了人们更关注公共卫生的潜在威胁。城市化缓慢地将原本偏远的郊区变成人口稠密的市中心。当战事爆发，所有交流都中断的时候，挑战变得愈发明显。1937年之后，日占期伪市政府开始更多插手管理和监督位于城市中心的大墓园的异常扩张。向寄枢所施压，让他们从城市街区搬走，成为当局坚决贯彻的做法，尤其是在20世纪40年代期间。尽管这引出了同乡机构各种回避或者抵制政策实行的办法，但他们最终屈服于压力之下。其他的一些因素，比如不断增长的、超过寄枢所容纳能力的棺材数量，在战时和战后耗费了同乡会馆的资源，无法控制的通货膨胀摧毁了同乡会馆维持寄枢体系的能力。

上海旅居者身上所体现出的那种深深的同乡认同感和与祖籍地的羁绊，在欧洲找不到等同角色。但毋庸置疑的是，上海的会馆和公所在死亡管理中的角色在欧洲甚至连作用相近的角色都找不到。在欧洲，同业公会是过去式，在前现代时期并没有生存下来。在中国，会馆和公所则是在主要的移民城市中构建都市社会的核心组织。当城市居民死亡的时候，欧洲的市民会埋葬在当地的教堂墓地，或者在稍后的历史时期中会埋在商业或者城市墓地中。宗教决定了人最后的安息之所。在上海，地域是精心构建复杂的社会基础设施的最重要的因素，这些基础设施支持和推动着对死亡的管理。同乡组织的主要社会功能之一是处置尸体和确保其同乡成员在找寻安息之所时能得到适当的，尽管是不公平的支持。

第三章
殡葬公司和死尸处理的商业化

操办后事总是需要殡葬"专家们"的参与：殡葬商店、道士和僧人，受雇的哭丧者和抬棺者。但是到了20世纪，为了满足对墓地和服务日益增长的需求，处理和管理死尸的新商业形式在上海应运而生。殡仪馆成了一个主要代表，因为它们首次成为负责整个善后过程的机构。殡仪馆有现代化的科学仪器和处理方式，给入殓这个步骤提供了一个全新的环境。殡仪馆在中日战争期间真正发展起来，战争造成了死亡人数急剧增加，并拨动了死亡商业化进程的开关。战争也使寄柩成了一门新的殡葬生意，在此之前这是会馆和同乡会所专属的领域。由于战争期间要把灵柩从上海运走是不可能的事情，商人从中看到了商机，他们提供大量仓库来储存灵柩。这样的做法在战争年代非常普遍，以至于上海本身都成了一块冉冉升起的大墓地。当二战结束时，这座城市充斥着数量难以想象的未葬之棺，尽管市政当局施加的压力越来越大，但无论是私人寄柩所还是会馆，将灵柩移走的速度都很慢。

虽然殡葬公司的飞速发展开启了商业化的进程，但如何处理死尸仍然成为租界和华界当局所关心的主要问题。在商业寄柩所中所积存的灵柩数量令人震惊，有时候这些寄柩所就在市中心的核心区域，这些灵柩曾引发上海当地居民的抗议。只要日军断绝了前往上海周边郊区的通路，就必须另寻他处来将灵柩下葬。市政当局在规范死亡管理的方面下了前所未有的工夫。在原有宽松规定的基础上，市政当局设计了一个新的处置流程，而华界的一些区域从19世纪开始到二战前的时间段内甚至都没有相关规定。在规章制度之外，租界和华界的市政机构都采取了具体行动来组织船运将灵柩运出城市，或者对殡葬行业中的所有环节进行定期检查。最终，殡葬公司组建了同业公会，这个公会成了国家官员和私人公司之间的媒介，殡葬公司通过它来保护行业的利益，尤其是应对市政当局在将存放的灵柩从上海移走的这件事情上展现出越发独断专行的威胁。

死亡的早期商业化

在我们这个时代的大部分时间里,负责处理尸体的专门机构是不存在的。在普通人的家庭里,家庭成员通常在大殓之前会为死者清洁和小殓。大部分人甚至无法承担一口棺材的支出,他们只能从他们的会馆或者慈善机构得到一口义棺。最穷的人只能请求像同仁辅元堂这样的慈善机构来负责从入殓到下葬的所有善后事务。那些可以承受葬礼费用的人可以找专门的人来负责入殓和组织葬礼。中国式的葬礼可以很浮夸,但即便是最节俭的葬礼也包含了好几种不同类型的参与者和不同种类的殡葬用品。在殡仪馆出现之前,城市里数量众多的小殡葬商店可以满足这些需求。他们会负责所有的步骤和出租所需的殡葬用品——这些商店红白两事的生意都做——以迎合不同规模的葬礼所需。尽管他们不会自己组织葬礼,他们会把不同的人群联系到一起,通常通过一位"领头者"牵头,这个人可以根据葬礼需求来集合所需要的人来负责不同的程序,从为死者穿衣到下葬或者将灵柩存放在寄柩所皆可。关于这些商店及其行踪的记录很少。从19世纪中期到一战,上海人口的规模以及会馆和善堂极为强势的地位,对一个独立殡葬行业的形成及行业内任何公司的建立都是不友好的。[1]

直到19世纪末期,上海仍然没有一家提供殡葬服务的公司。在19世纪80年代后期,松茂洋行(Thomas Macdonald and Company)开始承担租界内西方居民的殡葬工作。我们对这家公司所知甚少,它一直运营到1943年。[2] 另一家出现在工部局记录中的是 A. Olsen and Company〔1〕,除了这家公司的服务低于平均水准之外,我们对它的了解更少。[3] 1904年之后这家公司就消失了。但这两家公司仅仅对外国社区服务,对中国人的殡葬活动毫无影响力。1924年,一个总部在纽约的公司——美国纽约中华凯司柯达公司(China Casket Company)在胶州路租了一幢房子开始开展殡葬馆的业务。该公司也面向外国人提供服务。两年之后,时任上海公司经理的施高德(R. O. Scott)决定单干,开办他自己的公司。1926年9月,他正式建立了上海第一个殡葬馆,即万国殡仪馆(美国纽约中华凯司柯特公司)。[4] 中文语汇中还无法定义这样一种新的商业行为,在更早的《申报》上也从未提及过"殡仪馆"这个词,到了1932年11月时,只要提及"殡仪馆"这个词,无一例外是指称万国殡仪馆。施高德在报纸的广告上用恰如其分的"殡仪馆"这个词来命名,这个词后来就成为这个行业的标准名称。万国殡仪馆通过

---

〔1〕 编者注:据《外国在华工商企业辞典》及《近代中国华洋机构译名手册》记载,这两家外商企业实为一家公司,即松茂洋行。

大规模的广告来推动其在中国人和外国人中的业务发展。在"双十节"即中华民国建立日的纪念仪式上，它和其他中国公司一起成为庆典广告的赞助者。[5]

殡仪馆和过去的殡葬活动有两个主要不同。一是将和死亡有关的一整个产业链的组织都归于一家公司管理。二是在处理遗体的过程中引入科学。万国殡仪馆在逝者去世之后会接尸，并将遗体运到自己的场地。先前的做法是在逝者家里处理遗体，从清洁到入棺都是在家里完成。在殡仪馆，监管者会在一个诊所般的、消过毒的、由现代化科学装备全副武装的房间里，对遗体进行更彻底的处理。他们不仅会清洗遗体，并为其穿衣，而且会为其注射化学物质，让遗体保存得更久，化妆术也被引入，以便让遗体在向公众展示时显得更为体面。最后，遗体会被放置在棺材中，准备被运到葬礼将要举行的地方，如果葬礼是在殡仪馆自己的场地举行的话就不需要这么做了。殡仪馆也会为家属提供举办仪式的场地。最后，殡仪馆会提供一辆灵车，有可能是一辆马车也可能是一辆汽车，将灵柩运去落葬、送到寄柩所或者送去船运。简而言之，万国殡仪馆将其置身于生意、现代性和殡葬习俗的十字路口，它能提供适应和结合西方人与中国人各种形式的葬礼所需要的全方位现代服务。

万国殡仪馆成了行业里的标杆。它和公共租界工部局及法租界公董局签订了合约，承接两个市政机构旗下公务员的殡葬事宜。它也对外国家庭提供私人服务。但是万国殡仪馆通过将殡仪服务精明地包装成一种新奇的商业行为，把做生意的目标放在了中国客户的身上。比如，它是第一个引入汽车作为灵车的公司，将一辆克莱斯勒轿车改装成能容纳巨大中式棺材的灵车。当汽车已成为城市中常见的风景时，葬礼仍然通过马车来运输灵柩。另一个更夺人眼球但商业上极其有效的"奇技淫巧"，是采用光滑的铜制棺材。无论这种棺材是否是对古代埃及棺材的明喻，还是其光泽是否呈现出黄金般的效果，这口铜棺成为一个对富裕家庭极具诱惑力的、他们死后在公众面前显摆时的必需品。在此之后，殡仪馆在竞争中争相提供用不寻常的材料所制成的棺材，这其中包括玻璃做的棺材。万国殡仪馆毫无疑问成了社会精英和明星所心仪的殡仪馆，它会负责那些大人物的殡葬事宜，这加强了殡仪馆自己的声誉和在行业内的统治地位。万国殡仪馆所经手的名人录中有著名女演员阮玲玉的名字，她于1935年自杀（详见第四章）。

万国殡仪馆的生意兴隆催生了中国商人对这个行业的兴趣。由中国人管理的沪东公所于1925年开业，另一群中国投资者在1928年建立了大同寄柩所。尽管这两家公司都提供殡仪馆的服务，但他们都选择了用中国人更熟悉的名字来命名，一家用"公所"，另一家则用"寄柩所"。有一些公司是在战事爆发前开办的,比如1932年的中国殡仪馆、1933年的上海殡仪馆和1935年的中央殡仪馆。[6] 鉴于上海人口的持续增长,这一行业较为缓慢的发展证实了大部分人仍然会依赖会馆、善堂或者传统的殡葬店来解决自己的后事。伴随着殡仪馆的诞生,还出现了几家私营寄柩所。到1937年时,笔者只能确认两家这样的公司,1936年创办的保安丙舍和1937年建立的通海寄柩所,都是小规模的公司。

中国殡仪馆是中国第一个商业殡仪馆。1932年后期开业,但直到一年之后它才从华界市政当局拿到运营许可。中国殡仪馆声称其创办人的目的是为了向中国客户提供符合中国传统和风俗的殡仪服务,它认为这个是外国公司(比如万国殡仪馆)做不到的。它还公开声明,向普通民众提供更合理和实惠的价格。作为其所声称的中国性的一部分,中国殡仪馆章程中强调雇用女性雇员来处理女性遗体。这家公司可以包办葬礼的一整个流程,包括组织各种宗教仪式、处理在上海本地墓地下葬的所有手续以及将运柩回出生地。中国殡仪馆明确说明其价格包含所有开销,并禁止其工作人员私下收受丧亲家庭任何费用。其章程中用大量房屋和设备的照片来强调自己现代性的一面。[7] "现代性""卫生"和"科学"是其在宣传册中所暗含的座右铭。

1937年前是否还有其他殡仪馆或者私人寄柩所,笔者无法确定,但外国租界的记录基本能够确认一点,即1938年早期开始这些机构就必须在市政机构强制登记。鉴于警察在登记公司这方面做了很彻底的工作,更不用提当地居民对其住所附近建立类似的公司向来持反对态度,殡仪馆想逃避登记注册几乎是不可能的。这些记录并没有包含华界政府的情况,但这些新公司更愿意开在租界中来吸引顾客。殡仪馆在当时的上海殡仪活动中仍然只占有一小部分份额,他们必须说服富人们采用新的方式,那些人仍热衷于用传统的殡葬方式,即在家里而不是一个匿名的地方采用前现代的处理步骤和葬礼仪式。20世纪20年代,特别是1927年之后的国民政府时期,公众舆论愈发普遍关注现代性和公共卫生,促使民众的态度发生转变。在需摈除陋习、采用新法的压力下,管理遗体成为政府监管的一部分。

战争和遗体处理商业化

中日战争全面爆发是上海对死亡进行管理的一道分水岭。战争的第一个后果就是死亡人数的急剧增加,死尸都堆积在极小的空间里。由于成百上千的上海居民去外国租界寻求庇护,在短时间内出现了更多的死亡人数。由于战斗发生在华界地区,大部分会馆无法使用自己在华界的寄柩所,有的会馆因为炸弹和火灾而失去了所有的寄柩所。有的会馆试图在公共租界重新安置,

1938年5月时,四个会馆(湖南、通州、平江、扬州)重新开设了寄柩所,那年夏天又有三个会馆(无锡、江宁、扬州)步其后尘开设了寄柩所。[8]宁波会馆开设了一个临时的寄柩所(公平寄柩所)。[9]但与往所提供的寄柩空间相比差距甚远。对那些知道如何处理遗体、有办法组织一场体面的葬礼的人或者需要寄存棺材的人而言,只能依靠那些现存数量较少的殡仪馆。商人很快便抓住了商机,殡仪馆和寄柩所如雨后春笋般出现。

战争在中国语境下创造了一个非常特殊的空间。正如在第二章里所讨论的,中国的旅居者将把自己的遗体送回出生地看得无比重要。在上海市内和周边激战正酣时,所有的通讯中断,通向内地或者沿海的船运也全部停航。这样的僵局在日军占领中国中部之后略有改变,但是直到18个月之后才达到一个相对稳定的状态。在上海周围,日军对通讯和交通采取了严密的控制。即便上海工部局介入后使棺椁往内地的运输变得略微便利,对许多旅居者而言,上海与出生地之间的这段旅途仍充满危险。中国军队与日本军队之间的战斗持续不断,在稍后的时间里,一些游击队有时候会拦截逆流而上的运柩船,灵柩也会因为双方交火而遭殃,1942年时一艘护卫舰因失火而损失了舰上所有80口灵柩。这些案例很可能只是少数情况,但是这足以使中国人在面对处理自己亲人遗体时采用规避风险的方式。[10]

1938年10月,上海工部局对公共租界内拥有寄柩处的会馆的情况做了调查。扬州会馆明确不建议其成员将灵柩运往内地。无锡会馆也采取了同样的立场,即便会馆偶尔雇用一位船夫来做这个事情。平江公所和常州同乡会都处境艰难。平江公所的寄柩所已经满额,而常州同乡会无法使用其位于南市的寄柩所。江淮会馆宣称在战争中失去了自己在闸北的寄柩所,而它的大部分成员(苏北人)因为太贫穷而无法承受将灵柩从自家小屋中移到公共租界并直接船运。[11]换句话说,大部分旅居者作出了明智的决定,将他们的灵柩存放在上海,直到他们觉得情况真的安全到可以船运的时候。对于寄柩空间的需求变得异常迫切,这直接激发了一个产业的发展。最终,当殡仪馆也开始提供寄柩设施时,它们与寄柩所之间的界限就变得模糊了。

要开一个寄柩所并没什么难度。大部分情况下,一群投资者会租一块地然后建造寄柩的房屋。有一些人会租已建好的房屋,把它们改建成寄柩所或者殡仪馆。不幸的是,并没有留下多少影像记录,这一类型设施的照片非常少,但送往工部局卫生处的申请表上包含了详细的工程规划图。[12]尽管公司能从更好的设施中获取更多收入,但最初的投资通常很有限。一幢基础的房屋,墙通常用竹枝支的,屋顶是用稻草铺设的。[13]任何商人都可以设立一个寄柩所,而殡仪馆则需要更专业的装备和设备。寄柩所的管理只涉及于监管进出的灵柩数量。如果寄柩所变得过于拥挤,另一排建筑可以很容易在现有建筑旁边的空地上搭建起来。

土地拥有者很热衷于将土地出租给殡仪馆和寄柩所使用,至少在战争期间是如此。中国军队撤退后,日本占领了公共租界的北部和东部地区,在此之后,幸存的工厂和手工作坊大批迁移至苏州河南岸,绝大多数迁到了公共租界西区。1938年和1939年涌现了上百家新的工业企业。[14]由于寄柩所也心仪同样的区域,对于土地的争夺就呈现出白热化的状态。在康脑脱路[1]的北侧,土地拥有者可以从工业企业手中确保更高的租金,甚至于可以翻五倍之多,这迫使想建寄柩所的人只能去公共租界西区的愚园路南侧那些居民居多的街区找地皮。考虑到送葬队伍所产生的噪声,工部局试图让殡仪公司相信铁路和租界边界之间的一块土地将更适合建立他们的企业,但寄柩所的经理们反对这个提案,选址这件事已经超过了工部局的管辖权,同时工部局提供的土地离日本军队的据点太近,很难保证自己的自由通行和安全。[15]工厂和寄柩所的老板都很关注将自己的企业设置在公共租界安全地带这件事情。

"八一三"淞沪抗战无疑标志着商业殡葬行业的兴起。殡仪馆的数量从1937年时的5家公司,到战争快结束时上升到了25家,其中1938年和1941年是增长最快的两年(详见表3.1)。寄柩所的发展速度令人震惊,从1937年的3家增长到1943年的35家,其中1/3在战争结束后旋即出现,他们最早的官方注册时间是1938年的5月,尽管他们可能在此之前就已经开始运营了。当上海工部局的卫生官员意识到殡葬业在其地界内大肆发展时,他们引入了一套监管体系。仅在1938年,就有18个新的寄柩所建立。在租界内,在1938年11月时,已经有23个殡仪馆和寄柩所。[16]

表3.1 战时兴起的殡仪馆和寄柩所数量

殡仪馆			
1937年之前	5	1941	5
1938	5	1943	1
1939	2	1944	1
1940	2	1945	1
总数	14		8

[1] 译者注:今康定路。

(续表)

寄柩所			
1937年之前	3	1939年10月	2
1938年1月	1	1940年9月	5
1938年5月	13	1941年9月	2
1938年9月	3	1942年8月	1
1938年10月	2	1943年9月	1
总数	21		12

尽管寄存灵柩模糊了殡仪馆和寄柩所之间的界限,总的来说,较早建立的殡葬企业和新建的相比规模较小,除了三个殡仪馆(大众、乐园、上天)之外,其他的灵柩寄存数量都不过几百口。

确保灵柩的安全是殡仪馆和寄柩所所关注的重中之重。几乎所有的殡葬企业都会选择在公共租界建设自己的房舍,开设办公室(详见地图3.1)。在殡仪馆中,有16家地处公共租界。6家地处华界的殡仪馆中,5家是在战争爆发之前开设的。寄柩所因为其商业的目标就是提供一块宝贵的安全和宁静的安息之所,所以面临更大的风险。有29家寄柩所选择在公共租界建立他们的寄柩设施,只有6家选择建在华界,有3家在战事爆发之前便已营业。中国商人对在日本人所占领的区域——所有的华界地区——开业持负面的态度,即便陈公博的伪政权在1940年建立之后亦是如此。1941年12月之后,公共租界被日军接收,"避难天堂"从此沦陷,但是前租界的地域仍然是殡葬业商人们的首选之地。[17]一些寄柩所开设在越界道路上,这些地方不在工部局的管辖范围内,但是却有工部局警察巡逻。[18]根据1939年一封资料翔实的简报,这一区域的不稳定让中国人不太敢把灵柩寄存在那里,他们更倾向于把灵柩妥善寄存在租界内而不是越界筑路区的寄柩所里。[19](详见地图3.2)

另一个租界则提供了一个完全不同的格局。法租界只允许一家殡仪馆(中国殡仪馆)建在其地界内,并全面禁止寄柩所的存在。由于和四明公所之间不愉快的回忆,法国人对公墓和棺木的事务极其敏感。1900年,当中国政府允许扩界时,法租界公董局明确禁止其管辖范围内不允许有任何形式的墓地存在。这条禁止规定知道1914年法租界再度扩张时仍然存在。[20]法国人对这项政策规定矢志不渝,即便在中日战争期间亦是如此。他们对自己的地界严加掌控,试图比公共租界的同仁管理得更为坚决。当上海工部局承认自己并没有权力禁止寄柩所时,公董局直接执行了自己的规定,他们在这方面走得极

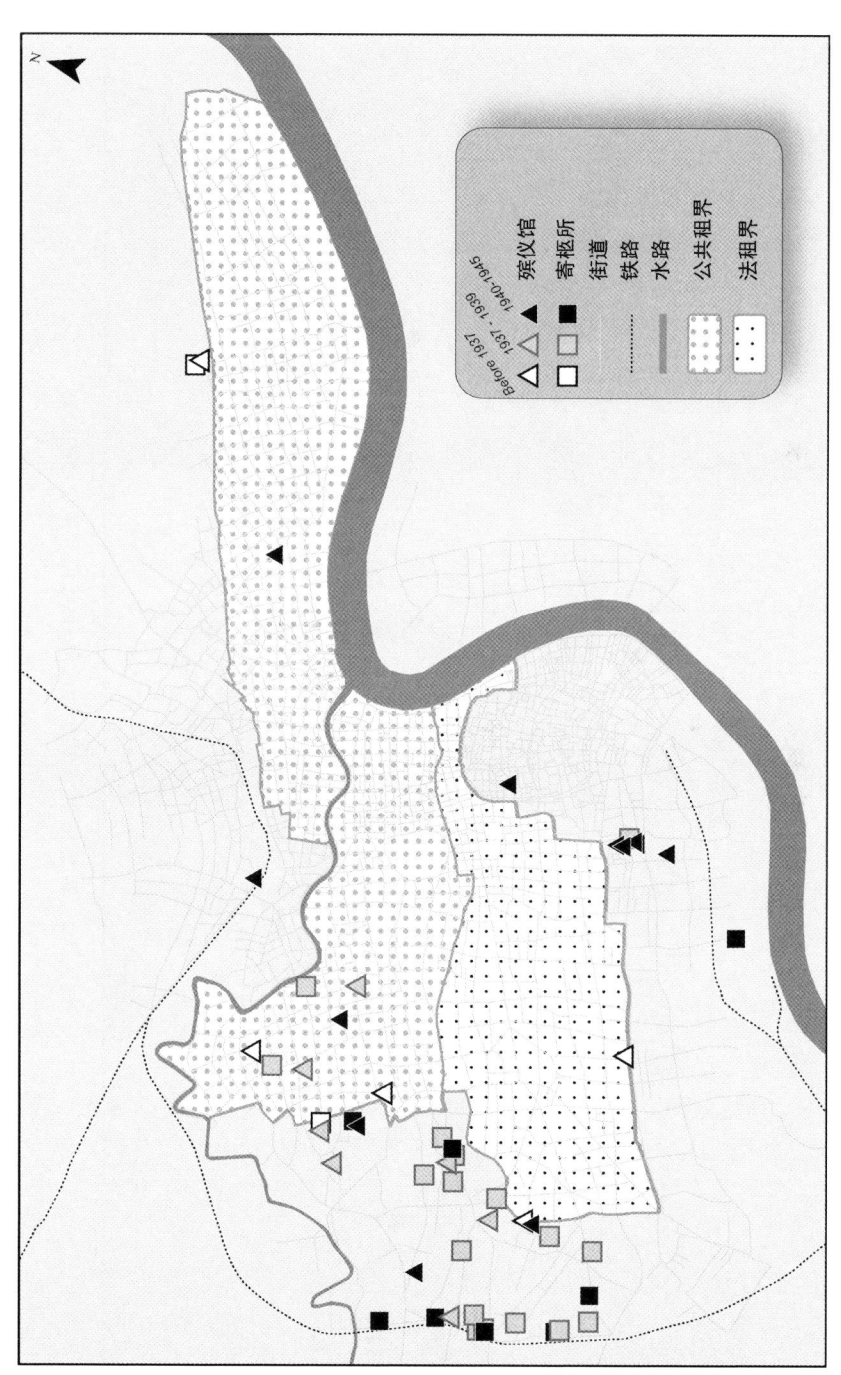

第三章 殡葬公司和死尸处理的商业化 | 85

地图 3.1 1945 年前殡仪馆和寄柩所的时空分布
来源：视觉上海网站

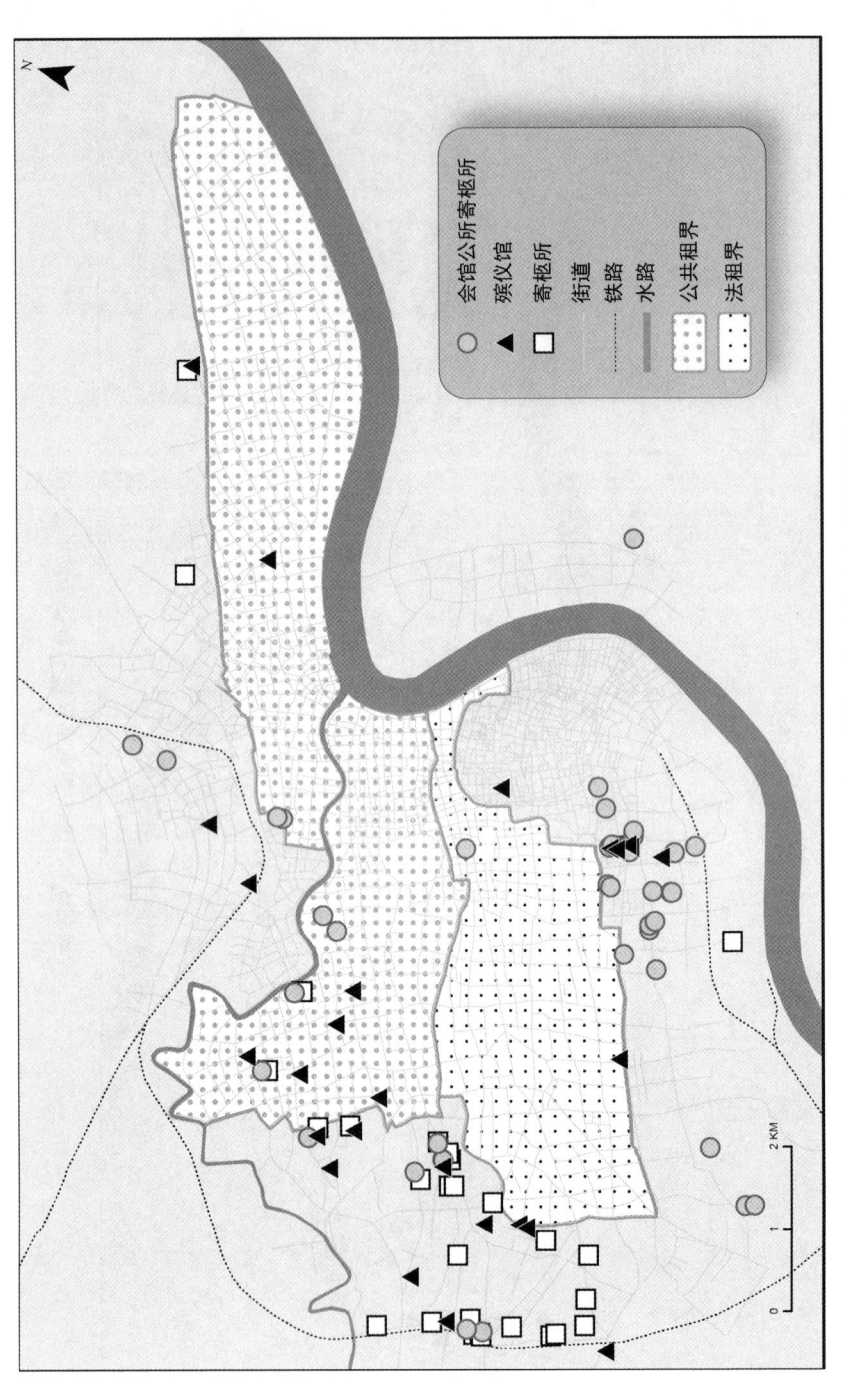

地图 3.2 20 世纪 40 年代会馆公所、寄柩所和殡仪馆的分布
来源：视觉上海网站

远,禁止任何遗体被运入法租界,即便遗体是躺在棺材里的也不行。只有当遗体拥有医学证明时才能被运入,而且这还要视具体案例而定。[21]这条严格的政策使公共租界不幸"中枪",因为那些希望在城中寻求安全的安息之地的灵柩最终只能被运入公共租界。商业殡仪馆和寄柩所勾画了一幅新的死亡地理分布图,这和先前地处华界的寄柩所的空间分布截然不同。

寄柩所在战争时期令人惊叹地发展折射出这一行的经济利润,这些利润源自中国人希望保存亲属的灵柩直到他们能将其运到出生地下葬的这一理念。私人寄柩所之间的收费差别很大,即便在同一个寄柩所之内的收费差别亦是如此。殡仪馆和寄柩所绞尽脑汁来迎合各式顾客的要求。他们在报纸上广登广告。1941年2月,上海工部局记录了关于寄柩所收入的一份备忘录。[22]其年费收费从每年10元至1 200元不等(详见表3.2)。这只是所有寄柩所中一个很小的案例,但是反映了该行业一个主要特点。高收费(400—720元)很少有,有时候甚至只有一口棺材是收这个价格。另一方面,最低的收费案例(36元)则成了所寄存灵柩的主流收费标准:在大华和乐园两个寄柩所中都有84%的灵柩是按这个费率收费的。在万安,75%的寄存灵柩是按照收费标准中最低的两档来收取费用的。所以绝大部分的家庭会为逝者准备寄柩的费用,但是他们也会寻求最经济实惠的解决方案。最高的费率只是为了迎合少数精英家庭的需要。

表3.2 四家寄柩所的年收入情况(1941年2月)

收费等级		1	2	3	4	5	6	总数
大华	灵柩数量	1	18	2	485			506
	费率	720	2 160	120	17 460			20 460
中华	灵柩数量	31	35	115				181
	费率	11 160	8 400	13 800				33 360
万安	灵柩数量	4	12	24	155	193	408	796
	费率	2 400	4 320	5 760	18 600	11 580	14 688	57 348
乐园	灵柩数量	1	16	22	240	1 417		1 696
	费率	400	3 840	2 640	14 400	51 012		72 292

材料来源:财务备忘录,财务副主管,上海工部局,1941年2月21日,U1-16-2471,上海档案馆。

如果根据一年时长的期限来计算,四家寄柩所的收入是非常可观的。灵柩的数量是产生收入的关键。但是,中华寄柩所迎合高收入家庭的战略同样为他们带来丰厚的回报。他们的寄柩所中仅有 181 口灵柩,但其收入却能达到乐园寄柩所的一半,后者可是有 1 696 口寄存的灵柩。除去那些更高级的寄柩所之外,普通的寄柩所只需要投入相对较少的投资和很少的雇员。维护房屋的成本也很低,通常很少会有搬迁的事情及耗损的问题。最终,随着寄存的年数增加,寄柩所的利润已经达到近 100%。在战争背景下,寄柩所代表了一种低风险、高资金回报的有利可图的生意。这也意味着寄柩所的经理们对灵柩的高周转率兴趣寥寥。

上海"大墓地"的兴起

战争极大地改变了死亡的地理分布和社会机构处理遗体的办法。这一转变中最主要的部分无疑是传统社会组织在死亡率更高的背景下如何将遗体从城中移走时所遇到的困难。该领域中最主要的两个机构——会馆和善堂——以前是将遗体移到城外之后妥善处理。尽管也有例外,但是大部分会馆的寄柩所坐落于郊区,而且只是作为运回生地下葬之前的临时过渡处使用。善堂在上海周边和浦东拥有自己的义冢地。大体上说,这些地方在战争初期是无法使用的。在日军占领的大背景下,中国人并不愿意将逝者葬在上海周边的墓地。就像时任工部局副总办小室健夫(T.K. HO)所记载的那样:"上海真的成了逝者和生者的避难所。"[23] 事实上,绝大多数逝者在战争期间的大部分时间都滞留在城市中,几乎都在公共租界的区域内,这使得公共租界的中心区域俨然成了一座兴起的"大墓地"。

灵柩在两种截然不同的情况下会留在租界里(包括越界筑路区):葬在浅土层和寄放在寄柩所。第一种形式最早是一种权宜之计,当时会馆和善堂都致力于将街道、医院、家以及其他地方的穷人尸体归拢到一起,但墓地的空间很快就用完了(详见第六章)。于是他们开始租地寄存灵柩。1937 年年底,由于战火及令人震惊的难民生活条件使死亡数量稳步增加,而需要落葬的棺材数量也随之攀升。上海工部局意识到善堂在寻找合适的落葬地方面有困难,便介入到租界在虹桥租地的谈判,虹桥在上海的西面,那块地就在工部局所辖的大型市政墓地旁边。善堂将这块区域变成了大型落葬地,遭到了当地外国居民的强烈反对。报纸上用恐怖骇人的标题反映了这些居民的担心:"落葬地的条件是令人震惊的""成千上万的尸体被随意倾倒在一个的区域""蜂拥而至的苍蝇正在威胁街区"。

报纸想知道为什么虹桥被选为大型紧急墓地的所在地。根据《上海泰晤士报》的报道,当地已经推挤了 3 000—5 000 具尸体。葬礼由小工经手,他们的职责是"将两个或者三个棺材叠在一起,并在上面盖薄薄的一层土"。源源不断的棺材数量使葬礼不可能体面。由于上面的土很薄,棺材很快便会在天气的作用下腐烂、破裂,将尸体暴露在外。图像记录也肯定了这块匆忙规划的落葬地的现实情况。工部局卫生处做了一次调查但是意识到公墓的问题已经超过了他们所能管辖的范围。工部局卫生处承认上海工部局正面临一个他们自己无法解决的局面。卫生处还承认调查的墓地中发现的大部分遗体都来自租界,而租界本身并没有为处理死尸预先做好任何准备。[24] 卫生处将矛头指向外国租界当局在城市管理方面的不足。战争夸大了这种不足,这种不足不仅体现在对此事纯粹的忽视还表现在对中国人彻头彻尾的歧视。

随着周边居民的抗议,工部局的卫生处和警务处开始对灵柩的落葬施加更严厉的措施。在战争开始的第一年里,善堂进行两三次的迁坟并不鲜见。他们其实已经无力应付在城中所收集到的众多尸体,但他们一如既往地拒绝租界当局所提出的火化无主尸体的建议。然而,到了1939年的某一时刻,公共租界工部局和法租界公董局强制对街头所找到的无主尸体进行火化。这个措施在法租界强制执行到1941年,在公共租界则至少执行到1943年(详见第六章)。当无主尸体被强制执行火葬时,从家庭和机构处所收集来的尸体就无法这么处理了,这产生了巨大的棺材数量,使虹桥落葬地发展成为一块大墓地。1941年9月,落葬的棺材总数增长到11 536口。这个数据继续上涨,到1943年9月时达到59 309口,这是上海工部局最后所记录到的数字。这之后棺材的数量缓慢下降,善会最终又可以使用自己在浦东和上海北面大场的义冢。但在战争结束时,虹桥可能已经容纳了近10万口棺材。

尽管这些灵柩的埋葬条件不甚理想,但至少还是埋在地下了。那些位于地面之上的堆积在殡仪馆和寄柩所里的灵柩数量却在不断上升。从1938年开始,上海工部局建立了每月监察和记录机制。华界在两年之后引入了一模一样的管理机制,但工部局的记录是完整的,而华界的记录则是粗略的。本书研究是基于档案中殡仪馆和寄柩所的个体登记,卫生处的记载中并没有总表。[25] 最后,部分寄柩所由于地处越界筑路区因而受到华界和公共租界的双重管理而注册了两次。不过这些寄柩所很容易被找出来。

寄存的灵柩成为上海这块"大墓地"最显而易见的事情。公共租界里的数量最多,1939年上海大概有200万人口,死亡率为15‰,公共租界在那一年的时间内的潜在新逝者为3万人,但真实死亡率要比这高很多,尽管并没有前一年的死亡率这么高。由于战争所造成的背井离乡、营养不良和疾病,1938年是一个死亡率特别高的年份,比 1937 年要高很多。而且,在法租界或者华界去世的人的家属也试图把他们的灵柩运到公共租界寄存。1938 年 6 月,公共租界里 20 家殡仪馆、私人寄柩所和会馆寄柩所分别容纳了 287、1 885 和 1 600 口棺材。[26] 然而到了 1938 年下半年,这些机构里的灵柩数量稳步上升。在 1939 年的上半年,寄柩所接纳了 7 838 具遗体,其中 4 776 具被葬在上海当地公墓,4 549 具被船运回出生地。另外 20 531 具儿童和成人的露尸则被火化处理。[27](详见第六章)

1938 年时只有 5 511 口灵柩从公共租界船运回乡村地区。在第二年,这一数字上到 10 330 具。[28] 对比之下,1938 年 7 月底时所寄存的棺材数量只有 5 733 口,但是到 1939 年 6 月时,这一数字上升到 23 552 口,月平均的上升数字是 1 300 口,工部局卫生处预测剩下 6 000 口棺材的寄存空间将足够容纳该年余下的时间里所产生灵柩。[29] 但是卫生处官员的预测错了,他并不是错在对增长的估值,而是低估了中国商人提供额外设施来容纳逐步增长的灵柩能力。卫生处定期仔细记载这些进程,他们确认从卫生处补贴的位于苏州河上的槟榔寄柩所运走的灵柩保持在颇为稳定的水平,但这样的运输能力并没能和处于上升趋势的寄柩数量相匹配。在 1940 年和 1941 年,分别有 13 728 口和 12 037 口从租界被运走。1942 年 4 月,大约有 4 428 口灵柩被运走,这和前两年所提供的船运数是相同的。[30]

在整个战争时期,居住在上海各区域的中国居民都试图寻找门路把灵柩存放在公共租界,这引起了公共租界当局的恐慌:"我们没有机制来阻止他们把灵柩和遗体偷运进来,我们必须调查此事。"[31] 上海公共租界警务处和卫生处展开调查,确认从华界有大规模偷运灵柩进公共租界这件事情。他们锁定了几家公司,大部分被偷运进租界送至各种寄柩所的灵柩都和这几家公司有关。这些公司尝试各种方式绕过警察的侦查(闸北的乌镇路桥和西面郊区的大西路铁路道口)。[32] 处于运输状态的灵柩实在太多,当局无法一一追踪。当偷运有被侦查风险的时候,比如有大量灵柩需要通过或者离开法租界时,就会走正常程序申请。1939 年 1 月,公共卫生救济处发布了 18 个通行许可,包括一个允许一批 60 口灵柩和 729 位个人的过境许可。但该局也指出,白天通过卡车运输的灵柩不需要申请许可。既然这些灵柩都会被运出法租界,法租界警察不会阻止这些人的行动。[33]

图 3.1 展现了公共租界中灵柩数量的迅猛上升。从 1938 年 5 月的几千口开始,灵柩的上升势头一发不可收拾,这让公共租界当局非常困惑。1937—1941 年,在珍珠港事件和上海被日军全面占领的前夕,租界已成为 5 万口灵柩

的家园。两年之后这一数字翻倍，有超过 10 万口灵柩在原租界的地界上。毫无疑问，寄柩数量的增长一直持续到 1945 年 8 月。甚至一家 1943 年 1 月成立的公司，到 1946 年 12 月时已经有了 1 500 口寄存的灵柩。[34]

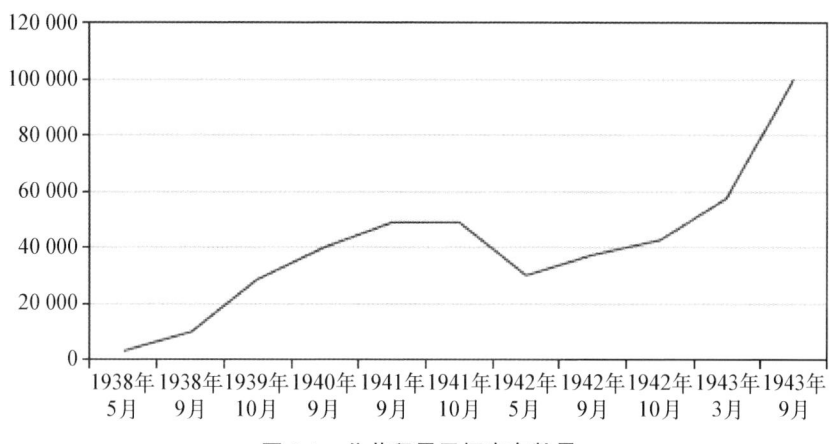

图 3.1　公共租界灵柩寄存数量

但是上文的数据并不能代表所存遗体的全部。一方面，尽管会馆自己的寄柩所被毁坏，它们最终在日军占领的华界重新开设了寄柩所，然而会馆寄柩所的容量是无法媲美私人寄柩所的。笔者只有华界所存灵柩的部分数据，1941 年 9 月时，部分记录显示有 11 536 口灵柩。两年之后，一个更为完整的记录上有 12 302 口灵柩。[35] 由于两个记录的重合程度很低，所以可以估算出华界所存灵柩的综述大致在 1.2 万至 1.6 万口。合起来计算，这些数据意味着 1941 年 9 月有 6 万人寄存灵柩，1943 年 9 月则有 1.2 亿人。一个粗糙的统计也显示这些灵柩中有 85% 位于公共租界。所以在大部分城市区域里，寄柩所需要应对大量的未葬之棺。但是在战时和战后，几乎所有的这些区域都人满为患。地图 3.3 和地图 3.4 是基于工部局卫生处数据所制。即使这两张图没有包含所有的会馆寄柩所，但是它们可以清晰地展现出寄柩所在这一不寻常的大墓地中的空间分布。

当地居民，特别是外国旅居者，对自己所住街区出现寄柩所可并不高兴。由于公共卫生处要求寄柩所要避开人口稠密的区域这一压力，寻找新建殡仪馆或者寄柩所地址的商人们经常会选址于富人所住的区域，后者通常都住在大别墅里。即使这些人的数量很少，但他们是有特权的人。出现在殡仪馆周围和殡仪馆里面的送葬队伍也让这些邻里街坊非常厌恶。一位住在海格路[1] 600 号别墅的法国人是这样形容他的遭遇的：

―――――――――
[1] 译者注：今华山路。

镰刀与城市：以上海为例的死亡社会史研究

地图 3.3 持续增加的寄存灵柩（1937—1941 年）
来源：视觉上海网站

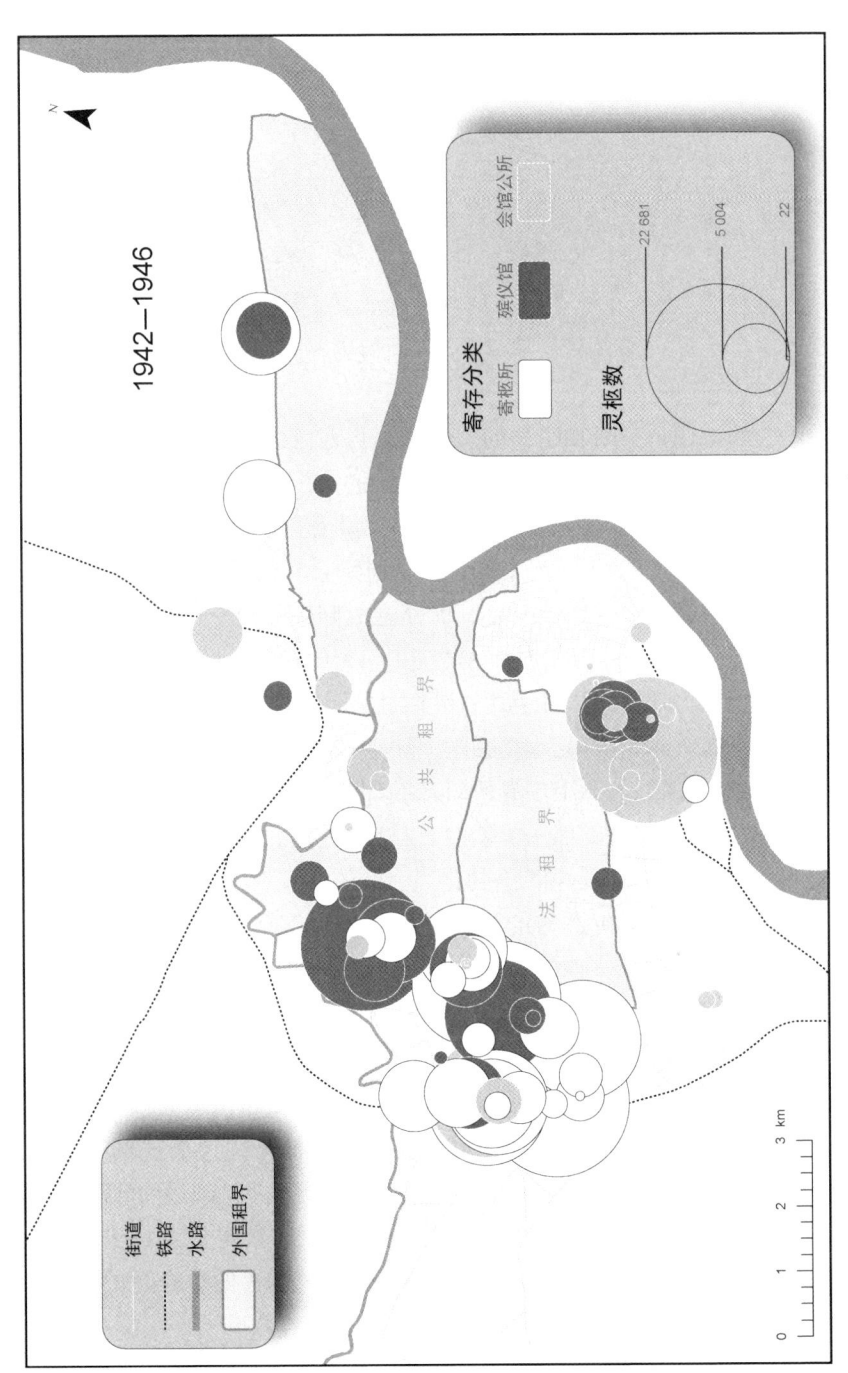

第三章 殡葬公司和死尸处理的商业化 | 93

地图 3.4 持续增加的寄存灵柩（1942—1946 年）

来源：视觉上海网站

> 在星期六的下午……2点到3点半之间有两场葬礼举行,有全套演奏中国哀乐的铜管乐队,还有大群哭泣的女人,每一个葬礼都持续了半个小时,简直是沸反盈天。除了这两群人之外,大量其他灵柩被运来时没有那么吵闹,很明显这些人更穷,除了吹中国笛子的人和一些哭丧者之外就雇不起其他人手了。那天早上大概8点钟的时候,我们都被一群哭天喊地的女人和儿童吵醒了,她们就在离我家几英尺远的地方,向屋棚里的一位病人展现自己的敬意。屋棚的门敞开着,我们能一览无遗地看到里面的棺材和送葬者,烧纸和烧香产生的烟雾简直要令我们窒息,这场喧闹持续了超过一个小时。即便在星期日早上,我们也不得安生。[36]

信中不敬的语调是清晰和明显的。外国租界西区中拥有特权的居民们并不习惯日常生活中令人厌恶的事情出现在自己的家门口。但是居民的强烈反应也指出了一个天然的难点:在一个时期内,当葬礼的数量增加时,居民区中丧葬设施的建立是不足的。由于这样的场景通常会有音乐和哭丧伴随,当葬礼反复重演时也只能招致这样的反感。即便在大陆殡仪馆——一家灵柩数不到200的小企业,也几乎天天都有灵柩进出。1940年中超过10个月的时间里,殡仪馆接纳了573口灵柩,将349口灵柩送去下葬或者船运。[37]每一口运抵的灵柩都会有一支送葬队伍,无论是在送葬路上、抵达殡仪馆时还是存进寄柩所,都有乐队伴随。正如上海工部局所获悉的那样,居民区里的寄柩所无疑是一个令人生厌的地方,但是工部局能做的只是警告寄柩所的老板,如果他们持续受到投诉,将会撤回安排送葬队伍的许可。[38] 1938年6月,对租界西部居住区举行白红事的队伍有了更严格的规定。在超过赫德路[1]的地方不允许吹奏音乐,而且音乐只能在室内吹奏10分钟。当有仪式的时候需要交25元保证金,如果警察发现有违反规定的时候便会没收充公。[39]

因在居民区建立殡仪馆或者寄柩所而向卫生处所提出的抗议连绵不绝。[40]大多数情况下,居民声称寄柩存在健康风险,但是卫生处坚持认为棺材的质量和自己派人对寄柩所进行常规检查可以保证不会有污染周边居民的风险。[41]公共卫生专员乔丹还发现有些抱怨是非常恼人的:"有一些人认为棺材必须消失,人也不允许死或者埋在租界里。"[42]卫生处所能做的只能是对新建寄柩所的相关负责人施加友好的压力并建议他们找一个远离居民的更合适的地方去建寄柩所。[43]

---

[1] 译者注:今常德路。

上海工部局曾认真讨论过其地界内的殡仪馆和寄柩所的建址规定。工部局在1938年4月时召集了一个会议来讨论这个问题。当前已有的规定是1935年《关于殡仪馆工作人员和殡仪馆的相关规定》,包含了卫生处关于卫生、材料、建筑物等规定,但是并没有对"合适建址"的定义。内部讨论揭示了工部局并没有合法权限来加强禁止这些设施的手段。即便华界当局也采用了相应的规章制度,但由于治外法权的特权使租界只受外国法律管辖,租界的寄柩所可以声称他们不受华界规定的约束。只要寄柩所的情况不违反卫生规定,工部局就无法阻止寄柩所在租界开业。[44]

但是客观地说,寄柩所的开设的确让人焦虑。每当卫生处注意到有寄柩所开设时,他们就开始派遣稽查员去核实寄柩所的情况。如果寄柩所被发现低于规定的标准,就像法华寄柩所那样,那么它就必须停止营业。[45] 1938年6月,卫生处官员造访了租界中的20家寄柩所和殡仪馆。他们报告说所有的灵柩都处于良好的保存状态。在他们造访时,总共有3 771口棺材。[46]有几次当寄柩所被发现不合格时,工部局采取了行动,但是面对寄柩所拒绝搬迁时,比如万安寄柩所,他们对此却无能为力。[47]这可能使工部局重新考虑自己在法律权力方面的初始权限,并引入一个有限的规定。卫生处准备了一幅地图,在上面标明了最适合建立寄柩所的区域,但这看上去更像一个鼓励方案而不是对区域进行严格划分。1938年6月,一份伪市政通知声明说"将不再允许开设靠近居民区的寄柩所。"尽管这个规定没法真正实施,但这朝严厉管控又近了一步。[48]《字林西报》对新规提出批评("虎头蛇尾,眼高手低"),新规的确来得有些晚,因为已经有大批寄柩所已经建成。[49]尽管收到的恶评如潮,卫生处积极执行规定,不让新的寄柩所开设在租界。他们拒绝了17家新寄柩所的开办申请,移除了一家未经许可便建成的寄柩所。[50]

卫生处还要面对另一件在他们意料之外的事情,这件事极大地增加了公共租界的灵柩数量。1939年6月,一名首席卫生稽查员写下了第一份关于从法租界进入公共租界的遗体的报告。[51]对阻止这些遗体进入公共租界并没有任何规定,尽管这些遗体进入公共租界必须取得卫生处的许可。殡葬公司则基本不经过许可就直接操作了。8家殡葬公司在一封信里争辩说法租界的华人居民没有任何装殓和寄存遗体的条件。[52]首席卫生稽查员坚持说殡葬公司和居民必须向法租界请求放宽政策。由于寄柩所在公共租界的处境变得紧张,他同时也建议严格限制从法租界将遗体运进公共租界。[53]

卫生处严厉控诉法租界公董局的自私行为,因为法租界其实拥有更多适合建设寄柩所的空旷空间。[54]。在工部局各部门之间冗长的讨论之后,上海工部局的总办菲利普在 1938 年 7 月 28 日和法租界公董局的总办会面。[55]但是法租界拒绝在禁止在其地界设立寄柩所这方面进行让步,甚至在"军事区"也是如此——这是法国人在徐家汇附近划定的一块军事管理区,即便这并不是法租界的一部分——除非上海所有的空地都会被建成墓地和寄柩所。法租界只同意禁止以后那些向公共租界转移灵柩的行为,并鼓励那些人往浦东转移灵柩。[56]但是每月仍有数百遗体被继续偷运进法国人邻居的地界。[57] 1940 年 2 月,上海工部局总办命令工务处拒绝在苏州河南岸批准建立新的寄柩所以及扩建任何已有的寄柩所建筑。[58]但是寄柩所建立的时间表明了这个规定并没有被成功执行。

工部局试图给把这些灵柩都运到中国内地的做法提供便利。由于将灵柩往内地运输的唯一渠道是苏州河,运输所面临的最大障碍是从日军那里取得通行许可,而日军怀疑棺材被用来给国民党军队偷运物资,尤其是与战争有关的物资。中国的船夫在取得许可方面遇到了很多困难。另一个使情况变得更加麻烦的事实是许多家庭并不能稳定给船夫支付寄柩费用。他们将灵柩委托给船夫,一般情况下船夫会等到装满 25 口灵柩之后再起航,结果就是河道被一整支装有灵柩的船队给塞满了。[59]这些出现在市中心河面的灵柩引起了各方严重关切。1938 年 8 月 11 日,《字林西报》刊登了一幅有指责意味的照片,照片上显示了一条被塞得满满当当的苏州河。[60]卫生处宣称这张照片是一个谎言,因为照片所涉及的河段并不在公共租界管辖的范围内。[61]日军也对这种情况表示关注,在几乎相同的时间段,他们用汽艇把 32 艘载有 1 000 口脆弱灵柩的船拖到极司非尔村消毒。在这次行动之后,剩下 19 艘载有 500 口制作精良的船只在等待他们的通行许可。[62]卫生处发现他们对把成千劣质灵柩从苏州河北岸的闸北区运到船上这件事情束手无策,因为苏州河本身归华界管。[63]

工部局最终通过协商建立了一个单独的部门——槟榔寄柩所,就设立在靠近垃圾焚化炉的地方。这个站点在 1938 年夏天正式设立。由于日军禁止中国人用棺材偷运武器和其他装备,船运至内地的灵柩都必须由卫生稽查员检查和核实。[64]这个站无疑刺激了往内地运柩数量的增加,但是并没有达到当局所期望的数量。总体而言,数据显示灵柩的运输从来就没有赶上过新灵柩存量增加的步伐。即便在交通运输回复之后,即便还有上海工部局给寄柩所施加的要求减少灵柩存量的压力,但是中国人肯定更倾向于把遗体置于一个安全的范围内,而不是找机会把遗体运回内地。

战争和国家对死亡的控制

战争带来了比过去更多的管束。虽然 1937 年之前,在两个租界和华界对于死亡的管理就已有各式规定,这些规定用于管理数量较少的商业殡葬公司。大体上说,对于葬礼过程的管理掌握在同乡会手中,他们遵循这样的方式已近两个世纪。上海的慈善墓地、寄柩所和运柩公司构建了一个能保证把遗体免费运出城市的网络。当局有充足理由介入这一运作顺畅、基于自治管理的系统。但是战火扣动了推动死亡率上涨的扳机,与此同时还摧毁了已有的运柩渠道。随着"死亡之城"的扩展,市政当局们采取不同的步骤来规范城市中的死亡管理。1941年,一个活跃的殡葬行业同业公会的建立折射出公众对死亡管理的参与,我们会看到,这个同业公会在规范殡葬行业和与当局协商的方面扮演了主要角色。

在华界,政府于1927年已经引入了一套注册和控制殡仪馆及寄柩所的体系。这是第一个对殡葬服务大范围进行管理的规定。其第三项条款规定了在两里的范围内如果有约50家商店或者住所的区域就不能建和殡葬有关的设施。此外,规定中还分开制订了针对殡仪馆和寄柩所的条例。比如不允许殡仪馆运营自己的寄柩所,不允许殡仪馆在自己的房屋设施里保存超过5口灵柩,灵柩最多保存一个月。在寄柩所中,寄存的灵柩不能超过5年。规定中对噪声(诵经者、哭丧者、鞭炮)和音乐也有严格的限制。[65]在1932年,华界政府又引入了关于殡仪馆的另一项规定,针对殡仪馆的卫生、传染病和员工有更为细致的处置方式。[66]最后,华界政府规定了"寄柩区",其实是在城市周边的4个郊区划了四块区域(江湾、漕泾、蒲松、洋泾)供寄柩所建造。[67]战争时期可以看出不同华界政府在行政政策上的延续,每一届都建立了自己的规定,尽管这些规定大部分只是对最早版本的重复。即便是短命的大道政府也对城市的死亡管理表现出足够的关注,在1938年2月时引入了针对寄柩所的规定。[68]但负责任地讲,规定只是一纸空文。在傅筱庵任伪市长时(1938年10月到1940年10月),以及他的继任者陈公博(1940年11月—1945年8月),伪卫生局设计了针对所有殡仪馆和寄柩所的登记措施。[69]

在公共租界中,相关规定直到1937年之前仍然存在感极低。[70]于是乎,上海工部局最关心的事情是对寄柩所的监管,以保证他们没有让租界居民暴露在传染病的威胁之中。寄柩所增加了卫生处的工作量,在最早的两年里,上海工部局会资助雇用新卫生员所产生的成本,但是到了1940年时,工部局决定通过基于灵柩数量收取检查费来弥补这项支出。费率一开始固定在每个月每口灵柩25分(或者3元一年)。[71]工部局对会馆寄柩处也有相应的措施,因为先前试图驱使他们将自己的灵柩运到内地的尝试并没有什么效果。[72]

在华界,公共卫生由伪社会局负责。关于寄柩所的问题到1940年1月开始进入伪社会局的视线,当时居民抱怨寄柩所里有未封的灵柩。伪社会局要求寄柩所把所有的灵柩都运走,否则就会对遗体进行火葬处理。[73] 日本人指出闸北的未封灵柩的问题。[74] 1940 年 3 月,伪市长命令警察来执行针对寄柩所的规定直到伪卫生局重新设立。这条规定吸纳了先前和之后的市政规定中都出现过的基本要求。其中的重点是要维持合格的公共卫生状况(房屋、设施、消毒),针对寄存的时间长短并没有规定。[75] 警察会进行巡视探访,来检查寄柩所的情况,如果发现不符合规定,会强行提供修复或者转运的市政服务。[76] 1940 年 8 月,一则市政通知鼓励家庭向寄柩所申请从寄柩所移走棺柩。[77]

陈公博任期内的 1941 年,伪卫生局重新定期开展对涉及处理死者的不同行业机构的常规检查,并针对殡仪馆起草了一个新的规定,旨在将他们的职责限制在葬礼前对遗体处理的范围。该规定是仿制战前华界当局的文本制订的。[78] 非常清楚地是,伪卫生局希望能在那些负责为逝者穿衣和那些提供寄存设施的机构之间画一条清晰的界限,战争模糊了这条界限,现在是时候将这个基础的区别重新树立起来,但是所有的数据显示这个规定是无效的。对利润的需求和公众的要求是寄柩所寻求扩容的最大驱动力。[79] 1942 年 10 月,伪卫生局宣布了针对控制寄柩所的新规定。[80] 卫生稽查员会到每一个寄柩所检查合适程度和寄存灵柩的状态。尽管主要的寄柩所无疑都能通过检查,但有一些没有成功。1942 年 2 月,伪卫生局的南市办事处报告说有三家会馆(红坊公所、水炉公所和崇海公所)的状况很差,大部分灵柩已经寄存超过一年。[81] 一些商业寄柩所所寄存的灵柩数量超过了自己的容纳能力,安平寄柩所在 1942 年拥有 2 750 口灵柩,但是 9 个月后便有了 3 400 口,而它的官方容量是 3 000 口。[82]

最终,伪卫生局决定采用和上海工部局一样的规定来征收检查费,迫使寄柩所把他们所存的灵柩船运到城外。[83] 1942 年 8 月,有两条新的规定对寄柩所的运营进行了更严苛的规定,它们禁止在人口稠密的地区建立寄柩所,要求寄柩所必须建墙,同时还限制寄柩时期不能超过一年。[84] 伪卫生局明确声称,在这座城里有太多积柩,这给公共卫生和市容都造成了很大的挑战。但真正的创新是通过对每一口寄存的灵柩收税来强迫那些不情愿的寄柩所和商业殡葬公司遵守规定。[85] 华界当局引入了一种换算方式,使得所收费用会随着寄柩所储存的灵柩时间长度而增加。[86] 从 1942 年 8 月开始存储时间不足一年的灵柩所需缴纳的费用是 0.50 元,超过一年的则收取 1.0 元。寄柩时间超过 5 年的灵柩,则每增加一年,费用就会翻一倍,最高封顶为 16 元。[87]

针对寄存灵柩收费的决定和商业殡葬公司的大部分家庭客户都拖欠寄柩费用的情况有关。有一些寄柩所采取了观望的态度,但是伪卫生局在 10 月初给违反规定的殡葬公司送去了严厉的催函,要求他们两日之内缴清费用。[88]检查费给华界当局带来了不菲的收入。1944年2月,伪卫生局报道说在上个月有四家寄柩所缴纳了费用,太平(12 816口灵柩)、大安(9 009口)、新普安(13 851口)和旧普安(11 331口)分别支付了7 380、3 042、11 439和7 641元的费用。这4家寄柩所总共存有47 007口灵柩,总共支付了32 544元。[89]在一整年的时间里,总共收取了近40万元。这项税收极大增加了寄柩所的运营成本,但是却没能阻止他们继续接纳更多灵柩,或者努力将所寄存的灵柩移到城外。寄柩所把这个成本转移至客人的身上。

1942年6月的殡仪寄柩运葬商业同业公会的建立很可能是一种回应,所针对的是市政当局越来越坚定地执行政策以将寄存的灵柩全部移出城市。1943年5月,该公会第一个行动就是主动执行运柩的事宜。公会认为,如果他们能运营他们自己的船运公司,其成员能处于一个更有利的位置。出于这样一个目的,该公会建立了联业运柩营葬公司,由向其成员出售股份所收到的资金来建设。[90]几个月之后,该公会还计划为联合运柩公司租借一座码头,只作为运柩使用。在使用了一家善会的码头不甚顺利后,该协会决定自己在上海西面的苏州河上建立一座码头。[91]同一时间,该公会与中国商船公司协商,希望取得一个优惠的费用,以联业运柩营葬公司的名义来加快运柩的速度和承担卫生局对其所要求的责任。该公会也对另一个船运公司平安轮船局提出请求。[92]联业船运公司似乎并没有取得多大的成功。在殡仪寄柩运葬商业同业公会的档案文件中并没有对其活动的记载,但在1943年10月份,在其创建仅仅5个月之后,该公会便宣布关门大吉,并把所有会员所投费用返还给会员。[93]

战争结束之后,市政当局沿用了其前任所制订的规定。[94]调查确定了现存24家殡仪馆无一遵守禁止寄柩的市政规定。[95]市政当局登记所有的寄柩场所(会馆、殡仪馆和寄柩所)之前,曾花了几乎一年的时间来准备。[96]尽管规章制度和先前的没有太大区别,卫生局的要求却更高了。注册并不仅仅是一个形式。1945年7月,宁波会所申请在其城南寄柩所开一个低价殡仪馆,以迎合城里那些穷人的需要,他们无力承担商业殡仪馆所开的费用。[97]伪卫生局在调查后发现公所并没有提供合适的设施来处理遗体,于是搁置了这份申请。[98]公所并没有动摇它的决心,在日本投降、行政当局更替之后,其于1946年1月再度递交申请。[99]卫生专员也注意到了公所先前的那次申请,并怀疑计划的可操作性。最终,他坚持说所规划的设施不符合卫生局的标准,建议在晚些时候再进行评估。[100]

在档案里所发现的丰富材料——寄柩所的调查表和月报——表明了1942

年之后市政府对寄柩进行了非常严密的监管。在 1943 年 11 月,伪卫生局报告已经调查了所有位于上海西面在其掌控下的 20 家寄柩所和 9 家殡仪馆,以确定那些寄柩超过一年的灵柩数量。[101] 两个租界被交还之后,为伪卫生局统一监管上海所有的殡葬公司创造了条件,尽管两个租界仍然保留了自己的行政体系。大多数情况下,伪卫生局继续检查寄柩所,对设施不尽如人意的或者破旧的寄柩所施压,使其修缮或者改善状况。[102] 在抗战后时期,市政府通过更严格的规定阻止灵柩数量的上升。尽管市政府的监管态度很坚决,但仍然没能彻底执行其规定。上海解放后,新的卫生局采取了更强硬的立场和一揽子新规定。[103] 1949 年 7 月,卫生局禁止殡仪馆接收储存新的灵柩,并试图限制殡仪馆准备遗体以下葬的行为。[104] 我们将看到,恢复常态和新政权施加更严密的控制在短期内是无法解决这个问题的。

殡仪寄柩运葬商业同业公会

在抗战期间,一些公司经理意识到丧葬行业由一群殷实的公司和大量雇员组成的。如果他们能被承认为一个专门职业的群体,他们在面对市政当局时会处于一个更有利的位置。1942 年某日,一些丧葬业公司建立了上海市殡葬防疫协会。然而到了 6 月,该协会的成员决定将协会转为"上海特别市殡仪寄柩运葬商业同业公会"(下文简称"殡仪寄柩运葬商业同业公会"或"商业同业公会")。[105] 该公会拥有 39 家会员,所有的会员都是殡仪馆或者寄柩所。[106] 公会的不同文件档案都指出毛景安、杨镜冰、华融海是同业公会的建立者。[107]

该公会声称将团结殡葬业的所有组织,尤其是会馆。尽管公会尝试了各种办法,但主要会馆对他写来的信件都漠不关心或回信拒绝。商业同业公会试图寻求卫生局支持,但当局显然不会倾向于去强迫会馆加入该公会。在 1943 年年底,该公会声称有 41 家会员和总计 1 128 名从业者。[108] 但是,当新的殡葬公司出现的时候,商业同业公会不得不寻求伪卫生局的帮助来处罚那些不情愿加入的公司。[109] 1945 年 4 月,公会的执行委员会投票通过将墓地和运柩公司吸收入公会的决定,可收效甚微。[110] 公会也为会员建立了公益金。起初,资金来源是通过对每一口进入或者运出的灵柩征收 5 元的费用,后来则是通过根据寄存的灵柩数量征收月费。[111]

抗战胜利后,国民政府要求所有现存的殡葬机构服从其新规章制度的管理。[112] 商业同业公会宣布了解决办法是建立了一个筹备会用以负责会员登记和编写新的章程。[113] 公会的规模包含了殡仪馆、寄柩所、会馆寄柩所、运柩公司以及墓地。事实上,只有很少的寄柩所加入了这个公会。[114] 1946 年 3 月 1 日公会在沧州书场举办了成立大会。[115]在已有 55 家公名成员的情况下,公会再次开始对所有现存殡葬业公司进行调查,试图将他们纳入自己的管理范围。[116]

在上海沦陷时期,商业同业公会成了伪市政府和殡葬公司相互沟通的主要渠道。伪市政府委托给殡仪寄柩运葬商业同业公会越来越多的责任,这些责任已经超过了其作为一个商业组织的角色。该公会逐步成了伪市政府的代表,对殡葬行业进行管理,尤其是在三个重要的领域。1942 年之后,伪市政府委托商业同业公会征收寄柩检查费,沪西的寄柩机构不在此范围内,沪西当时仍由经济局下辖办公室负责。[117]如果殡葬公司无法支付相应费用,公会就要承担责任。[118]公会还对其会员收营业税并把所收税费送交伪市政府。[119]抗战结束后,政府采用了一种新的商业税。殡仪寄柩运葬商业同业公会被委任对其所有成员的营业情况进行初步评估。[120]介入收税意味着该公会不仅在对其成员详细解释收税流程上扮演着核心角色,也给了该公会了解成员账目和经济状况的机会。[121]

殡仪寄柩运葬商业同业公会还负责发放允许运柩公司将灵柩运出上海的许可。这是该公会在 1943 年 11 月为了精简船运手续而主动提出的。[122]公会的文件中可以发现类似的许可。[123]尽管许可的数量不是很多,但是它们基本可以代表当时所有所需的了。只有一些公司出现在文件里,无法解释其他文件消失的原因。由于这是一项常规程序,有可能是公会的职员没能把大部分申请都登记在案。另一个解释可能是运柩公司压根就没获得许可。在战争时期,安全比信用更重要。日本人担心通过灵柩偷运物资因而对这方面严加控制。最后一个原因可能是大部分公司是从原公共租界出发船运,因而他们所依赖的是公共租界卫生处所发的许可,这在外国租界归还之后亦是如此。

国民党在 1945 年 8 月接管上海之后取消了发放船运许可的权力。但一段时间之后,殡仪寄柩运葬商业同业公会要求接管发放船运许可的权力,这有一部分原因是警察无法处理大量的申请。[124]船运公司抱怨通过警察申请所造成的延误,尤其是那些小的船运公司,他们每次只要运少数的棺材,而且很依赖警察迅速发放许可。一个有趣的问题是船工提出有一些许可编号的数字组合被船运公司视为是不吉利的。[125]警察起初拖延转让发放许可的权力,但是到 1947 年时,商业同业公会又获得了该项权利。[126]

市政府还依赖商业同业公会从事另一个重要工作:收集城市中所寄存灵柩的数据。许多殡葬公司并不情愿花时间填相应表格或者泄露他们的灵柩存量,许多公司没能把数字报给该公会。[127]抗战后,市政府开始更多地介入该事务,利用同业公会收集殡葬公司的组织结构和所有权信息。[128]市政府也对寄柩开展了更为详细的调查。1946年9月之后,殡仪寄柩运葬商业同业公会每10天就需要向卫生局汇报其成员所处理的遗体数量。[129] 1948年,警察设计了新的表格来登记重要数据,要求该公会从逝者家庭成员那里收集信息。商业同业公会拒绝这么做,理由是在逝者刚去世和举办葬礼时去打扰送葬者是不合适的。该公会同时还争辩说殡葬公司的工作负担很大,已没有余地再履行别的职责。[130] 这项工作很可能超过了同业公会的行政能力范围,不过也奠定了利用同业公会的方式,这不仅仅让公会监管私人公司,还让公会更彻底地改变私人公司的运营方式以及在1949年之后对整个殡葬活动加以改变。(详见第九章)

整顿运柩

运柩主要掌握在船夫手里,他们定期穿梭于上海周边的水道河网。海运更贵,而且只用于把灵柩运往像广东和福建或者中国北方这样比较远的省份。根据上海工部局警务处的报告,私人船夫是抗战前和抗战时的运柩主体。船运公司也有涉及,但是他们通常接的是同乡会的活儿,需要间隔一定时间运送几十,甚至上百口灵柩。船夫先前负责在上海及其内地之间载运货物和乘客,但是现代化的运输方式的发展,特别是蒸汽船和铁路,把船夫的市场抢去了大半。[131] 于是运柩就成为许多船夫在抗战前和抗战时的主要业务。[132]

警务处预计1938年涉及从公共租界运走灵柩的船只超过30艘。这些船分成三个主要群体,其中10个苏州人拥有20艘船,这些船有一半停泊在浙江路桥旁,另一半则停泊在麦根路〔1〕的码头。3个江北人管理着18艘船,停泊在麦根路旁的槟榔码头。他们运营者三条不同的路线:南通—如皋—镇江—扬州和盐城—兴化—泰州,而且每次同时用3艘船。在调查期间,有6艘船载着120口灵柩离开,还有另外12艘船载着60口棺材停泊在码头。还有一个群体是管理着从麦根路出发的船只的7个江北人。工部局警务处建议说通过目的地来安排灵柩的装载,每次一艘船,每一艘船运往一个目的地:(a) 无锡—常州,(b) 苏州,(c) 通州,(d) 镇江—扬州和(e) 阜宁、兴化、泰州、盐城。[133] 这是槟榔运柩站的发端,这个船运站的设立是为了解决上海工部局地界内不断增加的寄柩数量的问题和日军所强推的各项限制严重妨碍船只的流通的问题。船夫在日本军方的独裁决定下被任意摆布,后者怀疑船夫会利用灵柩偷运货物。

---

〔1〕译者注:即今淮安路。

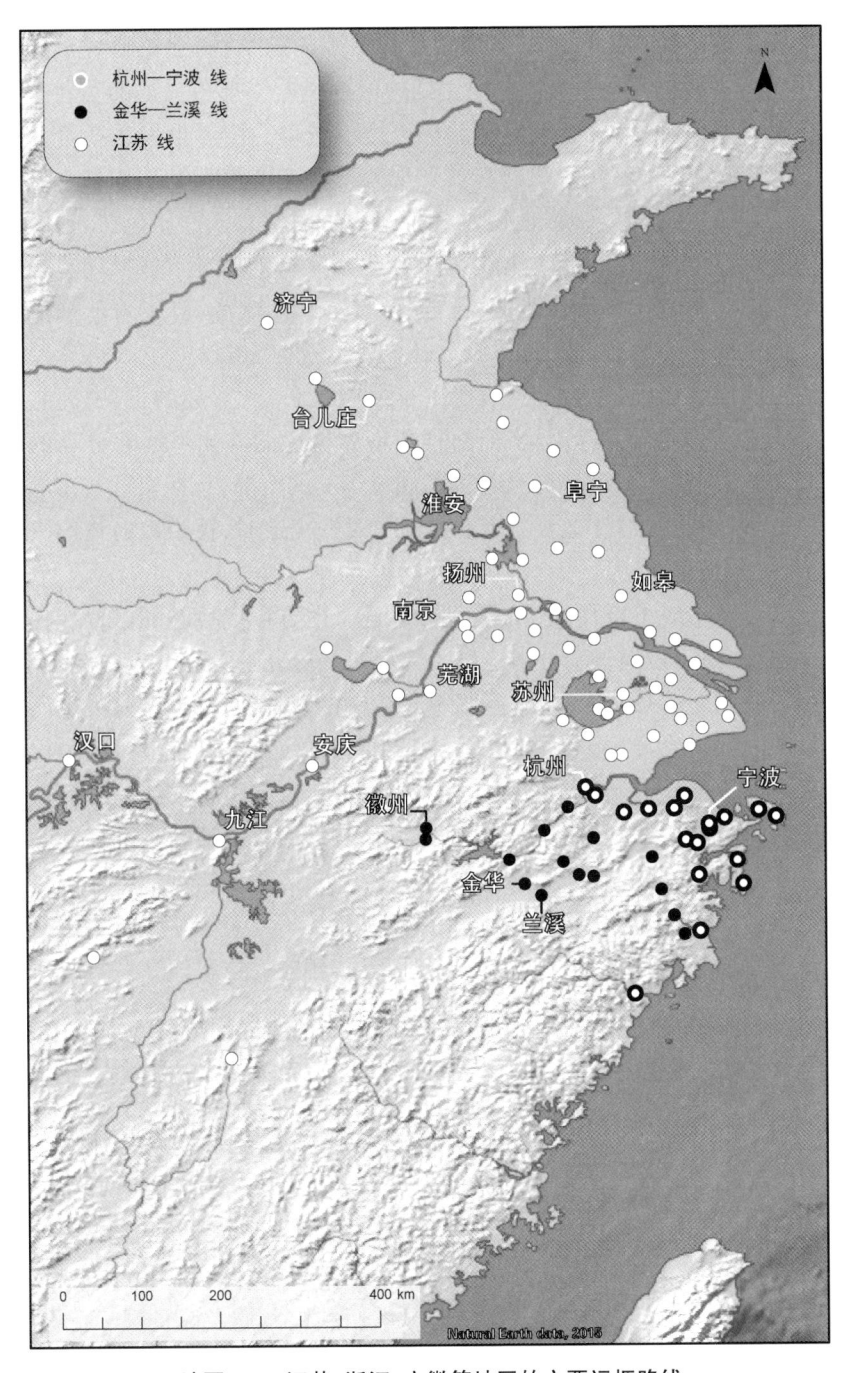

地图 3.5　江苏、浙江、安徽等地区的主要运柩路线
来源：视觉上海网站
国审字(2021)第 6804 号

槟榔运柩站最初是一个槟榔垃圾焚烧炉旁的简易棚,会馆或者殡葬公司可以在船运之前临时寄存灵柩。卫生处的稽查员监察那些灵柩的运转来保证灵柩中只有遗体,使灵柩能更容易被快速运出城市。用灵柩偷运物资并不是无中生有。1941 年 6 月,卫生稽查员发现有 6 口空的棺材被用作私人用途从槟榔船运站偷运物资。7 月,他们发现有一口棺材中有 330 磅硫黄,这是制作炸药的关键成分。[134]但在档案里的类似案例并不多,有可能无法反映出当时该现象的程度。不过检察员的严厉执法深得日本人的欢心,日本人从来没有反对过槟榔运柩站的运行。[135] 1940 年 7 月,上海工部局也设立了一整套经日本军方许可的执照制度,使船运公司能更自由地往来。[136]有趣的是,中国船夫会寻求上海工部局的支持,甚至当他们是在华界这边的苏州河运营自己的生意时亦是如此。[137]伪上海市政府只是试图规范运柩的情况,包括实行一定额度的免费船运,但别的就不管了。当船夫和日本人打交道时,伪市政府让船夫自己去维护自己的权益。[138]

槟榔运柩站成了自我成功的受害者。这个地方可以容纳的灵柩在任何时候都不超过 400 口,但每个月从这里船运走的灵柩数量接近 1 200 口。灵柩都推挤到了站棚外的马路上。[139]关于槟榔运柩站的问题,工部局的有关部门展开过大量的内部讨论,甚至为此争吵。卫生处声称这是成功的案例,因为检查灵柩寄存棚屋符合日本人的要求。上海工部局警务处则主张说他们没能从日本人那里及时获得船只运行许可。工务处希望改变那块土地用于寄存棚屋的租金。三个部门都声称中国会馆欠缺配合并表示非常不满。[140]最终,槟榔运柩站继续运营。[141]但是该运柩站的情况并没有改善。1941 年 8 月,工部局卫生处要求警务处暂停发放许可。[142]然而 6 个月之后,相同的情况再度发生:"情况变得更加糟糕,寄柩棚屋中的灵柩和棚屋外的道路实在是过分拥挤,以至于我必须建议警务处停止发放允许灵柩运往内地的许可。"[143]有一批会馆,包括四明公所,寻求获得从槟榔站船运灵柩的权力,这让卫生处看来是企图建立运柩垄断的尝试,因而拒绝提供船运许可。卫生处建议开设另一个船运站来刺激竞争。[144]

在日军于 1941 年 12 月接管公共租界之后,槟榔运柩站便处于日本军方的直接控制之下。主任医务官矶部队长在 1942 年 5 月检查了槟榔运柩站并表达了满意之情,但对那些堆在路边的灵柩除外。在那之后日军召开了几次会议,讨论了日军如何为灵柩运到内地提供便利以及避免目前灵柩的累积状况。[145]但是军队的考量永远放在第一位。比如 1942 年 6 月,日军征用了所有的船只,灵柩往内地的运输陷入停顿。运输直到 6 个月之后才恢复。[146] 1942 年 12 月,考虑到槟榔站一直存在的困难,一个卫生稽查员建议设立一个公会来监督负责船运灵柩的 6 个代理商。这份策划变成了现实,在一份没有数字编号的日本文件中,这个公会被冠以"上海运柩公会设立愿书",有 6 个中国船运站和一个日本船运站头头池田的签字。[147] 对于这样的改组,各家颇有微词,但是最主要的问题仍然是寄柩棚屋,会馆被指责将其作为寄柩所而不是一个转运点来使用。[148]

当局试图对灵柩加强管理的尝试有好几次,最常用的方式是停止发放任何船运许可,直到棚屋只剩 1 000 口灵柩而且马路旁被清理干净的时候才会恢复发放。[149] 但没有船运许可的灵柩,包括从法租界运来的灵柩,源源不断地偷偷涌入槟榔站,以利用船运设施。[150] 在 1943 年 4 月 19 日,池田建议成立一个新的协会,即槟榔路灵柩运输代理处,而且每个代理处指定一个寄柩棚屋。但没有达成协议,所以代理处把棚屋都移走了。最终,1943 年 7 月,卫生处给 4 个反对这个方案的原告都送去了一封信,告知说他们不能再使用槟榔站。这件事的后续发展由于上海工部局在 1943 年 7 月之后的解散而不得而知。[151] 但是原系统仍然保留了下来。[152] 尽管笔者并不知道国民党当局是如何解决这个问题的,但是这个地方是 1949 年之后唯一的运输平台。1956 年,在对殡葬服务业进行集体化管理之后,引入了 31 名船工和运营着 36 艘小船的运输者。[153]

当局试图把未葬之棺从城市移走而施加的压力给了运柩行业的发展注入了一针强心剂。此外,寄柩所需的费用和侵蚀收入的、不断加剧的通货膨胀迫使人们寻求船运的方式。1940 年 4 月,伪市政府决定把闸北从受战火折磨后的满目疮痍中拉起。其中一个措施是伪市政府要求把寄柩所中所有的灵柩全部移走,并威胁说无主棺会直接用火葬的方式解决。[154] 所有的这些事实促使了私人运柩所的迅猛增长。早在 1939 年中叶,船运公司就对自己的运输条件信心满满,在报纸上刊登他们的服务广告。一条长安运柩公司刊登的广告所运用的说法是寄柩所将不再吸纳灵柩。该公司提出其服务是为了"服务社会",从华界将灵柩运走。[155] 5 个安徽商人建立了一家新公司专门运输去往安徽省的灵柩。[156] 1940 年 6 月,泰山运柩所在报纸上刊登了一条大幅的广告,以展示其向宁波人提供服务。公司声称其包租了一条大船,可以保证灵柩的安全。广告"赞美"了在上海下葬的成本以及被当局火化的威胁,引导人们选用他们的船来运柩。[157] 1942 年 6 月,国华殡仪馆的船运部甚至向伪卫生局毛遂自荐,尽管卫生局并不直接管理灵柩的清运。[158]

运柩公司连续出现了三波浪潮。正如上文所讨论的,第一波浪潮正好在战争后期,在外国租界交还之后,情况变得更稳定以及市政府开始真正施加压力清运积柩的时候。1944 年夏天,伪卫生局确认了 21 家运柩公司的资质。[159] 第二波浪潮出现在解放战争时期,另外 8 家公司在 1945—1947 年建立。只有一家,朱庆祥运柩所(音),是在 1930 年之后就成立了。这些运柩公司主要满足私人寄柩所、殡仪馆和小型会馆的需求。还有一些运柩公司则出现于 1950—1951 年,当时人民政府在清运所有无主棺方面实行更为严厉的政策。但是绝大多数船运公司在 1955 年时消失了,原因则是行业萎缩和政治改革的双重影响。

清理"死者之城"

尽管周边的寄柩所处于往西的铁路线范围内,"大墓地"在上海市中心的出现是一个让历届上海市政当局者都关心的问题。虽然大部分政府都接受寄柩所这个概念,但他们都将其视为葬礼和将灵柩运回故里之前的暂时过渡。即便在过去,灵柩通常会滞留好几年,往外运出的灵柩数量是稳定的,并不会引起中国当地官员的焦虑。即便是租界当局,尽管西方人不喜欢这个,也不得不对这种做法加以妥协。战争期间,上海工部局避免了寄柩所在其地界的发展。但是,最终,成千上万灵柩的堆积成为越来越严厉的政策所针对性处理的不寻常的遗产,当局希望回到战前的状态。然而,因为政局和战事的持续不稳定性,在这件事情上的处理时间超过了 10 年。

真正救那些会馆或者商业寄柩所于市政当局强硬措施之水火,以及让他们能延后清柩的是不稳定的政治局势:连着三个的华界当局掌权、连着两次的工部局更替(1941 年和 1943 年)和 1943 年之后法租界当局的政权变化。然后一个新的市政府于 1945 年掌控全市,渡过了之后 4 年短暂的时光。无论是私人还是会馆运营的寄柩所都能经受住暂时的严管或是寄柩收税的考验,他们仍能保存灵柩至尽可能长的时间,或者私人寄柩所仍希望从长时间的寄柩中盈利;抑或者保存灵柩直至他们认为上海之外对会馆寄柩所而言已经不再安全。对商业寄柩所而言,对安全的共同关注是一个普遍事实,即便幸存下来的逝者亲属始终倾向于把灵柩运回故里。

在战争后期,华界当局非常急切地鼓励寄柩所把所寄柩棺都清走,但收效甚微。伪卫生局对强迫会馆运走或者下葬无主棺施加了连续的压力,尤其是那些房舍在战火中遭遇破坏的寄柩所。1940 年,湖州会馆试图用难以找到逝者亲属和运回湖州的船只为由来平息伪卫生局的怒火,最终会馆放弃了,将所有闸北寄柩所中积存的灵柩埋在了大场的普益公墓。[160] 衣装公所也接到了类似命令,但是由于它地处更偏远的地方使其得以应对伪卫生局的压力。1942 年,如果和逝者的亲属无法联系,衣装公所会继续抵制清空积柩的做法。[161] 1941 年 7 月,湖南会馆在报纸上宣布有 200 口无主棺将会被运到青浦的会馆墓地下葬。[162]最终，运输和下葬在10月份进行，11月时又船运了107口灵柩去。衣装公所还为那些晚一些来取亲属遗体的人设立了一个登记册。[163] 1942年2月，卫生稽查员报告说水炉公所多达1 520口积柩中有大量的逾期灵柩存在。[164]这些都是会馆不愿意在战时乱世移走灵柩的典型例子。

灵柩的运输在战争后期有所增加，但是却达不到彻底清运积柩的要求。1943年8月至1944年7月，只有1 635口灵柩从指定的安远码头运走，其余3 756口灵柩是由汽车或者卡车从第一区（先前的公共租界）运往闸北、南市或者运出上海。[165] 1944年，当局试图迫使殡仪寄柩运葬商业同业公会和旗下会员支持自费建设火葬场来处理无主棺。经济局陈述了市政府的官方说法，即需要节省土地和改善公共健康。商业同业公会被要求在这一联合火葬场上投资250万元。该公会并没有直接反对该计划，但是它建议使用静安公墓中已有的火葬场作为试点，这个项目除非有官方命令必须在此火化，否则可能会闲置。公会因此并没有动员其成员投资。[166]该公会并没有给伪市政府的这项计划提供什么正面的支持。伪市政府还寄希望于把自己不能承担的建造成本转嫁到殡葬公司的头上，却无力做到强迫那些私人公司支付任何费用。

在日本投降之后，上海处于一个统一的市政机构的领导下，而那些战争中积存下来灵柩也一并被这个市政府所继承了。新的市政府决心摒弃这些习俗和战争的不良遗产。一方面，市政府采用了更系统的政策来禁止寄柩所或墓葬地出现在人口稠密的地区。已有设施会从卫生局处收到一封驱逐通知，通知上会要求他们清走寄柩、甚至移坟。但是大量积存下来灵柩，对所有关心这个问题的人来说都是一个挑战。一个解决未葬棺的处理办法是把他们葬在市政公墓或者义冢里。善会已经把所有匆匆埋葬在虹桥的灵柩都移走了，但是市政公墓仍趋于饱和。在这样的空间限制下，并没有一个显而易见的简单办法来解决这个问题。各种会馆开始在上海之外买地，来建立自己的墓地。

从战时开始的积柩清运也受到每日死亡数量消长的影响。就像以前那样，会馆和私人寄柩所会持续收到新灵柩。这些灵柩的数量非常多，很快就消耗了可用的资源。对于私人寄柩所来说，情况有很大的不同，因为他们不会承担船运的费用或者负责埋葬无主棺，但对于寄存灵柩他们颇有兴趣。1946年，在31个私人寄柩所中，运出的灵柩有9 026口，新存的有5 357口，但是这3 669口的差额对于所积累的历史数据而言，其影响微不足道。[167]为了迫使会馆和商业寄柩所赶紧行动，卫生局发布了一个市政通知，将年底设置成清运积柩的最后期限，但是留给殡仪馆的期限只有10天。商业寄柩所只能通过各种方式来清运积柩，超过一年的灵柩都不能出现在他们的地界上。卫生局禁止殡仪馆和寄柩所接收新的灵柩。[168]但是这则法令没有什么影响力,这些要求是不现实的:最后一次统计的寄柩数量达到了15万。[169]

到了年底时,卫生局发布了一则新闻稿,延长处置期限至1947年的3月。[170]为了继续推动积柩清运的开展,卫生局特别警告殡仪馆,称会在超过期限之后强制实行灵柩的火化工作。[171]商业殡仪馆和寄柩所都被这个决定惊得目瞪口呆。殡仪寄柩运葬商业同业公会召集会员召开了一次紧急会议,商讨如何应对这次市府所出的法令。[172]对无主棺进行强制火化这一做法表示强烈不满的声音中,殡仪寄柩运葬商业同业公会是其中之一。公会声称这个强制火化的决定会招致很多争议,他们承认火化是一个现代化的处理方式,但是又争辩说中国人拥有可追溯几千年的丧葬传统,人民的思维转变可能没有那么快。[173]为了支持这个观点,商业同业公会给市参议会写信。公会表示只会在三种情况下接受火化:尸体在街头被发现、尸体无人认领以及人们自己愿意被火化。[174]为了给当局施加更多压力,商业同业公会在1946年12月22日于新都音乐厅(音)召集了一次新闻发布会,来捍卫自己的立场。[175]不过,这样做最多只是为了将寄柩的时间尽可能地延长并对市政府的独裁措施进行先发制人的反击。

4月份的最后期限已经过了,但大部分积柩仍然位于原处。正如《申报》所述,这个问题是墓地缺乏下葬的地方以及缺乏火葬设施造成的(详见第四章)。[176]卫生局又将期限延长了六个月。[177]但是卫生局和社会局都质疑殡葬公司的动机。社会局对殡葬行业在收费方面缺乏清晰的行业准则和把寄柩作为债务证明来攻击贫困家庭进行了严厉的批评。[178]在殡仪寄柩运葬商业同业公会的回应中承认拖欠寄柩费用的家庭占寄柩总数的60%。在费率问题上,公会辩护说一个反映服务多样性和不同寄柩硬件质量的价格范围是必要的(详见第八章)。任何价格变化都会在写给寄柩家庭的信件中说明,如果他们不同意新的收费标准,可以有两周的缓冲时间来取出灵柩。[179]9月,卫生局和社会局达成了一致,给某些群体降低费用的问题上,给予20%—50%的折扣:军人、警察、教师、穷人、寡妇,或者婴儿将享有这些折扣。[180]

卫生局将最后期限又延长至1947年10月,但仍无济于事,11月又再度在报纸上刊登公告,公告里明确声称将把寄存时间超过一年的灵柩进行火化。卫生局还规定寄柩所在三个区域的建立——大场、浦东和蒲松,已有的寄柩所需要从城市中心搬到这些区域。[181]殡仪寄柩运葬商业同业公会再次以所谓的洋泾卫生局稽查员强制火化灵柩为借口,与市参议会争论该事项。[182]公会的理由颇为有趣,他们质疑未经家庭成员许可就进行强制火化的合法性,并要求市议会在合法规定出台前禁止一切火化。同业公会建议只对城中和郊区的无主棺和破损棺的处理上加强火化处理。[183]卫生局回击了同业公会的指责,卫生稽查员只有在市长的支持下才会处理无主棺。[184]1947年12月,卫生局再次要求所有灵柩搬出城市,殡葬公司要重新在城外选址。[185]

商业公司不是当局唯一的整改目标。会馆和公会也寄存了大量的灵柩。当局的压力导致会馆只能找各种办法来解决该问题。最好的解决方案是把积柩运到出生地,但是运柩的费用会榨干这些组织的财力,本来在战后它们的资源就减少了,而且还不得不在战后高通货膨胀的背景下勉强维持活动。大部分会馆的结果是显而易见的:留下的积柩数量极多,因为没有人回来把灵柩取走,并不是说家属不愿意做这个事情,而纯粹是因为他们实在没有钱来取走灵柩和安排葬礼。大多数时候,直系亲属都已经过世或者离开上海。面对市政当局各种措施和威胁,同乡公会声称并不准备放弃寄柩所。

四明公所是一个特殊的例子,不过这个例子也进一步反映了寄柩所的两难之处。在战争早期,当四明公所无法使用其在华界的寄柩所时,公所将其在法租界内的房屋作为寄柩使用,这令法租界当局恐慌。有可能是宁波人长期抗议之后所留下的阴影使然,法国人给宁波公所开了绿灯。四明公所公开在房屋内接纳新近逝世的人,并努力把这些逝者的遗体每周一次地送往公共租界中的各处寄柩所。1938年5月,公所每周撤空600口灵柩。[186]最终,其在1938年年底恢复了其南厂寄柩所。从不完整的记录来看,1941年9月寄柩所储存了7 554口灵柩。两年之后,这一数字降到了5 149口,但在1945年8月一份稽查员的报告上记载了16 932口灵柩。[187]解放战争时期的统计数字缺失,但在1950年早期,所有三个寄柩所的数据统计都是完整的:其在南厂、北厂和东厂寄柩所分别储存了13 654口、3 197口和721口灵柩。这些数据加在一起,四明公所共储存了17 572口灵柩。1947年,公所决定在宁波附近建立两处墓地来下葬其灵柩。[188]1951年,南厂寄柩所的灵柩储存量甚至增加到了1.85万口,四明公所在当时拥有了上海史上最大的寄柩所。[189]

大部分会馆选择为自己的会员,尤其是为了处理积柩而建立墓地。1947年5月,一群代表河北会馆的商人递交了一份华北公墓的计划,以迎合下葬积柩的最后期限的要求。[190]成衣同业公会因为相同的理由在真如购买了土地。该公会把灵柩置于不同的寄柩所内,但是其目标是把它们都葬在同一个地方。[191]上海邮务公会也在不同的寄柩所中存有灵柩。1948年3月,邮务公会在江湾无名英雄公墓旁边购买了一块20亩的土地,用以重组和下葬灵柩。[192]即便是更大型的组织也不得不寻找经济的解决方案。浙绍会馆在城中拥有最大的寄柩所之一,一个在闸北、一个在公共租界。但会馆主要的寄柩所是一个位于南市的大型综合性建筑。为了下葬积柩,浙绍会馆申请把闸北的寄柩所改成墓地。由于那个寄柩所就在延绪公墓和联义山庄附近,浙绍会馆本来期待会有一个令他们满意的回复。但是市政府严厉执行新公墓必须位于指定区域的规定并拒绝了该申请。[193]这件事情在档案里并无更多下文。

有一些客观原因可以解释清运积柩的缓慢。第一个原因显然是总数太多——1946年年底之前有15万口,这需要大量的人力来搬运、下葬或者船运。另一个难点是清运的成本以及找寻新地安置的难处。在1946年9月份的经济困境中,普安殡仪馆没能从它搬迁所带来的高成本中生存下来。[194]一些公司在他们的土地租期合约过期后不得不面临一个脆弱的局面,原先的地主强迫他们清空和恢复房屋的原有状况。在一些案例中,殡仪馆会抗争,要么让地主提供一份更新的租约合同,要么就直接在合同结束后继续在这里待下去。有些案例显示一些地主采取法律手段对抗那些拒绝在合同到期后归还房屋的殡葬公司。中国殡仪馆在两年内不断起诉,试图保留已经租了14年的房屋。[195]白宫殡仪馆和安乐殡仪馆在1945年底和1946年底时也分别面临同样的危机,尽管白宫殡仪馆在1947年10月时仍霸占着老地方。[196]在这些案例中,殡仪馆声称因为那些大量的积柩,使他们不能离开,而地主则寻求禁止在城市内设立寄柩所的市政法规的支持。

另一个家庭成员行动寥寥的主要原因纯粹是经济问题。积柩代表着一种"资本",殡葬公司以"租"的形式获得利益。当然,名义上不会这么说,但是"寄柩费"是一种租金。只要灵柩还在,殡葬公司就可以从灵柩所有者的家庭那里获得一笔稳定的收入。而且,殡葬公司还会收取其他的服务费用,比如在灵柩寄存期间出租大厅用以举行灵柩进入或者离开的仪式,或者在寄存期间举办庆祝仪式。每一次灵柩需要移动,殡葬公司还会收取扛费。由于战争的缘故,许多家庭因违约而数月没有缴纳费用,有些甚至长达数年。战后极为严重的通货膨胀进一步侵蚀了大部分城市的收入。即便殡葬公司要拿到这些费用的希望渺茫,但是他们仍然紧抓寄柩不放,因为这是他们与家庭成员讨价还价的资本。他们的分析是对的,大部分人会竭尽全力确保其亲人能有体面的葬礼。

上海特别市卫生局在1949年之前可能低估了这件事。基本上,由于火葬还不可行,唯一可能的选项是开辟下葬之所。但是卫生局在战后陷入自相矛盾的局面,政策不允许超过寄柩超过6个月的灵柩葬在市政墓地,这就把所有战时寄存的灵柩都排除在外了。只有那些对抗日本人的人可以被网开一面,要么因为他们在战争中牺牲,要么因为他们的家庭成员离开了上海在大后方抗日。卫生局将个人根据主动和被动介入战争的等级排序:在战斗中壮烈牺牲的人,有直系亲属与 1937 年 8 月至 1941 年 12 月 8 日在大后方抗日的人,以及那些在 1941 年 12 月 8 日至 1945 年 8 月 16 日在大后方抗日的人。那些在 1937 年 8 月之后留在上海的人,如果不能证明自己在大后方抗日,基本上就被排除在外了。那些在 1941 年 12 月日本占领公共租界之后还在上海的人就不能自证清白了。[197]

与此同时,卫生局并不倾向于支持新私人墓地的发展。它规定新的墓地只能开在丙舍区,在那里将集中所有的寄柩所和墓地。虽然有些特例,但卫生局拒绝了大部分不符合其方案的申请。1946 年 12 月,卫生局提出了一个建立市政公墓以解决战时寄柩问题的方案。[198] 由于没有这方面的后续文件,笔者假定可能是出于经济方面的考量,这个方案没有实行。还需要注意的是,在同一时间,市政府还要面对城市周边被遗弃的未葬棺的问题。卫生局的殡葬管理所雇用了多达 108 名雇员来处理城市中各种死尸。[199] 1947 年之后,卫生局在一年内开展了两次收集和火化未葬棺行动。第一次行动收集了超过 5 000 口灵柩,大部分是在用于坟地的区域:浦东、从北站到龙华铁路沿线、常熟区〔1〕和市区的其他区域。[200] 1949 年 2 月,卫生局要求市府拨款收集和火化所预估的 12 265 口灵柩。每一次行动都需要 600 个工时(40 名工人工作两周)。[201] 解决出现在各处的灵柩这项工作似乎已经成为一个无底洞。

寄柩所也面临另一个挑战,这个挑战揭示了他们运作时的环境和替逝者家属保存灵柩的不确定性。寄柩所代表了一种受其特殊功用保护的空间。他们对遗体的接纳激发了人们的一种又惊又怕的混合情感。中国人往往不惜一切代价避免与死尸接触,灵柩本身在葬礼过程中总是很小心地被封存,但是在社会动荡的年代,这些想法就很难实现,寄柩所变成无家可归者的首选目标。这个现象在解放战争时期亦有出现,这主要包含了两类人。寄柩所首先会吸引难民,当国民党军队和共产党军队之间爆发激烈冲突时,他们会拥入上海。[202] 殡仪寄柩运葬商业同业公会第一次记录其成员抗议难民占据寄柩所是在 1947 年 12 月。公会要求警察和卫生局驱逐那些占据大同寄柩所和沪东寄柩所的难民。[203] 1948 年 4 月,衣装公所在《新闻报》上发布了一个公告,在其寄柩所被难民占据之后,公所让寄柩的家庭把灵柩取走。[204] 警察做了调查访问,发现难民是一个有纪律性的群体,并没有什么过错。[205] 公所随即更改了其要

---

〔1〕 编者注:原文为 chengshu,疑似作者拼写错误。

求,指责难民把灵柩移到室外,使其暴露在变幻无常的天气之中。然而公所也没有什么办法,最终和难民取得谅解,向其出租了一块土地,难民可在上面搭建小屋。[206] 1948年6月,另一群难民将久安寄柩所的灵柩统统移出,然后占领了寄柩所的房屋。寄柩所的员工用竹席遮盖灵柩,但风不断地把竹席吹跑了。[207] 市政府很快就被殡葬公司大量的投诉信所淹没。1948年7月,市长指示警察局和社会局调查此事并为难民提供救济。[208]

但是难民并不是殡葬公司在解放战争时遭受的唯一诅咒。军队也经常借用他们的建筑来安置大量途经上海的士兵。经理和雇员都很难反抗这些入侵者。1948年3月,难民占领了丽园路上的国际殡仪馆,结果他们刚走不久之后,东北青年训导大队旋即占领了主厅,让所有的业务都无法开展。4月3日时,殡仪馆又被国民党士兵占领。[209] 1948年3月,殡仪寄柩运葬商业同业公会抗议国泰和乐园两座殡仪馆被移动部署中的士兵所占领。[210] 这些抗议信收效甚微,因为大部分时间里,这些团队的占领动机是为了找寻设立临时指挥所的地方。[211] 总的来说,军队当局的级别越高,就越无法约束他们的士兵,也越没有能力来组织他们寄宿。相比于睡大街,士兵们更倾向于自己解决问题。1949年5月,一支4人解放军士兵组进入了万安寄柩所并开始在各建筑物和房屋上张贴标识(办公室、厨房等),第二天,国民党75军的一大群士兵抵达寄柩所,准备驻扎。殡仪馆的工作人员已经移除了标识并试图阻止士兵进入。在几次争论之后以及鉴于与尸体近在咫尺,这些士兵最终只占据了殡仪馆的一部分建筑。[212] 在同一天,第五医疗旅的100人开始使用大众殡仪馆。[213]

在流动而不稳定的社会和政治背景下,上海市的土地很明显被大量不需要的、无主的、遗弃的灵柩所困扰。1948年4月,卫生局宣称会收集和火化从1948年5月1日开始寄存的无主棺。卫生局计划第一批火化2 185口灵柩。[214] 商业同业公会如临大敌并再次召开成员的紧急会议。殡葬公司们决定再次尝试联系亲属,但是他们心里清楚这样做是不够的,最后他们还是转向募集资金来建立一个义冢。[215] 殡葬公司还没有接受把托付给他们寄存的灵柩进行火葬处理的做法。[216] 后文中会看到义冢地并没有建成。卫生局确实将其威胁付诸实施,虽然并不彻底。有证据表明,卫生局的稽查员认真调查了积柩情况并对受损的灵柩执行强制火化。1948年1月,江淮公所的一则公告表明卫生局会对寄柩时间超过两年的所有灵柩进行火化。[217] 5月时,崇海会馆宣布让卫生局火化其11口无主棺。[218] 但是国民党政权的市政府缺乏目标,一旦战争阴云在中国中部上空笼罩,会馆和家属们又回到规避风险的状态,不再船运灵柩。

政权的更迭并没有改变卫生局对解决积柩问题的关心。早在 1949 年 7 月 12 日,新政权的卫生局告知殡仪寄柩运葬商业同业公会的会员有 3 个月的时间来清理积柩,而且严格禁止接纳新的灵柩。[219] 为了实现把灵柩移走的目标,卫生局给市政公墓墓穴的费用大幅降价:在命令发布后的第一个月内下葬,费用降低 70%;第二个月费用降低 50%;第三个月费用降低 20%。[220] 同业公会在《解放日报》和《新闻日报》呼吁寄柩的家庭取回他们的灵柩。[221] 1949 年 9 月 27 日,卫生局延长了清柩的时间至年底。显然,先前以 10 月底为最后期限并没有作用。[222] 上海预计还有 10 万口积柩。卫生局指出世界上没有其他城市有类似的情况,并预计有一半的灵柩将会被家庭取回,但是另一半可能只能葬在城市里。由于城市有 600 万人,死亡率是 20%,卫生局预计如果每年死亡 12 万人,其中一半人送往内地,仍然会有另外 3 万具尸体需要葬在市里。考虑到私人和公共墓地能提供的空间,只有 15% 寄柩可以被处理到位。这样就使得除了扩大公共墓地之外别无选择。[223]

由于积柩问题没有被认真处理,使得卫生局于 1949 年 10 月 17 日召集了同业公会成员开会讨论新的清理积柩的办法。[224] 在官方的压力下,同业公会接受了穷苦百姓可以凭借保甲负责人的凭证来免费取走他们亲属的灵柩。1949 年夏天至 1950 年 7 月,3.8 万口灵柩被移出了城市。然而在各种寄柩所里仍然还留有 71 159 具遗体。一个不完全的调查记录了 17 089 口灵柩寄存了超过 10 年时间,20 693 口超过 5 年,4 390 口寄存期限不明,还有很多灵柩已经腐败。[225] 这些数据没有包括郊区庙里所存的、运河沿岸,甚至里弄内的寄柩数量。预计有 30 万口分散在郊区,其中 10 万口靠近居住区。1950 年清明节,人民政府开展了针对所有无主棺(10 033 口)的下葬和火化行动。在接下来的一年,他们开展了一次新的清理或重埋 121 078 座坟墓的行动。[226]

在 1950 年早期,卫生局最终决定处理好积柩的问题。2 月,卫生局发布了关于清柩的《补充办法》,经接着又在 1950 年 5 月 22 日发布了《上海市清除市区积柩补充办法》。[227] 新的文件里建议将清柩分成三个阶段(1950 年 5—12 月、1951 年 1—3 月、1951 年 4—6 月),每个月至少清理 10%。准备继续开展业务的寄柩所不得不迁到市政府指定的"公墓区"(浦东、大场、蒲松),并在 1951 年 4 月之前清理掉他们的灵柩。规定针对会馆也有效,包括必须从市区搬迁。人民政府不只是将积柩运走,还希望通过让家属能更为便利地将灵柩取走的方式,来降低这种生意给商业寄柩所带来的利润。

强迫火化或葬礼所采取的激烈方式让私人机构感受到威胁。1951 年一共有 58 687 口灵柩离开上海。[228] 但是这并没有完全清空寄柩所。在 1951 年 3 月底之前,豆米业公所仍然存有 407 口灵柩。一度非常强悍的四明公所也陷入进退两难的境地,但是它所面对的清柩任务要沉重得多,它有 1.6 万口灵柩。房屋的税金和土地的税金压缩了四明公所的财力,而它又无法利用在新泾(待批准)和引翔(申请被否定)所设立的坟墓。[229] 两个主要因素可以用来解释清柩延期。第一个纯粹是经济原因。即重税只会适得其反,会馆因政府的重税被掐得喘不过气。第二个原因是会馆并不愿意在不能保证有一个合适的下葬地点的前提下,就送走自己保存的灵柩。会馆死守着要避免灵柩被火化的底线。

事实上,即便到清柩的三个阶段结束时,问题仍然没有解决。1951 年 11 月,卫生局组织了一场涉及丧葬行业所有组织的会议。卫生局的代表明确表示,他不是来听诉苦的,最后的清柩必须要在 12 月 15 日完成。如果真的在实现这个目标方面遇到了困难,这些焦虑的机构应该联系卫生局来组织对所有剩下的灵柩进行彻底的火葬。会馆的代表指出,在 41 个成员里,有 15 个从来没保存过灵柩,7 个已经清柩完毕,有 19 个还持有 2.1 万口灵柩(与 1950 年底还存有 4 万口相比已经是一个巨大的降幅)。宁波会馆和浙绍会馆存有最大数量的灵柩,占全上海总数的 2/3。其他会馆的清柩计划都有明确的最后阶段(详见表 3.3)。[230]

表 3.3 1951 年会馆寄柩所的灵柩寄存状况

名　　称	灵柩数量(口)	处　理　情　况
四明公所南厂	8 000	正在等待卫生处允许落葬的批准
浙绍公所分所永锡堂	4 498	在报纸上发表声明以集资落葬
扬州公所	2 059	缺乏资源;希望获得帮助以完成移柩
四明公所北厂	1 300	所有的灵柩都已落葬
江淮公所	1 050	请求卫生处进行火化处理
江宁六县公所	624	灵柩等待家属取回,12 月 15 日之后仍无人认领的灵柩会被火化处理
潮惠山庄	402	即将落葬
四明公所东厂	340	所有的灵柩都已落葬
锡金公所	319	灵柩等待家属取回,无人认领的灵柩将由公所落葬
安徽会馆	300	所有的灵柩会被火化处理
台州公所	257	会被送往一处佛教墓地落葬

(续表)

名　　　称	灵柩数量（口）	处　理　情　况
燕平山庄	210	仍在讨论如何处理
浙金公所积善堂	201	灵柩等待家属取回，12月15日之后仍无人认领的灵柩会被火化处理
平江公所	162	一部分灵柩会被落葬，另一部分灵柩的处理正寻求卫生处的帮助
豆米业公所	136	灵柩等待家属取回，12月15日之后仍无人认领的灵柩会被火化处理
徽宁会馆	111	在未来的几天内将会落葬
定海善长公所	78	将会落葬于先前购买的土地
闸北延绪山庄	76	没有资金，请求卫生处进行火化处理
金庭会馆	36	灵柩等待家属取回，12月15日之后仍无人认领的灵柩会被火化处理
山东会馆	24	将会落葬
总数	20 183	

材料来源：报告，上海市卫生局，1942年，B242-1-381-1，上海档案馆。

1952年，只有5 355口灵柩被清运出城市。上海市人民政府通过双管齐下来除去那些提供主要丧葬服务的组织，尤其是那些旅居者同乡社群，一方面试图通过经济的压力让其破产，另一方面则是坚定地把所有丧葬机构置于一个统一的非官方组织之下。在战争年代，会馆坚守其寄存的灵柩，使亲属们能有机会找回灵柩。1949年之后，会馆本准备继续沿用他们先前的角色，但是很快就发现人民政府不会在殡葬行业中容忍他们的存在。人民政府根本就没有准备接纳他们。从一开始，人民政府的政策就是要通过收税来切断他们的财源，以降低会馆的影响力。会馆也失去了作为慈善机构的地位。尽管人民政府本希望通过几个月来清理城中的灵柩，最终他们用了两年半的时间达成了最后的解决方案。在没有财源的情况下，会馆最终放弃了所有的职权，接受了他们曾经不惜一切代价想要避免的做法，即将这些托付给他们寄存的灵柩进行火化。

小结

从晚清到抗战后的民国时期，涉及死亡管理的角色几乎没有变化。除了那些为了迎合那些稍富家庭的需求来处理葬礼过程和仪式之外的小型殡葬公司，殡葬公司并不存在。当然，钱是关键因素，但是大部分尸体都会由家里人照顾，或者对那些穷人来说，则由慈善机构来照应。为了迎合各种旅居者群体的需要，同乡会成了这方面的主角。这些因素解释了为什么殡葬服务的市场是有限的，即便从20世纪20年代中期开始就有一些商业殡葬公司出现，他们很难对城市中整个"死亡经济"产生影响。与日本的战事标志着一个关键节点，持续的战火揭示了人们高度依赖于将灵柩持续不断地从上海运回旅居者故乡来安置死尸这一既有系统。此外，1937年的紧急状况最终贯穿整个抗战时期，甚至还延伸至解放战争时期。中国的家庭和他们的商业组织非常不愿意在不稳定和不可预知的情况下冒险将灵柩运回故乡。其结果就是商业殡葬公司很快便寻求机会设立了新的基础设施来处理遗体（殡仪馆）和寄柩（丙舍）。尽管这两种类型的公司之间有很多重合的地方，都明目张胆地违反所有市政府所延续的规定，但殡仪馆的确提供了一种寄柩所和同乡会都不能提供的服务，即从死亡开始直到下葬或者寄柩之间对遗体的准备工作。战争给商业殡葬公司创造了第一次真正意义上的突破机会，这造成了长期的影响，因为人口的增加最终会使他们自然而然地转向这些殡葬公司来寻求帮助以安排后事。同乡会一直是舞台上有影响力的角色，但是随着连续性的规定越来越严格，他们逐步从舞台上消失，直到人民政府将它们从管理死亡的事务中彻底赶走。

  战争创造了一个特殊的情况。城市中寄柩的增加导致了上海地上"大墓地"的出现。不同城市用了不同方法来处置露尸。几千年以来，教堂坟墓接纳了欧洲城市中数百万的市民遗体，这是在中国没有发生过的。私人墓穴和集体墓地建在城市的城墙之外的郊区中。自相矛盾的是，战争创造了一种畸形的范式，死尸被遗留在城市空间内，大体上是在高密度人口的街区，尽管遗体被保存在灵柩中，根据所有的报告显示这样对公共安全是没有危害的。寄存在城市中的大量灵柩使得组织清柩工作成为一个挑战，尤其是当相关组织、会馆和公司等反对任何形式的极端处理方式时，比如火化。战后，持续增长的移民，尤其是难民，也增加了此时此地的尸体数量。市政当局用了各种方式来强迫寄柩所将积柩从城市中移走，但无一成功。商业寄柩所渴望保护它们的"资本"，即便它们的想法最终只是竹篮打水一场空。最后，在一个统一和更加深入社会的政权之下，上海成功从墓地的泥潭中脱身。

第四章
最后的安息之所：从坟地到现代墓地

在不同的文化里，在不同的时间、不同的地点，对安息之所有各种处置方式。在中国，从很早以前开始，土葬就是一种最常见的方式，直到近代政府试图将火葬作为一种选项之后才有所改变。火葬最早在无产者中推行，然后变成人民政府在城市中的一种强制善后方式。但是相当多的人只要一有机会就会恢复采用土葬的方式。尽管受到严格的控制，而且土葬的做法也超过了大部分人的经济承受能力，中国城市周边墓地的复兴证明了中国社会与土地之间的长久羁绊。在20世纪，在城市中强制规定火葬之前，中国人形成了一整套其实与社会规范格格不入的丧葬程序，并最终和历届政府所关心的礼俗规范和公共卫生发生冲突。

人口在局促空间中的大量聚集，比如上海（这座城市直到1912年还被城墙所包围），使城市无法在其内部提供坟地，即便一些特权家庭是可以在城中兴建家族墓地的。[1]中国的坟地在历史上就和宗教崇拜的那些地方没什么关系。在欧洲，教堂是落葬的地方，可以葬在教堂的地下——地下墓穴，或者环绕在教堂周围或旁边的墓地里。[2]将死者埋在活人的生活环境之中的做法并没有受到什么挑战，直到人口的增长使得要容纳所有的死者变得越来越困难，而且这也造成了一个对健康不利的环境，让政府为之担忧。所有的国家中，法国是第一个通过禁止在教堂内落葬（1776年）来管理墓地的国家，而且对于开设墓地必须远离居住区。[3]在英国，尽管墓地从18世纪开始就已经满溢，但一直拖到1848年才引入了公共卫生法案，不过先前的法案还是能保证在城市外建立墓地的。[4]相似的过程并没有发生在中国，因为自古以来，尸体就不像英格兰或者意大利的大城镇那样是葬在城墙里的。[5]直到20世纪20年代之前，中国当局并没有针对坟地的规定，这也就意味着对其没有任何控制或者存在其他规章制度。

上海的殡葬习俗

在中国占主导地位的落葬方式是葬在私坟里,通常私坟会根据风水选择一块合适的地方。对于把死者葬在特定的坟地并没有明确的办法或者规定。[6] 落葬私坟自然是那些拥有或者租用土地的人会选的形式,这在有土地的郊区是可以做到的,即便对那些不是那么有权势的人而言也可以做到。如果人们没有土地,他们也可以租一小块地来设立墓地。[7] 然而即便在更需要土地进行耕种的地方,人们仍然会更倾向于用土地埋葬死者。于是村庄周边都是墓地,因为体面的葬礼对于人们而言是一件大事,一个更为体面的家族往往会专门有一块用于葬礼的预置土地。家庭成员会共用资源来支付葬礼和维护坟墓。大家族经常会共用一块地,用以给他们的宗族寺庙提供资金以及作为墓地使用。[8]

20世纪20年代,私坟成为越来越多的批评所指向的对象,现代化的精英开始将它们视作对有生产力的土地的有害侵占。[9] 在1927年之后的政府管理下,这甚至成为解决死者问题(比如通过公墓落葬和火葬的方式)、促进"现代化"的官方座右铭。公墓落葬始于宋代,此前并不存在,尽管贯穿整个帝国晚期,国家通过鼓励土葬来作为反对火葬(详见第九章)和鼓励当地精英和官员来为普通民众建立义冢的驱动力。但是这种驱动的结果是有限的,有钱人家宁愿设立私坟而不是和社会地位更低的民众一起葬在公共墓地。[10] 这些免费的墓地是现代同样背负骂名的义冢的前身。

即便当地政权介入人们的殡葬活动,在20世纪20年代之前他们缺乏主动解决人民需求或者引进改革的举措。在大城市里,要发现一块用于殡葬的土地无疑是一个更大的挑战,因为城市往往有着更多的人口。根据习俗,不管一个人的出生地离城市多远,他都需要葬在那里。[11] 但这只是富人们的特权,或者由同乡会带给广大城市人的特权,尽管后者数量有限。在19世纪和20世纪中,这些服务超过了大部分城市人群的承受能力。为了处理人群中不可避免的死亡,慈善组织在城墙外围建立了义冢,这是上海最早的"公墓"。它们无疑与更穷的阶级联系在一起,大部分义冢中的墓穴"摩肩接踵",尽显眼前,没有任何形式的装饰和维护。它们代表了一场体面和尊严的葬礼的对立面。

对死亡的管理掌握在私人的手里——会馆、善堂,直到1927年建立国民政府。现代精英在很多领域对激进的改革推波助澜,包括私人生活和信仰。国民党所实行的政策直接攻击了被认为是不相关的和落后的迷信行为,同时还试图引进新的概念、新的实践和新的机构来创造一个新的都市文化。[12] 但是要改变人民思考的方式和所信奉的价值观,比攻击和推倒一座庙要难得多。

在葬礼和落葬的领域,国民政府决定逐步对城市中的死尸进行合理化的处理和消毒。以保护公共卫生和节约土地的名义,国民政府推动了墓地的建立和火葬的使用。尽管新公墓的开设会显得较为朴素,但这是中国城市中殡葬活动的一个主要转变。为了更容易为人所接受,公墓必须克服义冢所带来的不良名声,比如欧洲的大批墓地。

上海的死亡地带

上海的殡葬活动主要集中于城墙周边或者更远的郊区。墓地有三种:私人墓穴、家族墓园和义冢。如果需要理解这些不同形式的葬礼方式的动态,不仅需要考虑城市本身的特点,还要考虑上海周边区域的情况。在19世纪中叶之后,当上海向四周发展时,往北和往西是外国租界的扩界,往南则是原先上海老城的扩张,城市的扩张不仅缓慢吞噬着原先的农业用地,也占据了先前的坟地。数量众多的村庄成为密集的乡村景观,这其中有许多村庄有当地和家族的坟地,以及分散在四处的私人墓穴。在靠近城墙的地方,许多组织(大部分是会馆)还保有公墓和寄柩所。各种各样的坟地形成了一条围绕城市的死亡地带,这条地带有清晰可辨的轮廓,像模糊的光晕一般散射进郊区。

即便土葬是通用做法,宗教和社会方面的考量强烈影响了实际的殡葬操作,特别是在风水方面的信仰,是挑选风水宝地和吉日良辰落葬的必要依据。这些信仰在上海附近产生了独特的殡葬地表风貌。和西方人是在逝者死后尽快落葬不同的是,江南地区农村的风水信仰在当地流行的习俗中占有统治性的地位,实际葬礼的操作都要依赖风水先生和道士的决定。在此期间,灵柩会处于待葬状态,可以保存在提供寄存位置的寺庙中,不过更多的灵柩通常是被随意地摆放在田野之间或者一个看上去像是墓地的地方,灵柩在那里先期落葬,但没有任何墓碑。这种做法叫"停棺不葬"。当地的地貌特征也可以用来解释为什么灵柩不被葬在土中。上海所处的地区,土里的水资源非常充分。一旦土被掘开,水就会溢至地表,将一个人的遗体葬在这样不吉利的环境中是不可想象的。[13]尽管这样的做法并不局限于江南地区——类似的坟地也能在中国北方发现——灵柩被至于地表之上,然后在灵柩上覆有一层泥土。当英军第一次来上海的时候,特遣队中的一部分士兵从吴淞穿过乡间去上海。有一名指挥官,格兰维尔·洛赫(Granville Loch)报告说"坟墓无处不在——这些土堆,有些中间挖空做成穹形,其他一些则把灵柩置于土堆之上然后覆以草席。"[14]1851年,有一名西方的定居者这么记载:"上海及其近郊给初来乍到者所留下的印象……是非常阴郁的,这种感觉来自中国人数量庞大的墓地,它们可以说是完全覆盖了地表。"[15]

大部分灵柩就置于地表之上,只有一些稻草或者竹席作为保护(详见图4.1)。风经常会把这些遮盖物都吹走,使灵柩暴露在外,造成不可避免的损坏。灵柩就是在这样的墓地里等着被妥善"落葬"吗？或者这只是笔者根据视觉证据所形成的偏见？这是否反映了风水信仰？或更如实地说,是一种既便宜又能接受的对遗体的安排？很明显的一点是棺材的材质既有高质量的木材,也有便宜、粗糙的厚木板。在江南地区颇为盛行的做法造成了灵柩会被放至数年,甚至数十年而不落葬,它们就这样被逝者的亲属遗弃或遗忘了,也有可能是亲属自己已经搬走或者去世。[16]最终这些灵柩会腐朽,遗体则暴露在空气之中,增加了污染周边水源的危险。当上海出现报纸之后,尤其是《申报》,"浮厝"就成为报纸上不断讨论和当局管理的对象。关于这个话题的作者,《申报》自己就贡献了不下10名。[17] 1877年,《申报》建议建设一个大型墓地,不给那些置灵柩于不葬者任何这么做的机会。[18]

图4.1 被遗弃在田野中的地上棺

来源:S. J. Joseph de Reviers de Mauny,教会办公室,里昂(已授权使用)

中国当局对自己官员反感的事情并非漠不关心,其所考虑的因素更多是基于道德立场而不是公共卫生,即便后者越来越成为他们对该现象进行谴责的核心因素。官方不停地颁布禁令来试图解决乡村的地上棺问题,但无济于事。从江苏省官员到地方治安官、从省一级到地方或者县当局在报纸上所发布的大量布告和声明,可以看到他们企图抑制"恶俗"和落葬弃棺的尝试。[19]他们用法律惩戒来警告大众,但是收效甚微。地保(当地警察或者土地管理员,监管城市里的小片土地和保证土地交易)被反复命令调查他们负责的区域,要求那些有类似问题的家庭落葬他们的灵柩,或者,如果他们能证明自己无力承担,抑或者没有亲属能被找到,就会委托当地善堂来处理这个糟糕的任务。这些命令会定期执行,通常是在清明或者冬至之前,把乡村中的灵柩都清走,这些灵柩被视为是对祖先的不敬,因为这是"把祖先的尸骨暴露在风吹雨淋之中"以及"给流浪狗提供食物"。[20]

这方面最早被记录下来的由上海县知县所颁布的法令,刊登于1877年9月的《申报》。知县命令同仁堂去收集和落葬所有沿着公共租界到八仙桥新墓地的道路倾堆在路旁的浮厝。公告之后紧接着就是上海工部局的投诉,即便这发生在中国的地界上。[21]但1878年3月,知县又发布了一个关于城墙内外未葬棺的新公告。公告指示居民落葬灵柩,或者找同仁辅元堂处理。所有的浮厝将在清明节之前被落葬。[22]《申报》在此期间刊登了几次该公告,即便这并不能反映知县所采取的所有措施。[23]在19世纪,每年的清明之前,知县基本都依赖同仁辅元堂落葬破损的未葬棺。[24]

"停棺不葬"的做法也在文人之间展开了激烈的讨论。1879年5月《申报》所发布的一篇社论明确主张死后应立即落葬的做法。[25]葬礼的关键并不是一处合适的地方或者一个吉利的时间,而是严格执行将尸体和灵魂入土为安。富人以道士的决定为借口来拖延葬礼,而穷人则没有地方来安葬亲人的遗体。作者引用了1772年开始实行的《大清律例》,其中规定在家中的寄柩时间最多一年,而且还处罚了逾期的人。然而争论的主线是孝子不应该失去特地安排一天落葬其母亲或者父亲的机会,因为让父母入土是使他们为安的唯一方式。第二年,《申报》更加明确要求严格禁止浮厝的做法。[26]它主张从法律的角度出发,这是对孝道的犯罪。处理灵柩几乎没有控制,包括那些寄放在寄柩所中的灵柩。1892年,报纸建议引进一条针对浮厝的规定,这条规定会强制要求那些家庭将灵柩落葬。[27]

1885年,松江府试图用14条规定实施一个更综合的体系,旨在保护已有坟地和灵柩。该规定要求各地保和慈善组织进行一次对所有坟墓的总调查,并建立一式两份的包含坟墓位置和名字的调查表。如果坟墓没有墓碑,慈善组织需要帮其树立。如果是一口无主棺,需要在木头上刻上数字和日期。地保和慈善组织会被要求周期性检查他们的区域,来确保坟墓和灵柩都处于良好的状态、辨认新的灵柩和埋葬已经破损的灵柩。在规定中,并没有任何内容来限制土葬。规定的重点是防止盗抢或者破坏以及防止地上棺被火化。松江府会提供资金来贴补因调查以及购买石碑来标记无主墓所产生的支出。[28]

尽管在早先文本中强调的是道德和孝道责任——这是官方法令中正义的重点——对于健康和疾病扩散的潜在影响,尤其是在炎热的季节中的影响,会成为针对浮厝所讨论的常规内容。[29]1886 年 11 月,松江府长官李伯质在他的命令中明确提及了传染的潜在可能,以此来限制将灵柩置于地上的做法。对地保的要求也越来越严格,他们不顾约定俗成的习俗必须落葬所有的灵柩。[30] 1890 年 8 月,《申报》的编辑第一次在讨论地上棺的时候使用了"要防止疾病传播"这一论点。[31]上海被暴露在外来传染病的面前,这是最主要的威胁,但是当地的传染源也是一个主要因素。直到 19 世纪末才对这些事情有了高敏感度的认识,特别是在外国租界,那里的殡葬规则尤其严格。一具死尸必须在 24 小时之内落葬。

《申报》主张对殡葬采用更严厉的措施,把潜在的传染源扼杀在摇篮里,限制地上棺的不良影响。[32]甚至在 1902 年,城市中开始把"臭味"和传染病联系在一起。《申报》再次要求当局把所有未葬棺移走和落葬。[33]从那时起,医学话语代替道德考量成为评判置放浮厝这一做法的主要依据。[34]在华界当局指挥下开始管理上海各区的原市政机构(闸北、南市、浦东)都采用了类似的办法来禁止市区和乡村范围内出现地上棺。[35]1912 年,上海县知县指示慈善组织和家属把左右的未葬棺移走。[36]

有关禁止地上棺和改变早期葬礼做法的讨论和各种劝告,文人们从未缺席。[37]地上棺可能会遭受除了天气之外的其他威胁。讲孝道的家庭成员每年在春秋季要清洁两次灵柩,还要烧香和烧其他纸质的祭品。在不同的场合,燃烧的纸片会导致草地着火,并对周边灵柩和房屋造成大面积破坏。[38]未葬棺也是盗棺者的目标,在报纸上经常会有类似案件的报道。[39]还有一次,一头公牛把一口浮厝给顶翻了,浮厝和公牛的所有者之间爆发了惊天动地的大争吵,这篇报道对那些浮厝可能会被牛"肆虐"的命运大加讽刺。[40]在福建,一场洪水冲走了未葬棺,目击者声称棺材就漂浮在水面之上。[41]在上海附近的嘉兴也有类似的情况发生。[42]

然而,即便有显而易见的风险,但是这样的操作从未停止。江南地区的各官府每两年就会要求慈善组织或者组织一个殡葬处来处理未葬棺。这些工作由苦力来完成,有时候是匆匆了事而且基本不怎么关心尸体的情况。有一次,苦力们用斧子打开了一些灵柩,然后把五六具尸体推在一口棺材中,一共有 2 300 口棺材被摧毁。[43]《申报》通过报道这件事情来警醒读者——那些置于地上的未葬棺可能会面临的灾难般的下场。[44] 在整个民国时期，未葬棺在城市周边的乡村里是一个常见的现象。1929年，卫生部禁止私人存放灵柩，但是规定通常只是一纸空文。[45] 卫生部对市区已进行了两次调查，统计得出共有10万未葬棺。[46] 耶稣会牧师约瑟夫·勒维耶(Joseph de Reviers)留下了非常罕见的照片，记录了1932年上海以西6—11英里的七宝和青浦附近的地上棺情况。官方和其制订的规定经过了60年都没能改变这个习俗。

"停棺布葬"的表述在20世纪最初八年的报纸或者官方文件里就很少再被使用了。但这并不意味着浮厝的消失，只是词汇发生变化，这一离城市居民的日常生活越来越远的现象逐渐淡出人们的视野。尽管在城市的日常生活中也需要处理露尸，但这都是意料之外的死亡，并不是特意要把一具死尸留在地上（详见第六章）。20世纪中占主导地位浮厝并不是新的事物，但是它成了地上棺的标准形式。这是一种更中性的落葬前的地上棺，有时候是因为死者在死时缺乏一些必需的资源来落葬，比如因为战争导致的死亡，不过大部分情况是经济条件的匮乏。历届近代市政府都必须像他们清朝的前任那样去处理这一长久存在的殡葬方式。他们依靠地保来定期调查，然后让善会来落葬灵柩。[47] 但这项任务几乎没完没了而且超过了市政府的资源力所能及的范畴，尤其是和日本的关系愈发紧张，资金都投入到治安和战备中。

1936年4月，王一亭——上海总商会的重要人物和知名的佛教慈善家，开展了一个雄心勃勃的计划，旨在组织对上海及嘉兴、吴江地区进行一次彻底的清柩行动。[48] 王一亭运用他作为上海慈善团体联合救灾会主席的身份调集资源来设立一个"免费的墓地"落葬地上棺。在嘉兴—吴江区域预计有6万至7万口未葬棺，所以必须再找新的资源来处理这些。计划的后续信息无从得知，但重点是普善山庄针对该现象所采取的措施是要把上海附近一个大区域中多达15万口灵柩葬在一起。[49] 在战争的困难条件中，浮厝的数量再次接近都市的容纳限制。随着1945年重新建立一个统一的市政府，卫生局再次开展收集露尸的任务，但是葬礼不再是个选项，这些地上棺会被有计划地火化。

义冢：普通人的落葬空间

根据习俗，死者必须有人处理。在中国社会中有一个强烈的信仰，即死者必须被好好照料和落葬，否则会招致鬼魂的愤怒，弃尸会回来报复活人。[50] 在上海，一则地方官在1806年的法令委托地保在同仁堂的帮助下，一有死尸出现就立即介入，来移走遗体和落葬，除非这具遗体有他杀的可能。[51] 对"孤魂野鬼"的恐惧感在上海根深蒂固。一年有三次特殊的节日是为了将游魂召回到城隍的庇护之下(详见第六章)。[52]但除了意外死亡的尸体外,善会的主要任务就是处理死尸。他们在乡镇和城市四周建立了墓地来埋葬那些自己无力承担一块坟地、在日后则是无力在私人或是市政公墓中找到一个落葬之处的人。虽然在中国,每个人都是单独分葬的,但这些墓地和现代化之前的欧洲城市中的大型墓地已非常相似。不过从地位上看,埋在义冢代表了最没有吸引力和质量最差的一种殡葬方式。对义冢的负面印象,如义冢是那些穷人、无家可归者、露尸、无主尸埋葬的地方,极大地影响了现代公墓在中国的发展速度。

义冢往往占比最少,很难在档案中追踪其痕迹。清朝根本就没有关于墓地的记录。这是一个未受管控的领域,掌握在善会和会馆手里。墓地一般都没有名字,那些以管理墓地的善会名来命名的除外。在上海的中文地图里,它们最好的显现方式就是被标为"义冢"。但是大部分情况下,它们根本就不会出现在地图上。在西方人绘制的地图中,任何墓地都会以"中国墓地"或者"墓地"的字样出现,并不会以善会墓地、家庭墓地还是会馆墓地加以区分。大部分情况下,资料会提及义冢中的落葬是由某个组织负责的,有时候,如果运气好,还会提供一个大致的方位,一般情况下也就是一个地方的名字而没有更多详细的信息。由于在上海周边的乡村里有很多地名是重名,这导致要找到一个墓地的位置通常是不可能的。对义冢历史最好的记载是民国时期一本相对还不错的地方志(1918年出版)。

毫无疑问,有许多义冢的地点都没有被记录下来。在上海有数不胜数的善会。一些善会规模非常小,它们会有专门作为坟地使用的一小块地。[53]1884年的《松江府志》记录了13处义冢,大部分属于知名善会所有,比如同仁辅元堂、果育堂、同仁堂、同善堂和存仁堂。果育堂拥有最大的义冢,有690亩,很可能分成几处。[54]尽管这是不完整的记录,这些义冢的总面积是1087亩。1918年《上海县志》记录了更多的义冢(112处)。[55]书中所列举的义冢包括早在17世纪中叶就已经建立的那些墓地,记载里还包括了会馆墓地,其中有52处还在运行。无名义冢占了一半,尽管其中6个是以创建者的姓氏来命名的。其他的义冢则是善会建立的。很多无名义冢(23处)已经关闭,也没有对它们运营时间的相关记载,但是地方志提到有10个建于1646年至1799年之间的义冢仍然处于开放状态。无名义冢面积都很小,总计100亩,也有8个小镇墓地(39亩),其中3个是由一家善会于1851—1876年建的。

善会拥有最多的墓地。这35个列出的位置占据了149英亩(903亩)土地,但是有一些善会实际拥有几个地块。同仁辅元堂拥有13个地块共58英亩(353亩),占义冢总面积19%,其绝对是上海最大的墓地拥有者。同仁堂排行第二(36英亩,222亩),然后是果育堂(23—140亩)。这些善会组织帮助家属处理死尸已经长达几十年。它们提供的殡葬服务,从免费提供木板或者灵柩到收尸和组织葬礼,已形成了良好的机制。除了处理死者之外,这些组织还会参与到各种眼花缭乱的活动中去,包括后来所提供的现代市政和社会服务:建设和养护道路、桥梁以及其他;发放免费药物和运营免费诊所或者医院;建立和管理孤儿院以及为老人及寡妇所提供的住所;创办和支持慈善学校;组织救生机构比如救火会和救捞局;分发衣物、毛毯、煤和食物;运营施粥厂。

义冢的分布在地方志中有着最简单的表现形式,通常会用"保"和"图"(行政区划)来指代它们的位置。它们四散在上海各处,有部分在拆除前离城墙很近。地图4.1显示了当墓地建立时,和河道的距离是需要考量的因素,尽管河道本身也提供了一些运输方面的便利。这张图也确认了中国人排斥在城里进行落葬活动。随着时间的推移,墓地距离城市本身的距离变远了,一部分原因是华界自身已经越过了城墙向外发展,另一部分原因是租界的发展。事实上,

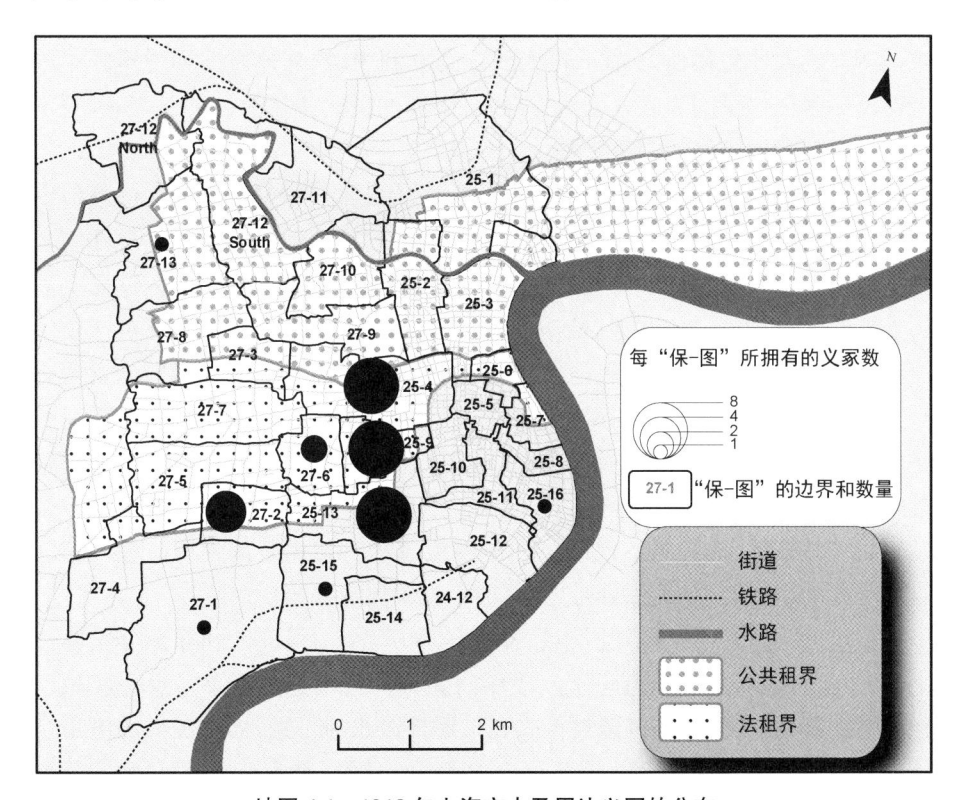

地图4.1　1918年上海市内及周边义冢的分布

来源:视觉上海网站

城市的拓展触碰到了那些原先被善会认为和城市区域保持安全距离的义冢，13座墓地坐落在法租界1900年最后一次扩张的西面区域，8座在肇嘉浜的南面，有一些在西面或者东北方向更远的区域，但是所有的义冢最终都会处于外国租界的管理之下。在69个有确切位置的义冢中，有7个位于浦东。浦东是建立义冢的首选位置，因为黄浦江和当地的水道能提供运输灵柩之便。会馆墓地也以相似的情况分布。（详见第二章）

都市化与义冢的碰撞导致了一些故事但很少有激烈的冲突。在外国租界，这些事情在法租界更为敏感，尽管1900年租界最后一次扩张后已有结局。一般而言，善会意识到都市发展导致其在住宅区和工厂区无法再维持一个义冢的运作时就会行动。在公共租界，上海工部局对已有义冢还是采取包容的态度，只要它们不对公共卫生造成威胁。但是1926年，工部局禁止了同仁辅元堂进一步使用其在新闸路沿线的一块义冢，那里的灵柩几乎都没落葬。最初的抱怨来自当地居民，他们在夏天必须忍受灵柩的恶臭。[56]在法租界，双方在管理宁波墓地的事情上爆发了激烈的冲突。最终，在双方拳脚相向之后，会馆把所有的遗体另移他处。[57]但在大部分的案例中，当墓地遭遇到道路施工或者铺设或者仅仅是因为私人土地交易时，协商的做法往往会占上风，不过并不能经常避免双方之间的剑拔弩张。

1873年3月，同仁堂决定把公馆马路[1]沿线的一块靠近巡捕房的墓地出租。它委托给同仁辅元堂来转移罗家湾墓地中的遗体。有一篇文章批评善会把土地出租来获取它并不需要的钱。[58]1922年，法国公董局要求同仁堂撤空另一处6.6英亩（40亩）的墓地，给中法市立学校的建造腾出地皮。反对迁坟的声音并不是来自善会自己，而是来自当地的社区领袖们，他们认为同仁堂没有权力来处理这块地。双方的辩论从双方会议吵到了报纸上。这块墓地是1797年建立的，当时这里还是农村，但在130年之后，即便是中国当局也承认这块墓地位于城市环境中是不合适的。这次争端突出了迁坟对中国人来说是多么敏感的一件事情，他们争辩说经济理由不能成为打扰逝者的理由。最后，328具已落葬的遗体，其中大部分是男性，被小心翼翼地移出。[59]

移坟的事情并不只在外国租界发生。1907年9月，商人和知识分子联合上书上海市议会，要求开通一条连接西门路和徐家汇路的新路。那个区域已经非常拥挤，已有的马路已经被行人和车辆挤得水泄不通，而法国人的电车在此通行更使这里雪上加霜。这条路会穿越一块同仁辅元堂旗下占地5英亩

---

[1] 译者注：今金陵东路。

（30亩）的墓地。善会被诟病在那里存放灵柩，有一些并没有落葬。同仁辅元堂首肯了这次迁坟，但是善会的主席提醒市议会先前三次关于迁坟的冲突，并质疑为什么中国人的坟地要被从居民区移走，而法国人的墓地（八仙桥墓地）却相安无事。上海道台自己提出了一个折中方案，使反对声得以平息。[60] 1914年11月，上海市议会再度准备谴责一座儿童义冢，企图开辟一条新路，但是这次却不成功。1920年，这件事情仍然在讨论之中。[61] 上海知事在同仁堂另一块墓地为新法庭的让路上做得更为成功。[62]

当善会意识到在都市区域建立墓地是不切实际的事情，以及有机会通过投资租赁房屋来获得收入的时候，也会出售其公墓土地。1912年，这样的决定在同仁辅元堂内促生了一次激烈的争论，有几个会员及宁波会馆反对出售土地。[63] 然而，都市的扩张是个持续的过程，这一过程对城市中义冢的存在是一个挑战，还迫使善会重新选址和募集资金购买新的土地用于墓地。[64] 1932年12月，果育堂意识到自己必须给位于日晖港的墓地重新选址，这里曾是位于肇嘉浜南面的一块农村区域，但现在已经成为一块繁荣的居住区和工业区了。善会在《申报》和《新闻报》上发布了公告通知家属，他们有机会自己重新埋葬亲人的遗体，说明这些坟墓是有个性化考虑和有名字的，否则遗体将会被移到青浦塘湾果育堂的新墓地。[65] 1927年之后，尤其是1945年之后，市政府对位于城市地带的墓地施加了越来越大的压力，经常对墓地的移址进行宣判。

义冢是一个外表很简陋的埋葬之所。大部分情况下，义冢只是一个开放的空间，有很多小的坟墓组成，是一种江南地区最常见的坟墓形式。落葬时通常深度很浅，在灵柩上只是薄薄地盖一层土。事实上，义冢和在乡村地区发现的许多小型墓地没有什么区别。笔者没有找到任何一张上海甚至江南地区义冢的照片，只有一张福州地区的（详见图4.2）。从报纸上可以得知，坟墓会有小块的墓碑，用以和更不为人知的乡村坟墓相区别开来。但是，因为义冢中的灵柩来自不同的地区，落葬并不一定会在灵柩抵达之后马上进行。这是因为灵柩流通的问题？还是寄存灵柩的理性选择？抑或是随意落葬、管理懒散或纯粹的忽视所导致的吗？义冢一定有许多不同的落葬处理方式。

笔者只能通过那些引起麻烦的案例来探究义冢落葬的情况。通常这些麻烦是因为落葬的处理和官方的要求不一致，以及作为实际殡仪人员角色的善会将灵柩遗弃在地表之上。报纸的报道倾向于得出将灵柩置于地上是义冢颇为常见的做法这一结论。[66] 1890年8月，上海知县命令虹口的地保查明落葬下海庙的义冢中所积存的地上馆。[67] 在同一年，《申报》对义冢的可悲景象无限痛惜，这妨碍了人们继续使用义冢。报纸建议当局开设体面的且和西方国家类似

图 4.2　福州附近的一处义冢地

来源：露西·伯德，《图录中国：在中国所摄照片图录》，1900 年，第 60 页

的墓地,使财力有限的百姓也可以有途径获得一块体面的落葬之所。[68]这并没有从根本上改变义冢的地上棺情况。[69]在上海四周,特别是在炎热的季节之前,当地政府继续定期清除未葬之棺。[70]

从仅有的案例中要作出总结是不可能的,但是很明显,这些事情的重复出现有利于指向一个确定的方式。义冢很容易受到外来因素的破坏。有时候,当义冢被房屋和工厂包围时,善会通常会树立一道篱笆来将墓地和周边阻隔开来,以保护墓地免受他人和动物的侵扰。但这并不能阻隔一切麻烦。1882年,一个建筑公司将其建筑工程中所产生的所有废弃物都堆砌在同仁辅元堂的一个墓地里。[71]一个更令人震惊的案例揭示了义冢中遗体的命运。1878年,同仁堂发现猪侵入墓地,并且顶开了灵柩啃食人类的遗体。其他动物——牛、羊——也践踏了整个坟墓区域。[72]一位读者给《申报》写信诉说了发生在1889年的一个案例,狗以损坏的地上棺中的遗体为食。[73]盗窃对义冢而言也绝对是种祸害。[74]1926年,小偷进入了普善山庄和同仁辅元堂的坟墓,偷盗了灵柩中的衣服和其他物件,他们把遗体散落在各处。[75]这起发生在义冢中的偷盗案很有意思,因为这证明了义冢不仅会接纳穷人的遗体,也会接收普通人的遗体,这些人的财物令贼人惦记。

义冢在中国有着悠久的历史,既因为人口在城市中的聚集导致人们需要找到一个处理尸体的办法,又因为在中国社会中有一个强烈的信仰,即死者不能被置之不理。只要遗体不落葬,死者的灵魂就不会安息,还会打扰活人。在城市中,很多人因为自然原因死亡,其贫困的窘境使善会的介入成为必需。但是也经常会有意料之外的死亡,比如因为意外事件和疾病死亡的居民或者旅游者。[76]人们可能会溺水而亡,这在有黄浦江、苏州河及一些河浜的上海经常发生。[77]除了意外事件之外,还有自杀和谋杀案件。可疑案例经常会被当地的地保报告给道台或者警察。[78]由于缺乏身份证明文件,辨认死者的身份是不可能做到的。在报纸的出现之后,当局会刊登一则简要的叙述,包括受害者的随身物品、大致年龄,要求任何亲属或者熟人前来。遗体有时会被保存在地上棺内,然后善会会把他们带到墓地落葬。[79]

商业化私人墓地

尽管大部分私人墓地都是义冢,在世纪之交时出现了一些商业墓地以适应不同人的需要,比如没有选择落叶归根的人、无法承担落葬费用的人,或者更简单的,那些选择葬在生前所待时间最长地方的人。葬在维护良好的私人墓地比葬在许多农村墓地而言更有吸引力。大部分针对地上棺的讨论都没有涉及墓地的问题，讨论所关心的是灵柩应该被葬在地下，但是并没有条件来组织落葬或是制定一个特别的政策。1886年，《申报》的一篇社论讨论了这个问题，除了批评地上棺之外，还主张建立"同宗坟墓"，这样不仅可以保证坟墓的长期稳定和祭祀活动能持久进行，还可以防止目前将灵柩留置于地上的做法。社论也粗粗参考了一下西方的做法，但是其重点还是中国人对于祖先的崇拜和对于家庭血缘脉络的归属感。[80]

对于公墓的需求在1920年成为一个争论的主题。9月，一名读者建议为了所有的家族成员着想，大家族应该将他们的祠堂变为阅览室或者图书馆，同时将祠堂周围的空地作为坟墓或者操场使用。不过文章的重点仍然是建立一个所有家族成员都能葬在一起的坟墓。[81] 1921年4月，《申报》刊登了一则关于改革葬礼和建立墓地的更详细的建议。人们根据风水条件在指定的一块土地上花钱建立墓地，这是一大笔可以用于其他用途的钱，但是对此主要的批评是在人口稠密的乡村这样做太浪费土地。如果一直这么做，中国的乡村将变成一块广大的墓地。作者主张一种不同的做法，每一个宗族为一整个家族建立一块墓地。这不仅能节省土地，还能将连续的几代先祖葬在同一个地方，坟墓可以一代又一代地存在下去。[82]

大部分文章都指出宗族和大家族必须以身作则，并逐步让普通民众相信公墓在经济（土地）和仪式方面（坟墓的保存将历经几代人）的价值。[83]但是该建议在都市背景下就没有什么意义了，人们在城市中往往和原家族脉络隔离。另一个建议者建议将"深埋"作为节省土地的一种方式，随着时间的推移，更多的灵柩可以被葬在同一个地方，且不需花多少力气。[84]一名读者指出既然墓地用了很多土地，为了支持生产，公墓应该建在山上、丘陵上和不适宜耕种的荒废土地上。这不仅仅能使这样的土地得到利用，而且随着家属到访，也会创造经济活动，如手工品和其他消费品的制造和销售，比如烧香。[85]这些建议再次与位于平原地区的上海毫不相关。

上海华人私人墓地的真正发端和万国公墓1919年的建立紧密相关。真实开设的日期不确定，但是《申报》上直到1919年4月才有万国公墓关于落葬的消息，然后上海县公署正式批准了公墓的建立。[86]公墓最早是女商人汪国贞所开创的，她是经润三的遗孀，经润三是新世界游乐场的联合创办人之一和其经理。除了经营新世界之外，汪国贞召集了一群投资者，想在上海建立中国第一座商业墓地。最终他们得到55亩土地，在此之上设计和建成了一座漂亮且规划良好的墓地。1924年时，墓地还有3 000个位置可供落葬，它经常在《申报》刊登广告。[87]这无疑是一次商业运作。

万国公墓似乎开创了一个先河,激励了私人公司和会馆在这方面的投入。1924年,广肇公所大力吹捧其新墓地的设计是"依照万国公墓的模式"。[88]在同一年,宁波会馆宣布了在万国公墓之后建立一个宁波风格墓地的打算。[89]1926年1月,一位商人,王省三,刊登了他依照万国公墓的形制开设中国公墓的计划。这个计划是其他计划的一部分,这个计划包括开办一所学校来帮助生者经营以后的生活以及开设一个墓地来解决逝者的需求。[90]同一年,浦东公所也刊登了其墓地是根据万国公墓的形制建立的。[91]江西会馆也刊登了类似的广告,尽管它花了超过四年时间才实现它的计划。[92]万国公墓的建立激发了上海墓地的大发展,这可能比国民政府和上海市政府的官方声明和倡议的影响要更深远(详见下文)。私人墓地发展成了成熟的商业公司,和英格兰一个世纪前的历程一样。[93]

1924年9月,一位匿名人士宣布了一个在大场开设一处私人墓地的计划,这将提供永久性的墓地位置,并会两年一次组织典礼来祭拜逝者。[94]1926年6月,一群投资者创建了永茂房地产公司来设立上海公墓。[95]公墓在一年之后建成,并开始刊登广告出售位置。墓地经理在广告上投入巨大,他们开展了长达两年的每日广告攻势。这是《申报》广告版面上最有存在感的墓地之一,而且很可能还同时霸占了其他报纸的广告版。[96]一个月以后,中国墓地刊登广告来吸引投资者筹款,宣布建造一个16.5英亩(100亩)之大的墓地。[97]在接下来的一年,墓地建成,并在《申报》上开展了一个月的广告攻势。[98]1928年,该墓地又发动了一波三个月长的广告攻势来促销其墓地位置和宣传其有利的费用(55元)。[99]土地可以被出售用于建设墓地的想法甚至成了土地销售的理由。1926年9月,一则声明建议江湾适合"工厂、墓地和花园"的建造。[100]

1927年10月,万年公墓加入了争夺那些寻求墓地的潜在客户的竞争。墓地的发起者黄楚九,最初在漕河泾旁边买了一大块地准备造房子。造房计划所用的土地比预期的要少,因而留出了很多空地。最终,黄楚九决定在剩下的空地上辟建一座墓地。[101]颇为有趣的是,黄楚九是小世界游乐场的共同创办人之一,他的商业合作伙伴的遗孀汪国贞后来成功接手了小世界。汪国贞于1919年成功创办了万国公墓。黄楚九紧随其后,尽管他的广告并没有参考"万国模式"。从那时起,私人公司相继开办墓地。1929年8月,永安墓地宣布在大西路的一处38英亩(100亩)土地上开业,紧接着在1月沪东第一公墓开张。[102]1930年11月,长安公墓开始在报纸上刊登广告,普安公墓在1932年11月、吉安公墓在1936年3月亦相继如此。[103]随后广告大战有所收敛,但销烟继续弥漫,1940年庙行公墓在较小的庙行镇旁一处19.3英亩(52亩)的土地上开业。[104]1940

年4月,周干如,安徽人,申请在真如旁边开设大陆公墓的权力。[105]但是随后并没有关于这项计划的申请,大陆公墓也没有出现在其他任何记录里。

这一趋势展现了上海居民的殡葬活动开始出现了一些变化。在1927年后。国家决定强行介入来改变社会习俗的做法之前,上海就有了让现代公墓愈发成为死者落葬选择的运动。1925—1927年,一些主要公墓的出现证明了由万国公墓所开创的那条路径在确保可以提供商业良机的同时,还有助于改变人们的思想观念。报纸上经常刊登的讨论公墓优势的文章,以及铺天盖地的公墓广告,也逐渐向人们灌输了新的思想。尽管对魂归故里、落叶归根的本能渴望仍然存在,但经济上的现实考量使落葬在生活之地成为越来越能被人们所接受的做法。墓地是一个永久的安息之地,不过,就像一个作者所说的那样,寄柩所中的棺材会受到火灾的威胁,尤其是当城市化的发展推进到寄柩所四周的时候。[106]墓地的广告会强调自己的精致布局、美丽景色、交通便利,以及,毫无疑问的,具有竞争力的价格。[107]新墓地的优美风景与无人照料的义冢形成了鲜明的对比,就像英格兰风景如画的私人墓地和城市教堂中骇人景象的对比那般。[108]墓地的发展又随之催生了那些专门为墓地提供设备和装饰的新商业公司。[109]这表明葬礼活动和殡葬公司都进入了一个新的时代。

另一些私人团体,比如职业团体或者宗教团体也建立了公墓。1936年,一群佛教信徒建议开设佛教公墓,他们声称尽管上海已经有了8处公共墓地,但是并没有一个纯粹的供佛教徒安息的地方。这群佛教徒在大场获得了一块38英亩的土地(100亩),并请求宝山县政府允许建立上海佛教第一公墓。[110]正式的开工时间是1936年3月,工期持续了整整一年。除了墓穴之外,该公墓还提供火葬服务。[111]1937年2月,理教公所——一个道教的救赎会,着重于观音崇拜——宣称得益于捐款,公所能在大场设立一个墓地。[112]上海演员联合会在上海西边真如的乡村地带也有自己的梨园墓地。[113]1936年6月,上海人力车夫协助会计划在闸北的北面购买2.3英亩(6亩)建立墓地。[114]即便在郊区,当地精英开始带头为当地百姓建立公墓,所用的理由是公墓已经成为现代生活的必备之物。[115]

墓地的变革可以被视作是一种积极的发展,但是这样的发展同样也导致了一些问题,比如当墓地都集中某一区域时,当交通运输成为一个墓地选址的主要考量因素时,出现这样的趋势是完全自然的。1937年5月,上海县县长发布了一个法令来限制沿沪闵路建造义冢,在这条繁忙的道路两旁已经有5处义冢和几处商业墓地,县长禁止在这条路两旁扩建或新增任何墓地。[116]土地资源紧缺的压力、民国上海市政府禁止在市内寄柩的措施以及上海周边日本军队的存在,在战时刺激了一种新现象的出现。私人殡葬公司所开设的私人墓地并不在上海或者其市郊区,他们借助苏州作为一座历史名城的名气以及美丽的山水风光,把墓地开在该城周边。第一个在上海报纸上刊登广告的是绣谷公墓,位于灵岩山。[117] 几个月之后,同样坐落于苏州的五龙公墓发动了一波广告攻势。[118] 这样的做法得到延续,到1949年时,在苏州有5个墓地是专门为上海的顾客而开设的,1953年之前还另开了3家。[119]

尽管上海市政府提倡公墓的建立,但其最早也要至1930年才对私人墓地施加管理。[120] 第一个法案是禁止私人墓地同时还运营寄柩所。[121] 这意味着要防止地上棺的出现,而在没有建筑物可供存储灵柩的时候是很常见的做法。现存的寄柩所也在这条禁令的管辖范围内。[122] 但是有几家公司对规定置若罔闻,或者找到了回避该规定的方式,甚至有一些公司用同一个名字做广告。[123] 第二个法案依照国家对市政公墓的规定而制。规定对墓地的大小(2米×2米)和价格(100元)作了限制。但是市政府并不能真正控制墓位的价格,毕竟价格在很大程度上取决于民众的需求。市政府还要求成立一个基金来保证墓地运营时和关门后的维护。这条规定被继任的政府作为模板沿用。针对殡葬公司和死亡管理方面的所有规定基本都是这样。[124]

战后是一个私人墓地发展的繁荣期。在1943年之后,中国人可以使用先前由外国租界管理的公墓,但是那里的空间已不足以应对因城市中的死亡率所带来的落葬压力,尤其是战时积存的灵柩造成了额外的空间竞争(详见地图4.2)。卫生局收到并和土地局及工务局共同处理了大量要求开设新墓地的申请。墓地必须符合市政当局所制订的规划。[125] 1946年12月,息焉墓地因为其申请的位置在虹桥机场旁边而被拒绝。[126] 太平墓地也遭遇了相同的命运。[127] 工务局也因为相同的原因拒绝了在蒲松区开设仙乐墓地的申请。[128] 即便像会馆这样非营利机构递交的申请,如果所规划的墓地被发现在寄柩区域之外的话,也会被拒绝。河北会馆计划在江湾建立华北墓地,和两个已经存在但老旧很多的墓地非常近(家庭、广肇、市立第一公墓)。尽管这个区域从某种程度上已经被坟地占领了,但是卫生局仍然拒绝了这申请。[129]

有一些墓地所申请的选址在指定区域外,其申请却得以通过,这可能是卫生局考虑到墓地的区域离城市区域的距离足够远的缘故。1947年5月,卫生局批准了一小群新教徒在位于上海西面远郊的南翔建立墓地的申请。[130] 1947年的申请更多,如大场的长寿公墓计划或者另一处在引翔的私人墓地申请,但都被拒绝了。[131] 笔者能查阅的档案止于1948年的春天,不过有充足的理由可以相信在这之后会有更多的申请。在众多的申请者与1945—1950年真正存在

地图 4.2　1948 年上海周边私人墓地分布图
来源：视觉上海网站

的墓地名单(新的人民政府给所有运营的墓地都造册登记)之间有许多差异。尽管为了控制私人墓地的开设,卫生局真的下了很多功夫,但该局只能通过警方的调查、相邻街区的投诉,或者可能是通过报纸上的广告来发现不合法的墓地。[132] 即便上海的市政管理一直持续到 1949 年年初,但是政权更迭和市政服务改组的这一小段时间足以让个体企业在受控制有限的情况下来开设私人墓地。一直到 1950 年初期,卫生局才针对私人墓地发布了规定,并重新开始履行注册和监管的程序。

开设在上海城乡处的墓地也引起了当地民众的担忧。1947 年 9 月,真如区区民代表大会传递了 60 位居民对成衣同业公会一处墓地施工的抗议,这只是一块占地 1.6 英亩(7 亩)的墓地。居民指责同业公会违反了关于公共卫生的相关规定并要求禁止继续建设墓地。在卫生局的内部通信中,即便墓地的位置并不在规定的区域内,但其处于人口稀少的地方且面积很小,因而卫生局并没有反对这个计划,但是工务局投了反对票,因为该墓地位于被规划成居住区的地方。[133] 很明显,成衣同业公会在一获得土地后便立马开工,他们假设市政当局会因其墓地位于乡村的偏远地区而批准他们的计划。正式的申请在当地居民的抗议之后才递交到市政府这里,证明了无论是公共还是私人机构都对市政规定不甚重视。

事实上墓地是一种能盈利的商业投资。投资的数额不大,但通过出售墓地却可以产生可观的利润。在战后,一块墓地在几年之内很快就会被填满,资金很快回笼。1947 年 3 月,沈肖杞申请在大场建立太平公墓,公墓将会提供 9 886 个墓穴。沈声称有两万的资金,但是他没有明确说明在土地的获得和公墓的建设上会投入多少钱,他计划将这些墓穴以 10 万元和 20 万元的价格出售,这样就可能带来总计约 14.22 亿元的收入。[134] 仙乐墓地宣称有 5 亿元的资金和 38 英亩(103 亩)的土地。墓地计划开设 4 501 个墓穴,其中 4 276 个已经销售。我们并不知道三档费率墓穴的具体分布,但是假定分布的比例是 20%、30% 和 50% 的话,公墓可预见的收入达 12.4 亿元。[135] 即便算上土地、建筑物和员工的费用,收入仍然可观。1949 年后期,卫生局预计江湾每亩土地的销售额是 30 万元。两年之前,在大场及更远一些的南翔,土地价值应该处于最高的位置但是价格很可能要更低一些。即便是 1949 年的价格,仙乐墓地在土地上可能只要花 2 060 万元。

上海市政公墓的诞生

直到 20 世纪,上海的华界当局还没有介入为当地居民提供落葬之处这件事情。他们将此事留给善会处理,有时候也会要求当地精英出面设立墓地。1928年建立的国民党市政府为了推行他们的政策而揽下此事,这些政策旨在把中国带到与西方平起平坐的高度,以及对中国的社会及习俗进行现代化改造。第一个动机是改革公开葬礼,尤其是那些公众人物的葬礼和国葬。第二个动机和普通民众的每日生活直接相关。1928年10月,民国政府采用了公墓条例。[136]在新政权的立法日程表上,对于死亡的管理排在如此之高的顺序是很有意思的。但是,就像先前很多呼吁者所主张的那样,重视死亡管理不仅仅因为有改变社会风俗的需要,也涉及对大量乡村土地被用作坟地的真切担忧。

这项法律规定了城镇中的政府部门必须建立公共墓地(第一条)。与此同时,上海市政公墓作为公共墓地会提供一个体面的地方以供落葬,其价格能让那些在义冢中可能得不到体面葬礼的普通市民得以承担。针对墓地的规定绝不仅是一个权宜之计,它被寄希望于减少地上棺情况的发生,尽管这是毫无根据的幻想。该规定是为了给地位意识较强的市民提供落葬之处。针对建立公共墓地所施加的基本规定——在私人墓地方面政府部门也是这么规定的(第二条)——包括选择一处合适的地方,需要远离工厂、学校、居住区、饮水井以及航道和铁路。不过距离方面并没有明确的规定,而交由地方当局根据实际的地形环境来判断决定(第三条)。墓地需要建在干燥的土地上,这意味着会给上海的市政机关带来繁重的工作任务。为了节约土地,在文件中规定了两个墓位之间的最大距离,尽管文件也给地方政府在处理方面留了余地(第七条)。当时社会的情况在规定中也有反应,即墓地必须分成两部分,一部分是免费墓地,另一部分则是收费的,不过规定里也明确指出收费的墓地不能超过墓地总面积的1/3(第八条)。[137]

国民政府给所有的省份和市政府都发放了建立墓地的指导性文件。[138]这不仅意味着提供新的殡葬设施,还意味着要改变中国的殡葬活动和习俗。大部分在国民政府控制下的当地政府采用了以国家政策为模板修改的政策。在江南,一个由5个省份参与的会议对葬礼和火葬事宜进行了讨论,会议的目的不仅仅是为了挑战既有的迷信行为或者促进公共卫生,还有承认土地用途的作用。其最基本的一个观点就是和目前殡葬活动直接冲突的做法是不明智的,最好是通过树立典型,通过建立墓地和火葬场的方式来向人们展示这些做法对他们的生活方式和信仰并不会造成损害。[139]南京,中华民国的首都,在城市中带头管理殡葬活动,并建立市政公墓。所有的会馆也被要求开放自己的墓地。[140]

在上海,社会局于1929年的清明节前夕在报纸上刊布了一篇长文,解构了既有的葬礼活动,宣称目前的信仰和过去的一些原始的仪式相联系。社会局长篇大论地分析了古代的殡葬仪式,以及在春季的清明和秋季的霜降这两个时节进行扫墓的最初意义,论点的要旨是为了向读者展示过去的坟墓会暴露在各式潜在破坏的威胁之下,比如动物、天气等,需要每半年进行一次检查,即便在现实情况中只有少数人能定期履行这样的职责。文章将扫墓下降成一系列用以维护墓地的可现实操作的行为,而没有提高到任何仪式的高度。烧香和烧纸钱的做法是后来才有的做法,只是令殡仪商店赚得盆满钵满而没有其他意义。保护坟墓的观点自然使社会局对公墓青睐有加,那是最能保证提供安静、足够墓位的地方,现代化国家都已经采用了公墓体系。[141]

1928年10月,上海特别市政府要求卫生局和工务局建立市政公墓。[142]土地局开始规划四个市政公墓,占地总面积为218英亩(590亩),将会坐落于江湾、蒲松、漕泾和高行(浦东)。但是从市长的指令下达到真正开工中间隔了整整一年。[143]最终,土地局建议先从一个或者两个公墓开始建设而不是同时开建四个公墓。在这件事情上政府没有做任何公开声明,以防止在土地价格上出现投机行为。[144]市政公墓的计划以低优先级开展,进展很慢。同时,卫生局最终完成了在市政公墓方面的规定,该规定继承了绝大部分国民政府所公布的那份全国性文件的内容,不过在收费墓位的份额上有所不同。收费墓位的份额和那份文件中所规定的比率恰恰相反,市政墓地的2/3墓位被用于收费墓位,而不是文件中规定的1/3。[145]显然,在建造市政公墓方面出现了经济问题,市政府不仅仅缺乏资金来完成全部四座公墓,甚至连拿出建立一座公墓的资金都显得囊中羞涩。

卫生局建议首先用最经济的方法从最要紧的事项开始实施。[146]公墓将分两个阶段建设完成,第一阶段的投资为7万元(不包括购买土地的资金)。[147]这将提供4 214个收费墓位和1 569个免费墓位。[148]市政府批准了第一阶段的支出计划,工程与1931年6月开工。[149]很快,市政府就发现施工的区域密布着农村的私坟,为了迁这些坟墓,土地局要求给予更多的资金支持。[150]由于该地区遍布水道,地表之下都是地下水,导致墓地的平面规划被弄得"支离破碎"。土地需要整平和抬高2.5—3.5英尺,以确保棺材会被埋在干燥的土壤里。筑路和建桥也是工程的一部分,以确保从城市出发抵达墓地的通路。在1931年10月,主要建筑已经落成,主干道也已经筑好。[151]

1932年"一·二八"淞沪抗战爆发对公墓的建设是一个沉重的打击。冲突并没有对墓地的建造有直接的影响,但市政收入却急剧下降。负责墓地工程的公司抱怨市政府拖欠工程款。[152]在停战协议签订之后,卫生局要求市长下拨计划中第二阶段的预算，以确保所急需的公墓能继续建造。市长本人同意了这个要求，但是所需资金却没有到位。[153] 上海特别市政府已近乎破产，财政局把公墓放在优先级很低的位置上。三个相关单位提出了一个新的建议：通过像市政银行借款用以支付巨额债务及完成工程，并通过出售墓位来偿还借款。[154] 但是在公共媒体上，上海特别市政府还是坚持要建立四所市政公墓的计划。[155]

然而事情的发展对墓地的完工又造成了新的挑战。铁道部知会上海特别市政府，他们会在江湾建造一个新的火车站，用以代替位于闸北的北站。因北站毁于战火，给在人口稠密的市区之外建立一个新火车站创造了机会。[156] 市立第一公墓中面积最大的部分正好位于铁道部所规划的需要建设火车站的区域。[157] 市政府财政窘迫，拒绝了另一个从头开始建设的公墓计划，导致所有先前的投资可能要付诸东流，这让工务局震惊不已。[158] 1933 年 2 月召开了一次大会，其主题基本是关于放弃现有公墓而另寻他址以及寻找建公墓的新财源。[159] 但市政办公室的反对意见导致土地征用声明和对该计划的重新考虑都被暂时搁置。[160] 最终，该计划被全盘放弃，新车站的建设计划也被无限期推迟。

市长最终同意继续开工，让市政银行贷款资助公墓的建造计划。[161] 工程于 1934 年 12 月正式开工，尽管还有一些私人墓地留在原址，很明显，当地农民并不急于移走祖坟。[162] 由于工程耗时颇久，1932 年 10 月份造好的建筑物俨然已经需要维修，主要是重新油漆，但这也突出了因为工期拖延而导致了各种问题的出现。[163] 最终，卫生局在 1935 年 5 月通知市长，市立第一公墓已经竣工并将于当年 6 月投入使用。[164] 市政办公室选择委托一家信托公司（兴业信托社）负责出售墓位的事宜，1935 年 8 月 15 日开售，每个墓位 60 元。[165] 官方的开园典礼时间是 1935 年 9 月 15 日，距离市长最早奠基已经过去 7 年，而距离真正的破土动工也有四年。市立第一公墓一次性提供了 3 000 个墓位，但当时的死亡率会产生每年约 4.5 万具尸体。市政公墓显然无法满足大众的需求。

1932 年 11 月，蒲淞区市政委员陈亚夫提议在蒲松建立一个大型公墓，其本意是为了解决散布在蒲淞区的各种脏乱差的义冢。陈建议利用一个现存的义冢，将其扩建，然后将各义冢里的遗体重新葬在那里。在经济方面，他计划将三块较小的义冢土地出售，建设墓地的大部分资金将来源于此。卫生局表示对这个计划有兴趣，重新启动了原先在蒲松建立第二块市立公墓的计划。卫生局在 1932 年 12 月召集了一次会议并通过了计划。[166] 但档案的进度在此戛然而止。[167] 可以合理地作出如下推测，1932 年，当市立第一公墓尚未建成并可能为新铁路车站让路的情况下，上海市政府缺乏足够的资源投入到该计划中。[168]除了一小块为警察设立的公墓之外，市政府无法拓展其公墓计划。1928年2月，公安指示其各站点找寻合适的地点。[169]不过，除了市政府的许可之外，并无其他实质性的进展。文鸿恩在1933年3月时重启了警察公墓的计划。[170]经过两年的努力，工程在江湾的一处土地开工，文鸿恩在1935年11月宣布墓地启用。[171]

1934年市政公墓的再启动纯粹是偶然为之，市政府当时有机会接受一块私人墓地，即万国公墓，当时公墓的投资人已经不想再继续管理。这个自1919年开园的墓地在1934年时已经卖完了其所有墓位，它曾经的"示范性"设施也早已风光不再。由于万国公墓开园时并没有关于墓地的法律文件，墓地的私人所有者认为墓地只是一个"一次性"操作，而忽视了墓地是需要长期存在的事实，尤其是他们都没有设立后备资金用以墓地的维护。人们开始向上海市政府投诉，使得卫生局开始调查这件事的来龙去脉。[172]最终，为了防止墓地情况进一步恶化和对市容造成负面影响，市政当局建议接收公墓。[173]墓地最初的所有者并不愿意继续管理墓地，怨声载道的家属让他们苦不堪言。墓地由于靠近市中心而被认为是高档墓地。

市政当局免费获得了这处公墓，但是需要承担维护的成本。由于经济形势紧张，市长要求各局对成本进行预估，并探索扩建的可能性以平衡支出。[174]起初，各局对在已经都市化的区域进行扩建抱有悲观的态度，那里的土地价格奇高。而且，官方的市政规定禁止在市区建立墓地。[175]1934年10月，在各局的一次联合会议上诞生了一个计划，不仅要扩大公墓，还要为长时间的维护支付费用。扩建将通过填浜来完成，这条水路环绕墓地四周，填浜之后将创造出高价出售的新墓位。此外，在接收之后，市政当局每个墓位收取2元用以重新注册。新的墓位和注册费将提供足够的收入用以建立10万元的后备金，后备金还将会接受无偿捐款。[176]方案按计划实施，扩建工程于1935年结束。[177]市政府信守其诺言，将公墓维持着一个良好的状态。[178]

在南京国民政府10年执政的晚期，当中央政府颇有信心地认为公墓已经成为大城市和稍小城市中的标配时，重启了原先禁止在郊区建立坟冢的计划。为了达成这一目标，新规定（《提供公墓办法》）在1936年1月开始实施，上海市政府根据这一纸禁令开始开展工作。和上海本地唯一相关的处罚办法是对违反者处以罚金——每年1元至5元——其他的办法则是将精力集中于在所有的城市、城镇和乡村推行公墓的建设。[179]由于1928年的条例中关于公墓的建设是强制性规定，那1935年的法律文本可以解读成一个证据，表明1928年的条例并没有在所有地方都推行。但这是政府第一次将随意设置坟墓定性为非法,并正式收回长期以来民众自行选择安息之所这一权力。在像上海这样的大城市中,将死者落葬在公墓里已经成为一种标准的做法。换而言之,事情的关键是要让精英和正在崛起的中产阶级相信墓地的正规性。1937年2月,蒋介石自己也投身于公墓的推广行动中,甚至还建议把这样的建议引入学校的教科书中。[180]

上海市政公墓的命运在日占期经历了另一个巨大的变化。由于公墓地处城市的外围,身处于日军军事控制的区域,通向公墓的道路被严重阻隔。此外,墓地本身就是一块巨大的平地,军队会用来存储物资(在空地上),抑或直接将墓地连根拔除,用以建设军事设施。在1937年上海的战事结束之后,日军占领了万国公墓,用以存放军事装备。[181]由于万国公墓是很多中国显要人物的安息之所,所以日军并没有尝试将墓地用于其他用途。最终,1939年10月恢复了落葬活动。1942年,陈公博伪政权坚持恢复万国公墓。[182]伪普通敌产管理委员会一开始态度强硬,但最终还是把万国公墓还给了伪上海市政府。[183] 1942年12月29日,陈公博组织了一个仪式,大张旗鼓地庆祝公墓的恢复。当时宪兵队的长官和特战人员的领导都出席了仪式。[184]

被战争和武力驱赶的公墓

战争影响公墓的方式有很多。战争的第一个后果,即便这个后果只是暂时的,就是封闭通向公墓的道路。但最明显的影响是被迫迁葬。上海公墓就是这样一个例子,在开园17年之后就彻底消失了,这对公墓而言是非常短暂的一生。日军在江湾地区集结了士兵和装备,在那里建立了军事区。1943年,日本海军决定为自己的空军建立一个新的飞机场,在那之前,日本人使用的是日本侨民沿黄浦江的高尔夫球场。新机场的建设可能和美军所带来的日益增长的压力有关,也有可能是日军希望能在自己最有控制能力的地方拥有一处合适的机场,但令人意外的是,日军司令部决定建造机场的地方是万国公墓所在区域。他们没有给伪上海市政府留下任何余地,命令伪市政府必须把所有的坟墓都迁走,以给规划中的机场留出建造空间。日军要求公墓在6月底之前全部搬空,由于建造机场饱受谴责,因此他们也购买了40英亩(130亩)土地来设立一个新的公墓,用以落葬所有散布在机场建设区域的私人坟墓中的遗体。日军总共从这个区域迁走了共约1万座坟墓。[185]

伪上海市政府当时面临三个问题。第一个问题是找到一块足以容纳从上海公墓这一上海最大的私人公墓之一(92英亩,248亩)中所迁移过来的遗体的地方。[186]伪市政府在靠近上海公墓的地方并没有足够大的地皮。最终,伪土地局提议使用两个私人墓地，一个是庙行公墓，这个墓地可以容纳所有的遗体，另一个是恒产墓地。[187]庙行公墓最后被委托接纳所有迁移的遗体。第二个问题是组织这场迁移的后勤问题。伪上海市政府在报纸上刊登声明，邀请家属前来取走遗体并将其葬在庙行。[188]声明指出，在强行迁移之前，这是最后一次迁葬的机会。伪市政府在虹口设立了一个临时办公室来帮助有需求的家庭。迁坟成本由这些无力抵抗的家庭来承担，如果他们想让死者被妥善安葬，他们就必须再次出钱，市政府明确表示，"无主"的灵柩将被葬在一起。[189]

由于日军的压力，迁葬几乎在声明发布之后就立即开始了。卫生局雇用了十个劳工来拆除建筑物——这个工程在5月的早期完成——然后就开始了灵柩的迁移。灵柩被堆叠在空地上，等待着被运走。这就给伪市政府带来了第三个问题。一方面，住在附近的居民抗议因灵柩破损而展现出的骇人情形。更重要的是，另一方面，那些有亲人葬在上海公墓的市民抗议当局的仓促决定，称这使他们对要照管被挖掘起来的灵柩毫无准备。[190]有一群市民给伪市政府写信抗议迁葬，要求当局暂缓执行。[191]抗议活动持续进行。有81名市民组成的某群体争辩说迁坟给原本已经生活不易的家庭又带来了新的负担。抗议者认为在选择新墓地（庙行）这件事情上并没有发言权，还批评新墓地的布局。他们还指出6 000口已葬灵柩中有2 000口因相关家属已经离开上海而将成为"无主棺"。最后，他们反对将"无主棺"大规模葬在一起的做法并建议设立一个私人公司，通过公墓的登记册来确认所有的"无主棺"并负责它们在庙行的落葬。[192]

上海市民并没有放弃。档案记载中有好几封抗议信，其中有一封有106位市民的联合签名，连同另一封信送到了南京的伪国民党中央执行委员会处。[193]最终，伪市政府同意延迟迁坟的最后期限到7月底，但是再次强调8月1日之前必须全部移走。抗议市民建议用常见理由来安抚日本人，即"东亚文化"和"对死者尊崇的共同价值观"。[194]在6月底，一群需要从上海公墓迁葬的市民家庭组建了一个协会（上海公墓葬户迁葬善后会）来负责起柩后的运输工作。[195]协会在浦东的浦东同乡会内设立了一处办公室。协会在《申报》上刊登申明，表明迁葬的目的地是市立第一公墓。伪卫生局很快用一则申明反驳了这个说法，确认市立第一公墓同样也位于军事区内且无法使用。[196]伪卫生局同样意识到迁葬是一个很敏感的问题，由于笃信对落葬地的位置必须讲究，很多人并不情愿迁到庙行公墓。[197]

尽管伪市长对迁坟的时间规定有过数次告示，但迁坟仍比预订计划花了更长时间。[198]是因为那些市民的消极抗议拖了后腿？是因为灵柩数量众多和后勤运输的困难？是因为害怕对极其关心先辈遗体的处置事项的市民采取强硬行动而引起骚乱？抑或仅仅因为伪市政府低估了所需的成本和时间？尽管由家属自己迁移的灵柩数量并没有数据记载，但笔者所知，庙行公墓工作人员的工作效率是每 50 天移走 1 318 具无主尸体。最终，这些无主尸体被单独和原先的墓碑或者牌匾（如果什么标记都没留下的话）葬在一起。无主棺的迁移最终在 10 月完成。给伪市政府带来的成本远超当初 92 万元的总预算，但是日本海军对伪市政府给予了经济补偿。[199] 每一具遗体的迁坟成本（700 元）可能对所有无经济补偿的家庭来说都是一样沉重的，1943 年，这些钱可以买 4.5 担米，足够维持一家人 8 个月的口粮。由灵柩家属自己操作的迁坟到年底都没有完成，伪卫生局的报告显示所有的工作在 1944 年 2 月底完成。[200]

即便没有遭受被没收或者被迁移的命运，墓地在战争中仍遭受了严重的破坏。一方面，它们受到战火和火灾的破坏，还缺乏维护和监管；另一方面，死者家属因道路被封闭而没有办法定期前往。1939 年 4 月，一群广东人安排了一次私人服务，来给被忽视的墓地进行清明节的清扫活动。[201] 长安公墓致力于对仪式化的扫墓作出弥补措施，在法租界的一个大型帐篷中组织了一个集体仪式，用以代替真正的扫墓祭奠。[202] 日本军队利用自己的军事优势占领了墓地，但有一次他们真的被击退了。1939 年 4 月，在清明节期间，一群由 24 名中国敢死队员组成的队伍占领了静安公墓旁边的房屋，该公墓当时聚集了 3 000 名日军，敢死队员用机枪扫射并杀死了 500 名日军。[203] 但逐渐地，私人墓地逐渐恢复了对自己土地的控制权，这可以从他们在 1939—1940 年报纸上的广告攻势上看出来。[204]

抗战后的市政公墓

墓地问题在解放战争晚期变得越来越有压力。上海接纳了大量拥入的人口，大部分人都经济状况窘迫，增加的人口造成了死亡数量的增长，即便死亡率仍然呈现稳定甚至是有所下降的状态。（详见第一章）中日战争爆发，卫生局还要处理寄存灵柩的搬运问题。在所估计的 10 万口棺材中，大概有一半将被葬在当地的墓地。此外，在一座有 600 万居民和死亡率估计在年 20‰ 的城市中，每一年大概有 12 万具尸体需要被处理。卫生局注意到其中有一半是婴儿或者儿童，其遗体将会被火化，但是占据另一半数量的成人遗体，大概 3 万具，就必须在当地的墓地中为其找到安息之所。

市政公墓并不能解决这个问题。1945 年 11 月，卫生局报告了市立第一公墓的糟糕状况，所有的建筑在日军占领期间都被毁坏。剩下的木头、大门和石头也被不同的人偷走变卖。农民利用空地和草地耕种谷物和蔬菜。市立第一公墓已面目全非,当死者亲属回到上海之后,对墓地遭破坏的程度瞠目结舌。市长指示卫生局接管公墓,甚至要求占有那些农作物作为对墓地造成损坏的赔偿。[205]万国公墓并没有受到战争的影响,但是日军在战争期间的大部分时间内都占领此地,离开时留下一片狼藉。[206]上海市政府决定将公墓恢复成战前的样子。

从上海公墓被迫移出的那些灵柩也造成了后遗症。1946年4月上海公墓以前的董事会向上海市政府呈递了一个申请,申请中的内容是关于其被强制征收却毫无补偿费用以及被转移灵柩的状态。由于董事会对拿回原来的土地不抱希望,所以他们期待能以金钱或者土地的形式得到赔偿。这块地皮已经被改建成了飞机场,目前成为空军第三大队司令部的所在地。原告方拒绝强行将800口灵柩移到庙行公墓,在这件事上死者亲属是没有发言权的。他们要求市政府提供快递来迁移这800口灵柩。[208]有一点很清楚,就是除了物质补偿外,妥善选择迁葬地也是他们非常关心的。11月,一位市民回忆了上海公墓的损失、死者亲属的不幸遭遇、没有赔偿,要求市政府归还土地,恢复原来的用途。[209]卫生局争辩说想要回土地是不可能的任务,市政府不会为战时发生的损失承担任何责任。[210]

卫生局和上海公墓董事会之间的信件、提案、反对提案可谓源源不断。[211]董事会尝试了所有可能的方法,包括动员市议员来挑战卫生局。[212]卫生局排除了从庙行公墓再次迁坟的可能性,这不仅浪费钱,市立第一公墓也没有足够的空间来容纳这些灵柩。为了阐明情况,卫生局派了一名官员和上海公墓董事会的主席一起对庙行公墓进行了视察。[213]最终,有158口家属拒绝迁往庙行公墓的灵柩被寄放在了各个不同的寄柩所。[214]这直接证明了,对中国家庭而言,找到一个最合适的地方来安葬亲人是非常重要的,至少对于那些将迁移的灵柩存入寄柩所、能承受寄柩所费用的家庭而言是如此。上海公墓的董事会从未因失去其墓地而获得任何赔偿,其1947年2月所估计的赔偿金是43亿元。这个估值是有水分的,因为在日军没收墓地之前,上海公墓已经售出8 617个墓位,其中2 428个墓位已开始使用。[215]市长下达指示,要求给158口未葬灵柩找到墓位。[216]但是,近两年之后,这158口灵柩仍然没有迁移至已替这些灵柩安排好墓位的虹桥公墓。[217]再往后就没有档案记载了。

大场公墓所占土地的所有者也向市政府申请土地的赔偿金。[218]他们声称日军是用武力夺去土地建立这所墓地的。市政府内各局之间对此交换过意见,卫生局想接管该墓地用于落葬一些战时寄存的灵柩。[219]事实上,土地局意识到公墓处于敌产处理局的管辖范围内。[220]后者确认他们持有这个财产,并质疑这些土地所有者的说法。日军是通过一个公平的价格买下这块地的,所以才属于敌产的范畴。该机构同时还强调迁坟一定会导致和家属发生口角,因为这些都是中国人的坟墓。[221]市政机构为了想出决定大场公墓命运的办法,几乎花了一年时间,还开了一次所有当事人参加的会议。[222]

177 　　卫生局最主要的一个担心是要确保在市政公墓没有特权的百姓能有足够的落葬空间。市政公墓每一个墓穴的价格,即便对大部分人来说是遥不可及的,却仍然要比私人墓地的价格便宜很多。此外,葬在义冢是唯一的选择。每月所产生的新死亡人数有 6 000 左右,尽管其中大部分尸体预计是要运出城市葬于他处的,但这个数字俨然已经是一个挑战。卫生局所关心的焦点问题是要保证有足够的墓葬空间来容纳新的死者。这也是卫生局拒绝开辟新的市政墓地以及倾向于将灵柩运回祖籍地抑或是火葬处理的原因之一,因为落葬战时寄存的灵柩可能要占掉 1 000 亩宝贵的土地资源。[223]颇有意思地是,卫生局在 1950 年对所需用于墓地的最大土地面积作了估算,这个数字恰恰也是 1 000 亩。

　　1946 年 8 月,卫生局每月售出 200 个虹桥公墓的墓位。为了应对越来越多的死者数量,卫生局要求收回工部局时期留下的一大块空地,工务处后来将其用于植物和树苗的培育并拒绝归还。1947 年底,两个办公室仍在此事上牴牾不断。[224]由于墓位很快就消耗完毕,卫生局继续使用更靠近市中心的墓地来埋葬儿童,比如静安寺和八仙桥。但是 1946 年 11 月时,所有的墓位都已用完,落葬儿童被移到了虹桥公墓。[225]1947 年 2 月,一份报纸刊登了一篇题为《逝者已无安息之所》的文章。只有虹桥公墓还有一些空地。卫生局请求上海市政府购买 185 英亩(500 亩)土地,但即便买下这些土地之后,也只能提供 5 万个墓位。从葬礼数额的增加情况来看,这块公墓也无法持久使用。[226]3 月,卫生局确认了虹桥公墓已经有了 6 000 个墓位。徐家汇公墓只剩下 1.8 英亩(5 亩)可用。万国公墓的 32 英亩(90 亩)土地已经满员。[227]

　　1947 年 5 月,卫生局在虹桥和市立第一公墓只剩大概 2 000 个墓位。在徐家汇、静安寺和八仙桥公墓也剩有一些墓位,但杯水车薪。1947 年 8 月,一位住在美国的中国居民写信,提议出售自己所拥有的一块位于万国公墓前的土地,这块土地原本是一个家族坟墓,但是现在这个居民在另一个坟墓里买了

178 9 个墓位,并愿意出售自己的这块土地。[228]卫生局接受了这个建议,并着手调查以购买更多的土地。当时只剩 40 个墓位,卫生局希望能在新买的土地上开辟 1 000 个墓位。卫生局给每个墓位定价 60 万元,对做到收支平衡甚至有所盈利以作为维护费用颇有信心。[229]这个方案按计划进行,1948 年 9 月时以

18.4 亿元购得 7.8 英亩（21 亩）土地。[230]卫生局始终无法做到自己所制定的禁止在市区内建立墓地的规定。

1948 年 1 月，卫生局又回到拓展市立第一公墓的老路上来。土地局确认了一块土地，可以提供一些帮助。[231]那个时候公墓占地 169 亩（62 英亩），在没有购买更多土地的情况下可以提供有限的空间。[232]最终，由于购买计划中的一半土地位于市政总体规划中所标明的居住区，市立第一公墓的扩建面积比计划中的要小得多。[233]市政府最后一次参加墓地的启用是在 1949 年 9 月份新大场公墓的启用仪式，这座公墓被用于处理寄存灵柩的落葬事宜。[234]

最终的安息之所？

墓地可能被视作死者在离世之后可一直安息于此的地方。中国的墓地一般都是永久性地出售墓位。外国墓地总体来说亦是如此操作。但是，随着时间的推移，越来越有必要引进一个限制墓位使用时间的办法。此外，永久使用权从来就是不受保障的，因为当地官员会利用他们的权力将土地作为公共用途，比如筑路。由于墓地的所有者可能会主动迁坟，或者因为当局施压而被迫迁坟，所以实际上，死者无法保证自己有个永久性的安息之所。

上海墓地空间的管理由于国籍和墓地的不同而大相径庭。在公共租界，在早期的墓地里并无使用时间限制。山东路公墓、浦东公墓和静安寺公墓中的墓位都是永久性的。在八仙桥公墓，当局起初并没有规定墓位的使用时间，墓地是公共租界工部局和法租界公董局在华界内的公有财产，1900 年法租界扩张之后，公墓被纳入其地界之中，使其开始对自家地界上的葬礼采取强硬的立场。这也致使上海市政府直接借鉴了法租界的管理模式，即个人可以在法租界购买不同时长的墓地使用权。在此之后建立的新墓地——卢家湾、徐家汇和西区公墓——法租界在出售墓位时都带有使用时间的限制：永久性的、25 年期、15 年期和 5 年期[235]。一旦使用时间到期，苦力会把墓位清空，把尸体存入藏骨罐。

尽管纳税的外国居民可以选择任意长短的使用时间，有一些外国人却只能选择时间更短的折中方案。越南士兵在卢家湾公墓有一块专用之地，但是只有 15 年的墓位使用时间。公墓区会严格管理"死者的人口数量"，并且每年或者每六个月会列出建议清空的墓位名单。会有一个月的公告时间通知家属来收集遗体，通常是通过报刊来进行。在徐家汇公墓和西区公墓中，处理穷人遗体时会采取火化的方式。该机制在墓地的空间管理上引入了一些灵活的办法，但是所需清空的墓位数量和所需的新墓位数量相比简直是杯水车薪。比如，1944 年，徐家汇公墓只能腾出 8 个墓位。[236] 为了给新的墓位创造空间，法租界当局决定提早将越南士兵墓和穷人墓的墓位清空。[237]

在中国的墓地中，除了义冢之外，并没有使用时间的限制。私人墓地在他们的广告中所强调的是"永恒的坟墓"。在会馆墓地中，能找到的关于遗体转移的材料很少，只有当整个墓地都面临市政当局的指责或者会馆自己决定要将墓地搬去一个新的地方时才有相关材料。但是这样的规矩有一个例外，就是广肇公所的义冢在他们的大场墓地建成之前有过一次遗体的转移。1916 年，会馆通知家属，1910 年以后埋葬的遗体将会被挖出，骸骨将会被放置于一个藏骨罐（在会馆的术语中叫"金塔"）中。家属有自己发掘和埋葬骸骨的机会。报纸上的报道对这样的办法是否只针对穷人的墓位还是应用于所有的墓位语焉不详。[238]这和广东人葬礼中通常把骸骨的第二次葬礼安排在第一次葬礼的 5—7 年之后的做法是一致的。

但是对现有墓地最主要的威胁并不是市政当局的任性决定，而是都市化的进程和人口的集中。当墓地建立之后，建立者并没有预见到他们所设立墓地的这块舒适宜人的郊区，在有朝一日会被拥挤的街道网络所包围，这些街道遍布商店、住宅，随之而来还有川流不息的交通。1929 年 5 月，上海市伶界联合会向社会公告将离开其位于法租界康悌路[1]的伶界公墓，之后把所有灵柩搬迁到真如附近的新墓地。埋葬在此的灵柩的家属将承担迁坟的费用，伶界联合会对此提供的帮助极为有限。[239]联合会决定在其墓地建造出租屋。[240]但是在真如的这一选址可谓相当不幸，在 1937 年中日爆发战事后不久，通往墓地的通路就被完全阻隔了。[241]

1934 年 1 月，法租界南侧的日晖港中国清真公墓发现自己已经被工厂和住宅团团包围。穆斯林社区决定在真如附近的区域购买土地来建立一个常规的墓地和一处义冢。大概有 1 000 人参加了仪式，仪式在位于老城内福佑路上的清真寺举办，之后前往真如。不过在这个案例中，原先墓地内的墓位都原封不动。[242]穆斯林社群所面对的另一个挑战，是日军决定在清真公墓内占用一块 1.6 英亩（10 亩）的土地用来建造铁路。穆斯林社群抵制这一决定并寻求通过修改铁路走向绕过其墓地的办法。1939 年 10 月 5 日的紧急会议上，群众情绪异常激动，但是日军坚持己见。[243]还有个例子是广肇公所的迁坟，当广肇公所在大场购买土地设立新的墓地之后，它非常谨慎地规划了将其闸北西边墓地中的灵柩迁坟到大场的计划，这是该公所第四次迁坟。[244]

---

〔1〕 译者注：今建国东路。

抗战后的市政府试图减少市区内墓地的面积。1947年,市政府规定岭南公墓的所有灵柩都必须迁走。[245]负责该墓地的广东同乡会在报纸上刊登了声明,让死者亲属们行动起来,但是在第一波迁坟之后,仍然留有2 000具无主灵柩。[246]同乡会试图争取更多时间来组织迁坟,但是延期申请被拒绝了,因为同乡会已被清楚地告知迁坟规定,就像其他坟墓一样。[247]同乡会只能再要求死者亲属赶紧行动,并提醒他们说卫生局会将无主灵柩火化处理。[248]1948年4月,时间超过了最后期限,同乡会通知其会员将开始把无主灵柩从广肇公墓移走。岭南公墓可以帮死者亲属迁坟,代价是1 000万元。[249]但那里仍然留了651个骨灰盒,直到1950年都无人问津。[250]

岭南公墓成功地拖延了将骨灰盒从自家坟墓移出的工作,直到民国上海市政府完全无力实施其政策为止。新中国的上海市人民政府也把目光放在这件事情上,将其作为把城市从各坟地中解脱出来的政策之一。岭南公墓被树立为需要处理的典型,当局迫切希望将这块土地变为生产用地。1950年1月,广东同乡会的董事开会讨论此事。[251]他们知道已经不能像以前那样使用拖延战术了,被强制充公和遗体强制火化的威胁是货真价实的。根据卫生局的指示,1950年9月行政董事会成立了一个委员会来研究如何把建筑物投入生产用途。他们收到了一个来自私人企业家的出价,这个人想建立一个皮革厂,但是公墓仍然有待转移的藏骨罐。岭南公墓给这些家属两个月的时间来找回藏骨罐,其他剩下的将会被埋在大场的广肇公墓。[252]

除了给岭南公墓施压之外,抗战后并没有强制要求从旧的墓地把坟墓迁走的系统性政策。市政府给岭南公墓更多回旋的自由可能是因为市政府缺乏合适的土地所有权,抑或是岭南公墓的身份,即权力强大的同乡会馆所拥有的墓地,决定了在沟通上会需要更长的周期?市区中还有很多墓地,市政当局选择视而不见。迁坟的法律基础,除了谴责土地的使用之外,并不清晰。1948年12月当计划建在浦东的息安公墓将注册申请发给卫生局时,卫生局对发放执照犹豫不决,因为墓地的选址并没有在其所规划的允许设立墓地的区域之内。为了支持自己的申请,息安公墓提供了1936年上海市政府所发放的原注册文件。[253]笔者假定拒绝注册并不会改变什么,而强制让墓地从浦东迁出也不会有什么实质意义。

上海市政府对市中心先前已存在的外国墓地也束手无策。在收回租界之后,其墓地亦归中国当局管辖。1945年之后的短时期内,卫生局将这些墓地中的空间使用到了极致,来应对新的落葬需求。尽管市政府逼迫各种中国墓地将遗体移出城市,即便这个墓地已经很久不用了,但他们保留了只葬有外国人的外国墓地。1946年3月,卫生局详细记录了山东路公墓的迁坟情况,这个墓地自1871年始就不再用于落葬了。卫生局作出迁坟的决定并没有法律方面的约束,但最终他们放弃了这个计划。[254] 这种事情可能在政治上过于敏感,因为这会被视作是排外的举动。1948年,在当地居民怨声载道之后,英国领事馆也抱怨说静安寺公墓和八里桥公墓缺乏妥善的维护。市长认真考虑了英国人的意见,要求卫生局采取妥善措施。[255] 1949年4月,一份中国报纸刊登了一篇文章,严厉批评了山东路公墓糟糕的维护状态,和工部局时期该公墓的良好状态做了明确对比。该文批评了卫生局工作人员用马车践踏墓园植被的行为。[256] 卫生局认为这全都是因为墓地处于一个非常繁忙的区域所致,并建议添置带有禁止侵入标识的大型标志,还要求自己的工作人员停止从公墓中穿行的行为。[257]

墓地的窘境

墓地是一个庄严的安息之所。它们通常有大面积静谧的绿地可供散步,这也意味着它们在坚实围墙的保护下能保持一个良好的状态。在上海的很多案例中,墓地都与上述标准相距甚远,尤其是当经济状况不景气,墓地就会变成潜在藏宝地。正如上文所述,慈善墓地会被盗墓者洗劫一空,即便这些墓地中并不会落葬富有之人。私人墓地和市政墓地对决心满满的盗墓者和其他小偷而言更具吸引力,而且也更容易得手。

由于大部分墓地都没有围墙保护,所以墓地的安全是一个经常被讨论的问题。对于那些地处偏远、照顾不周的墓地而言,围绕墓地的竹栅栏是唯一的保护措施。这些竹栅栏不仅仅对侵入者作用有限,自己也成为过路人顺手牵羊的目标。此外,要保持竹栅栏完好无缺是一个真正的挑战,因为经常会有部分栅栏不翼而飞。1935年7月,法租界工务处报告了徐家汇公墓的竹栅栏有两处大的缺口。尽管这很可能不是市政工程师去现场检查的第一个案例,但工程师仍然主张说3尺高的竹栅栏足以在晚上抵御入侵者,除非他们破栅而入。[258] 9月份时,工务处再次报告有两处大的缺口。[259] 在接下来的一个月,某酱油厂报告说小偷从墓地破栅而入,并从其厂房内偷走了酱油。这已经是小偷第三次非法闯入,工厂经理抗议法租界当局没能建成有效的栅栏是疏忽职守。[260] 1936年2月,同一家酱油厂在1月份遭受小偷经墓地光顾和盗窃之后,又报告了另一起小偷经墓地侵入厂房的盗窃案。[261] 工务处对竹栅栏进行了维修,但是一个月之后,工务处的报告显示竹栅栏又有部分不翼而飞。工程师建议造一堵砖墙并加上铁丝网,但是这个建议并没有下文,还是有人顺手牵"栏"。

1937年4月,同一家酱油厂再一次沦为小偷的受害者。[262]

这家酱油厂并不是"劫匪们"唯一的目标。徐家汇墓地的门卫几乎每天晚上都会控诉那些过路人,这些人闯进栅栏,从公墓偷走物件。[263] 1936年5月,门卫在他任职之后报告了7例入侵事件。他的前任报告了5例案件。小偷将墓地作为一个安静和隐蔽的后方基地,用来挖掘通往各工厂的地道,用来偷酱油、盐和其他各种物品。最后,门卫要求晚上在墓地巡逻时授予配枪的权限。[264] 从这封文件之后档案馆所藏的雪片般的信件来看,针对墓地的入侵和偷盗并未停止。在卢家湾公墓,盗窃案甚至会发生在光天化日之下。根据门卫的报告,一群俄国人以给自己一位亲属扫墓为借口进入墓地,然后实施盗窃。由于他们是俄国人,门卫无法阻止他们。盗窃的物件主要是一些小的物件,比如花瓶和玻璃制品。门卫被批评玩忽职守,为了支持他自己的说法,他特地将报纸上俄国人因在静安公墓盗窃而被逮捕的新闻做了剪报。[265]

在解放战争时期,保护公墓不受偷盗和其他破坏影响变得越来越棘手。1947年11月,小偷从圣三一堂偷走了价值连城的物件。两年之后,同样的教堂报告说有静安公墓有5个玻璃盖和2个玻璃花瓶被盗。[266] 1948年7月时,虹桥公墓的门卫报告了铜像和铜板的偷盗事件。他加强了安保的力度,和两名工人一起在这一大型墓园巡逻,但是7月17日又发生了一起新的铜像和铜板的偷盗案件。第二天,看守长送来了6名工人,试图改善安保的状况。7月19日,他们发现有三个人正试图通过破损的竹栅栏进入偷盗,他们设法逮捕了其中两人。门卫报告说,竹栅栏上有20个缺口,他实在没有足够的人力来保障安保。[267] 即便是中国军队也会从墓地拿走物资。1949年5月,一组士兵带领了一大群工人把万国公墓中的一些墓碑拆下来并被装上卡车,大概有数百块墓碑被运走。[268]

日本人的墓地也是掠夺的受害者。1948年1月,卫生局报告有数十块墓碑被偷。超过30块墓碑在一个中国石料公司被发现。相当清楚的是,有一些公司利用墓地缺乏维护和保护来收集和再利用墓碑。[269] 8月,卫生局注意到该情况随着墓碑被系统性劫掠而进一步恶化。在和日本联络处的代表所达成的协定中,卫生局决定将挖开所有的墓穴,把遗体转移到静安公墓的骨灰安置所。[270]

1949年之后墓地:改革、迁坟和亵渎

1949年11月,在城市四周有41座私人墓地,但是大部分的墓位几乎都已售空。这些私人墓地在不扩建的情况下无法再开辟新的墓位,这和新政权的土地政策是背道而驰的。8个市政公墓一共有43 736个墓位,剩下的空间只

能提供13 539个墓位,这和计划所需的每年3万个墓位相距甚远。卫生局建议将火葬作为一个通行的办法,但是也意识到社会对接受如此剧烈的变化还缺乏心理准备。卫生局和工务局沿用了"墓地区域"(大场、蒲松、杨思)的概念,这个概念是民国时期上海市政府为寄柩所和墓地所定义的区域。对墓地的需求是明显而迫切的。一共收到38个开辟新墓地的申请,其中有5个申请来自慈善机构,其他所有的申请都来自希望开设商业公司的私人。[271]

人民政府对私营企业获得土地提供了便利。地主害怕即将到来的土地改革,因此急切地想要出售土地换成现金。1949年年底,郊区土地的成交价格是比较低的,大概每亩30万元(0.37英亩)。私人公司要向卫生局申请运营执照,但是大部分申请者在申请伊始就规划土地并运入灵柩。在真如附近有大量这样的例子,当时有14家墓地开业,总共占地72英亩(194亩)。卫生局担心这些墓地的情况,它们的土地位置很低,灵柩埋藏的深度很浅。卫生局还很担心墓地所有者通过此利益驱动的商业行为来获取"暴利"的问题。在1949年11月18日,人民政府召集了一次涉及城中所有和管理死亡有关的相关人员参加的会议,包括真如区政府,来讨论城市中有关处理死亡事项方面需要优先考虑的问题。[272]

在郊区发展起来的墓地和渴望土地的农民之间产生了摩擦。农民反对新墓地的设立,他们大肆渲染公共健康的问题(即便过去和当时的中国式殡葬操作甚至更容易导致污染)。他们还害怕地主会撤销他们占有土地的权力并将其出售。当然,还有迷信的因素、葬礼时所造成的噪声问题等。在其他方面,农民拒绝迁移那些位于已出售给墓地公司的土地上的私人坟墓。与此同时,其他农民接受了设立墓地的做法,因为他们能从当墓地看守的活儿中获得些许收入。利益的冲突,比如真如这个案例,导致一些墓地停止运转,灵柩就被置于地面之上。为了安抚所有的利益方,卫生局建议通过墓地方将他们的收入按一定比例给当地农民设置福利金的方式来让大家各退一步。私人墓地也必须预留其各5%的墓位作为免费落葬和半价落葬使用。除了让私人墓地公司预留墓位外,卫生局还建议真如区政府要想办法解决因墓地所产生的持续不断的冲突。[273]

卫生局和工务局要求避免这些事情重复发生。1949年9月,他们召开了一次联合会议讨论是否可能划定一个设立墓地的专门区域。最终,他们决定各种方法多管齐下,换句话说,就是移除战时积柩、推行火葬和允许新墓地在城市周边的"绿化带"开设这几个做法同时开展。[274]人民政府还没有要接收私人墓地或者开设新的市政公墓的计划(详见第九章),人民政府支持新墓地的开设,如果这些墓地是"资本主义样式"的话(相对于封建性质的会馆墓地而言),他们希望通过说教来改变农民带有"封建"色彩的殡葬观念。作为一个总方针,卫生局建议通过将个人坟墓面积限制在1.8英亩或者3.6英亩(5亩或10亩)以及城市墓地总面积控制在370英亩(1 000亩)的方式来控制私人墓地的发展。38个待议申请共需185英亩(500亩),卫生局认为这个面积是合理的,而且对农民而言是可以接受的。卫生局还计划实行墓位的统一价格和征收土地税来阻止不当投机。[275]

然而,这些方法都没能减轻墓地的压力。卫生局准备了一系列新的规章制度来规定和监管所有殡葬公司运营和新墓地的建立。监管活动在1950年3月分为5个重要规定,分别针对私人运柩公司、火葬公司、寄柩所、殡仪馆和墓地。[276]关于设立和管理私人墓地的规定连同大部分提议都写在卫生局1949年的报告里。私人墓地只能使用"私人墓地"作为名称,不能用先前所使用的其他称呼,比如"花园"、"山庄"等(第2条)。费用必须经过卫生局审核而且在当局先批准之前禁止加价(第4条)。另外,墓地必须拿出总营业额的10%作为维护墓地的储备金(第5条)。[277]起初并没有对前任政府所规定的墓位尺寸进行更严格的限制,但是在最后的规章版本中,墓位的长度被缩短了1米(第8章)。墓地必须雇佣至少一个全职工人来保证墓位的维护和清洁工作(第10章)。[278]

管理墓地的规定中还有一条针对申请进行检查的指导方针。在这个1950年3月25日颁布的文件中,卫生局对私人墓地设立了各种限制。只有在指导方针颁布后六个月内所递交的建立新墓地的申请或者墓地扩建申请才被受理。人民政府将私人墓地的规模设置在3—50亩。墓地必须位于"公墓区",离铁路、通路和水路以及建筑物都必须有一定距离(离前三者30—50米,离后者300米)。公墓区被设在大场区的庙行南部、杨思的张家寨以及虹桥路和新泾港之间的蒲松。这和前任政府所划定的寄柩区没有什么区别,但是人民政府还划定了更大的、可以建立公墓的"绿带"区。指导方针还规定了一亩土地中的墓位集中度,最少要有80个墓位而最多只能有150个。为了保护农民的利益,任何土地所有者必须寻求当地农协的同意。如果农民因为墓地的设立而失去收入,墓地公司必须支付一笔由地方政府认可的数额合适的赔偿金。[279]

1950年4月,卫生局召集所有相关人员开了一次座谈会,讨论指导方针的实施以及明确如何处理潜在冲突的办法。[280]在当时,申请数字已经增长到了46个,卫生局准备在正式讨论之后再作出决定。根据各区政府代表的叙述,大部分冲突都已化解,包括真如,几个建设计划都已停止。未经批准的虹桥墓园(非原来那个虹桥公墓)已经被关停,灵柩已经被移往他处。市政府秘书的总结指出在短期内建立新墓地的必要性。显然,除非有充分理由(风水和迷信不在考虑之列),秘书并不准备接受反对意见。会议中绝大部分的决定都是由卫生局和接管委员会作出的。会议还采纳了一个原则,即已经落葬的灵柩将留在原址,除非它们对公共卫生构成严重的威胁。[281]

这一时期的政策实际上是很宽宏大量的。1950年9月,当局视察了20个墓地公司,在听取每一家公司的意见之后,只拒绝了其中两家的申请。有三座墓地的申请被暂时搁置,需要更多补充信息。有一座墓地(虹桥山庄)被允许保留但是因为其位置不佳所以不能再开放更多墓地。[282] 最终,随着清运战时寄柩的,对墓地土地的压力随之降低,人民政府开始在郊区新墓地的设立方面采取更严格的规定。1951年7月,卫生局向上海郊区土改委员会确认,除了那些已经被认可的墓地之外,不会再允许新的墓地运营。卫生局提供了一个30家私人墓地的名单,其他墓地必须立即关停。[283] 11月时,卫生局强调了规定,即所有无照运营的私人墓地如果尚无灵柩落葬的话,将会被没收征用,那些少数民族的墓地除外。[284]

但由于对墓位的需求持续增加,人民政府对墓地选址的规定网开一面。1953年,市立第一公墓还剩8 000个左右的墓位,虹桥公墓还剩500个左右,大场公墓还剩1 300个。[285] 市政府在龙华附近开了一个新的市政公墓,位于漕溪路南端尽头,公墓规划有大概3 000个墓位。各种类型的公墓,无论是私人墓地还是市政公墓,在1954年时已经几乎满员。龙华公墓还留有空间,但是墓位的价格超过一般人所能承受的范围,这个墓地还要预留给革命烈士和军政干部使用。江湾和大场的墓地只有有限的土地资源,而私人墓地几乎全满。当局提倡一种新型的、节省土地的葬法,最早称之为"排葬",这当然是一种不那么让人心仪的殡葬形式,只有穷人家庭才会接受。为了改变观念和推广该方式,排葬被建议改名为"普通穴",费率也被提高到火化之后的用骨灰瓮落葬的方式之上、用小灵柩落葬(儿童)的方式之下。[286]

人民政府也采取了将市中心的墓地系统性搬迁的策略。位于市中心的大型墓地对于一座对土地资源极度饥渴的城市而言就等于价值连城的宝藏。上海缺乏开放空间和建筑空间。在外国租界时期,所有的尝试——仅限于山东路公墓和浦东水手公墓——都因为法律上的反对而失败了。人民政府不再为法律上的顾忌所困,但他们同样需要考虑人民的担忧和感受,不仅仅是外国人,许多中国人也被葬在先前的租界中,而且许多这样的家庭都是很有影响力的,政府不能视而不见。1949年之后,当局最优先考虑迁移的墓地自然是山东路公墓。1951年11月,对公墓的迁移工作开始了,遗体被转移到了青浦区的吉安公墓。山东路公墓为山东路体育馆腾出了地方。[287]

第二个被迁移的墓地是静安公墓。内政部在报纸上刊登声明,通知那些家庭必须在1953年10月之前把遗体迁移到大场公墓。内政部的总方针是要让家庭承担起迁坟的责任和费用,即便他们会提供人手和车辆来帮助这些家庭,不过这些家庭必须支付大场公墓的墓位费用,但如果他们选择火葬的话将免除费用。[288]坟墓的迁移并不像设想的这么容易。有一些家庭在静安公墓拥有大批墓位,比如著名医师和前卫生署署长颜福庆的家庭就在静安公墓拥有18个墓位。颜家并不愿意将坟墓迁移到一个更远的墓地去,当局只能和颜福庆协商,其去大场考察了公墓情况并选了一处合适的位置。档案中并没有记载此事最后的结果,不过可以想见颜家能辗转腾挪的空间极为有限,因为政府已经决定要拆除静安公墓。但是颜家认为自己可以在即将开展的迁坟事项中对一些事情进行交涉,包括免除费用和享有选择新落葬位置的特权。[289]

外国人的墓位也被牵扯其中,甚至像山东路公墓这样的坟墓亦是如此,这座公墓自1871年开始就关闭了,几乎没有人会认领墓中的遗体。但是其他坟墓,人们直到1950年早期仍在使用。当人民政府决定要拆除静安公墓时,英国外交部尽其所能联系了那些在公墓中有墓位的家庭,并告知其坟墓即将被拆除。英国政府并没有替那些需要将灵柩运回国内的家庭承担费用,但在与中国当局沟通的事务方面,他们提供了帮助。不过结果显示,大部分人选择让中国当局将亲属遗体迁移至大场落葬,只有少数人愿意承受将亲属遗体运回国的费用。[290]当1957年八仙桥公墓遭遇相同命运的时候,也引起了一阵恐慌,尽管规模有限。这座公墓比静安公墓的历史更悠久,从1946年开始就不再接受新的落葬事宜。[291]

所有先前建在外国租界的或者由外国市政当局建在华界的墓地都经历了同样的过程。1959年,公用事业处提议将卢湾区的卢家湾公墓改建成停车场。卢湾区政府在当地的报纸上刊登声明,将6月23日定为最后期限,但是考虑到该公墓是一个穷人墓地,区政府并没有指望有许多家属回来认领。公墓内有2 088个墓位,大部分是外国人(1 994人),只有32个中国人。迁坟的费用转嫁到了公共交通公司头上,他们将是这块地的受益者。殡葬管理办公室组织将遗体迁往吉安公墓。在7月底之前,迁坟全部完成。[292]徐家汇公墓的土地稍后被交给了一个汽车厂。20世纪50年代晚期,墓地都已经从市中心区域消失匿迹了。

然而对于墓地来说,动荡的政治运动会带来灾难性的影响。大跃进就是第一个具有破坏性影响的时期。由于精力都集中在促生产,一些墓地几乎完全被忽视了。比如在龙华和永安公墓,工人只维护革命英烈所在的墓区,其他墓区则杂草丛生。1949年之前,市政府会雇用更多的临时工,以跟上4月到10月之间杂草疯长的步伐。在大跃进时期,历经两年没有清洁之后,公墓看上去已面目全非。许多家属把墓地当前的管理不善和私营时期维护良好的状态做了比较,表达了不满之情。作为不速之客的杂草被证明是极其危险的,因为在炎热的季节中它们有易燃的可能,人们在焚香时引起了几起火灾。有一起火灾发生在安平公墓,火势蔓延极广,以至于有260棵树被烧毁。[293]在墓地中发生火情是很难想象的一件事情,但是在大跃进时期这是完全可能的,被烟熏火燎的墓碑肯定不会让忧心忡忡的家属感到多高兴。

另一个证明维护保养不足的例子是"挖掘墓地的潜力"以节省土地。这种说法的意思,就是把墓穴周围所有土地都用于将墓位数量最大化这唯一的目标之上。工人在所有贯穿墓地的小路上开掘墓穴,有时候,他们会在一个墓穴之前直接另开一个新的,堵住原来墓穴的通路。在梅陇公墓,工作人员甚至在已有的墓穴之间开凿新墓穴,使墓穴之间挤得满满当当不留余地。在开挖土地时,他们有时候会把邻近的灵柩暴露在光天化日之下。结果就是墓地失去了自己的小路,上坟的家属不得不跨过别人的坟墓才能抵达自己亲属的墓前。当然,两个墓位之间的狭长地带对悲恸的家属们而言,可算不上一个合适的逝者安息之所。[294]但除非家属能接受火葬,不然他们就只能接受这种并不体面的方式。这么做并不是为了向公众推行火葬所设下的计谋,而纯粹是大跃进时期席卷中国的政治热情之下不惜一切代价和成本来寻求节约或者提高生产的后果之一。官方报告清楚地显示这种情况伤害了人民的感情。[295]

"文化大革命"时期对墓地造成了又一次严重的冲击并造成了深远的影响。墓地以及家属在墓地中祭拜的仪式成为红卫兵们打破"四旧"的对象之一。1966年,这群激进的年轻人席卷了各个墓地,挖出墓碑并将之毁坏,他们甚至还把灵柩挖出,将尸体散落在地。大概有40万座坟墓被破坏和完全毁坏。[296]这些人把"反革命分子"的墓地作为目标,比如瞿秋白,他在北京的墓以及他家人在常州(离上海100英里)的墓都被洗劫一空。红卫兵甚至还冲击宋氏家族在万国公墓中的坟。这样的暴行对宋庆龄造成了沉重的打击。周恩来决定介入并制止这样的狂热之举。最终,中国人民解放军将墓地纳入其管控范围。到那时为止,已经有9个墓地被改建成了各式工作单位(工厂、医院、仓库),解放军接管了剩下的24个墓地。[297]

小结

"文化大革命"期间对墓地的骇人破坏和大跃进时期对墓地维护的忽视,

并不能模糊上海的城市人口与上海的墓地的关系。在那些群众政治运动过去之后，当局恢复了秩序，修复了其中一些受损的墓地并在城市边缘开设了新的墓园。尽管火化成为"文革"之后最主要的殡葬形式，在20世纪80年代几乎达到百分百的火葬率，在墓地中土葬的习俗还是被保留了下来。但业已存在百年的坟地，在20世纪60年代所发生的那些最后的政治浪潮之后，发生了深远的变化。

城市周边的殡葬景观结合了坟地的两个主要形式，即在郊区遍布的私人坟墓以及善堂和同乡会的义冢。大家族有时会把一个特定的地方作为家族成员的坟墓而加以维护，但这并不是普遍的现象。乡村社区也会有坟地，但是这并不是本研究所要论述的。问题是如何处理城市中的死亡以及大量需要被埋葬的尸体。社会阶层在那些可以承担运柩回乡或是在城市之外有办法搞到一块土地来落葬的人之间划分了一条鲜明的分界线。对于大部分人（包括旅居者）来说，葬在义冢是不能接受的。正如上文所述，义冢没有吸引力。慈善机构运营义冢是出于一片好心，但除此之外，义冢只是一块平淡无奇、蓬头垢面的坟地。即便那里也落葬普通人，义冢的形象却通常与负面的词汇，如乞丐、露尸、暴毙等相联系。这可能也对当时流行的做法起到了推波助澜的作用，即把灵柩简单置于地上自生自灭，等以后再落葬或者收集骸骨。史料充分证明了这种做法在20世纪的持久性和广泛性。

尽管上海的中国居民在此之前便已领略过城市里那些细心维护的外国坟墓，但现代化私营墓地一直到20世纪20年代才开始兴起。两者的差异更多的是体现在经济方面，而不是美学或者伦理价值方面。一方面，人口的增长达到了现有体系无法应对死尸的地步。另一方面，个体商人将给其他人在义冢之外提供一个能够承受的墓葬选择视之为一个商业良机。现代墓地可以结合先前的各种殡葬活动而提供一站式的服务，包括选择合适的落葬之处，这不仅仅只是挑选墓地和布局，而是可选墓地中的具体墓穴，根据墓穴的位置则可彰显出其社会等级，以及各种类型的服务，这些服务可以保证死者能享有一片宁静的安息之所。现代墓地在20世纪20年代之后的发展既符合人们的需要，也通过广告和宣传名人（男女演员、政治人物）的葬礼来改变了人们对殡葬的态度。

政府在国家和社会层面推行墓地葬礼来对抗分散的私人墓地的尝试是一次惨淡的失败。在改变社会习俗方面，官方的宣传及规定和私营墓地的发展相比，效果要弱得多。民国上海市政府没能为其四个市政公墓的计划找到财源，并最终只设立了其中一座。市政殡葬产业的发展完全是偶然因素，通过

1943年之后接收租界及外国墓园而达成该目标。市政当局受到战争的影响也是事实，战争两次席卷了这座城市，每一次都破坏或者封锁了通往市政公墓的道路。战争造成了长远的影响，主要因为战斗和敌军占领都集中在城市的郊区，而那里正是大部分墓地所在。有一些墓地失去了它们的土地，当日军宣判这些土地将被让位于军事设施的建造时，墓地就真正失去了这些土地。墓地的被迫迁移则是都市化进程的结果，这不像日军那么专断独行却也无法逃避，不过中西墓地所面临的结果是不公平的。

  1949年之后，上海市人民政府在接管后的那几年基本采用了民国政府的规定和政策。严峻的死亡数字并没有给当局留下什么余地，这迫使他们必须为落葬找到空间。私营公司继续在殡葬领域处于绝对优势，直到1956年社会主义改造开始之前。人民政府青睐采用火葬，但是也意识到要让国人转而采用这个方法还有很长的路要走。最主要的挑战是要协调好解决落葬空间的当务之急、保护土地资源和农民耕地，以及依赖私营公司的需求这三者之间的关系。人民政府并没有尝试建立市政公墓，在较早的阶段也没有把私人公司整个排除在外。基本上，人民政府依赖的是现存的从外国租界和民国政府手中承继下来的墓地，直到人民政府决定动员全社会的生产力进行社会主义改造，殡葬行业也不例外。城市周边新墓园的开设和对城市更为纯熟的掌控使局势稳定下来，在那之后，人民政府开始实施将所有城市墓地从城市区域迁走的政策。外国墓地是最显而易见的案例，尽管它们在民国政府时期逃过一劫，但是最终所有的墓地都消失了，死亡的具象印记在上海不复存在。

第五章
外国公墓和租界中的死亡

1842年《南京条约》签订之后,上海的命运翻开了一个新的历史篇章。外国租界的设立开创了一个新的空间格局,最终在同一座城市内形成了三个独立的行政区域。城市的经济繁荣吸引了越来越多的外国移民来此落脚。在早期的移民者中,西方人占了绝对多数,但是随之而来的还有一系列殖民元素,特别是在危机时期驻扎于上海的那些士兵。日本人来上海的时间要更晚一些,但是他们的社群很快便令所有其他外国社群都黯然失色。最后,还有一些到上海来寻求庇护的西方人——如20世纪20年代的俄国人和20世纪30年代后期中欧的犹太人——瞬间拥入了这座城市。

上海的人口构成逐渐变成名副其实的国际化,与其说上海是一座在描述中被美化过的国际大都市,不如说这是一个危机四伏的地方。外国人控制着城市的两个主要区域,对城市生活的方方面面进行管理、制订规定,甚至有作出法律裁决的权力。但是就生活而言,外国人也需要制订死亡方面的规定,或者更精确地说,对死亡进行管理。来上海的外国人包含各个种族,他们有各种信仰和笃信的宗教,所以死亡的降临是一件意义重大的事情。城市空间就像多元的社会分层,也被分割成很多部分。人们会因为他们的国籍而享有不同的权力,无论是生还是死的时候皆如此。

本章将讨论外国人对于死者的空间管理。从这个奇妙的角度,我们也能获知"殖民主义"是如何在上海运作的。讨论的核心将聚焦于外国租界,因为两个租界都必须处理伴随人口增长所带来的死亡事宜,这关乎上海公共租界和法租界如何定义死亡的政策,以及如何划分享有各种特权来容纳死者的地块范围。本研究的一个核心是将墓地作为一个接纳和排外、张力和竞争以及城市转型的空间来进行探索。

作为死亡之殖民标记的墓地

对于把西方殖民主义定义为掠夺中国领土并蓄谋已久地划分势力范围,而且随着时间的推移占领更多土地,这种解读值得商榷。[1]在通商口岸建立"租界"被中外双方认为是权宜之计。对外国人而言,可以在中国的领土获得一个落脚点,并在此拥有极大的自治特权;而对中国当局来说,这代表了一种管理异族人口的办法,通过将外国人置于和中国人相隔的地方来让外国人自行管理。在这些飞地中,特别是在上海的飞地中,外国人获得了远比条约中所规定的更多的自治权和权力,而租界则演变成拥有几百万居民的繁华市镇中心。[2]如果说中外当局很可能已经预见到外国人生前所带来的问题而制定了相应的措施,那他们死后的事务同样也需要处理,而且由于中国人后来也住进了外国租界,他们也同样变成了租界内所需解决的社会问题的一部分。

当局对死亡产生关注的最初原因是人口的增长。外国人,除去最早的几年,在整个人口中只占了很小的比例。1845年,英租界中的居民数量是50人,1855年时有几百人,1860年时不超过500人。在1865年的那次人口拥入高潮之后(2 297人),人口数量实际上是处于下降的状态,直到1880年才又恢复到最初的规模(2 197人)。此后人口数量恢复增长,在1900年(6 774人)和1910年(13 536人)之间人口翻了一番,1930年(29 997人)时又翻了一番,到1940年(57 351人)时几乎又翻了一番。在法租界,人口的变化也有相似但更缓和地增长,从1865年的460人——这样的人口规模几乎一直维持到1900年,1905年时达到831人。之后便进入到一个更快的增长节奏,法租界人口从1910年的1 476人开始,数量翻倍到1920年时的3 562人、1925年时达到7 811人、1931年达到15 146人,以及1942年时的29 038人。[3]

从死亡的角度说,公共租界中外国居民的年死亡数量从未和中国居民的年死亡数量相匹敌。正如第一章中所讨论的那样,至少到1902年总算有部分中国居民的数据记录之前,要作两方数据的对比是不可能的。外国人的死亡数字在1880年(55人)和1900年(97人)之间几乎翻倍,但是死亡率处于下降的水平。在此之后,由于死亡率较为稳定,年死亡数以每年5倍的数量增长,从1902年的138人增长到1936年的560人。[4]由于上海是港口城市,在任何时候都有大量外国流动人口,而在他们中间总会有一些不幸的人,在逗留上海期间意外离世。政治上的紧张局势或者直接的军事冲突也促使大量外国士兵抵沪。在1887年和1907年之间,访客的死亡数量经常和当地的外国成年居民持平,甚至有时数量还更多。[5]这些大致的数据揭示了上海每年的外国人死亡人数从当初的几十例发展到了后来的几百例,也使落葬上海变成了一种需求。

上海外国墓地的诞生

起初在中国和外国之间并没有签订任何涉及处理死亡和殡葬有关的条例。最早的殖民者恐怕并没有预见到他们会需要对死亡和殡葬进行管理。对殡葬地的规定条款要等到1858—1860年第二轮条约签订时才出现,但租界中的中国人和外国人可不会等到条约都安排妥当之后才驾鹤西去。中国居民在去世之后的处理非常简单而直接,根据最初的华洋分居的规定,他们不被允许葬在租界的土地。尽管那条规矩后来被打破,但是禁止葬在租界的规矩被保留了下来。唯一的例外是那些后来随着租界的扩张而被并入租界的墓地,大部分这些中国墓地是由旅居者或者慈善团体建立的。伴随迁移中国墓地而不时发生的冲突和微妙的谈判过程已经在第二章和第四章中有所论述。

第一块用于设立墓地的土地(1.3英亩,8.25亩)购于1844年,作价730两。"上海公墓"的地契宣称这块土地将作为"本港口英籍人士的下葬之地"。[6]紧随着英租界中设立墓地这一新趋势,伴随着教区墓地的移除和市政及私人商业墓地的设立,私人创建的墓地也开始出现。[7]租界市政当局在上海的正式职能截至当时都从未超过管理"道路和码头"的范畴,在这样的背景下要在上海设立一个公墓,无非是为了回应那些要为不幸死于这座城市的人提供一个体面葬礼的焦虑。这座公墓被设定为持股者的财产,以1两73股的份额为外国居民所持有。1847年时,牧师麦都思被公墓最早的股票持有者联名指定为公墓的委托人。"上海公墓"坐落于乡间,在租界的边界之外,基本复制了围绕城墙建墓的模式,但是城市的发展很快就将墓地所在地变成了城市的核心地带。[8]1871年公墓停止下葬,在这之前园内已容纳了469座坟墓。这块墓地被保留了下来,人称"山东路公墓"。

尽管外国人的社区并不大,但是死在上海的访客,尤其是那些海员,很快便给上海公墓造成了空间上的压力。1855年,随着50名外国水手落葬于此,公墓已没有空间。上海公墓董事会决定,"出于对社区卫生的考虑",是时候另寻别处来容纳这些告别人世的访客。董事会强调他们绝无"在死者中划分三六九等"这种会引起纷争的意思,另选新址的确是出于未雨绸缪的需要。1859年,为了募集在黄浦江对岸的浦东(详见地图5.1)购买土地所需的3 000美元,一份新的捐款单据在外国社区中开始流转。[9]浦东公墓比山东路公墓大一倍(16.22亩),但就在它即将达到容纳极限之前,公墓在1904年被关闭了。[10]从某种程度上说,这个外国流动人口的公墓的位置和那些同样青睐此地的慈善公墓的位置是相同的。从象征意义和实际情况来看，这个墓地将这些访客置于远离外国居民所居住的主要社区。

第三个墓地以联合墓地的形式于1865年开放，这种形式前无古人亦后无来者。在1865年，新墓地（这个名字在地图上存在了很长时间）的董事会成立，其职责是在两个租界之外的华界乡村区域组织购买一大块土地（详见地图5.1）。这也是法租界当局第一次介入到市政公墓的事务中。[11] 在租界最初建立的20年中，法国居民社区的规模很小，几乎没有自建墓地的需求。新墓地被分成两部分，每个部分独立运作。1900年法租界扩界之后，墓地位于租界的中心区域，法租界对墓地具有完全的控制权，这让上海工部局觉得棘手，各种争端不断，除了穆斯林墓地的事情之外，大部分都是鸡毛蒜皮的小摩擦。在那之后，两个租界当局决定按照各自的方式和政策来处理相关事宜。

随着时间的推移和上海外国居民社区的扩大，尤其是外国租界设立之后的几十年中外国居民的数量迅速翻番，使得提供墓地的责任变得愈发重大，通过私人举措来介入该事务变得愈发困难。另一方面，欧洲发生了要求市政府在墓地的提供和管理方面介入更多的事件，这迫使上海工部局介入了墓地的管理。最终，经多方同意，上海和浦东两大墓地在1866年2月转由租界当局所有。[12] 这标志着私人运营墓地的终结，以及外国租界对死亡进行规范管理这一宏大工程的开始。只有一些特殊的外国居民社区，继续由他们自己拥有和管理墓地，下文将会讨论。事实上，在同一时期，两个租界接管了新墓地——日后被称为"八仙桥公墓"——该墓地也成了共同的市政财产。

除了早些年由私人动机创建的墓地之外，墓地也是大环境所造就的结果，比如战事就通常会带来大量阵亡士兵的遗体。那些在战斗中伤重不治或者因病死亡的士兵会就近葬于他们最初驻扎的营地旁边。这样的墓地最早沿着老城墙西面建在华界的地界上，以"士兵坟山"为人所知。这块墓地仅在1862年至1865年间使用了两年，容纳了大概300具死于1862—1863年的英国士兵的遗体。[13] 由于埋葬在此的士兵没有自己的墓碑，这块坟地逐渐被人遗忘了。[14] 上海工部局也接收了这个墓地，发现要妥善维护此墓地是一件困难的事情，但他们仍不懈地维护此地。[15]

士兵坟山在档案里是有记载的，但其他那些为英法士兵设立的墓地，并没有档案记载或者相关回忆被保留下来。[16] 1935年9月，一个水手写信给《字林西报》，提及了位于吴淞附近的一座废弃的墓地。3天之后，一名叫格里芬（A. Griffins）的外国居民回忆说这是一块埋葬法国海员的墓地。这块墓地被完全废弃和亵渎多年。1909年，法国居民为这块墓地筹集了一小笔资金，但是

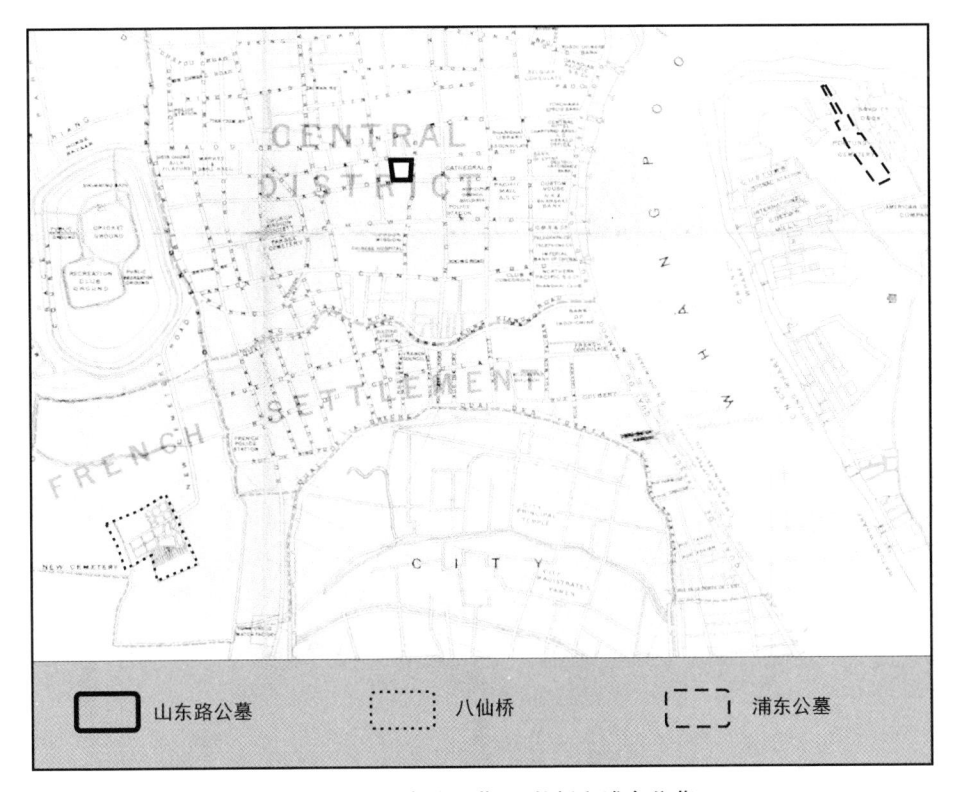

地图 5.1　山东路公墓、八仙桥和浦东公墓

来源：《上海外国租界地图》，斯坦福地图出版社为《北华捷报》和《字林西报》所制，上海，1900 年

几乎没有做什么事情。不过到了 1912 年 10 月，同样是这位居民写信给《中国回声》，获准将这笔资金用于卢家湾墓地的设立以及在吴淞的这块墓地四周建立一堵围墙。[17] 在这些信件往来之后，《字林西报》发表了一篇题为《吴淞旁的外国墓地》的小文章。这座墓地尽管被忽视和遗忘了超过 20 年，但它仍然被这堵矮墙守护着，这堵墙曾在 1931 年至 1932 年期间的中日冲突中被部分破坏。这个墓地仍然包含三个部分，其中的两个可以被辨识出葬有法国居民，而剩下的部分则已经被当地的农民开垦成了田地。

人口增长和市政公墓的扩建

既有的为外国居民所提供的墓地很快就被证明完全不足以应对外国人口的规模。1896 年，上海工部局决定在静安寺路沿线购买一块 10 英亩（64 亩）的土地来设立一块新的墓地（静安公墓）和火葬场。[18] 新的墓地位于非常偏西的区域，处于华界地界，远离市中心，尽管城市在扩张之后最终将其包含于内（详见地图 5.2）。[19]

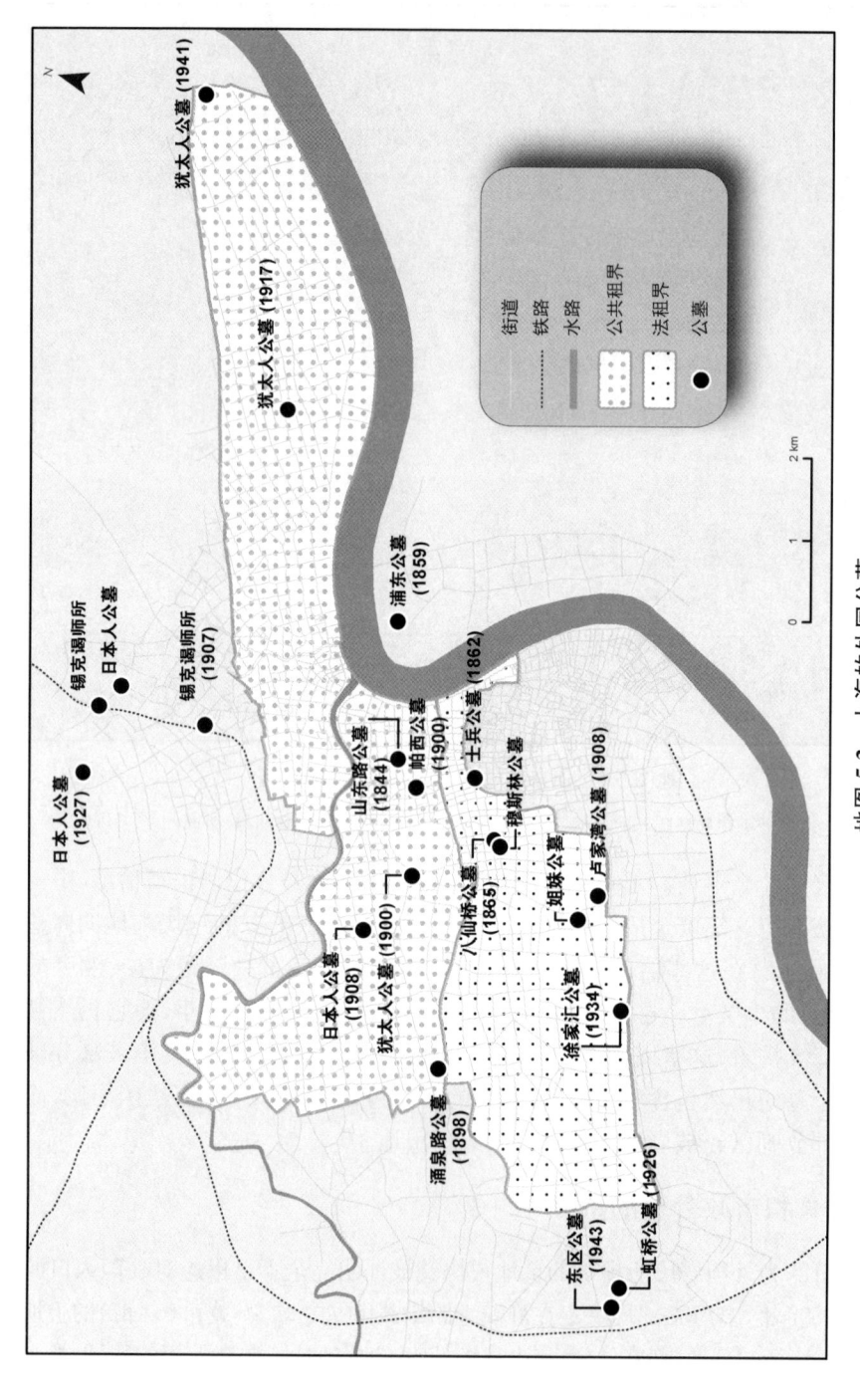

162 | 镰刀与城市：以上海为例的死亡社会史研究

地图 5.2　上海的外国公墓

来源：视觉上海网站

然而到了 1928 年时，涌泉路[1]公墓已经没有空间了。[20] 根据工部局卫生处的记载，(外国)居民在情感上，对涌泉路公墓的认同要比对几年前所设的虹桥公墓更为强烈，后者还为穷苦百姓提供服务。事实上，涌泉路公墓因为距离更近而被外国居民认为是"首选殡葬地"。下葬率也比虹桥公墓更高，凸显了其社会地位。得益于灌木丛、工厂和道路所作出的"牺牲"，给公墓提供了额外的空间，使其到 1939 年时仍处于运营的状态。[21]

在法租界，八仙桥公墓所承载的压力，迫使法租界当局于 1905 年在紧靠法租界外的华界、位于法租界南面的卢家湾设立了一个新的墓地。在 1914 年的扩界之后，公墓被纳入法租界的地界。法租界当局在卢家湾公墓所采用的管理方式与法国国内的方式如出一辙。卢家湾公墓提供了几种年限方案：永久性墓穴(506 个)、25 年限(40 个)和 15 年限(247 个)。这样的管理体制保证了一定程度的灵活性以及坟墓的定期翻新。墓穴使用期过期后要被移走的骨骸会被挖出，然后一起埋在一个集体藏骨堂。卢家湾公墓中越南人(安南人)的墓地(424 个)以及西部公墓(详见下文)中的穷人墓地就采用了这样的做法。[22] 卢家湾公墓还专门给法国士兵开辟了独立的区域(36 个)。尽管并不是有意为之，法租界当局和居民实际上将葬于中国的土地作为其永久的归宿。[23] 卢家湾公墓的殡葬数字统计显示，葬礼数量随着人口增长而飙升，每五年就要翻一倍。卢家湾公墓总共有 1 377 个墓穴，即便有迁坟的计划，但其本身的容量并不能赶上葬礼数量增长的节奏(详见图 5.1)。

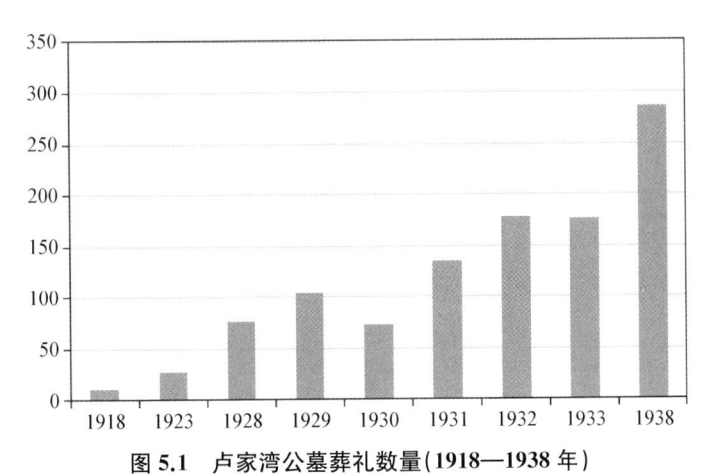

图 5.1　卢家湾公墓葬礼数量(1918—1938 年)

来源："卢家湾的葬礼"，1933，U38-1-1008；信函 1939 年 12 月 1 日，U38-4-3280，上海工部局档案

---

[1] 译者注：今南京西路。

1934年，法租界公董局最终决定在更靠西面，同时也是位于租界之外的徐家汇，为穷人开辟第三块墓地。[24] 1939年9月，那里有738个单人墓穴。[25] 尽管1937年8月14日大世界轰炸惨案中的560具无主尸体也埋葬于此，但并没有发现其他的相关数据记载。1939年，卢家湾公墓已经没有更多空间，只能从埋葬越南人的区域开拓新的空间。根据先前的规定，坟墓使用20年之后需要重新挖掘出遗骸然后放到藏骨堂，公董局决定实行一个提前转移骸骨的计划，将越南人的遗骸清空，为新的永久坟墓腾出空间，不过由于租界人口的持续增加，这个工程从未中止。[26] 1939年11月，市政处的负责人建议在城市外围道路区域另购新地来建造新的公墓，但这个建议从未真正实施。[27]

1942年9月，租界当局注意到外国人的死亡人口激增（1942年9月是116人，而1941年是75人）。当局必须要在卢家湾和徐家汇公墓采取措施来增加新的殡葬空间，但是这两个墓地的扩建计划都已不可行，徐家汇墓地只剩170个墓位可供落葬。秘书长再一次建议使用市政资产来为穷人创建新的墓地。最后一座市政公墓即西部公墓，建于1943年7月，用于穷人的落葬，其中大部分是没有经济来源的俄国人。与此同时，其他两座墓地的情况略有变化。卢家湾公墓全部用于永久性墓地，而徐家汇公墓只提供15年期的墓穴空间。西部公墓则为穷人落葬服务。[28] 西部公墓本身不收费，但是设有时间限制。财产和种族决定了使用落葬地权力方面的尊卑等级。

在公共租界，上海工部局遵循同一种做法，将墓地的位置移到租界之外的西面。1926年，工部局决定购买一大块土地用以储备和应对不时之需。新墓地位于虹桥区域，后来被命名为"虹桥公墓"。上海工部局实行了差价政策，使涌泉路公墓的价格稍贵而使虹桥公墓的价格更平民化。就像上海其他方面的社会生活一样，差价政策将最富有的人和其他人区别开来。这并没有遵循英国或者法国的一贯做法，在这些国家内差异是被消除的。相反，殡葬空间的压力和战事的影响增强了价格的差异化，并使涌泉路公墓变成了外国人中更富有者的专属之所。[29] 随着时间的推移，虹桥公墓扩建过几次（1932年、1933年和1935年）。[30] 公墓四周可利用的农田使持续的扩张成为可能，尤其是在1937年之后，上升的死亡率需要更多的殡葬空间。

如同城市的扩张，墓地也遵循着向西迁移的趋势，因为西面的农田往往能以一个较低的价格成交（详见地图5.2）。死亡是外国租界越界扩张的原因。都市空间中点缀着这些永久性的墓地，除了最后的两座墓地之外，其他的墓地后来都被包含在城市中。正如笔者所见，其他的"点"随着时间的推移而出现，但由于缺少官方的支持而昙花一现。总体而言，上海的西部区域事实上变成了一个"公墓区",这个现象在战争期间变得愈发明显,这将在第五章中讨论。国民党政府在抗战后将虹桥列入三个指定的环绕上海的"公墓区"更是强化了这个现象。[31]

公墓管理的总体政策

公墓是为谁而建的?从表面上说,这个答案看似简单。毕竟,公墓是为上海的居民所设立的。但是,无论是生者还是死者,所享有的权利是不同的,上海居民不仅因种族不同有所区分,还在信仰和居住模式方面有所区别。西方的旅居者以自己的标准设立了根据种族、财富、宗教等因素来准入的都市空间。[32]当涉及死亡时,每个租界只关心自己的居民,尽管现实情况要更为复杂。在西方人中,宗教是给不同族群的殡葬划分界线的硬指标。租界所采用的常规办法是将中国人拒之于市政公墓之外,将其留给外国人使用,事实上主要是留给租界的西方居民。随着时间的推移,虽然在如何处理中国逝者方面并没有制订任何政策,但将所有中国人排除在租界公墓之外的做法变得越来越有问题。日本人也同样不受欢迎,但得益于他们的自发组织,他们建立了自己的公墓。

以法租界为例,租界当局试图限制自己的居民在卢家湾落葬,但是他们也必须考虑到那些恰好在法租界客死他乡的外国流动人口。为了解决墓地使用的"权利人"问题,法租界当局给常住居民和暂住居民划分了不同的比例,这个规定于1926年引入,一直运用至1943年。[33]公共租界也有一样的情况,但定义"常住居民"和"暂住居民"被证明是一个棘手的问题。1933年,公共卫生处提议根据国籍来定义居民性质。[34]这样一来,法国居民和其他住在法租界的外国居民,当然,还有所有中国人,都被排除在使用公共租界公墓的权力之外。上海工部局发现,有许多先前住在公共租界的居民,虽然他们是可以申请葬在公共租界的,但后来移居到了法租界并有可能在那里告别人世。[35]

在20世纪30年代,排斥中国人——主要是中国的基督教徒——也被证明在政治上和宗教上是敏感的,甚至是有一些攻击性做法。最终,工部局认为一个正式方案如果就这样公布出去会导致太多麻烦,于是他们没有公开完整的文件,并决定仅在他们内部使用这份方案。基本上,方案倾向于限制公墓的使用,以便能让基督教徒有更多的殡葬空间,虽然他们承认:"从一个严格的市政政策的角度说,非基督徒纳税人和基督徒纳税人应享有同等的权利。"为了解决这一两难问题,上海工部局保留了制定相关政策限制基督徒使用公墓的权利。[36]这件事情直到1937年当战争爆发之后墓地使用压力激增时才再度讨论。[37]

中国居民可以通过预订涌泉路公墓墓位的办法来葬在该公墓中。然而1913年,预订数量的上涨引起了卫生处的警觉,卫生处要求制定规章制度。在

1913 年之前,"承认自己是基督徒"的中国人通常被葬于此地。自 1912 年开始,人口的增长和教徒的增加也意味着越来越多的中国人想要葬在这个公墓。卫生处稽查员评价了三种可能性,只有一种看似可行:直到为中国人开辟的墓地建成之前将落葬的中国人限制在每年 20 个名额。[38] 上海工部局认为,当有机会时购买一块合适的土地作为中国人的公墓是明智之举。[39] 这样的话,现有墓地可以作为外国人专用的墓地来使用。但即便等到 10 年之后,上海工部局也没有采取任何行动。[40]

在法租界,针对中国人的总体政策并没有什么不同。中国人必须自己考虑自己的身后之事。法租界当局所采用的政策,照搬了 1881 年之后在法国本土所采用的做法。[41] 所有的非中国居民,无论其出身、国籍还是宗教信仰,都要和法国居民一样遵守相同的规章制度。法租界中的公墓,除了中国居民使用之外,通常是市政公墓。但与此同时,法租界当局将其所有的死者都埋在华界。当法国人在 1900 年扩界之后,他们决定在其地界范围内禁止墓葬,他们严格恪守着这条规定,即便在 1914 年那次大扩界之后仍然如此。[42] 所有的新墓地都建在租界附近的南侧和西侧。除了宁波会馆之外,不得开设任何其他寄柩所。租界内只允许一个殡仪馆运营,即便在中日战争期间也是如此。

墓地被认为是一个神圣的地方,需要特殊的条例来加以管理。公共租界中的墓地由墓地监管人遵照 1923 年开始采用的详细条例进行管理。条例规定了公墓应该维持的状态。公墓的工作人员在白天和晚上都必须定期在墓园中巡逻。[43] 上海工部局在日后还引入了补充条例来保护公墓的"尊严"。法国人在墓地的管理方面和上海工部局基本保持统一的步调。[44] 公园有严格的开放时间(5—9 月的开放时间是 7—19 点;10 月—次年 4 月是 8—20 点)。1930 年之前下葬可以任择日期举行,但之后就不行了,上海工部局认为墓园的职工应该有一个休息日,并禁止在周日和节假日举行落葬仪式。[45] 墓园的来宾须衣冠整洁,禁止吐痰。"有名望的中国人因正当原因可以入园,但是必须谨防儿童入园,除非有专人陪同。"狗被禁止入内。只有陆军、海军或者上海工部局乐队在正式的葬礼上可以奏乐。当然,作为基督教墓地的墓地性质也决定了除了基督教葬礼的仪式之外,其他仪式都不被允许。[46] 1924 年,在被一位工部局董事多次投诉之后,上海工部局又规定未经工部局警卫处事先批准则禁止拍照。尽管这项禁令并没有法律基础,但上海工部局在和法租界公董局磋商之后,他们联合颁布了未经许可禁止拍照的规定。[47]

墓纳百命,各息其所

对来自五湖四海的外国人而言,上海就是他们的家,虽然这通常只是一个暂时的家。1935年的人口统计展现了在2个外国租界中有来自51个国家的居民。但国籍列表并不能告知故事的全部，西方列强的殖民地人口有时会被归类在一个"主要"国籍。有的群体在上海待了很长时间并增长到一定的规模，但有一些人，通常是随军人员，只在上海短暂逗留后便返回了故乡。不过当他们在上海的时候，他们会把同行中去世的人员葬在上海，这些死者通常并不会葬在特定的地方，后来就被人遗忘了。即便是相对更稳定的群体，比如日本人或者巴格达犹太人，在固定使用一个安息之所（详见地图5.2）之前也是"轮流"使用各个墓地。因此上海死亡地图的演变是一个逐步扩展的过程，不断有新墓地出现、老墓地消失，以满足不同群体的需要。

上海工部局和法租界公董局事实上从未想涉入给特殊群体设立和运营公墓的事务。这既有成本方面的考虑，也有原则方面的考量，虽然在涉及西方基督教徒的事务时并没有遵守这些原则。上海工部局只资助了两个社群建设公墓：一个是穆斯林社群，另一个是犹太难民社群。上海工部局给他们提供了免费的土地。工部局还声称自己之所以忽视中国居民的需求是为了尊重中国人的"传统"：

> 根据长久以来的习俗，中国人的公墓由家庭、公会和善会组织提供——由于市政当局并无给佛教徒提供公墓的习惯，因此上海工部局也不会这样做，而且深知如果不尊重这一传统会伤害家庭、会馆以及慈善团体在这方面的权威和影响。[48]

尽管我们在第二章和第三章中讨论过将灵柩船运回祖籍地的做法，但这明显是工部局对彻底忽视中国人的需求所作出的"事后诸葛亮"般的借口。外国租界从未对界内的中国居民的葬礼有过任何形式的安排和处理。

殖民地的臣民们

和法国人一起来的还有殖民地的士兵，大部分来自印度支那。越南人（安南人）在危机时期被指派到上海作为殖民地部队保护租界。第一批越南人于1900年抵达。从1907年开始，这种指派调遣便成为一项常规操作。[49]他们同时也被征召为法租界警务处的常任人员，所扮演的角色就和锡克人在公共租界警务处中的一样。这些短暂逗留或者长期居留的越南居民以及他们的家庭成员中有许多人在上海告别了这个世界。[50]针对殖民地臣民葬礼，法租界当局的政策遵循租界内其他所有外国居民一样的原则。但是这些人还能享有不同的权利。他们会被葬在卢家湾公墓中一块单独的区域,那里为他们预留了 424 个墓位。但 20 年之后,他们的骨骸会被挖出并置于一个藏骨堂。[51] 不过在战争期间,受租界中显著增长的"外部因素"的影响,墓地很快便被填满。法租界公董局开始引入一个计划,为了加速墓地翻新的时间,他们把租约时间缩短至 15 年。[52]

锡克人也是英国殖民者在上海的重要组成群体。他们不仅在工部局的警务处中工作,还会从事私人保镖和其他卑微的工作。他们组成了一个数量庞大的集体,有自己独特的殡葬习俗。锡克教中最主要的一个殡葬习俗就是火葬。第一个火葬场——谒师所——建在城市之外,位于虹口的北面。[53] 谒师所的维护状况很差,最主要的原因是其选址相当糟糕,位于一片低地而且经常被积水所覆盖。1911 年,一位锡克警务处副处长希望上海工部局能采取一些措施来改善谒师所的状况。[54] 上海工部局在原址附近、虹口公园对面设立了一个新谒师所,但周边居民区的发展又使维护工作变得困难,于是两年之后沿着靶场又另造新所。[55](详见地图 5.2)可是到了 1923 年,受射击练习的影响,谒师所再次要另选新址,这是谒师所最后一次迁址。谒师所非常简陋,被形容为"只是一块露天的混凝土板"。[56] 尽管在谒师所进行火葬是教徒首选,但其位于城市北部边缘的选址使其暴露在战火的摧残之下。在 1932 年和 1937 年,中日之间爆发的两次冲突杜绝了任何在被遗弃和破坏的谒师所进行火葬的可能性,在 1932 年中日战事爆发后,火葬就转移到涌泉路公墓的火葬场进行。[57] 一幅 1900 年的地图上还显示有一个"帕西人公墓"(印度拜火教徒),但在后来的地图上都无迹可寻。[58] 拜火教徒通常不像常人那样埋葬死者,但由于资料有限,很难知道他们墓地的具体位置。由于拜火教徒大部分在 19 世纪末就已经从上海消失,没有人照料他们的墓地,它最终从城市的地平线上消失了。

穆斯林早已是上海的中国人口中的一部分。地图显示 1900 年后的法租界南部边界出现了大量穆斯林墓地,这些墓地都是由中国人设立的。但许多穆斯林是英国殖民地军团中的一员,大部分来自印度。法国人也从北非的殖民地带来了自己的士兵,尽管数量较少。由于早期的公墓是为了信仰基督教的英国殖民地臣民而设立的,穆斯林教徒只能葬在别处。最早提及穆斯林公墓的记载是在一封 1910 年的信件中,我们由此得知,数年前曾有人在八仙桥公墓的西南角购置了一块土地,其中 1/3 的墓穴主人是义和团运动期间来上海的穆斯林。1910 年,清真寺代表拉贾巴里(R. Rajabally)要求上海工部局再购买一块土地以扩建穆斯林的墓地,在一番唇枪舌剑之后,上海工部局同意提供一块 3 亩的土地,最终的决定将取决于这块公墓到底是建在公共租界还是法租界。[59]

双方在信件来往中唇枪舌剑，一开始的交锋清晰地反映了法租界并不愿意扩建穆斯林公墓。他们明确拒绝批准"因为公共利益"扩建墓地，这就意味着，自1900年扩界以来，所有的寄柩行为都被禁止。[60]法租界坚决反对给另一次扩张开绿灯，它不能阻止上海工部局用自己的土地扩建穆斯林公墓，但是它可以拒绝工部局购买和法租界毗邻的地块。1940年，上海工部局仍然拥有用于扩建公墓的土地，但是只能让其闲置。[61]

非基督徒外国人

犹太居民是《南京条约》签订之后最早来上海的外国人社群之一。他们中的一些人在上海成为人生赢家，沙逊和哈同是其中最知名的两个人，随着时间的推移，犹太人在上海逐渐拥有一个庞大的社群。第二波大量拥入的犹太移民是因20世纪10年代后期的布尔什维克革命而前来上海的俄国犹太人。最后的第三波是从中欧、德国和奥地利为了躲避纳粹迫害而来的犹太难民。[62]当然，这些难民的背景条件不同，人数规模也不一样，意味着这些群体所采用的殡葬形式也各不相同。就像其他少数群体一样，永久性的殡葬地要到很晚才建立起来。一幅1900年的地图显示，有一块希伯来公墓在涌泉路靠近跑马场的位置。在18年之后的1919年的城市地图上这个墓地仍然存在，但是在之后的地图上就再也不见踪影。[63]第一块稳定的犹太人公墓由犹太人自己在倍开尔路〔1〕建立。这座公墓一直为整个犹太社群服务到20世纪30年代后期。1936年2月，一个房地产公司代表犹太社群给上海工部局写信，要求工部局允许其在昆明路旁另购土地用于扩建公墓。上海工部局没有表示反对。[64]事实上，档案资料显示工务处提供了另一处11亩的土地，位于杨树浦区最东部的格兰路〔2〕。[65]

然而，1939年之后，上海工部局不得不直面犹太难民社群中大量死者的问题。倍开尔路上的犹太公墓还有空间，但是只对能承担该公墓费用的人开放。上海工部局就是否应设置一个"危险的先例"，即在虹桥公墓中为犹太难民留出一块专门的区域进行讨论，工部局担心其他社群也会要求类似的政策倾斜和申请自己的专门区域，考虑给犹太社群一笔资金用以购买土地。但最终卫生处的意见胜出，在虹桥公墓中预留了一个角落作为犹太人的殡葬地。[66]尽管上海工部局已经决定不会为某些群体专门提供墓地，但鉴于犹太人中的贫困

---

〔1〕 译者注：今惠民路。
〔2〕 译者注：今隆昌路。

群体实在人数太多，在这件事情上他们网开一面。

这块殡葬地的开放并没有长期解决犹太人的殡葬问题。1940年12月，犹太自由社的代表要求申请一块土地，使他们可以根据犹太习俗来下葬死者。[67] 1939年12月，对是否可以让虹桥公墓中的那块犹太人专用地免费开放曾有过争论。[68]但最主要问题是大部分犹太难民所居住的虹口与位于城市另一边的虹桥公墓之间的距离实在太远。这件事情于1941年3月最终解决，伪卫生处和工务处最终在一场争论中胜出，把位于东区远处周家嘴路和黎平路路口的一块地建为公墓。[69]但是这也只是暂时的喘息之机，这块公墓的容量无法匹敌犹太社区的高死亡率。[70] 1943年9月，犹太自治团体通知伪上海工部局，犹太公墓中只剩余6个空位。[71]上海工部局试图坚持其原则，但最终放弃了，他们授权伪工务处另售一块3亩的土地作为新墓地。[72]

在抗战胜利后，中国当局也面临着为犹太居民提供墓地的问题。即便1945年之后大部分犹太居民都已离开上海，但要他们全部定居到其他地方尚需时日。1946年4月，一个叫"阿什肯纳兹犹人人殡葬服务机构"（Ashkenazi Hevra Kadisha Society）的犹太组织，要求一名中国律师起草在城市中建立新墓地的合同文件。这份申请导致了一个很有趣的情况。尽管市政府限制新墓地的开设，但卫生局声称这个政策不适用于外国人。更令人惊奇的是，卫生局也没有拒绝申请中沿虹桥路的选址。该选址位于铁路另一边很近的地方，即便所规划的墓地其实是位于市区里而且不在所规定的三个区域中，而新的中国公墓只能建在那三个区域。[73]这可能是因为这块规划中的公墓毗邻万国公墓的缘故，卫生局注意到这块墓地最终可能会成为万国公墓的犹太人专区。但还有最后一个障碍，那就是外国人无法在中国合法购买土地。[74]土地局提议规避法律限制：这个公墓将作为给犹太人设立的市政公墓，但是所有的费用将由犹太团体来承担。[75]市参议院批准了这个项目，工程几乎同一时间上马，尽管这导致了和周边邻里及与当地地保之间一些摩擦事件。[76]这应该是最后一块在上海所设立的犹太人及外国人的墓地。

尽管日本人社区在这座城市中举足轻重，但是日本人墓地所留下的相关证据却很少。在20世纪之交的时候，有一块日本人墓地位于1899年前公共租界的西部边界、后来的卡德路〔1〕旁。这块墓地在1908年和1919年的地图上仍能看到，但是在之后的地图上便消失了。[77]由于日本人主要集中生活在虹口，一块新的墓地在上海北面设立。[78]但除了一块位于吴淞旁的小型军事墓地

---

〔1〕译者注：今石门二路。

的重要记录之外,迄今想在文献中找到早于20世纪30年代初期的日本人公墓的证据是不可能的。海军军官通常把希望寄托在离开上海。[79] 1932年,上海工部局和上海日本人各路联合会签订了一项协议,允许其租借位于华界江湾路西面的一块0.5英亩(2.9亩)的土地作为神社使用。[80] 不过,不知是因为经济问题还是故意使然,1938年时联合会已经开始拖欠租金。[81] 在日本军队占领公共租界之后,神社扩建了3英亩(18.8亩),并从1942年开始新一期的20年租约。最终,神社成了上海最大的墓地(5.1英亩)。[82] 战后,上海市政府继承了日本墓地,并没有把它转为市政公墓。事实上,直到1946年那里仍然葬有上千日本居民的遗体。1946年5月,代表日本人社区的协会要求允许他们下葬死者,[83] 市长同意他们临时用墓地落葬日本居民。但是上海市政府已经在考虑宣告收回土地,而且不断出现的盗墓现象导致最终关闭了公墓。[84]

日军对上海的军事占领并没有在墓地政策方面带来任何显著的变化。1942年12月,一位锡兰佛教徒克兰比(D. W. S. Kelambi)要求伪上海市政府允许佛教徒使用市立教堂和墓地进行他们的葬礼服务和落葬仪式。他对过去西方殖民者的统治进行了一番批判:"当上海工部局由英国人垄断时,任何佛教徒或者印度教教徒都无法拥有一片安息之所,除非其尸体在市立公墓接受死后洗礼……这只是盎格鲁—美利坚情结所带来的诸多不公正和不公平的待遇之一,这对整个亚洲人民来说都是令人愤怒的事情。"尽管现在的统治者是日本人,但他们并没有改变工部局的主要政策。工部局卫生处注意到教堂仪式自1899年开始已经对所有宗教信仰的人开放,并暗示如果葬礼也要像所有教义的人开放的话,那教堂公墓会很快满员。上海工部局得出结论,上海工部局中可用的殡葬空间不够容纳信仰佛教的死者,而且和其前任英国人类似,他们建议由当事社群自行承担建设墓地的费用。[85]

穷人的墓地

两个租界当局设立公墓的做法也是为了满足外国社群中相对贫困的成员对于墓地的需求。每个公墓都有专门为穷人所设置的区域。涌泉路公墓和八仙桥公墓都有这样的墓葬区,尽管墓地中的大部分区域都是为那些能承担墓地费用的人所准备的。1926年之后,公共租界中所有的穷人墓葬都转移到了虹桥公墓。随着外国人口数量的增加,尤其是囊中羞涩之人发现自己来到一个艰难谋生且经济竞争激烈的环境之中时,为这样的人提供免费或者低价落葬墓地的需求也同样增长。俄国人社群便是一个例子,他们是低收入人群的主体成员。在公共租界,上海工部局在虹桥公墓为贫困潦倒的俄国人预留了一块区域，他们在战争期间还在哥伦比亚路[1]设立了一块小墓地。

然而穷人群体所涵盖的人很多：所有那些在公共或者私人墓地付不起殡葬和墓位费用的人都在这个范畴里。在法租界，卢家湾公墓几乎不对穷人开放，尤其是俄国人。当卢家湾公墓开始逐渐满额时，有两块为穷人落葬所设立的新墓地对外开放：徐家汇公墓以及之后所开设的西区公墓。但这只是杯水车薪。市政公墓中的穷人墓地看上去和普通中国人的墓地无甚两样，这些棺材只是浅浅地埋在土地表层之下，而本地报纸所提倡的是将墓地平整为一块草坪并设有一小块墓碑来显示墓穴的存在，所以这些墓穴在本地报纸的眼中，只是"不堪入目的小土堆"。[86]穷人的墓地也是最容易被亵渎和破坏的墓地。1939年之后，日本人占领了虹桥西面的俄国人墓地，并建立了一个监听站。之后中国警察在此设立了一个巡捕房，1945年之后被警务处接收。卫生处再也未能恢复其对这块墓地的控制。[87]

这些事情的发展和政策都体现了给每个小社群设立墓地的模式。尽管都主张"世界大同"，但墓地反映出了在外国租界的社会中所存在的种族和社会方面的界线。从某种程度上说，尽管准许在墓园落葬的硬指标是宗教（基督教徒）和种族（西方人）的混合体，但在为西方人所设立的墓地中存在着混杂性。法国公墓在这方面更开放，但权力是不平等的（只有越南人可以）。两个租界当局在墓地政策上存有少量分歧，但他们都把自己的文化和政治强权强加在了城市的墓地之上，包括那些不在其地界上的墓地。

殖民地记忆的残存

墓地被认为是一个能长久维持的地方，尽管不一定能永远存在。在上海西区墓地的案例中，宗教、记忆和法律的作用使这个墓地在关闭之后还能保存很长时间。1918年，上海工部局计划将山东路公墓（原先的上海公墓）中的遗骸改葬他处，然后在原址建造山东医院。[88]尽管相关的文献记载并不多，但似乎这件事因为法律手续过于复杂而被搁置。1925年，上海工部局再一次向法律顾问咨询将墓地改建为新消防站的事宜，法律顾问指出墓穴和遗骸的迁移会招致死者后人的抗议。尽管这样的可能性很低——墓地自1871年开始就被关闭了——上海工部局还是决定放弃。[89]1939年，工务处拒绝了一个由私人公司所新提出的将墓地改建成一个停车场的建议。[90]最后一个所找到的相关文件是关于将墓地变为一个开放空间，然后将沿街土地转卖造房的一次失败

---

[1] 译者注：今番禺路。

尝试，先前浦东公墓出售其一部分土地和士兵公墓转移骸骨的先例，加上英国领事的口头允诺，都没能给这个做法提供足够的法律依据。1940年时，墓地所占土地的被动资产估值约为100万美元。[91]战后，卫生处持有不同的观点，坚决主张从公墓中转移骸骨在法律上并没有障碍。然而，考虑到外国人群体中的情感因素，卫生处克制住了采取措施的想法。[92]

浦东公墓也一直面临着有人欲将其部分土地挪为他用的局面。上海工部局在很长的时间中严格恪守着一条底线，严禁任何侵犯墓地的做法并将这块土地保留作为墓地使用。然而墓地的位置随着周边区域建满了工厂和码头而导致了一些问题，墓地将沿岸区域分割成了两个互不相通的地块，给工厂和码头之间的运输制造了障碍。上海工部局既不允许往岸边通行，也不允许向岸边筑路。[93]甚至于一个新教教区的申请也被拒绝了。[94]最终，上海工部局软化了态度，部分是因为企业主的压力，部分是因为让商人来建立和维护围墙及两端的大门是有利的做法。[95]非法中国棚屋在该区域的出现也促使上海工部局考虑将前滩的部分出售，以避免棚屋区域的进一步扩张。[96]1932年，在和华界市政府沟通之后，中国警察将59户非法住户（详见图5.2）都赶出此地，但是他们都得到了经济补偿。[97]上海工部局迅即将土地出售，给他们带来了一大笔可观的收入。[98]

图 5.2 浦东公墓中的棚户区

来源：U1-16-2536，上海档案馆

先前环绕老城的城墙边的士兵公墓,是一个更为复杂的挑战。尽管公墓的规模很小,但是它在西方居民记忆中所占据的分量极为重要。如果说浦东公墓被作为二等墓地来对待,那士兵公墓在上海工部局领导的眼里则有着特殊的地位。从19世纪60年代开始,这个公墓的维护就很困难,但1912年公墓围墙的损毁引起了人们对墓地维护的极大关注。报纸报道了这座被遗忘和忽视的墓地的惨淡状况。1907年,上海工部局夷平了墓地的围墙,将其改建,按照《北华捷报》的说法,这里成为"一片污秽中的一小块绿色避难所"。[99] 也许在这样田园诗一般的叙述中存在一些夸张的成分,因为这块偏远的土地位于人口稠密的地区,受到各种形式的侵蚀。首先面临的问题就是此地被当成了垃圾场,并成为一个持久的麻烦。1924年,一个中国公司竖立了一块广告牌,这让上海工部局难以容忍,他们给华界当局施压,最终成功移走了广告牌。[100] 由于类似的问题反复发生,上海工部局在1929年考虑将墓穴移到他们自己旗下其他的墓地中,但是却无法解决棘手的遗骸所有权问题。[101] 上海工部局在1933年试图出售此地给华界政府,每亩作价1.3万美元,后者有意将其改建成一个公园。但工部局没有正式的地契使这笔交易泡汤,而交易本身也受到英国领事的反对。[102]

1938年,公墓的负责人有一次报告了在1937年八一三事变之后墓地的悲惨状况。墓地充斥着来自7号难民营的垃圾,而且还有六口灵柩被置于地表。[103] 上海工部局和英国领事交涉,要求获得许可将这些遗骸移到虹桥公墓,并为他们设立纪念馆。[104] 在和士兵所属部队在英国的继任者进行了漫长的交涉之后,迁坟行动从1938年11月开始,一直持续到12月。[105] 库龄及兰宁在其半官方的《上海史》中曾提及此处有2000具尸体。但并非如此,上海工部局的工人们只发现了316具成人骸骨和2具儿童骸骨。[106] 英语报纸对这次迁坟异常关注:"镇压太平军英雄们的新归宿""传奇古老的墓地终于寿终正寝"。[107] 士兵遗骸的改葬变成了对西方人(英国人)为了保护和拯救上海所作出的巨大牺牲的颂歌,成了特别是从西方人眼中解读上海历史的"记忆构成"的组成部分。1939年10月3日,纪念馆举行了盛大的揭幕仪式。英文报纸对此进行了广泛报道,来自西方国家的市民、宗教、外交和军方等各方代表齐聚一堂。[108] 无论是从宾客列表还是从照片上看都没有邀请中国的达官贵人。在《申报》上只有寥寥数语报道。[109]

1949年2月,《字林西报》刊登了一篇言辞激烈的关于外国公墓维护糟糕评论文章。文章以1941年开设在哥伦比亚路公墓对面一个埋葬贫困俄国人和犹太人的小公墓为例,以人神共愤般的口吻强调了公墓所遭受的亵渎:"有十座空着的坟墓竟被人的排泄物所玷污""一些人类的骸骨居然散落在地上""他们是被野蛮人故意掘出的"。虽然卫生处在内部备忘录上承认有忽视公墓维护的情况,但报纸上从未出现过这样的批评文章。在卫生处对报纸的回复中,他们声称并不是强盗掘出了尸骨以盗窃珠宝和其他值钱的物件,或者把棺材盗走以用作柴火。死者家属请求获得允许将遗骸移到虹桥公墓或者将遗骸火葬处理,他们并不希望家人的遗骸和穷人葬在一起。由于这些事情是最近才发生的,墓地的土地还没有平整,导致墓穴的外表容易引起误会。不过卫生处并没有像在内部报告中那样提及难民会把木头拿走当作柴火这一事实。[110]《字林西报》所刊登的这篇具有误导性的文章是一种特殊敏感度的体现,这种情绪把外国公墓视作神圣之地并应不惜一切代价加以保护。有一位外国居民在两个月后给报纸写了一篇措辞类似的评论文章,批评山东路公墓的糟糕维护。[111]

墓地割裂了城市空间和社会景观。除了人口数量众多、独立的日本人之外,殖民地臣民和少数群体并不享有西方殖民者中主流群体所享受的权力,他们必须自己照顾自己或者依赖当局并不情愿的善心,即便是在更有人性关怀的法租界,落葬也遵循着清晰的等级制度。从另一个方面说,墓地的"特性"意味着需要永久性的维护和保护。出于其他目的而需要收回土地的做法,比如山东路公墓,会因为害怕遭遇到法律和宗教方面的挑战而作罢。墓地是西方人在上海的"历史"的一部分,比如,浦东公墓或者意义更明显的士兵公墓,需要迁移落葬者的骸骨时,便给小型或者大型纪念仪式创造了机会。这样的纪念仪式孕育了殖民记忆和对城市的想象。

作为争论载体的墓地

墓地是造成各种摩擦的温床。在租界刚建立的早期,围绕在老城四周散布的私人坟墓一直是土地管理方面的一个问题。城墙外的区域被作为当地百姓的落葬地,这和上海周边农村的习俗类似。当然,庞大的人口数量增加了地表坟墓的密度,这些地方后来成了租界。法租界的情况尤为如此,尽管租界向西扩展之后吸纳了大小村庄,但它们周围都有墓地。在大多数情况下,迁私人坟墓的时候需要和坟墓的主人协商,如果墓主人的家人仍住在周边附近的话,这样做基本不会有什么问题。但是对成片的墓地来说,迁坟或者改造都是一件麻烦的事情。在福建人得到位于其墓地原址南侧的河边地段之后,法租界当局得以和他们商谈福建人公墓迁移一事。[112]但是,正如顾德曼教授的研究所揭示的那样,四明公所的处理演变成一场拉锯战,并爆发了两次冲突。[113]即便是面对中国人不那么激烈的对抗行为时,租界当局有时候也无法随心所欲。

就像法租界一样，上海工部局对于扩界之前便已存在的中国墓地毫无办法。尽管工部局尽量避免直接冲突，但一旦希望某一块墓地消失，工部局会死命抓住这块地不放。1893 年，同仁辅元堂（一个致力于收集和下葬城市中无主露尸和无主棺的慈善机构）的一块墓地正好位于新划分的"美国虹口租界"边界内。[114] 上海工部局和同仁辅元堂签订了一项协议，保证不会筑路穿越墓地或者干扰到墓地，而同仁辅元堂则需要保证墓地的井然有序，避免任何冲突或者危害到健康的情况发生。[115] 1902 年，上海工部局提议购买此地用以建造一所中国的公立学校，虽然同仁辅元堂最初同意了这个提议，但是组织内有影响力的那些重要人士却极力反对，包括在知县面前的一次抗议行动。上海工部局遂改变了主意，另购了一块土地，不过工部局还是和同仁辅元堂签订了一份新的协议，后者被禁止将土地移作他用或者出售。[116] 这标志着同仁辅元堂与上海工部局之间长期冷战的开始。

1906 年，笔者从一份总工程师的报告得知，墓地非常肮脏而且被人遗忘。[117] 接下来几年中关于墓地的文件大部分都是卫生处的反馈或者报告，指出"不计其数的垃圾和杂物都已经漫过了墓园的围墙。"[118] 1930 年，上海工部局再一次试图对墓地下手并欲将其改成一个公园，计划用南市的士兵公墓和华界市政府做交换，但这项提议最终搁浅。[119] 两年之后，上海工部局通过华界市政府向同仁辅元堂提出相同的提议，将公墓改建成公园，但还是不成功。[120] 墓地仍然照旧使用，这招致了工部局卫生检察官孜孜不倦的批评。1933 年的一份墓地彩色地图显示了墓地中堆满了二手商品、非法棚屋、人类排泄物等。[121] 1936 年 3 月，一份报告显示墓地被作为足球场使用，非法棚屋在墓地中建造，还有一名妇女在里面染羊毛。[122] 在同仁辅元堂要求腾出所有墓穴之后，有一家公司联系上海工部局咨询在墓地中建造房屋的可能性，这可能是同仁辅元堂想间接试探一下上海工部局的态度，但是工部局再次重申其立场，即他们绝不允许改变这块土地的用途。

事实上，直到 1940 年之前，墓地从未挪作他用。一所学校在 1937 年的春天申请将墓地作为其操场使用，但是上海工部局拒绝了这个提议。学校校长是这样形容墓地的："像一片荒地，就跟战前一样……（墓地）已经肮脏得突破天际。周边街区的居民用此地来晾晒衣物，混混们……经常在此设立赌局。垃圾被随意倾倒在任何地方。"[123] 1938 年 2 月，上海慈善总会被允许在墓地里给难民营搭建棚屋。[124] 1940 年，墓地已不再是难民营，又恢复成一个"开放的空地"。[125] 尽管上海工部局施加了一些压力，也有一些制订规定的权利，但是却无法根据自己的利益来出售土地，也无法用令自己满意的方式来规范土地的用途。1893年强加的限制条款和1902年未能成功收购此地,为双方留下了潜在的敌意,双方都试图抵消对方的影响力。不过总的来说,同仁辅元堂是这些暴力压迫斗争的赢家,牢牢把持着对自己墓地的使用权。[126]

另一个把墓地作为争权夺利之核心的例子是虹桥公墓。在最初购入这片土地之后,上海工部局又陆续获得土地以扩建公墓。1934年,在前两次扩张之后,工部局打算购买11184号地块。随后工部局和雇主展开了一轮讨价还价,尽管根据上海工部局的意思,他们的出价高于市场价,但土地所有者还是觉得出价太低。1939年,购买土地的事情又被摆上了台面,但没有任何实质进展。[127]这块土地成了上海工部局和土地所有者之间争论的核心问题,后者并不打理自己的土地。上海工部局要拿下这块地的原因是因为它位于墓地的中央区域。最终,在1941年,新一轮的谈判在一名买办的撮合下开始,但是土地所有者在工部局每一次接受价格后都要抬价。工务处怀疑这位所有人的唯一目的就是为了投机而买下这块地,然后"让我们掉进这个大坑"。[128]当工部局重新出价之后,这位所有人开出的价格是出价的4倍。对此事失望至极的卫生处建议将通向此地的小路切段,以让其觉得不便,但是并没有采取具体行动。[129] 1943年是最后一次尝试,但似乎也失败了。[130]很显然,聪明的地主可以预料到墓地的扩张,笃定这块无甚农用价值的土地会因此暴涨。

上海工部局和普通农民打交道时也会面临诸多困难,尤其是当土地由一个家族拥有时更甚。虽然都说外国殖民者横行霸道、鱼肉乡里,但上海工部局依照《土地章程》所"被授予的权利"其实有限。我们必须意识到上海工部局也需要遵守给租界内居民所制定的法律和规定。1907年,上海工部局计划把毗邻涌泉路公墓的一整块土地都买下来,这样租界范围就能覆盖整个街区(详见地图5.3)。2月,在最初的接触之后,工务处报告说没能说服土地所有者和他们进行协商。[131]这件事情搁置了几个月,但工务处委员会要求重新推动谈判。工务处接触了静安寺的住持,希望在与村民的谈判中寻求他的协助。笔者从会谈纪要中得知,土地拥有者反对收购和上海工部局拒绝他们修缮当地寺庙有关;有一位所有者愿意出售自己的土地,但是其他人拒绝,因为这会切断其通往自家土地的道路;所有者们对自己的土地价格也有着绝对的信心(每亩不得低于5 000两银子)。[132]

第二次会议在工务处、主持、地保和地方首领之间展开。各方一致同意和个体单独沟通协商是做无用功,建议召开全村大会来解决问题。[133]工务处准备了一张列有20名业主的名单——这其中有7户姓张、9户姓顾——还将大会定于1907年11月15日召开。在大会中,上海工部局的代表解释说他们准备

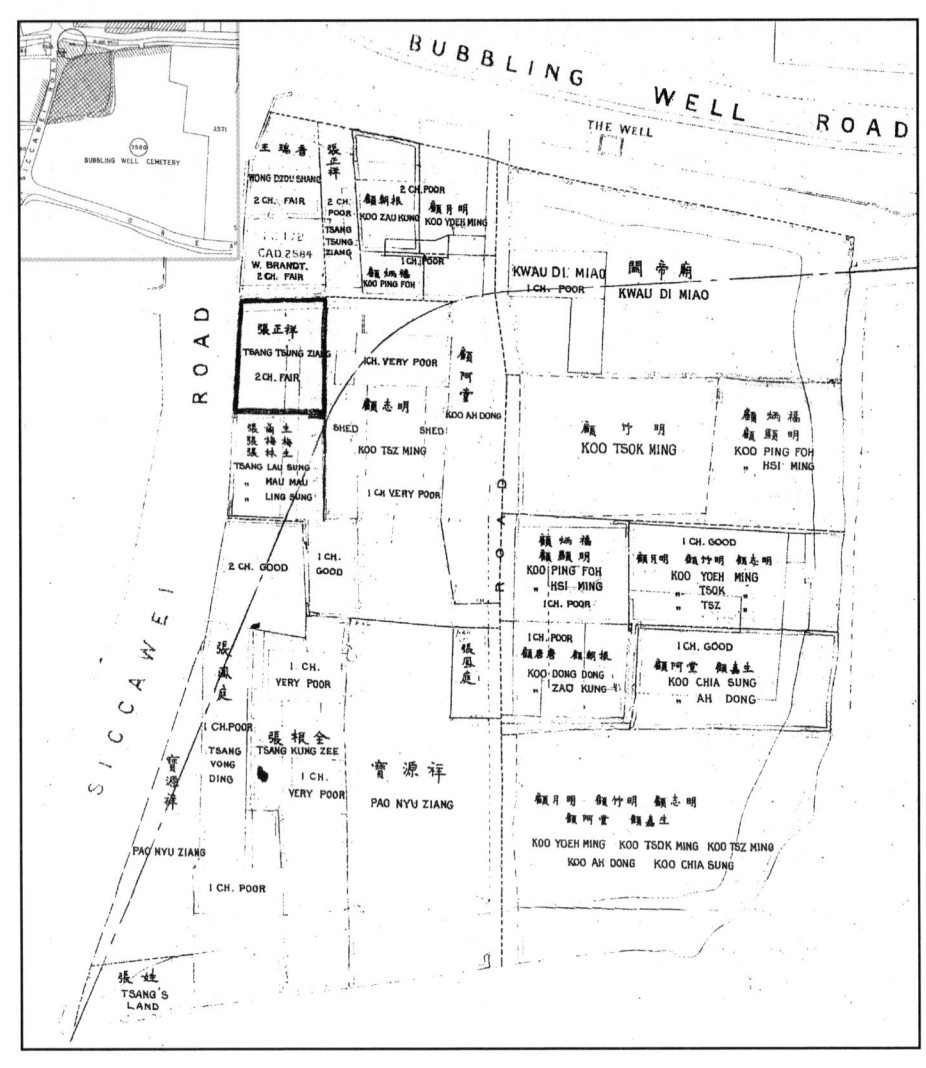

地图 5.3　涌泉路公墓及"钉子户"

来源：U1-14-6193，上海档案馆

以市场价收购村民的土地，并将利用自己的权力声称对这片土地的所有权。村民们将有三周时间来准备反对陈述，如果过了这个时间期限，工部局将发表通告并按照其权力征收土地。[134] 1907 年 12 月 12 日，中英双语的通告被张贴在村里以通知村民将有土地专员前来为上海工部局的收购估价。[135] 但是到 1908 年 3 月时，工务处报告说村民根本不理会通告内容。工务处委员会决定不再采取进一步的措施。[136] 显然，利用章程所授予的权力来威胁村民毫无作用。上海工部局很可能意识到他们的收购计划所依靠的法律依据并不牢靠，而且，工部局也意识到他们将不仅要面对个体的抵抗，还要面对张家和顾家两大家族的联合反对。村民的消极对抗迫使上海工部局搁置了这个计划。

不过到了1911年，上海工部局再次重启土地收购计划。工部局内部对于这个收购策略有过激烈的讨论。工务处说重启计划毫无意义，除非工部局能坚持到底完成收购，如果像1908年那样第二次撤回收购，会让那些村民加深上海工部局是"软柿子"的印象。[137] 为了试图弄清楚是否可以分化家族内的富人和穷人的态度，一个对该区域的谨慎而详细的调查随即展开。（详见地图5.3）。[138] 文献中对此只字未提，工务处没有任何因学术目的而对每一个土地所有者开展社会经济调查的理由。尽管已经进行了这些准备事项，根据计划进行收购时，上海的清朝政权已经摇摇欲坠，后由于革命运动的缘故，上海工部局最终决定不再收购这块土地。[139]

工部局认为自己没有力量来强迫村民出售他们的土地，而且也不希望冒丢面子的风险。但是就像在同仁辅元堂墓地的案例一样，上海工部局通过拒绝该区域所有的房屋修缮或建造许可来进行报复。[140] 这次失败的收购成了一个挥之不去的阴影。1916年4月，工务处委员会再度建议购买此地，但是似乎就没有下文了。档案文件里也没有更多记录可寻。[141] 工务处在1920年2月又试图购买土地。在一封写给工部局秘书的信里，工务处强调了购买此地的好处，但是上海工部局的回信却充分揭示了他们的沮丧之情："在任何情况下，工部局现在和将来都不会购买此地。"[142] 在此之后，购买此地的想法渐渐消逝，首先是因为这个区域已经高度城市化，其次是因为虹桥公墓也已投入使用。

小结

外国租界的向西扩张创造了一系列墓地。这个由墓地书写的特别版"西行记"反映了人口增长和都市扩张经常会让市政当局的管理无能为力。新墓地只能不断建在更西面的地方，以适应不同外国群体不断增长的墓位需要。随着时间的推移，上海的西部成了实实在在的一个"墓地区"，这个现象在中日战争爆发之后愈发显著。事实上两个外国人的大型墓地之外还有其他墓地，在它们旁边就有一个大型的中国人墓地，这在1932年的一张地图上还能看到。1937年之后，这里是普善山庄和同仁辅元堂租来落葬穷人、露尸和在街头所找到的无主棺的地方。虹桥公墓还成为寄柩所用来储存那些无法通过船运叶落归根的灵柩的地方。1938年之后两个外国租界设立的火葬地点也位于虹桥公墓。

墓地起初是为了专门满足外国移居者或者水手的丧葬需求，针对上海的外国人殡葬事宜并没有任何规划或者安排。墓地一开始是由私人设立的,直到后来的发展态势表明这件事情需要得到公众关注。然而上海工部局和法租界公董局对墓地的控制将墓地的管理引入了一个新的维度,墓地必须受到政策和规定的管控。这样的公共参与使墓地逐渐成为定义个体归属社群或者子群体——或者谁不属于——的社会标志。活着的时候,人们既有机会在各自工作或者休闲娱乐的场所互相融合,也可以各自相安无事。但是去世之后,人就会回到自己所属社群之中,或者,对那些属于下层群体的人(锡克教徒、越南人、犹太难民等等)而言,就难以落葬或者没有机构来负责他们遗体的安葬事宜。

尽管外国租界当局对主流群体的逝者关怀有加,但是他们甚少给从自己殖民地来的或者以难民身份来到上海的人提供落葬之所。不到万不得已,上海工部局不会给社群墓地的设立提供土地。这些墓地的维护和保养也不拨付一分钱,这些费用全部依靠相关社群自行解决。因此能否使用墓地取决于国籍、种族、宗教和财富的尊卑等级。那些有财力的人意味着他们能在一座体面的墓园中得到一个墓位,但是穷人或者来自殖民地的下等群体就只能依赖他人的善心或者他们自己有限的财力来解决问题。即便是在殖民地臣民中也可以感觉到这种微妙的等级差异,比如相比穆斯林群体,锡克教徒的请求总是会得到更妥善的照顾。

墓地也是争权夺利之所。这样的竞争并不是以暴力的方式所呈现,但非常明显的是,中国的土地所有者试图趁墓地在其农田扩建之机来大捞一笔。墓地带来了"城市化",使地价增值,但除了纯粹的投机行为之外,这主要是因为中国有组织的群体——家族、慈善团体——保护自己土地的能力较强,使外国租界购地、强迫交易,甚至是规定土地用途的行为都付诸东流,比如同仁辅元堂的例子。消极抵抗对于浇灭上海工部局的野心出乎意料的有效。不过,1949年之前上海管理死亡空间的主要模式,是一种把中国人排除在外、把其他群体分为三六九等区别对待的做法。上海解放之后,外国公墓并没有马上从城市中消失,但是对于城市中所有的墓地,人民政府采取了将所有墓地有系统地移到城市外围的政策。外国墓地的遗存在1950年中期便全部消失了,只留下两个大型的公园作为这些曾是外国圣地之处的另一种形式的记忆留存,很多现在的上海居民并不知道其前世今生。

第六章
死无人知

中国与死亡相关的仪式和习惯源自中国人根深蒂固的价值观和信仰。但是就像其他一样，习惯和信仰随着时间和环境而有所变化。在城市里，特别是在大型城市里，死亡呈现的是不同的规模和数量级。在城市中死亡的人数更多，也就意味着需要特殊形式的"管理"，尤其是对那些已经无法依赖强大社会纽带的人而言更是如此，而社会纽带在小的乡村社会中于生和死两方面都能给予个体以帮助。大量拥入的人口以及不同时期的危机（自然灾害、战事爆发）在历史上都是促使死亡人数的突然激增的重要因素。尽管各种正式和非正式的纽带在上海维系着个体关系，城市生活让那些低阶层的人在风险和困苦面前无所遁形，他们的社会资本并不足以在这些事情面前给他们提供足够的支持。

本章考察了死亡的一个非常特别的维度，也就是关于暴露在外的尸体和被遗弃的灵柩，所有无人照管或者负责的"无主尸体"。[1] 在晚清和民国上海，孤苦伶仃的穷人或者那些会死在或者被扔在街头、人行道上、广场上、市场中、后巷里，事实上所有的地方都有可能。从明末开始出现的慈善团体，他们负责的主要事务之一就是照顾穷人，无论生死。[2] 这些志愿团体致力于各种救济工作（详见第四章）。[3] 在上海，有一些团体最终把他们的职能集中于设立慈善墓地，使那些无主尸体在一个体面的葬礼之后能有地方入土为安。[4] 尽管城市中存在穷人的这种现象以及有强力市政管理机构的存在，但这样的现象并没有在上海产生任何公众意识，如埃德温·查德威克（Edwin Chadwick）在支持穷人方面的不懈努力曾影响了伦敦和英格兰其他主要城市。[5]

城市中"看不见的死亡"问题存在已久。露尸直到20世纪50年代早期都是城市生活中最可怕的一面之一。本章所使用的数据是主要是来自上海两个租界的档案。这并不是一个故意为之的选择，而是档案文件留存情况的真实反映。"死亡管理"似乎在中国城市当局所关心的事情中并不处于前列，而从事露尸收尸工作的慈善团体的档案,大部分又无迹可寻。上海有着超高的婴儿死亡率,这能解释城市中所存在的极不寻常的露尸现象,尽管在街道上也大量发现过成年人的尸体,特别是在特定的危机时期更是如此。这些不受人待见的尸体在1937年之前都没能引起当局的直接干预,特殊的战事情况使当局几乎不可能不去处理在公共空间中的那些达到惊人数字的死尸。到1937年时,有两个主要机构高效从事着收集露尸这一骇人的工作,还为露尸提供合适的仪式并葬在穷人的墓地中。他们的档案记录构成了在这座光辉灿烂却残酷无情的城市中所被忽视的一种现代性体现。

"闭目塞听"与"置若罔闻"

在整个民国时期和中华人民共和国成立初期,每一天都会有街头露尸。这些人就这样过世,有一大部分比例是儿童,而且就这样待在公共空间中他们死去或者被遗弃的地方。上海就像一个巨型漏斗,吞噬了成千上万的生命,即便在和平时期亦是如此。[6] 随着战事的爆发,就像1931—1932年或者1937年8月份那样,死亡变得更为普遍,数千穷人暴毙街头,几乎每个街角都有。在战争和占领的历史背景之下,露尸问题的情况变化剧烈。尽管已经有成熟的机构和应对办法,死亡对市民和当局而言是一个全新而又独特的挑战。

无论什么时候,穷人或者他们的子女在城市的街头死去。这种死亡无迹可寻、悄无声息。这种死亡案例一般不会出现在报告中,除非被慈善机构所记录;尸体被发现之后马上就会被收尸和处理,被随意地裹在竹席中,以至市民会选择"视而不见"。这样的死亡在社会上被认为是可耻的。从中国人的标准来说,死者最好被遗忘,就像这个人从未存在过一般。然而,各种慈善组织从事这项工作时目标明确,要给这些被抛弃的尸体一个体面的仪式和葬礼。最老的慈善组织同仁辅元堂在城市中存在已久,自19世纪中叶起便已建立,当时有几家善会想通过资产合并来给民众提供救济。[7] 1913年成立的普善山庄在1915年开始全力运作,一直活跃到20世纪50年代初期。普善山庄在上海几乎变成只做收集和下葬无主尸的专业户。[8] 宁波人中的商人在这两个慈善组织中都有着举足轻重的作用,他们总是在负责处理街头或者战场上被遗弃的遗体时冲在第一线。

尽管城市中的露尸出现率很高,但是无论是中文还是外文的报刊,对这个问题都鲜有报道。当报纸有简要报道的时候,不是和普善山庄有关,就是和同仁辅元堂相关,抑或是一个特殊的案件,就像战争时期一样,这样的报道会引起一些"众怒"。[9]露尸和弃棺被人们"视而不见",特别是当其数量升至每年数千起的时候,与其说这是一个物理状态,不如说是一个"社会性的隐形",这个现象已是日常生活中的一部分,它是如此明显、如此震撼,以至于最终在其他人的眼里被一带而过、在心里则被刻意忘却。即便到了1937年之后,露尸数字呈指数级增长,但在公共讨论中却不见其踪影。穷人暴毙街头被理所当然地认为是城市生活中所不可避免的诅咒。

颇为令人瞩目的是,除了1923年之外的一篇关于普善山庄事迹的长文之外,笔者在报纸上找到的案例都是20世纪30年代的。这篇文章从公共卫生角度出发,集中描写了普善山庄那些"值得称赞的工作",文中强调"中国的穷人会在一年不到的时间里将自己死去的孩子抛弃"这一习俗。[10]1934年,《大陆报》报道:"1933年在上海发现了25 753具尸体。"但文章的大部分篇幅在着力描写普善山庄的所作所为以及和地方当局的合作。四年之后,"社会的严峻报告"在叙述1936年的情况时用了诸如"恐怖的数字"和"残酷的名单"等词汇,但却没有讨论问题本身。即便1938年那惊人的数字都没能引起任何警觉:"1938年内这里举办了6万个免费葬礼。"[11]其他英语报纸在报道相同内容时用了类似的标题,其中一家认为"普善山庄去年处理了超过6万具无主尸是一件令人震惊的事情。"[12]但大部分情况下,普善山庄的年报可能只能以短短一小段文字的形式刊登。[13]

儿童在街头的死亡被合理化了,至少在公共话语中,就像是因为"中国古老习俗的做法是不落葬他们死去的孩子——十岁及以下年龄的孩子们的尸体总是被包在破布中,用席子裹着……然后被扔在路边。这种不卫生和令人遗憾的习俗助长了迷信的滋生,即如果给一个死去的孩子举行体面的葬礼,那个孩子的灵魂会回来把其人世间的伙伴一同带走。"[14]但是这种解释,和各种信仰及现实情况相悖。一方面,被入殓的孩子的数量相当高,这表明其双亲在乎其孩子的后事,即便他们可能缺乏组织一场体面葬礼的经济能力。[15]另一方面,至少对成人而言,体面的葬礼和落葬对安抚死者灵魂、确保其不会返回人间骚扰活人是极其重要的。显然,即便在农村下葬儿童从简或者在城市中将婴儿的尸体抛弃是公认的做法,但高死亡率的重点部分完全被错过或者忽视了。[16]在人行道上有如此之多的尸体,在异常高的婴儿死亡率这一严峻现实面前,用这是一种"令人遗憾的习俗"来解释是苍白无力的。

缺乏讨论的另一个原因可能是因为报道这个现象是基于不同阶级的偏见观点。1942年9月,《上海泰晤士报》采访了普善山庄的负责人洛石(音)。除了对即将到来的寒冷冬季可能会造成的高死亡率作出预测外,洛认为"只有儿童是死于饥荒"。他认为成人死亡率相对而言较低,而且"几乎所有的这些乞丐都沉迷于毒品……当他们没有钱来购买毒品时,他们就会死去。如果当局能维持一家婴儿医院的运营,儿童的高死亡率是可以被降低的。"[17] 普善山庄的当家人能口出此言是令人震惊的。通过暗示穷人家孩子的悲惨境遇来吸引捐助和捐款可能是普善山庄的一个策略。成人很容易被描述成不值得麻烦的可怜虫。这些穷人被包装成瘾君子,一个会对上海市民造成冲击的形象,他们也可以被解读成一种自欺欺人和洗白问题的方式。[18] 当然,吸毒被认为是穷人最终在街头暴毙以及在经济危机或者战事期间死亡人数波动剧烈的原因,违背了所有的证据和常识。

在考察这个事情及其影响时,笔者认为需要分清两种"无主尸体"的区别。对于财力有限的人来说,一个既快又省的处理死者的方式是将灵柩寄放在一片空地上,通常不掩埋,就简单地置于地面上。在等待吉日或者有朝一日移馆和体面落葬期间,这是一种权宜之计。对那些无力担负寄柩所寄存价格或者会馆寄柩所帮助的人来说,这是最能负担得起的一种方式。第四章中曾讨论过一种根深蒂固的中国习俗,即将死者的棺材一直保留至在城市或者祖籍地找到适合下葬的时间和地点。[19] 对穷人而言,第二种同时也是更普遍的方式是将死者裹在一个破旧的竹席中,然后置于光天化日之下。在郊区,这样的做法连同将灵柩置于地面之上仅盖一条竹席的习俗是很常见的。尽管空地也会被用来置放尸体,但是大部分尸体被发现于大街上那些多少算是公共区域的地方。

这种情况发生在婴儿和儿童这种未必一定要使用棺材时更是如此。不过成人也有这种情况,女性的尸体很少会不在棺材内,通常死者就穿着自己的衣服,陈尸在外。这个问题会在稍后讨论。高延认为当时不会给儿童,尤其是十岁之下的儿童,安排佛事甚至是葬礼。在城市中,可能是为了处理婴儿死亡的问题,会有所谓的婴儿塔,父母可以把死去的婴儿(详见图 6.1)置于其中。高延和美魏茶(William Charles Milne)都提到了在南方的城市中建有这样的建筑。[20] 19 世纪的上海却鲜有类似建筑的记载。美魏茶特地去访问了善堂和寄柩所,尽管他介绍了 19 世纪 50 年代中期同仁辅元堂收集露尸的工作,但并没有提及类似建筑。[21] 不过,有外国居民提及在城墙之外靠近西城门的地方有该建筑的存在。[22] 在英国人 1862 年的地图上,这样的建筑也出现过一次。[23] 1881 年,在一场大雨之后这座塔倒塌了,但后来肯定历经了重建,因为笔者找到一个该塔迟至 1921 年时的视觉证据。[24]

要完全弄清上海露尸的数量几无可能。19 世纪的大部分信息不得而知、

图 6.1　福州附近的一座婴儿塔

来源：露西·伯德，《图录中国：在中国所摄照片图录》，1900 年，第 62 页

无据可考。即便到了有记录的时期，这些记录是不完整的，而且记录所涵盖的是城市中的不同地区。不过可以清楚的是，在这件事情上，上海工部局早在1893 年就开始谋求与上海县的合作。[25] 两个行政机构主要负责收集尸体，还有一些略小的组织也出现在档案记录中。如何把从医院、福利机构或者难民营里抛弃在大街上的尸体分类也是一个问题。总而言之，这些都是不同的类型，但在真正的危机发生时，这些区分就变得模糊了。最后，任何超过城市范围界线的情况都没有被记录在案。大部分数据是在公共租界（1928 年之后）和法租界（1937 年之后）中的相关行政部门介入此事之后的产物。

笔者为了给该现象做一个大致的评价，先从主要机构，即普善山庄的记录开始分析。笔者幸运地找到一份四页的册子，出版于 1947 年晚期，为了一次集资活动而印发。文件中包含了一张表格，记录了从普善山庄建立开始一直到 1947 年 6 月每年的收尸数量。[26] 数据可能会因为出版需要而有夸大的嫌疑，笔者会用其他各种来源的，特别是档案文献中的相似数据进行核对。印发的数字和内部报告中的数字保持一致。表 6.1 中呈现了这些数字，该表还包括了20 世纪 40 年代末期和 20 世纪 50 年代早期的数据。

表 6.1 普善山庄在上海所收集的露尸和弃棺数量(1915—1954 年)

年　份	成人尸体和灵柩	儿童尸体和灵柩	总　数	成人尸体和灵柩占比%	儿童尸体和灵柩占比%
1915		259	259		
1916		758	758		
1917	62	2 012	2 074	3.0	97.0
1918	51	2 669	2 720	1.9	98.1
1919	91	5 551	5 642	1.6	98.4
1920	152	6 405	6 557	2.3	97.7
1921	243	11 660	11 903	2.0	98.0
1922	503	12 352	12 855	3.9	96.1
1923	644	11 751	12 395	5.2	94.8
1924	625	11 950	12 575	5.0	95.0
1925	528	20 307	20 835	2.5	97.5
1926	620	24 423	25 043	2.5	97.5
1927	609	15 847	16 456	3.7	96.3
1928	438	23 201	23 639	1.9	98.1
1929	627	26 926	27 553	2.3	97.7
1930	1 312	35 064	36 376	3.6	96.4
1931	1 003	33 978	34 981	2.9	97.1
1932	3 088	33 616	36 704	8.4	91.6
1933	1 413	24 410	25 823	5.5	94.5
1934	1 292	35 685	36 977	3.5	96.5
1935	1 360	29 337	30 697	4.4	95.6
1936	1 993	38 352	40 345	4.9	95.1
1937	7 452	42 229	49 681	15.0	85.0
1938	14 989	45 075	60 064	25.0	75.0
1939	8 365	32 711	41 076	20.4	79.6
1940	8 720	20 720	29 440	29.6	70.4
1941	8 708	26 425	35 133	24.8	75.2

(续表)

年 份	成人尸体和灵柩	儿童尸体和灵柩	总 数	成人尸体和灵柩占比%	儿童尸体和灵柩占比%
1942	12 265	18 805	31 070	39.5	60.5
1943	3 598	13 262	16 860	21.3	78.7
1944	2 595	15 305	17 900	14.5	85.5
1945	2 926	10 752	13 678	21.4	78.6
1946	1 702	14 436	16 138	10.5	89.5
1947	588	13 638	14 196	3.9	96.1
普善山庄收集总数	88 532	659 871	748 403	11.8	88.2
1948	588	9 456	10 044		
1949			43 140		
1950			44 661		
1951			30 850		
1954			25 754		
总数	89 267	671 691	848 759		

注：1948年的数据为部分估算。

材料来源："普善山庄简史"，《普善山庄拨印募款特刊》，1947年7月26日，Q1-12-1502；《上海市立公墓火葬及露尸土葬火葬人数》，报告(1948)，Q400-1-3928；《生命统计总报告》，1950年7月—1951年6月，1，B242-1-255-1，上海档案馆；《上海民政志》，第17章，《殡葬管理》(http://www.shtong.gov.cn/node2/node2245/node65977/index.html)。

  露尸数字无疑呈不断上升的趋势，在危机时期更是暴涨。早期记录很可能无法反应露尸现象的程度。[27]但是到了1917年，这些数字或许能传达出城市中真实的露尸数量所体现出的那种震撼，从1918年的2 720具到1919年的5 642具的剧烈增长没有任何背景原因可以解释。[28]普善山庄从建立的那一刻开始就定期在报纸上做广告宣传其行动并鼓励穷人把他们死去的儿童送到普善山庄。[29]1921年时，数值进入到一个平稳期，时间长达5年，随后除1927年之外直到1929年有一波惊人的增长，数字达到了一个新的高度。接下来的10年，尽管数字有来回波动，但出现了另一次大增长。法租界的一份同仁辅元堂的报告显示，直到1929年之前，该堂每年要收集差不多4 000具尸体。如果把普善山庄和同仁辅元堂的数字合并，20世纪20年代后期及20世纪30年代中期每年的露尸和弃棺数量达到了3万具至4万具。

但在两个租界中,日常生活被粗暴打破,造成了深远的影响。1930—1932年是特别无情的一个时间段,这几年在周边郊区灾害频发,尤其是 1931 年的长江水灾期间,几万农民涌入上海寻求庇护,但最重要的是,1931—1932 年冬天期间在城市中也爆发了战事。在第一次也是较短的中日冲突中,法租界的露尸数量直接翻了个倍。想要正常下葬死者的人也被迫抛弃尸体而依赖慈善机构的帮助。[30] 在那之后,要返回先前的习惯状态就困难了,尤其是公共租界。但平静是暂时的,毕竟在 1937 年之后,露尸数量又有一次剧烈增长。

1937 年在上海爆发的中日战事所造成的持久影响远胜于战争本身的直接影响。第一个主要后果是人口的大规模迁移,这些人流离失所、囊中羞涩。在几周的时间里,有 100 万人沦为难民。发生在周边农村的战事也使寻求短暂庇护的农民持续拥入这座城市。尽管大部分人回到了自己的出生地——大概 30 万人——大部分人都留了下来,还期望着回到故乡重操旧业。不幸的是,炸弹、炮弹和大火把北部和东部的市区化为瓦砾。[31] 换句话说,由居民变成的难民只能在外国租界逗留比预期更长的时间。死亡切切实实让穷苦大众,尤其是儿童,付出了代价。1937 年呈现一个新的增长,绝大部分出现在下半年,1938 年更是声名狼藉的一年,给两大主要慈善机构在路边留下了超过 7.8 万具死尸,平均每天 214 具。1939 年和 1940 年的数字有显著回落,即便数字并没有低于 3 万人的底线。1941 年至 1942 年的严酷冬季再一次将这两年的死亡数字推向了高峰。露尸现象成为公共租界中的一个标志性问题,1937—1943 年间,露尸数量从占总人口的一半跃升为占 70%。[32]

在抗日战争后期,除了 1942 年,露尸数量降低到了 20 世纪 20 年代水准以下。这可能是当局强迫驱离政策以及保甲体系加强的结果。无论如何,即便数据是不完整的,但 1947 年时数量又开始增加。这又是一个经济极度不稳定、农村地区战事爆发以及人口大规模流动的时期。1947 年 6 月,普善山庄已经收集了超过 1.4 万具尸体,完全有理由相信在接下来的半年里也会有类似的数量。解放战争的后半阶段带来了非常多的困难,比如从恶性通货膨胀到大量的人口流动。1949 年和上海解放初期都出现了数据的悲剧性反弹,露尸数量超过 4 万具。

要对城市中的露尸和弃棺数量进行精确的数量统计很可能是无法做到的。不同的史料来源所提供的数据不同且互有冲突。大部分时间中,数据的差异是有限的,但是在战争期间,可以确定有很多死尸没有被计算在内。总而言之,对普善山庄这个机构而言,1915—1951 年总共收集了 848 759 具露尸和弃棺,这是一个令人震惊的数字。同仁辅元堂在相对较短的 12 年中收集了近

11.6万具尸体。即便用最谨慎的经验法则来推算，本研究中所有机构在35年间的处理总数将轻易达到100万。这是被抛弃的露尸数量，他们无论是生前还是死后都处于穷困潦倒的状态，其中大部分人是因为无情的经济体系和毁灭性的战争而英年早逝。仅战争时期（1937—1945年），普善山庄的报告中就有超过28万的尸体记载，而四年的解放战争导致了约10万露尸。毫无疑问，战争所导致的混乱对更贫困阶级的平均寿命而言无疑是"死神之镰"。

那些"无主尸"是谁？

有没有可能找到办法来了解这些隐形和沉默的死者？可以预料，尸体被发现时身边什么东西都没有，善会在收尸时所关心的只是移走和埋葬他们。只有很少的数据会记录街上所发现的露尸和弃棺。在大多数记录中，死者是无名尸——没有名字、年龄和职业，有时候甚至没有性别（儿童）。笔者合理地猜测大部分死者属于人口中最贫穷的一批，比如无技能的劳工和苦力。在一份1939年的报告里，卫生局引用了普善山庄的记录，无主成人尸体主要是那些乞丐（33%）、难民（42%）和居民（25%）。[33]大部分从城市里战火蹂躏区域逃出的原居民人群成了难民，再加上其中的一些人沦为"乞丐"，所以，大部分无主尸体被认为上海居民并不是一种夸张的结论。

笔者的数据资料主要从上海工部局介入该事项之后开始，工部局规定如果要获取补贴就要呈报日报、月报、年报。不幸的是，这些报告只提供了一些表面数据，也就是性别、年龄分类（成人/儿童）、灵柩/竹席和警区。记录中并不会有发现无主尸时的精确位置，也不会有关于年龄组的统计。法租界有警察发现露尸的日报。[34]在公共租界，只有成人尸体在被移交普善山庄之前会由警察检查。法租界警察至少在战时会将所有发现的尸体记录在案。警察会根据规定记录下精确的地址和死者的姓名，他们会标出婴儿的月龄，儿童的年龄和成人的年龄段（20、30、40岁等）。从这一系列的资料中，笔者收集了一个包含1937年和1940年共4 083个个体的详尽样本。

从表格6.1中可以明显地看出婴儿和儿童的数量远远超过成人。他们是贫穷、营养不良和疾病（详见表6.2）主要受害者。儿童数据居高不下，其中很多都是新生儿或者婴儿，这并不令人惊奇。在一个住房环境糟糕、食物缺乏、天气恶劣的环境中，他们是最难生存的群体。在超过35年的时间里，他们在普善山庄所收集的露尸和弃棺中占据了88.2%的比例，但是在1937年之前的数值超过96%。表格6.2中，同仁辅元堂数据也印证了儿童弃尸的数量之高。在危机爆发时，就像1932年或者趋势更明显的1937年之后的时间，成人

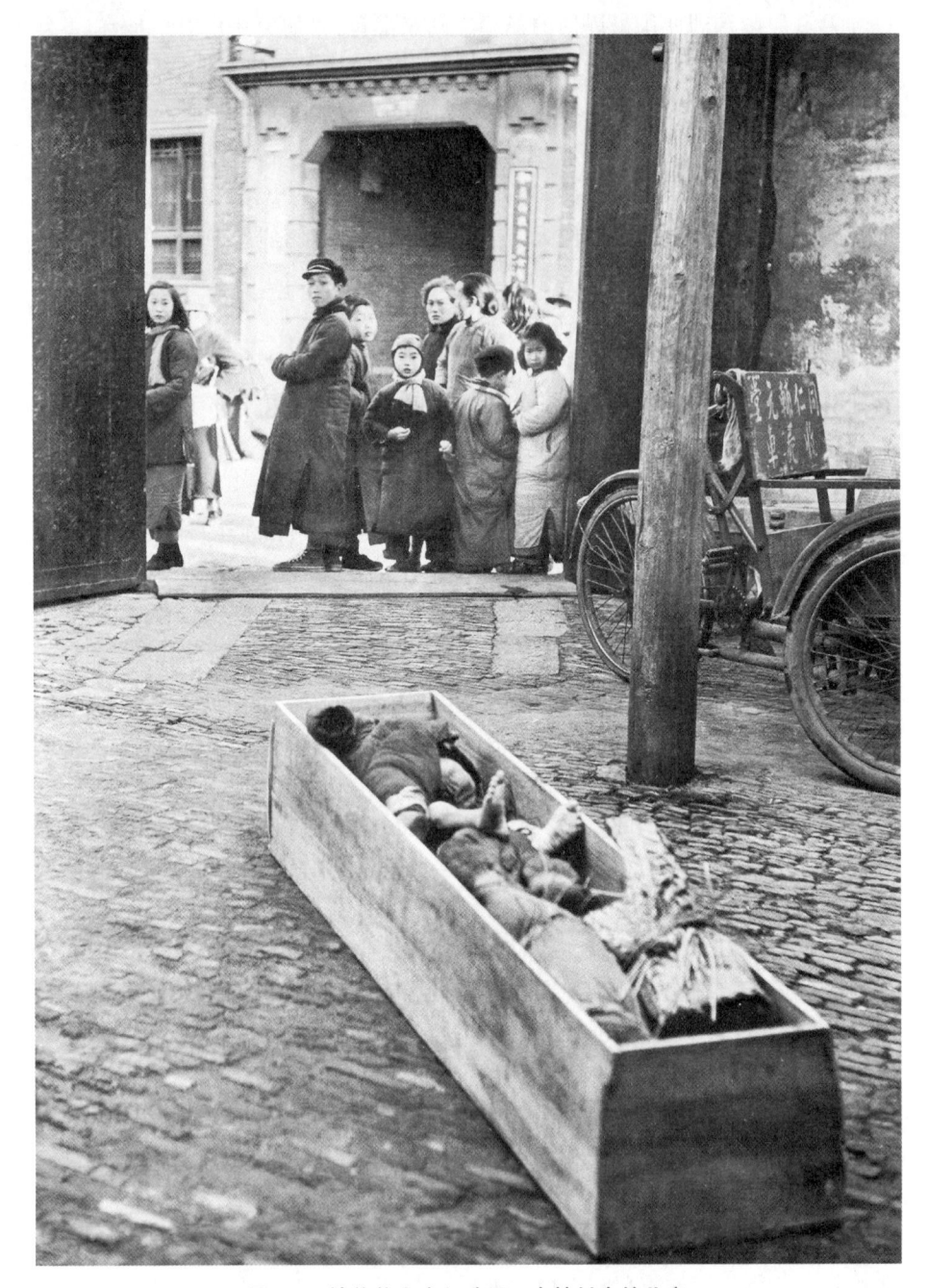

图 6.2　被普善山庄入殓于一个棺材内的儿童

来源：杰克·伯恩斯，《生活》，1949 年（刊登在《上海任务：革命前夜的照片》，伯克利：加利福尼亚大学出版社，2003 年，第 39 页）

表 6.2 同仁辅元堂所在法租界中所收集的露尸和弃棺数量(1929—1941 年)

年份	成人	儿童	总数	成人(%)	儿童(%)
1929	394	3 601	3 995	10	90
1930	668	4 613	5 281	13	87
1931	728	4 715	5 443	13	87
1932	1 350	7 649	8 999	15	85
1933	445	5 371	5 816	8	92
1934	452	4 483	4 935	9	91
1935	596	2 960	3 556	17	83
1936	691	3 313	4 004	17	83
1937	2 443	10 642	13 085	19	81
1938	3 494	15 090	18 584	19	81
1939	2 315	14 465	16 780	14	86
1940	1 673	11 663	13 336	13	87
1941	1 645	10 764	12 409	13	87
总数	16 894	99 329	116 223	15	85

资料来源:《同仁辅元堂申请补助、免费车罩及清毒用具、药水》,U38-5-1641;笔记,卫生处卫生稽查员,1941 年 12 月 20 日,U38-5-1638,上海档案馆。

弃尸的数量开始迅速增长到占总数的 1/5 或 1/4。从全市范围来讲,从 20 世纪 30 年代后期到 20 世纪 40 年代早期,成人弃尸的比重从 1937 年的 15% 猛增到 1942 年的近 40%。1942 年是非比寻常困难且有典型代表性的一年,不仅缺乏食物,而且冬天非常难熬。战事结束之后,数字迅速下降,但是成人中的死亡率仍居高不下(10.5%)。1946 年之后,大趋势又回到了儿童弃尸占极大比重的情况。遗憾的是,1949 年之后的数据无法区分成人和儿童。

男性在露尸中占了绝对多数。在公共租界中,1928 年至 1943 年之间的男性露尸比重一直稳定地保持在接近或超过 90% 的水平。也有一些年份例外,和战争有关的年份(1932 年和 1933 年;1938 年至 1939 年)中女性的尸体则占据了更大的比例。在法租界,1937—1940 年警察公布的露尸数量是 4 082 具,其中 981 具是成年男性(88%)和 138 具成年女性(12%)。法租界的数据比例和普善山庄给公共租界提供的数据比例颇为不同,女性尸体数量更多。如果笔者将成人(15 岁以上)和儿童做一个大致的区分,成人占总数的 1/4,

但男性和女性之间的数字差异极大。成年女性在女性露尸中只占8.2%,而成年男性的比例则有41.3%,因为在公共租界中,成年女性陈尸街头的情况要比成年男性少得多。那认为女性抵抗力强或者营养好而使其长寿的观点是毫无理由的。考虑到穷人或者难民中的男性人数要比女性人数更高,所以对女性尸体数量较少唯一合理的解释是经济原因。由于男性在体力和收入上更有优势,所以相对女性而言更能负担死者葬礼的组织费用,后者在生活中更依赖丈夫。

法租界数据中对于成年人的年龄划分并没有改变总的局面。主要的划分方式是将青少年/成人和儿童加以区分,在儿童中也专门划分出了5岁以下。婴儿和1—5岁在露尸总数中分别占27.4%和42.4%,但这两个群体中共有89.6%是女孩,远高于男性在露尸中的比例(56.3%)。如果警察所评估记录的年龄可靠,1—6个月的婴儿的境遇更糟糕(占总数1/4),这可能是和断奶以及补充母乳用的人工食品有关。[35] 当然,五岁以下的孩子更容易夭折。他们还没有发育出能抵御各种传染病的免疫抵抗力。不过,他们所居住的糟糕住房环境和饮食上的缺乏营养,是婴儿夭折的罪魁祸首。[36]

如果我们进一步考察婴儿和儿童的数据,尤其是男女之间的比例,会发现两者之间总体而言是平衡的,尽管一年之内的女孩死亡率略高一些(52%比48%)。在1—6月大的婴儿中,比例差异会更明显(59%比41%)。当然,这涉及杀婴问题,或者至少和对男孩女孩的偏好或者忽视是有关系的。由于缺乏出生率统计数字,笔者并没有足够数据来合理地分析这些数字。如果自然比例假设是1∶1,女孩的数据在笔者所见并不完整的数据统计表中显得更少,这意味着女孩的存活率更低,也印证了"有意"或者"无意"的杀婴现象。但是当年龄超过一岁时,男性的数据更多,而且数据随着年龄的上升而增加。不过数字并不能显现出一个清晰的形式。[37] 但好在就像大部分关于前现代和现代的城市死亡研究中所展示的那样,营养不良、环境不佳和医疗匮乏是让婴儿和儿童、男性和女性付出生命代价的更重要的因素。

成人尸体被发现时毫无遮盖,也无灵柩装尸,几乎没有例外。公共租界记录的一些年份的数据有一些差异,但是并没有明显的区分。1937—1939年这一时间段的数据显示。弃棺的数量增加,1938年中弃棺的数量比以往的情况要多(25%是男性,45%是女性),但这是例外情况。儿童通常被置于灵柩中或者裹在席子里(战前大概占1/3,然后升至60%—80%的比重)。显而易见地,经济困难使穷人家庭更难以承担甚至是一个小而简单的棺材,尸体就这样被抛弃。这和露尸的可见程度以及当地居民的反应是有关的。根据尸体是否已经入棺、儿童还是成人的区别,居民的敏感度会深受影响(详见图6.3)。露尸在上海的分布充分证明了这是一个除了住在那些富人区域的人之外,所有居民都必然会遇到的现象。

图6.3 人们正在观看普善山庄的工作人员将露尸入殓

来源:H1-25-4-11,上海档案馆

　　季节也是一个会影响每月收集尸体数量的因素。尽管没有一个绝对化的模式,有些月份在几乎所有统计年份中都占据着更重要的位置。3月通常是一个露尸收集的大月。因为它是冬季的末端,在营养不良和与寒冷有关的疾病的双重夹击下,会带走很多虚弱的人。7月或者8月是常规的收尸高峰月,这和营养不良的关系要小一些——尽管7月和8月通常是谷物价格更高的时候——相较之下,高温、恶劣天气和传染病是更重要的因素。这只是和平时期的模式。战争从1937年晚期到1938年的大部分时间内严重破坏了和平时期的那种模式。在战争之后,原来的模式又再度恢复,尽管在1942年的1月至3月有一个不寻常的高峰,当时受到极寒天气、食物供给缺乏和价格飞涨的联合夹击致使一部分人饿毙,到1942年8月那个炎热而又干燥的夏天时又达到一个高峰。[38]

　　露尸在城市空间中的分布情况是理解该现象如何被上海居民感知的基

础。露尸和弃棺在城市中创造了一个特别的死亡地理学。笔者通过将其制成地图,可以复原当时的地理分布,即便一个视觉的呈现可能无法真正重现原本的现象本身。这是综合数据在空间上的投射,它们体现了该现象的广泛分布。在公共租界,数据是靠警区统计的。这些数据揭示了随着时间的推移,由于人口密度和通往部分区域的通路有所改变,地理分布情况是变化的。[39] 1937年之前,大部分数量的尸体是从四个行政区域收集到的,集中在几个巡捕房的区域:中央区的老闸捕房;东区的杨树浦捕房、汇山捕房、嘉兴路捕房;北区的虹口或者西虹口捕房;西区的涌泉路捕房。除了老闸之外,其他区域有着更高的工厂和作坊密度(北区和东区),是大量工人的家。它们也是新到移民(商贩、苦力)所找到的庇护地,绝大部分住房都是最基本的形式。老闸是收集到成年尸体最多的区域,而在西区和东区这两个警区中则收集到大量儿童尸体。

战争极大地改变了这一空间分布形态。从1937年开始东区和北区从露尸地图上几乎消失了,这两个区由于战事的关系导致人口迁出,在1938年的大部分时间内都无法进入。结果那些最西面的行政区的露尸数量上涨了很多,不过露尸数量最多的地方还是中央区,在这里收集了总尸体数量的64%。1939年,作为几个难民营所在地的西虹口再度出现在露尸地图上,同时出现的还有露尸数量增加的最西面的几个区和老闸。中央区的新闸和常熟的露尸数量也显著增加,而且在未来几年中该趋势鲜有变化。这样一个快速调查表明了在人口最密集的市中心区域的露尸率在中日战争期间和战后都要更高。原本一个散布于城市及城市边缘较为集中的现象变成了一个几乎出现在众人门口令人反感的难看的存在。

1938年法租界警察的详细记录使研究者更精确地"看到"露尸被发现的位置(详见地图6.1和地图6.2)。就像邻近的公共租界一样,法租界中所有的行政区都有大量露尸,除了较小的东区之外:按照重要性的秩序排序为中央区(31%)、霞飞区和福熙区(几乎都是19%)、贝当区(14%)、马莱区(13%)和东区(2%)。这些数据和区域大小或者人口多少无关,但是东区较低的数值可能和其面积及形状(沿黄浦江的长条形)以及来来往往川流不息的人群有关。中央区的高数字可能是因为它境内最大区域的南界紧邻徐家汇浜的缘故,这是法租界或者邻近华界居民倾倒尸体的方便之地。警察的记录证实,战时的露尸现象无处不在,在人行道、市场上都能发现露尸,但是大部分尸体发现于数量繁多的、在居民区里穿梭的里弄中。每到夜晚,这些都是悄无声息抛弃婴儿死尸的理想之地。

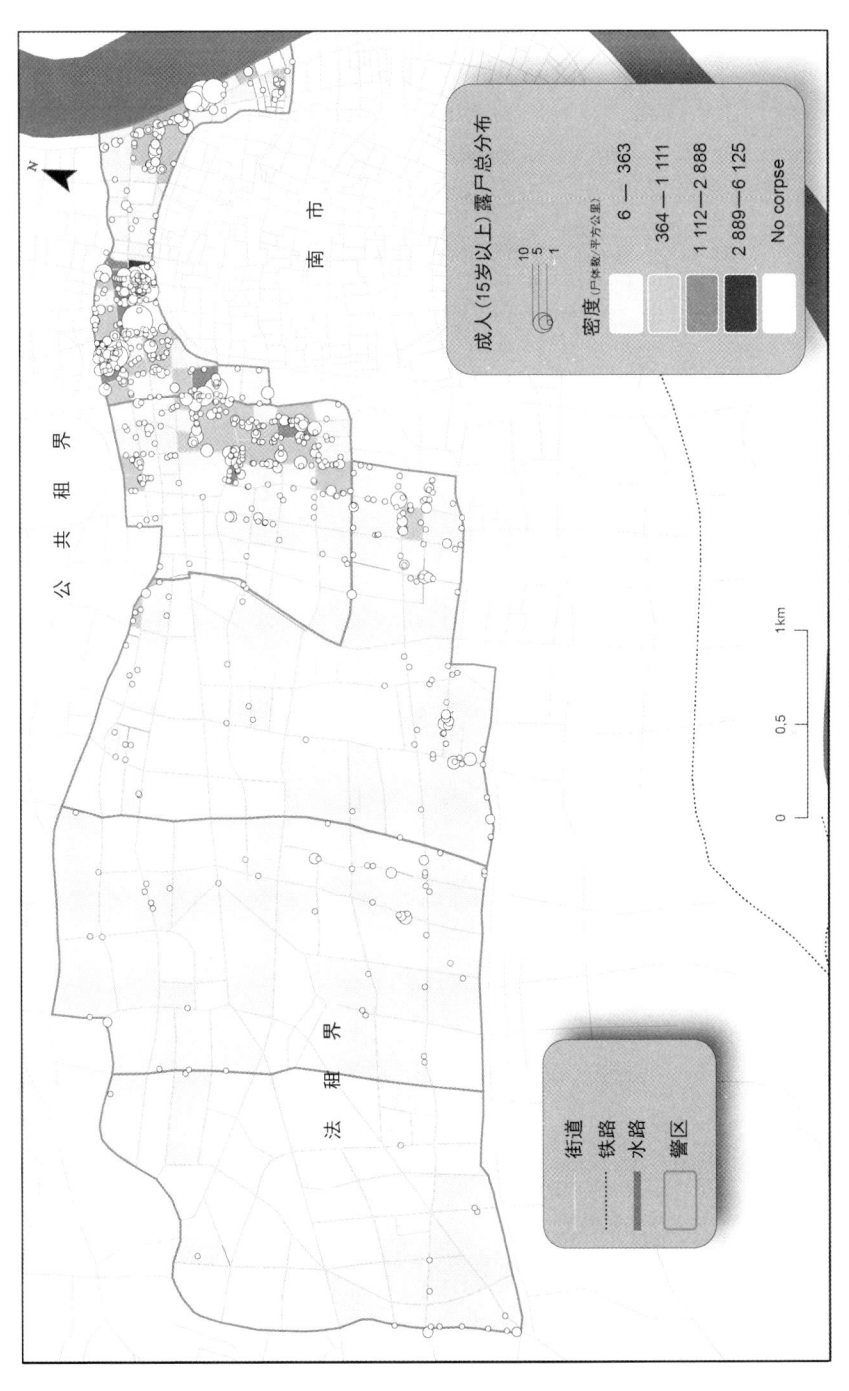

地图 6.1 1938—1940 年法租界成人露尸的分布

来源：视觉上海网站

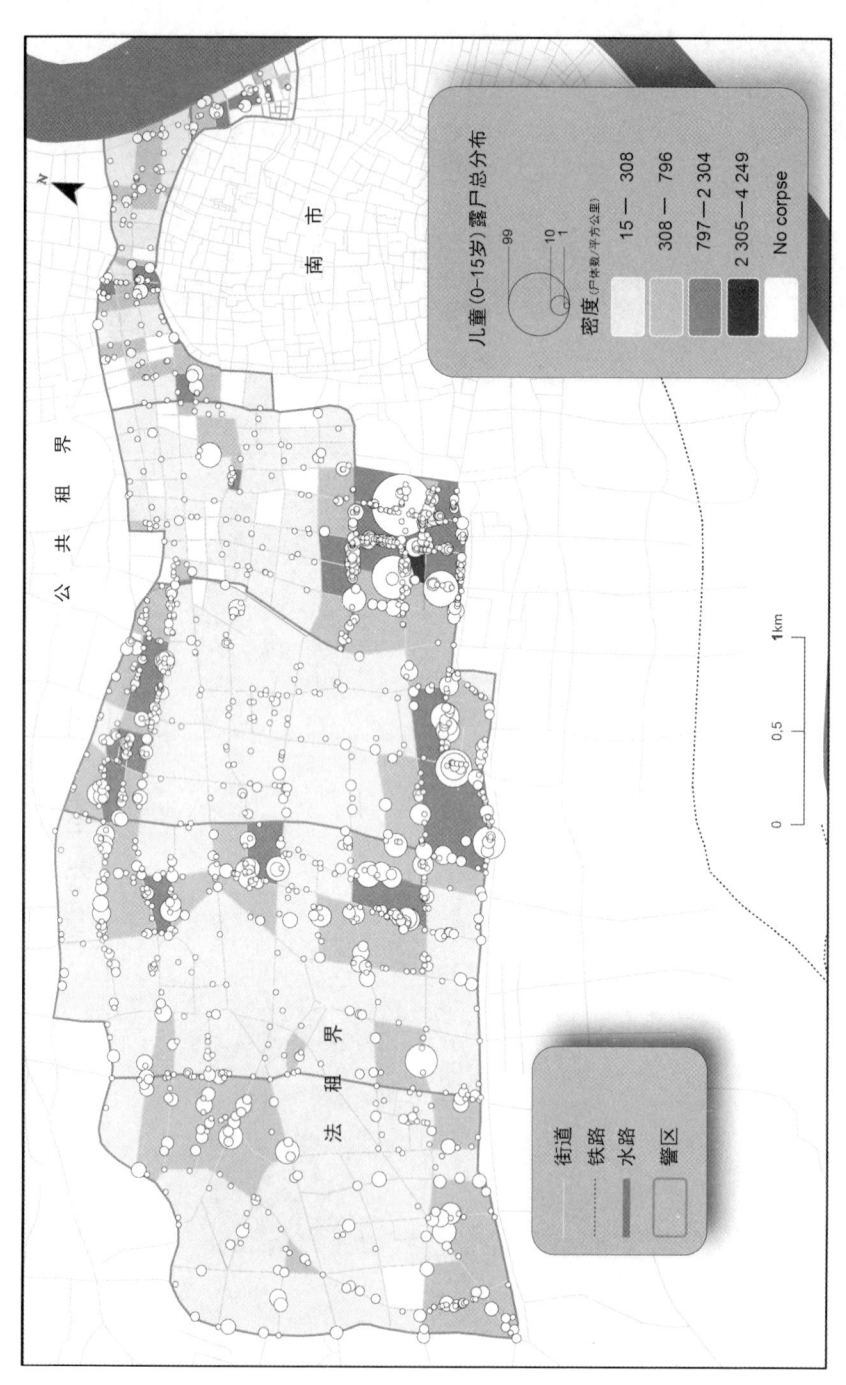

196 镰刀与城市：以上海为例的死亡社会史研究

地图 6.2 1938 年法租界儿童露尸分布

来源：视觉上海网站

儿童和成人之间有一个主要区别。在整个租界中，男女性儿童尸体都能被发现，而成人尸体则集中在两个最中间的区域，东区、马莱区，和部分中央区（详见地图6.2）。婴儿和儿童被"扔"在各个角落，但是成人尸体最有可能出现在其死亡的位置，而中间的那些区是他们生前试图讨生活的地方（比如公共租界的老闸）。在警察的记录中有丰富的证词表明这些人被发现时，处于"生理上痛苦不堪的状态"。[40] 两张地图也都带来了一些可能的曲解，因为在几个月中所收集的所有尸体都被呈现在此。[41] 尽管如此，它们仍提供了法租界中死无人知这种情况的真实视觉呈现。它们颇为清楚地表明了即便法租界是上海最发达的区域之一，拥有丰富的资源和财富，但仍然有数量可观的人就这么死去或者被抛弃在街头。

葬得其所

露尸问题给这座城市造成了一个巨大的挑战，上海的各市政当局都不希望自己对死亡的管理超过给墓地制订规章制度的范畴。就像其他在中国城市中所关心的那些问题一样，这项任务最终落到了私人慈善机构的头上。在晚清和民国上海，负责从街头收集死尸和弃棺的两个主要组织是普善山庄和同仁辅元堂。中国政府或者外国租界均属袖手旁观，即便在1927年仍是如此，实际上在这件事情上两者均完全依赖这些慈善组织。红十字组织在上海的这一领域也同样缺席。[42]

同仁辅元堂是各种接济穷人的善会合并后的产物。其最直接的前身是同慈堂和同仁堂，分别建于1746年和1805年，后者在建立时将同慈堂吸收并入。1834年，一个新的组织——普元堂出现了。但到1856年时，它和同仁堂合并，成立同仁辅元堂。[43] 到19世纪50年代中期时，同仁辅元堂被认为是负责埋葬穷人的组织。[44] 尽管同仁辅元堂已经介入收集弃尸和弃棺的工作，一群由王一亭（一位著名的上海慈善家）领导的宁波商人认为须尽快另外建立一个专门承担该职责的组织（普善山庄）。到了第二年，普善山庄第一次提出落葬地的要求，然后在1918年获得了大场墓地中的一大块地。从其最早在闸北的墓地开始，普善山庄开始向公共租界（1922年）、南市（1925年）和浦东（1926年）扩展。[45] 同仁辅元堂和普善山庄都有大量苦力收集尸体，不过他们也会给发现儿童死尸并带到善会的任何人以一定酬金。[46]

同仁辅元堂和普善山庄所提供的服务并不是上海独有的，因为露尸和弃棺并不是上海或者民国时期才有的问题。尽管笔者并没有晚清时期的真实记录，但是，从种种材料来看，这已经是19世纪中国城市生活的一个特点。在宁波,慈善团体在 1935 年贡献了至少 279 口棺材,包括给儿童提供的 63 口。《北华捷报》报道了几个埋葬无主尸和收集散骨的善堂。[47] 广东的爱育善堂在 1872 年提供了 836 口棺材,大部分提供给在街上发现的无主尸,第二年又提供了 547 口。[48] 70 年之后(1946 年),广州城内卫生局的记录证实了露尸的持久存在。在一个报告中,一幅地图展示了地理上该现象的分布范围——1946 年 1 月至 8 月收集了 8 250 具尸体。[49] 令人惊讶的是,北京或者天津方面的史学研究并没有提及这个会对公共卫生造成显著影响并导致环境卫生出现状况的问题,除非我们认为这个现象在南方城市中更显著。[50]

即便在 19 世纪后期,两个机构日益关心公共卫生问题,其核心是伦理问题。在中国的城镇,甚至是乡村中,当一个无名人士突然暴毙,当地有为其提供棺材并将其落葬的责任。[51] 每一位死者都有权利拥有一个体面的葬礼,尽管这种权利十分简单。[52] 大城市中众多的案例可以解释一些组织倾力收集和在一个简单的仪式之后落葬露尸的原因。为了保护上海的城市居民,一年中甚至还有三次针对"没有善终"的"孤魂野鬼"的召唤仪式(详见第七章)。即便是在非常时期,所有的幽魂也没被遗忘。如 1937 年晚期在战区发现后被匆忙火葬的遗骸被委托给普善山庄"根据各种仪式落葬,将其明智地整齐排列,这样不会冒犯任何一种宗教信仰。"[53] 有 30 位佛教僧人负责相应所需的佛事。[54] 两家善会以落葬露尸为自己主业的同时,他们实际上还提供范围广泛的服务,给贫穷家庭提供免费棺材以使死者妥善落葬是其一项主要工作。1915 年至 1947 年,普善山庄贡献了 271 832 口棺材。[55]

两个善会之间的分工并不明确。早在 1864 年,同仁辅元堂在法租界开设了一个分会,尽管法租界当局直到 1937 年之后才承认其为唯一合法组织。普善山庄则在 1928 年之后被公共租界官方承认,尽管其主要的活动范围在 1900 年之后苏州河对岸发展起来的新的闸北区。档案材料提到了其他组织,通常是因为他们从上海工部局申请补助金,但他们都是小规模的后来者,从未扮演过重要角色。[56] 1929 年,一个声称始建于 1918 年的慈善团体申请上海工部局的保护和支持。不过他最主要的工作是给穷人和医院分配免费棺材。[57] 1939 年,一个有 1 000 名会员之多中国道义会宣布开始移除公共租界中的尸体,但他将自己工作的主要范围局限于其所位于的同孚路[1]周围。[58] 同仁辅元堂和普善山庄成了半官方的穷人收殓者,其他善会组织和医院会把他们的无主尸或者穷人的尸体送到这两个善会。[59] 比如,1925 年普善山庄从其他机构那里接收了

─────────
〔1〕 译者注:今石门一路。

6 941具尸体。5年之后的1930年,普善山庄从其他机构那里接收的尸体总数上升到了10 772具。

两个善会都使出浑身解数来确保无主尸能有一个安息之所。[60]普善山庄在上海北面的大场拥有一块大墓地(普益公墓),于1935年开放。[61]同仁辅元堂在黄浦江对岸的浦东拥有33块墓地,他们用辨识度极高的帆船运输灵柩。[62]但随着战事的爆发,两个善会都无法使用他们的墓地而只能另寻新地,新地主要是在上海西部的虹桥地区。[63]由于战事西移之后,前往位于虹桥的墓地愈发困难,只能使用位于公共租界和南市里的临时墓地。[64]战事从上海蔓延到别处后,普善山庄将几万临时存放的灵柩移到了虹桥公墓。[65]普善山庄肯定不遗余力来确保无主尸的落葬,尽管他们要面临来自上海工部局以及其他私人组织用火葬来处理尸体的种种压力。[66]当这些墓位填满之后,两个善会只能试图在这个区域获取更多土地来落葬尸体。最终,普善山庄在上海工部局的虹桥公墓旁边拥有了一块150亩(55英亩)的土地。[67]1941年1月,卫生局警告剩余空间将在两个月内用完,即便灵柩已经呈一列两到三个的形式堆叠在土中,而上面仅有薄薄的一层土覆盖。[68]

尽管从街头移除露尸的需要的确让普善山庄得到了当局的支持,但是虹桥区域经常会不断终止或者禁止落葬。普善山庄在离上海更远的青浦县蟠龙镇获得了土地,距离城市10公里,这导致了高昂的交通运输成本。[69]普善山庄用来落葬有主或无主棺的那块土地曾销声匿迹。战后,他回到蟠龙镇,要求收回土地。普善山庄开始清空灵柩,但是这项任务超过了其后勤所能负担的能力。最终他们通过给土地所有者支付租金直到灵柩搬运结束为止的方式,说服他达成了一项协议。[70]争取更多落葬空间的努力是一个持久战,不仅仅是因为通往已开设墓地的道路被封闭,还因为持续性的战火所带来的更多落葬需要。[71]除了这些难处和成本之外,两个善会从未在给所收集尸体提供安葬之地这点上有所妥协,即便这可能要迁坟数次,任何尸体都要葬得其所。

管理弃尸

外国租界存在的大多数时间里,租界当局并不直接介入弃尸或弃棺的处理问题。在晚清和民国早期,一直到20世纪20年代,公共租界收集弃尸的工作是官方授权给地保来完成的。地保负责监管其管辖区域内土地交易,他被要求尝试辨认尸体、联系亲属和递交报告。报告里会描述尸体的状态和在该尸体上所发现的所有个人财物。[72]由于管理外国租界的土地章程禁止任何中国人葬在租界,移除露尸的工作也落在了地保身上。行事不力的地保可能会被会审公廨免职。[73] 总体而言，这项工作的处理颇为高效，即便上海工部局偶尔会对靠近租界边界地区的未处理灵柩提出抗议。[74] 但是这项工作随着 20 世纪 20 年代弃棺和弃尸的急剧增加以及抗议的日趋频繁而变得愈发困难。

1921 年，普善山庄第一次向上海工部局申请以获得经济方面的支持。在其申请补助金的信中，普善山庄强调了其向社区提供的服务。[75] 上海工部局断然拒绝提供补助，反而还争论说移尸的处理工作已经由地保高效完成，像类似善会所提出的所有这样的申请都已经被拒绝。显然，工部局没有发现地保只是移尸工作的中间人而实际工作是由普善山庄完成的。[76] 普善山庄暂时放弃了申请，但是三年之后又向工部局提出相同的要求。这一次，还提及了在维护公共卫生方面的角色。上海工部局再一次不为所动，而且似乎又一次对实际情况完全视而不见。其卫生稽查员所准备的备忘录声称他们从未听说过普善山庄，他们的负责人表示根本没有这样一个组织，稽查员们从未能"找到这些人"。[77] 这里可以观察到两个现象：普善山庄勤奋高效的工作且死尸的数量在可控范围内，他们认为向上海工部局申请支持天经地义。但申请又一次被拒绝。[78] 善会在法租界公董局的尝试也未能成功。[79]

20 世纪 20 年代中期，地保愈发不愿意监督死尸的移除工作，要求上海工部局解除他们的这项职责。这可能是因为公共租界内所发现的死尸数量大量增加。在 20 世纪 20 年代后期，每年的数字可达到 4 000—6 000 具。国民党统治上海后，新的城市政治环境也可能会被用来给上海工部局施压，以求增加其投入。[80] 尽管工部局还是倾向于维持原状，但是 1928 年他授权普善山庄在工部局巡捕房的监督下来负责此事。[81] 法租界拒绝了普善山庄的所有申请，认为他可以靠同仁辅元堂来完成此事，只需同仁辅元堂偶尔起到很小的作用即可。[82] 事实上，同仁辅元堂只在 1937 年因法租界中的收尸工作导致成本不断增加而申请补贴时，才出现在公共卫生救济处的视野之中。[83] 每一次申请都没有获得什么同情。公共卫生救济处怀疑同仁辅元堂夸大死尸的数字和收尸的成本以获得公董局更高的补贴。[84] 因此，直到中日战争爆发时，当局的介入还是微乎其微的。两大善会移除"弃尸"时表现出的极度高效，无疑在将露尸这一现象从上海居民的眼中和心中除去这方面扮演了重要角色。

战事期间这两个组织的工作负担急剧增加。[85] 在 1931—1932 年中日冲突期间，街上发现的死尸数量增加了两倍。在 1932 年 2 月 12 日的一份信件中，卫生处专员注意到所收集到的尸体数量是往常的两倍。[86] 普善山庄所记录的 1932 年 3 月的数值更为惊人，所收集到的尸体总数是前一年 3 月份的 5 倍。[87]

当 1937 年战事在城市内外全面爆发后，死亡数字急剧上升。从华界饱受战火蹂躏的区域逃出的难民只带了有限的财物。尽管有许多人在亲戚朋友那里找到了新的归宿，大部分人只能在大街小巷风雨露宿，或者能在善会公馆所建的难民营中找到一席之地，这已经是最好的结果了。由于现金不多、储蓄有限，这些家庭是无法在上海持久生存下去的。[88]一个新的问题出现了，不仅仅是弃尸增多的缘故，还因为日军的占领或对黄浦江或苏州河的交通封锁造成了无法将这些尸体转移并埋葬到外国租界之外的地区。

和平时期由中国私人组织处理得相当不错的这项事务，到了战时则需要外国租界的强力介入。在战争爆发的最初几个月，弃尸会被原地处理。上海工部局使用工务处的推车和雇佣屠宰场的苦力来拉走死尸。[89]当局只是确保尸体能在第一时间被转移到可以埋葬的地方。[90]但是中国的伤员，既有平民也有士兵，被成批带到公共租界。卫生处声称普善山庄在大量急需处理的尸体面前束手无策。[91]1937 年 12 月战事消停之后，形势并没有得到缓和，几乎每一天都会收到市民或者工厂的投诉信。[92]上海工部局很快便被大量死在自家地界却无法运走的尸体所"淹没"。[93]为此他们设想了各种措施。1938 年 5 月的一份秘密文件显示，警务处提议将尸体倾倒入海。[94]不过卫生处的官员反对这个主意，他们主张在过去四个月中有将近 3 万口棺材出于卫生考虑被火化处理，所以将尸体倾倒在海中既没有操作性也没有必要。而且，卫生处官员主张，"必须要考虑中国人的情绪，就像考虑其他国家的人一样。"[95]

1938 年春季时，两个租界当局都已经对空间和健康问题严重关切。特别是他们已经开始担心是否能在夏天来临之前把死尸都移走。上海工部局在那时决定对弃尸和弃棺进行强制火化处理。[96]工部局在战前回复普善山庄时便提出了无主尸的火葬问题，尽管收效甚微。[97]在最早几个月的斗争中，火葬被作为处理战区中死于战乱的弃尸的紧急方式强制实施。[98]1938 年 5 月，当同仁辅元堂的场地已经不足以继续落葬灵柩或者穷人的时候，法租界也引入了对弃尸进行火葬的方式。[99]同仁辅元堂对未经其赞同就推行的政策表示抗议，并威胁法租界当局将不再收集弃尸。[100]

两大租界当局成功压倒了中国善会的不情愿和抗议。[101]法租界的火葬规定于 1940 年 1 月 1 日起被取消，通往浦东的交通的恢复使同仁辅元堂能将灵柩船运至其墓地落葬。[102]但在公共租界，火葬的方式一直被沿用到战争结束。[103]尽管两个善会会帮忙将尸体运送到火葬点，但是他们对外保证，包括在报纸上刊登公开声明，绝没有参与尸体的火葬过程，而是都交给外国当局处理。[104]卫生处指出，尽管在公共场合善会对火葬都呈现批评的姿态，但是他们其实获益颇多,因为火葬显著降低了他们的开销。[105]

火葬在上海西区两个不同的火葬基本设施进行。[106]官方报道介绍了将成批尸体进行火葬处理的技术要求,这是一个让人不忍卒读的故事。[107]到1938年8月时,卫生处每个月要火化5 000具尸体。[108]在1939年的前6个月,这一数字蹿至20 531具。[109]战争带给上海的人间惨剧可以由两个简单的数字来衡量。1944年5月,公共租界卫生处已经监管了182 225具尸体的火化事宜。如果加上法租界两年内大概2万具的火化数据,总数字将超过20万。[110]这些数据表明,在这些年中,上海的普通居民几乎都会碰到横尸于大街小巷的儿童和成人。在西方人的回忆录或者横光利一的小说《上海》中,我们会发现作者时不时会提及这一现象。[111]尽管这一现象从未成为公共辩论的主角,但一般倾向于认为当局的强势介入反映了他们对公共卫生的关注,以及公众对都市空间中这一令人讨厌的、侵入生活的死亡日益增长的不安情绪。

生者与死者:一个变化的概念

随着时间的推移,存在于居民区的露尸似乎越来越成为使上海居民警觉的因素。反映居民敏感性问题的数据非常有限。除了报纸之外,笔者只能依赖档案馆中的信件。它们有多大的代表性很难定义,不过它们的时间和当局的反馈或许能支持这样一个观点,即20世纪20年代早期便开始越来越关注这个问题。在公共租界,上海工部局是居民倾泻怒火或者抱怨的天然目标,即便这些怒火和抱怨并不直接涉及死尸的收集。在类似抗议的压力下,工部局只能制订出各种方案来解决露尸的收集问题。

居民通常会抱怨三个问题:气味、场面和延误。弃尸可能在不同的时间段出现——就是字面意思的出现。1920年2月28日,居民向上海工部局抱怨在公共租界300码的边界上留有500具灵柩。这块地方恰好属于同仁辅元堂,而且已经成了一块棺材的堆积地。当住在邻近区域的地保认为灵柩堆积到足够的数量时,他就会将这些灵柩安排运走。上海工部局要求中国当局禁止同仁辅元堂这么做。[112]但是,1926年,卫生处对同一处地方的描绘如下:"这些灵柩中有许多已经被流浪狗翻开,尸体的一些部分散落一地。很多尸体只是用竹席包裹……在天气热的时候,从这些堆积的灵柩中,散发出令人难以忍受的恶臭。"[113]从档案的反馈来看,这件事情从未解决,外国或者中国居民最晚到1935年还在经常对此抗议。[114]

1937年7月,居民对跑马场旁收尸站中未入棺的尸体所散发出的"恶臭"进行了抗议。[115]一个月之后大世界门口的爆炸案造成了大量尸体,以至于根据周边街区和上海工部局的说法,普善山庄在移除时都有点力不从心。[116] 1937年12月,一位住在胶州路的居民报告了街上有几具儿童的尸体。[117] 很明显这是窃贼晚上光顾,将尸体抛出,而将空棺材带走作为柴火的结果。当然,当这么做的人在作案时被抓住时,这样的行为会受到严惩,但是在困难时期很难起到以儆效尤的结果。[118] 1938年4月,华界中位于南市豫园边上著名茶室旁的店主抱怨因水中的死尸导致池塘恶臭。在宁波码头,露尸的堆积也引起了市民的严重关注。[119] 在宜昌路旁计划建楼的荒地上,工人在1938年5月挖出了将近200口灵柩,将其沿内外棉株式会社的员工宿舍墙排成一行。日籍的工厂负责人要求卫生处将这些灵柩移走。[120]

在1937年12月—1940年8月间,上海工部局收到45封关于弃棺的投诉信。[121] 尽管这只是一小部分——可能更多的投诉是通过电话汇集的——很重要的是可以看到居民对这种视作烦扰的存在越来越不高兴。这样的内容充斥于中国善会和外国租界当局之间的往来信函中,他们想要寻求更合适的做法而且要避免任何会惹怒上海居民的事情。两个租界当局试图在露尸的移除和运输方面强加规定,他们特别强调尸体在用推车运输穿过街道、运往收尸站时必须严密覆盖。[122] 但是规则显然很难执行,尤其是当可用的运尸人力远远不如数量众多的尸体时:"不顾口头和书面关于尸体运输糟糕状况的诸多抗议,比如在沿公共道路运输时尸体外露以及将其粗心遗落……昨天……儿童的尸体从一辆卡车上就像布娃娃般被掉落在公共道路上。过路人只能捏住鼻子抵御臭味,场面恶心至极。"[123] 上海工部局要求普善山庄在其卡车上安装帆布罩,"尺寸要足够大到有效遮盖卡车上的所有灵柩。"[124]

法租界的公共卫生救济处对同仁辅元堂的批评更甚,尽管直到1938年3月他们才开始对寄柩处进行常规检查。[125] 公共卫生救济处反复抱怨同仁辅元堂缺乏合适的规定,且彻底忽视了基本卫生标准。当同仁辅元堂试图遵守良好的标准时,其手下的苦力却不这么做。他们收集的尸体有时是全裸,在运输时不加遮盖地穿过大街小巷。[126] 本地居民也会抗议同仁辅元堂的做法,谴责其收尸站中那些已推挤不下的尸体,有时候就被留在大街上。[127] 同仁辅元堂位于宁波路89号这一人口稠密区域中心的收尸站,被描绘成一幅灾难性的图景——尸体腐烂、蛆蝇丛生。[128] 1941年6月,法租界甚至把补助金从5 000元减至3 000元,作为对同仁辅元堂的处罚。不过同仁辅元堂坚决回应称他是在帮助当局处理无主尸,要求当局撤销该决定,并暗示法租界他们将暂停在租界内的收尸工作。[129] 一年之后,卫生处的负责人又表达了相同的怨言,但是他同样无力取代同仁辅元堂所提供的宝贵而关键的服务。[130]

收集露尸所依赖的人力有限，所用设备也很普通。笔者所找到的数据只包含战争时期，也无法获知普善山庄或者同仁辅元堂所雇人手的信息。显然，收集尸体是一个收入低下的工作，并不会获得什么社会尊重。两个善会所雇佣的人每一天都要和死尸和灵柩相接触（见图6.4）。[131] 他们所用的工具也颇为一致，直到战争爆发。1938年2月，普善山庄拥有一辆汽车、三辆卡车、三辆送货三轮车和三辆自行车。为了跟上工作负担加重的步伐，普善山庄只能买了一辆新的"雪佛兰"卡车。[132] 4个月之后，又购买了一辆新的"钻石"卡车。[133]

图6.4 同仁辅元堂用来收集儿童露尸的人力三轮车

来源：杰克·伯恩斯，《生活》，1949年（刊登在《上海任务：革命前夜的照片》，伯克利：加利福尼亚大学出版社，2003年，第38页）

1939 年 12 月，普善山庄拥有了一个小规模车队，包括一辆汽车、四辆运货车、三辆运货三轮和四辆自行车。除了用来运输灵柩的卡车之外，普善山庄还计划添置三轮车。[134] 在法租界，同仁辅元堂到 1938 年晚期有两辆平板车、两辆人力三轮车和两辆卡车用来收集弃尸，尽管只有一辆卡车是用来专门收集穷人尸体的。[135]

1938 年，同仁辅元堂维持着一支六人的苦力队伍来操作平板车和三轮车，还有两个司机负责开卡车。在接纳尸体和灵柩的方面，也就是虹桥墓地，维持着一支队伍，由 8 名苦力和 1 名队长组成。[136] 战前的一份文件列出了全部 45 名雇员，但有 1/4 是行政人员。[137] 1942 年时，成员几乎没有变化。名单包括 3 名在街头收集尸体的苦力和 18 名（包括一名厨子）负责入殓、运输和落葬无主尸的苦力。[138] 为了加快移除露尸的速率，苦力们会将尸体先运到建在租界各处的收尸站。尸体会从收尸站移往更西面的区域落葬，或者在 1938 年之后，会被火葬（详见图 6.5）。然而到 1941 年 12 月之后，新的困难出现了，给卡车弄到汽油变得越来越困难，而尸体的数量却继续增长。另一个主要问题是确保获取制作灵柩的木材成本也在上升。[139]

图 6.5 同仁辅元堂准备用车载运去落葬的灵柩
来源：视觉上海网站，ID15451，来源未知

1941 年 12 月，普善山庄不得不重新使用可装载四口大棺材的手推车来短途运输灵柩。[140] 最终，普善山庄只能依靠其六辆手推车把灵柩运往上海的西面，那里是落葬仪式和火葬场所的所在地。[141] 同仁辅元堂也无法为其卡车弄到

足够的汽油。[142]

事实上,当局从未能对其错误的认识拨乱反正,也未促进露尸的移除工作。[143]1942年1月,卫生处承认"错误的认识仍然是我们真正的大麻烦。"[144]在同一个月中,上海工部局试图建立一个将普善山庄排除在外的跨部门方案。[145]一旦收到警务处所汇报的区域名单后,工务处最早的收尸行动会在清晨开始。如果警察在早上九点之后发现其他尸体,会有一次附加的收集行动。尸体会被运到位于天潼路和茂海路[1]的收集点。[146]但因为居民的投诉,天潼路的收集站被迫在1943年的夏天关闭。于是,所有的尸体都被送到了茂海路和普善山庄位于跑马厅路[2]的收集站。[147]不过到了1942年4月,仍然没有任何改善:"相反地,尸体被留在街上或巷中至少两到三天,而过去在两天之内就能移除尸体的普善山庄却被禁止做这件事情。"[148]工务处的苦力并不喜欢他们的新工作,而且对迅速移除尸体毫无动力。到了1943年后期,公共租界不再介入尸体收集工作,重新将该职责交给普善山庄。[149]在法租界,当局在1943年2月也试图为了将无主尸从街头清除而创立租界自己的服务体系,但是计划最终没有变为现实。[150]事实上,尽管收集尸体从技术上来说是简单的,但在两个租界中,警察在发现成人尸体后进行系统性调查来确认死者身份并确定该死亡与犯罪无关,经常会导致时间上的延误。[151]所有的弃尸在落葬或火化前都会拍照存档,不过在1942年12月之后这样的操作就中止了。[152]

中日战争结束之后,处理城市中无主尸的任务就变成了中国当局的责任。但是档案记录却很粗略,使得研究战后当局的政策困难重重。尽管市政当局对此情景表示同情,当局还是最关注公共卫生问题,并寻求将所有停尸设施全部迁移到市中心之外的方式。[153]市政府在1946年还继续对普善山庄和同仁辅元堂提供财政支援,但是政治局势的不稳定和上海市政府的经济困难,可能致使补贴在1947年之后被取消。在中日战争快结束之时,普善山庄开始用电台和其他媒体来筹集资金。第一次筹款活动于1944年在一个位于法租界的电台(文化电台)发起。[154]1945年12月,普善山庄发起了一个为期两天的筹款活动,后来演变成每年一次的活动,用来在恶性通货膨胀时期补充自己旗下财产收入。[155]

从20世纪30年代开始,主要是战争爆发之后,市政当局和公众对于死亡表现出了一种截然不同的敏感性。对于公共卫生的关注在官方话语中占据了主导地位,使得当局对此采取了更强有力的介入和监管。虽然葬礼在公众眼里是被广为接受的做法,但穷人的死尸应该被处理得悄无声息,而且越难被公

---

[1] 译者注:今海门路。
[2] 译者注:今武胜路。

众看到越好。1945 年之后,民国政府试图强制执行所有和死亡有关的活动都不得在市区进行的规定。市民也越来越抗拒在物理上与死亡打照面,市中心大量露尸和弃棺的存在使他们无可遁形。不过官方的处理方式却无法解决让死尸不可见这一愈发触动上海市民敏感神经的基本问题。[156] 1949 年之后,报纸上对该问题的报道不见踪影。只能通过卫生局的内部报告来追溯露尸的记载,但是即便在一个公开对"世上可怜的人"表示同情的政权统治之下,对该现象的讨论也不多。

小结

在晚清和民国时期的上海,死亡不是平均分配的。在当地居民中,年龄、财产、性别或者种族在上海当地人口的人口坐标上显现出不同的样貌。在 19 世纪后期到 20 世纪 30 年代晚期,死亡使很多穷人丧生,尤其是气候和经济状况变得恶劣严峻时。当然,几次军事冲突——伴随着对正常社会和经济秩序的完全破坏——代表了最糟糕的状态,冲突造成了社会浩劫,使许多人名副其实地"横尸街头"。但这并不完全是事实。

上海的经历和第一次工业革命中那些城市的高死亡率,或者第三世界中拥有大量贫困人口移居的城市非常类似。[157] 大部分在上海命丧街头的人来这座城市时囊中羞涩、没有可依赖的人脉或社交网络、健康状况糟糕或者体力欠佳。在战时,被波及的人当然会更多,但大体来说,绝大多数拥有体面收入的居民能够拥有足够的财力在重大危机时生存下来。毫无疑问的是,在穷人群体中,儿童最容易夭折,这些残酷的数据是如此的触目惊心。但出乎意料的是,这一现象在日常生活中是如此普通常见,甚至可能是如此地不堪忍受,以至于变成让人选择视而不见或漠不关心的事情,除非当有死尸出现在他们家门口时。通过社会的双重否定——既不合情处理也不体面下葬——这些死无人知的人就被排除到集体记忆之外。

尽管,或者可能是由于露尸在 20 世纪 30 年代和战争期间的大量增加,一个下意识的社会记忆"清除"过程开始了。该过程让战时上海最严重的人间惨剧之一在记忆中变得模糊不清。人们对这一在每个街角都会遇到的现象视而不见。除了汇总报告之外,报纸并不提及或者讨论这个问题。官方对这些死尸的关注严格限于防止它们影响居民健康的范畴。这些死尸与那些在送葬时"昭告天下"的死者位于楚河汉界的两端。这些是"死无人知"的死者,他们的死亡被贬低为秘而不宣、社会拒绝接纳的死亡。但这些"尸体"生前为人,他们的生命转瞬即逝——大部分是婴儿或者是五岁以下的儿童——但是对那些收

256 尸的机构而言,他们配得上一次葬礼。普善山庄和同仁辅元堂在上海给生者和死者都提供了不可替代的服务,他们无法根本性地解决这一无法掌控的问题,但是他们的行动表达了对苦难的受害者的一种人性关怀。

　　1949 年之后,两大善会归属一个管理慈善组织的联合委员会管辖(上海残废养老工作委员会)。[158] 新的市政机构颁布了一系列规定,基本上采用了先前国民政府所采用的那些条文。但是这些规定并没有改变现实,至少在 1954 年时街道上仍然有无主尸需要清理,在这之后便在资料中销声匿迹了。街道上无主尸问题的严重程度让人民政府也觉得棘手。[159] 作为他们努力控制城市的一部分,以及很可能为了展示如何给人民提供足够的谋生之路,新政府努力建立了一个人口注册和数据统计系统。他们的辛勤工作受到数量极高的未记录死亡的影响。卫生局记录显示该局正努力改善报告街头露尸年龄和性别的方法,但如果要知道更多信息便无能为力。当局抱怨无主尸影响了数据统计的精确性。[160] 1951 年全市登记入册的死亡人数是 64 834 名,另外的无主尸数量达到了骇人的 44 661 名(5 252 名成人和 39 409 名儿童)。[161] 在 1949 年 6 月—1954 年 10 月间,当局共火化了 129 248 具儿童尸体和 34 382 具成人尸体。[162]

　　在这些内部报告中,人民政府并没有表现出任何对该现象产生原因的好奇以及对此发表过任何政治谴责。他们似乎更关心建立一套可靠的数据系统的实用性。1953 年 12 月,卫生局出台了关于处理死尸的规定,要求任何从事处理尸体的个人和组织都必须汇报(医院、殡仪馆、普善山庄,等等)。[163] 在实际操作方面,卫生局在城市中建立"露尸箱"来减少露尸被看到的可能性。[164] 人民政府还发动了几次接种行动,与此同时下到里弄层级,引入小型卫生站。妇联组织确诊孕妇并建立小型诊所。幼儿园在上海解放后的最初几年中便以很快的速度设立起来。[165] 这些措施的联合有效降低了高婴儿死亡率,而且最终清除了上海街道上的无主尸现象。

257　　死无人知的现象最终从上海居民的每日生活中消失,但是关于该现象的记忆也同样被抹去了。报纸和所有的公共机关,没能将这件事情引入公共讨论的范畴,即便是在内部档案里,穷人的悲惨命运终结成了历史中被人遗忘的片段。

第七章
死亡的代价与葬礼

葬礼是对丧亲之痛的一种表达方式。葬礼是活人参与的表演仪式,包括死者的至亲好友,他们在死者落葬前,最后一次共同承担死者离去的痛苦,并对死者表示纪念。在上海,人们遵从历史悠久的习俗,仪式的性质取决于家庭的社会状况。城市中的不平等状况比在乡村更甚。而且,城市环境在物质和文化方面,对既有习俗和哭丧的社会表达形式作了因地制宜的改变。在当今社会,葬礼在大部分情况下属于私人事务的领域,而过去的葬礼还是社会地位和富裕状况的公开展示。这种情况在欧洲较早消退。在中国,葬礼的这一职能仍然位于葬礼安排的核心位置。精英群体所精心设计的葬礼反映了一种真实的想法,即为了让死者能享受舒适的阴间生活,为其提供一切所需之物是非常必要的,这甚至可能比死者生前实际享受的生活还要丰富。葬礼在精英群体和普通百姓之间划下了一道不可逾越的鸿沟,后者只能带着敬畏之心来观看前者精心策划、气场强大的仪式,有时候这甚至是一种盛大的表演,精英的送葬队伍将他们在这座城市中的财富和社会地位通过这场仪式而物化呈现。

与此相反,大部分上海人连一个葬礼,甚至一块墓地都承担不起。对他们而言,葬礼的象征空间主要取决于经济能力。死亡的经济学是一个精心构建的复杂体系,在中日战争期间国家介入之前,这方面的投入基本很少。当局为了控制或阻止通货膨胀,开始监管,然后规定经济活动中所有领域的价格,包括葬礼行业。尽管数据只包含稍后的阶段,但揭示了上海与死亡相关的行业服务和价格的错综复杂。死亡创造了生产葬礼用品和服务的完整系统,用品和服务的等级和价格则建立在财富这另一种社会等级之上。在上海,商业殡葬服务的价格让大部分上海居民无法承受。这是1949年之后的人民政府要严格规范价格并将殡葬服务转为公共服务的动机之一。

葬礼：私人仪式和公共活动

对于中国葬礼的记载有很多。不少人类学家已经考察了中国及新加坡当代华人社群的葬礼，这些研究主要集中在乡村社会。[1]他们的研究证实了这一过去所留下的持久遗产在保留核心操作的同时会有一些变化。[2]但历史学家在葬礼和与死亡有关的仪式方面却鲜有兴趣，只有在研究精英政治领域和在政治方面，研究过往英雄的墓地时才会有所关注。[3]已有的历史研究将目光集中在古代和中古中国。[4]19世纪和20世纪的研究，除了罗梅君（Mechthild Leutner）教授在北京地区所做的研究之外，几乎是空白。[5]但笔者幸运地拥有西方观察者们在19世纪和20世纪初所留下第一手记述材料，尽管他们的记述集中在精英家庭或者乡村社区的仪式。[6]普通百姓的葬礼没有获得太多的关注。

目前所能看到的史学研究在地域上也有偏向，两个主要的既有研究考察的是福建的葬礼活动，第三个没有那么详细，考察了北京的葬礼活动。不过，尽管在某些地区有一些特别的传统，比如中国东南的合葬习俗，中国核心精英的习俗基本是一致的。[7]高延对于福建省上层阶级的葬礼研究详细至极，使我们获益匪浅，类似的研究还有卢公明和约翰·格雷（John Gray）。[8]安妮·科马克（Annie Cormack）和卢兴源（H. Y. Lowe）对北京的葬礼传统提供了新的解读。[9]不幸的是，在报纸报道和影像记录之外，几乎没有对上海该方面的研究。这些研究只对出现在公共事务中的葬礼施以雨露，这在下一章会进行探讨，但是对葬礼的仪式和个人戴孝方面的经验却鲜有关注。

作为仪式的葬礼

葬礼首先是遵守一系列约定俗成的仪式，以及家庭的现实情况能在多大程度上允许他们遵守这样的规定。先前的章节已经提及人们在死亡面前也是不平等的，在死者的处理上能反映出一个清晰的社会等级和经济等级。自古以来，中国的精英阶层创立了复杂的规则，用来指导人去世之后其他人需要遵循的步骤，每一套规则都是基于家庭中死者的地位及其后人的社会等级和亲属关系所制订的。[10]礼仪规范认为双亲，即父亲和母亲；或长辈，如舅舅和婶婶，会先于后辈去世。他们的孩子，尤其是儿子，被认为将承担起送其父母走完最后一段通往来世道路的任务。根据葛兰言（Granet）的研究，精通仪式的人将送葬者如何表达其悲痛和情感的方法编撰成册，就像表达爱意和求爱时需遵循常规和姿态一样。[11]丧葬的仪式随着时间而进化，而对哀悼者的严格要求也变得愈发松弛,特别是官方所强制要求的守孝 3 年的规定。[12] 不过,中国的葬礼仍然充斥着一系列既定规则和行为要求复杂的仪式,这些规则和要求对悲痛的表达作出了规定。[13]

在中国的文化中,死亡是一个悲痛的时刻,不仅仅是因为家庭失去了一位成员,还因为个人的死亡呈现了一种对活人的潜在威胁,如果死者的灵魂没有安息或者遇到更糟的情况,比如意外死亡而导致其死亡无人所知。死者亲人根据规定顺序所进行的复杂仪式是为了满足灵魂在死后的所有需要,以及确保死者灵魂不会回到人间来纠缠和烦扰活人。死亡本身就是一种禁忌。它会玷污活人并带来厄运,除非采取合适的方式来处理。[14] 所规定的操作方式(在人死前后迅速处理尸体、预先确定颜色、发给客人的护身物)和禁忌(女性,尤其是怀孕女性在葬礼的某些阶段到场;任何动物或者跟动物有关的任何形式的东西,包括皮革或者皮毛等)有很多。在仪式过程中,除了习俗上所必要的清洁和着装之外,人们和遗体几乎没有任何接触。在此之外,死者参加仪式的儿子们和亲属会马上喝一碗面条汤,因为这种长条状的食物被认为可以抵消因为接触死者而带来的缩短寿命影响。[15] 所有和死亡相关的仪式都对死者和生者都有着举足轻重的意义,对死者而言,这是尊敬和孝顺的表现,对生者而言,他们相信自己和后代的命运取决于殡葬活动的正确过程。

解释或者总结高延关于中国葬礼的大量研究没有意义,主要是因为其大部分研究都是他个人在 19 世纪末期长住福建时的个人经验。[16] 和本文对上海死亡研究最相关的是那些根深蒂固的观点,即生者必须为死者所尽的义务,尤其是要妥善处理遗体,保护其不受负面影响的伤害和物理上的破坏。这需要在两个层面上达成,其一是独特的儒家或者宗教信仰(在中国这两者严密结合在一起),其二是尸体的物质层面,即便在葬礼之后,遗体也需要保持完整的状态。在前文中,笔者已论述迁坟、迁移整块墓地或者强制火化在所探讨的时段中会受到怎样的一种抵制。即便是民国时期现代化的精英或者 1949 年后更激进的精英,也采取了小心翼翼和渐进式的方法来改变丧葬习俗。但是,在上海,就像中国其他大部分地区一样,丧葬习俗代表了一种令人惊讶的结合体,对死者无比尊重却对死亡极其厌恶,对精心设计的葬礼无比认真却对在急性流行病期间产生的尸体非常漠视,对葬礼习俗的管理完全缺席但却有复杂的社会组织在城市中处理死亡的事宜,除了在外国租界内。[17]

两名法国内科医生留下了一份罕见的关于上海 20 世纪 30 年代后期处理

尸体的记录。他们的观点基于他们对城市里几十年健康问题的观察。[18]根据他们的记录,当人死后,死者的脸会被一块棉布所遮盖,遗体会被仔细清洗、着衣,然后停在房子的一个主室供人凭吊。遗体从来不会留在卧室里那张去世的床上。会有人做佛事,作者并未具体记载,表现出佛教在普通百姓中有着最普遍的影响力。[19]不过他们指出,一位殡仪业人员所提供的服务是绝大多数依赖亲戚或者慈善组织处理后事的人无法亲力亲为的。遗体通常会让朋友和亲属守夜或者吊唁,但不会超过三天。这个在上海演变成设立灵堂的习俗,在家中或者外面专门的寺庙中皆可,亲属、朋友和同事可以前来吊唁。如果是政府官员或是名人(比如演员),会设置公共灵堂以供瞻仰。当遗体被运走落葬或者送至寄柩处时,家属会把停尸的房间门打开,烧香驱邪。死者的遗物会被清除、焚烧,或者送给乞讨者或拾荒者。[20]

棺材是葬礼的核心。有很多种做棺材的木头,这取决于家属在这方面愿意花多少钱。最常见的棺木是一种中国产的松木。[21]高级的棺材则是用进口的珍贵木材制成,比如红或白的紫杉树、柏树、雪松和其他以散发芳香或气味清新为人所知的木材。[22]以这种木材制成的棺材,造价达数千元,只有富裕家庭才承受得起。棺材的生产一直由遍布全市的小规模作坊所把持(详见图7.1)。[23]尽管棺材会以不同的等级生产,中国的棺材匠从来不会生产像早期近代英格兰那样的棺材。[24]仅在公共租界,1923年就有61家棺材铺,每个月卖出720口棺材,其中超过一半的棺材是在东区卖出的。[25]棺材就在众目睽睽之下运输,在上海看到劳工在路上运送一口棺材是司空见惯的事情。(详见图7.2)在富人家庭,迎接棺材时会举行特殊的仪式。[26]

坚固的棺材在其内外都会涂上清漆以确保不会渗漏。棺材底部通常被洒满生石灰和植物煤,然后会为了容纳遗体而铺上不同层的席子。在穿上新衣之后——葬礼用的衣服通常会由晚辈事先买好,就像棺材一样,以显示他们对双亲的孝顺——遗体会被置于棺材中。[27]灵柩只会用木钉封棺,而且只有两条最长边的中间会用长钉或铁杆固定。金属会尽可能少用,以防和遗体有任何形式的接触及造成不适。[28]穷人的棺材则由厚木板拼接在一起。棺材木板的接缝处会用石灰和油的混合物密封,这种混合物被称作"宁波清漆"。然后会对整个棺材上清漆和做装饰。法国医生证实,在干燥脱水之后,这些大量制作的棺材会具备极佳密封性和防水性,就像那些欧洲生产的棺材一样。在普通百姓中,繁文缛节要少得多。小孩子被裹在竹席中,未婚青年则被放在未上清漆或妥善密封的粗制棺材里。[29]但是,不同家庭的具体操作很不一样,也有一些家庭甚至为儿童提供全套的殡葬仪式。

图 7.1 上海的中国棺材铺(20 世纪 40 年代)

来源：杰克·伯恩斯，《生活》，1949 年(刊登在《上海任务：革命前夜的照片》，伯克利：加利福尼亚大学出版社，2003 年)

人死后对遗体进行初步处理的那些事情是非常私密的。除了西方人，比如高延的一手记录之外，中国的材料甚少提及。整个处理过程都交由对仪式和典礼稔熟于心的专业人士来处理。仪式专家会根据从去世到落葬这一过程中所规定的步骤来指导家属。[30] 这是一个有许多人牵扯其中的完整产业。[31] 笔者所参考的材料并没有真正揭开形式化的丧亲之痛的那层面纱，家庭成员——丈夫、妻子、儿子、女儿，等等——的内在感受仍然藏在一层厚厚的面纱之后。文学作品和私人文件都没有涉及近代上海哭丧和丧恸的经验。在 19 世纪末期，高延声称嚎啕大哭主要是恪守礼节的一种表现，阻止和压抑深重情感表达的一种仪式。[32] 在男女精英的个人作品里能发现个人情感的表达，尽管要在奉命遵

图 7.2　在街头运输的棺材

来源：B.巴兹，《上海：当今上海掠影》(n.p.：百夫长，1935 年)，第 116 页

守礼节孝道与个人的悲痛及失落感之间划清界限并不是一件容易的事情。[33]有一些历史学家尝试探索哭丧者的内心情感，大部分情况下是通过某些材料（墓志铭、诗文、颂词）来研究，但是哭丧经常在这些文本里掩盖了个人的悲痛。[34]死亡本身是一个强大的禁忌，几乎很少转化成文字或是绘画，传统的遗像画除外（随后被遗照所取代）。[35]

作为公共表演的葬礼

葬礼是城市中最容易看到的和死亡有关的方面。一旦灵柩离开了死者的家，便进入到公共空间，成为一种不同的典礼的组成部分：这是家属对死者表示敬意的精确展示，是维持各人群社会地位差异的公开声明。大型葬礼的实质是一场表演，和维多利亚时期英格兰富人们所要求的炫耀式的哭丧并不相同。[36]葬礼的重中之重是家属向死者生前的成就和他们因其去世所继承社会和物质遗产表示由衷的敬意。给死者提供所有"财物"，就像活人所用那般，也是非常关键的事情。大家都相信，为了让死者能过上舒适的死后生活，这样做是很有必要的。最后，葬礼是一个突显整个家庭社会地位的最有力的时刻。公众会以为双亲举办葬礼的方式来评判哭丧者的孝顺程度。[37]但当一个人社会地位下降后，葬礼队伍的规模就会急剧减少，即便家属们愿意举债组织一个体面的葬礼也是一样的结果。个人信仰和社会压力的双重作用产生了一种都市殡葬文化，其核心是花钱不惜血本，这揭示了社会上层与普通百姓之间的隔阂。托马斯·拉奎尔（Thomas Laqueur）对于伦敦穷人葬礼的评价同样适用于此："穷人的惨淡葬礼则象征了另一个极端——他们被社会所彻底抛弃了。"[38]当富人奢华的送葬队伍在城中穿行时，被人群的密切关注、好奇、敬畏所包围，相对于活人在世时更能让旁人看出财富的差距。

死亡的公开化始于在屋外摆放标志性的器物，比如承载灵位或者普通人的轿子，白色或者黑色的用来覆盖门上新年对联的铭旌。这宣告着在这幢房子里有人离世。在缺少官方强制登记的情况下，这些符号能帮助警察确认城中有人去世。[39]富裕一些的家庭会搭建一种灵棚，用竹竿和白色的衣物或席子制成，置于房子的入口处。在像上海这样的城市中，只能用类似安魂的东西装饰在建筑的正立面，尤其是在殡仪馆和寄柩处这些陈列灵柩的地方（详见图 7.3）。灵棚会一直留到灵柩离开，但需要在亲属从墓地回来之前拆除。笔者有很多

图 7.3　傅筱庵葬礼上的扎彩装饰（1940 年）

来源：H1-1-14-2183，上海档案馆

类似殡葬装饰的照片，因为它们搭建起来的目的就是为了对外展示。在名人的案例中，大部分是政府或者大公司的官员，会有一个单独的类似于帐篷的建筑搭建在开阔地，以容纳前来吊唁的人流。

在20世纪刚开始的时候，特别是1905年之后，出现了一种新形式的悼念服务。"追悼会"是对在政治活动中发挥作用或因此丧生的人的一种纪念方式。"追悼"这个词在1875年和1894年之间很少出现在《申报》上，这个词通常是以书面文字呈现的一种悼词。[40]笔者发现最早的追悼会出现在1905年，因邹容死在上海工部局的监狱中而发起。邹容是一名和《苏报》有关的反清革命家，《苏报》在早期的中国报纸非常有名。[41]于是，追悼会便成为向一个人（通常是公众人物）展现敬意的一种规范化的公共纪念方式，通常在殡仪馆中的灵柩前举行（就像下文要讨论的阮玲玉的追悼会）。不过，更多的时候，追悼会是在遗体"缺席"情况下由组织者选定任意地点举行。追悼会将死亡公开化，把私人领域的追思活动引入了另一个层面。

出殡是中国城市中一个特别有吸引力的事物。出殡能吸引大量成群的旁观者，既有中国人又有外国人，就像伦敦街头那些围观精英葬礼的人一样。[42]由于大型出殡活动通常会在报纸上事先刊登公告，人们通常可以聚集在出殡队伍会经过的主要街道旁。在北京，"观赏出殡"是城市指南书中一个司空见惯的条目。[43]尽管大型的出殡活动在上海较少，这样的事情通常会造成严重的交通拥堵，即便在早期只有马车和人力车是主要交通工具的时候亦是如此。一张很可能是丹尼思顿·苏列文（Denniston and Sull）照相馆沿街拍摄的南京路1900—1910年左右的照片，显示了街的两边层层叠叠的旁观者，中间几乎只留了很窄的一条通路供出殡队伍通行。沿街商店的上层窗户也挤满了旁观者。[44]同时期另一张照片展现了沿南京路前行的一支超长送葬队伍的局部，和先前一张照片的拍摄地点几乎一致，在市政厅旁边。[45]

图7.4的具体信息不足，很可能这是一位身居高位的官员的送葬队伍，可能是1903年导致上海工部局和领事（领事馆的最高官员）争端的事情（详见下文）。队伍的巨大规模、参加者的制服、在场的护卫和骑兵，都显示了这是一个官方活动。照片中间的轿子一定是承载着灵位和死者遗像的肩舆。这种"大轿"或者"魂轿"会位于出殡队伍的前端。[46]后来被载有巨型遗照的饰有装饰的车所取代。

相反地，一个中型规模的葬礼只会吸引恰好在出殡队伍路线周围的人。在图7.5的照片里，19世纪90年代—20世纪前十年，只偶尔有人会注意到出殡队伍。

大型出殡队伍的构成并没有固定的标准，即便已经有一些葬礼的常见元素（灵位、铭旌、哭丧者、乐队等等）已经被证明存在了若干个世纪。但显而易见

图 7.4　南京路上一名中国官员的出殡队伍
来源：视觉上海网站，ID202，来源未知

图 7.5　出殡队伍（19 世纪 90 年代—20 世纪前十年）
来源：中国历史照片，由中国历史照片计划提供，布里斯托尔大学；没有版权

的是，在外国文化的影响下，葬礼的组织者将一些能让葬礼获得更多声望的新元素融入其中。高延记载："出殡作为一个规矩，与其说其展示程度和队伍长度不同，不如说从组织安排上有根本不同。死者家庭的富裕程度、死者的社会地位和其一生中所受到的评价、其子的身份地位、他的朋友和熟人等等，对送葬队伍中所展现出的排场和队伍人数的多少有决定性的影响。"[47]尽管下文的叙述是基于高延的记录，不过和20世纪20年代一次苏州葬礼的记述作对比后可以证实葬礼根据当地情况有很大的调整度，要基于当地习俗以及操办葬礼仪式的人所提出的建议来进行调整。顾颉刚对类似习俗的发展发表过很重要的观点。尽管出殡的核心项目不超过7个，但其祖母在20世纪20年代出殡时的项目却多达总共80项。不过顾颉刚认为这是无法避免的，否则他的家庭会因为举办一个廉价的葬礼而被耻笑。[48]影像记录也证实了这些变化。比如在图7.5中，整个出殡队伍在一幅画面中即可完整呈现，尽管这看上去是一个颇有社会地位的人的葬礼。不过此次出殡和后来的葬礼相比仍然有一些夸张。

出殡之间的差异很大，不过都遵循着一个基本的结构。在大部分葬礼中，一位亲戚或者一名苦力会为位于出殡队伍前列，为灵柩和死者的灵魂开道。确保出殡队伍保持前进以赶上风水先生所定的良辰吉时，是非常实际且必要的。随后是撒纸钱的人，其主要职责是将圆形或者方形的纸钱洒向四周以转移徘徊在附近的恶灵的注意，邪神恶鬼会冲向纸钱而将灵柩和死者灵魂忘得一干二净。由于担心这招不足以祛除所有的鬼神，会雇用乐队演奏，最初是小号手或吹喇叭的乐手，在出殡队伍之前制造声势。在某些区域，家属也会放爆竹作为额外的保护。但有些自相矛盾地是，会有一群人举着要求保持肃静和庄严的牌子。出殡队伍的第二个阵列会有人扛着写有死者名字和头衔的白灯或马灯，有时也会有上书颂扬死者内容的黄色或锡纸布告。这些东西的任务是用来引导被裹于黑暗之中的灵魂走上通往墓地的正确道路。在大型葬礼中，会有各种布告和铭旌，然后是旗帜，和所有朋友、亲属、同事、伙伴等赠予的颂扬死者的礼品。

再接着是一队演奏各种民乐乐器的乐队（锣、鼓、唢呐），甚至于，就像下文要讨论的，近代也引入了其他类型的乐手。高延对这些乐队的评价相当不友好，在他看来，这些人的主要作用就是尽可能地制造噪声。在上海，西式乐队被引入和传统所用的中国乐师一起，出现在私人和官方葬礼的场合。《点石斋画报》中有一幅1889年的画展现了一支西式乐队在一支祭祀妈祖（女海神）的中国队伍中。旁边的评论语声称这支乐队也会在葬礼上演奏。[49]上海公共租界工部局乐队会在这种场合演奏挣钱用于购置乐器。[50]出殡也可以雇用商业乐队。小世界(娱乐场)的乐队在《申报》上刊登广告,愿意为红白事提供服务。在 20 世纪 20 年代的一张照片中,一支由中国乐师着西式制服组成的西式乐队就走在灵车之前,而且看起来位于出殡队伍的前列。事实上,大型葬礼通常会有好几支乐队,那些生前有官方职位的人会有平民和军队乐队的混合乐队,就像我们即将说到的盛宣怀的葬礼便是那样。

通常紧跟在乐师后方的是一个可移动的白色亭帐,就像在图 7.5 中所见(19 世纪 90 年代至 20 世纪前 10 年)上海的那场出殡,里面有开路神的画像,其狰狞的面容也是为了让出殡的队伍免受邪神恶鬼的骚扰。[51]但在中等和下层收入的家庭里,用这些亭帐时里面没有任何画像。据信仅这些白布就能吓退邪恶鬼灵。在清朝时,如果死者有官职,诏令原件会用一个特殊的、像轿子一样的黄色亭帐抬着。会有另外一群乐师吹奏音乐,而家属原则上应该走在亭帐旁边。最后则是出殡队伍中最重要的部分,即死者的灵柩和哭丧者。这个群体也会由一队乐师先行,有另一乘轿子承载着在葬礼后接纳灵魂的牌匾,上面画有死者肖像,但是一场在 20 世纪 20 年代早期苏州的葬礼中,在一座单独的亭帐中,照片取代了肖像。一队僧人会走在牌匾之前,提供额外的保护。灵柩台和扛夫紧随其后,亲戚或家属会走在灵柩之前。

灵车并不是中国葬礼中常用的运输工具。灵车出现在 20 世纪早期,通常是官员出殡为了仿效西方人所用。灵柩本身的重量有 250—300 磅,基于此考虑会雇用数量众多的扛夫来移动精心制作的灵柩台。它们是由木头制成的特殊结构,重达 500—600 磅。在近代早期的英格兰,贵族出殡时,在灵柩周围也会有一个临时木结构来挂靠布帘、纹章等等。[52]根据高延的研究,扛夫的数量严格遵照"8"这一吉利的数字:8、16、32、64,8 是最常见的人数,而福建的扛夫最多只能用 32 人。[53]著名的历史学家和知识分子顾颉刚回忆其祖母在 1922 年的葬礼时也说有 32 人抬棺,印证了高延的研究。[54]不过这取决于家庭的经济能力。扛夫的数量更多的是为了给旁观者留下深刻印象,而不是说要雇用这么多人来抬这么重的灵柩。一张 20 世纪 20 年代上海的出殡照片现上有 8 位扛夫。一张 1935 年的照片上通过九江路的灵柩台有 32 位扛夫(详见图 7.6)。在这张照片中,扛夫随意穿着浅白色的衣服、白色的帽子,露出胸膛,腿上穿着裤子,脚上蹬着草鞋。[55]高延对在福建葬礼中所雇用抬柩的普通苦力那不堪入目的装扮,颇有怨言。[56]

死者哭泣着的儿子们,以及其他男性家庭成员和族人,披麻戴孝穿着草鞋紧跟在灵柩之后。穿白色孝衣作为一种标准习俗一直保留到 20 世纪 40 年代。[57]出殡的队伍以轿子、马车或者汽车(取决于历史时段)收尾,载有女性家属

图 7.6　由 32 位抬棺人抬着的中国精英的灵柩台

来源：B. 巴兹，《上海：当今上海掠影》(n.p.：百夫长，1935 年)，第 106 页

和宾客。灵柩被置于灵柩台，覆以刺绣的绸布和精心制作的雕塑。即便是较为穷苦的家庭也会在灵柩上盖以棺罩。[58] 尽管笔者有一些上海街头出殡的灵柩照片，但没有一张能真正和高延所描述的或者和北京的照片中最高等级的灵柩台所吻合。20 世纪 20 年代中间等级的出殡（详见图 7.5）展现了一个小型的经过精心装饰的灵柩台，台上有一座桥和一只鹤，这都是长寿的象征。灵柩台被装饰成龙的样子，这似乎是一种标准化的习俗，1935 年的那张照片中同样可以看到，尽管那个出殡仪式的规模要大得多（详见图 7.6）。

上文的叙述并不能反应大型葬礼的真实规模。[59] 有充足的证据表明，上海和其他地方，有很多演员会参加到大规模的出殡队伍中。男性和儿童会拿着各种纸人或者船型和亭型的扎彩（详见图 7.7），香炉会全程点香，道教的道士和佛教的僧人都会参与出殡，家属还会雇用很多哭丧者嚎啕大哭来驱除恶灵。顾颉刚回忆说其祖母的葬礼一共有 80 项内容。由于一些项目需要一定数量的运送者，所以出殡仪式参加者的总数可能不会低于 350 人。[60] 高延估算了福建大型葬礼的人数，要涉及 700—1 000 人。[61] 不过在上海鲜有如此大规模的出殡，特别是因为外国租界对出殡队伍有限制，只有很少数的特例。笔者研究了两个大型葬礼，相隔大约 20 年左右，分别发生于 1917 年和 1935 年，是两位身份非常不同的公众人物。第一个案例是盛宣怀的葬礼，盛是一位重要的改革家、高级官员和商人，于 1916 年 4 月 27 日去世。他的家族在 1917 年 11 月组织了盛宣怀的葬礼，距其去世 18 个月。[62] 第二个案例是女演员阮玲玉的葬礼，她于 1935 年 3 月 8 日自杀，6 天后下葬。[63]

图 7.7　出殡队伍中的大型纸人形象

来源：视觉上海网站，ID32817，勒内·安托万·努斯（已授权使用）

盛宣怀的葬礼很可能是近代上海规模最大的出殡。这次活动设立了一个绝大多数人事实上难以企及的范例，这并不是体现在"观众"的规模，日后阮玲玉的出殡吸引了更多公众旁观，而是在出殡队伍那不可思议的规模和所花费的巨额钱财。[64] 技术上说这是一个私人葬礼，但是盛宣怀是一位致仕的大臣，曾是朝廷大官，受到了准国葬的待遇，清朝在那时已经崩溃，其葬礼的规矩和礼仪也完全解体，而民国政府还处于风雨飘摇之中。葬礼的混合性质反映了当时中国所面临的社会和政治的不确定状态，就像葬礼所在地上海所具备的特质那般。另一个让这次葬礼与众不同的方面是葬礼在两个地方举办，先是盛宣怀去世时所在的上海，然后是他落葬时祖坟所在的苏州[1]。事实上两场出殡历经超过四天，尽管两座城市之间有铁路相通，但是灵柩所使用的运输方式是缓慢而谨慎的分段式船运。[65] 最后，这次葬礼也成为中国的第一部纪录片

---

〔1〕 编者注：盛宣怀是江苏武进（今常州）人，盛家祖宅在江阴。作者此处说"苏州"可能是因盛家移厝于盛在苏州的私宅——留园。

电影所展示的题材，商务印书馆拍摄了《盛宣怀大出丧》，但是这部影像记录很可能在1932年的淞沪会战那场烧毁书局大楼的大火中被付之一炬。

盛家为这场葬礼策划许久，与择吉日相比，家属花费更多时间与精力在启动葬礼所需物件的生产、所有私人和机构参与者之间的协调工作。报纸就在葬礼即将举办之前刊登讣告。"讣告"从1917年11月2日起到22日刊登了3周。[66]尽管参加葬礼的人原就得到妥善安排，但早发且连续刊登的讣告意味着盛宣怀的家人同样还希望获得公众对即将举行的出殡仪式的极大关注，以便能让很多人前来参加。盛家的愿景之大堪比鲲鹏之巨。讣告的新闻不仅仅在城市内流传，还在邻近的省份传播。潜在的观望者搭乘船和火车涌向上海参加这一仪式。旅馆提前被订满，入住率暴涨，特别是出殡队伍路线旁的那些沿街旅馆。《申报》认为这种凑热闹的狂热举动纯属浪费金钱。[67]但是大部分人把葬礼视作一个大型街头表演，无论多少代价他们都特别想看。茶室、娱乐场和饭店，只要有房子可以俯视出殡队伍，总会高价出租这些地方，特别是那些楼层较高的窗户和阳台。[68]在底层，商店和作坊会关门，但是他们也会出租有利的位置。人们会避开那些表演（唱戏、奏乐等）而直接看出殡队伍。在11月18日近中午的时候，街道已经挤满了充满期盼的旁观者。[69]

这场特殊的葬礼也获得了上海工部局在出殡路线方面的让步。上海总商会代表盛家和工部局商谈一些大街的过路权，通常那些路是殡葬队禁止通行的，比如南京路和外滩。电车公司甚至允许旗下的有轨电车一起减速或停车一段时间来保证队伍通行。[70]出殡队伍于下午1点从盛宣怀的涌泉路110号的家出发，沿南京路向东行进一直到河南路，队伍转向南面往福州路方向走，等队伍穿过爱德华七世路〔1〕便往西行，到达西藏路之后队伍折向北面，然后转进福州路，再一次朝向东面抵达外滩。最后一次变更方向后，队伍会朝南走进法租界的招商局金利源码头，在那里等候的船只会将盛宣怀的遗体运往苏州备好的灵柩台。如地图7.1所示，盛宣怀的灵柩横穿了几乎一整个中央区三次。盛家用通过租界乃至上海最核心区域的一次出殡，强有力地展示了盛宣怀的社会地位。盛宣怀是西方人对中国所期盼的一个缩影，他是一位开明且目光长远的改革家，"同意"西方人自己对中国未来的看法。但是葬礼也可以被解读成盛宣怀向上海的中国人证明他所坚持的一种耀眼的，尽管是死后体现的民族情感。

描述盛宣怀出殡队伍的细节可能需要不少篇幅。[71]出殡队伍的长度延绵超过2英里，但队伍在规定的两小时内抵达了终点。出殡队伍以"开路神"打头，

---

〔1〕 译者注：今延安路。

第七章　死亡的代价与葬礼　　223

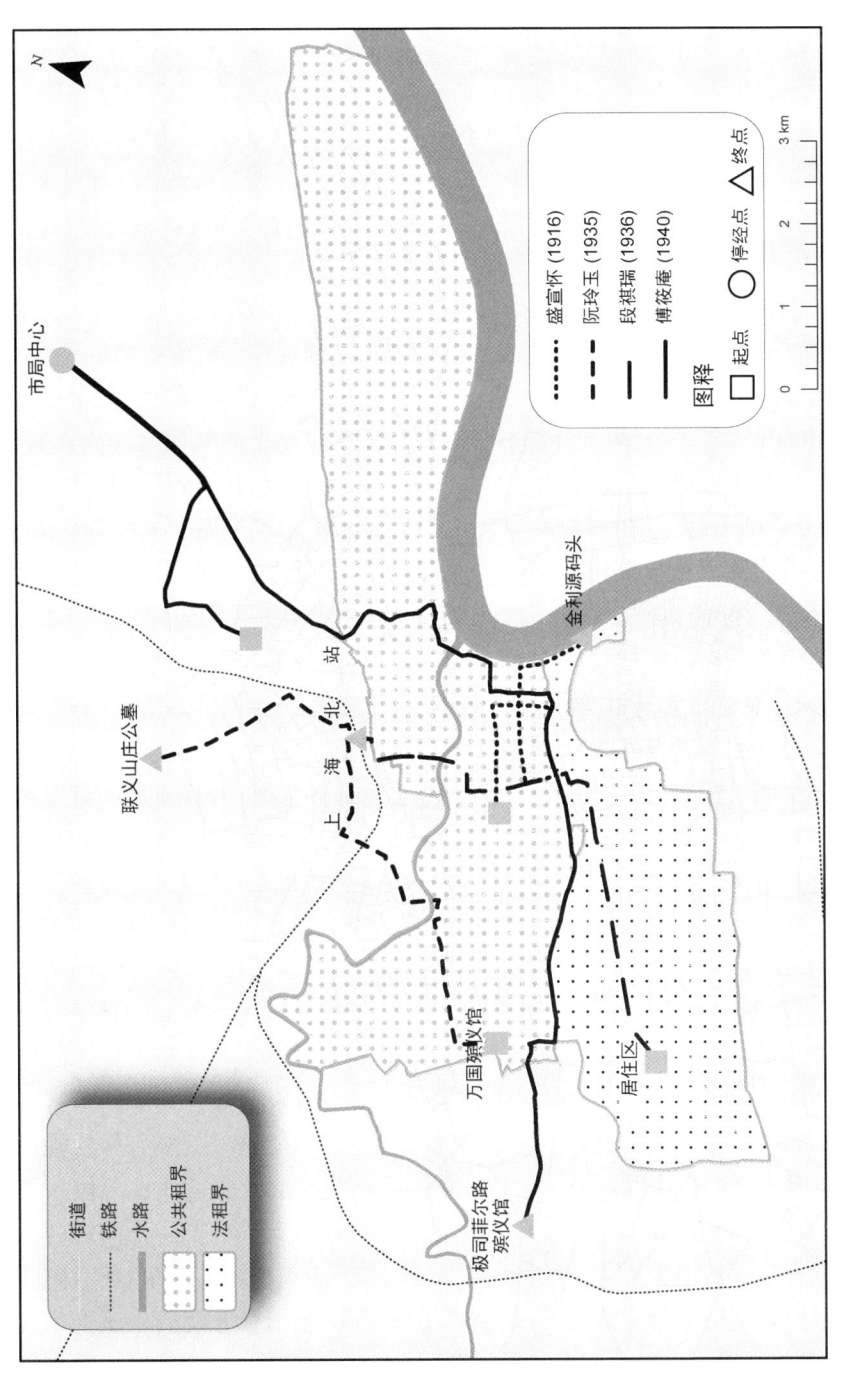

地图 7.1　四个送葬队伍

来源：视觉上海网站

后面跟着十名锡克骑警,军队方面出动了两组卫队,每队超过 100 人,并有数名骑兵。中国轮船招商局和铁道部也派来了 100 名工人和守卫,所有的铁路公司、钢铁公司等等,都派人前来,并带着大型铭旌。总共有大概 500 名佛教僧人,分成两队,还有一队道士。工业企业派了几百人,带着"纪念伞",而轮船公司则贡献了几十个"典帐"。总而言之,那些和盛宣怀密切相关的工业、铁路和船运企业——盛宣怀在有生之年开创了一系列令人惊叹的新式企业和各式教育机构——歌颂这位近代中国工业的奠基者之一。

仪式上还有从中学、大学和上海孤儿院前来的数量众多的儿童和青年。最终,有不少于 12 支乐队和演奏团体散布在延绵不断的出殡队伍中:六支军乐队和警乐队、两支(广东和天津)锣鼓队、上海孤儿院乐队、谋得利琴行(Moutrie and Company)乐队以及两支身份不明的乐队。仅仅是上海参加仪式的人数,基于《申报》报道的谨慎估算亦有 1 000—1 400 人。尽管苏州的出殡仪式规模稍小,但是同样也有官方的监管,并禁止了出殡队伍途经道路旁的一切活动。盛家给所有的商家礼金以作为补偿。[72] 顾颉刚回忆说这是在苏州所见过的最奢侈的葬礼。[73] 据称盛家在葬礼上的花费达 30 万两白银。[74] 相较之下,1917 年法租界地租和房租的年收入是 41 万两。[75] 盛宣怀的葬礼也可能是最后几个大型传统葬礼之一,尽管这场葬礼已经呈现出高度的中西合璧。最重要的是,这是一位受人尊敬的高官在高寿去世后的一场葬礼。

著名女演员阮玲玉的葬礼则呈现出完全不同的状态,只有一点和盛宣怀相似,就是都有大量围观民众站在街边观看出殡队伍。不同史料来源的数据不同,据估算,出席者至少有 10 万人。虽然没有精确的数字统计,但阮玲玉可能在这方面略胜盛宣怀一筹。不过她的葬礼并没有展现出一个常规中国葬礼所具备的任何特质。阮玲玉在 1935 年 3 月 8 日的自杀引起了巨大的同情浪潮,一方面是因为她已经是一位著名影星,另一方面是因为她的悲剧被诠释为在男权社会(即便是在一个先进的如上海一般的城市中)中对现代女性的诅咒。[76] 但是除了她的名气,阮玲玉并没有像政界要人或者商界巨头那样享有同等地位。她的财产很可能并不多。联华电影公司支付了葬礼费用,尽管她的出殡车队绝大多数是由其朋友、同事和影迷的车辆组成。其遗体在万国殡仪馆停放的数日内有超过 2.5 万人前来吊唁。在葬礼当天举行了一个简短的仪式上大概有 300 位电影界人士参加。下午 1 点,一名道士主持法事,然后阮玲玉的灵柩由联华电影公司的 12 位抬棺者抬上灵车,上海孤儿院的乐队奏乐送走灵车,驶往墓地。出殡队伍由一辆承载阮玲玉巨幅肖像的灵车开道,阮玲玉的美丽脸庞取代了凶神恶煞的开路神。60 辆车的车队从人群簇拥的街道缓慢驶过,最终一直到下午4点才抵达目的地,尽管从位于西区胶州路的殡仪馆开始的这段路程选的都不是主路(详见地图7.1)。最终,阮玲玉的灵柩被葬在联义山庄公墓,这是一座广东的义墓。[77]我们可以直白地说,阮玲玉的死非常朴素,这并不仅仅是和盛宣怀作比较的结果,从厚葬的角度出发以及和为郑正秋(一位47岁的广东男演员和电影导演,几个月后去世)举办的那些"追悼会"相比亦是如此。潮州会馆在其馆内举办了大型的追悼会,并将郑正秋葬在了会馆墓地。[78]阮玲玉和郑正秋都采用了一个"现代"的殡葬方式,和盛宣怀中西合璧但以传统习俗为主的方式截然不同,不过这更多地是因为社会地位不同,而不是时代发展。阮玲玉的名气和悲剧性的自杀引起了巨大的同情,但是并没有从根本上改变阮玲玉的命运。鲜花簇拥的葬礼只是对她被社会上层彻底排斥的掩饰。在葬礼的10年之后,她的墓仍然没有墓碑或纪念碑。[79]

不过,阮玲玉最终还是这场庄严葬礼的受益者,这时绝大部分上海居民无福消受这样的葬礼。精英的大型出殡队伍及声势浩大的场面遮蔽了普通百姓只能举办一场自己所能承担的普通葬礼的事实,比如一位撒纸钱者、一座简单的置放灵位的亭帐、几位乐手、4位抬馆者和队伍后方的一些哭丧者。一位西方居民在1938年写道:"两场葬礼都有全套铜管乐队以及中国的民乐和哭丧的女性……除了这两支出殡队伍之外,许多出殡队伍的出殡声势要小得多,很明显穷人阶层最多只能承担得起几位中国竹笛的演奏者和几位受雇的哭丧者的费用。"这篇文章让我们得以一窥普通葬礼的面貌。[80]灵柩本身由一根用穿过其底部绳子纵向固定在棺盖上方的椽吊着,草率地覆以几块粗布。[81]记录上海普通人家葬礼的影像记录无迹可寻,不过有两张照片,一张是北京葬礼(详见图7.8),另一张则是1902年左右的乡村葬礼(详见图7.9),鲜明地突出了和精英葬礼的巨大差距。

上海的西式出殡通常都比较低调,遗体被安静地从家里运往殡仪馆。在几十年中,托马斯·麦克唐纳(Thomas Macdonald)是唯一一所在上海负责所有西式葬礼的殡仪馆。在20世纪肇始,另一家公司松茂洋行开始接手此业务。[82]从殡仪馆大楼开始,入殓封棺的遗体会用马拉灵车送至一个墓地,后来则用汽车运送。上海第一家正式的殡仪馆是万国殡仪馆,1924年开张,首先引入了汽车作为灵车使用,是一辆定制的克莱斯勒轿车,目前仍在上海殡仪博物馆展出。不过西方人也会在特殊场合组织出殡,大部分情况是军官或者警察的葬礼,尤其是那些因公殉职者和其他著名人士的葬礼。记者和摄影师通常都会出席这种场合,笔者得以获得丰富的照片材料。上海工部局和法租界公董局在其警察的葬礼安排方面根据其不同职衔都有明确规定,等级决定了葬礼的规模和补贴给家属的抚恤金数额。[83]

图 7.8　北京的一次普通人的葬礼(20 世纪 20 年代)
来源：西德尼·D. 甘博摄影，大卫·M. 鲁宾斯坦珍本和手稿图书馆，杜克大学

图 7.9　上海周边农村的一次出殡，克斯顿摄影集
来源：中国历史照片，由中国历史照片计划提供，布里斯托尔大学

高级官员的葬礼拥有阅兵式的特权，后来改为车队游行。海军上将卜罗德（Protet）是驻华法军的总司令，在1862年5月与太平天国的一场战斗中离世，这很可能开创了第一次在上海对一名外国军官致以最高军事荣誉的葬礼。不过因为法租界的人口很少，所以只有小规模的公开吊唁活动，而且葬礼的大部分过程只有外国的达官贵人、军事要员和一些中国官员参加。最核心的项目是卜罗德的遗体埋于法国领事馆之前及在海军医院礼拜堂所举办的弥撒仪式。包括英国军人和法国军人的在沪各军队出席了仪式，然后步行至仅几百码之遥的领事馆。在仪式的开始和结束时，海军陆战队的火炮鸣响一连串礼炮致以敬意，而当灵柩下葬时，上海义勇队和法国水手齐射两次。尽管仪式非常正规，但其规模较小而且很可能在中国人中并没有引起多少注意。即便当官方葬礼在后来的20世纪吸引了更多注意力，但这些葬礼和中国人的日常生活仍然无关。

1938年3月19日，上海公共租界巡捕房为意外身亡的副总巡约翰·克劳利（John Gowley）举办了一场大型葬礼。根据照片显示（25张），克劳利的葬礼是最高规格。[84]他的灵柩上覆有绣着上海工部局局训的一面大旗，部分路程由一辆灵车运送，部分路程则由炮架承载运送，这是军官落葬的习俗。大部分照片是在麦特赫斯脱路[1]的同一个地方，可能是位于通往涌泉路公墓的路途中所摄。由包括锡克警员、上海义勇队和上海工部局乐队组成的完整的官方出殡游行队伍，伴随着灵车通往墓地。等到达目的之后，8名身着制服的抬棺人抬起灵柩。尽管这出殡吸引了恰巧在现场的旁观者，但并没有任何中国葬礼时会聚集的大规模人群。笔者也有一个相似的影像记录，尽管不知是谁所摄，是关于法租界中一名中国警员的葬礼。[85]他的官阶应该和高阶的法国官员一样显赫，有完整的军队游行陪伴灵车前往墓地。但就像克劳利的葬礼，除了那些碰巧在游行队伍前的盘观者之外，这次葬礼没有引起其他人多少兴趣。

在卜罗德英年早逝了70年之后，法国远东海军的总司令、海军中将台谷德（Eugène Descottes-Genon）即将抵达上海前，于1934年4月17日在其旗舰普利姆盖号（Primauget）上意外身故。台谷德于1901年开始了其在中国的戎装生涯，于1911—1912年返回法国。就在被任命为总司令之后，他于3月28日开始了第三次前往中国的旅程。他的葬礼在4月20日举行，葬礼规模和其军衔对应，租界官员、外交官、军队官员以及当地及驻扎在上海的武装部队，除了中国军队之外都出席了葬礼（尽管有两名中国官员出席了葬礼）。宁波的主

---

[1] 译者注：今泰兴路。

教在礼拜堂主持了弥撒，只有少数人在现场。然后灵柩被抬上位于圣玛丽医院的灵柩台，士兵会在那里向灵柩行礼。三个军乐队演奏了《马赛曲》，然后和车队一起将海军中将送往卢家湾墓地。[86]这是一场震撼的出殡，笔者有详细的照片记录。[87]主教、2名随从、9名牧师在水手所抬的灵柩前开路，紧随灵柩之后的是6名手持烛台的唱诗班的少年，再后面是全副戎装的法国军队及警察的最高等级的官员们。这次出殡是军队制服展示，以及军事力量的间接展示。全副武装的守卫沿队伍行进的道路两侧每隔5码便设一岗。随着出殡队伍从主路离开，人群逐渐散去，尽管在公墓旁还围着一大群西方人。

　　20世纪中国官员的葬礼吸收了西方军事典礼的很多内容。至少对于公众人物而言，死亡世俗化的趋势部分反映了国家当局的官方姿态和对基于西方仪式的新礼仪的接纳。[88]特别是当国民党政权于1927年上台之后更是如此，他们极力想引入新的公民文化，也在各领域获得了不同程度的成功。[89]国民党政权宣称要反"迷信"，其中就包括要对抗葬礼中所举行的那些仪式。1936年段祺瑞的葬礼遵循了新的公民仪式规范。段祺瑞是袁世凯的继任者之一，和其他军阀交战以巩固他掌控北京的中央政府。尽管他是一个野心勃勃的角色，但国民政府仍决定以国葬待遇厚葬之。[90]段祺瑞于1936年11月2日在上海去世，他的灵柩于12月7日从其位于法租界的家中运到闸北的北站，再由火车将遗体运至北京。街上云集了大量为了观看葬礼的人群（详见地图7.1）。从笔者已有的影像记录来看，所有"迷信"的因素都被清除，没有"开路神"、没有铭旌，也没有伞。为了和官方葬礼的地位相称，现场有大量的士兵，法租界的警察则全副武装并沿出殡队伍每隔25码设岗。三支军乐队分别隶属于上海市政府、龙华淞沪警备司令部、法租界警察，是葬礼中唯三的音乐演奏队伍。但是宗教仍然扮演着重要的角色，有240名道士和佛教僧人伴随灵柩前往火车站。[91]

　　死亡还找上了另一位头面人物，日占期伪上海市长的傅筱庵，1940年10月11日他在睡梦中被谋杀，其喉咙被仆从割断。傅筱庵是一位著名的富商，在日本占领上海期间接受了伪上海市长的职务。谋杀被认为是"歹终"，需要特殊的仪式超度。傅筱庵葬礼中任何私密的部分无从得知。他被谋杀这件事在西方人、傅筱庵的圈子和日本的支持者中造成轰动，但是中国报刊却集体沉默。《申报》刊登了一篇长文提醒其读者，在葬礼期间道路将会被封闭，而关于葬礼本身的介绍只有寥寥数行。[92]日军在占领区实行戒严，两个租界的警察在出殡期间高度戒备。葬礼当天的10月27日，所有通往出殡队伍将经过的主路的道路都提前被封锁，而外滩则设置了铁丝网。葬礼本身是一个私人事件，傅筱庵的遗体被从其位于闸北的家中运送到位于城市西面的极司菲尔路殡仪馆(详见地图 7.1)。出殡队伍会路过南京路、爱德华七世路和霞飞路。笔者有大量关于出殡队伍的视觉证据,从其进入公共租界开始,一直到队伍抵达殡仪馆。[93] 显然,对于安全因素考虑在出殡队伍和旁观者中都有所体现,包括军乐队,都由卡车搭载。段祺瑞的葬礼也没有步行的游行仪式。尽管傅筱庵的出殡队伍穿过极为热闹的市中心和商业街道,但是几乎没有遇到人。[94] 街道上几空无一人,反映了上海市民对这位投敌分子毫无怜悯之心。

规范葬礼

即便是那些更次要人物的葬礼,也会真地引起反感。原因包括哭丧者的嚎啕大哭、出殡队伍的乐队吹奏,当然还有对交通的妨碍,甚至是封路。人群被大型葬礼所吸引也会带来维护公共秩序和安全的挑战,尤其是当这个葬礼包含有政治因素时。当局总是担心一些激进分子可能会利用这种大型集会的良机来挑起事端。

公共租界和法租界一样,所有的游行队伍——婚礼、葬礼、宗教仪式——都需要受到交通规则的管制。租界当局何时开始规范这些活动并不明晰。在19、20世纪之交,上海工部局尚未引入正式的要求,尽管它经常抱怨这些讨厌的队伍造成了交通和安全方面的问题:"葬礼和其他游行队伍造成了极大的不便,还要封闭我们本已拥挤的道路;这种活动都应该被禁止。另一个极其令人讨厌的、需要严加限制的,如果不能完全禁止的话,就是在街上敲锣。"[95] 但是尽管有这些抱怨,上海工部局经常会允许出殡队伍通行。上海工部局对自己在这件事情的权威上非常强势。1903 年,当总领事给一个大型官方中国葬礼发放许可时,工部局表达了不快之情。工部局声称从来就没有总领事发放类似许可的先例,尤其是这会在租界导致"极大的不便"。由于要出动 800 名士兵和 2 000 名仆从,势必会对交通造成影响。[96] 1923 年修改的交通规则再度强调"在主路上禁止任何人组织、领导或参加任何形式的中国式婚礼、葬礼或者其他游行仪式、游行集会,除非事先获取警务处的许可。"

在大部分时间内,出殡队伍是件小事,在档案里通常不会留下痕迹。我们有大型葬礼的记录,就像下文将会讨论的案例,但是这些大规模的出殡队伍只代表了城市中每隔一段时间就会有的出殡仪式的极小部分。上海工部局记载了战时一些年份的出殡数量,虽然是管中窥豹,但是却显示了城中所举行的出殡仪式数量很多。1937 年,总共有 1 078 次出殡,其中 620 次计有 40 090 人参加。这一数字很可能反映了 20 世纪 30 年代中日战争爆发之前具有代表性的出殡情况,平均一场葬礼会有 65 人出席。在接下来的一年中,出殡次数急剧增长。就像警察所说的那样:"建立关于出殡队伍的特殊规定是必要的,为此所发放的许可证的数量说明了先前一年中出殡队伍有了大量增长。"出殡数量从 620 场一跃至 9 711 场。大部分肯定是普通的葬礼,因为参与者的平均数量下降至 20 人。[97] 接下来的两年能看到一样的趋势。从 1939 年和 1940 年分别有 22 942 场和 23 180 场出殡,分别有 368 770 人和 411 605 人。[98] 尽管这些数字很高,但是参加者的平均数却比 1938 年的时候还要低。基本上,这些较低的数据更倾向反映普通人葬礼的现实,而不是谁能承担得起一个正规葬礼。

大多数葬礼对城市中的警察来说只是小菜一碟,尽管在战时有很多附加限制,主要因为绝大部分出殡队伍所集中的寄柩所位于西方居民所在的租界区域。警察发现要禁止乐队参加中国式的葬礼是不可能的,但是仍然规定在赫德路〔1〕的西面禁止奏乐。[99] 1942 年,伪上海市政府禁止僧人、尼姑或者道士在晚上 10 点之后出席葬礼。任何音乐——打鼓或吹唢呐——或任何爆竹都不被允许。[100] 1950 年后,人民政府禁止在葬礼期间和在殡仪馆中奏乐和诵经。[101] 即便在战前,大规模的葬礼也需要走特殊流程。档案中有一个包含 1933—1943 年这十年的文件,[102] 总共只找到 13 起申请,包括段祺瑞(1936)和傅筱庵(1940)的葬礼申请。1934 年 1 月有两次出殡,一次是徐朗西,一次是杜锡珪,后曾任海军司令。后者的出殡队伍由 300 名水手、90 名海军陆战队队员、40 名警察和 40 名保安团成员组成,共预计有 400 人会跟随出殡队伍从胶州路前往南市。同年 6 月和 9 月还有两次大规模的出殡,都是女性死者,尽管参与者的数字相近——300—500 人——但是她们的队伍没有军人在场。

上海工部局面对的真正挑战是潘洪生的葬礼,潘是一位因对阻碍反日游行的中国商店投掷炸弹而被捕的学生。他在 1934 年 11 月 3 日于狱中自然死亡。由于潘洪生的行为所引起的政治后果,他的葬礼被认为是一个重要事件。尽管他被捕,但还是有许多团体为其写信请求宽恕。[103] 主要的几个中国商人团体举行了追悼会。为了防止潜在的骚乱,上海工部局拒绝出殡队伍从租界通行。但是人们还是在出殡队伍预计会通过的西藏路云集。警察将道路上所有通往租界的铁门关闭,同时所有的警员都整装待命。《申报》上报道说大世界及南市边界区域处于紧急状态。尽管有超过 1 万人参加了葬礼,但并没有造成任何事故。出殡队伍大部分时间沿着环上海老城的中华路和民国路〔2〕前进,然后抵达灵柩会寄放的苏州会馆。[104]

---

〔1〕 译者注:今常德路。
〔2〕 译者注:今人民路。

三巡会

私人葬礼并不是出殡的唯一形式。在中国社会中没有比无缘死[1]更让人抵触的事情,因为这会招来死者亡魂的报复和对活人的纠缠。据说人死之后,死者灵魂会离开身体并继续存在,直到灵魂找到其安息之所。死亡之后的葬礼仪式,除了向死者展示敬意之外,也有平息灵魂痛苦、保证其通往阴间、提供其在阴间所有所需之物的重要目的。如果死因和暴力有关(自杀、谋杀等),死者后代会举行额外的仪式,但灵魂仍然会安息。当人孤独死去,无论是因为他们膝下无子女来照顾他们,还是他们客死他乡,抑或是,最糟糕的一种情况,他们因暴力行为而死,他们的灵魂就会被当成是"孤魂"或者"厉鬼",会永远纠缠生者。所以社会有责任来确认所有的"厉鬼"都要被妥善照管。这一信仰始于为死于战火、自然灾害、仇杀、事故、犯罪或冤屈的人们组织纪念仪式。[105]

无论什么时候总存在大量潜在的需要照顾的孤魂。我们已经知道在实际操作中,很多死尸不会在死亡之后下葬。寄柩所是一个典型的反例,对于大家族的成员来说,灵柩在家中保管直至良辰吉日送往故乡或者下葬并不是不常见的事情。但是在这些案例中,生者会通过仪式、投入和祭品,尽全力使灵魂以安息。城市中也有一些地上棺。当局和善会善堂在这方面尽职尽责,以道义和卫生为由,在季节性的清理中以一年两次的频率落葬这些灵柩,但是对于厉鬼问题的考虑可能也在他们动机范围之内。最后,城市中的大街小巷都有婴儿、儿童和成人的露尸。两家主要的善会机构,不顾大环境(战争、传染病)和死尸数量,在收集和落葬露尸方面付出了大量的精力和资源。然而,死尸的收集永远做不完。这些厉鬼的"存在"被认为是如此严重,以至于有必要在城隍神的保佑下以一次集中的出殡形式来进行特殊的祭祀。[106]

为了确保城市的彻底洁净,一年举行三次仪式。仪式的目的是为了让厉鬼聚集,然后将它们召唤至厉坛。一直到1877年时,厉坛还坐落在洋泾浜的北岸。法租界的建立迫使祭坛移址,往南迁移至老城西门外一块人迹罕至的地方,地面一到下雨天便泥泞不堪。最后,典礼的组织者用石头铺了道路。[107]在1890年,《申报》提到说中元节游行是前去北门外的祭坛,但是考虑到西门外的祭坛位置,这是所有报道中的特例。[108] 20世纪初,祭坛又一次迁址。1908

---

[1] 译者注:原文"unattended death"。译者始终无法用确切的语言来表述,原指无人在场、无人知晓、被人忽视的死亡,现在有一种新的称呼叫"无缘死",意指死者脱离社会(于社会无缘),孤独死去,在日本多用于独居老人,意思比较接近,故暂名,以期读者指正。

年,一些善会提议在小南门旁的一小块空地上重建老城中的社稷坛,但是道台不允许在老城内迁移。[109]祭坛最后于1909年在西门外一处同仁辅元堂的善会墓地内建立。[110]

城隍神是汇集亡灵的活跃角色,有着召唤所有游荡亡魂和引导它们去向祭坛的力量和权威,在祭坛那里,亡魂被供以祭品。在上海,除了城隍神外,还有四位神参加典礼,每一位都有一座雕像。仪式并不是为了惩罚厉鬼,而是为了镇魂和使其安息。三巡会并非上海独有,而是在江南地区都盛行的节日。类似节日在苏州自明代开始就是一件大事,会吸引成千的旁观者和参加者。[111]在当时的上海周边,青浦、嘉兴、西塘、西新场和镇江都有自己的三巡会和游行活动。[112]在上海,三巡会会在清明节(4月)、中元节和下元节举办。[113]清明游行无疑是最重要和最精心策划的活动。新闻中对此的报道也最多,对游行队伍的描述极其详细。[114]中元节和下元节游行受到的报道则少得多。[115]就像中国很多公共仪式那般,三巡会也吵闹非凡,有乐队和爆竹。厉鬼可不会错过这一大好时机。三巡会的主要目标是为了祛除城中所有厉鬼。参与者会身披轻便的彩色棉衣,以大红大黄为主色调,戴着饰有羽毛的黑纸帽。他们也会带着写有虚构罪犯名字的旗帜,可以买下一面旗帜然后在祭坛焚烧,替其行刑。[116]

三巡会队伍的始发点和重点都是城隍庙,但是队伍会在不同的场合会走不同的路线(详见地图7.2和地图7.3)。从1886—1937年的25次游行中,并没有路线的规律可循,除了一种情况,即游行队伍几乎都会在整个老城和其部分郊区走一遭,即便在城墙拆毁之后也是如此。通常情况下,三巡会会在一天之内结束,不过在有些年份里,城隍雕像会在返回城隍庙之前暂宿于其他寺庙。比如1886年,游行队伍在祭坛进行完仪式之后,于城墙南边的高昌庙停留。第二天,城隍雕像回到了城隍庙。

游行会吸引大量民众围观,这也是当局所担心的一个因素。一个主要的挑战就是男女出现在同一个场合,尤其是妓女也会出现,她们往往被指责在街头游走并公开拉客。妓女的存在对一些参与者而言似乎不太合适。1875年8月,一名男性将石块投掷进一艘承载着一群年轻男性和5名妓女的小船的窗户中。[117]1878年,知县禁止妓女参加游行和参拜城隍庙。1890年8月又重申此令。[118]反复出现的事故迫使知县对游行队伍的规模和路线加以限制。1890年4月,游行队伍被严禁通过外国租界。8月,在当年的第二次游行中,知县禁止游行队伍使用大锣,禁止女性(妓女)奏乐。当年11月最后一次游行中也收到了相同的命令。[119]尽管威胁说要严惩违抗命令者,所有试图限制游行过分行为的尝

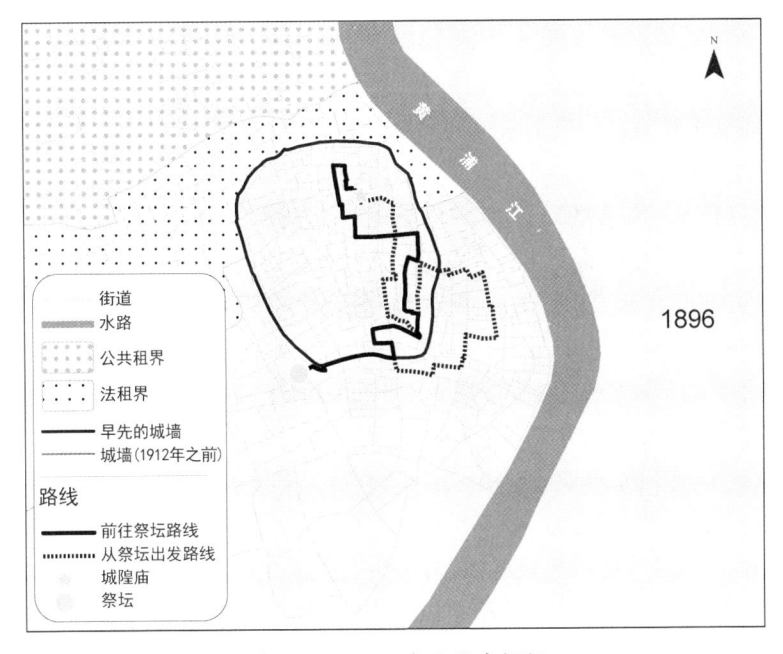

地图 7.2　1896 年之巡会行程

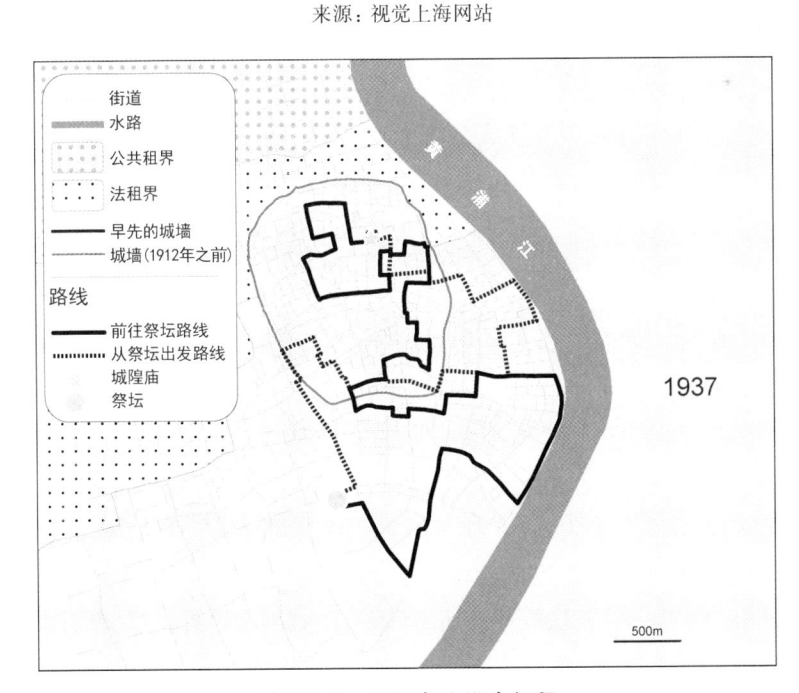

来源：视觉上海网站

地图 7.3　1937 年之巡会行程

来源：视觉上海网站

试都没能控制住这个节日所带来的异常惊人的能量和民众兴高采烈的心情。即便是恶劣的天气都无法熄灭组织者、参与者和旁观者的热情。[120]

交通安全是节日中一个永恒的问题。不止一次,队伍和其他车辆(马车、人力车)发生冲撞引起骚乱。1875年4月,由于有大量围观群众跟随城隍神通过西门,一辆载有8名乘客的马车,其中包括妓女,扎进游行队伍冲撞了城隍神雕像,人群被这位粗心大意的马车夫所激怒,用石头猛砸马车,砸坏了马车的玻璃窗户。[121]冲突演变成暴力事件的潜在性可能使差役甚至对一个微小的事件都小心翼翼。1885年,两名差役试图将一名阻挡在游行队伍前进路线上的演员推开,演员开始大吵大叫并直接上脚,直接激怒了两名警卫,用非常难堪的方式将其拘捕。[122]有时候,简单的口角之争,比如"让路问题",就会演变成打架斗殴。[123]也有一些"无赖子"专门惹麻烦,比如1893年,一群无赖子咒骂维护游行队伍秩序的骑警,当差役抓捕闹事者时,有3个人掉进了陆家浜。差役也会驱离在祭坛附近闲逛的人群,但方式方法比较粗暴,有一些人会因此而受伤。[124]扒手会利用簇拥在街上的大量人群来偷盗旁观者身上的钱财和珠宝饰品。节日里的热闹气氛、锣鼓喧天、鞭炮齐鸣给那些小偷们创造了可以下手且能全身而退的有利条件。

尽管当局屡次尝试限制,甚至禁止三巡会,但该节日极受欢迎,而且每年都能吸引大量人群。[125]1898年的一则报道中,《申报》用"人浪"形容那些跟随城隍神出游的、欢呼雀跃的庞大人群。[126]在节日的前一天,报纸会刊载游行队伍的路线。[127]节日的第一个挑战来自老城内的上海城厢内外总工程局,1910年,它以改革社会习俗为由禁止游行,这和知县基于道德上的考虑完全一致:离经叛道的男女同处、有失体面的公开表演、盗窃,等等。[128]1911年的辛亥革命将这些提倡改革的精英推上权力之位,这意味着另一个促进社会改革的良机。节日的举办因此受阻。新的地方政权连续三年实施禁令。但在1915年,面对公众的压力,他们放弃了。[129]然而,清除有封建迷信色彩的习俗的尝试并未消退,在五四运动之后,上海吴淞警备局命令停办1919年11月的节日。[130]但是,社会压力又一次设法击败了改革者的热忱。1920年,三巡会在4月和11月举行。[131]于是乎,尽管当局并不情愿,但是城隍神每年都在城中巡游三回,直到日本人1937年入侵。[132]战争使节日所需的后勤供应难以为继,商会无法在战时弄到维持节日所需的物资。[133]1947年8月有一次简短的恢复,根据《申报》的描述,"人浪"再次簇拥着巡游活动,往后再也没有三巡会的记载。[134]

死亡的定价

纵观历史,中国人对死亡的处理充满着不平等的意味。葬礼的性质、规模和公众关注的程度基本如实反映了社会和经济等级。但是葬礼本身是历史构建的产物。无论是仪式还是个人的坟墓都是葬礼中颇为近代的形式，出现于西欧中世纪之后。[135]维多利亚时期英格兰精英们的奢华葬礼在19世纪末期开始采用不那么铺张的出殡形式之前，也只能算是一个插曲，而"一战"后的出殡则完全从简。[136]总体而言，西欧的葬礼逐步变得相当标准化，在不同社会群体之间差异不大。尽管19世纪最穷的阶层经常会下葬在一个大墓地中，社会收入的显著增加和制造商所生产的葬礼物品的稳定低价，使葬礼能让绝大多数人都承担得起。[137]宗教信仰在天主教或新教的出殡队伍中也扮演着重要角色，但这两者在中国葬礼广泛的参与者群体中却从未能被包含在内。在中国的城市中，推动葬礼习俗转变的动力很有限，中国式的葬礼将主要的重点放在葬礼的社会维度并深切关注将死者灵魂妥善安置。每个家庭都竭尽所能，有时甚至举债，来筹办一场得体的葬礼。[138]评估上海"死亡的定价"是一个颇具挑战性的工作。一方面，价格，甚至货币随着时间的推移变化剧烈，特别是在20世纪30年代晚期到20世纪50年代早期发生通货膨胀和恶性通货膨胀时。另一方面，死亡的定价取决于所提供的服务价格，从传统殡仪店或者会馆寄柩所到近代的殡仪馆都是不一样的。

殡仪馆的定价

殡仪馆有着最复杂和最详细的定价体系。殡仪馆的服务包括在家收尸、替尸体清洁和着装、提供棺材、组织葬礼仪式和出殡、运送灵柩到最终或临时的安息之地。所以根据为遗体所选产品质量和整个葬礼规格，有很多项目可以收取不同的费用。卫生局在1954年详细整理了一组10家殡仪馆的收费数据。[139]要搞清楚具体情况几乎是不可能的，因为大部分项目每个殡仪馆之间都不一样。但是数据揭示了殡仪馆所提供的丧葬物品，其涵盖范围令人咋舌。总共有不少于71种项目，且价格体系完全不透明。家属在和殡仪师谈价格时很可能会根据事先预订的计划来商议一个打包价。但是复杂的价格体系可能反映了战时或战后的发展，也可能只是反映了当局试图完全搞清殡仪馆如何收费所做价格调查时的详细结果。

殡仪馆建议标准化的套餐服务，但是他们可以根据任何要求来调整和扩大他们的服务范围。然而，殡仪馆的服务费用并没有降低。1933年，中国殡仪馆提议设立从第一等到经济型5种标准化的殡葬服务套餐，定价350元、300元、200元和140元，以及为儿童葬礼所设置的150元。表7.1总结了每一档的服务和区别。基本上说，套餐的价格结构反映了数量上（丧衣、提供物件、时长）和质量（防腐措施、灵车种类、举办仪式的大厅类型）的不同。比如经济档包含清洁遗体和入殓,但是灵柩必须在同一天于最小的殡仪厅举办简短仪式之后移出殡仪馆。相反,第一档允许遗体有7天的吊唁时间,在最大的殡仪厅举办一个全天的仪式,然后再寄存灵柩7天。这些套餐均不包含主要的葬礼物件、葬礼本身费用,并且肯定不会包含的墓地费用。

表7.1 1933年中国殡仪馆所提供的附录一览

殡葬服务套餐						
服务	一等	二等	三等	经济	儿童
接尸	是	是	是	是	是
接尸灵车	普通	普通	普通	普通	普通
遗体清洁	是	是	是	是	是
防腐处理	是	是	是		是
遗体展示	7天	5天	3天		
纪念堂	大厅、整天	大厅、整天	南厅	小厅	南厅
寄柩间	7天	5天	3天	1天	3天
灵车	龙车	花车	普通	普通	普通
寿衣	20套	15套	10套	5套	
灯笼	是	否	否	否	否
蜡烛	2磅	1磅	1磅	1磅	半磅
焚香	一对	一对	一对	一对	一对
锡锭	1	1	1	1	1
盒子	4	3	2	2	2
祭品	7道	5道	3道		
总数	350	300	200	140	150

材料来源:《中国殡仪馆以及股份有限公司概要》(1933年),Q400-1-3910,上海档案馆。

在战争期间,1943年10月,伪市政府调查了殡葬公司所提供的殡葬服务和用品的价格。1943年5月和8月的费用有所上升,但是第一区(前公共租界)经济处确认并没有滥收费。[140] 1944年1月,伪市政府加强了监管力度,而且规定在获得殡仪寄柩运葬商业同业公会的官方许可之前不允许涨价。[141] 直到日军投降之前再也没有出现过价格问题。通货膨胀进一步蚕食了普通人的收入,殡葬服务的费用成为让人犯难的一件事情,甚至还对此有过抗议活动。

卫生局会经常收到来自城市居民对殡仪馆收取高昂费用的投诉。[142]这些抗议促使了新一轮的调查。当静安殡仪馆于1946年6月将其6月的费用在10天之内从1万元翻涨至2万元时,的确存在溢价。[143]但是卫生局发现,大部分公司只是随通货膨胀的上涨曲线而涨价,很多针对价格的投诉是有问题的,只是因为他们自己的收入跟不上涨幅,而且葬礼造成的债务也在上涨。[144]

不过,这样的行动推动了对殡仪馆价目的密切关注,促使了将其纳入价格控制体系这一决定的诞生。[145]卫生局于1947年8月1日和9月18日召开了两次会议,和殡仪寄柩运葬商业同业公会的代表讨论涨价的事宜。殡仪寄柩运葬商业同业公会的代表坚决认为,涨价严格基于官方的价格指数。同业公会上呈了一份最高价目为175万元的费用单,以说明战时的50元转换成当前的货币已经变成450万元。最终,殡仪寄柩运葬商业同业公会制订了一份适用于所有殡仪业公司的统一规章制度和价目表。[146]同业公会也试图回击报刊上的观点,但并不能阻止报纸上那些私人的抱怨持续出现。[147]自1948年始,恶性通货膨胀将费用推升到一个新的高度。1948年9月,国民政府为了解决螺旋式恶化的通货膨胀问题,孤注一掷引入了金圆券。[148]但是货币的改变,并没能阻拦通货膨胀疯狂前进的脚步。殡仪寄柩运葬商业同业公会为了给整个行业制订新的费率而定期商议,但是在11月13日,同业公会最终放弃了跟随通货膨胀而统一涨价的努力,而让旗下会员自行调整费率。[149]

南市殡仪馆的一份中档费用单(详见表7.2)可以验证殡仪服务业在恶性通货膨胀时的价格结构。其基本服务从4 400元"经济档"起步,分别涨价至6 250元、11 840元和20 980元,对应第三档、第二档和第一档。这三个价格殡仪馆只负责运送遗体,为其清洁和着装,以及把灵柩放在殡仪馆大厅以供凭吊。

表7.2　南市殡仪馆1948年8月价目表

殡葬服务套餐				
服务	一等	二等	三等	经济
仪式厅	4 800	2 400	1 200	800
汽车	1 500	1 500	1 500	1 500
司机	600	450	300	200
三轮车	500	500	500	500
接尸	600	450	300	200

(续表)

殡葬服务套餐				
服务	一等	二等	三等	经济
遗体清洁	2 400	1 500	1 200	800
茶	1 200	900	600	400
大厅照管	2 000	1 500	900	
灯笼	600	450	250	
小计(汽车)	13 700	9 150	6 250	4 400
小计(三轮车)	12 100	7 700	4 950	3 200
灵柩移动费	6 000	2 000		
灵柩移出	1 280	690		
总价(用车)	20 980	11 840	6 250	4 400

材料来源:《南市殡仪馆价目表》,1948年8月1日,S440-1-15,上海档案馆。注意:价目单位为元。

上海解放后,殡仪寄柩运葬商业同业公会归人民政府管理。[150]通货膨胀并未衰退,但卫生局不断施压,其中要求保持低价和减少殡葬成本是大势所趋。大部分民众,即便是普通人,也为了家庭的声誉而在葬礼上习惯大把花钱。因此,卫生局的做法从某种程度来说,是对此习惯的一种回应。新政权也决心让所有人都能承担得起葬礼的价格,既因为每一个人都应有一个合适的葬礼,也因为当局必须要采取一些措施来解决遍布上海的浮厝问题。殡仪寄柩运葬商业同业公会及其会员一定感觉到了政治风向的转变,开始主动降价。[151]

棺材是最主要的葬礼用品。其价格根据木料的材质、做工和装饰而价格不等。棺材通常由不刊登广告的小作坊制造,这些小作坊通常不会引起当局的注意,所以关于棺材的价格数据非常少,已有的记录中大部分都是20世纪40年代的。普善山庄的记录中提供了用于下葬所收集到的露尸的廉价棺材的价格。1940年,木料的价格涨到了14元,木匠的工资和钉子、清漆的成本将总成本推至16.50元。[152]这是最廉价的棺材的价格。1941年之后,通货膨胀对木料的价格影响甚巨,盟军于12月的禁运开始之后,价格更是上涨。[153]我们可以从善会的报告来追寻普通棺材的价格上涨的轨迹。1942年,普善山庄估计棺材的木料费用会涨到一个大型棺材117元和一个小型棺材60元的地步。[154]一年之后,其价格更是分别窜到了350元和200元。[155]在商业机构,棺材的标价更是高昂。1947年7月,上海殡仪馆提供了三个价位的棺材和寿衣,两个最高等级包含用福建木料制作的棺材和七层的寿衣,分别要价200万元和150万元。最便宜的等级要价 80 万元。[156]

寄存遗体

寄柩所为灵柩提供了不同档位的设施和存放位置，从单柩空间到几个灵柩一起存放的稍大的房间都有。1941 年 2 月针对 4 个寄柩所的调查，显示了表 7.3 中所给的年度费率。寄柩所或者殡仪馆通常会提供三四种价位，但是也有一些会提供 6 种，从 36 元的最低档到 720 元的最高档，这是 1941 年的数据。计算成每个月的花费是 3 元至 60 元。用最高档价位寄存的灵柩非常少，只有最富有的家庭可以承担这个价格——最高的 3 个价位只占了所有寄存灵柩的 4%，但是却占总收入费用的 20%——而最低档位的价格只占总收入费用的 45%，灵柩数量却占到将近 3/4。价格在战后猛涨。国际殡仪馆所提供的最低月费是 1 000 元，尽管大部分殡仪馆以 2 500—3 000 元起步。最有名气的那些公司，比如万安和白宫，给其一等寄柩室的开价非常高昂，要比其他公司贵出 2—4 倍。1947 年，国际殡仪馆为一柩间制订了两个特殊价格，为两柩间制订了一个，为四柩间制订了两个，以及为普通（集中）间制订了一个，6 个月的费用从 5 万至 32 万元不等。[157]

表 7.3　1941 年四家寄柩所每个级别的寄柩费用及数量

每个级别的寄柩费用（单位为元）						
寄柩所	A	B	C	D	E	F
中华寄柩所		360	240	120		
乐园殡仪馆	400		240	120	60	36
万安寄柩所	600	360	240	120	60	36
大华寄柩所	720			120	60	36

每个级别的寄柩数量							
	A	B	C	D	E	F	总数
中华寄柩所		31	35	115			181
乐园殡仪馆	1		16	22	240	1 417	1 696
万安寄柩所	4	12	24	155	193	408	796
大华寄柩所	1			16	2	485	504
总数	6	43	75	308	435	2 310	3 177

材料来源：《财政收入副主管关于寄柩所收入的备忘录》，1941 年 2 月 21 日，U1-16-2471，上海档案馆。

表 7.4　1946 年的寄柩费率

寄柩所	寄 柩 水 平				
	一等	二等	三等	四等	五等
万安	66 000	44 000	22 000	11 000	6 600
白宫	40 000	5 000	3 000		
中国	40 000	24 000	15 000	9 000	
乐园	30 000	15 000	50 000		
世界	30 000	12 000	5 400		
安乐	24 000	16 000	80 000		
上海	20 000	12 000	10 000	6 000	
国泰	20 000		3 000		
大众	17 000	12 000	8 000	6 000	3 000
万国	15 000	10 000	3 500		
国际	13 000	3 300	1 000		
永安	10 000	5 000	2 500		
丽园	10 000	6 000	3 000		

材料来源：《营业牌照申请书》，1946 年 8 月，Q400-1-3959（乐园）；Q400-1-3960（安乐）；Q400-1-3961（万国）；Q400-1-3962（永安）；Q400-1-3963（国际）；Q400-1-3864（liyuan）；Q400-1-3867（万安）；Q400-1-3868（大众）；Q400-1-3869（baigong）；Q400-1-3870（中国、国泰、世界）；Q400-1-3871（上海），上海档案馆。注意：费率单位为元。

1948 年 8 月，万安寄柩所一等、二等、三等和四等房间的月存费涨至 10.5 万元、7 万元、3.5 万元和 1.75 万元。同一时期，江淮殡仪馆提供三种价码——300 万元、150 万元和 125 万元。除了租金之外，寄柩所和殡仪馆还要收取入柩费和起柩费，根据不同档位的服务价格不同。在万安寄柩所，入柩费在 2.5 万—4.5 万元，而起柩费在 4.5 万元至 9 万元。所以，寄存一个灵柩的最低费用，最经济的价位是 13.3 万元，最高档的价位则是 76.5 万元。[158] 档案中有相当数量的关于费用的文件，这些文件所记录的更多是通货膨胀而不是实际费用或是具体操作所带来的费用变化。我们之后还须从当时收入的角度来审视这些价格。

落葬

墓位的价格取决于很多因素。首先是墓地的位置和其距离市中心的距离。不过如果墓地位于好的地段,其更近的距离也意味着更高的价格。第二个因素是墓地的装修程度和投入成本。一个精心布局、拥有大量植被和树木、入口有纪念碑、为访客歇息所建的亭台、有坚固围墙环绕的墓地的墓位,相对于那些粗糙布局、由竹栅栏围起来的墓地的墓位要更贵。尽管市政当局规定必须要有砖墙,但即便是市政墓地都没有达到这个标准。第三个决定墓位价位的因素是朝向。朝南的墓位会比朝向其他方向的墓位更贵。最后,价格也取决于墓位在墓地内的位置。在主路旁的那些墓位价格更高,然后是位于次要道路旁的,位于中间的墓位价格最便宜。市政墓地和私人墓地都以墓位的风水和地位来决定整个价格等级。

在公共租界的市政墓地中,墓位价格最主要的区别取决于死者生前的居住期限。要成为"居民",死者需要生前在租界至少住满6个月。20世纪20年代,价格还十分稳定,给租界居民提供的一等墓是20两,二等墓在1923年是10两。1929年时,分别涨至40两和15两。后一次价格调整发生在1932年,为了在虹桥和八仙桥公墓开辟新的墓位,而且使涌泉路公墓的墓位不再高高在上。新的价位设置是90两(涌泉路)、60两(虹桥)和50两(八仙桥)。经领事许可,有一个给穷人提供的25两的价位,还有一个给更穷的人所提供的5两的价位,这需要善会的推荐。[159]战争对价格有显著影响,主要是因为其导致的通货膨胀的缘故。(详见表7.5)1938年10月,一个成人的穹形墓穴值112元。1943年1月,一个租界居民的一等墓位要430元,非租界居民则是600元,二等墓位则分别是200元和400元。但是墓地还要收取挖墓和砌穹形墓穴的费用。1940年8月,在市政公墓下葬一个成人灵柩共需315元,到了1941年8月是805元,1943年4月是2 700元。1943年9月,价格涨至4 200元,1944年4月需1.4万元,1944年6月则要1.8万元。

表7.5 上海工部局公墓不同墓地和穹顶费用(1938—1943年)

殡 葬 地				
时　间	涌泉路	八仙桥	虹桥第一公墓	虹桥第二公墓
1940年8月	180	150	180	110
1941年8月	300—430	250—335	250—335	150—200
1943年1月	430	430	430	200
1943年4月	600	430	430	200

(续表)

时间	穹顶类型		
	常规	中式	儿童
1938 年 10 月	49	73.5	24.5
1938 年 11 月	84	135	50
1940 年 4 月	135	180	77
1941 年 8 月	375	435	180
1942 年 1 月	970	1 115	430
1943 年 4 月	2 100	2 670	1 370
1943 年 9 月	4 200	5 100	2 700

注意：费率单位为法币。
材料来源：信件，批准的提案，1938 年 11 月 24 日；信件，乔丹（卫生处）致墓地负责人，1940 年 12 月 9 日；信件，卫生处致总办，1941 年 8 月 20 日；信件，卫生处致总办，1941 年 12 月 9 日；"通知书"，1943 年 1 月；信件，卫生处致总办，1943 年 9 月 6 日，U1-16-2426，上海档案馆。

在法租界，1938 年之前一直没有为不同阶级设置不同价位。人们根据购买墓位的时间长短来支付价格。公墓提供永久性和 15 年期的墓位。到 1937 年年底时，一个 15 年期成人墓位的费用是 80 元，而永久性成人墓位需要 290 元。很可能是因为墓穴空间不够所带来的压力，法租界在 1939 年开始提供两种等级的成人墓地，1941 年则给所有居民（成人、一岁以上儿童、低于一岁的婴儿）提供了三种等级的墓地。成人墓位从 1940 年的 400 元涨至 1941 年的 1 000 元和 1942 年的 1 200 元。再之后，1943 年 4 月时，飞速增长的通货膨胀把价格翻倍至 2 400 元，1943 年 7 月又涨至 3 000 元。[160]涨价的过程"豪"无止境。

在华界，第一市政公墓在 1935 年时每个墓位收费 60 元，尽管其三分之一的墓位是免费的。[161]1942 年，伪卫生局给所有的殡仪馆发去信函，通知他们万国公墓的新费率（300 元）。[162]抗战胜利后，螺旋上升的通货膨胀使民国上海市政府必须调整价位。1946 年 1 月，卫生局建议将目前的价位提高 2 至 3 倍。[163]但是到了 3 月，通货膨胀就把先前的价位扫进了历史的尘埃。市政府所定的价格没能跟上通货膨胀发展的脚步，9 月时，市政府制订的价位只是那些私人墓地的 10%。[164]卫生局尝试了各种方式来增加其收入，1946 年 10 月，它关闭了涌泉路和八仙桥公墓，但是对那些已经预订墓位的家庭，费用涨至 50 万元。甚至对那些已经在预订时付钱的家庭，卫生局仍然收取了额外的 27.5 万元落葬费用。在虹桥公墓、万国公墓和第一市政公墓，墓位的价格是 30 万元。[165]但所有墓地的费用都跟着通货膨胀水涨船高，1948 年夏天开始，卫生局开始每个月调整价格,到1949年5月时,卫生局几乎每个星期都要调整价格。[166]

商业墓地的情况没有太大差别,尽管随着时间的推移差距越来越大。1928年中国公墓的墓位价格是50元。[167]长安公墓于1930年11月所刊登广告显示了一个差不多的价位——40元,穹形墓穴的费用是60元,运输灵柩的价格是10元,墓碑的价格是16元,杂费11元,在该墓地落葬的总费用是137元。1937年8月的价格还保持不变。[168]私人墓地在战后的费用显现出一个宽广的范围。1946年12月,西园公墓(虹桥)提供了两个价位,29万元和23万元。[169]1947年3月,太平墓地(大场)计划对其墓位收取30万元和14万元,而仙乐墓地(南翔)计划以70万元、50万元和30万元的价位出售墓位。[170]保安墓地为其最好的墓位开价12万元。[171]事实上,商业墓地通常会提供一个范围更广的价格选择。1948年4月,长安墓地有四个价位:3 600万元(特殊)、1 400万元(一等)、900万元(二等)和290万元(三等)。[172]这些高价究竟代表什么意义并不明晰,但是可以尝试和人们的收入联系比对。家庭墓地的价格曲线是一个很好的案例,从其1947年3月开园至1948年关闭期间,价格曲线呈现出飞涨的状态(详见表7.6的最后两行)。

表 7.6 家庭公墓墓位费率(1947—1948 年)

时　间	墓 位 类 型			
	特殊	一等	二等	三等
1947 年 3 月	1.6	0.6	0.4	
1948 年 1 月	12	4.5	3	
1948 年 8 月 15 日	450	150	90	
1948 年 8 月 20 日	700	300	180	
1948 年 8 月 30 日	233	100	60	30
1948 年 12 月 31 日	7 200	3 000	1 800	700

注意:1947 年 3 月到 1948 年 8 月 20 日,费率以百万法币计算;1948 年 8 月 30 日到 1948 年 12 月 31 日,费率以金元结算。

材料来源:《申报》,1947 年 3 月 9 日,1948 年 1 月 25 日,1948 年 8 月 15 日,1948 年 8 月 30 日,1948 年 12 月 31 日。

市政府试图加强价格管理,与官方的生活指数挂钩。但是战后对墓位的高需求使其无法做到对价格的完全掌控。对墓位的争夺是如此激烈以至于出现了预订墓位的黑市。1945年之前,对私人或者一个家庭在外国租界或者华界购买墓位并无数量限制。那些拥有墓位却最终并未使用的人——离开上海在其他地方去世或者其他原因的个人或者家庭——以官方价格10倍的数额出售。[173]

相较之下，会馆墓地所卖的墓位在价格上要合理地多，但是这些墓位只提供给自己的会员购买。广肇公所在1949年之前的上海拥有最大的会馆墓地。由于恶性通货膨胀的缘故，公所对其墓位进行了涨价，但是仍然远低于商业价格。1949年5月，一个"经典"的墓位价格是700元，相对低级的墓位分别是30元、20元和3元。[174] 由于币值贬值速度快，让调价变得不切实际，于是公所最后建立了用大米来支付的价格表，一个经典墓位10担米（1 080磅），其他三档所对应的分别是6担（648磅）、3担和2担。[175] 尚不清楚会员家属是否要把这些分量的米送到会所或者直接在米店交易，但是这是会所保护自己免受通货膨胀困扰的最后底线。[176] 1949年夏季，当人民政府引入"单位"计算时，使用大米作为支付手段的方式便告一段落。价格区间从一个经典墓位的650单位（170万元）到最低档墓位的40单位（10.6万元）。[177]

1949年12月，卫生局试图给私人墓地的墓位制订一个合理的价格，以满足人民的需求及控制墓地公司的利润。卫生局想避免建造大型墓地，所以价格以10亩墓地的估算为蓝本。[178] 花费只包括墓地的投资和运营成本，但不包括获得土地时的成本。卫生局对土地税和给其他农民补偿费用的估算是1 300万元，对建造围墙、小路、平整地面等的成本估算是4 900万元，人员工资——每个墓地4位工人，3位雇员和一位管理人员——3年期的花销是1.106亿元。总共的成本是1.736亿元，每个墓位是17.36万元。由于土地的成本并没有被包含在内，卫生局认为利润可能会减半并建议将墓位的平均价格修改为261 366元。但是考虑到其他因素比如根据不同风水的选址，卫生局建议每100个墓位分成3—4档：250"单位"（units）10个、120"单位"20个、70"单位"65个、35"单位"10个以及5个免费墓位（详见表7.7）。

表7.7　针对私营墓地的推荐费率（1949年）

坟墓/公墓	三　等	二　等	一　等
一等墓位	100	200	300
二等墓位	60	100	160
三等墓位	50	60	80
经济型墓位	20	40	50

注释：半价墓地是基于三等墓位计算的，费率以元结算。
材料来源：《核定私立公墓售价计算表》，1949年12月6日，B242-1-226，上海档案馆。

根据这一设想，墓地公司会得到2 610万元的总收入，如果算上土地的价格，成本是440万元。[179] 像真如的每亩地是30万元，总利润甚至会更高，但即便是根据卫生局所指定的费率来算,利润也占到总投入的 25%。由于这只是理论值,卫生局最终提出了一个更复杂的数据表,还考虑到了墓地的档次。有趣的是,针对死亡也分三六九这一观念及其所造成的墓地分不同档次、根据其选址地段有不同价位卫生局采取了默认的态度。1950 年针对私人墓地的管理条例(《上海市私立公墓管理规则》)将墓地和墓位分为 3 个和 4 个等级,[180] 事实上,1951 年一份研究墓地费用的报告显示墓位的等级其实是更宽泛的 5 个等级。基本上,一等墓位的费用在 100—300 "单位",而三等墓位的范围则是 35—160 "单位"。[181]

对墓地的需求压力迫使人民政府寻求土葬之外的办法,并通过价格来阻止人们选择土葬。另外,人民政府设法平衡墓地的支出。1954 年 4 月时的总投资是 50 亿元而收益则只有区区 18 亿元,差距甚大。正如副市长刘季平所建议的那样,根本问题是要让人民相信火化的好处。一份市政府的文件中显示,新的龙华公墓的收费价格已经与私人墓地持平,而那些江湾和大场的市政公墓则要分别低 50%—60%。人民政府建议将市政公墓的费用翻倍,而江湾公墓的费用甚至要翻 4 倍(80 万元)。民政局则反对如此之迅猛的涨价。[182] 但是除了这个警告之外,人民政府开始实施提价政策,将人民向火化的殡葬方式引导。9 月,江湾公墓的收费价格已经涨到大号墓地 100 万元、中号墓地 60 万元、穆斯林墓地 45 万元。在新墓地中,为了节约土地,新墓地的规模被限制在小型和中型。[183] 由民国政府所设立的优惠价体系被沿用,但是只有火葬能享受。政府部门、官方团体、学校的工作人员,根据其个人经济情况可以享受费用减免,最高可达原价的 50%。革命烈士的家属只需要支付 30% 的原价费用。[184]

人民政府修改价格的政策没能阻止城市中的殡葬公司寻求利益最大化,即便到了 20 世纪 50 年代后期的社会主义改造之后仍然如此。1960 年的龙华中心(包括龙华火葬场和 1953 年开放的龙华公墓)的一份报告揭露了滥用权力和欺诈的问题。砌穹形墓位的工人向家属收取 6 袋水泥的钱,但其实只需要 4 袋水泥。他们向解放军士兵收取了 16 袋水泥的钱,但实际上只用了 6 袋。还有将旧墓碑抛光后作为新墓碑出售这种非法循环使用的问题。[185] 这都是些小的欺诈行为,但是却显示了在正式的政治规范和话语的外表之下,那些老一套的不良现象仍然存在。这也强调了一个事实,即送葬的家属在落葬死者时是孤立无援的。

遗体的船运

关于船运只有民国后期和中华人民共和国早期的数据。上海公共租界工部局卫生处通过一个殡仪馆（白宫殡仪馆）在1939年收集了第一张清单。第二张系统性的清单则来自1942年11月一份警察局的文件（详见表格7.8），警察局试图收集灵柩船运的基本信息。当局在推动公共租界的积柩清运，尽管并不成功，而价格是船运灵柩的决定性因素。从1939—1942年的费率已整理在了表7.8中。

表7.8　1939年和1942年船运灵柩的费率

目的地	省　份	1939(一等舱)	1939(二等舱)	1942
常州	江苏	12	10	80
崇明	江苏	30	22	30
丹阳	江苏	12	10	90
阜宁	江苏	12	10	220
淮安	江苏	15	13	160
如皋	江苏	16	12	80
松江	江苏	12	9	30
苏州	江苏	11	9	40
泰州	江苏	10	9	120
无锡	江苏	11	9	60
盐城	江苏	10	9	180
扬州	江苏	12	10	100
镇江	江苏	12	10	180
枫泾	浙江	12	10	30
海门	浙江	26	22	50
海宁	浙江	24	22	70
杭州	浙江	30	26	100
嘉兴	浙江	14	12	50

注：1939年费率单位为法币；1942年费率为中央储备银行单位。
材料来源：《运柩价格》，1939年7月31日，U1-14-3177；《中央储备银行同乡船从上海出发运柩价格表》，1943年，U1-16-2534，上海档案馆。

1939年的价格清单记录了运往江苏和浙江共18处目的地的价格，比1942年清单中70处目的地的价格要便宜得多。运价有两个等级，尽管很难分辨一等和二等之间究竟有什么区别。两张清单中的价格并不稳定。1942年和

1954 年的价格清单亦是如此。1952 年之后采用了固定的标准价格之前,船运公司在决定收取多少费用上有很大的自主空间。一个明显的例子就是运往崇明的运费,崇明位于上海旁长江中,1939 年的船运费用最高,1942 年的费用最低。由于笔者掌握 1942 年大量目的地的样本,因此可以清楚地评估船运灵柩所需的金额。在江苏境内的目的地,第一梯队——在 20 至 50 元——有 13 个,第二梯队的 9 个目的地需要 50 元至 100 元,在这之上还有 13 处目的地需收费 110 元至 140 元,还有小部分 7 个目的地需要 150 元至 220 元。在浙江境内的 25 个目的地中,有一半的价格超过 100 元,其中一个目的地需要 250 元,接近一半的目的地需要 60 元至 100 元,只有 3 个目的地的收费低于 50 元。

1954 年 11 月,人民政府实施了一次内地船运费用的调查。调查列出了三种主要运输方式,即海运、车运和河运,共 38 个目的地。河运有 24 个目的地,海运和车运有 7 个。海运的主要目的地是温州,这也是最贵的一个,运费 95 万元,以及海门,运费 75 万元。如果是车运,最贵的目的地是黄岩和临海,运费各为 100 万元。河运的价格从最低至杭州的 15 万元到最贵至东阳的 80 万元,运往奉化的费用是 44 万元,运往宁波需 32 万元,运往绍兴需 27 万元。[186]

谁葬得起?

有充足的证据表明大部分人连一个简单的葬礼都无法承受,连一口棺材也买不起,也无力承担更便宜的墓位。前文中大量弃尸的数据大体上能暗示各种服务的价格情况。为了适应收入不同的人群的需要,殡葬服务的价格范围往往很宽广,但即便是最低的价格,也将很多人排除在外。服务的多样化及其价格也使得要概述任一时期的殡葬费用实际上是很困难的。另一个问题是在私人商业殡葬公司刊登其服务和价格的广告之前,缺乏 19 世纪和 20 世纪早期费用的数据。包括外国租界和华界的市政机构介入此类事务,最终产生了大量相关信息,但这仅始于战争时期。最后,货币的持续波动和来势汹汹的通货膨胀,特别是 1948 年之后,使数据无法给历史解读提供帮助和用处。

绕过该难题的一个办法是将各时期的殡葬服务的价格和生活成本以及工人及雇员的工资作对比。研究主要集中在有固定收入的普通人。1908 年,上海公共租界巡捕房一名三等巡捕每个月挣 70 两,而一等巡官可挣 100 两。[187] 1906 年,八仙桥公墓的一处墓位值 17 两,而穿形墓穴要 18 两。[188]大部分低收入群体的收入都花在了租金和食物上,葬礼的总价和一名三等巡捕半个月工资相抵,葬礼的花费可能还要增加,市政公墓中的墓位是较为便宜的。不过有一个事实是大部分巡捕是中国人,他们不能下葬在公共租界的市政公墓中。

工务处的一份备忘录列出了1927年时土地测量处中外国和中国测绘员的平均工资分别是600元和141元。[189]相对公司雇员或是工厂工人而言，这些人都是较高收入的群体。

1933年，市政府中局长的每月收入是450元，一等雇员是130元，一般职员是44元。普通警员的收入接近40元，一名对账员能赚50元。尽管各阶段情况并不相同，顾颉刚在20世纪20年代早期对其祖母葬礼的统计显示其总花费是450元。这个葬礼和市政高官的工资水平相比，并不算特别贵。但是对一个普通职员来说，这个葬礼就需要花费10个月的薪水。1928年，一个包含穹形墓穴的墓位在长安公墓的价格是137元。中国殡仪馆的葬礼套餐从140元到350元不等。这也需要花费数年的积蓄，相当于上海工部局中国测绘员两个月的工资。如果是父亲或者母亲的葬礼，葬礼费用可能会由儿子们平摊，和农村的规矩一样。如果是妻子的葬礼，丈夫很可能会承担这笔花费，但是如果是丈夫的葬礼，葬礼费用对妻子而言可能会是个挑战，除非她能依靠大家庭的帮助。[191]

另一个层面是和普通工人家庭相比较。1928年，纺织厂的平均工资水平从15元到21元不等，和其他行业类似，除了印刷和造船之外，后两者的工资在33和40元之间起伏。[192]在南京国民政府时期，工资基本没有什么变化，甚至有小幅的回落，平均工资从1930年的33元降至1936年的28元。[193]如果将此和长安公墓的墓位价格及殡仪馆的一个"经济型"套餐相比，280元对于那些工资难以支持他们在上海生活的人们来说，是一笔相当可观的数额。事实上，除非工人住集体宿舍，否则他们很难承担起一间体面住房的费用，即便家里有两三人养家糊口也很难。工人将其超过一半的收入用于食物开销，房租、燃料等其他方面要另占37%。[194]一担米（200磅左右）的价格，战前在10元至18元浮动，可供一个4.6口之家维持两个月。[195]在一年中，仅是购买大米，工人家庭就需要60元至108元来维持这一开支。买墓地或者举办葬礼的费用需要一名收入颇高的工人一整年的收入，相当于纺织厂工人两年的收入，工人家庭是没有这个预算的。

抗战胜利后，对于大部分人来说，情况是恶化的，这不仅仅是因为恶性通货膨胀，还因为公司和政府拖欠，甚至全面停止工资支付。以下将各种工资数据和殡葬服务的收费相比：1946年12月，工厂工人在纺织行业平均工资是27元至36元，在烟草行业是12元至115元，在公共事业是31元至123元。1947年6月，相同行业的平均工资范围是18元至40元、10元至105元和13元至110元。这些数字代表了各行业分支中最低和最高的工资水平。同一时期，第一市政公墓的墓位费用是30万元,高庙公墓最便宜的墓位要14万元。在商业墓地,保安公墓的墓位费用最低,12万元。仙乐公墓的墓位价格是30万元至70万元。在最便宜的寄柩所,每月寄柩的费用分别是3 000元、6 600元和9 000元。很明显,抗战前到战时再至抗战胜利后的价格变动趋势,使得普通人已无法承受葬礼的高昂费用。

恶性通货膨胀不仅仅把价格推向新的高度,还使殡葬服务和工资之间的差距越来越大。以一组墓地所提供的殡葬一条龙服务为例(详见表7.9)。除了墓位的购买之外,这些墓地还提供葬礼统筹的服务,从收敛尸体、入殓、运输到墓地都有。墓地自己不提供任何服务,他们将服务转包给殡仪馆负责。

表7.9 众墓地所提供的墓葬套餐(1947—1948年)

墓地	一等	二等	三等	四等	日期
宝安	1.3	1	0.6	0.4	1947年3月9日
家庭	10	8	5	3	1947年3月9日
家庭	350	260	220	160	1948年1月25日
长安	28	22	15	9	1948年4月3日
家庭	600	450	380	250	1948年8月15日
家庭	200	150	126	83	1948年8月30日
家庭	4 200	310	2 500	1 500	1948年12月31日

注:1947年3月9日至1948年8月15日费率以百万法币计算,1948年8月30日至1948年12月31日以金元券计算。

材料来源:《申报》,1947年3月9日,1948年1月25日,1948年4月3日,1948年8月15日,1948年8月30日,1948年12月31日。

加上墓地和葬礼的费用之后,1947年3月的费用总价是80万元至300万元。1948年8月15日,同样的一条龙服务的最低费用是3.4亿元,最高价是10.5亿元。1948年1月,一名泥瓦匠每天挣8.5万元,如果每天都工作的话就是每月255万元。5月,木材业工人每个月的收入是546万元,8月,公交车司机的收入是3 000万元。[196] 即便这些工资可能没有完全反映8月的物价水平,但是很明显,普通工人的工资和殡葬服务费用之间的隔阂越来越大。葬礼和墓位的价格对普通人而言,无异于天价。葬在市政公墓的待遇也是普通人无法享受的。在上海的很多人甚至比工厂工人挣得都少。除非他们可以依靠公会来获得一个体面的葬礼,否则他们命中注定将躺在一个廉价棺材里,埋在一个荒僻的善会墓地中结束自己的一生。

1949年之后，葬礼的费用显著下降。1949年12月，墓地公司的工人和雇员的工资分别是20万元和30万元，合计74"单位"和112"单位"。1953年，35所殡葬公司的平均工资是最高是114—140"单位"，最低是84—104"单位"。[197]一个三等墓地的墓位价格是20—100"单位"，一等墓地的最高价格是300"单位"。这让葬礼价格变得更为亲民，即便这还没有包括棺材和殡仪馆的价格。给死者所提供的一条龙服务的总价，"经济型"套餐很可能是60—200"单位"。在这个基础上，一名工人需要全额支付1—3个月的薪水来购买一个三等墓地中的三等墓位。一名雇员可以承受三等墓地中的一个一等墓位。[198]但是只有少数人才能接受在葬礼上花费一整个月的工资，或者在这方面根本就没有预留任何储蓄费用。

小结

葬礼是死亡在城市中最能用视觉呈现的仪式。还有另一些相对不那么明显的标志，比如满足游行需要的各式商店——这种店操办红白事——以及葬礼所需物件在清明、生日和其他节日的反复消费和使用。棺材店也是在城市中可见的存在，有时棺材就在门外制作，就像手艺人做东西那般是稀松平常的事情。用竹枝或手推车运送庞大的中国式棺材也是经常能看到的景象。每个月有几百口棺材在城市中大庭广众的注视下生产运送。但是这些死亡的标志，在一定程度上被匿名和漠视。葬礼和死亡有一种更直接的具象关系——遗体会在灵柩中穿越这个城市，且产生鲜活的视觉和听觉活动，会吸引更多的关注，即便这些关注始于偶然经过的行人和旁观者。葬礼仪式，只有出殡游行才是唯一真正的公开部分，由于强烈地相信死者应该在物质和精神方面都受到妥善对待来确保其在阴间安息及保佑幸存的后裔，出殡游行是一个关键时刻。

葬礼仪式本身在各社会层面差异并不大。只有物质条件，尤其是住房，限制了礼节和接待的规模。但是，不管用于封存死者的物质条件为何，这只是私领域内的事情，让历史学家难以追踪其真相，出殡游行代表着一种关于死者和死者家庭的地位的公共表达。对死者家庭会有一种真正的社会压力，他们的仪式要能符合期待。这种期待取决于社会等级和富裕程度。大部分出殡并非富裕家庭和达官显贵才适用的浮夸表演。在清朝，有礼制来明确一名官员及其家庭的葬礼规格，平民只能在一些限制下模仿这些出殡的威严感觉。到了民国，没有限制来约束精英们精心策划葬礼。事实上，商业化是形塑葬礼安排程度更具决定性的因素。尽管中国的出殡游行中有一些结构化的因素存在，但是就像上海的那些案例，出殡清晰地呈现出适应性和混合性。殡葬公司希望能遵守传统来尊敬死者，但是随着时间的发展，传统被改造或重新诠释成一种现代性和商业化的变相折射。

社会精英群体、新兴中产阶级和最多的普通平民之间的社会隔阂令人难以置信。在大部分人所坚持的价值体系中，葬礼是富裕和贫困最显眼的社会标志。那些有足够资源的人处于令人嫉妒的地位，可以举办一个向死者呈现得到公共认可的社会活动，并为家族的光辉未来创造条件。民众仰视精心安排的出殡，这是极高社会成就的标志，是大部分人无法企及的典范。密集的同乡会网络组织在提供葬礼服务方面所扮演的角色，比如免费或者便宜的棺材、墓地，或者运回祖籍地，也应该立足于这一明显的权力剥夺来理解。城市工人的收入水平无法匹配最基本的商业殡葬安排。穷人和低收入群体只能将其遗体交给公会或者善会来负责。交给后者也意味着一种社会失败。善会组织为收集每一具露尸、每一口灵柩、每一个骨灰瓮，甚至每一片骨头投入巨额资金，他们的存在反映了不能让灵魂死无归宿这一问题的深切关注。三巡会是在一个人们大量死亡且多数死于非命和孤独死去的城市环境中所产生的死亡焦虑的缩影。在城隍神的庇护下对城市进行仪式化的清洗，既包含了切实的宗教狂热，又包含了集体狂欢的因素。所有官方企图禁止三巡会的尝试都大败而归。最后还是战争带给民众的创伤终结了这个本意已失去大半的节日战争悄无声息地吞噬了大量生命。

第八章
火葬：从社会诅咒到政治规定

火葬在上海的推行是一个旷日持久、持之以恒的结果，有时候这甚至是一场斗争，不同的市政机构在推行火葬时都会面临那些坚决拥护土葬的群体的公然抵制。提倡火葬的政策现象和执行的强制程度在本文所涉及的研究时段里差别巨大，但这是一个在处理死尸方面强迫民众执行并且直到在20世纪60年代中期成为规定形式的范例。

火葬在1937年的中日战争之前从来都不是重要的问题。西方人、印度人和日本人采用过火化的方式，尽管数量并不相同，但火葬在上海已不是新鲜事。火葬对于锡克教徒而言是一种普遍存在的处理方式，对日本人而言亦是很重要，但是在西方人群体中却是一种边缘化的方式。1937年之后，由于火葬是一种现代的、卫生的处理尸体的方式，伪市政府及上海工部局都开始推行火葬。在战争时期，火葬对一些人是强制执行的——比如穷苦百姓——这让火葬显得很不体面。1945年之后，国民党，继而是人民政府将火葬作为类似一种引导个人和组织（会馆和商业寄柩所）移除和落葬在战争时期的积柩。火葬事实上成了一种政策，无主棺以及日后移除市中心墓地时所挖出的灵柩都会被系统性地火化。和火葬联系起来的都是些负面的因素，很难让民众接受。

在中国并没有爆发过挑战葬礼中那些权威理念的运动或者动议。清朝维持了土葬是唯一能让死者安息的合适方式的观点和规范。即便在实际意义上，像在上海这样的旅居者城市，由于船运灵柩回祖籍地是普遍的操作，对于墓地的需求压力更小。换而言之，上海不像19世纪下半叶的欧洲，因教堂墓地愈发拥挤导致对健康有害而产生了卫生改革的动力。[1] 相较之下，中国人已经发展出了真正在市中心负责保存和储存死尸的机构。尽管在报纸上要找到同死亡有关的信仰或者概念变化的材料非常有限，但火葬几乎从来不是报纸讨论的话题。在欧洲，两次世界大战动摇了人死之后应该葬在当地墓地的观念。很多战士未能魂归故里而只能葬在异国他乡。[2] 中国，事实上就是上海，经历了几次极度暴力和具有破坏性的事件，留下了数万（太平天国运动、小刀会起义、"一·二八"事变）至数十万的受害者（1937年开始的日本全面侵华战争），这些造成剧烈伤痛的事件并没有影响到人们对待尸体的方式。医生们对火葬的支持，尤其是著名的"瘟疫医生"伍连德，也仅是到了1935年才联合官方政策而姗姗来迟。

中国的火葬

在近代上海，火葬这一观念本身就被视为极度异端的思想和对自己亲人的大逆不道。当文人讨论未葬棺问题时，火葬从来不是处理这些棺材的选项。对于将尸骨至于地上这种不道德行为的处理方式有过长久发展，但唯一的解决之道就是一次体面的落葬。城市容纳了来自大量浙江、江苏、甚至福建的移民，过去火葬在这些地区都曾被大量使用，但是使用的时间过于久远，而且在集体记忆中已被抹去，即便很多文人或者近代知识分子追溯很久远的历史来支持火葬政策的推行以根除平民百姓那些"令人不快的做法"，但火葬在历史传承中毫无踪迹。当《申报》提到火葬的新闻时，往往是为了报道官方对这种不道德行径的强烈谴责。[3]不过这些案例都是极少数出现的。官员很少会重申清朝长久以来对使用火葬的立场。

中国江南地区对火葬的严重抵触反映了明清以来的意识观念和所采用的法律设置，已经改变了唐宋时期广泛流行于中国而不仅仅是江南和福建地区的殡葬习俗。火葬很明显和佛教的传播渗透有关。伊沛霞认为："从10世纪开始，很多人主动放弃了长久以来将遗体置于棺材的做法，而遵从佛教僧人所引入的火葬遗体的观念，将骨灰撒入水中、存入地上骨灰瓮或者将骨灰瓮埋入小型的坟墓中。"[4]伊沛霞令人信服地论证了"对火葬最重要的制度性支持是佛教庙宇和僧院介入到葬礼事务：提供葬礼服务、寄柩以及，尤其是向公众开放的火葬场。"[5]儒家从一开始就强烈反对火葬，认为这是一种"对尸体的亵渎"，一种被标榜为冷酷、不孝、事实上在中国被视作异端的方式。宋朝早在962年就宣布火葬非法。然而，火葬变得流行起来，尤其是在宋朝发展起来的大城市中。几乎所有的阶层都诉诸于火葬，甚至越穷的人选择火葬越多，以节省丧葬支出，同时也是在城市环境中不易或不可能找到下葬之所时的权宜之计。

火葬在宋朝的流行是不可否认的事实，即便官方禁止这样做，许多文人都认为这是一厢情愿。那些从中国北部长途跋涉来到南方，以及那些涌向城市的移民发现要处理他们亲戚的遗体时要比在他们故乡时复杂得多。这并不是任何官方政策或者因佛教组织改变宗教信仰的结果。人们自己选择火葬，遵从僧人的例子,因为这样他们可以花费更少且能用一个方便的方式来处理遗体。但在宋朝之后,火葬呈现出急剧下滑的态势。明朝全面禁止火葬,实施非常严格的规定与惩罚,包括斩首。[6]道义上的谴责和法律制裁导致明朝使用火葬的例子急剧下降。[7]卜正民(Timothy Brook)也认为父世系群(agnatic lineages)的崛起在终结佛教在葬礼仪式方面的垄断上扮演了重要角色,他们通过积极参与建立在宋明理学基础上的仪式来加强亲属团体的集体角色。[8]

但是也存在有力证据表明火葬坚持了几个世纪,至少在穷人中是如此,尽管不停地有劝告和法令来禁止这么做。国家在全国实施设立免费墓位的政策使得重新回到使用土葬变得切实可行。[9]国家并没有阻止人们继续这么做,虽然将灵柩置于地上的做法也同样广泛存在,就像第四章中所讨论的那样。事实上,《申报》在19世纪晚期报道了一些火化骨头或甚至是儿童的案例,说明这可能是过去火葬做法的遗留。[10]清代官员和文人关于火葬的态度,突出了处理死尸的行为和理念在18世纪末之前的改变,是如何深刻和彻底。政治威压和信仰培育了一种死者只有入土才能为安的世界观。这样的信仰是如此的根深蒂固,以至于当太平天国造成严重的混乱时——在清军和叛乱者之间冗长的战争中造成4 000万人死亡——也没能改变处理死者的观念。尸体和骨头被收集和下葬。[11]

火葬在上海:一种异端的操作

在上海,导致火葬出现的最直接因素是西方人的存在。19世纪中任何提及上海城内或者周边的火葬都不会早于1897年涌泉路公墓中第一个火葬场的开放时间。在第一篇有关火葬问题的文章中,《申报》简要讨论了印度"令人厌恶"的习俗,包括寡妇的火葬。[12]但在接下来的几年中鲜有提及火葬文章,虽然在1874年,报纸再一次提及了在印度的一种新的火葬方式。[13]通常情况下,关于火葬的新闻和佛教僧人有关,尽管这种文章也相对很少。[14]之后文章数量随着时间的推移而上升,但只是作为报丧出现。即便对于违反孝道和将公众暴露在细菌感染威胁中的浮厝,当局也明确禁止将弃棺火葬。有一条关于苏州地区农民焚烧其田野中未葬棺材的新闻,1877年时苏州知府严禁了这种方式。[15]这激发了《申报》发表了一篇基本同意火葬是违背孝道的文章。[16]上海知事再次重申浮厝必须入土,不能火葬。[17]不过1882年苏州地区有一个案例可以确认这样的做法仍然在继续,有一名农民在火化其父母的灵柩时失去了他的儿子和部分房子。[18]

即便在20世纪早期也没有关于火葬的讨论。公众辩论大部分集中在公墓方面,火葬被认为在中国是不可能执行的。[19]《申报》说在外国,尤其是欧洲,火葬的使用也只是在第一次世界大战前才有所发展,德国被认为是火葬最发达的国家,有 22 处火葬场。[20] 火葬是一种异端,一种几乎不切实际的处理尸体的方式。[21] 正如上文所提,城市中只有一处火葬设施,只有西方人在使用。尽管使用火葬场没有任何宗教方面的限制,中国佛教僧人通常会在特定的地方火化。1917 年,一个佛教群体的一具高僧遗体在闸北江淮会馆后空地上的火葬台火化。[22] 这种做法是因为他们不想使用涌泉路火葬场还是因为佛教僧人的火葬有特殊的限制的缘故,我们并不清楚。又如他们用一个方形的盒子来维持遗体处于坐姿。[23] 事实上,涌泉路火葬场被认为用来负责西方天主教徒的火葬。1930 年工部局卫生处收到一位中国男性使用火葬设施的申请,这种情况从未有过,上海工部局没有表示反对,只要这名中国男性是一名天主教徒而且有华界当局的正规文件。工部局还补充说并没有反对非天主教徒使用火葬的规定。卫生处意识到,事实上在使用火葬的问题上根本就没有相关规定,遂建议采用基于爱丁堡和布鲁克伍德两地所用的规定。[24] 规章制度中并没有指出任何与种族和宗教有关的使用条件。[25]

涌泉路火葬场是一处现代化的火葬设施,采用了英国的火葬场的模式,在其最初建造之时的 1924 年进行全面整修,后来在 1935 年重建焚化炉时皆如此。[26] 火葬的数量保持在很低的水准,而且在西方人的群体中都一直只占很小的比例。上海工部局方面并没有鼓励火葬的政策,其基本政策是提供需求极高的墓地。在当时上海数量可观的各类群体中,火葬在他们各自的母国中远非常见方式。英国在当时是最早发展近代火葬的国家,1885 年就有第一家私人火葬场,尽管直到 1902 年才获得官方的合法地位。[27] 从那时开始,直到第一次世界大战之前,火葬保持着缓慢的发展趋势,然后到第二次世界大战之后迎来了第二次飞速发展。不过直到 20 世纪 50 年代才达到了一个重要的比例(所有死亡处理的 15%)。[28] 在美国,一直到 20 世纪 60 年代,火葬使用率维持在很低的水平。火葬在所有殡葬方式中只占 4%。在俄国人中,火葬也很少用。大部分人在火葬成为常规方式之前就已离开了故土。传染性伤寒于 1918 至 1919 年肆虐苏联时,火葬被引入,当时的教堂墓地已经无法再接收大量遗体。[29] 法国人和德国人不赞成火葬,而且天主教会官方反对火葬。[30]

静安寺火葬场设施较小,由一处礼拜堂和一处独立的、造有焚化炉的屋子组成。火葬场也提供用于收集骨灰的骨灰瓮,以及在建筑内外侧的主墙上提供纪念碑位。哭丧者可以在建筑后部的休息室中聚集祈祷或者等待火葬的结束。1897 年 8 月,火葬场开始运营。[31] 火葬场设有一个烧煤的单体焚化炉。卫生处用中国煤做实验,但是最后采用了英国炭,因为英国炭更有效,这也意味着每一次火化的价格会更高,1906 年时的平均价格是 20 两。[32]卫生处也考虑使用其他加热的燃料,比如气体或者汽油,但是在随后的 20 年中并未采用,部分原因是日本人造了自己的火葬场,使涌泉路火葬场的火葬数量有所下降。火葬场于 1924 年彻底大修,以西诺伍德的南大都会公墓的焚化炉为模板,安装了一个新的烧气焚化炉。[33]10 年之后,则完全重建了焚化炉。[34]这是焚化炉最后一次重建,直到 20 世纪 60 年代时被废除。

只有外国人使用涌泉路火葬场。但火葬一直是西方人很少采用的殡葬方式,而中国人采用火葬要到抗日战争之后,如表 8.1 所示。尽管这些数字反映了火葬在外国人中使用的大部分情况,但它们存在偏差,因为在较早的时期,日本人也在使用涌泉路公墓。不幸的是,文献只是简单提及这些情况却没有具体数据。1906 年,卫生处报告说日本人是使用火葬场最频繁的人。[35]表格 8.1 也证实了在 1937 年 8 月之后,锡克教徒无法再使用他们位于战乱地区的谒师所,转而使用涌泉路的火葬场。中国人在战时开始使用火葬场,但是 1940 年之后的数据缺失无法得出有意义的结论。总体而言,即便在西方人中火葬也一直是少数,但绝不是不重要的,火葬和土葬相比的平均比率是 1%—10%。1926 年之后,比例在 8%—11%,之后在大多数的年份里平均比率增长到 18%—19%,除了 1937 年的比率要接近 32%。即便在火葬投入使用更早、发展也比其他欧洲国家更快的英国,在 1952 年之前也没有达到这个比率。[36]但并不能认为这一数字是上海人开始更多采用火葬的真实反映。火葬也被用来减轻将遗体运送回故国的负担。

表 8.1 涌泉路火葬场的火葬数量(1897—1940 年)

年 份	火 葬	中国人	锡克教徒	地 葬
1897	1			
1898	2			
1899	7			
1900	8			
1901	11			190
1902	11			220
1903	16			
1905	13			

(续表)

年 份	火 葬	中国人	锡克教徒	地 葬
1906	26			185
1907	45			218
1923	25			
1924	因维修关闭			
1925	26			
1926	30			367
1927	36			305
1929	27			322
1930	51			315
1931	42			244
1932	69			
1933	52			267
1934	55			
1935	46			245
1936	74			
1937	90		10	251
1938	106	15	27	326
1939	113	14	34	403
1940	91	7	29	479

材料来源：《年报》，1897 年，第 145 页；1898 年，第 171 页；1899 年，第 192 页；1900 年，第 211 页；1901 年，第 230 也；1902 年，第 205 页；1903 年，第 187 页；1906 年，第 176 页；1907 年，第 98 页；1923 年，第 50 页；1923 年，第 59 页；1926 年，第 83 页；1927 年，第 84 页；1929 年，第 86 页；1930 年，第 81 页；1931 年，第 178 页；1931 年，第 199 页；1935 年，第 194 页；1937 年，第 187 页；1938 年，第 137 页；1939 年，第 177 页；1940 年，第 202 页。

火葬只是在特殊的英国殖民地臣民中很重要，也就是锡克教徒，他们在上海工部局警务处工作或从事各种不体面的工作，比如保安、看门人、监工等等。高大蓄胡的锡克警察是上海街头的一个标准形象，也是照片报告中总能看到的景象。火葬是锡克教徒中必须遵循的处理遗体的方式。锡克警察于 1907 年在虹口公园旁设立了他们第一个火葬点，尽管 1907 年之前肯定已经有火葬的做法了(详见第五章)。[37] 警察的火葬点向城市中所有的锡克教徒开放。[38] 上海工部局支付了大部分火葬的费用——1932年锡克引导者的服务费用是42美元——平民百姓的费用则由家属支付。[39]火化之后,骨灰会被撒入黄浦江中。[40]尽管《申报》刊登了几篇符合印度规范的火葬的文章——《申报》最早的文章将火葬描述为令人厌恶的事情——但并没有关于上海锡克教徒火葬的新闻。锡克社群并不大,大部分都是年轻人。上海工部局没有锡克教徒火葬的系统记录。1935年的一份回应与华界当局争论的警察备忘录中(详见下文),可以得知1934年有34次火葬。平均而言,到1935年4月为止,每个月有二三次火葬。[41]

当锡克谒师所旁边的人口增加时,中国居民想通过抗议迫使谒师所从该街区搬走。卫生处声明称火葬场位于一处四周有围墙环绕空地,由锡克警察谒师所委员会管理。卫生处也支持锡克教徒所使用的方法"或多或少是效率和经济的典范"这一观点。当地居民发现,当火葬场投入使用时是非常恼人的,但是卫生处坚决认为当地居民对火葬场的强烈反对是不存在的。火葬场是一个花园的形制,中间搭建着火葬台,极其干净。火葬之后,死者的朋友或者亲属会将骨灰撒进吴淞江。在1935年的又一次抗议之后,华界卫生局和公共租界卫生处在这个问题上有过短暂的交锋,最后只是达成一个协议,由工部局加高谒师所四周的围墙。[42]

第二大使用火葬的群体是日本人。这是上海最大的外国人群体,20世纪30年代大概有3万人,1944年达到人数的顶峰103 968人。[43]较早来到上海的日本人在公共租界的西面设立了一个小墓地,当他们越来越多地聚集在虹口地区时,他们在虹口的北面、华界控制的地界重新设立了一个墓地。与此同时,他们也引入了火葬并最终在上海建立了最现代化的火葬设施。没有任何证据可以表明日本人会成为火葬在上海的实际拥护者。尽管火葬最早在18世纪的日本就已经出现,大部分是佛教徒继承下来的仪式,土葬仍然是最标准的做法,即便对佛教徒而言亦是如此。明治政府在1873年还决定将火葬定为非法,称呼火葬为"过去的邪恶风俗",但是这个决定却引起了激烈的争论并促使民众支持政府想要停止的火葬做法。在两年的运动之后,明治政府撤回了针对火葬的禁令。公众辩论造成了更深远的影响并促使了火葬做法的传播。最终,在20世纪,趋势出现了变化,在20世纪10年代和20世纪20年代,日本政府鼓励在每一个日本城市建立现代化的火葬场。[44]20世纪30年代时,超过一半的死者最后用的是火葬的方式。

1908年,日本人建造了自己的火葬场。这是城市中最先进的火葬场,拥有3个焚烧炉,而涌泉路火葬场只有一个。《申报》定期刊登涌泉路火葬场的火葬通告,但是基本没有日本人火葬场的消息。结果是,就像锡克教徒的情况一样,我们没有日本人社群中使用火葬的记录,无法和所有的葬礼作对比。日本火葬场是一个紧密的实体,由上海居留民团管理运营。在公共租界,上海工部局在管理中给日本人以优待,对其日常生活不加干涉。[45] 日本火葬场一直处于使用的状态,直到 1945 年被国民政府作为敌产接收。日本居民在战后无法使用火葬设施。事实上,市政府为了把火葬场从国军那里拿回来花了九牛二虎之力。(详见下文)

火葬:流产的官方政策

在公共租界,上海工部局从未站在支持火葬的最前线。在 19、20 世纪之交时,在火葬场已经运营好几年之后,卫生处主张普及使用火葬。在其 1903 年的报告中,卫生处写道:"如果火葬更普及,公共卫生会因此受益……火葬中的干净骨灰相比埋葬后腐烂的尸体要好得多。"卫生处还声称火葬更经济,包括骨灰瓮和壁龛,只要 95 两,而葬礼要 150 两,还不包括墓碑和其他用品。[46] 1906 年,卫生处重申将推荐使用火葬,而且"之后所有的努力都将用于鼓励使用火葬。"[47] 但是最初的热情,在接下来的几年中逐渐偃旗息鼓,没有进一步关于火葬的讨论。卫生处报告只提及技术问题和火葬的数量。直到与日本人的战争爆发,官方对火葬的介入也只是停留在管理层面。即便是在穷人墓地的例子中,卫生处在 15 年后会掘出遗骸并移入小号的墓地中,上海工部局声称将准备好由工部局出资火葬这些遗体,"如果那些担心的人希望如此的话"。[48] 这并不是一条支持火葬的强硬政策。

直到 1927 年国民党上台之后火葬才成为官方政策,虽然推进的速度很慢。正如第四章所讨论的那样,新政权的主要目标是为了让中国人放弃私人坟墓而支持在现代化墓地中的殡葬形式。笔者没能找到任何国民政府支持火葬的官方文件。在上海,社会局在 1928 年开始从事火葬的问题,将其放在公共福利改革的总体规划中。[49] 在接下来的几个月里,上海特别市政府积极推行一个市政火葬场的计划。公务局选择了一处黄浦江边老城南门南边的地方作为火葬的地址。[50] 这是一个低调的开端,和寺庙或者会馆过去在空地上火化遗体的做法并没有什么区别。1931 年 7 月,国民党中央政府的一项指示委托上海市政府设立一处义冢和焚烧浮厝的火葬场。市政府选择漕河泾作为设立墓地和火葬场的地方。但是档案文件证明市政府缺乏财力来实施计划。[51]

直到 1935 年,在上海市政府的财政状况变得更稳定之后,一个实际开展的计划才浮出水面。但是火葬场的建设所需的资源是市政府所缺乏的。尽管提供市政设施是市政府的职责所在，但是市政府试图动员私人资金来支持该计划。4月，上海市政府召集了一次大会来设立筹备委员会和募集财政捐款。委员会计划设立两个火葬场，城市里和浦东各有一处。[52]最终的计划变成在江湾的市立第一公墓旁建立一个火葬场，所需4万元的资金由市政府和筹备委员会对半分摊。[53]为了给这个计划树立更多信心，上海特别市政府将著名的医学家伍连德列入委员会名单。伍连德不仅全力支持该计划，而且还建议设立中国火葬协会来推广火葬在整个国家范围内的使用，并将其与类似的海外机构相互联系。[54]

火葬场距离完工仅一步之遥。1937年3月，委员会保证会有一笔6万元的高额预算。[55]在1937年3月26日，卫生局局长李廷安召集火葬场建设的所有参与者和潜在的捐款人开会，很多慈善组织和会馆派代表前来，总共有20人，但最主要的会馆并没有参加会议。[56]然而李廷安希望能从城市里100家左右的会馆和善会的每一家身上平均收取300元。有一些会馆（湖州、潮惠、潮州）在会议期间提供了数额巨大的捐款，卫生局也会联系那些缺席的组织。上海市政府颇为自信地认为能让资金到位，6月可开始动工。[57]市政府也坚持在浦东另设一处火葬场的计划。[58]在7月早期，市政府已经设法筹集到预算的一半。[59]但1937年8月份在上海爆发的中日战争给这个计划画上了句号。

除了公共火葬场之外，其他两种类型的私人火葬场也出现了。第一种是在医院设置的火葬场，这种火葬场很可能并不是很流行，因为在研究中只发现了两个案例，尽管可能会有更多的数量。这两个火葬场都属于同一个机构，即浦东和闸北的旅人医院，用于焚烧因传染病感染去世的病人的遗体及其财物。1939年，在浦东旅人医院的火葬场，小偷拿走了火葬时支撑尸体的铁棒。火葬场之后遇到了更大的麻烦，一场大雨导致了建筑结构崩塌。由于这个火葬场用于传染病病人火化，医院可以向卫生局提出补偿申请。档案中并未显示医院是否重建其焚化炉。[60]第二种类型是为宗教需求设立的火葬设施。佛教徒于1941年2月在南市新桥路设立了第一座佛教火葬场，1941年2月23日举行落成典礼，大概有100人到场，有两具尸体当场火化。这个小的火葬场很简单，只装备了三座焚化炉。[61]海会寺在1950年也设立了火葬场，但是在人民政府接收之后便停止运营。

总体而言，火葬在殡葬方式中处于边缘位置，也不受人关注。在报纸上可以发现官方政策的踪迹，但其实非常有限。《申报》的读者中也有过短暂的争论，其建议已经超过了政府所计划的范畴。一位读者在回应一篇提倡现代化墓地的文章时，认为新墓地无法解决滥用土地和过度花费的问题。读者争论说政府应该强制推行火葬并禁止全尸土葬,违规者不仅仅要被罚款,还要将坟墓强行掘开并将遗体火化。[62]这篇文章没有立即得到回应。此外仍有文章支持公墓是因为火葬会造成空气中烟雾缭绕且所需柴火使得其成本并不低。[63]普通的中国人不愿意接受火葬,也不希望看到他们中间有人用。1935年4月,居民向上海市政府卫生局投诉涌泉路火葬场,但并没有直接向上海工部局投诉。在调查之后,工部局回复称,从卫生的角度出发并没有发现火葬场有什么问题。但是卫生局在后一个月再次要求工部局采取措施,这在外国官员中引起了不快,他们拒绝回复卫生局。9月,卫生局又一次重申要求。为了安抚华界有关部门,工部处保证会在火葬场周围设立围墙,这似乎是华界有关部门要求的核心问题。[64]在同一年中,居民抗议和卫生局提要求的戏码再一次上演,有一群居民抗议虹口公园旁锡克谒师所的存在。

大规模火葬:穷人的诅咒

在民国时期,只有少数外国人和中国人使用火葬。正如上文所讨论的那样,中国人对火葬的极度不情愿以及缺乏合适的设备可以解释火葬发展缓慢的原因。在将火葬作为处理尸体的主要方式的因素中,中日冲突是一个关键的分水岭,即便这只适用于人口中的特殊群体。就像是有预兆的一样,工部局卫生处联合普善山庄,于1937年年初开始推行火葬。在一份内部的备忘录中,卫生处主张向普善山庄提议实施火葬的时机已经成熟,至少给婴儿遗体实施火葬是如此。[65]卫生处官员在1937年3月正式实施前找了普善山庄的成员沟通,当时普善山庄正好向上海工部局申请年度补助。卫生处指出,最好在一处由三个市政机构共同设立的火葬设置里火化无主尸体。普善山庄的主席回复说华界当局正在考虑这个问题——正如上文所述华界当局已经在切实操作——但是投资的成本高昂。普善山庄表示会考虑这个建议。[66]这是一个外交辞令式的回复,普善山庄本身并没有引入火葬的计划。

在全面抗战的最初阶段,大量市民和士兵的尸体在战火蔓延的地区(闸北、虹口和杨树浦)堆积。当士兵在10月末撤出城市和日本人同意上海工部局继续运行之后,当局的第一要务就是要移除所有的死尸。日军在华界收集死尸。工部局卫生处在虹口和杨树浦地区系统性地逐房搜查。[67]出于在尸体腐烂前要把所有的尸体收集完毕的紧迫性,卫生处决定原地火化。在东区,卫生处工作人员用从毁坏的建筑物中所收集来的木头搭建了火葬台,把尸体堆在上面。[68]这个方法在实施时并不区分市民和士兵(日本士兵除外,他们的尸体由日本海军处理)。[69]在西区,工部局的工人所收集的大部分是已入殓的尸体:"30 口小的灵柩足够搭建成一个好的火葬台……因此每天搭建四五个火葬台,焚烧超过1 000口灵柩是小事一桩。"把尸体烧成灰烬需要大概4个小时,骨灰会被收集起来然后埋葬。[70]

卫生处的数据显示在租界的其他地方,所有被遗弃的尸体和灵柩被收集起来,在虹桥公墓旁被火化。[71]但如果我们将公共租界以内或者附近,尤其是那些在西区或者更远的地方,所收集到的所有尸体都计算在内,卫生处一共火化处理了52 267具尸体。普善山庄试图落葬成人尸体,一共有14 688具。算上其他处理尸体的方式,仅公共租界及其邻近地区,到1937年10月底时,就有90 908具尸体经由卫生处和普善山庄工作人员处理。[72]最后的数据表明,在战争的早期阶段有大量生命丧生,即便总数中也包括了战前就已死去的人。卫生处将火葬作为防止传染病传播的紧急方式而强制执行,这是上海第一次大规模实施火葬的例子。

但在战火焦灼的阶段过去之后,死亡人数仍在上升。这是穷苦阶级中更高的死亡率造成的,尤其是婴儿和儿童。正如第六章所述,两大慈善机构专门收集和埋葬这些尸体。1938年10月至11月,同仁辅元堂在南市收集了941具尸体,在法租界则收集了3 048具尸体。在每两个月平均有3 500具尸体的基础上,最后的总数增至2.1万具。[73]普善山庄在同一年收集了超过6万具尸体。这个阶段内的清尸速率在上海工部局看来过于缓慢。1937年1月,卫生处的负责人再次与普善山庄交涉,希望其同意执行火葬,尤其是对那些儿童尸体实行火葬。普善山庄的副会长赵荣康(音),根据警察的记录,并没有表示反对,但是他担心普善山庄董事会中的一些成员可能会反对火葬。他还清楚地表示普善山庄将不会承担公众的批评。[74]在帮助普善山庄处理其在白利南路〔1〕因没有寄柩空间而堆积的3 000口灵柩之后,卫生处认为普善山庄只要不直接操作火葬,就会同意火化儿童尸体。[75]

但是火葬的执行受到了普善山庄的抵制。在2月初,伪卫生处的负责人报告了中日敌对行动后最大规模的一次火葬,有238具儿童遗体和50具成人遗体。火葬进行得很顺利,但是普善山庄对未经其同意所采取火葬提出异议,要求上海工部局停止所有进一步的火葬:"介于火葬在中国是一种新的方式,可能会被中国人厌恶。"普善山庄要求火葬只能用于小的灵柩和儿童尸体。[76]伪卫生处负责人指出,在目前的情况下,火葬更适用于那些落葬情况糟糕的灵柩。[77]基本上,卫生处坚持所有无主尸,不管年龄几何,都需要被火化。[78]视觉证

---

〔1〕 译者注:今长宁路。

据证实了成人尸体的火葬。伪卫生处和普善山庄最终同意在离普善山庄在虹桥的公墓的 500 米处设立火葬点。[79] 这个火葬点不是很稳定,因为一年之后的 1939 年 4 月,卫生处负责人通知上海工部局新的选址已经找到,就在工务局可以储存燃料的一处设施附近。[80]

在那之后,火葬成为常规操作。每 4 天或者 5 天,400 口灵柩会被带到火葬点。随着夏季的临近,卫生处要求每天或者每隔两天都要运走一小批灵柩以免延长储存期限。[81] 在 1938 年年底时,卫生处官员声称火葬遗体"有时候无疑受到普善山庄的反对,却给他们省下了相当大的一笔资金。"卫生处表示节省下的资金在获取更多墓地和支持其自身运营方面极大地帮助了普善山庄。[82] 虽然一开始反对,但普善山庄也可能意识到给每一具露尸提供土葬的负担是如此之高,以至于已经超过了它的能力范围,无论是经济方面还是后勤方面皆是如此。

也有其他方面对火葬有反对声,但并不涉及原则问题,而是对火葬本身讨厌至极。1939 年 3 月 7 日,虹桥地区协会——一个由居住在上海西部西人居民组成的协会——和日本人一起抗议在他们街区进行的火葬。抗议的结果是日本军队对该区域限行,于是给卫生处造成了极大的问题。卫生专员为此给上海工部局总办写了一封措辞严厉的信:"这种没有头脑之人似乎认为中国人的偏见或者宗教信仰应该被打破,以便保护其言过其实的脆弱感情。"协会的主席卡明(K. M. Cumming)最后写了一封道歉信。日本人重新开放了道路,但是禁止大型灵柩的进入,导致灵柩只能被倾倒在租界里。最后,卫生处成功说服日本人,重新获得了所有通往火葬点的通行权,再度开始其作为大众礼仪师的行动。[83] 当地居民还有其他一些抗议,比如马术俱乐部和新星牛奶牧场在后来的战争期间就抗议过。卫生处最终决定在晚上 7 点之后进行火葬。[84]

平均而言,卫生处每个月要监督超过 3 000 具遗体的火化。在 1939 年和 1940 年,火化的遗体总数分别是 37 316 具和 20 209 具。[85] 在临时火葬点的火葬基本采用较为粗糙的办法,灵柩和尸体会被堆叠在卫生处苦力事先准备好的木制火葬台上。1939 年,卫生处用了 3.5 吨燃油和 70 吨木材。由于木材供应短缺,卫生处用了 40 吨从墓地砍伐的树木制成的木材。[86] 卫生处甚至要求工务处提供过滤过的废油来代替常规燃料。[87] 1941 年 12 月及盟军采取禁运之后,木材和燃料越来越成为稀有材料。1943 年 10 月,卫生处报告了因为缺乏木柴和工务局提供的劣质油泥所导致的困难。火葬的过程需要 10 小时,而不是先前的 4 小时。[88] 总而言之,由于经济状况糟糕,死亡总是尽可能用最低价格来处理。在 1939 年的公共租界,37 316 具尸体的火化费用仅是 5 907 美元,即每具尸体仅15.8美分。[89]

关于华界市政当局在1943年7月接受租界之后如何处理露尸的信息要少得多。即便在陈公博伪市政府时期,通往城外土地的道路仍然是一个关键问题,日军一直保持着对道路的严密控制。从一个战争后期的报告来看,市政服务会将露尸送到海门路和武胜路的收集点,尸体会从那里被运往普善山庄在哈尔滨路的火葬点。[90]哈尔滨路火葬点在报告中的出现意味着这是另一处火葬点。真正重要的是在陈公博伪政权接收外国租界之后并没有改变用火葬处理儿童露尸的政策,处理成年人尸体的政策是一个例外,这突出了普善山庄在土葬方面的不断坚持。火葬一直是第二选择,只适用儿童尸体。

还有一个因素对火葬有利,至少对穷人的尸体而言是如此。在福建和浙江沿岸被占领之后,要获得生产棺材的木材变得愈发困难,即便是最便宜的木材亦是如此。1940年时木材的价格和战前相比翻了五到六倍。[91]即便是好心的保守慈善组织也必须考虑如何最合理地花钱。显然,由于资产缩水,善会很难再坚持给所有的露尸进行系统性的葬礼。他们只能不情愿地放弃"小尸体",即婴儿和儿童的尸体,但是他们试图坚持以保护"大尸体"的完整。《申报》的一名读者也给出了结论,在当前的大环境下,除了火葬之外,穷人的尸体很难有别的选择。[92]这是一个私人意见,但也揭示了火葬不再是禁忌,如若卫生处判断会馆的灵柩会对公共卫生造成潜在危险时,会馆只能接受火葬其灵柩的决定。[93]华界卫生局也强迫会馆将他们的灵柩火葬,除非亲属或者会馆将灵柩入土。[94]

但是,尽管在使用火葬方面有租界和华界当局的压力和敦促,战时将灵柩入土或者放置在寄柩所仍是普遍做法。一名读者将1940年9月的火葬数字(2 287)和寄柩所内寄存的灵柩数字(39 107)作了一个深刻的比较,结论是中国社会并未受到战争背景的影响,以及一座鬼城正在活人中间冉冉升起的荒谬。[95]但重点是即便在困难的情况下,那些能承担费用的人,保存遗体仍然是他们的第一选择。支持火葬的文章都有类似的观点,也都引用了相同的中国思想家的观点,但是无济于事。[96]火葬仍然是中国穷人或者佛教僧人处理遗体的方式。1943年时,卫生处对墓地的快速满员愈发担心并建议火葬外国穷人的遗体。卫生处希望外国人能"看到火葬的智慧和必要性。"[97]于是火葬成为穷人处理遗体的便宜而有效的方式,《申报》于1944年8月再一次重申了该观点。[98]

华界内的火葬(1941—1949)

战争期间,火葬又一次提上了华界当局的日程。但是其计划却毁于犹豫不决和不彻底的决定,这一部分是因为缺乏经济资源的缘故。1941 年 8 月,伪卫生局寻求沪西警察局的帮助,希望找出之前国民党当局在漕河泾所建的火葬场的位置。在调查之后,警察得出结论,认为该火葬场的计划由于战争而被过早中止。[99] 1942 年 8 月,一位私人企业家提议和卫生局合作。多年以前,他已经和外国专家探索过设立火葬场的理念,成本 100 万元,但是当他发现中国人还没有准备好接受火葬时便放弃了。他对伪市政府在上海设立火葬场的计划颇感兴趣。[100] 这位企业家对此一定很认真,因为他起草了位于上海西部大西路[1]的火葬斋仪场股份有限公司的章程。当地的巡捕房证实了火葬点的位置。[101] 文件中没有更多提及这项计划,也没有付诸实施,但是伪上海市政府在 1942 年 12 月给私人火葬场的设立提供了第一个合法章程,文本中包含了颇为严格的条款。[102] 1942 年伪上海市政府规定了 10 年的时间限制,在此之后伪市政府将收回权限。火葬斋仪场股份有限公司幕后的企业家在市政府颁布规定之后一定改变了主意。

伪上海特别市政府在 1943 年 4 月至 5 月又重启了市立火葬场的计划。伪卫生局在董家渡的广福路发现了一处合适的选址,就在江南制造局旁,但是土地的日本所有者拒绝出售其财产。最终,伪卫生局另择在龙华的一处地方作为火葬场的选址,这块地方先前是植物园。这次启动的计划是货真价实的,文件里包含了一幅涌泉路公墓的地图以及一家位于神户的日本焚化炉生产公司的技术文件。[103] 但是计划因缺少资金而没有实质性的进展。1944 年 3 月,伪上海市政府引入了一项联合火葬场的计划,预计成本是 200 万元。[104] 由于伪市政府在这笔开销上缺少资金来源,它召集殡仪寄柩运葬商业同业公会开会讨论该计划,希望能通过殡葬公司募集资金,即便当局也意识到大部分公司可能没什么资金。[105] 这个计划又一次没能实现。

除了缺少合适的设施之外,一个让计划开展困难重重的主要障碍,就是民众要接受火葬是一个复杂的过程,家庭成员们都需要经历这个过程。火葬引起了合法性问题,因为火葬意味着尸体的消失。在英国,火葬不仅仅是家庭的决定,还必须获得当局的同意,而上海工部局采用了一个颇为简单的流程,1943 年之后火葬的审批权则移交到伪地方法院。主要的障碍是行政流程所需的时间。申请人首先必须要在卫生处填写火葬申请书和获取死亡证明。第二步是把文件交给当地伪法院的代理人,申请官方检查员对遗体进行检查,检查员会签署火葬申请书。最后,申请者必须带着所有签署好的文件再回到卫生

---

[1] 译者注:今延安西路。

处去获得最终的许可。只有走完流程，火葬才能进行。复杂的规定使得在一个土葬无需任何文书工作的社会中的人们对火葬退避三舍。1944 年，伪上海特别市政府试图简化程序。检察官认为简化程序不会遇到阻力，但是他也提出，伪法院不允许在火葬前检查死者的遗体，导致公共租界收回了权限之后，谁有权力修改规定是一个问题。[106] 1945 年 10 月，抗战胜利后的上海市政府也想要着手解决这个问题，与地方法院进行了新一轮的磋商，但是直到 1949 年 7 月都没有实质性进展。[107]

1946 年 11 月，卫生局约见记者，在报刊上发布信息称在寄柩所无法再接收新的灵柩以及墓地已经没有墓位的背景下，火葬是唯一明智的选项。但是卫生局也有些自相矛盾，暗示新的墓地会在浦东、杨树浦和城市的南面开设。[108] 但总体来说，最主要的一点是寄柩所违背了官方规定而接受新的灵柩。只要浮厝和地下的殡葬空间仍然可供使用，火葬就很难成为一个选项。1946 年 11 月，在寄柩所清空期限的又一次推迟之后，卫生局采取了一个更强硬的姿态来支持火葬。一个新的统计表明寄柩数量达到 15 万。卫生局威胁要在 1947 年 4 月之后火化所有的无主棺。[109] 但这一威胁只是空头支票，由于卫生局只有静安寺火葬场和哈密路火葬场，可以清晰地算出每个月可以火化的尸体只能达到 600 具至 800 具。卫生局没有能力用火化处理寄柩。[110]

殡仪寄柩运葬商业同业公会一如既往地反对火葬，除了处理露尸之外，火葬对其旗下的会员而言没有任何经济利益。同业公会甚至还从法律的角度挑战当局，因为市政府强行夺取寄柩并将其运往火葬场没有法律依据。[111] 1947 年春，当卫生局威胁要火化战争期间所寄存的无主棺时，殡葬公司发动公共舆论来反对这个决定。市参议院最终与殡仪寄柩运葬商业同业公会站在一起反对卫生局，要求卫生局必须在移除寄柩进行火葬之前通知死者家属。[112] 而且市参议院声称火葬的决定应该留给民众来决定，市政当局不能强迫执行火葬。但是市参议院支持对弃尸进行火葬处理。[113] 又一次，火葬变成了社会最底层阶级和针对街边弃尸所使用的方式。这些策略没能阻碍市政府尽全力找到一个快速的方案。1948 年 4 月，市政府宣布将会从 1948 年 5 月 1 日开始收集和焚烧所有无主棺。这在私人殡仪馆和寄柩所中引起了巨大的恐慌，他们终于意识到留给自己的时间已不多了。[114] 卫生局在报纸上发布公告，在几家殡仪馆中发现了 2 125 具无主棺，会被立即送去火化，除非相关亲属向殡仪馆报到并取回灵柩。[115] 这条声明证实了在抗战胜利三年之后，当局开始对寄存时间经常超过 10 年的寄柩变得越来越不耐烦，处理手段也越来越不具弹性。

但支持火葬最关键的问题是缺乏合适的设施。市政府只能仰仗每天处理量为三口灵柩的涌泉路火葬场。[116] 由日本人建立的更现代化的位于西宝兴路的火葬场被军队所占,1945 年之后处于敌产处理局的控制之下。敌产处理局不顾卫生局希望将火葬场作为民用的抗议,将火葬场划归联勤总部第一卫生大队。[117] 1947 年 6 月,在从日本人手中接受城市约两年之后,卫生局表达了在市政府推行火葬的背景下却只有一处火葬场的失望之情。最终市政府给袁科长发去要求,要将火葬场转为民用。[118] 敌产处理局非常不情愿地转交了火葬场,但是它要求一笔 1.865 亿万的赔偿金。[119] 又一次,在市参议院的支持下,上海市政府希望中央政府直接介入,以求获得火葬场。[120] 中央政府表示同意,并撤销了因军事目的使用火葬场的权限。[121] 但是希望快速接收的想法被证明是昙花一现。在卫生局第一次去往火葬场时,发现有新的军队进驻火葬场并延迟撤离。更糟糕的是,火葬场正被占领此地的士兵所破坏,所有的建筑物都消失不见了。[122] 卫生局和军方逐力拿回西宝兴路火葬场的过程持续了一整年。[123]

在这期间,卫生局只能使用位于哈密路的设施简陋的火葬场。日本人在战争期间设立了这处火葬场,很可能是为了在占领期间火化辖区内发现的露尸。卫生局继续使用该处火化露尸和损坏的灵柩。[124] 民众对此并非没有担心。1946 年 6 月,哈密路上火葬场对面的一家咖啡店的经理,向普善山庄投诉火葬场气味难闻、围栏破损,野狗在里面狂吠并叼食留在那里的骨头。[125] 9 月,当地居民抗议在人口稠密的地区使用这个火葬场,他们质疑该处缺乏合适的设施,使用的燃油"令人作呕",而国外的火葬场都使用科学的方式火化尸体。[126] 尽管一直有抗议,卫生局继续使用哈密路的火葬点,即便其内部备忘录也认为哈密路的火葬点在西宝兴路火葬场可以运行之后将停止使用。1948 年 8 月,《中央日报》报道了读者抗议露天火葬的糟糕操作,强调了中国的落后。[127] 在那时,卫生局已经要求哈密路火葬场终止使用。[128]

即便时不时有支持火葬的读者来信,但是当局并未真正持续努力推动火葬。[129] 卫生局通过强调火葬的低成本(20 万元)来吸引民众,尤其是穷人来采纳这个办法,尽管手续无法简化,成为其推行的绊脚石。[130] 穷人承担不起将遗体保存在家里数日或者将其置于殡仪馆的成本。[131] 不过火葬的数字呈上升的趋势,经济压力迫使一些人将火葬作为更经济的殡葬选择。[132] 1949 年,一共有 488 名中国人和 43 名外国人选择火葬,而相应选择土葬在市政墓地的对应人数分别是 910 人和 54 人。[133] 当然,这些数字不包括葬在私人墓地中的大量遗体。但是相较 1930 年后期的数字,已有长足的进步。解放战争后期不稳定的经济情况进一步侵蚀了当局支持火葬的能力。1948 年 12 月,市政府甚至已无力拨款给西宝兴路火葬场购买可燃物。9、10 月,卫生局只设法买到 7 担柴火,而火葬所需的柴火数量是357担。[134] 1949年11月,当人民政府开始主动鼓励火葬时,火葬能力显然是不够的:每天只能火化10具灵柩,一年3 650具,火葬仍然不是葬礼的一个合理选择。

1949年之后官方对火葬的推动

上海市人民政府不仅继承了有限的设施,还有前任民国上海市政府所设立的烦琐程序。尽管,和其前任政府一样,人民政府想要推动火葬成为葬礼的一个选择,但这只能通过提升火葬处理能力和简化申请手续来达到。人民政府成立之后便意识到改革的必要性,但是直到很久以后才采取了合适的措施。[135] 1952年2月,人民政府推行了针对火葬的第一项规定,不过规定只是定义了哪些是需要通过火葬处理的情况,基本借鉴了前任政府的安排。[136]

原则上使用火葬要比现实中使用火葬要更容易。通过宣传和压力双管齐下,人民政府迫使大部分机构勉强同意火葬。公所会馆山庄联合会是新政府设立用于监督、控制并最终解散同乡组织的组织,在其1950年的备忘录中同意火葬是节省土地的最好方式,尽管它也认为人民还没准备好接受火葬。作为一个临时的办法,官方政策是将其墓地集中在几个区域和减少私人墓地的数量(详见第四章)。[137] 这是更大层面行动的一部分,最终是要规范所有管理死亡的私人机构。在1951年年底,市卫生局殡葬管理所在报纸上发布通告,推荐使用西宝兴路火葬场,但收效甚微。[138] 政府在继续推行时万分小心,所有的内部文件都提到火葬在人民心中仍然是一个敏感问题。即便当副市长刘季平在1953年10月建议将火葬作为一个总方针实施,官方机构仍然警告行动不要过快。[139] 事实上,所有的数据都指向对火葬的低采纳度。1950年只有949次火葬、1951年3 104次、1952年1—9月有5 474次。这组数据不可否认有进步,但是和土葬及露尸的火葬数量相比,火葬的数字便显得苍白无力。在同一时期,卫生局在3年中火葬的街边弃尸数量分别是18 468具、14 272具和27 324具。[140] 显然,火葬仍然是穷人的诅咒。

人民政府仍然热衷于推行火葬。1954年4月,人民政府通过广泛宣传强调限制土葬和推行火葬的必要性,同时还引入更高的墓位费用来引导民众选择火葬。从经济上而言,死者亲属没有选择火葬的动机,大场公墓和市立第一公墓的价格都比火葬的收费更低。这些低廉的费用(5万元)在1950年之后固定下来以鼓励人们将寄柩落葬,但是这样做不再有效而且还影响了鼓励火葬的政策(西宝兴路火葬场的费用是10万元,静安寺火葬场的费用是20万元)。[141] 1954年4月,卫生局建议提高墓位的价格,降低火葬的费用直至其真实的成本价。卫生局还修改了墓地申请的指导方针以包含其推荐的政策。[142]尽管卫生局支持将火葬介绍成经济而卫生的殡葬方式,同时也指出要教育大众的必要性,要让他们理解这是国家经济建设和现代都市建设的需要。[143]在一份内部记录中,当一场大型运动被发动来促进火葬时,民政局官员王方(音)提醒前一年里推行火葬的速度过快。他指出要避免引起人民对此不满。他感到依靠价格政策来推动火葬和减少土葬数量的办法并不明智。[144]但是涨价策略还是被作为制止土葬的办法,在1954年9月,价格的修订被确认。[145]

除了经济动机,殡葬管理所开始了一项政策,主动给每个服丧家庭作宣传,利用葬礼的机会来宣传火葬。管理所印发了20万本《火葬介绍》小册子。[146]在接下来的一年,管理所还印了15万本。小册子通过公安局(死者需要在此登记)、医院、街道办事处、居委会、殡仪馆和慈善团体处发放。电影院一整个月在电影前播放一小段火葬的宣传片花,而大型海报则在城市中重要的十字路口处张贴(人民广场、外滩等等)。[147]最终,政府意识到自己的规章制度和自己的政策相违背,需要修改。比如,任何寡妇和鳏夫需要在50岁时在墓地预订一个墓位。人民政府注意到这并不合理而且只会鼓励土葬。在1954年6月23日,人民政府最终取消了地方法院官员需要给死者进行强制检查的规定。家属需要采用火葬的话只需要出示死亡证明即可。[148]

但是,除了强调火葬之外,人民政府没能投入必要的资金来进行现有设施的现代化升级,也没有建立新的火葬场。事实上,连维护现有火葬场都非常困难。1952年2月,人民政府仍然依靠三家私人火葬设施的9口焚化炉,而公共火葬场总共有15口炉子,有些甚至还不能正常运作。相比公共火葬场,私人火葬场也有更多员工,共43人。[149]1954年,人民政府授权龙华火葬场重建,与此同时也开始了郊区两处新火葬场的建设,即新陆火葬场和练西火葬场。[150]1957年,上海拥有5座火葬场,1座使用燃气(涌泉路火葬场),另4座使用木头或者燃煤。[151]人民政府甚至还撤销了接收私营海会寺火葬场的命令,不过目前看到的档案文件中并未解释这么做的理由。相同的情况还发生在另两家私人墓地身上,一处是佛教墓地,另一处是锡安墓地,都由宗教组织运营。[152]事实上,在接下来的几年中,即便使用火葬的人数越来越多,人民政府在殡葬设施,尤其是火葬设施上的投资很有限。另外,火葬设施的运营也受到城市中大型政治运动的冲击。

"大跃进"时期席卷全国的大生产运动对殡葬公司的运营带来了直接的影响。档案中有大量只有在那个时期的中国才能出现的不同寻常的文件。由于必须要发动所有的单位促生产,报告中用简洁的叙述方式讨论和记录了火葬场的火葬、养猪和在空地耕种的事宜。龙华火葬场的报告则被分为3个部分：业务、养猪和农业生产。[153]只有涉及业务的部分会反映出常规的殡葬活动。不知是否和对城市中各单位的总调查或是针对殡葬公司的特别调查有关，1960年2月，卫生局设立了检查组，会对火葬场及其运营进行巡访和报告。报告经常以对殡葬设施取得进步的积极评价开始，包含生产成就的丰富细节。但是他们也经常指出，火葬场仍然还存在一些缺点。这些报告对在大跃进时期中的死者，以及那些政策所产生的反作用，尤其是对火葬而言的反作用都毫不关心。

比如龙华火葬场的正常运行只依赖原先一半的员工。8名员工中的4人被分配了生产任务，名义上是养猪和耕种。从火葬场提供服务的行政区范围来看——金山、松江和青浦于1959年并入上海市——报告称赞了工人生产效率的大幅提高（300%）。尽管人手减少了，但是他们处理了1 708具遗体，最多时一天60具，从中可看出有多少心思花在了妥善接收和处理遗体上。从另一方面说，龙华火葬场标榜自己养了242头猪，工人造了55个大棚来容纳这些猪，并将16个花棚改建为母猪棚，用于把母猪和猪崽专门隔离开。报告表扬了一名照顾100头猪和另一名照顾90头猪的工人。新年时，龙华火葬场向上海市民提供了11头猪。除了猪之外，工人们还养牛和羊。工人还耕种了11亩水稻田、9亩卷心菜田和8亩胡萝卜田（总共10英亩），均产量惊人。[154]

但是如此抓生产的做法也有缺点。报告指出对支持火葬的宣传完全缺失。据说工人们认为那些来火葬场或者墓地的人已经去世，在这个阶段做宣传没有必要。报告还指出这里有"资本主义倾向"，火葬场的员工申请火葬的费用要高于官方对火葬、骨灰瓮等的定价。出售花朵和庄稼时也有利润产生。报告所揭露的最露骨的例子是火葬场欺骗顾客。在1959年1—4月，龙华火葬场以2 010元的价格购买了139 890磅石灰，但却设法作价6 646元出售了其中263 077磅。这不仅仅是无中生有地赚钱，而且每一磅石灰还赚取了75%的利润。还有其他滥用职权定价的例子，甚至有一个偷盗遗体财务的案例。火葬场的员工也会在未经允许的情况下消耗他们的农产品。报告尽职地指出火葬场在政治教育问题上绝对有问题，干部没能管理好员工，以至于导致了无纪律甚至是违法行为的发生。

西宝兴路火葬场也有类似情况。[155]由于下放和清除反革命分子的缘故，火葬场原本的4名干部和37名工人被削减到3名干部和24名工人。而且，有6名工人在火葬场外养猪和种田，殡葬管理所提供了万国公墓和江杨公墓的废弃土地，工人们清理之后用于种植蔬菜。他们也用回收的材料搭建了猪棚。报告用一句话总结了1959年火葬场的活动："这处火葬场火化了5 661具成人遗体、10 091 具婴儿遗体，养了 20 头猪，耕种了 18 亩农业用地。"西宝兴路火葬场在宣传和内部政治生活上拿到了不错的评分。据说工人们抓住一切机会，在每一次接运尸体时对旁观者宣传火葬。但是有一些方面仍然低于预期。在报告中，干部和工人还没有发展出一种"为人民服务"的意识，而只是把火葬作为一门生意。相同的距离收费是不同的，当他们在"免费安葬"计划下接运尸体时，他们会要求 5 元的运输费，或者威胁将遗体留在原处。但是最有趣的评论是关于接运婴儿尸体。火葬场仍然使用原先普善山庄的卡车，当他们装载遗体时，不仅用于遮盖遗体的帆布罩处于敞开的状态，而且由于帆布罩不够大，旁人可以看到遗体露出的手、脚，甚至是头，类似投诉在先前外国租界的警方档案中也出现过。报告指出："这对群众造成了很大的影响。"但是除了交通警反复斥责外，没有人真正在乎这件事情。

另一个报告则检查了 1957 年建成的浦东新陆小型火葬场。[156]这个火葬场规模很小，只有 6 名工人。调查队 1960 年 1 月 20 日到此访问。报告中没有提及什么可以批评的地方。工人们工作认真，在卡车故障之后用三轮车接运尸体。他们养猪，耕种了 2 亩土地，还打破了生产记录。为数不多的缺点是他们选择以节约能源为基础的路线而不是以回应悲伤的家庭的需求为路线的倾向。在尸体的接运上，火葬场会花上一整天。但是这样的节约由于缺乏规划和随意的管理并没有带来显著的利润。会计被作为反革命分子逮捕，使得火葬场在账户的管理上缺乏必要的专业人手。干部对殡葬管理所下发的官方文件鲜有兴趣，这些文件都已无法找到。

火葬的数量在 1953 年之后显著上升，大概占总死亡数的 50%，但很可能是由于"大跃进"所导致的无序，使得火葬的数量又急剧下降。两个火葬点包办了最大的火葬份额，龙华和西宝兴路火葬场。龙华火葬场给整个苏州河南岸区域提供服务，而西宝兴路火葬场则致力于满足苏州河北岸郊区和市区的丧葬要求。到 1957 年时，还有静安寺火葬场，主要负责市区的火葬，另外还有海会寺火葬场，用于佛教信徒的火葬。1959 年时龙华火葬场处理了 1 708 口灵柩。[157]在同一年，西宝兴路火葬场处理的遗体数量要高得多，共有 5 661 具成人遗体和 10 091 具婴儿和儿童遗体。基本上，这代表了城市中火葬总数量——4.5 万次——的 1/3。[158]根据官方的数据，在 1954 年火葬占总死亡数量的 25.8%，1957 年是 59.7%，1959 年是 60%，其中成人占 20.4%。但是 1959 年 10 月之后，数字开始下降，1961年时数量急剧下滑。1963 年时，火葬只占所有死亡处理的 10%。[159]即便在街头露尸逐步减少和婴儿死亡率逐渐下降的 20 世纪 60 年代，火葬数量的急剧下降反映了公众的态度转变。

1963年年底,国务院在全国发起了一次针对火葬的总调查,准备在需要的地方设立新火葬场。上海市政府报告说已"积极推行火葬并坚定不移地抑制土葬"。[160]这是一幅美妙的图景,但和现实相差甚远。1964年1月的一份内部报告指出土葬和火葬的数量几乎相当,在鼓励火葬和劝阻土葬的官方政策执行了十年之后,这个数字可并不是成功的标志。这份报告所蕴含的信息非常丰富,包括了上海殡葬设施的状态及人民政府在1950年至1964年对死亡的管理情况。报告强调了对现实中的殡葬设施的投资是多么有限。事实上,即便在这份报告里,卫生局声明土葬还会继续实行,市政府需要制订对现有公墓进行扩建的计划。报告还指出政府没能采取有利于推行火葬的合适策略。卫生局承认现有设施已经完全不够用。在市区内有四处火葬场:西宝兴路、静安寺、龙华和私营海会寺火葬场。卫生局注意到西宝兴路和静安寺火葬场位于市中心,火葬在那些担心自己健康和环境情况的"群众"中间造成了问题。两个火葬场使用了原先由英国人和日本人几十年前制造的焚化炉。[161]

西宝兴路火葬场中的12座焚化炉有4座已经无法使用。剩下的焚化炉经常出现故障而且效率极其低下,火化一具尸体需要2小时至3小时。[162]但是卫生局总结说在短时期内除了继续使用这两处设施之外别无选择,即便这两处设施在未来都需要关停。其他的公共火化设施,如龙华火葬场建于1954年,用于婴儿和露尸的火葬。在它刚建成的那些年里,并不向所有人提供服务。1958年之后,工人改造了炉子的结构,以便允许私人尸体的火化。但是龙华火葬场对民众没有吸引力,它没有举办仪式的大厅,连接待悼念者的房间都没有,卫生局发现这并不利于引导人们将火葬作为合适的选择。为了让两个火葬场能吸引更多民众,卫生局建议对这些设施都进行大修,而且都另建两处燃气炉,同时还在龙华火葬场建造了新的房间和大厅。[163]

1964年年底,人民政府再一次对火葬采取了积极姿态。人民政府建立了一个委员会来改革殡葬习俗和推进火葬的使用(遗风习俗推行火葬工作委员会)。委员会包括了各市政办公室的负责人以及城市中各层级地方委员和单位。以1965年的清明节为契机,政府用了一整个月宣传火葬,包括海报、仪式的指导方针、讨论会和访问火葬场。党内和政府干部被鼓励签订火葬协议来为全体民众做表率。殡仪馆甚至还举办了一次竞赛,看谁能完成的火葬指标多,以及谁招揽的火葬者多。最终或多或少能使用的火葬场在城市(龙华、西宝兴路和大同)和农村(新陆、嘉定和崇明)共有6家。[164]但是采用火葬多半是政治因素的结果。在"文革"期间,红卫兵将对墓地的冲击视作"破四旧"运动的一部分,冲击了坟墓,甚至于那些受保护的家庭也未能幸免,比如宋庆龄家族的墓。对墓地的冲击是对土葬的毁灭性打击，让火葬成为处理遗体的唯一方式。[165]结果，上海成为全国火葬率最高的城市，并不是因为人们相信火葬是最好的方式，而是因为国家政策取消了其他的可能性。

小结

官方对土葬数百年来的支持在中国人的集体心理中留下了深深的烙印。火葬并不是在中国不为人知，但只有佛教僧人使用。但是使用火葬的著名佛寺往往在偏远的地方。在上海，火葬并不是现实世界的一部分，和城市中的死者及生者的集体想象也没有关系。这是一个只有意外发生时才会出现的诅咒，比如房屋或者寄柩所失火。外国人及其他处理遗体的方式的到来，也没能改变希望入土为安这一占绝对性优势的观念。锡克教徒所用的火葬从未让人感兴趣，即便《申报》报道了印度的火葬情况。涌泉路火葬场很可能是中国第一座现代化的火葬场，但它没有获得任何特别的关注。日本居民对其频繁使用，让他们后来觉得有必要建立自己的火葬设施，但这也没能引起任何将火葬作为处理遗体方式之一的公共讨论。在缺少可以激起辩论的官方话语的情况下，没有任何市民群体像发生在英国的那样，来承担起促进火葬作为更宏大的城市和社会改革计划的一部分。在使用火葬的外国人群体中，也没有任何动作。火葬只是个人的决定罢了。

上海工部局并不扮演推行火葬的角色。它没有理由来试图改变社会习俗，因为中国人处理遗体导致了更敏感的问题发生，比如城市中棺材的短缺。对国民党当局而言，火葬成为卫生和公共健康政策改革计划的一部分。但是火葬在官方的计划里从未排在前列，因为让人们把遗体葬在现代墓地中是一个更紧迫的问题。火葬也从未成为一个处理遗体的体面选项。火葬只是一个摆脱战时腐烂遗体的权宜之计，后来则成为处理城市中街边露尸弃棺的一种方式。在这座城市中，无论是活人还是死者都不能打破外国租界的边界。大规模火葬在一座常规的火葬场中没有发生过。灵柩和遗体被堆叠在火葬台上，直到被烧成灰烬为止。不管为火化的遗体做过什么仪式，所有的身份特性和个体特性在这个过程中都消失了。在政府机构看来，这是一个高效而安全的方式。中国人则认为，火葬只能被视作为穷人、婴儿及儿童弃尸的诅咒。

抗战胜利，由于一部分经济压力，火葬开始有了不同的形象，即便它仍然是那些无法承受葬礼和落葬之人的解决之道。国民政府试图推行火葬并让民众相信火葬的优点，但是它想传达的信息没有成功，火葬仍然成了一种惩罚性的方式，因为政府威胁将寄存在大量殡葬公司中的无主棺进行火葬处理，使得火葬很难有一种正面形象。最终，真正试图让火葬成为让人普遍接受和有尊严的处理遗体的方式的尝试，始于 20 世纪 50 年代中期的人民政府。试图说服人民的那些观点其实并无新意，但是通过宣传来改变火葬观念的做法却更为系统，这造成了非常积极的结果，有越来越多的人开始放弃土葬。但是人民政府也用经济手段来使民众在正确的方向上前进。让全民接受火葬的最大障碍是缺乏相关设施和无法对死者进行体面处理。"大跃进"所造成的破坏进一步侵蚀了在"大跃进"之前所取得的相关进步。另一波无情的政治暴力使得民众别无选择，火葬在"文化大革命"之后的上海几乎成为全民实行的做法。但是近来中国主要城市的发展表明，如果可以承担墓地的天价，还是有人又回到全尸土葬的方式，这意味着民众对火葬的抵触普遍而持久地存在。

第九章
社会主义时期的死亡管理

1949年5月,上海解放标志着对城市中所有商业和工业公司进行改造的开端。殡葬业公司代表了一小部分特殊群体,但是对每日生活的影响却意义深远。除了要采用新的、更严格的规定之外,人民政府花了数年时间来整理过去留下的经验以及改变人们所坚持的和死亡有关的习俗。改造的过程遵循了几个连续的步骤,首先是由卫生局来监管,在殡葬公司彻底重组之后由民政部监管。[1]过程中的一个决定性因素是将社群组织(会馆、善会)和商业殡葬公司分开。会馆和善会是城市中死亡管理的主角,但是他们的改造也有一条极为不同的路线。

但是条例的修改并不意味着事情的终结。人民政府对整个殡葬行业有着更激进的改造计划。新政权计划将一个从战时(包括内战时期)特殊条件下兴盛起来的商业性服务行业,变成一种社区或者公共服务。火葬场为了处理遗体而从人民那里赚取的利润尤为关键,特别是当服务质量和从失亲家庭那里榨取出的价格并不匹配的情况下。[2]尽管批评并不公平,商业殡葬公司迎合的只是中上层阶级和更富有的人的需要,大部分民众则依赖会馆或者善会来处理死者遗体。由于会馆按照计划需要关停以及善会在其活动方面的重新定位,对死亡的管理便成为商业殡葬公司独舞的领域,即便它们已经经过了彻底的改造。人民政府在其他机构或者商业领域也沿着相同的道路前进。人民政府设立了委员会,将所有涉及殡葬服务的公司都归拢到委员会的管理之下,不过在商业化的企业和以慈善为主的机构之间,人民政府划分了界限。

党和政府在上海实施的改造方式和其他城市相同,但是对于上海,人民政府也需要面临管理庞大且复杂的大都会的挑战。[3]人民政府成功地获得了公会的支持,通过意识形态的宣传、劝说来实施其政策。在政治控制和社会主义改造方面,上海市殡仪寄柩运葬商业同业公会有幸成为得力助手。政府通过各种方式来限定私人殡葬公司的活动,包括购买政府的债券和调整税收来获取更多财力,并迫使一些公司破产或改制。最终,社会主义改造的进程导致私有制公司在管理死亡领域的彻底终结,公司的数量急剧下降。

人民政府几乎在接管城市之后就立即试图控制私人殡葬公司。最初的一些方式(控制费用)延续了先前国民党政权的做法,人民政府又对其进行了加强,这样做的一个主要考虑是为了控制这个城市中的生和死。虽然新的政权在逐步清除许多殡葬公司和将整个殡葬行业置于严格指导方针下的过程中极其高效,但是社会主义改造却导致了一个低效、管理不善和缺乏信任的系统。[1]在"百花齐放"运动中,从公司原管理人员简短而强烈的抗议中可以看到这台强有力的政治机器,它先将这些人的公司变成公私合营的性质,继而完成彻底的社会主义改造。

上海市殡仪寄柩运葬商业同业公会的改造

上海市殡仪寄柩运葬商业同业公会在1945年被解散,但在1949年之后在新的基础上重建。商业殡葬公司包含五种类型:殡仪馆、寄柩所、运柩公司、墓地和火葬场。当局在私人墓地的身份上摇摆不定,因为它们一开始没有被包含在新成立的上海市殡仪寄柩运葬商业同业公会中,不过在稍晚时都加入了该公会。[4]虽然上海市殡仪寄柩运葬商业同业公会的管理主体的建立,在以前是一个自下而上的进程,但1950年人民政府紧密监控整个建立过程。甚至在第一次会议之前,对私人行业和商业部分的监督主体——上海市工商业联合会,给出了其认可的委员会名单。[5]筹备委员会的第一次会议于1950年7月3日召开,这是一次正式和被紧密控制的会议,所有的步骤都是事先谨慎规划的。委员会主席向24位殡葬公司代表致辞,代表依次进行了简短的、例行公事般的发言。会议讨论了事先已拟好的章程并选举了小组委员会(监管、顾问,等等)。[6]

在人民政府领导下,公会没有自主权,也没有实体。其管理团体中的长期成员一个接着一个离开。华融海(中国殡仪馆)是上海市殡仪寄柩运葬商业同业公会共同的创建者之一,于1951年6月辞职。[7]一年之后,高怀志(道一公墓)和王备五(大华殡仪馆)间隔一个月相继辞职。[8]尽管他们经常会以健康原因作为其决定退出的理由,但是我们可以发现这些负责人在新组织中待得并不舒服。其他成员在稍后的时间辞职,大部分是在"公私合营"开始之后,有时则是因为人民政府关停了他们的公司。[9]仍有一些人会面临更不幸的命运,因

---

[1] 编者注:此处有删除。

为他们在过去犯下了所谓的罪行,比如在钱宗范的例子中,上天殡仪馆的经理被指责和日本人有勾结,或者像沈茂桢,他有三家殡葬业公司(殡仪馆、寄柩所和墓地),被认为有轻微违法的情况。沈自告奋勇从其寄柩所移除了 77 口无主棺并自费将它们葬于安平公墓。没有细节能解释沈的动机,官方的报告只是提及他承认自己犯了法。沈是在移除寄柩运动的最后关头将这些灵柩免于火葬?没有任何理由可以解释为什么沈在 1955—1956 年会累积如此之多的灵柩。人民法院宣判其一年监禁,缓刑两年执行,罚款 2 000 元。上海市殡仪寄柩运葬商业同业公会将他从协会除名。[10]

政治运动从"镇压反革命运动"(1951—1952 年)开始到 1958 年末期,可能是因为"百花齐放"运动的后遗症,政府要求上海市殡仪寄柩运葬商业同业公会将其负责人中的右派全部清除出去。[11]在其 1958 年 9 月 15 日给工商业联合会的报告中,上海市殡仪寄柩运葬商业同业公会要求并指认了两个人,普通会员陈子祯(乐园殡仪馆)和主任委员陈兆权(音),都被开除了会籍。[12]

上海市殡仪寄柩运葬商业同业公会履行和以前相同的目的和功能,名义上是人民政府和殡葬公司之间的协调人。从某种程度上说,公会在国民政府时期也承担相同的职责,比如收集数据和收税。但有一个主要的区别:在 1949 年后,当局将上海市殡仪寄柩运葬商业同业公会转变成一个服务机构,不再代表和保护其成员的利益。相反,政府有技巧地通过上海市殡仪寄柩运葬商业同业公会来达到改造殡葬行业的计划,人民政府本身没有资源和能力来实施直接控制,以及确保殡葬公司遵守其命令或政策。改造的胜利来得如此之快,以至于政府无法及时招募足够数量新干部的机会。[13]

人民政府在大多数机构里的用人上并没有什么选择,但可以让这些人为政府做事——政府成功地将关键组织为其所用。上海市殡仪寄柩运葬商业同业公会因其对殡葬公司如何运营一清二楚而成为政府的左膀右臂。[14]改革政策成功实施的关键就是让某一领域中——在这里就是殡葬行业——最在行的那些人负责改造事宜。官方政策的决定性关键因素就是对公会进行指导,选派管理层的领导人。将公会置于上海市工商业联合会和卫生局,尤其是其卫生局殡仪管理所的双重监管之下。

随着时间的推移,上海市殡仪寄柩运葬商业同业公会重写了自己的历史。于是在一份 1954 年的报告中,上海市殡仪寄柩运葬商业同业公会辩称战前的葬礼活动和机构基本上都在会馆的掌控之中,私人公司较少且在普通居民的选择范围之外。即便是墓地,那些有商业性质的墓地和西方人的到来联系在一起。私人殡仪馆和寄柩所在战时出现,当时的死亡人数激增,让普通百姓别无选择,只能在后巷中进行验尸。有趣的是,这也是上海市殡仪寄柩运葬商业同业公会在回应国民党政权时逐字逐句写下的话,当时公会正和政府企图清除所有寄柩并威胁使用火葬的做法相对抗。根据公会所言,"有些人"开始建立"便宜"的殡仪馆和寄柩所来为丧亲家庭提供方便而便宜的服务。[15] 公会描绘了一幅无私商人热心帮助上海普通百姓的美好景象,尽管这绝大部分只是一种商业发展。公会采用了标准的政治话语,如将危害人民心智的"封建思想"的部分原因归结为例如会馆这种"封建机构"的存在,这其实是对老牌竞争对手的一种恶意中伤。[16]

在上海解放后,公会马上扩大。一方面,人民政府把公会变成了强制性的、高效的组织,所有的殡葬业公司都必须参加该组织(详见表9.1)。另一方面,公会吸纳了整个行业的成员,包括位于上海市内外的私人墓地,特别是1950年后兴起的新墓地在内。在那之后,公会分成五个组织单位——殡仪馆、寄柩所、运柩公司、公墓和火葬场——每个单位独立运作,处理专门的情况。

表 9.1 殡葬行业全体会员及其收入(1949—1955 年)

年份	成员数	员工数	殡仪馆	寄柩所	墓地	运柩公司	火葬场	总收入(元)
1949	40							
1950	55	800						127亿
1951	60							181亿
1952	50	487						151亿
1953	53	411	15		28	8	2	178亿
1954	50	408	10	3	27	8	2	
1955	45	230	11	4	28		2	

材料来源:1949—1953年,报告,上海市殡仪寄柩运葬商业同业公会,1954年4月13日,S440-4-2;1954年,报告,上海市殡仪寄柩运葬商业同业公会,1954年8月12日,S440-4-2;年报,上海市殡仪寄柩运葬商业同业公会,1954年,S440-4-2-18;工作报告,上海市殡仪寄柩运葬商业同业公会,1955年7月,S440-4-2;会议纪要,上海市殡仪寄柩运葬商业同业公会,1955年12月24日,S440-4-8,上海档案馆。

但是公会内公司数量的发展掩盖了公司数量稳定下降趋势。从事殡葬行业的劳动力从1950年超过800人减少到3年后的不足500人,经理和员工相分别共是65人和422人。[17] 这是一种不断淘汰的天然进程所导致的,毕竟在商业方面会有持续而不可避免的亏损,这既是在处理灵柩方面有更严格规定的结果,又是对葬在城外或者运柩出城这种方式回归的结果,后者是更基本的原因。比如安乐公司在1950年9月关闭了其三家机构：殡仪馆、寄柩所和墓地，将其财产交于市政府。[18]而且，公会的成员数量因其成员的关张或者变成国有而进一步缩水。[19]

1952年12月，卫生局对寄柩所制定了新的规定，条例更严格。新规定不仅禁止在市区设立寄柩所，还需要它们搬到市政府所规定的墓地区。当时有三个区域：大场（庙行）、蒲淞（高更浪）和浦东（张家宅）。第二个主要的限制是寄柩的期限。规定将期限严格限制在一年时间，超过这个最后期限，如果灵柩无人认领就必须在一个月内火化。寄柩所必须先从卫生局这里得到所有新许可证明。[20]寄柩所被逐步淘汰，人民政府并不愿意继续保留这些存有因战争所导致的巨量无主棺的设施。[21]从反对民众运柩回乡落葬这一习俗的角度出发，只允许一小部分寄柩所继续运营，如果它们位于城市边缘的话。不过基本上随着全国形势趋于稳定，孕育商业寄柩所大量发展的特殊环境已不复存在。寄柩行业的发展很快便出现停滞，1954年8月，只剩下3家私人寄柩所。[22]

殡葬公司遇到了越来越多的经济困难，导致许多公司拖欠会费。上海市殡仪寄柩运葬商业同业公会试图接济那些真正有困难的公司，但是其财政状况已呈现赤字，其收入来源趋于枯竭。1955年7月，在运柩公司倒闭之后，公会中剩下的注册公司只剩25家。[23]12月，公会连续收到几家公司请求免交会费的信件。四家公司（中国、仙乐、番禺、通海）和一家火葬场（海会寺）已经拖欠了7—21个月的会费。丽园殡仪馆和沪南殡仪馆还没有支付先前12个月的会费。三家剩下的寄柩所（虹桥、福安和通海）已经负债经营8—40个月。公会别无选择，只能取消所欠的会费，要他们从1955年12月开始续交。[24]公会的预算因其预计收入的缺乏而减半，最直接的影响就是裁员。[25]上海市殡仪寄柩运葬商业同业公会愈发成为一个空壳组织，很快就要面临完全关张的局面。

同业公会的衰败甚至可以在其留下的档案文件中发现踪迹。公会的会议纪要被严格保管，将原先的手写记录逐字逐句完整地打字记录，但从1955年年底到1957年只有最初的手写记录。如果说会议记录对历史学家而言并不总是容易辨识的话，那在讨论过程中所记录下的手写笔记就是对眼力的真正挑战。1956年7月，当各家殡仪馆合并形成联合经营的一小组公司之后，公会便失去了其一大群成员。当私人墓地成为市政公墓后，公会所剩下的最主要的功能也不复存在。[26]从这点来说，可以基本假设上海市殡仪寄柩运葬商业同业公会失去了其最后的成员，就这么消失在历史长河之中。[27]它已经完成了政府的目标并且不再被需要了。

公所和善会的消亡

相同的监管和缩减也同样用于善会性质的组织。直到 1950 年年底,根据官方调查,还有 82 家善会,包括墓地,以及 41 家会馆,还活跃于城市之中。每一家都独立运营,这在人民政府看来是一种资源的分散。在 1950 年的前 6 个月,这些组织向 167 890 个人提供了救济。在特殊的殡葬领域,他们提供了 1 357 口棺材和 839 次免费运柩,还在街上共收集了 16 073 具露尸。这些机构的领导人被要求学习政府所准备的材料来检查如何改善他们的行动。最终,根据相同报告中的描述,这些领导人意识到新中国救济工作的性质已经改变,团结起来建立联合组织是一个更有效的做法。[28] 人民政府将会馆、公所和山庄组合到一个机构下,即公所会馆山庄联合会。[29]

人民政府还建立了另一个委员会来监督 3 家善会,其中一家是普善山庄,它在收集露尸中扮演着重要角色。尚不清楚同仁辅元堂为什么没有被包含在这个委员会或是公所会馆山庄联合会中。委员会处于总工会的监管之下。[30] 所有其他善会则由上海仁救分会管理。[31] 对公所会馆山庄联合会 1951 年的会议纪要进行回顾后可以辨识出 37 家组织:27 家会馆或公所、7 家会馆善会墓地和 3 家会馆负责的善会(详见表 9.2)。[32] 这个统计反映了当时继续给其社群提供殡葬服务的会馆的数量。

表 9.2 1951 年公所会馆山庄联合会会员

公所会馆	公所会馆	公所会馆	墓地和善会
浙绍会馆永息堂	山东会馆	定海善长公所	闽峤山庄
三山果桔会馆	延平会馆	锡金公所	潮惠山庄
潮州会馆	兴安会馆	湖北会馆	皖北山庄
三山福宁会馆	溧水会馆	江宁公所	果桔虹口山庄
洞庭东山会馆	徽宁会馆	平江公所	息焉山庄
淮安会馆	四明公所	江淮公所	西安山庄
泰州会馆	扬州公所	淮扬公所	延绪山庄
	广肇公所	豆米公所	义济善会
	浙宁红帮木业公所	京江公所	大埔恒善会
		金银公所	义海善会

材料来源:会议纪要,1951 年 2 月 10 日—1952 年 6 月 20 日,Q115-22-40,上海档案馆。

人民政府的基础策略是要消除会馆和善会在死亡管理中的介入。这是一盘大棋的一部分，所针对的是代表潜在关系网以及象征一种地方勾结势力的死气沉沉的那些组织，这是在新政权计划中要被清除干净的。会馆被削弱到只有善会组织的功能，它们作为协会的特权和职能，如规范商业、处理冲突、与政府协调税收和其他事项等，都被取消。当然，它们作为政治机构的角色，民国时期这是使它们成为当地政治最主要推动者的重要角色，全部被剥夺。1950年7月新成立协会的图表精确地展示了其主要职能是慈善工作，尽管还列出了其他5个领域，比如提供免费棺材、运柩和落葬等。协会将由会馆成员捐款资助。[33]

对常规善会组织的处理进程亦如此，尽管和针对殡葬公司的相比不太一样。中国人民救济协会上海分会合并了41家善会公墓和81家善会组织。会议纪要展示了体制的运作方式，上海分会承担传递人民政府指示的职责。另一个标准的官方措辞是将先前的善会组织和会馆说成"旧事物"。新政权强调这些协会的特点是无组织，进而缺乏效率。在接管的初期，一些组织没能递交它们的报告。但是从总数上看，回馈的数字还是颇为令人吃惊的。1951年6月，36家善会公墓和51家善会呈交了自己的报告。[34]这强调了人民政府在试图覆盖各种形式的社会组织和让它们服从管理方面是多么快速和有条不紊。

人民政府也加强了针对同乡组织的激进税收政策，其目标就是要削弱其维系运作的能力。人民政府的主要手段就是土地税。[35]由于同乡会通常在城市中拥有自己的土地和房屋建筑，通过从中所获得的租金收入来资助本身运作，这对新的财政政策而言是理想的收税目标。除了极少数的例子外，先前的市政当局承认这些组织是非营利组织并豁免其需缴纳的商业税和土地税。人民政府则有完全不同的观点。同乡会代表了一种党派所能涉及范围之外的社会组织形式，越有影响力的同乡会，比如宁波人的四明公所和广东人的同乡组织，在过去不仅能挑战外国租界当局，也能挑战华界当局。人民政府决定尽快改造这些同乡组织。广肇公所1950年3—5月的报告揭示了尽管其获得租金收益是1.67亿元，但除去1.53亿元的土地税后，广肇公所只能选择破产。[36]

一度势力强大的会馆被削弱成市政府在教育、健康和救济领域的附属机构。公所会馆山庄联合会的会议纪要证实四明公所和广肇会馆失去了大部分财产。1952年11月，它们仍然经营着一家医院，但即便是经营医院，也已耗完了它们所有的财产，使其申请政府的支持。人民政府接收了医院的管理层和资产。[37]1953年年底，公所会馆山庄联合会已经完成其使命，1952年夏天时其旗下所有私人成员已经停止了包括救济工作在内的一切活动。[38]1953年9月

22日，执行委员会决定将联合会解体，并其所有文件和资金移交到市政府。[39]公共领域中的慈善和社群服务功能，特别是位于中心位置的死亡管理，最终"寿终正寝"。

改革大旗下的殡葬行业

人民政府对于殡葬行业的政策是将商业服务转变成公共服务。但在对公司进行社会主义改造之前，政府选择逐步削弱殡葬业公司的自主权。

从一开始，人民政府便采用消耗策略，以便将殡葬业公司的数量控制在它所认为的足够满足人民需求的数量。与死亡管理有关的机构数量的下降也和人民政府最终要掌控城市中的生死情况以及建立可靠的人口统计系统的考虑有关。只要人死后还是由这些组织处理，政府对此就没有控制力，而且也不会收到相关报告，就像之前几任政府时所发生的那样，在这种情况下要计算出城市处理遗体的需求究竟是多少、如何改善婴儿居高不下的高死亡率以及如何理解上海人数的大致变化就无从谈起。最终，1953年12月，卫生局第一次采用针对处理所有死尸的规定，所有机构——医院、殡仪馆、善会和法院——都必须遵守这是一个关于人死后如何统一按步骤处理的指导性文件，所有死者在入葬前都必须强制登记。[40]

但是直接控制和起草规定相比更为重要。殡葬公司在公私合营过程开始之前便已经失去了大部分自主权。首先他们必须强制购买政府的债券，尽管这并非强制执行，但殡葬公司被要求意识到它们对这个国家的责任。1949年7月，当第一批军事债券发行时，上海市殡葬寄柩运葬商业同业公会并没有显露太大的热情，让各会员单位自行购买。1950年2月，当政府发行胜利公债时，寻求和殡葬业公司的民主合作，在实际操作中意味着公会必须给其会员设计一个份额方案。[41]随后，公司也必须服从购买抗美援朝税。[42]政府债券是一种直接的办法，而且和税收相比，债券在从私人公司收钱和将货币从仍受通货膨胀影响下的市场撤出方面要更为有效。大众殡仪馆的账目上政府的痕迹清晰可见，殡仪馆在1954—1955年购买了600元至1 400元的政府债券。[43]

人民政府设计的对私人殡仪行业的接收通过两个主要政策进行。一方面是价格控制，公司将不能再自行决定自己的服务价格。另一方面，同时也是最致命的方式就是税收。但人民政府要达成他们的目标就必须牢牢控制住私人公司的内部操作、收入和支出。国民政府时期，上海市殡葬寄柩运葬商业同业公会的任务是制订价格范围，也是收税的主要渠道。在中华人民共和国成立后该公会仍然扮演着这一角色。但是人民政府并不满意既有设定，其更关心公会的效率和殡葬公司的政治忠诚。在人民政府成立初期,大部分公司仍然将其税务报告交给公会,大部分公司都有两本不同的账本,一本递交官方报告,里面会掩盖收入和财产,另一本则用来记录公司的内部经营状况。[44]

1950年5月,上海市殡葬寄柩运葬商业同业公会主持了一次成员大会,并有工商业联合会的代表在场。代表的致辞集中于逃税问题,政府希望通过公司的自愿报告来彻底解决这个问题,该过程被称为税源的民主评议。如果公司犯了错误,在稍后的阶段有机会改正。代表的话清晰地包含了政府的新语汇,从殡葬公司要"改正错误"到"批评与自我批评",以及选举"热情忠诚的积极分子"参加公会。[45]在随后的会议中,公会主席毛景安赞同新的税收政策,主张人民政府是在为人民服务,而不是在欺骗公司和破坏税收工作,因而支持政府建设新中国和解放台湾就成为每一家公司的责任。[46]

一旦报税的第一阶段完成后,市政府通过由行业里最有经验的管理人员和雇员所组成的查账队会进行税收评估,探查私人公司是否存在少报其收入等行为。[47]基本上,由于公会不仅仅在税收问题和商业操作上完全掌控行业情况,还深知行业内的逃漏税收的各种技巧把戏,因而被委托做这个工作。公会可以与会员站在同一阵线并试图保护会员免于政府干涉。[48]与此同时,是让工作人员在工会的指导下来监管公司的运营。[1]

1953年5月,上海市殡葬寄柩运葬商业同业公会有48名成员,分成3种不同的合法身份:14家公司、20家合伙单位和14家独资单位。总共有40名不同身份的人对公司和合伙单位投资,在其工资表上共有147名雇员和335名工人。还有57人属于管理层但实际上也从事一线工作,就像另外10名他们的家庭成员一样。人数总共计有559人。[49]和主要的工业或者商业行业相比,这无疑是一个较小的行业,23家殡仪馆和寄柩所的总资本是39.5亿元,而23家墓地和2家火葬场则各有相似的总资本35.8亿元,但殡仪馆和寄柩所的收入要高得多——41.27亿元,后两者则是21.4亿元——即便利润程度几乎是一样的。[50]最大的3家殡仪馆,安乐、斜桥和国华占据了殡仪馆和寄柩所总资本的75%。1953年5月,17家公司已处于民主评议的新系统之下。[51]然而税务局检查后发现他们持续的逃税行为或缺乏遵守新政权要求的热情。[52]

1955年1月22日,上海市殡葬寄柩运葬商业同业公会和税务局召开了一次大会,讨论新的报税制度。公会和税务局代表所发表的讲话都展示了强硬的政治措辞,但是真正的问题仍然是漏税问题。在大会之前,公会和税务局已

———

[1] 编者注:此段有部分删除。

经召开过 7 次会议来规定一套报税的最佳方式。这些会议揭露了一些公司——运柩公司——都不屑保留账本。很难弄清这是运柩公司的特殊情况还是为了规避官方控制而故意为之的做法。[53] 1955 年 7 月,官方引入了一套新方案,将由 4 家殡仪公司先行试用,以每月为单位缴纳所得税。[54] 政府希望这能阻止漏税行为,而斜桥殡仪馆刚刚因为这个原因被发现而和罚款。[55] 报税系统主要是为了确保国库在一整年内都能有固定收入。事实上,一些公司的财政状况非常困难,以至于无法再缴纳他们的所得税,更不用提他们的商业税了。[56]

从更长的时间来看,殡葬业公司还经历了三反五反运动。[1] 上海三家最大的殡仪馆中,国华被贴上的标签是"基本守法户",而斜桥和安乐都收到了"半守法半违法户"这一更低的评级。[57] 人民政府在五反运动时期从殡仪业公司一共收取了价值 1 387 万元的罚款。[58]

殡葬业公司的社会主义改造

1955 年,市政府开始增加压力来清除私人企业。[59] 1955 年 6 月,卫生局已经开始对社会主义化的相关问题进行讨论,即便在第一轮的会议中并没有得出实质性的内容。公会的每一个单位都单独参加这些讨论,并设有不同的时间表。[60] 市政府的第一个信号是对针对运柩公司进行迅速改造计划的严肃讨论。1955 年 6 月底,卫生局召集公司开会,指示它们于 7 月 1 日开始闭门歇业。经理们大吃一惊,但是没有丝毫协商的余地,这是一个清晰而不容讨论的命令。关停是"改造"这一广泛概念下的一部分。公会甚至都没有得到商量的机会。[61] 8 家公司在 1955 年 7 月 1 日被合并成棺柩外运站这一个单位。[62]

1955 年 7 月,税务局代表在公会面前明确说明自由经济的范围已经缩小而国有经济正在扩张,国有公司在所得税方面占了 39%,商业公司需要调整和改进他们的管理,否则他们一定会遇到一些困难,并反过来影响国家经济。针对整个生产系统所规划的改造目标意味着尽全力及时动员所有的资源来支持国家在完成五年计划方面所付出的努力。这是一个自上而下贯穿全国的决定。[63] 税务局代表非常直接地指出,殡葬业公司准备得不充分,即便在这些公司事先已经尝试过新财政计划的嵩山区内亦是如此。[64] 殡葬业公司从私人企业到公私合营企业的改造就始于这个时刻。这是一个自上而下的改造模式,大部分政治和技术上的准备工作在协会内部就已经完成。7 月底,所有的公司都进入了社会主义改造的进程。[65] 公会召开了 10 次会议来讨论设计所有权和

---

[1] 编者注:此处有删除。

资产的评估方式,给原经理、所有者、股票持有者、新近改造的公司及其员工的收入分配提供参考依据。[66] 1955 年 8 月 11 日,主席陈兆权(音)明确发表声明:"今天的报告是关于私有资本主义的社会主义改造、如何热爱国家和遵守法律、如何接受和拥抱改造、如何接受工人阶级的管理。"评估会基于公司在该年 1—7 月间的情况来进行。[67]

1955 年 12 月初,殡葬业公司碰头讨论改造的下一个阶段。他们都表达了对公私合营和合并的支持。[68] 不同单位的公司分开碰头开会,如殡仪馆和寄柩所一起开会,公墓和火葬场一起开会。两个小组分别开会两天,最后全盘接受政府的改造政策,没有任何异议。[69] 每一家公司都表示全力支持。墓地单位让每个会员写信给上海市殡葬寄柩运葬商业同业公会来向工商业联合会确认其决定。殡仪馆采取了更正式的联名信的方式向人民政府申请改造成为公私合营公司。殡仪馆单位的主席还亲笔写信给工商业联合会和中共上海市委。[70] 所有的公司都盖章以显示赞成。[71] 人民政府设立了合营工作委员会来执行殡葬业公司的财产、仪器和资金评估工作。事实上,原所有者被要求自己准备好评估文件,交给上海市殡葬寄柩运葬商业同业公会,继而再交给合营工作委员会检查。[72] 在操作过程中,所有的殡葬业公司又一次致信陈述说他们"热心期盼成为合营公司后的前景"。[73]

接下来的几年见证了社会主义改造步伐的提速,即便公会起初没能实施预期措施,财产评估的过程甚至都没有按照计划开始。在 1956 年的 3 月初,工商业联合会对上海市殡葬寄柩运葬商业同业公会缺乏进度和准备表达了强烈的批评,这刺激了公会全力投入到推动评估进程的工作安排中,特别是在监督评估工作的干部选择方面。在官方批评的一个月之后,上海市殡葬寄柩运葬商业同业公会表现良好并已准备好在一个月内完成评估进程。[74] 尽管有评估方法的详细说明,但事实证明这是一个烫手山芋,尤其是收集大量的数据。[75] 另外,如何对待原先的管理小组,即政治术语中的"资方",是一个敏感问题。政府定义了三条标准以便把人员分配到各个工作中,三者之间没有清晰的等级区别。第一条是公司真正需要的员工;第二条是个人申请书;第三条是个人简历需审查,并不是检查职业技能而是要判断其政治如何。[76] 其他潜在的、关于处理先前管理小组的棘手任务,显然是利润份额的计算模式问题,即便这或多或少是按照有关规定来制订的。[77] 事实上,殡仪业公司的评估和改造进程花了一整年,从 1956 年 1 月持续到 1957 年 2 月。[78]

私人殡葬公司的改造需要在管理方面作出巨大变化,从私有转变成公私合营,和整个工业所作的激进重组一样。总的来说,卫生局通过将较小的公司和较大的公司合并而极大减少了殡葬业公司的数量。[79] 因此丽园、联合、静安、通海、虹桥、宏安和湖南合并入安乐、斜桥和大同。[80] 1956 年 1 月,浏河机器厂接收了大众殡仪馆的房屋设施。[81] 乐园殡仪馆提了一个很少见的提议,想将其改成一家化学工厂,但民政局否认了这项提议,因为乐园殡仪馆是镇上最好的殡仪馆之一。[82] 最终,在城市里只留下两家市政殡仪馆(万国和锡金)和 5 家合营殡仪馆(乐园、安乐、国华、斜桥和永安)。[83] 墓地的改造则沿着另一条路径进行。找合适的公共伙伴来组建合营公司毫无必要,合并环绕城市周边由各种不同地块构成的墓地亦不可行,即便在管理上是可以合并的。当局所采用的行动是一种市政府直接管辖的方式。此外,私人墓地自 1956 年 7 月 1 日开始被全部纳入公共管理的范畴,但佛教徒墓地除外,殡葬管理所和宗教事务局没能在谁应该负责这块墓地上达成一致。[84] 最终,由于禁止墓园再获得土地进行扩张,大部分墓地在满园之后就不再处于活跃的状态。[85]

在对私改造的末期,尽管委员会最终将所有的公司纳入殡葬管理所的统一管理之下,但仍留下了几个问题尚未解决。服务的质量并未如预期般因对殡葬业公司的改造而有所提升。即便殡葬公司要处理越来越高的工作负荷,殡葬业公司在各种运动期间也必须动员起来。比如在"除四害"的例子中,其挑战是要和老鼠作斗争,需要移除和整理储存空棺材,每个殡仪馆都必须向公会汇报开展的过程和运进运出的棺材数量。[86] 在一些案例中,不同公会下的各组公司之间缺乏沟通造成了不少困难,其中一个问题是棺材的质量问题,殡仪馆是从制造棺材的作坊这里拿到的棺材。1955 年 6 月卫生局给两家售卖棺材的公司发去了措施严厉的警告函,这两家公司以旧木材冒充新木材。殡仪馆指责隶属寿器同业公会的生产公司。[87] 8 月,卫生局组织了一次会议,与会者包括相关当事人、生产者、木材公司和两个公会的代表。他们讨论了在生产棺材时使用新旧木材需要参考的不同标准,但是最终所有与会者同意最好不再使用旧木材制作棺材。为此,棺材的生产者只能使用来自东北的新木材。[88]

但是这并不能解决殡仪馆和棺材供货商之间的所有问题。湖南殡仪馆在质量问题上与棺材供货商大打口水仗。双方之间的裂痕是如此严重以至于殡葬管理所将双方和两个公会召集起来开大会。[89] 除了质量问题之外,一些公司抱怨他们在购买棺材时被收取了过高的费用。[90] 另一个恼人的问题则继续存在——这在过去本来是不相干的问题——购买完成棺材最后一道工序所需清漆的问题。在尸体被置于棺材中之后,殡仪馆的工作人员需要在密封处加一道上漆工序。由于清漆的生产现在也处于政府控制之下,殡仪馆被拒绝自行购买清漆,因为清漆生产商不属于寿器同业公会。1955 年 9 月,两家殡仪馆,永安和湖南殡仪馆向公会投诉并要求公会出面调解。[91] 这是计划经济和官僚主义的操作过程引入经济系统后所导致的荒谬情况。

合并也在新建立的公司之间导致了紧张的关系。丽园和斜桥之间的关系尤其如此。丽园的经理及工作人员认为被强制与不如他们的公司合并。相比斜桥殡仪馆，丽园殡仪馆至少在改革开始之前拥有着更长的历史和更大的规模。在两个"社会阶级"群体之间显然存在着强烈的不满，丽园的工作人员还无法接受合并，就像一份报告中所指出的那样，"大船带小船"，但是合并往往带来的是反效果。潜在的敌对情况会和现实交流方面的实际问题掺杂在一起。即使两家殡仪馆并肩而立，互相之间相隔的墙上却并没有开设大门，给死者的家属造成了极大的不便。在殡仪馆的社会和经济合并的时间间隔方面，双方也有争端发生。[92]

民政局指出，在各种涉及殡葬服务的各公司之间存在各自为战和缺乏协调的问题。在殡仪馆的需求和殡葬用品的生产之间，尤其是棺材的生产，存在缺口。殡仪馆和受到限制的墓地间也存在问题。殡仪馆抱怨有时候不可能在人过世的同一天弄到一辆车去收尸。运柩站无法跟上灵柩运来的节奏，导致灵柩会露天放置数周和数月之久，船运延迟3—5个月都是正常的。[93] 更糟糕的是，运柩站拒绝船运灵柩，这是违反殡葬管理所规定的。报告中没有清晰说明为什么会违反规定。这可能是因为灵柩运到运柩站的时间太晚，如果运柩时间超过了殡葬管理所所设置的最后期限，运柩站会被罚款。报告忠实地指出了需要改正的"思想问题"，但论证的主旨是强调殡仪馆不能再干涉工作，因为殡葬管理所已经负责所有殡葬活动的管理和指导。[94] 不过殡葬用具的生产仍然是极度分散的状态。1956年寿器同业公会的一份报告提到有超过400家商店专门提供棺材、寿衣和其他用品。一些殡葬公司生产自己的殡葬用具，但是大部分公司是从更小的公司那里购买必需品，然后提供给急需的客户。缺乏统一性，以及生产者与客人之间所存在的各种中间商导致了不必要的佣金（30%—40%）和高价问题。[95]

除了上述各单位之间的关系不太和谐之外，殡葬业公司社会主义改造的过程似乎相当顺利。但是这样的观点，并不能反映改造的全部过程。这一时期的社会主义改造的会议纪要只记录和反映了所有在正确政治术语下所发生的一切，比如1956年殡葬公司"热情地拥抱社会主义"。但1957年上半年的"百花齐放"运动，却在不同群体中激起了一波强烈的批评浪潮，并允许那些认为自己是政府滥用权力的受害者公然批评他们的遭遇和要求补偿。上海市殡葬寄柩运葬商业同业公会在1957年2月和5月间的会议纪要中报告了一连串会议的内容，在此期间各殡葬公司的代表，尤其是船运公司的代表，对改造过程和改造的主要负责机构殡葬管理所进行了严肃的批评。还有一个常见的批评是他们一直被剥夺像其他商业单位那样建立类似工业单位的权利。[1]

但有一个主要的批评是关于在社会主义改造过程之中和之后的失业和收入降低问题。施惠明（音）是仙乐公墓的经理，在 1956 年 1—9 月间没有任何进账，殡葬管理所在 10 月份恢复付款，但施从未获偿他的损失。[96] 但其他人就没有那么幸运了。安东（音）和安远运柩公司的前任经理在公司的接收过程中失去了所有职务。[97] 淮扬运柩公司的两位管理者在 1954 年公司被强行关张之后就一直失业。[98] 公会先前的要求，甚至协调都没能软化当局给他们安排新的职务，他们及各自家庭经济遭受着极大的困难。[99] 在华东运柩公司，部分管理层被保留，但有一些管理人员被排除在外，没有明确理由。[100] 胡宇翔（音）对前任管理人员所遭遇的不公正待遇表达了强烈不满。船运公司已经被关停超过两年，但是许多人，也就是那些管理者，却一直没有工作，而且不得不忍受严峻的困难。他还质疑赔偿程序，并要求给所有人分配工作，要求重新对"生产资料"——被没收的财产——进行正确估价。[101][2]

对转给新社会主义化公司的财产缺乏足够补贴也是造成不满的一个主要原因。沈茂桢提出以"接班"为名对一些财产项目进行强制没收，声称在 1956 年 8 月之后就没有拿到任何工资，其全部现金被转交给了政府，而他的汽车、打字机和其他东西则被接收了，华东船运公司欠他一大笔债但是从未付清。沈试图从殡葬管理所获得赔偿，但徒劳无功。[102] 王忠良（音）对禁止运柩公司的活动表示不满，他觉得他没有收到任何合适的赔偿。[103] 徐文采（音）也提出对运柩公司的不公处理。[104] 谢宝华是安乐殡仪馆的经理，在 1956 年 6 月 18 日收到立即关停的通知，全然不顾设施里还存有上百灵柩，撤空工作耗时 6 个月。[105] 海会寺火葬场批评了殡葬管理所在强迫火葬场与寺庙大厅分开时所施加的压力，管理所将其不愿意配合定性成"思想问题"。火葬场一直拖延，为了获得租借其寺庙建筑的租金，还在 1956 年 12 月和 1957 年 2 月两次致信上级部门。[106]

运柩公司的前任经理批评统一后的运柩站运营情况：延误时间很长，而且 80% 的灵柩就堆在马路边上。[107] 另一条批评指出延误以及船只的超载问题。在一个例子中，一艘船甚至在黄浦江中倾覆。[108] 当然也有对"官僚主义化"的批评，矛头直指殡葬管理所的角色。有一座墓地的代表抱怨说尽管一些墓地申请了公私合营，管理所决定先处理殡仪馆和寄柩所，当轮到墓地时，尽管

---

[1] 编者注：此处有删除。
[2] 编者注：此处有删除。

墓地被要求遵照天津的模式进行,但是殡葬管理所选择了另一个模式,在没有事先评估的情况下就接收墓地。在接收之后,管理所返还了部分欠款,但是赔偿金没有定数。公会的一些成员批评说在各阶段都缺乏合适的统计手段,管理所仅采用检查收入和支出的方式,不考虑其他问题,比如工人的福利如何,这会导致缺乏动力和工作马虎,或者各种公司之间关键的债务问题。他们也指出殡葬业公司和寿器寿衣同业公会之间缺乏沟通,导致在供货、定价和合作方面产生问题。

总而言之,许多殡葬业公司所表达的批评是如此令人震惊,也披露了公司所有人和经理们是如何经历对其公司活动的社会主义改造,以及公司是如何转变成国有单位的。[1] 批评的窗口大开数月,但是在 1957 年 6 月中旬之后,局势出现了逆转。在 1957 年 6 月 1 日的回忆中,尽管讨论的话题(工作分配、财产问题等)一致,但是所用语言比先前的会议要收敛很多。4 天之后,主席把重点放在"正确处理人民内部矛盾"之上,即便在讨论中仍不时会冒出先前的话题。最后,在 6 月 24 日的会议上,主席明确表示会议应该讨论新问题而停止争论"船运的老问题"。于是,上海市殡葬寄柩运葬商业同业公会又回到了使用常规和政治正确的语言。[109]

小结

上海解放后,人民政府对如何处理城市中的死亡问题已了然于胸,即便他们对自己是否能达到这些目标并无同等把握。人民政府及其各部门对城市中涉及死亡管理的不同角色的真实运营状况所知有限。新政府有两大主要考虑:一是让殡葬服务变得让绝大多数人都能承担;二也可能是更重要的考虑是改造殡葬组织,私人的和社群的组织都需要改造,这还包括了改变殡葬风俗和操作方式的想法。当然,改造本身是更大计划中的一部分,即在利用私有经济的同时,逐步改造它,纳入国有经济结构。

面对一个复杂而不透明的商业体系,人民政府选择只和当时能代表私人公司的组织一起共事。在例如同乡会和善会这种没有类似代表组织存在的情况下,人民政府就会建立一个联合会形式的统筹组织加以接管。依靠这些中间的组织来收集信息、传播布告和规定、收税,对其而言也不是新鲜事。会馆、公司和公会在历史上扮演着双重角色,既传播政府的指示,又代表他们自己人的权益——不仅仅是代表,而且还促进和保护其成员的利益。1949 年

---

[1] 编者注:此处有删除。

之后，游戏规则发生了剧烈变化，殡葬业公司所构成的组织成为人民政府为了更好地掌控他们的运作、监管他们的运营和实施其自己的政策而收集所需信息的工具。

上海市殡葬寄柩运葬商业同业公会由殡葬公司的代表构成，这些人对殡葬行业了如指掌。公会的成员更多的是对人民政府负责，而不是自己会员。政府不需要他们都积极参与到政治运动中。[1]

1956年，在合并之后存在的少数几个殡葬公司中都已建立了社会主义性质的工作单位。[2] 随着殡葬业公司数量的急剧减少、城市及邻近区域中关闭的墓地不断增加和同乡组织的消失，死亡从公众眼中逐渐消失，这也是1945年之后市政府想做到的事情，至少对于最敏感的市区中的寄柩问题或者露尸的运输问题而言是如此。除了葬礼之外，市政府希望那些最明显的、视觉可见的死亡展示能从城市消失。1949年之后，当局明确要将所有殡葬公司从市中心赶走，并禁止任何在城市空间内的死亡展示。死神带着镰刀被赶出了这座城市。

---

[1] 编者注：此处有删除。
[2] 编者注：此段首有删除。

结论

　　上海曾是一座致命的杀戮之城。这种说法听上去很残忍,但晚清和民国时期上海的高死亡率,使任何试图规避这一残酷现实的行为都是不可能的。这里的高死亡率并不是因为这座城市成了一座谋杀之城,即便是在最糟的年代,谋杀在上海所有的犯罪行为中只占了很小的比例。高死亡率也不是城市暴力或者战争行为造成的,尽管在影响上海最重要的几次战火中,比如19世纪中叶、1932年、1937年以及作为最后一战的1949年,的确有很多人因此而丧生。高死亡率所体现的是这座城市的日常生死状况。移民是这座城市赖以为生的养分,他们如潮水般拥入这座城市,可能还怀揣着发财的梦想,但死神的镰刀提前收割了他们的生命和希望。

　　居高不下的死亡率反映了大部分上海市民糟糕的居住条件。生活贫困意味着住房简陋、卫生糟糕、食物缺乏、饮水供应不足、过分拥挤,以及常见的条件差或者让人精疲力竭的工作环境。一些传染病,尤其是肺结核,在城市里肆虐,最终使很多人深受其害。孩子是最大的受害群体,特别是新生儿和幼儿。他们成百上千,甚至是成千上万地死去,大量夭折的孩子使这座城市"失血"严重。尽管上海有当时中国最好的医疗基础设施,能为袋中富裕的新兴中产阶级提供合适的医疗服务,但大部分人无福消受这些服务,这也是上海的现代性中最触目的矛盾之一。在虚假的光鲜亮丽的外表之下,在霓虹灯光所及之外,有一大群工人勉强、艰难地讨着生活,几乎不可能长寿。大批被吸引而来的移民最终是躺在棺材里离开这座城市的,当他们自己能付得起跟丧葬有关的费用或者能获得他们行会帮助的时候,他们就会被送走,付不起钱的弱势群体则会被埋在的慈善机构或者公会公墓里。

　　应对死亡对地方社会而言是一个令人畏惧的挑战。中国的文化非常强调对死者的处置要体面。儒家和流行的宗教规定了对死者要给予应有的尊重,这能体现子女的孝顺,并要保证死者能顺利地去阴间超度。没有一个灵魂可以被置之不理，就如张艺谋电影的名字所指代的意思《一个都不能少》。为了保证能对所有的死者担负起责任，社区组织设计了一系列丧葬服务，它们就像欧洲的教堂那样代替国家处理死者。即便后来一些商业殡葬公司的出现，为能消费得起公司服务的部分人群提供服务，社区组织直到1949年都是负责丧葬事务的核心力量。在本书所研究的大部分时段内，同乡会是其中最令人钦佩角色。虽然只为自己的父老乡亲提供服务，但这些人加起来的数量也是相当可观，他们都被同乡会所接纳。随着时间的流逝，行会和相关组织建立了大量应对死者的基础设施和服务，从少量发放木板或者棺材，到建立大型的棺材仓库、运送棺材返回祖籍地。由于有大量旅居者因为贫困潦倒进入这个行业，各种慈善机构就像"公共殡仪员"那般为穷人提供殡葬服务。晚清和民国时期的政府根本无力替代这些民间组织承担相应的工作。尽管它们在对待穷人的方式上有一些争议，正由于有这些不同寻常的民间组织，上海在当时仍是一个宜居的城市。

殡葬行业在本书所研究的20世纪里发生了翻天覆地的变化。城市经济的发展和有一定收入的中产阶层的出现，为选择民间组织所提供的各种商业服务建立了基础。新的商业化企业，以殡仪馆为首，进入了这个先前被无数殡仪商店所垄断的行业。殡葬商店提供了一整套服务，从死后立即收殓遗体，为遗体更衣，陪伴遗体直到最后下葬的地方。到1937年，由于公会（为自己会员提供服务）以及殡葬商店的竞争，对这些服务的需求还比较有限。战事的笼罩把这些殡葬公司推向了前台。民众大量死亡，不仅推动死亡率上升，还因为有越来越多的人死在空间有限的外国租界内。战争期间各种通讯中断，加上考虑到将棺材运向长江上游的安全性堪忧，各家庭更倾向于将棺椁留在一个安全的地方——公共租界成了大量安置"难棺"之所——直到这些棺材有合适的机会被运往死者的家乡。由于这些行会无法容纳源源不断到来的棺材，商业殡葬公司抓紧时机有效确立了自己在处理死者这项业务上的牢固位置。1949年之后，商业殡葬公司最终成为人民政府所推行的改革下唯一的幸存者，尽管它们不再是私营企业。

上海周边的区域凌乱地堆砌着未下葬的棺材，在城市市区的空地上发现未埋葬的棺材也是常见之事，大部分棺材是因为没有钱来筹办一场葬礼而不得已留在那里。无论是清政府还是现代化市政府都无法解决这个问题。当地居民看到他们附近有未葬之棺时心生不满，这标志着人们对身边死亡的直接体现的容忍程度正变得越来越低。以私企性质为主的近代公墓的兴起，提供了不同的选择，既可以选择葬在散布在乡村的私人墓穴，又可以选择把棺材运回故乡。外国人给他们自己建立了公墓，但这些公墓在解决市内下葬问题方面并没有产生什么作用。中国自己的公墓发展借鉴了西方城市的经验，但这样的发展也只有在商业动机和社会需求契合时才会发生。公墓长久以来和慈善社团的坟地联系在一起，被认为是穷人遗体随意丢弃的地方，这些遗体没有名字，也没有尊严。私人公墓提供了一个新的下葬之所：死者能留下自己的名字；有一些基本的但基于风水学说新编的信仰宗旨；通过选择不同的公墓及墓地位置所重新体现的社会等级。死亡不是一件平等的事，死亡重新确立并强化了社会秩序。接纳把公墓作为主要下葬地这一理念是一个重要的转折，这意味着不再使用理想化的、单人的坟墓置于一块单独的土地上的传统葬法，而后者恰恰是1927年之后官员们要求摒弃的，但却收效甚微，他们拿不出有效的办法。在上海，现代化的公墓使中国人两个根深蒂固的观念得以满足，即死留全尸以及人最后的归宿应该是生前定居过的地方。

然而，葬礼不仅仅是人最后的归宿，还是主要的社会分层仪式。葬礼是最能明确体现差异和特性的表述，最能明确社会地位及成就的证据。只有少数家庭能承担得起举办一场豪华铺张，尤其是像盛宣怀那种规模的出殡，但这样的大型公共事件却是集体心态显露的标志，它们还设立了一个标准来提醒所有定居者，自己在社会阶梯上的位置。并不是每个家庭都痴迷于把出殡办成一场表演，他们最关心的是为已故之人提供一场最好的送别仪式。每一年都有成千送葬队伍在上海的城市空间内穿行，每支队伍大概也就几十位参与者。这些队伍很少留下可供研究的踪迹，无论是文本还是影像都难以找到，很有可能是因为人们认为这是过于司空见惯、稀松平常的事情，不值得过多关注。尽管如此，体面，甚至荣耀的葬礼才能满足家庭内的后辈要厚待死者的责任，这是把遗体委托给慈善机构处理之外的另一个世界。死亡绝对是有代价的。从去一家殡仪商店买棺材开始，再到殡仪馆购置一块墓地，叠加起来的高价使大部分人都望而却步。换句话说，绝大部分上海的平民连最基本的出殡和葬礼都承担不起。现代化的政治精英主张将火葬作为一种节约土地、保护公共健康、降低葬礼费用的选择，除了强制执行，比如将陈尸在外的小孩尸体进行火葬，上海市民并没有准备接受这样一种彻底消除全尸以及无法叶落归根的办法。而且，公墓协会对于穷人无主尸体的处置给别人留下过深刻的负面印象。

中国共产党在改革殡葬活动方面，和这座城市历任中国官方以及租界当局相比都要成功得多。上海公共租界工部局和法租界公董局可能极度厌恶保存未葬棺材这一令人讨厌的风俗，但尽管他们成功迫使公墓和公会的棺材仓库迁移到租界的范围之外，他们并不干涉中国人如何处理死者这件事情。事实上，每一年在租界地界上有数以千计的死者需要处理，而租界当局甚至并不为此提供任何形式的基础设施。连民国政府都比租界当局管得更多，至少从纸面规定上看是如此。在消化新规定的过程中，这些规定会对民间组织和商业公司如何管理死亡这件事产生一定的影响，并最终影响到广大人民群众的看法。巩固新规定所遇到的最大障碍，是这个进程被后来爆发的战事及其之后的政局易主所打断。政策执行缺乏稳定性使所有试图维持改革步伐的努力化为乌有。

1949年上海解放后，政府部门和公共机构都发生了很大的变化。在很短的一段时期内，新政权就通过监管职业协会或者重新设立委员会将各式民间组织纳入管理的形式牢牢控制了各个领域。在殡葬业，人民政府大刀阔斧地削减相关民间和商业组织的数量。公会和同乡会被从慈善机构中分离出来，不过殡葬公司仍被挂靠在已改革过的贸易协会下。人民政府废除了公会和同乡会，意味着殡葬体系中的一个非常重要的部分被彻底瓦解。除了普善山庄和同仁辅元堂之外，其他慈善团体被禁止以任何形式从事与死亡相关的事务，这二者被保留，成为给穷人提供殡葬服务的私营公用事业单位，直到在20世纪50年代后期逐渐退出历史舞台。在改造中被保留下来的都是商业殡仪公司，人民政府将他们纳入政府管理，并把它们裁撤到一个较小的数量。由于政府完全控制了提供殡仪服务的机构，所以给殡仪活动造成了巨大的影响。尽管社会上仍有不情愿的态度，人民政府仍缓慢而坚决地推行着火葬的政策。

这座城市内对于死亡的管理在一个世纪内经历了深远的转变。高速的城市化和人口的急剧增长促使一系列殡葬服务登上了历史舞台，并逐步演化出对应社会各阶层不同档次的服务。大体上说，除了1949年之后的阶段，这个发展过程更是自发应对社会需求的结果，而不是国家行为控制的产物。对待死者的方式也有相应的变化路径。从一种复杂的、纪念死者的仪式，到精心规划的送葬形式，到根植于国民心中的死者要叶落归根这一做法，再到"文化大革命"之后普遍采用火葬的方式，人民政府完成了对这套维持旧式殡葬活动的基础体系的彻底变革。生活水准和预期寿命毫无疑问都有所提高，这都是将上海对死亡的管理纳入现代社会主流的原因。改革开放之后，中国人民所享有的更大自由以及经济方面的巨大发展都挑战着过去所留下的局面。像上海这样的主要城市处于严密的管理之下，但在一些宗教习俗根深蒂固而政府权力又没能将这些宗教完全清除的地区，旧式的殡葬活动和殡葬企业死灰复燃。死亡在中国有了一个全新的(商业)未来。

注释

前 言

1 Maurice Agulhon and Pierre Nora, *Essais d'ego-histoire* (Paris: Gallimard, 1987); Pierre Nora, "L'ego-histoire est-elle possible?" *Historein* 3 (2001): 19–26; Luisa Passerini and Alexander Geppert, eds., *European Ego-Histoires: Historiography and the Self*, 1970–2000 (Athens: Nefeli, 2001).

2 Christian Henriot and Wen-hsin Yeh, *History in Images: Pictures and Public Space in Modern China* (Berkeley: Institute of East Asian Studies, University of California, 2012); Barbara Mittler, "Imagined Communities Divided: Reading Visual Regimes in Shanghai's Newspaper Advertising (1860s–1910s)," in *Visualising China, 1845–1965: Moving and Still Images in Historical Narratives*, ed. Christian Henriot and Wen-hsin Yeh (Leiden: Brill, 2013), 267–378.

3 Christian Henriot, "Beyond Glory: Civilians, Combatants, and Society during the Battle of Shanghai," *War and Society* 31, no. 2 (2012): 106–135.

4 关于发生在上海的政治暴力的两种面向,参看 Harold R. Isaacs, *The Tragedy of the Chinese Revolution* (Stanford, CA: Stanford University Press, 1961); Frederic E. Wakeman, *The Shanghai Badlands: Wartime Terrorism and Urban Crime, 1937–1941* (Cambridge: Cambridge University Press, 1996).

5 Di Wang, *Street Culture in Chengdu: Public Space, Urban Commoners, and Local Politics, 1870–1930* (Stanford, CA: Stanford University Press, 2003).

6 参看 Kerrie L. Macpherson, *A Wilderness of Marshes: The Origins of Public Health in Shanghai, 1843–1893* (Hong Kong: Oxford University Press, 1987); Anne Glaise, "L'évolution sanitaire et médicale de la Concession française de Shanghai entre 1850 et 1950" (Ph. D. diss., Université Lumière Lyon 2, 2005); Ruth Rogaski, *Hygienic Modernity: Meanings of Health and Disease in Treaty-Port China* (Berkeley: University of California Press, 2004); Zwia Lipkin, *Useless to the State: "Social Problems" and Social Engineering in Nationalist Nanjing, 1927–1937* (Cambridge, MA: Harvard University Asia Center, 2006).

7 对于当代研究,有两个调查广泛的人类学成果将死亡置于都市背景之下,这两个研究分别研究了中华人民共和国以及新加坡。William R. Jankowiak, *Sex, Death, and Hierarchy in a Chinese City: An Anthropological Ac-count*（New York: Columbia University Press, 1993）; Chee Kiong Tong, *Chinese Death Rituals in Singapore*（London: RoutledgeCurzon, 2004）.更为详细的人类学成果介绍,参看第八章。

8 Ruby Watson, "Remembering the Dead: Graves and Politics in Southeastern China," in *Death Ritual in Late Imperial and Modern China*, ed. James L. Watson and Evelyn S. Rawski（Berkeley: University of California Press, 1988）, 203.

9 Mechthild Leutner, *Geburt, Heirat und Tod in Peking: Volkskultur und Elitekultur vom 19. Jahrhundert bis zur Gegenwart*（Berlin: Reimer, 1989）.

10 杨念群,"The Establishment of Modern Health Demonstration Zones and the Regulation of Life and Death in Early Republican Beijing," *East Asian Science, Technology, and Medicine*, no. 22（1 January 2004）: 69 - 95;赵宝爱,《近代城市发展与义冢、丙舍问题——以上海为个案》,《长沙民政职业技术学院学报》2005年第1期,第11-14页。

11 Liu Shiji and Wen Zhitai, *Zhongguo zangsu*［Chinese funeral customs］（Hong Kong: Huaxue Yanjiushe, 1976）;罗开玉:《中国丧葬与文化》,海南人民出版社1988年版;徐吉军、贺云翱:《中国丧葬礼俗》,浙江人民出版社1991年版;张捷夫:《中国丧葬史》,文津出版社1995年版;徐吉军:《中国丧葬史》,江西高校出版社1998年版;陈华文:《丧葬史》,上海文艺出版社1999年版;陈淑君、陈华文:《民间丧葬习俗》,中国社会出版社2006年版;吴美玲:《丧葬文化》,吉林文史出版社2012年版。

12 郭于华:《死的困扰与生的执着:中国民间丧葬仪礼与传统生死观》,中国人民大学出版社1992年版。

13 霍巍、黄伟:《四川丧葬文化》,四川人民出版社1992年版;何彬:《江浙汉族丧葬文化》,中央民族大学出版社1995年版;徐吉军:《长江流域的丧葬》,湖北教育出版社2004年版。

14 对于北京有一个粗浅简短的研究,但是大部分学术成果所考察的是1949年之后的时期。李劭南:《当代北京丧葬史话》,当代中国出版社2009年版。

15 Jan Jakob Maria de Groot, *The Religious System of China*（Leyden［Leiden］: E. J. Brill, 1892）; Justus Doolittle, *Social Life of the Chinese: A Daguerreotype of Daily Life in China*（London: S. Low, Son, and Marston, 1868）.

16 Bryna Goodman, *Native Place, City, and Nation: Regional Networks and Identities in Shanghai, 1853 - 1937*（Berkeley: University of California Press, 1995）; William T. Rowe, *Hankow: Commerce and Society in a Chinese City, 1796 - 1889*（Stanford, CA: Stanford University Press, 1984）; William T. Rowe, *Hankow: Conflict and Community in a Chinese City, 1796 - 1895*（Stanford, CA: Stanford Uni-versity Press, 1989）.

17 在这方面,还需要参考 Hiroyuki Hokari, "Kindai shanhai ni okeru itai shori mondai to shimei kosho — Dokyo girudo to Chugoku no toshika"［The management of human remains in modern Shanghai and the Siming Gongsuo — Native-place guilds and China's urbanization］, *Shigaku Zasshi* 103（1994）: 67 - 93; Hiroyuki Hokari, "Shinmatsu shanhai

shime kōshō no 'unkan nettwaku' no keisei: Kindai chūgoku shakai ni okeru dōkyō ketsugo ni tsuite" [The formation of the "coffin sending network" of the Siming Gongsuo in late-Qing Shanghai: A study of native-place ties in modern China], *Shakai-Keizai Shigaku* 59, no. 6 (1994): 1–32.

18 Philippe Ariès, Western Attitudes toward Death: From the Middle Ages to the Present (Baltimore: Johns Hopkins University Press, 1974); Philippe Ariès, *The Hour of Our Death* (New York: Knopf, 1981)

19 Michel Vovelle 的著作可以被认为是一个重要和具有开创性的研究。Michel Vovelle, *Piété baroque et déchristianisation en Provence au XVIIIe siècle: Les attitudes devant la mort d'après les clauses des testaments* (Paris: Plon, 1973); Michel Vovelle, *La mort et l'Occident: De 1300 à nos jours* (Paris: Gallimard, 1983); Michel Vovelle, *Mourir autrefois: Attitudes collectives devant la mort aux XVIIe et XVIIIe siècles* (Paris: Gallimard, 1974).

20 关于这方面法国史学的回顾,参看 Régis Bertrand, "L'histoire de la mort, de l'histoire des mentalités à l'histoire religieuse," *Revue d'Histoire de l'Église de France* 86, no. 217 (2000): 551–559. 关于19和20世纪的研究,参看 Anne Carol, *Les médecins et la mort XIXe-XXe siècles* (Paris: Au-bier, 2004).

21 Madeleine Lassère, *Villes et cimetières en France de l'ancien régime à nos jours: Le territoire des morts* (Paris: Harmattan, 1997); Jacqueline Thibaut-Payen, *Les morts, l'Église et l'État: Recherches d'histoire administrative sur la sépulture et les cimetières dans le ressort du parlement de Paris aux XVIIe et XVIIIe siècles* (Paris: Fernand Lanore, 1977); Michel Vovelle et al., *La ville des morts: Essai sur l'imaginaire urbain contemporain d'après les cimetières provençaux* (Paris: Édi-tions du Centre National de la Recherche Scientifique, 1983); Annette Becker, *La guerre et la foi: De la mort à la mémoire, 1914–1930* (Paris: Armand Colin, 1994); Régis Bertrand, Anne Carol, and Jean-Noël Pelen, eds., *Les narrations de la mort* (Aix-en-Provence, France: Publications de l'Université de Provence, 2005).

22 Steven Bassett, ed., *Death in Towns: Urban Responses to the Dying and the Dead, 100–1600* (Leicester, UK: Leicester University Press, 1992); Peter C. Jupp and Glennys Howarth, *The Changing Face of Death: Historical Accounts of Death and Disposal* (New York: St. Martin's, 1997); Craig Koslofsky, *The Reformation of the Dead: Death and Ritual in Early Modern Germany, 1450–1700* (London: Macmillan, 2000); Eleanor Townsend, *Death and Art: Europe 1200–1530* (London: V&A Publishing, 2009); Eva Åhrén, *Death, Modernity, and the Body: Sweden 1870–1940* (Rochester, NY: University of Rochester Press, 2009); Vanessa Harding, "Burial Choice and Burial Location in Later Medieval London," in *Death in Towns: Urban Responses to the Dying and the Dead, 100–1600*, ed. Steven Bassett (Leicester, UK: Leicester University Press, 1992), 119–35; Vanessa Harding, *The Dead and the Living in Paris and London, 1500–1670* (Cambridge: Cambridge University Press, 2002); John Landers, *Death and the*

Metropolis: Studies in the Demographic History of London, 1670 – 1830 (Cambridge: Cambridge University Press, 1993).

23 James Stevens Curl, *The Victorian Celebration of Death* (Detroit: Partridge, 1972); John McManners, *Death and the Enlightenment: Changing Attitudes to Death among Christians and Unbelievers in Eighteenth-Century France* (Oxford: Clarendon, 1981); John Morley, *Death, Heaven, and the Victorians* (Pittsburgh: University of Pittsburgh Press, 1971); Ralph A. Houlbrooke and Ruth Richardson, "Why Was Death So Big in Victorian England?" in *Death, Ritual, and Bereavement*, ed. Ralph A. Houlbrooke (London: Routledge, 1989), 105 – 117.

24 Mark Jenner, "Death, Decomposition and Dechristianisation? Public Health and Church Burial in Eighteenth-Century England," *English Historical Review* 120, no. 487 (2005): 615 – 32; Jupp and Howarth, *Changing Face of Death*; Brian Parsons, *Committed to the Cleansing Flame: The Development of Cremation in Nineteenth-Century England* (Reading, UK: Spire, 2005); Julie Rugg, "The Origins and Progress of Cemetery Establishment in Britain," in *The Changing Face of Death: Historical Accounts of Death and Disposal*, ed. Peter C. Jupp and Glennys Howarth (New York: St. Martin's, 1997), 105 – 119.

25 Thomas W. Laqueur, "Bodies, Death, and Pauper Funerals," *Representations* 1, no. 1 (1983): 109 – 131; Paul S. Fritz, "The Undertaking Trade in England: Its Origins and Early Development, 1660 – 1830," *Eighteenth-Century Studies* 28, no. 2 (1994): 241 – 253.

26 Diana Dixon, "The Two Faces of Death: Children's Magazines and Their Treatment of Death in the Nineteenth Century," in *Death, Ritual, and Bereavement*, ed. Ralph A. Houlbrooke (London: Routledge, 1989), 136 – 150; Patricia Jalland, *Death in the Victorian Family* (Oxford: Oxford University Press, 1996); Julie-Marie Strange, *Death, Grief and Poverty in Britain, 1870 – 1914* (Cambridge: Cambridge University Press, 2005).

27 笔者欠托马斯·拉奎尔(加州伯克利分校)一个特别鸣谢,他极其慷慨地给笔者分享了他已出版和未出版的论文。Thomas W. Laqueur, "The Places of the Dead in Modernity," in *The Age of Cultural Revolutions: Britain and France, 1750 – 1820*, ed. Colin Jones and Dror Wahrman (Berkeley: University of California Press, 2002), 17 – 32; Thomas W. Laqueur, "Cemeteries, Religion, and the Culture of Capitalism," in *Revival and Religion since 1700: Essays for John Walsh*, ed. Jane Garnett and H. C. G. Matthew (London: Hambledon, 1993), 183 – 200.

28 Linda Cooke Johnson, *Shanghai: From Market Town to Treaty Port, 1074 – 1858* (Stanford, CA: Stanford University Press, 1995).

29 Jean-Pierre Bardet, *Rouen aux XVIIe et XVIIIe siècles: Les mutations d'un espace social* (Paris: Société d'Édition d'Enseignement Supérieur, 1983); Landers, *Death and the Metropolis*; Louis Chevalier, *Laboring Classes and Dangerous Classes in Paris during the First Half of the Nineteenth Century* (New York: Fertig, 1973); Richard J. Evans,

Death in Hamburg: Society and Politics in the Cholera Years, 1830 – 1910（Oxford: Clarendon, 1987）.

30 Raymond Lum, "Philanthropy and Public Welfare in Late Imperial China (Canton, Kwangtung, Charity)" (Ph.D. diss., Harvard University, 1985); Fuma Susumu, *Chūgoku zenkai zendōshi kenkyū*〔A study of the history of benevolent associations in China〕(Kyoto: Dōhōsha Shuppan, 1997); Angela Ki Che Leung, "To Chasten Society: The Development of Widow Homes in the Qing, 1773 – 1911," *Late Imperial China* 14, no. 2 (1993): 1 – 32; Angela Ki Che Leung, "Organized Medicine in Ming-Qing China: State and Private Medical Institutions in the Lower Yangzi Region," *Late Imperial China* 8, no. 1 (1987): 134 – 166.

31 笔者实在想不出在晚清的最后10年,奉天有任何像上海那样的以政策为导向的疾病控制或者道台系统。1912—1926年这一时期的档案几乎就是空白,中华民国上海市政府(1927—1937)时期的相关档案仍然无迹可寻,尽管笔者从博士论文开始已在这个领域坚守了30年。关于奉天的研究,参看 Carol Benedict, "Policing the Sick: Plague and the Origins of State Medicine in Late Imperial China," *Late Imperial China* 14, no. 2 (1993): 64 – 72.

32 Ruby Watson, "Preface," *Death Ritual in Late Imperial and Modern China*, ed. James L. Watson and Evelyn S. Rawski (Berkeley: University of California Press, 1988), xiii.

33 Chris Townsend, *Art and Death* (London: Tauris, 2008), 10.

34 Townsend, *Art and Death*; Townsend, *Death and Art*.

35 关于法医学的相关话题,参考 Daniel Asen, "Dead Bodies and Forensic Science: Cultures of Expertise in China, 1800 – 1949" (Ph.D. diss., Columbia University, 2012).

36 Dominique Kalifa, "Crime Scenes: Criminal Topography and Social Imaginary in Nineteenth-Century Paris," *French Historical Studies* 27, no. 1 (2004): 175 – 194.

37 侯艳兴:《上海女性自杀问题研究:1927 – 1937》,上海辞书出版社2008年版; Bryna Goodman, "The New Woman Commits Suicide: The Press, Cultural Memory and the New Republic," *Journal of Asian Studies* 64, no. 1 (2005): 67 – 101; Bryna Goodman, "The Vocational Woman and the Elusiveness of 'Personhood' in Early Republican China," in *Gender in Motion: Divisions of Labor and Cultural Change in Late Imperial and Modern China*, ed. Bryna Goodman and Wendy Larson (Lanham, MD: Rowman and Littlefield, 2005), 265 – 286;还可参考王合群:《20世纪二三十年代上海自杀问题的社会透视》,《史学月刊》2001年第5期,第74—79页;景军、罗锦文:《京沪青年女性在民国时期的自杀问题》,《青年研究》2011年第4期,第38—45页;刘喜元:《试论20世纪二三十年代上海的自杀预防与救济机制》,《信阳师范学院学报》(第8卷)2008年第4期,第146—149页。

第一章

1 上海市统计局:《上海统计年鉴1999》,中国统计出版社1999年版,第369页。
2 邹依仁:《旧上海人口变迁的研究》,上海人民出版社1980年版。

3 个人访谈，1985 年 5 月。亦可见于邹依仁：《上海科学志》，http://www.shtong.gov.cn/node2/node2245/node74288/node74304/node74318/userobject1ai89369.html。

4 笔者试着以系统性的研究以及从档案和出版物中所收集到的数据来重建上海人口统计数据，这一系列成果将在"视觉上海"网站上公布（http://virtualshanghai.net）。

5 Mary Kilbourne Matossian, "Death in London, 1750 - 1909," *Journal of Interdisciplinary History* 16, no. 2 (1985): 183 - 197; Jean-Luc Pinol, *Les mobilités de la grande ville: Lyon fin XIXe-début XXe* (Paris: Presses de la Fondation Nationale des Sciences Politiques, 1991); Maurice Garden, *Lyon et les Lyonnais au XVIIIe siècle* (Paris: Belles Lettres, 1970); Marie-Noël Hatt-Diener, Jean-Luc Pinol, and Bernard Vogler, *Strasbourg et strasbourgeois à la croisée des chemins: Mobilités urbaines 1810 - 1840* (Strasbourg, France: Presses Universitaires de Strasbourg, 2004); Roger Finlay, *Population and Metropolis: The Demography of London, 1580 - 1650* (Cambridge: Cambridge University Press, 1981); Olivier Faron, *La ville des destins croisés: Recherches sur la société milanaise du XIXe siècle* (1811 - 1860) (Rome: École Française de Rome, 1997); Ira Rosenwaike, *Population History of New York City* (Syracuse, NY: Syracuse University Press, 1972).

6 关于华界的情况，详见 Mark Elvin, "The Administration of Shanghai, 1905 - 1914," in *The Chinese City between Two Worlds*, ed. Mark El-vin and William Skinner (Stanford, CA: Stanford University Press, 1974), 239 - 62; Mark Elvin, "The Gentry Democracy in Shanghai, 1905 - 1914," in *Modern China's Search for a Political Form*, ed. Jack Gray (Oxford: Oxford University Press, 1969), 41 - 65; Christian Henriot, *Shanghai, 1927 - 1937: Municipal Power, Locality, and Modernization* (Berkeley: University of California Press, 1993). On the International Settlement, see Isabella Ellen Jackson, "Managing Shanghai: The International Settlement Administration and the Development of the City, 1900 - 1943" (Ph.D. diss., University of Bristol, 2012).

7 从技术上说，1942 年的统计并不是一次真正的人口普查数据，但是它所提供的数据和在保甲制度下建立对谷物和其他必需品进行配给制度这一意见是相吻合的。Christian Henriot, "Rice, Power and People: The Politics of Food Supply in Wartime Shanghai (1937 - 1945)," *Twentieth-Century China* 26, no. 1 (n.d.): 41 - 84; Frederic E. Wakeman, "Shanghai Smuggling," in *In the Shadow of the Rising Sun: Shanghai under Japanese Occupation*, ed. Christian Henriot and Wen-hsin Yeh (Cambridge: Cambridge University Press, 2004), 116 - 155.

8 不幸的是，上海市政府在南京国民政府十年期间的档案似乎人间蒸发了，这段时期的档案资料至今仍是上海档案馆馆藏的一个空窗期。

9 Shanghai Municipal Council, *Report for the Year 1873* (Shanghai: Kelly and Walsh, 1873), 61 - 62 (hereafter cited as *Annual Report*, [year]).

10 张明岛：《上海卫生志》，http://www.shtong.gov.cn/node2/node2245/node67643/node67660/index.html；"Regulation of Crematorium," Municipal notification 4433, *Municipal Gazette*, 11 January 1934; "Modi-fication," 15 May 1936, U1 - 4 - 712, SMA.

11 Letter, Superintendent SMP to PHD, 23 October 1942, U1-16-2530, SMA.

12 《上海市立各公墓火葬场管理规则》,市政会,第 23 次会议,n.d.[1946-1948], S440-1-16-11,SMA。

13 《生命统计总报告》,1950 年 7 月—1951 年 6 月(1),B242-1-255-1,SMA。

14 邹依仁:《旧上海人口变迁的研究》。

15 Linda Cooke Johnson, *Shanghai: From Market Town to Treaty Port*, 1074-1858 (Stanford, CA: Stanford University Press, 1995), 55, 120-121.

16 Ch. L. Maxime Durand-Fardel, *La Chine et les conditions sanitaires des ports ouverts au commerce étranger* (Paris: J. B. Baillière, 1877), 106.

17 Kerrie L. Macpherson, A Wilderness of Marshes: The Origins of Public Health in Shanghai, 1843-1893 (Hong Kong: Oxford University Press, 1987), 156; Johnson, *Shanghai*, 343-344.

18 上海特别市公安局业务报告,1928-1929(上海特别市公安局 1928 年版),n.p.

19 "上海市人口出生率死亡率及性比例",1947,Q400-1-1537,SMA。

20 邹依仁:《旧上海人口变迁的研究》,第 91 页。

21 Janet Y. Chen, *Guilty of Indigence: The Urban Poor in China*, 1900-1953 (Princeton, NJ: Princeton University Press, 2012), 206-210.

22 《生命统计总报告》,1950 年 7 月—1951 年 6 月,21,B242-1-255-1,SMA。

23 《上海统计年鉴 1986》,第 61 页;《上海统计年鉴 1999》,第 369 页。在 1986 年的年鉴中,郊区人口的数量是 330 万人,但是 1959 年之后的统计年鉴中的记载是 799 800 人,1959 年之前所有人口数据,包括城市人口,都被大幅修改降低过。

24 Roy Porter, *London: A Social History* (Cambridge, MA: Harvard University Press, 1998), 205.

25 Ira Klein, "Urban Development and Death: Bombay City, 1870-1914," *Modern Asian Studies* 20, no. 4 (1986): 725-754.

26 Macpherson, *Wilderness of Marshes*, 59.

27 Louis Chevalier, *Laboring Classes and Dangerous Classes in Paris during the First Half of the Nineteenth Century* (New York: Fertig, 1973), 325.

28 *Annual Report*, 1926, 6.

29 邹依仁:《旧上海人口变迁的研究》,第 138 页。

30 同上,第 136-138 页。

31 同上,第 139 页;《上海市人口出生率死亡率及性比例》1947 年版,Q400-1-1537,SMA。

32 《上海市人口出生及死亡数统计表》,1946-1949,B242-1-74-61,SMA。

33 邹依仁:《旧上海人口变迁的研究》,第 139 页;《普善山庄简史》,《普善山庄拨印募款特刊》,1947 年 7 月 26 日,Q1-12-1502,SMA。

34 Margaret Jones, "Tuberculosis, Housing and the Colonial State: Hong Kong, 1900-1950," *Modern Asian Studies* 37, no. 3 (2003): 661.

35 "Cadavres trouvés au cours de la journée du [date]," U38-5-1262, SMA.

36 Philippa Mein Smith and Lionel Frost, "Suburbia and Infant Death in Late Nineteenth-and Early Twentieth-Century Adelaide," *Urban History* 21, no. 2 (1994): 251-272.

37 Rachel Ginnis Fuchs, *Poor and Pregnant in Paris: Strategies for Survival in the Nineteenth Century* (Piscataway, NJ: Rutgers University Press, 1992), 172; Ann-Louise Shapiro, *Housing the Poor of Paris*, 1850-1902 (Madison: University of Wisconsin Press, 1985), 81.

38 Anthony S. Wohl, *Endangered Lives: Public Health in Victorian Britain* (Cambridge, MA: Harvard University Press, 1983), 39.

39 Emily Honig, *Sisters and Strangers: Women in the Shanghai Cotton Mills, 1919-1949* (Stanford, CA: Stanford University Press, 1986)

40 Ling-ling Lien, "Leisure, Patriotism, and Identity: The Chinese Career Women's Club in Wartime Shanghai," in *Creating Chinese Modernity: Knowledge and Everyday Life, 1900-1940*, ed. Peter Zarrow (New York: Peter Lang, 2006), 213-240；连玲玲，《"追求独立"或"崇尚摩登"？近代上海女店职员的出现及其形象塑造》，《近代中国服饰研究》2006年第14期，第1-50页。

41 《上海市人口出生率死亡率及性比例》，1947，Q400-1-1537，SMA。

42 邹依仁：《旧上海人口变迁的研究》，第122-125页。

43 1990年的加利福尼亚只有10%的人口在34岁前死亡，而65岁之后则是53.4%。"Deaths by Age and Age-Specific Death Rates, 1990-2005, California," http://www.cdph.ca.gov/data/statistics/Documents/VSC-2005-0502.pdf.

44 如果不统计儿童，外国人中的死亡平均年龄在40至42岁。在1924年至1926年期间，有567人(40%)在20岁之前死亡，65岁以上的死者低于0.9%，不过这里有一个问题是许多外国人选择在自己国家退休。

45 邹依仁：《旧上海人口变迁的研究》，第139页。

46 《生命统计总报告，1950年7月—1951年6月》，1950-1952，B242-1-255-1，SMA。

47 张明岛：《上海卫生志》。

48 《上海市卫生局一年来工作总报》，1949-1950，B242-1-271，SMA。

49 《上海市人民政府卫生局关于上海市三年来卫生工作总结》，n.d.[1951]，B242-1-381，SMA。

50 同上。

51 尽管要到稍后的时期才开始对孕妇和婴儿表示关注，但这和19、20世纪之交的英格兰致力于减少婴儿死亡率的相关运动一样。Carol Dyhouse, "Working Mothers and Infant Mortality in England, 1895-1914," in *Biology, Medicine and Society 1840-1940*, ed. Charles Webster (Cambridge: Cambridge University Press, 2003), 73-98.

52 1949年，卫生站接收了18.5万名工人，但是3年之后接收的数字就达到了30万人。《上海市人民政府卫生局关于上海市三年来卫生工作总结》，n.d.[1951]，B242-1-381，SMA。

53 《上海市人民政府卫生局填报华东区上海市 1951 年卫生事业成果报告表》,1951, B242-1-250-1,SMA。

54 Sir Frank Macfarlane Burnet and David O. White, *Natural History of Infectious Disease* (New York: Cambridge University Press Archive, 1972), 1.

55 类似的因素在其他区域也产生了一样的恶果。Milton Lewis and Roy MacLeod, "A Workingman's Paradise? Reflections on Urban Mortality in Colonial Australia 1860 - 1900," *Medical History* 31, no. 4 (1987): 387 - 402。

56 邹依仁:《旧上海人口变迁的研究》,第 95 - 96 页。

57 同上,第 93 页。

58 同上,第 90、94 页。

59 David C. Goodman and Colin Chant, European Cities and Technology: Industrial to Post-industrial City (London: Routledge, 1999), 201.

60 Chevalier, *Laboring Classes and Dangerous Classes*, 194; Shapiro, *Housing the Poor of Paris*, 9.

61 Theodore C. Bestor, *Neighborhood Tokyo* (Stanford, CA: Stanford University Press, 1990), 60.

62 邹依仁:《旧上海人口变迁的研究》,第 93 页.

63 James Henderson, *Memorials of James Henderson, M.D.-Medical Missionary to China* (London: J. Nisbet, 1867), 145.

64 Macpherson, *Wilderness of Marshes*.

65 Charles B. Maybon and Jean Fredet, *Histoire de la Concession française de Changhai* (Paris: Plon, 1929), 287.

66 Durand-Fardel, *Chine et les conditions sanitaires*, 111.

67 同上,第 231,238 页。外国当局尽管非常勉强地接受了寄柩在家直到运回故乡这一做法,但对此实施了严格的规定。在法租界,1941 年中 1 052 口暂时寄存的灵柩有 97% 是被寄放在殡仪馆,只有少数的灵柩被寄放在私人房屋中。"Rapport de fin d'année," BHPA, 1941, U38-5-1277, SMA.

68 Conseil d'Administration Municipale de la Concession Française, *Compte rendu de la gestion pour l'exercice 1923* (Shanghai: Imprimerie Municipale, 1924), 302 (hereafter cited as *Rapport de gestion*, [year]).

69 "Rapport de fin d'année," BHPA, 1941, U38-5-1277, SMA.

70 在这方面起到开创性作用的仍然是 Macpherson, *Wilderness of Marshes*。

71 同上,第 132 页。但在公共租界中,医疗官只有在 1898 年是全职。

72 Anne Glaise, "L'évolution sanitaire et médicale de la Concession française de Shanghai entre 1850 et 1950" (Ph.D. diss., Université Lumière Lyon 2, 2005).

73 同上,第 198 页。

74 Jackson, "Managing Shanghai," 210.

75 同上,n.p.

76 Macpherson, *Wilderness of Marshes*, 56-57.

77 同上,第 62 - 64 页。

78 这个表单包括天花、霍乱、伤寒、白喉、猩红热、脑膜炎、肺结核、瘟疫、痢疾、流行性感冒、脚气病、麻疹和狂犬病。狂犬病在 1922 年之后被剔除了,尽管在外国人的表单中其仍然在册。Annual Report, 1922, 14.

79 Annual Report, 1928, 13.

80 "Number of Deaths from Infectious Diseases," U1 - 16 - 4879, SMA.

81 "Rapport de fin d'année," BHPA, 1941, U38 - 5 - 1277, SMA.

82 Annual Report, 1926, 6.

83 Rapport de gestion, 1923, 302.

84 Rapport de gestion, 1941, 134.

85 Eric Hopkins, Childhood Transformed: Working-Class Children in Nineteenth-Century England (Manchester, UK: Manchester University Press, 1994), 113 - 114.

86 Macpherson, Wilderness of Marshes, 46.

87 同上,第 28 页。

88 Durand-Fardel, Chine et les conditions sanitaires, 115.

89 同上,第 164 - 165 页。

90 Macpherson, Wilderness of Marshes, 167.

91 Rapport de gestion, 1923, 302.

92 Rapport de gestion, 1941, 134.

93 "Rapport de fin d'année," BHPA, 1941, U38 - 5 - 1277, SMA.

94 同上。

95 《上海市人口出生及死亡数统计表》,1946 - 1949,B242 - 1 - 74 - 61,SMA。

96 《上海市警察局三十五年度统计年报》,1946,Y3 - 1 - 58,SMA。

97 在笔者使用的材料中,那些列在传染病中的各疾病的确切性质并未被标明。上海市统计局:《上海市国民经济和社会发展历史统计资料(1949 - 2000)》,中国统计出版社 2001 年版,第 364 页。

98 同上。

99 Macpherson, Wilderness of Marshes, 40 - 41.

100 同上,第四章和第五章。

101 19 世纪时,关于祸害全球的霍乱传染病有广泛的历史文学记载。Donald B. Cooper, "The New 'Black Death': Cholera in Brazil, 1855 - 1856," Social Science History 10, no. 4 (1986): 467 - 488.

102 Macpherson, Wilderness of Marshes, 29; Stephanie True Peters, Cholera: Curse of the Nineteenth Century (New York: Marshall Cavendish, 2004); Patrice Bourdelais and Jean-Yves Raulot, Une peur bleue: Histoire du choléra en France, 1832 - 1854 (Paris: Payot, 1987); Frank Martin Snowden, Naples in the Time of Cholera, 1884 - 1911 (Cambridge: Cambridge University Press, 1995); Richard J. Evans, Death in Hamburg: Society and Politics in the Cholera Years, 1830 - 1910 (Oxford: Clarendon, 1987).

103 《北华捷报》,1850 年 8 月 3 日,第三版。

104 《北华捷报》,1862 年 7 月 19 日。

105 Joseph Edkins, "The Chinese Treatment of Cholera," in *Modern China: Thirty-One Short Essays on Subjects Which Illustrate the Present Condition of the Country* (Shanghai: Kelly and Walsh, 1891), 39-40.

106 Henderson, *Memorials of James Henderson*, 147.

107 Macpherson, *Wilderness of Marshes*, 31.

108 *Gazette Médicale de Paris* 3, no. 21 (1866), 408.

109 1872 年之前中国报纸的缺席,以及政府记录的缺失使得研究霍乱在社会结构上的影响变得不可能。Charles E. Rosenberg, "Cholera in Nineteenth-Century Europe: A Tool for Social and Economic Analysis," *Comparative Studies in Society and History* 8, no. 4 (1966): 452-463.

110 Durand-Fardel, Chine et les conditions sanitaires, 194, 195.

111 《上海市霍乱流行统计》,1902-1945, U1-16-4879, SMA; Kerrie Macpherson 指出在 1821 年至 1932 年之间有 46 起霍乱病例,即便大部分只是轻微爆发。Macpherson, *Wilderness of Marshes*, 30.

112 Ruth Bjorklund, *Cholera* (New York: Marshall Cavendish, 2010), 11.

113 "Rapport sur la situation sanitaire dans la Concession pour la journée du 16 novembre 1937," 635PO/A/39, AD-Nantes;《上海市霍乱流行统计》1902-1945, U1-16-4879, SMA.

114 "Rapport sur la situation sanitaire de la Concession pour la journée du 15 novembre 1937," Yves Palud, 16 November 1937, 635PO/A/39, AD-Nantes.

115 "Situation sanitaire," Yves Palud, 5 October 1937, 635PO/A/39, AD-Nantes.

116 "Rapport — Epidémie de cholera," Yves Palud, 18 October 1937, 635PO/A/39, AD-Nantes.

117 Report, Yves Palud, director of the BHPA, 6 May 1938, 635PO/A/39, AD-Nantes.

118 《大陆报》,1938 年 6 月 15 日。

119 Letter, Yves Palud, director of the BHPA, 21 May 1938, 635PO/A/39, AD-Nantes.

120 "Note sur le choléra dans la Concession française de Shanghai," BHPA, 3 October 1938;《上海市霍乱流行统计》,1902-1945, U1-16-4879, SMA.

121 Telegram, Japanese consul general, 15 June 1938, 635PO/A/39, AD-Nantes; *China Press*, 15 June 1938; Circular, Japanese consul general, 4 June 1938; Letter, Yves Palud, director of the BHPA, 10 June 1938, 635PO/A/39, AD-Nantes.

122 "Certificates Required to Occupied Areas," Domei local news and translation service, 8 June 1938.

123 Four incompetent inoculators were dismissed after a few serious accidents. Letter, Yves Palud, director of the BHPA, "Personnel auxiliaire chinois," 24 June 1938, 635PO/A/39, AD-Nantes.

124 Letter, Yves Palud, director of the BHPA, 8 June 1938, 635PO/A/39, AD-Nantes.

125 Letter, Consul general, 4 October 1938, 635PO/A/39, AD-Nantes.

126 Donald R. Hopkins, *The Greatest Killer: Smallpox in History* (Chicago: University of Chicago Press, 2002).

127 Ian Glynn and Jenifer Glynn, *The Life and Death of Smallpox* (Cam-bridge: Cambridge University Press, 2004), 123, 161.

128 Macpherson, *Wilderness of Marshes*, 64.

129 Jackson, "Managing Shanghai," 210–211.

130 "Smallpox in the French Concession," *Shanghai Evening Post and Mercury*, 18 November 1938.

131 "Renseignements au sujet de l'épidémie de variole," 28 December 1938, 635PO/A/39, AD-Nantes.

132 Report, 16 December 1938, 635PO/A/39, AD-Nantes. Messages were aired in French, English, Russian, Italian, Mandarin, Shanghainese, and Cantonese.

133 "Note sur l'épidémie de variole," 9 January 1939; "Renseignements au sujet de l'épidémie de variole," 28 December 1938, 635PO/A/39, AD-Nantes.

134 "Rapport de fin d'année," 1939, U38-5-1274, SMA.

135 Macpherson, *Wilderness of Marshes*, 65.

136 *Rapport de gestion*, 1923, 302.

137 *Rapport de gestion*, 1939, 170.

138 "Rapport de fin d'année," BHPA, 1941, U38-5-1277, SMA.

139 "Vaccination anti-choléra-typhoïdique," 4 March 1939, U38-5-524, SMA.

140 *Rapport de gestion*, 1937, 134.

141 Chieko Nakajima, "Health and Hygiene in Mass Mobilization: Hygiene Campaigns in Shanghai, 1920–1945," *Twentieth-Century China* 34, no. 1 (2008): 66–68.

142 Letter, Japanese consul general, 6 April 1939, 635PO/A/39, AD-Nantes.

143 "Rapport de fin d'année," BHPA, 1941, U38-5-1277, SMA.

144 James Keith Colgrove, "Between Persuasion and Compulsion: Smallpox Control in Brooklyn and New York, 1894–1902," *Bulletin of the History of Medicine* 78, no. 2 (2004): 363.

145 *Annual Report*, 1921,8;1922,11;1923,9–10;1924,8,11;1925,8,11;1926,8;1927,7,9;1928,7,9;1929,7,11;1930,8,10.

146 *Annual Report*, 1922,14;1924,15;1925,14;1926,14;1927,13;1928,13;1929,15;1930,14.

147 *Annual Report*, 1921,8;1922,11;1923,9–10;1924,8,11;1925,8,11;1926,8;1927,7,9;1928,7,9;1929,7,11;1930,8,10.

148 *Annual Report*, 1922,14;1924,15;1925,14;1926,14;1927,13;1928,13;1929,15;1930,14.

149 Hong Kong presented the same situation. Jones,"Tuberculosis, Housing and the Colonial State," 664.

150 Barbara Bates, *Bargaining for Life: A Social History of Tuberculosis*, 1876-1938 (Philadelphia: University of Pennsylvania Press, 1992); Thomas Dormandy, *The White Death: A History of Tuberculosis* (London: Hambledon, 1999).

151 *Rapport de gestion*, 1937, 134.

152 Crowded housing meant a greater risk of transmission of diseases, especially among children. Wohl, *Endangered Lives*, 288-289.

第二章

1 Elizabeth Sinn, Pacific Crossing: California Gold, Chinese Migration, and the Making of Hong Kong (Hong Kong: Hong Kong University Press, 2013).

2 Linda Cooke Johnson, Shanghai: From Market Town to Treaty Port, 1074-1858 (Stanford, CA: Stanford University Press, 1995).

3 Gungwu Wang and Chin-Keong Ng, *Maritime China in Transition 1750-1850* (Wiesbaden: Harrassowitz, 2004), 278; Linda Cooke Johnson, "Shanghai: An Emerging Jiangnan Port, 1683-1840," in *Cities of Jiangnan in Late Imperial China*, ed. Linda Cooke Johnson (Albany: State University of New York Press, 1993), 162-63.

4 Bryna Goodman, Native Place, City, and Nation: Regional Networks and Identities in Shanghai, 1853-1937 (Berkeley: University of California Press, 1995), 80-81.

5 关于移民之间的不均等,请参看 Elizabeth J. Perry, *Shanghai on Strike: The Politics of Chinese Labor* (Stanford, CA: Stanford University Press, 1995), chap. 1.

6 在前现代社会的英国城市,公会扮演了类似角色,即为其成员提供体面的葬礼服务。Julia Barrow, "Urban Cemetery Location in the High Middle Ages," in *Death in Towns: Urban Responses to the Dying and the Dead*, 100-1600, ed. Steven Bassett (Leicester, UK: Leicester University Press, 1992), 78.

7 Goodman, *Native Place, City, and Nation*; William T. Rowe, *Hankow: Commerce and Society in a Chinese City, 1796-1889* (Stanford, CA: Stanford University Press, 1984); William T. Rowe, *Hankow: Conflict and Community in a Chinese City, 1796-1895* (Stanford, CA: Stanford University Press, 1989). See also the particular and different case of Beijing in Richard D. Belsky, *Localities at the Center: Native Place, Space, and Power in Late Imperial Beijing* (Cambridge, MA: Harvard University Asia Center, 2005).

8 为了简化的需要,公会和公司都会在后文中用"会馆"指代。

9 Goodman, Native Place, City, and Nation, 39-47.

10 同上,第 62 页;Hiroyuki Hokari, "Kindai shanhai ni okeru itai shori mondai to shimei kosho — Dokyo girudo to Chugoku no toshika" [The management of human remains in modern Shanghai and the Siming Gongsuo — Native-place guilds and China's urbanization], *Shigaku Zasshi* 103 (1994): 72.

11 《上海县志》(江苏省,南园志局重校本,1872);俞樾、应宝时、莫祥芝:《上海县志》(同治壬申重校本1882);杨逸:《上海市自知志书》(n.p.,1915);姚文楠:《上海县续志》。

12 博润、姚光发:《松江府续志》(成文出版社,1974),第941页及其后内容。

13 《上海广肇公所工作概况》,n.d.[1950],Q118-12-140,SMA。

14 《广肇公所工作报告》,n.d.[1951],Q118-12-140,SMA。

15 尽管公会在前现代的英格兰扮演了相似的角色,19世纪时,低收入的男性由"友情提供死亡和疾病救济"负责处理。Thomas W. Laqueur, "Bodies, Death, and Pauper Funerals," *Representations* 1, no. 1 (1983): 110.

16 《四明公所重订南厂章程》,1920;《四明公所章程录》,Q118-2-1,SMA。

17 四明公所,《大事记》,1920,Y4-1-762,SMA。

18 《沪上四明公所捐款声明》,《申报》,1905年2月28日。

19 《四明公所议事录》,1939,43,Y4-1-765-86,SMA。

20 四明公所,《四明公所廿八年征信录》,1939,Y4-1-765,SMA。

21 同上。

22 《四明公所1948年征信录》,1948,Y4-1-210,SMA。

23 四明公所,《四明公所廿八年征信录》,1939,Y4-1-765,SMA。

24 温州同乡会,《施材会章程》,Q117-6-23,SMA。

25 姚文楠:《上海县续志》,3:272-278。

26 详见公所会馆山庄联合会和上海市殡仪寄柩运葬同业公会的会员名单,1950,Q118-1-6;1950年11月,S440-4-4,SMA。

27 Charles B. Maybe and Jean Fredet, *Histoire de la Concession française de Changhai* (Paris: Plon, 1929), 62-63.

28 姚文楠:《上海县续志》,3:272-278。

29 同上,第201页。商船会馆还设立了承善堂用于接纳沙船上生病的水手及举办葬礼。

30 它们是广东会馆、广肇公所、月侨商联合会和潮州会馆。张秀蓉:《以潮州会馆为例析论清代的会馆与商业活动》,《白沙人文社会学报》2002年10月创刊号:第268页。关于上海的广东人研究,详见宋钻友的《广东人在上海》(上海人民出版社2007年版)。

31 信函,广肇公所致市政府,n.d.[1936年1月至3月];《广肇公所岭南山庄》,Q118-9-2,SMA。

32 《石律》,摘录于墓地石碑碑文,《广肇公所岭南山庄》,1937,Q118-9-2,SMA. Stele (reproduction),1880,Q118-9-2,SMA。

33 信函,广肇公所致市长,1936年3月19日;信函,广肇公所致市长,1936年4月16日;信函,岭南公墓、广肇公所、潮州会馆致市长,n.d.[三月];备忘录,广肇公所,1937年4月27日,Q118-9-2;信函,广肇公所、潮州会馆、广东旅沪同乡会,1937年4月23日,Q118-9-2,SMA。

34 信函,广东旅沪同乡会致卫生局,1950年10月23日,Q117-2-217,SMA。

35 信函,广东旅沪同乡会致律师,1947年4月3日;信函,广东旅沪同乡会致土地局,1947年4月29日,Q117-2-217,SMA。

36 文件，潮州会馆，1937 年 1 月，Q119-9-2，SMA。关于"帮"的含义，请参考 Goodman，Native Place，City，and Nation，39-40。

37 《上海潮州会馆贵重地产招人投票》，《申报》1923 年 12 月 29 日；《上海潮州会馆董事会启示》，《申报》1926 年 12 月 6 日。

38 《潮州会馆的制度与实业》，http://www.wczbp.com/chaoshang wenhua/2010-01-18/214_9.html；《潮州八邑山庄简章》，1937，Q118-9-2，SMA。

39 Goodman，Native Place，City，and Nation，58.

40 《申报》，1872 年 10 月 25 日、1877 年 8 月 24 日、1880 年 8 月 22 日、1882 年 8 月 29 日。

41 《榇柩回籍广种福田》，《申报》，1882 年 11 月 5 日。

42 《广肇公所履历》，《申报》，1882 年 11 月 5 日。

43 《广肇公所谨白》，《申报》，1910 年 10 月 6 日。

44 详见《上海》的演变，1904，国会图书馆，地图分幅（中国上海［城市］）；《实测上海城乡租界图》（上海：商务印书馆，1910 年）；《上海地图》（上海：《字林西报》，1932 年）；亦可见"视觉上海"网站，地图 ID 124、260 和 468。

45 《上海广肇新山庄建成纪念》，1931 年，B138-1-798，SMA。

46 同上。

47 同上。

48 《章程》，1924 年 11 月 1 日，《上海广肇新山庄建成纪念》，B168-1-798，SMA。

49 笔者发现了另一个广东同乡组织——大埔县恒善堂，于 1875 年在上海老城南门外建了一个小墓地。《申报》，1875 年 10 月 11 日。

50 《章程》，1924 年 11 月 1 日，《上海广肇新山庄建成纪念》，B168-1-798，SMA。这略有夸大。1925 年公共租界中的广东人数量是 51 365 人，1929 年华界中的广东人数量是 36 947 人。即便算上法租界内的广东旅居者，总数也比所声称的 20 万要少。邹依仁：《旧上海人口变迁的研究》，第 114-115 页。

51 关于广东人的葬礼习俗，特别是合葬和对遗骨的处理，详见 James L. Watson, "Funeral Specialists in Cantonese Society: Pollution, Performance, and Social Hierarchy," in *Death Ritual in Late Imperial and Modern China*, ed. James L. Watson and Evelyn S. Rawski (Berkeley: University of California Press, 1988), 113; Ruby Watson, "Remembering the Dead: Graves and Politics in Southeastern China," in *Death Ritual in Late Imperial and Modern China*, ed. James L. Watson and Evelyn S. Rawski (Berkeley: University of California Press, 1988), 206.

52 《上海广肇公所工作概况》，n.d.［1950］，Q118-12-140，SMA。

53 会议记录，广肇公所山庄，1947 年 1 月 31 日，Q118-12-53，SMA。

54 Christian Henriot, "Beyond Glory: Civilians, Combatants, and Society during the Battle of Shanghai," *War and Society* 31, no. 2 (2012): 106-135；《广肇公所工作报告》，n.d.［1951］；《上海广肇公所履历》，n.d.［1951］，Q118-12-140，SMA。

55 《申报》，1914 年 11 月 16 日，1928 年 10 月 25 日，1930 年 11 月 1 日。

56 《浦东公所购得公墓基地》，《申报》，1926 年 6 月 17 日。

57 同上。

58 《江西会馆董事会志》,《申报》1926 年 6 月 25 日。

59 《申报》,1914 年 11 月 16 日,1928 年 10 月 25 日,1930 年 11 月 1 日。

60 《申报》,1926 年 12 月 13 日。

61 《申报》,1930 年 11 月 26 日。

62 《莫厘三善堂建设东山公墓落成通告》,《申报》1932 年 10 月 25 日。

63 《江西会馆董事会志》,《申报》,1926 年 6 月 25 日;《申报》,1929 年 5 月 21 日,1929 年 9 月 24 日,1930 年 12 月 11 日。

64 《申报》,1926 年 1 月 31 日,1935 年 5 月 21 日。

65 唐力行:《徽州旅沪同乡会的社会保障功能(1923 - 1949)》,《上海师范大学学报》2012 年 5 月第 41 卷第 3 期,第 33 - 44 页。

66 《旅沪甬人征求建筑公墓意见》,《申报》,1924 年 8 月 4 日。

67 《傅筱庵建议重设四明公墓》,《申报》,1935 年 3 月 28 日。

68 《转交清册》,1942 年 2 月 28 日,Q117 - 25 - 32,SMA。

69 "Newspaper Announcement," manuscript dated 3 June 1945, Q117 - 19 - 31, SMA。

70 《申报》,1878 年 9 月 28 日,徽宁思恭堂的声明,该组织直到 1941 年仍处于活跃状态。

71 关于同乡会的兴起和性质,参见 Goodman, *Native Place, City, and Nation*, 218 及其后内容。

72 Letters (to SMC, Mixed Court, Chinese local authorities), 1893, S250 - 1 - 90, SMA。

73 1938 年,由于清空灵柩仍然非常困难,四明公所在法租界的设施内寄存了高达 7 000 具灵柩。信函,四明公所致公董局卫生救济处,1938 年 7 月 12 日,U38 - 5 - 1485,SMA。

74 《再论速葬以除疫》,《申报》,1890 年 8 月 30 日。

75 上海博物馆编:《上海碑刻资料选集》,上海人民出版社 1980 年版,第 260 - 261 页。

76 《申报》,1878 年 10 月 26 日—11 月 2 日。《招商轮船局通告》。

77 姚文楠:《上海县续志》,第 201 页。

78 张秀蓉:《以潮州会馆为例析论清代的会馆与商业活动》,第 268 页。

79 《催柩回籍》,《申报》,1887 年 9 月 17 日。

80 《建造平江公所》,《申报》,1895 年 8 月 16 日。

81 《平江公所广告》,《申报》,1906 年 11 月 20 日。

82 《惟善山庄迁移广告》,《申报》,1919 年 11 月 9 日。

83 《延绪山庄同人公启》,《申报》,1892 年 11 月 12 日;《安放无籍墓主》,《申报》,1901 年 12 月 19 日。

84 《沪上四明公所捐款声明》,《申报》,1905 年 2 月 28 日。

85 《催柩回籍广告》,《申报》,1909 年 9 月 10 日。

86 《闸北延绪山庄广告》,《申报》,1915 年 2 月 4 日,1917 年 11 月 18 日,1924 年 8 月

17日。尽管这座建筑已经被彻底废弃,但一直保留在王家宅原址。2004年,上海市政府将其列入历史保护建筑名单。

87 《闸北延绪山庄募捐启示》,《申报》,1926年8月26日。

88 《延绪山庄通告迁柩警厅已发告示》,《申报》,1926年10月3日。

89 《申报》,1925年3月20日。

90 但是在20世纪40年代,如四明公所等一些会馆申请提供殡仪馆和将遗体入殓的服务。市政当局以没有足够的空间和消毒设备为由,在1945年8月前后两次拒绝了它的申请。信函,四明公所致卫生局,1945年7月;信函,四明公所致卫生局,1946年1月9日;报告,卫生局,1946年1月11日;信函,卫生局致四明公所,1946年6月21日,Q400 - 1 - 3977,SMA。

91 日期不明的文件,四明公所,Q118 - 1 - 7 - 207,SMA。

92 《闽同乡会致张允明函》,《申报》,1924年12月13日。

93 报告,广东旅沪同乡会,1942年10月15日,Q117 - 2 - 224,SMA。

94 备忘录,湖南会馆,1941年7月15日,Q117 - 25 - 32,SMA。

95 《丙舍申请书》(燕回山庄),1939,R50 - 1 - 160,SMA。

96 信函,湖州会馆致卫生局,1940年1月27日,R50 - 1 - 1414;信函致旅居者,湖州会馆,1940年8月22日,Q165 - 6 - 43,SMA。

97 备忘录,湖南会馆,1941年7月15日,Q117 - 25 - 32,SMA。

98 "Qianzang zu yunzang shoupi zangjiu yongfeice," 1941年10月1 - 19日;"Qianzang zu yunzang di er pi zangjiu yongfeice," 1941年11月,Q117 - 25 - 32,SMA。

99 《四明公所重订南厂章程》,1920年,《四明公所章程录》,Q118 - 2 - 1,SMA。

100 《丙舍申请书》(苏州集义公所),1941年12月16日,R50 - 1 - 458,SMA。

101 《丙舍申请书》(台州公所),1941年12月16日,R50 - 1 - 458,SMA。

102 《丙舍申请书》(定海山庄公所),1941年12月16日,R50 - 1 - 458,SMA。

103 《丙舍申请书》(浙金积善堂),1941年12月16日,R50 - 1 - 458,SMA。

104 《丙舍申请书》(豆米业公所),1941年12月16日,R50 - 1 - 458,SMA。

105 寄柩所针对这项服务会征收额外的费用,这可以由交给家属的首期计费收据来证明。

106 四明公所,《大事记》,1920,Y4 - 1 - 762,SMA。

107 同上。

108 Stele (reproduction),四明公所,《四明公所四大建筑全录》,1925,Y4 - 1 - 763,SMA。

109 四明公所,《大事记》,1920,Y4 - 1 - 762,SMA。

110 《四明公所重订北厂规则》,1921年10月,《四明公所章程录》,Q118 - 2 - 1,SMA。

111 信函,四明公所致宁波总商会,1910年5月28日,1910年12月5日,Q118 - 2 - 11 - 14,SMA。

112 四明公所,《大事记》,1920,Y4 - 1 - 762,SMA。

113 《四明公所重订南厂章程》,1920,《四明公所章程录》,Q118 - 2 - 1,SMA。

114 四明公所,《四明公所28年振兴路》,1939,Y4 - 1 - 765,SMA。

115 《四明公所重订南厂章程》,1920,《四明公所章程录》,Q118-2-1,SMA。
116 《灵柩与尸体》,1941年9月,U1-16-2468;《上海市公所会馆山庄概况表》(四明公所),1951年3月,Q118-1-6,SMA。
117 《上海市公所会馆山庄概况表》(四明公所),1950年9月28日,Q118-1-6,SMA。
118 笔者将"间"翻译成"厅"而不是"隔间"来表示这些建筑的性质。
119 四明公所,《大事记》,1920,Y4-1-762,SMA。
120 湖州会馆,《特别间》,1934,Q165-6-34,SMA。
121 湖南会馆,登记列表,1941年3月1日,Q117-2-32,SMA。
122 《崇海旅沪同乡会寄柩》,1942-1945,Q117-19-31;湖南会馆,《丙舍存柩票簿》,1945年,Q117-25-32,SMA。
123 湖州会馆,《男女大小灵柩运沪清册》,1936,Q165-6-42,SMA。
124 详见湖州会馆的案例,《特别间》,1937,Q165-6-38;《小通间》,1936,Q165-6-33;《右通间》,1936,Q165-6-39,SMA。
125 《上海特别市四明公所南厂丙舍棺柩寄存月报表》,1942年11月,1943年3月;《上海特别市四明公所南厂丙舍棺柩搬出月报表》,1943年3月,R50-1-458,SMA。
126 详见湖州会馆的案例,《特别间》,1934,Q165-6-34,Q165-6-43,SMA。
127 《简要章程》,n.d.,Q165-6-34,SMA。
128 湖州会干,《同乡寄存首期》,1936,Q165-6-37;《四明公所章程》,1920,第三十条,《四明公所章程录》,Q118-2-1;修改章程,《四明公所28年振兴路》,1939,第九章,1-3,Y4-1-765,SMA。
129 Q165-6-43中有许多信函,大部分是1940年的,SMA。
130 湖州会馆,《左通间寄柩底册》,第五册,1936,Q165-6-33,SMA。
131 湖州会馆,《右通间寄柩底册》,1932-1937,Q165-6-36,SMA。
132 湖州会馆,《小通间寄柩底册》,第三册,1936-1937,Q165-6-33,SMA。
133 《上海特别市四明公所南厂丙舍棺柩寄存月报表》,1942年11月,1943年3月;《上海特别市四明公所南厂丙舍棺柩搬出月报表》,1943年3月,R50-1-458,SMA。
134 邹:《旧上海人口变迁的研究》,第122页。
135 《催柩回籍广种福田》,《申报》,1882年11月5日。
136 《运柩回籍》,《申报》,1887年12月20日。
137 同上;《运柩回籍》,《申报》,1889年5月26日。
138 《代运柩回籍》,《申报》,1892年10月8日。
139 《申报》,1898年4月23日;《催柩回籍》,《申报》,1901年10月2日;《催柩回籍》,《申报》,1908年12月8日。
140 《催柩回籍》,《申报》,1908年8月27日。
141 "第三十一条",《四明公所重订南厂章程》,1920,《四明公所章程录》,Q118-2-1;四明公所,《四明公所28年振兴路》,1939,第九章,1-3,Y4-1-765,SMA。
142 湖州会馆,《存柩一览》,1938年2月,Q165-6-37,SMA。书中的估算还基于以下档案:Q165-6-33,Q165-6-38,Q165-6-39,Q165-6-45,SMA。
143 《浙绍永锡堂催柩回籍》,《申报》,1878年10月31日。

144《催柩回籍》,《申报》,1886年11月6日。

145《催柩回籍》,《申报》,1886年1月3日、1889年11月19日。

146《福州山庄葬柩声明》,《申报》,1898年10月8日。

147《上海仪业丙舍催柩回籍》,《申报》,1936年3月21日。

148《申报》,1926年12月13日。

149《福建人间》,《申报》,1915年3月6日、1919年1月14日、1921年11月21日。

150《闽峤山庄回榇催领》,《申报》,1920年11月21日。

151《延绪山庄通告迁柩警厅已发告示》,《申报》,1926年10月3日。

152 湖州会馆,《小通间寄柩底册》,第三册,1936年4月16日—1937年8月2日,Q165-6-33,SMA。

153《寄存棺柩报告单》,1943年4月,R50-1-458,SMA。

154《四明公所重订南厂章程》,1920,《四明公所章程录》,Q118-2-1,SMA。

155《四明公所职工调查表》,1951年12月6日,Q118-1-8-21;信函,四明公所致人民政府,1951年12月25日,B128-2-517-80,SMA。

156《四明公所重订南厂章程》,1920,《四明公所章程录》,Q118-2-1,SMA。

157 Joseph Tao Chen, *The May Fourth Movement in Shanghai* (Leiden: Brill, 1971), 50. 还可见社会局:《上海市职工工资率》(商务印书馆1935年版)。

158 四明公所,《四明公所28年振兴路》,1939,Y4-1-765,SMA。

159 同上。

160 四明公所,《四明公所四大建筑全录》,1925,Y4-1-763,SMA。

161 四明公所,《四明公所28年振兴路》,1939,Y4-1-765,SMA。

162《丙舍申请书》(燕平山庄),1939年12月30日,R50-1-160,SMA。

163《丙舍申请书》(衣装公所丙舍),1939年12月30日,R50-1-160,SMA。

164《丙舍申请书》(金庭会馆),1939年12月30日,R50-1-459,SMA。

165《寄柩规则》,n.d.,S246-1-58,SMA。

166《简要章程》,Q165-6-43,SMA。

167 详见 Q165-5-43 中各《寄葬灵柩证书》样本,SMA。

168 详见 R50-1-458 中的《丙舍申请书》,SMA。

169《丙舍申请书》(山东会馆),1939年12月30日,R50-1-160,SMA。

170《丙舍申请书》(燕平会馆),1939年12月30日,R50-1-160,SMA。

171 四明公所,《大事记》,1920,Y4-1-762,SMA。

172 四明公所,《四明公所四大建筑全录》,1925,Y4-1-763,SMA。

173 同上。

174 Elizabeth Sinn, "Moving Bones: Hong Kong's Role as an 'In-between Place' in the Chinese Diaspora," in *Cities in Motion: Interior, Coast, and Diaspora in Transnational China*, ed. Sherman Cochran, David Strand, and Wen-hsin Yeh (Berkeley: Institute of East Asian Studies, University of California, 2007), 247-271; Sinn, *Pacific Crossing*.

175《催柩回籍》,《申报》,1875年11月30日。

176《浙绍永锡堂催柩回籍》,《申报》,1878年10月31日、1883年12月3日、1885年

10月13日、1886年3月27日、1886年11月19日、1887年11月20日、1889年11月18日、1894年3月24日。

177 《申报》，1896年1月4日。

178 《申报》，1897年4月4日、1898年12月11日。

179 《申报》，1909年3月5日。这则消息区分了"催柩回籍"和"liucai guoqi"。

180 《三善堂催柩回籍》，《申报》，1880年10月3日。

181 《申报》，1882年11月5日、1887年12月20日、1888年1月1日、1889年5月26日、1892年10月8日、1898年4月23日、1908年12月8日。

182 《运柩回籍申明》，《申报》，1883年10月1日。

183 《催柩回籍》，《申报》，1908年8月27日。

184 《徽漳会馆催柩回籍》，《申报》，1916年11月5日。

185 《申报》，1928年9月21日、1933年11月23日、1934年6月21日。

186 《四明公所催柩回籍》，《申报》，1879年11月18日。

187 《沪上四明公所捐款声明》，《申报》，1905年2月28日。

188 同上。

189 四明公所，《大事记》，1920，Y4-1-762，SMA。

190 上海博物馆：《上海碑刻资料》，第431页。

191 Hokari, "Kindai shanhai ni okeru itai shori mondai to shimei kosho," 71.

192 Sinn, "Moving Bones," 253-255.

193 四明公所，《大事记》，1920，Y4-1-762，SMA。

194 信函，四明公所致法租界公董局，1938年7月12日，U38-5-1485.

195 湖州会馆，《男女大小灵柩运沪清册》，1936，Q165-6-42，SMA。

196 《歙县首安堂上海总办事处运柩通告》，《申报》，1934年10月23日。

197 "Shou ba yi san qian tongxiang daiyuan jiufei jishu," Q165-6-43, SMA.

198 四明公所，《四明公所28年振兴路》，1939，Y4-1-765，SMA。

199 信函，衣装公所致卫生局，1942年8月19日，S246-1-58，SMA。

200 信函，湖州会馆致卫生局，1940年1月27日，R50-1-1414，SMA。

201 信函，衣装公所致卫生局，1942年8月19日，S246-1-58，SMA。

202 调查报告，卫生局，1942年2月25日，R50-1-431-2，SMA。

203 信函，1940年8月8日，Q165-6-43，SMA。

204 《申报》，1879年3月19日，第二版。

205 [changer ce vaste champ de morts [...] en une cité peuplée aujourd'hui d'habitants]. "Rapport du conseil d'administration municipale sur l'affaire des rues de Ningpo et Saigon adressé aux électeurs de la Concession française," 1874，14，635PO/B/27，AD-Nantes.

206 同上，第13-14页。

207 Richard D. Belsky, "Bones of Contention: The Siming Gongsuo Riots of 1874 and 1898," *Papers on Chinese History*, no. 1 (Spring 1992): 56-73.

208 David S. Barnes, The Great Stink of Paris and the Nineteenth-Century Struggle against Filth and Germs (Baltimore: Johns Hopkins University Press, 2006), 12-23.

209 Goodman, Native Place, City, and Nation, 159-169.

210 "Affaire du 3 mai 1874 entre les administrateurs de la Pagode de Ning-po et le Conseil municipal français de Shanghai," 1874, 3, 635PO/B/27, AD-Nantes.

211 Goodman, Native Place, City, and Nation, 160.

212 法租界公董局提出了一些法律证据来挑战四明公所的所有权。"Rapport du conseil d'administration municipale sur l'affaire des rues de Ningpo et Saigon adressé aux électeurs de la Concession française," 7, 8.

213 [au nom de la salubrité et du repos même qui convient aux asiles consacrés aux dépouilles mortelles, veulent que les cimetières soient transportés en dehors des centres de population]. 同上, 5-6.

214 Madeleine Lassère, "Les pauvres et la mort en milieu urbain dans la France du XIXe siècle: Funérailles et cimetières," *Revue d'Histoire Moderne et Contemporaine* 42, no. 1 (1995): 109.

215 "Rapport du conseil d'administration municipale sur l'affaire des rues de Ningpo et Saigon adressé aux électeurs de la Concession française," 2.

216 同上, 16.

217 如需法方对事件的完整报告的和相关文件,请参看"Affaire du 3 mai 1874 entre les administrateurs de la Pagode de Ning-po et le Conseil municipal français de Shanghai."

218 Goodman, Native Place, City, and Nation, 161-162, 171.

219 四明公所,《大事记》,1920,Y4-1-762,SMA。1915 年时,四明公所出于让其公墓街角的交通更为便利的考虑,出让了一小块地皮,但是土地仍然归宁波人所有。公所在该处立石为证。

220 Goodman, Native Place, City, and Nation, 170-171.

221 同上, 164.

222 同上, 168-169.

223 四明公所,《大事记》,1920,Y4-1-762,SMA。

224 信函,1910 年 6 月 26 日,Q118-2-11-4,SMA。

225 信函,江宁六县公所,1924 年 4 月 3 日;信函,湖北工巡捐局,1924 年 4 月 16 日,Q207-1-183,SMA。

226《申报》,1908 年 8 月 11 日、1908 年 8 月 15 日、1908 年 8 月 28 日、1908 年 8 月 29 日、1908 年 10 月 21 日、1908 年 10 月 31 日、1908 年 12 月 26 日、1908 年 12 月 31 日、1909 年 3 月 7 日。

227《申报》,1908 年 8 月 31 日、1908 年 9 月 6 日、1908 年 9 月 14 日、1908 年 9 月 17 日、1908 年 9 月 22 日、1908 年 9 月 28 日。

228《申报》,1908 年 10 月 8-10 日。

229《申报》,1908 年 11 月 13 日。

230 Ka-che Yip, Health and National Reconstruction in Nationalist China: *The Development of Modern Health Services, 1928-1937* (Ann Arbor, MI: Association for Asian Studies, 1995).

231　Christian Henriot, Shanghai, 1927 – 1937: Municipal Power, Locality, and Modernization (Berkeley: University of California Press, 1993), chap. 8. See also Zwia Lipkin, *Useless to the State: "Social Problems" and Social Engineering in Nationalist Nanjing, 1927 – 1937* (Cambridge, MA: Harvard University Asia Center, 2006).

232　《会馆公所联合会定期开会为讨论卫生局取缔丙舍事》,《申报》,1929 年 7 月 22 日。

233　《香雪堂殡舍催柩搬葬》,《申报》,1929 年 12 月 10 日。

234　《伶界联合会为埋葬真如寄柩启事》,《申报》,1930 年 12 月 19 日;《海昌公所催领寄柩》,《申报》,1930 年 12 月 19 日。

235　《申报》,1928 年 10 月 25 日、1930 年 11 月 1 日、1935 年 10 月 12 日、1941 年 10 月 8 日。

236　《申报》,1932 年 5 月 14 日。

237　《申报》,1835 年 3 月 12 日。

238　《宝山公所通告寄柩各户领葬注意》,《申报》,1936 年 3 月 26 日。

239　《湖北会馆催柩回籍通告》,《申报》,1936 年 3 月 26 日。

240　《申报》,1928 年 9 月 21 日、1933 年 11 月 23 日、1934 年 6 月 21 日。

241　通知,《广肇公所岭南山庄》,16 February 1935, Q118 - 9 - 2, SMA。

242　信函,卫生局致衣装公所,1942 年 6 月 25 日,S246 - 1 - 58, SMA。

243　《上海特别市卫生局布告》,1942 年 10 月,Q117 - 19 - 32, SMA。

244　《上海特别市卫生局布告》,1943 年 3 月,R50 - 1 - 458, SMA。

245　《上海特别市取缔丙舍规则》,1942, Q117 - 19 - 32, SMA。

246　《上海特别市卫生局布告》,卫生局,1942 年 10 月,R50 - 1 - 458, SMA。

247　信函,几家公所,1942 年 11 月、1942 年 12 月 30 日,R50 - 1 - 433 - 37;信函,四明公所致卫生局,1943 年 1 月 12 日,R50 - 1 - 1414;注册表,Piaoshui 水炉公所,n.d.[1942],R50 - 1 - 431, SMA。

248　信函,衣装公所致卫生局,1941 年 11 月,S246 - 1 - 58;信函,衣装公所致卫生局,1942 年 8 月 19 日,S246 - 1 - 58;信函,衣装公所致卫生局,1943 年 7 月,信函,S246 - 1 - 58;信函,卫生局致衣装公所,1943 年 8 月,R50 - 1 - 433, SMA。

249　信函,卫生局致市长,1943 年 2 月 24 日,R50 - 1 - 433 - 37, SMA。

250　信函,四明公所致卫生局,1944 年 8 月 3 日;备忘录,卫生局,1944 年 9 月 12 日,R50 - 1 - 1414, SMA。

251　信函,善会,1944 年 1 月 5 日,R50 - 1 - 433;报告,稽查员,卫生局,1943 年 8 月,R50 - 1 - 431, SMA。

252　草稿版《本会馆寄柩章程》(手稿,1943 年 1 月 1 日)比复印版《整理会馆办法》更详尽,但是包含的条款是一样的。Q117 - 19 - 31, SMA。

253　《报纸声明》,手写标注 1945 年 6 月 3 日,Q117 - 19 - 31, SMA;《申报》,1945 年 6 月 8 日,第二版。

254　《报纸声明》,手写标注 1945 年 10 月 3 日,Q117 - 19 - 31, SMA;《申报》,1945 年 6 月 8 日,第二版。

255　信函,广肇公所致广东旅沪同乡会,1943 年 3 月 26 日,Q118 - 12 - 42, SMA。

第三章

1 这和近代早期英格兰殡仪业人员的专业化形成了鲜明的对比，即便直到1898年英格兰才建立了第一个严格意义上的殡仪业协会。Thomas W. Laqueur, "Bodies, Death, and Pauper Funerals," *Representations* 1, no. 1 (1983): 113 – 15; Jani Scandura, "Deadly Professions: Dracula, Under-takers, and the Embalmed Corpse," *Victorian Studies* 40, no. 1 (1996): 1 – 30; Anne Carol, "Le cadavre et la machine au XIXe siècle," in *Corps et machines à l'âge industriel*, ed. Laurence Guignard, Pascal Raggi, and Étienne Thévenin (Rennes, France: Presses Universitaires de Rennes, 2011), 87 – 98; Anne Carol, "Faire un 'beau' cadavre: Difficultés techniques et ambiguïtés esthétiques de l'embaumement au XIXe siècle (France)," in *Rencontres autour du cadavre*, ed. Hervé Guy (Saint-Germain-en-Laye, France: Groupe d'Anthropologie et d'Archéologie Funéraire, 2012), 139 – 142.

2 《申报》，1887年2月25日，第三版；1887年4月3日。

3 SMA, *Report for the Year 1902* (Shanghai: Kelly and Walsh, 1903), 343.

4 《申报》，1926年9月6日，第十五版。

5 《申报》，1926年10月10日，第三十版。

6 《申报》，1932年11月7日，第十一版（中国殡仪馆）；1933年10月13日，第十四版（上海殡仪馆）；1935年9月6日、1935年9月9日（中央殡仪馆）。

7 广告简介，《中国殡仪馆以及股份有限公司概要》，n.d.（序章，1933年1月），Q400 - 1 - 3910，SMA。

8 重新安置的会馆包括绍兴、湖南、江宁、锡金、苏州、通州、无锡和扬州。无锡会馆直到1942年7月才可以才重新使用其在闸北的设施。信件，无锡会馆，1942年7月12日，U1 - 16 - 2504；U1 - 16 - 2468 和 U1 - 14 - 3175（湖南会馆），SMA。

9 信函，宁波会馆致总办，1939年8月7日，U1 - 16 - 2465，SMA。

10 报告，公共卫生处，1938年11月28日，U1 - 16 - 2536(1)；报告，Health inspector to Chief inspector，公共卫生处，1942年5月4日，U1 - 16 - 2536(2)，SMA。

11 报告，警务处致总办，1938年10月12日，U1 - 16 - 2536(1)，SMA。

12 全套工程规划图可以在战后的注册文件中找到。安乐殡仪馆，Q400 - 1 - 3960，December 1947；白宫殡仪馆，Q400 - 1 - 3969，July 1947；国际殡仪馆，Q400 - 1 - 3968，December 1947；国华殡仪馆，Q400 - 1 - 3965，November 1947；国际殡仪馆，Q400 - 1 - 3963，August 1947；国泰寄柩所，Q400 - 1 - 3973，August 1947；乐园殡仪馆，Q400 - 1 - 3959，November 1947；丽园殡仪馆，Q400 - 1 - 3964，November 1947；南市殡仪馆，Q400 - 1 - 3966，August 1947；上天殡仪馆，Q400 - 1 - 3958，December 1947；世界殡仪馆，Q400 - 1 - 3970，July 1947；万安殡仪馆，Q400 - 1 - 3967，December 1947；万国殡仪馆，Q400 - 1 - 3961，Au-gust 1946；斜桥殡仪馆，Q400 - 1 - 3957，November 1947；永安殡仪馆，Q400 - 1 - 3962，December 1947；中国殡仪馆，Q400 - 1 - 3970，December 1947；中华殡仪馆，S440 - 1 - 13，October 1943；中央殡仪馆，Q400 - 1 - 3957，February 1948，SMA。

13 信函，警察局致市长，1940年10月10日，R36 - 13 - 223，SMA。

14 Christian Henriot, "Regeneration and Mobility: The Spatial Dynamics of Industries in Wartime Shanghai," *Journal of Historical Geography* 38, no. 2 (2012): 167 – 80.

15 备忘录(无作者:公共卫生处或警务处),1938年5月18日,U1-14-3177,SMA。

16 《寄柩所和殡仪馆》,1938年11月28日,U1-14-3177,SMA。

17 "Memorandum on Conditions in the Western Extra-settlement Area," 30 May 1938, U1-16-2108 (1938-1939), 169, SMA.

18 关于越界筑路区域的警务问题,参看 Frederic E. Wakeman, The Shanghai Badlands: Wartime Terrorism and Urban Crime, 1937 – 1941 (Cambridge: Cambridge University Press, 1996).

19 信件,Deputy secretary to Secretary,1939年12月30日,U1-16-2471,SMA。

20 Conseil d'Administration Municipale de la Concession Française, *Compte rendu de la gestion pour l'exercice 1926* (Shanghai: China Printing Company, 1927), 104. Two successive applications by the same funeral parlor to open in the western part of the settlement were turned down as inappropriate for residential areas.

21 Consular ordinance 158, 18 May 1938, U38-1-507, SMA.

22 备忘录,Deputy treasurer,上海工部局,1941年2月21日,U1-16-2471,SMA。

23 信函,Deputy secretary to Secretary (T. K. Ho),1939年12月30日,U1-16-2471,SMA。

24 《上海泰晤士报》,1937年10月21日。

25 U1-16-2468, U1-16-2469, U1-16-2470, U1-16-2471, R50-1-433, SMA。

26 信函,警长致公共卫生处,1938年6月11日,U1-14-3177,SMA。

27 备忘录,公共卫生处,1939年9月11日,U1-16-2465,SMA。

28 信函,副总办致公共卫生处,1940年1月9日,U1-16-2471,SMA。

29 报告,初级卫生稽查员,1939年7月26日,U1-16-2465,SMA。

30 信函,卫生处致总办,1942年5月27日,U1-16-2534,SMA。

31 信函,警长致 PHD,1939年8月24日,U1-16-2465,SMA。

32 信函,初级卫生稽查员致警长,1940年5月14日,U16-1-2465,SMA。报告上列举了物价公司: Dada Yunjiu Gongsi and Sida Gongsi in the French Concession; Mingli Yunshu Gongsi, Taishan Lingjiu Banyun Gongsi, and Chang'an Yunjiu Gongsi in the International Settlement.

33 报告,公董局卫生救济处,1939年2月7日,U38-5-1277,SMA。

34 《设备调查》,卫生局,1946年12月24日,Q400-1-3956,SMA。

35 1941年的参看 S246-1-58;1943年的参看 R50-1-459、Q117-25-32,1943年的参看 R50-1-433。更多编号可以参看私人寄柩所的文件 R50-1-1414,1937年8月;R50-1-160,1939年12月30日;R50-1-160,1939年;R50-1-1414,1940年8月;S246-1-58,1941年;R50-1-459,1941年7月;Q117-25-32,1941年9月;R50-1-431-2,1942年2月25日;Q117-19-32,1942年6—8月;R50-1-458,1943年3月。

36 信函(R. Guignard),1938,U1-14-3176,SMA。

37 大陆殡仪馆,1940年2-10月,R36-13-214,SMA。

38 信函,警务处致总办,1938 年 5 月 12 日,U1-14-3177,SMA。

39 《新闻报》,1938 年 6 月 28 日。

40 参见 U1-14-3178,SMA。

41 信函,P. Veit 警长致 Jordan(公共卫生处),1938 年 4 月 28 日,U1-14-3176;"Memorandum on Conditions in the Western Extra-settlement Area," 1938 年 5 月 30 日,U1-16-2108,SMA。

42 信函,Jordan(公共卫生处)致总办,1938 年 7 月 27 日,U1-14-3175,SMA。

43 信函,工务局致总办,1938 年 4 月 20 日,U1-14-3177,SMA。

44 "Memorandum to Members," Council meeting, 1938 年 4 月 5 日和 1938 年 4 月 6 日, U1-14-3177, SMA.

45 备忘录,工务局,1938 年 4 月 27 日,U1-14-3177,SMA。

46 信函,警长至总办,1938 年 5 月 19 日,U1-14-3177,SMA。

47 信函,工务局致总办,1938 年 5 月 19 日,U1-14-3177,SMA。

48 Municipal notification 4962,1938 年 6 月 10 日,U1-4-3177,SMA。

49 《字林西报》,1938 年 6 月 9 日。

50 《寄柩处和殡仪馆》,1938 年 11 月 28 日,U1-14-3177,SMA。

51 信函,首席卫生稽查员致公共卫生处,1939 年 6 月 6 日,U1-14-3177,SMA。

52 信函,首席稽查员致公共卫生处,1939 年 9 月 20 日,U1-16-2465,SMA。

53 信函,首席卫生稽查员致公共卫生处,1939 年 6 月 6 日,U1-14-3177,SMA。

54 报告,Nash 致总办,1939 年 7 月 22 日;信函,公共卫生处致总办,1939 年 7 月 21 日,U1-16-2465,SMA。

55 1940 年,法租界中唯一被允许存在的寄柩所只有 67 口灵柩。副总办致公共卫生处,1940 年 1 月 9 日,U1-16-2471,SMA。

56 报告,负责人,公共卫生救济处,1939 年 7 月 28 日,U38-5-1485,SMA。

57 备忘录概要,公共卫生处、工务局、警务局致总办,1939 年 7 月 26 日,U1-14-3177;信函,副秘书致总办(T.K. Ho),1939 年 12 月 30 日,U1-16-2371,SMA。

58 信函,总办致工务局,1940 年月 13 日,U1-14-3177,SMA。

59 报告,警务处致总办,1938 年 8 月 19 日,U1-16-2536(1),SMA。

60 《字林西报》,1938 年 8 月 11 日。

61 信函,公共卫生处致总办,1938 年 8 月 14 日,U1-16-2534,SMA。

62 信函,初级卫生官致 Superintendent P. Veit,1938 年 8 月 8 日,U1-16-2534,SMA。

63 信函,公共卫生处致总办,1938 年 8 月 8 日,U1-16-2534,SMA。

64 信函,副总办致总办,1939 年 12 月 30 日,U1-16-2471,SMA。

65 U1-14-3177 中的英语版章程,SMA。

66 《上海市管理殡仪馆规则》,1932 年 11 月 11 日,Q215-1-6886,SMA。在文件实施了一年之后,市政官员意识到该文件没有包含对噪声和殡葬活动的时间进行限制进而保护邻里的内容。修改版禁止早上 8 点之前产生噪声或者和尚诵经(第十二条)。Letter, WSJ to Mayor, 5 June 1934, Q215-1-6886, SMA.

67 《划定之四处丙舍区域所属土圹及四址说明》,1931 年 5 月 25 日,Q118-9-2,SMA。该文件包括了一幅标示四个位置的地图。

68 《尸体殓葬暂行办法》,1938 年 2 月 7 日;《取缔浮厝尸棺临时办法》,n.d.[1938],R36-13-139,SMA。

69 《上海特别市卫生局布告》,1942 年 10 月,Q117-19-32,SMA。

70 Letter, PHD to Central Funeral Home, 17 September 1936, Q400-1-3957; Letter, Health inspector to Chief health inspector, 4 January 1944, U1-16-2477, SMA.

71 Letter, Jordan (PHD) to Secretary, 12 January 1940, U1-16-2471, SMA.

72 Letter, Deputy secretary to PHD, 9 January 1940, U1-16-2471, SMA.

73 信函,社会局,1940 年 1 月 30 日,R50-1-1414,SMA。

74 信函,市长致警察局,1940 年 3 月 4 日,R36-13-210;训令,市长,1940 年 4 月 27 日,R50-1-1414,SMA。

75 《上海特别市警察局管理殡仪馆规则》,1940 年 3 月,R36-13-210,SMA。

76 信函,市长致警察局,1940 年 4 月 9 日,R36-13-211,SMA。

77 Notification(翻译版——原文详见档案),August 1940, U1-16-2534, SMA。

78 信函,卫生局致衣装公所,1941 年 11 月 5 日,S246-1-58, SMA。

79 草拟规定,1941,R1-12-58,SMA。

80 《上海特别市卫生局布告 63》,1940 年 10 月,R50-1-458,SMA。

81 报告,卫生局南市办事处,1942 年 2 月 9 日;信函,Tongruchonghaiqi Wuxian Lühu Tongxianghui,1942 年 4 月 2 日,1943 年 6 月 19 日,R50-1-431,SMA。

82 Inspection report, WSJ, 27 January 1942; Letter, WSJ to Anping, 22 October 1942, R50-1-431, SMA.

83 信函,卫生局致市长,1942 年 2 月 3 日,R1-12-58,SMA。

84 《上海特别市取缔丙舍规则》,1942,Q117-19-32,SMA。

85 《上海特别市卫生局检查殡仪馆及丙舍寄柩办法》,1942 年;《上海特别市卫生局布告》,1942 年 10 月,S246-1-58,SMA。

86 《上海特别市卫生局检查殡仪馆及丙舍寄柩办法》,1942 年 8 月 1 日,R1-12-58,SMA。

87 《检查报告》,卫生局,1943 年 6-8 月,Q117-19-32,SMA。

88 Letter, WSJ to Anping, 22 October 1942; Letter, WSJ, 30 October 1942, R50-1-431, SMA.

89 备忘录,卫生局,1944 年 2 月 8 日,R50-1-431,SMA。

90 信函,FBTA 致其成员,1943 年 5 月 31 日,S440-1-7,SMA。

91 信函,FBTA 致卫生局,1943 年 5 月 1 日,S440-1-7,SMA。

92 信函,FBTA to Zhaoshangu, 1947 年 2 月 11 日;信函,FBTA to Ping'an Lunchuanju, 3 May 1947 年 5 月 3 日,S440-1-9,SMA。

93 Letter, FBTA, 13 October 1943, S440-1-7, SMA.

94 《上海市管理丙舍规则(草稿)》,1946,Q400-1-1371;《上海市管理丙舍规则》,1946 年 5 月 31 日,S440-1-15;上海市管理丙舍规则,1946 年 5 月 31 日,S440-1-15,

SMA。武汉市当局直到战争结束都没有针对寄柩所的规章制度,因此像上海市政府寻求建议以详细制订自己的规定。Letter, JCJ, Xuan Tiewu, 9 March 1946, Q400-1-1371, SMA。

95 备忘录,卫生局,1946年4月24日,Q400-1-3974;亦可见 Q400-1-3977 中的申请文件,SMA。

96 通告,卫生局,1946年8月19日,Q400-1-3974,SMA。

97 信函,宁波会馆致卫生局,1945年7月17日,R50-1-1414-9,SMA。

98 检查报告,卫生局,1945年8月13日;备忘录,卫生局,1945年8月14日,R50-1-1414-9,SMA。

99 信件,宁波会馆致卫生局,1946年1月9日,R50-1-1414-9,SMA。

100 备忘录,卫生局,1946年1月14日,R50-1-1414-9,SMA。

101 备忘录,稽查员,卫生局,1943年11月2日,SMA。

102 《关于卫生检查事项》,卫生局,n.d.[1943年8月—1944年7月],R50-1-1393,SMA。

103 参见 1949—1950 年所采用的针对寄柩所和殡仪馆的规定,B242-1-226,SMA。

104 《指示》,卫生局,1949年7月12日,B242-1-124-5,SMA。

105 信函,FBTA 致卫生局,1942年6月22日;信函,卫生局致 FBTA,1943年4月16日;信函,经济局致 FBTA,1943年8月18日,S440-1-1,SMA。

106 《殡仪寄柩业公会——会员名册》,1942,S440-1-12,SMA。

107 报告,1953年5月19日,S440-4-2,SMA。

108 信函,FBTA 致其成员,1943年9月29日;信函,FBTA 致经济局,1943年9月29日;信函,FBTA 致经济局信函,1943年10月29日;信函,FBTA,1943年12月19日,S440-1-7,SMA。

109 信函,FBTA 致卫生局,1944年1月12日,S440-1-9,SMA。

110 信函,FBTA 致经济局,1945年4月11日;信函,经济局致 FBTA,1945年5月7日,S440-1-1,SMA。

111 信函,FBTA 致其成员,1943年7月1日,S440-1-7;信函,FBTA 致其成员,1944年9月12日,S440-1-9,SMA。

112 信函,FBTA 致其成员,1945年10月29日,S440-1-1,SMA。

113 信函,FBTA 致社会局和上海国民党分部,1945年11月10日,S440-1-9,SMA。

114 《上海市殡仪寄柩运葬商业同业公会章程》,1946,第35-47页,S440-1-3,SMA。

115 通告,FBTA 致其成员,1945年12月31日;报告,FBTA,1946年3月4日,S440-1-9;官方授权证书,卫生局,1946年4月24日,S440-1-1,SMA。

116 信函,FBTA 致船运公司,1946年11月2日,S440-1-8;1946年,S440-1-3-31,SMA。

117 信函,FBTA 致其成员,1943年8月23日、1943年8月28日;信函,FBTA 致卫生局,1943年9月22日,S440-1-7,SMA。

118 信函,FBTA 致其成员,1943年11月24日,S440-1-7,SMA。

119 信函,FBTA 致其成员,1943 年 11 月 5 日,S440-1-7,SMA。

120 信函,FBTA 致其成员,1946 年 1 月 11 日、11 月 9 日,S440-1-7,SMA。

121 信函,FBTA 致其成员,1947 年 2 月 5 日,S440-1-7,SMA。

122 信函,FBTA 致警察局,1934 年 11 月 27 日;信函,FBTA 南市办事处致警察局,1943 年 11 月;信函,信函,FBTA 致警察局,1943 年 12 月 4 日;信函,FBTA 致警察局,1944 年 1 月 12 日,S440-1-7,SMA。

123 详见 S440-1-7 中的护照样本,SMA。

124 信函,FBTA 致警察局,1946 年 3 月 6 日,S440-1-9,SMA。

125 信函,苏浙皖运柩公司,1946 年 4 月 16 日,S440-1-17,SMA。

126 信函,FBTA 致警察局,1946 年 3 月 6 日;信函,FBTA 致警察局,1946 年 4 月 30 日;信函,警察局致 FBTA,1946 年 3 月 14 日;信函,FBTA 致警察局,1946 年 7 月 16 日;信函,FBTA 致海关,1947 年 1 月 15 日,S440-1-9,SMA。

127 信函,FBTA 致卫生局,1943 年 9 月 17 日,S440-1-7,SMA。

128 信函,FBTA 致其成员,1946 年 10 月 11 日,S440-1-8,SMA。

129 信函,FBTA 致其成员,《调查死亡人口旬报》,1946 年 2 月 24 日,S440-1-9,SMA。

130 信函,FBTA 致警察局,1948 年 7 月 17 日,S440-1-8;信函,FBTA 致社会局,1948 年 11 月 17 日,S440-1-9,SMA。

131 SMP to Secretary, 19 August 1938, U1-16-2536(1), SMA.

132 同上。

133 Report, SMP to Secretary, 12 October 1938, U1-16-2536(1), SMA.

134 Report, Health inspector to Chief inspector, PHD, 11 June 1941; Report, Health inspector to Chief inspector, PHD, 3 July 1941, U1-16-2536(1), SMA.

135 Letter, SPBC to PHD, 5 September 1938, 14 September 1938; Letter, PHD to Secretary, 19 September 1938, 1 October 1938; Report, PHD, 11 October 1938; Letter, PHD to Secretary, 21 October 1938; Letter, Secretary to PWD, 28 October 1938; Letter, PWD to Secretary, 7 November 1938; Letter, PWD to PHD, 8 November 1938, U1-16-2536, SMA.

136 *Municipal Gazette*, 8 July 1940, U1-16-2534, SMA.

137 Letter, Boat owners to SMC, 3 December 1940, U1-16-2534, SMA.

138 《上海市运柩所管理规则》,n.d.[1939],S40-17-15,SMA。

139 Letter, Deputy secretary to Secretary, 30 December 1939, U1-16-2471, SMA.

140 Letter, SPBC, 5 September 1938, 14 September 1938; Letter, PHD to Secretary, 19 September 1938; Letter, Superintendent PHD, 30 September 1938; Letter, PHD to Secretary, 1 October 1938; Letter, PHD to Secretary, 21 October 1938; Letter, Secretary to PWD, 28 October 1938; Letter, PWD to Secretary, 7 November 1938; Letter, PWD to PHD, 8 November 1938, U1-16-2536(1), SMA.

141 Letter, PHD to Secretary, 22 February 1941; Letter, PHD to Secretary, 2 October 1941, U1-16-2536(1), SMA.

142 Letter, Superintendent to PHD, 18 August 1941, U1-16-2536(1), SMA.

143 Letter, Health inspector to Superintendent, January 1942; Letter, Health inspector to Superintendent, 2 February 1942, U1-16-2536(1), SMA.

144 Letter, Jordan (PHD) to Secretary, 27 May 1942, U1-16-2534, SMA.

145 Report, Health inspector to Chief inspector, PHD, 15 June 1942; Report, Health inspector to Chief inspector, PHD, 8 July 1942; Report, Health inspector to Chief inspector, PHD, 20 July 1942, U1-16-2536(2), SMA.

146 Report, Health inspector to Superintendent, 2 June 1942; Report, Health inspector to Superintendent, 8 December 1942; Report, Chief inspector to PHD, 17 May 1943, U1-16-2536(1), SMA.

147 Letter, Health inspector to Superintendent PHD, 15 December 1942; Letter, Health inspector to Superintendent PHD, 15 December 1942U1-16-2536, SMA.这六家代理商的名字在文件里并没有提及。只有那些投诉的代理商才留下了名字：Huai'an Agency(淮杨), North Kiangsu Agency(苏北), Yangchow Agency(扬州), and Chinkiang Agency(晋江).Letter, PHD to four agencies, 6 July 1943, U1-16-2536(1), SMA.

148 Letter of protest, 3 June 1943; Report, Health inspector, PHD, 3 June 1943, U1-16-2536(1), SMA.

149 Letter, Superintendent to PHD, 18 August 1941; Inspector to Superintendent, 5 January 1942; 2 February 1942; Report, Inspector, 25 March 1943, 3 June 1943, U1-16-2536, SMA.

150 详见稽查员的报告,11 June 1941, 3 July 1941, Documents 238-250, 1942, U1-16-2536(2), SMA.

151 Report, Health inspector, PHD, 3 June 1943; Report, Deputy chief inspector, PHD, 8 June 1943; Letter, PHD to four agencies, 6 July 1943, U1-16-2536(1), SMA.

152 《关于卫生检查事项》,卫生局,n.d.[1943年8月—1944年7月],R50-1-1393,SMA.

153 报告,1956年2月11日,B2-2-73,SMA。

154 《申报》,1940年4月15日。

155 《新闻报》,1939年5月2日。

156 《全皖转运灵柩公司》,《新闻报》,1939年8月1日。

157 《申报》,1940年6月18日。

158 信函,国华至卫生局,1942年6月12日;备忘录,卫生局,1942年7月5日,R50-1-433,SMA。

159 《关于卫生检查事项》,卫生局,n.d.[1943年8月—1944年7月],R50-1-1393,SMA。

160 信函,湖州会馆致卫生局,1940年1月27日,R50-1-1414,SMA。

161 信函,衣装公所致卫生局,1942年8月19日,S246-1-58,SMA。

162 备忘录,湖南会馆,1941年7月15日,Q117-25-32,SMA。

163 《迁葬组运葬首批葬柩用费册》,1941年10月4-19日;《迁葬组运葬第二批葬柩用费册》,1941年11月,Q117-25-32,SMA。

164 稽查员报告,卫生局,1942年2月25日,R50-1-431-2,SMA。

165 《关于卫生检查事项》,卫生局,n.d.[1943年8月—1944年7月],R50-1-1393,SMA。

166 信函,FBTA致卫生局,1944年4月10日;信函,FBTA致其成员,1944年5月5日,S440-1-9,SMA。

167 文件S440-1-13,SMA。

168 《取缔殡仪馆催枢限年底分别应葬》,《申报》,1946年10月18日;《葬身无地卫生局提倡火葬》,《申报》,1946年11月4日;《申报》,1946年11月21日。

169 《寄枢有十五万具,火葬场不敷应用》,《申报》,1946年12月18日。

170 通告,卫生局致乐园殡仪馆,1946年12月31日,S440-1-19,SMA。

171 《申报》,1946年12月18日;剪报(没有来源),1947年1月16日,S440-1-16,SMA。

172 信函,FBTA致其成员,1946年12月4日,S440-1-8,SMA。

173 信函,FBTA致市政府,1946年12月11日,S440-1-8,SMA。

174 关于寄枢和火葬的信函,FBTA致市政府,1946年12月21日,Q109-1-1407,SMA;剪报,1947年1月6日,S440-1-16,SMA。

175 报告,警察局,1946年12月23日,S440-1-9,SMA。

176 《申报》,1947年2月26日。

177 《申报》,1947年4月26日。

178 信函,社会局致FBTA,1947年8月13日,S440-1-15,SMA。

179 信函,FBTA致社会局,1947年8月19日,S440-1-15,SMA。

180 信函,卫生局致FBTA,1946年9月26日;信函,卫生局致FBTA,1947年11月8日,S440-1-9,SMA。

181 《新闻报》,1947年11月20日。

182 《中央日报》,1947年11月27日。

183 信函,FBTA致市议员,1947年12月26日;信函,FBTA致卫生局,1947年12月24日,Q109-1-1407,SMA。

184 信函,卫生局致市议员,1947年12月26日,Q109-1-1407;信函,吴国桢市长,1947年12月21日,S440-1-19,SMA。

185 信函,FBTA致社会局,1947年12月16日、1947年12月26日,S440-1-19,SMA。

186 Letter, BHPA to Directeur des services administratifs, 12 April 1938; Letter, Chief inspector to BHPA, 18 October 1938, U38-5-1485, SMA。

187 稽查报告,卫生局,1945年8月13日,R50-1-1414-9,SMA。

188 《新闻报》,1947年9月18日。

189 《上海四明公所情况简介》,1951,Q118-1-5-87,SMA。

190 信函,河北商人致卫生局,1947年5月20日;信函,工务局致卫生局,1947年7月28日;信函,卫生局致河北商人,1947年8月16日,Q400-1-3905,SMA。

191 信函,成衣同业公会,1947 年 10 月 12 日,Q400-1-3905,SMA。

192 备忘录,卫生局,1948 年 3 月 11 日;草拟信函,卫生局,1948 年 12 月 24 日,Q400-1-3905,SMA。

193 信函,市长致卫生局,1948 年 2 月 9 日;备忘录,卫生局,1948 年 3 月 9 日;信函,卫生局致市长,1948 年 3 月 13 日,Q400-1-3905,SMA。

194 报告,卫生稽查员,卫生局,1946 年 9 月 13 日,Q400-1-4012,SMA。

195 议程,1946 年 10 月 19 日—1948 年 2 月 3 日,Q185-3-2432,SMA。

196 议程,1945 年 1 月 7 日—1947 年 10 月 24 日,Q185-3-13166,Q185-3-15380,SMA。

197 会议记录,《公墓调整》,卫生局,1946 年 10 月 31 日,Q400-1-3902,SMA。

198 便笺,卫生局,1946 年 12 月 26 日,Q400-1-3905,SMA。

199 预算,殡葬管理所,1946 年 11 月,Q109-1-1938,SMA。

200 预算申请,卫生局,1948 年 5 月、1948 年 7 月 18 日,Q124-1-1805;新闻简报(没有来源),1947 年 11 月 27 日,S440-1-16,SMA。

201 预算申请,卫生局,1948 年 5 月、1948 年 7 月 18 日,Q124-1-1805,SMA。成本远远超乎想象:1947 年 1150 万元、1948 年 1.53 亿元以及 1949 年 2 月的 1570 万金元。

202 关于战后难民将寄柩所作为住房使用的情况,详见 Janet Y. Chen, *Guilty of Indigence: The Urban Poor in China, 1900-1953* (Princeton, NJ: Princeton University Press, 2012), 206-10.

203 信函,FBTA 致卫生局、警察局,1947 年 12 月 3 日,S440-1-8;信函,大同殡仪馆致 FBTA,1947 年 12 月 3 日,D440-1-27,SMA。

204 《新闻报》,1948 年 3 月 8 日;信函,衣装公所致警察局,1948 年 4 月 6 日,S246-1-58。

205 信函,警察局致衣装公所,1948 年 4 月 6 日,B242-1-489,SMA。

206 信函,衣装公所致警察局,1948 年 5 月 16 日;《新闻报》,1948 年 5 月 22 日;信函,衣装公所致警察局,1948 年 6 月 22 日;草拟协议,1948 年 7 月 30 日,S246-1-58,SMA。

207 信函,久安殡仪馆致 FBTA,1948 年 6 月 9 日,S440-1-27;信函,FBTA 致警察局、社会局、市议员,1948 年 6 月 12 日、1948 年 7 月 8 日,S440-1-8,SMA。

208 训令,市长,1948 年 7 月 20 日,S440-1-27,SMA。

209 信函,国际殡仪馆,1948 年 4 月 9 日;信函,国泰殡仪馆致 FBTA,1948 年 3 月 28 日,S440-1-27;信函,FBTA 致港口司令部,1948 年 4 月 15 日,S440-1-8;信函,国际殡仪馆致 FBTA,S440-1-27,SMA。

210 信函,乐园殡仪馆致 FBTA,1948 年 3 月 27 日,S440-1-27;信函,FBTA 致社会局、省政府、港口司令部,1948 年 3 月 28 日、1949 年 4 月 1 日,S440-1-8,SMA。

211 信函,淞沪司令部致 FBTA,1949 年 4 月 13 日,S440-1-27,SMA。

212 信函,万安寄柩所致 FBTA,1949 年 4 月 5 日,S440-1-27;信函,FBTA 致淞沪司令部,1949 年 5 月 4 日,S440-1-8,SMA。

213 信函,大众殡仪馆致 FBTA,1949 年 4 月 5 日,S440-1-27,SMA。

214 信函,FBTA 致其成员,1948 年 5 月 2 日,S440-1-8,SMA。

215 信函，FBTA 致其成员，1948 年 4 月 16 日、1948 年 4 月 26 日，S440 - 1 - 8，SMA。

216 信函，FBTA 致其成员，1948 年 4 月 30 日、1948 年 5 月 21 日、1948 年 5 月 28 日，S440 - 1 - 8，SMA。

217《申报》，1948 年 1 月 23 日。

218《通如崇海启五县旅沪同乡会经济通告》，《申报》，1948 年 5 月 19 日。

219 会议记录，FBTA，1949 年 7 月 16 日，S440 - 4 - 5，SMA；报告，卫生局，n.d.［1949 年 11 月］，B242 - 1 - 226，SMA。

220 信函，卫生局致人民法院，n.d.［1949 年 7 月］，B242 - 1 - 124 - 14，SMA。

221 会议记录，FBTA，1949 年 7 月 23 日，S440 - 4 - 5，SMA。

222 剪报，1949 年 9 月 27 日，S440 - 1 - 16，SMA。

223 报告，卫生局，n.d.［1949 年 11 月］，B242 - 1 - 226，SMA。

224 会议记录，FBTA，1949 年 10 月 17 日，S440 - 4 - 5，SMA。

225《新民晚报》，1950 年 5 月 21 日。

226《新民晚报》，1951 年 5 月 21 日，《上海市人民政府卫生局关于上海市三年来卫生工作总结》，n.d.［1951］，B242 - 1 - 381 - 1，SMA。

227 会议记录，FBTA，1950 年 2 月 2 日，S440 - 4 - 5；《上海市清除市区寄柩补充办法》，1950 年 5 月 22 日，B242 - 1 - 225 - 6，SMA。

228 会议记录，卫生局，n.d.［1952］，B242 - 1 - 381 - 1，SMA。

229 情况调查表，豆米业公所，1951 年 3 月，Q118 - 1 - 6 - 87；情况调查表，四明公所，1951 年 4 月 10 日，Q118 - 1 - 6 - 73，SMA。

230 会议记录，1951 年 11 月 20 日，Q118 - 1 - 21，SMA。

第四章

1《申报》，1917 年 7 月 9 日。

2 Julia Barrow, "Urban Cemetery Location in the High Middle Ages," in *Death in Towns: Urban Responses to the Dying and the Dead*, 100 - 1600, ed. Steven Bassett (Leicester, UK: Leicester University Press, 1992), 78 - 100.

3 Vanessa Harding, The Dead and the Living in Paris and London, 1500 - 1670 (Cambridge: Cambridge University Press, 2002), 82; Madeleine Lassère, "Les pauvres et la mort en milieu urbain dans la France du XIXe siècle: Funérailles et cimetières," Revue d'Histoire Moderne et Contemporaine 42, no. 1 (1995): 109; Jacqueline Thibaut-Payen, Les morts, l'Église et l'État: Recherches d'histoire ad-ministrative sur la sépulture et les cimetières dans le ressort du parlement de Paris aux XVIIe et XVIIIe siècles (Paris: Fernand Lanore, 1977).

4 Chris Brooks, Mortal Remains: The History and Present State of the Victorian and Edwardian Cemetery (Exeter, UK: Wheaton, 1989), 37 - 43; James Stevens Curl, The Victorian Celebration of Death (Detroit: Partridge, 1972), 33 - 35, 131 - 133.

5 伦敦的教区教堂不少于 107 座，所有的教堂在某段时间内都会举行葬礼。随着时间的流逝,一些教堂消失了,但是从某种程度上可以反映出近代伦敦的城内下葬情况。Harding, The Dead and the Living, 120.

6 Jan Jakob Maria de Groot, *The Religious System of China* (Leyden [Leiden]: E. J. Brill, 1892), 3: 1374.

7 同上,3: 1375; John Henry Gray, China: A History of the Laws, Manners, and Customs of the People (London: Macmillan, 1878), 297.

8 David Wakefield, Fenjia Household Division and Inheritance in Qing and Republican China (Honolulu: University of Hawai'i Press, 1998), 192-193.

9 但是 John Lossing Buck 估计用于坟墓的土地只占所有耕地的 2%。John Lossing Buck, *Chinese Farm Economy* (New York: Garland, 1980), 31-32。

10 Patricia Ebrey, "Cremation in Sung China," *American Historical Review* 95, no. 2 (1990): 423-424.

11 De Groot, *Religious System of China*, 3: 845, 847; Dispute case,《申报》, 23 December 1882.

12 Henrietta Harrison, The Making of the Republican Citizen: Political Ceremonies and Symbols in China, 1911-1929 (Oxford: Oxford University Press, 1999).

13《北华捷报》,1863年6月13日。关于宁波的未葬馆,详见《北华捷报》,1852年10月23日、1865年9月9日。

14 Granville G. Loch, The Closing Events of the Campaign in China: The Operations in the Yang-Tze-Kiang and Treaty of Nanking (London: J. Murray, 1843), 44.

15《北华捷报》,1851年2月15日。

16《限葬厝棺》,《申报》,1877年9月24日。

17《劝葬文》,《申报》,1879年5月21日;《清严禁停棺说》,《申报》,1880年3月14日;《论迁葬》,《申报》,1881年6月17日;《论停棺恶俗》,《申报》,1886年3月22日;《论停棺不葬》,《申报》,1889年1月20日;《再论速葬以除疫》,《申报》,1890年8月30日;《论宜严申停棺不葬之例》,《申报》,1892年1月6日;《论防疫宜先葬停棺》,《申报》,1894年6月9日;《论族葬》,《申报》,1902年8月1日;《劝葬不宜操切说》,《申报》,1903年8月14日。还可参见《北华捷报》,1862年8月23日。

18《论今火葬》,《申报》,1877年9月6日。

19《北华捷报》,1852年1月31日、1861年4月20日。

20《邑尊催葬暴棺告示》,《申报》,1873年3月31日;《申报》,1885年1月9日。

21《申报》,1877年9月18日。

22《上海县莫告示》,《申报》,1878年3月16日。

23《申报》,1891年3月30日。

24 同上。

25《劝葬文》,《申报》,1879年5月21日。

26《清严禁停棺说》,《申报》,1880年3月14日。

27《论宜严申停棺不葬之例》,《申报》,1892年1月6日。

28《宪定保墓章程》,《申报》,1885年3月26日。

29 《违禁停棺》,《申报》,1880 年 5 月 4 日;《饬禁停棺不葬示》,《申报》,1880 年 7 月 8 日(江苏政府);《谕令速葬》,《申报》,1880 年 7 月 24 日(扬州);《严禁停柩示》,《申报》,1885 年 4 月 3 日(松江府)。

30 《申报》,1886 年 11 月 26 日、1887 年 11 月 2 日。

31 《再论速葬以除疫》,《申报》,1890 年 8 月 30 日。

32 《论防疫宜先葬停棺》,《申报》,1894 年 6 月 9 日。

33 《论族葬》,《申报》,1902 年 8 月 1 日。

34 《注重卫生之批词》,《申报》,1908 年 5 月 11 日(上海道台)。

35 《城厢取缔殡舍之文告》,《申报》,1910 年 10 月 5 日;《申禁停棺不葬之陋俗》,《申报》,1910 年 11 月 18 日。

36 《劝谕埋葬棺木》,《申报》,1912 年 9 月 28 日。

37 《芜友劝速葬说》,《申报》,1885 年 6 月 28 日;《续速葬说》,《申报》,1885 年 6 月 30 日;《劝葬文》,《申报》,1885 年 8 月 17 日;《书署苏抚黄子寿中丞劝葬示后》,《申报》,1889 年 11 月 27 日、1889 年 11 月 29 日。

38 《焚棺》,《申报》,1874 年 4 月 22 日;《阴功炉》,《申报》,1876 年 5 月 18 日。

39 《盗棺》,《申报》,1876 年 8 月 1 日;《勘验续闻》,《申报》,1876 年 8 月 29 日;《厝棺被窃》,《申报》,1881 年 12 月 26 日;《厝棺被盗》,《申报》,1881 年 12 月 28 日;《盗棺观》,《申报》,1883 年 10 月 19 日;《盗棺宜查》,《申报》,1884 年 5 月 4 日;《刨棺宜办》,《申报》,1885 年 1 月 26 日;《论迁葬》,《申报》,1881 年 6 月 17 日。

40 "《停棺不葬》",《申报》,1885 年 10 月 25 日。

41 《申报》,1881 年 9 月 4 日。

42 《芜友劝速葬说》,《申报》,1885 年 6 月 28 日。

43 《论停棺不葬》,《申报》,1889 年 1 月 20 日。

44 《饬禁停棺》,《申报》,1902 年 12 月 29 日(松江道台)。

45 《取缔停柩章程》,1929 年 4 月 19 日。文件在 3 月 18 日修订。Q400 - 1 - 4010,SMA。

46 《申报》,2917 年 3 月 2 日、1937 年 3 月 27 日。

47 报告,社会局,《申报》,2918 年 8 月 20 日。

48 关于王一亭,详见 James Brooks Jessup, "The Householder Elite: Buddhist Activism in Shanghai, 1920 - 1956" (Ph.D. diss., University of California, Berkeley, 2010).

49 《王一亭发起建筑免费公墓》,《申报》,1936 年 4 月 17 日。

50 关于"恶鬼报复"的信仰,详见 Stephan Feuchtwang, *The Anthropology of Religion, Charisma, and Ghosts: Chinese Lessons for Adequate Theory* (Berlin: De Gruyter, 2010), 125 - 142; Erik Mueggler, *The Age of Wild Ghosts: Memory, Violence, and Place in Southwest China* (Berkeley: University of California Press, 2001), 267 - 270. 关于历史方面的研究,详见 Stephen F. Teiser, *The Ghost Festival in Medieval China* (Princeton, NJ: Princeton University Press, 1988)。

51 《上海县志》(江苏省:南园志局重校本,1872 年),第 196 页。

52 Hsi-yuan Chen, "Summoning the Wandering Ghosts of the City: The Li Sacrifice in the State Cult and the Popular Festival in Suzhou" (paper presented at the Berkeley Summer

Research Institute, University of California, Berkeley, August 2011); Zhu Jianming, "Shanghai Chenghuangmiao de Sanxun Huijiji" [The Sanxunhui sacrifice of the Shanghai City God Temple], *Minsu Quyi*, no. 135 (May 2000): 119 - 132.

53 义冢通常是在一场导致需要大量落葬灵柩的灾祸之后建立的。在一家闸北工厂大规模死亡的案例中,闸北慈善堂承担了作为工厂和死者家庭之间的媒介角色。最终它在彭浦购买了3亩土地。《申报》,1923年4月17日、1924年4月19日、1924年4月23日。

54 博润、姚光发,《松江府续志》(1884;重印,台北:成文出版社,1974),9:940 - 941。

55 姚文楠,《上海县续志》(上海:南园,1918),3:271 - 276。

56 《申报》,1926年3月11日,1926年3月19日,1926年6月12日。

57 《申报》,1874年1月31日;Bryna Goodman, "The Locality as Microcosm of the Nation? Native Place Networks and Early Urban Nationalism in China," *Modern China* 21, no. 4 (1995): 391 - 394.

58 《申报》,1873年3月27日。

59 《申报》,1922年4月10日、1922年6月22日、1922年8月25日。

60 《西门外申商请铺马路》,《申报》,1907年9月30日;《西门外迁冢筑路问题》《申报》,1908年3月26日;《工程局解决九条录下》,《申报》,1908年3月26日;《沪道对于迁冢筑路之慎重》,《申报》,1908年3月28日。

61 《申报》,1914年11月16日、1920年10月12日。

62 《申报》,1915年4月9日、1917年12月10日。

63 《申报》,1912年9月16日、1912年9月20日。

64 《申报》,1903年12月9日、1904年2月19日。

65 《申报》,1932年12月28日。

66 《申报》,1893年10月30日。

67 《申报》,1890年8月24日。

68 《再论速葬宜除疫》,《申报》,1890年8月30日。

69 《申报》,1922年5月31日。

70 《申报》,1924年5月7日、1926年4月8日(浦东、洋泾)。

71 《申报》,1882年4月14日。

72 《申报》,1878年5月8日。

73 《申报》,1889年4月29日。

74 《申报》,1878年4月2日。

75 《申报》,1926年3月23日。

76 《申报》,1891年9月5日。

77 《申报》,1874年6月20日、1874年12月15日、1876年11月6日、1897年4月1日。

78 《申报》,1879年5月20日、1897年4月1日(浮尸)。

79 《申报》,1891年9月5日(水手)。

80 《论有力之家宜保护同宗坟墓》,《申报》,1886年5月4日。

81 《祠堂的改良》,《申报》,1920年9月18日。

82 《葬式之改良》,《申报》,1921 年 4 月 6 日。

83 《公墓建议》,《申报》,1921 年 11 月 25 日。

84 《公墓不如深葬》,《申报》,1924 年 4 月 21 日。

85 《对改良坟墓的讨论》,《申报》,1932 年 8 月 27 日。

86 《创建公墓准予备案》,《申报》,1919 年 10 月 16 日;《下葬告示》,《申报》,1919 年 4 月 3-6 日。

87 广告,《申报》,1928 年 4 月 16 日。

88 《上海广肇公所通告》,《申报》,1924 年 8 月 4 日。

89 《旅沪甬人征求建筑公墓意见》,《申报》,1924 年 8 月 4 日。

90 《申报》,1926 年 1 月 11 日。

91 《浦东公所购得公墓基地》,《申报》,1926 年 1 月 17 日。

92 《江西会馆董事会志》,《申报》,1926 年 6 月 25 日;《申报》,1929 年 5 月 21 日、1929 年 9 月 24 日、1930 年 12 月 11 日。

93 Julie Rugg, "The Origins and Progress of Cemetery Establishment in Britain," in *The Changing Face of Death: Historical Accounts of Death and Disposal*, ed. Peter C. Jupp and Glennys Howarth (New York: St. Martin's, 1997), 105-119; Thomas W. Laqueur, "Cemeteries, Religion, and the Culture of Capitalism," in *Revival and Religion since 1700: Essays for John Walsh*, ed. Jane Garnett and H. C. G. Matthew (London: Hambledon, 1993), 183-200.

94 《申报》,1924 年 9 月 18 日。

95 《申报》,1926 年 6 月 12 日、1936 年 6 月 27 日。

96 《申报》,1927 年 7 月 23 日;广告,《申报》,1929 年 3 月—1927 年 7 月。

97 《申报》,1926 年 7 月 24 日。

98 《申报》,1927 年 12 月 1—31 日。

99 《申报》,1928 年 3—5 月。

100 《申报》,1926 年 9 月 18 日。

101 《黄楚九创办的万年公墓》,《申报》,1927 年 10 月。

102 《永安公墓启示》,《申报》,1929 年 8 月 20 日;广告,《申报》,1929 年 11 月 9 日。

103 《申报》,1930 年 11 月 30 日;《申报》,1932 年 11 月 29 日;《吉安公墓广告》,《申报》,1936 年 3 月 26 日。

104 "庙行公墓",n.d., U1-16-2422, SMA.

105 信函,Zhou Ganru,1940 年 8 月 23 日, R36-13-213,SMA。

106 《会馆与公墓》,《申报》,1928 年 4 月 6 日。

107 《申报》,1927 年 12 月 1 日(中国)、1929 年 8 月 20 日(永安)、1929 年 11 月 9 日(沪东)、1930 年 11 月 30 日(长安)、1932 年 5 月 22 日(长安)、1932 年 11 月 29 日(普安);《申报》,1933 年 3 月(沪东、长安、万年、普安、永安)。

108 Ralph A. Houlbrooke and Ruth Richardson, "Why Was Death So Big in Victorian England?" in *Death, Ritual, and Bereavement*, ed. Ralph A. Houlbrooke (London: Routledge, 1989), 113.

109 《公墓应具之设备》,《申报》,1936 年 4 月 25 日;China Stone Company 的广告,《申报》,1936 年 5 月 9 日。

110 《佛学半月刊》,no. 121(1936 年 2 月 16 日):23。

111 《发起佛教第一公墓》,《申报》,1836 年 3 月 21 日;《佛教第一公墓启示》,《申报》,1936 年 4 月 24 日;《申报》,1937 年 3 月 8 日。

112 《理教公墓董事会记》,《申报》,1937 年 3 月 7 日。关于理教和救赎会,详见 David Palmer, "Chinese Redemptive Societies and Salvationist Religion: Historical Phenomenon or Sociological Category?" *Journal of Chinese Ritual, Theatre and Folklore* 172 (2011):21-72.

113 信函,上海市伶界联合会,1939 年 8 月 9 日,U38-5-1485,SMA。

114 《人力车夫互助会历史会议集》,《申报》,1936 年 6 月 19 日。

115 《蔡桂山等发起筹建浦东公墓》,《申报》,1936 年 9 月 15 日。

116 《县府限制沪闵路设公墓》,《申报》,1937 年 5 月 17 日。

117 《苏州绣谷公墓上海办事处启示》,《申报》,1939 年 11 月 7 日。

118 《苏州五龙公墓启示》,《申报》,1940 年 1 月 7 日。

119 《上海市殡仪运葬商业同业公会会员名册》,1954 年 9 月,S440-4-3,SMA。

120 《上海市管理私立公墓规则》,《申报》,1930 年 11 月 21 日。

121 《取缔私立公墓建设丙舍》,《申报》,1930 年 9 月 19 日。

122 同上。

123 《申报》,1934 年 11 月 13 日(上海公墓和上海殡仪馆)。

124 《上海特别市管理私立公墓规则》,n.d.[1941],U1-16-2423;上海特别市管理私立公墓规则(草案),1941 年 6 月 7 日,R1-12-58,SMA;《上海特别市管理私立公墓规则草案》,《申报》,1947 年 1 月 18 日。

125 Kerrie L. Macpherson, "The Head of the Dragon: The Pudong New Area and Shanghai's Urban Development," *Planning Perspectives* 9, no. 1 (1994):71-74.

126 信函,致卫生局的申请,1946 年 12 月 27 日;信函,工务局致卫生局,1947 年 2 月 13 日;信函,土地局致卫生局,1947 年 2 月 26 日,Q400-1-3905,SMA。

127 信函,工务局致卫生局,1947 年 6 月 9 日;信函,卫生局致土地局,1947 年 4 月 28 日,Q400-1-3905,SMA。

128 申请表,1947 年 3 月 17 日;信函,卫生局致工务局、土地局,1947 年 6 月 12 日;信函,工务局致卫生局,1947 年 6 月 9 日;信函,卫生局致土地局,1947 年 4 月 28 日,Q400-1-3905,SMA。

129 信函,河北商人致卫生局,1947 年 5 月 20 日;信函,工务局致卫生局,1947 年 7 月 28 日;信函,卫生局致河北商人,1947 年 8 月 16 日,Q400-1-3905,SMA。

130 信函,上海基督教自立会,1947 年 5 月 2 日;信函草稿,卫生局,n.d.[1947],Q400-1-3905,SMA。

131 申请信,长寿公墓,1947 年 5 月 26 日;申请信,吴曾荣(音)致卫生局,1948 年 3 月 31 日,Q400-1-3905,SMA。

132 备忘录,卫生局,1948 年 2 月 26 日;便笺,卫生局,1948 年 3 月 6 日,Q400-1-

3904,SMA。

133 信函,真如办事处,1947 年 9 月 24 日;申请表,成衣同业公会,1947 年 10 月 22 日;内部备忘录,卫生局,1946 年 10 月 23 日;信函,工务局致卫生局,1947 年 12 月 6 日;信函,卫生局致成衣同业公会,1947 年 6 月 19 日,Q400 - 1 - 3905,SMA。

134 申请表,太平公墓,1947 年 3 月 17 日,Q400 - 1 - 3905,SMA。

135 同上。

136 《公墓条例》,《申报》,1928 年 10 月 22 日。

137 《公墓条例》,Q215 - 1 - 8142,U1 - 4 - 711,SMA。

138 《申报》,1929 年 3 月 30 日。

139 《公墓与火葬清楠》,《申报》,1929 年 2 月 25 日。五省会议于 1928 年由中央政府设立,用以在各个领域协调其政策执行,尤其是土地政策。五省包括浙江、江苏、安徽、江西和福建。

140 《社会局提倡公墓》,《申报》,1929 年 3 月 24 日;《短评 提倡公墓之重要》,《申报》,1929 年 3 月 28 日。

142 训令,市长致卫生局、工务局,1928 年 10 月 29 日,Q215 - 1 - 8142,SMA。

143 信函,土地局致市政府,1929 年 11 月 22 日,Q251 - 1 - 8142,SMA。

144 信函,土地局,1929 年 12 月 16 日,Q215 - 1 - 8142,SMA。

145 《上海特别市卫生局管理市立公墓管理章程》1930 年 2 月 6 日,Q215 - 1 - 8142,SMA。

146 信函,卫生局致工务局,1930 年 12 月 12 日,Q215 - 1 - 8142,SMA。

147 预算估计,卫生局,n.d.[1930];信函,卫生局致工务局,1931 年 1 月 27 日,Q215 - 1 - 8142,SMA。

148 文件,卫生局,1930 年 12 月 16 日,Q215 - 1 - 8142,SMA。

149 训令,市长致卫生局、财政局,1931 年 2 月 6 日,Q215 - 1 - 8142,SMA。

150 信函,土地局致卫生局,1931 年 5 月 26 日;信函,土地局致卫生局,1931 年 6 月 16 日,Q215 - 1 - 8142,SMA。

151 《上海市第一公墓填土工程说明书》,Q215 - 1 - 8143;信函,工务局致土地局,1931 年 9 月 30 日,Q215 - 1 - 8142,MSA。所有相关的技术和法律文件在 Q215 - 1 - 8142,SMA。

152 信函,和记公司致工务局,1932 年 1 月 26 日,Q215 - 1 - 8143,SMA。

153 信函,卫生局、工务局致市长,1932 年 9 月 16 日,Q215 - 1 - 8143,SMA。

154 信函,工务局、卫生局、财政局致市长,1932 年 9 月 16 日,Q215 - 1 - 8143,SMA。

155 《上海市立江湾第一公墓完工》,《申报》,1932 年 9 月 10 日。

156 关于上海市内和周边铁路的空间发展,参看岳钦韬《沪宁、沪杭甬铁路研究》(博士论文,复旦大学,2013),第三章,第 151 - 211 页。

157 信件,市长致工务局,1932 年 11 月 30 日,Q215 - 1 - 8143;信函,卫生局致工务局,1933 年 2 月 23 日,W215 - 1 - 8143,SMA。

158 信函,工务局致市长,1932 年 11 月 16 日;信函,市长致工务局,1933 年 2 月 7 日,Q215 - 1 - 8143,SMA。

159 会议记录,1933 年 2 月 27 日;信函,工务局致卫生局,1933 年 3 月 19 日;信函,工务局、卫生局致市长,1933 年 4 月 7 日,Q215-1-8143,SMA。

160 信函,铁道部长,1933 年 4 月 4 日;信函,铁道部长致工务局,1933 年 5 月 1 日,Q215-1-8143,SMA。

161 信函,市长致卫生局,1933 年 5 月 9 日;信函,卫生局,1933 年 8 月 21 日;"Jisuan zhi," n.d.[1933 年 5 月],Q215-1-8143;会议通报,工务局、卫生局、土地局、财政局,1934 年 2 月 21 日;信函,卫生局致财政局(贷款合同),1934 年 7 月 18 日;信函,财政局致市政银行,1934 年 8 月 3 日;信函,工务局致卫生局(额外资金),1934 年 10 月 16 日;信函,市长致工务局、卫生局,1934 年 10 月 31 日,Q215-1-8142,SMA。

162 信函,工务局致土地局,1934 年 12 月 17 日,Q215-1-8142,SMA。

163 信函,工务局致卫生局,1935 年 8 月 28 日;《支出预算书》,1935 年 7 月 16 日,Q215-1-8144,SMA。

164 信函,卫生局致市长,1934 年 4 月 27 日,Q215-1-8142,SMA。

165 会议记录,工务局、卫生局、土地局、财政局、公共安全局,1935 年 8 月 16 日,Q215-1-8144,SMA;《申报》,1935 年 8 月 18 日。

166 会议记录,卫生局,1932 年 12 月 1 日,Q215-1-8143,SMA。

167 信函,卫生局致市政各局,1932 年 11 月 28 日,Q215-1-8143,SMA。

168 《上海市市立公墓管理规则》,《申报》,1932 年 10 月 9 日。

169 《申报》,1928 年 3 月 18 日。

170 《申报》,1933 年 3 月 20 日。

171 《申报》,1935 年 1 月 17 日、1935 年 11 月 12 日。

172 报告,《万国公墓报告》,1935,Q215-1-8277,SMA。

173 信函,市长致卫生局、土地局、工务局、财政局,1933 年 4 月 20 日,Q215-1-8277,SMA。

174 训令,市长,1934 年 9 月 27 日,Q123-1-871-5,SMA。

175 信函,卫生局、土地局、工务局、财政局致市长,1933 年 3 月 26 日,Q215-1-8277,SMA。

176 会议记录,卫生局、土地局、工务局、财政局,1934 年 10 月 8 日,Q215-1-8277,SMA。

177 信函,市长致卫生局,1935 年 6 月 7 日,Q215-1-8277,SMA;《申报》,11 月 10 日,1936 年。

178 文件,工务局,1936 年 6 月,Q215-1-8277,SMA。

179 亦可参考 Yang Guozhu, "Wo guo gongmudi guanli fagui yange, shiyoug yu yanxiu zhi tan tao", Tingshe Fazhi Luncong, no. 8(1981):399-418。

180 《蒋委员长提倡公墓令编入国民读本中灌输民众正确知识》,《申报》,1937 年 2 月 7 日。

181 《申报》,1939 年 3 月 12 日。

182 信函,陈公博致普通敌产管理委员会,1942 年 8 月 29 日,R1-18-1231,SMA。委员会隶属于敌产管理局。

183 信函,普通敌产管理委员会致陈公博,1942 年 12 月 12 日,R1-18-1231;信函,卫生局致殡仪馆,1942 年 3 月 9 日,R50-1-421-1,SMA。

184 信函,普通敌产管理委员会致陈公博,1942 年 12 月 25 日,R1-18-1231,SMA。

185 信函,卫生局致市长,1947 年 10 月 24 日;便笺,卫生局,1947 年 10 月 16 日,Q400-1-3907,SMA。

186 信函,市长致日本海军,1943 年 4 月 17 日,R1-9-284,SMA。

187 信函,土地局致市长,1943 年 4 月 24 日,R1-9-284,SMA。

188 信函,卫生局致市长,1943 年 6 月 19 日,R1-9-284,SMA。

189 报告,卫生局致市长,1943 年 5 月 11 日,R1-9-284,SMA。

190 信函,市民致卫生局,1943 年 5 月 5 日,R1-9-284,SMA。

191 信函,市民致卫生局,1943 年 5 月 14 日,R1-9-284,SMA。

192 信函,81 位市民致卫生局,1943 年 6 月 16 日,R1-9-284,SMA。

193 信函,106 位市民致市长,n.d.[1943 年 6 月];信函,市长致国民党中央执行委员会,n.d.[1943 年 6 月 28 日]转交上海市长;信函,市民致市长,1943 年 6 月 8 日;信函,市民致市长,1943 年 6 月 14 日,R1-9-284,SMA。

194 信函,市民致市长,1943 年 7 月 20 日,R1-9-284,SMA。

195 信函,市民致市政府,1943 年 6 月 28 日,R1-9-284,SMA。

196 信函,卫生局致市长,1943 年 8 月 14 日,R1-9-284,SMA。

197 信函,卫生局致市长,1943 年 6 月 3 日。拒绝去庙行公墓解释了没有必要启用海昌公墓的原因。

198 信函,市长致卫生局,1943 年 8 月 26 日,R1-9-284,SMA。

199 信函,卫生局致市长,1943 年 8 月 3 日;信函,卫生局致市长,1943 年 10 月 12 日,R1-9-284,SMA。

200 信函,卫生局致市长,1944 年 3 月 22 日,R1-9-284,SMA。

201 《旅沪粤侨扫墓代办处启示》,《申报》,1939 年 4 月 1 日。

202 《长安公墓各葬户均鉴》,《申报》,1939 年 4 月 4 日。

203 《申报》,1939 年 4 月 16 日。

204 《申报》,1939 年(久安、万安、虹桥)、1940 年(长安、保安、大陆)。

205 训令,市长致卫生局,1945 年 11 月 21 日,Q400-1-3924,SMA。

206 《申报》,1939 年 3 月 12 日。

207 信函,行政董事会致卫生局,1946 年 4 月 18 日,Q400-1-3917,SMA。

208 信函,市长致上海公墓董事会,1946 年 10 月 16 日,Q400-1-3917,SMA。

209 信函致编辑,《新闻报》,1946 年 11 月 22 日。

210 报纸文章(无标题),1946 年 12 月 15 日,S440-1-16,SMA。

211 信函,上海公墓董事会致卫生局,1947 年 2 月 15 日;信函,1947 年 2 月 26 日,Q400-1-3917,SMA。

212 信函,上海公墓董事会致卫生局,1946 年 11 月 27 日;解决方案,市议员,1946 年 12 月 12 日;信函,市议员,1947 年 6 月 9 日,Q400-1-3917,SMA。

213 信函,土地局致卫生局,1946 年 12 月 12 日;信函,卫生局致土地局,1946 年 12 月

18 日;备忘录,卫生局,1947 年 3 月 11 日,Q400－1－3917,SMA。

214 信函,卫生局致市议员,n.d.[1947 年 6 月],Q400－1－3917,SMA。

215 信函,上海公墓董事会,1946 年 11 月 25 日,Q400－1－3917,SMA。

216 信函,市长致卫生局,1947 年 5 月 24 日,Q400－1－3917,SMA。

217 信函,卫生局致市长,1949 年 3 月 9 日;信函,市长致卫生局,1949 年 4 月 8 日,Q400－1－3917,SMA。

218 信函,卫生局致市长,1947 年 10 月 24 日;信函,土地局致卫生局,1948 年 4 月 30 日,Q400－1－3907,SMA。

219 便笺,卫生局,1947 年 10 月 16 日,Q400－1－3907,SMA。

220 信函,土地局致卫生局,1948 年 4 月 2 日,Q400－1－3907,SMA。

221 信函,中央信托致卫生局,1947 年 6 月 30 日,Q400－1－3907,SMA。

222 信函,土地局致卫生局,1948 年 4 月 2 日;会议记录,卫生局、土地局、中央信托,1948 年 4 月 1 日;信函,土地局致卫生局,1948 年 6 月 22 日;信函,中央信托致卫生局,1948 年 12 月 8 日;信函,土地局致卫生局,1948 年 11 月 2 日,Q400－1－3917,SMA。

223 《申报》,1946 年 11 月 21 日。

224 信函,卫生局致工务局,1946 年 8 月 19 日;备忘录,卫生局,1947 年 10 月 16 日;信函,工务局致卫生局,1946 年 12 月 24 日;信函,卫生局致工务局,1946 年 9 月 17 日,Q400－1－3916;信函,卫生局致工务局,1947 年 11 月 6 日;信函,工务局致卫生局,1947 年 12 月 5 日;信函,卫生局致工务局,1947 年 12 月 17 日,Q400－1－3953,SMA。

225 备忘录,卫生局,1947 年 4 月 10 日;信函,卫生局致市长,1947 年 4 月 30 日,Q400－1－3916,SMA。

226 报纸文章(无标题),1947 年 2 月 26 日,S440－1－16,SMA。

227 报告,卫生局,1947 年 3 月 9 日,Q131－7－1592,SMA。

228 信函,J. B. Leong 致万国公墓,1947 年 5 月 5 日;信函,J. B. Leong 致卫生局,1947 年 6 月 19 日,Q400－1－3917,SMA。

229 备忘录,卫生局,1947 年 6 月 16 日,Q400－1－3917,SMA。

230 信函,土地局致卫生局,1947 年 8 月 22 日;备忘录和地图,卫生局,n.d.[1947];信函,市长致土地局、卫生局,1948 年 9 月 22 日,Q400－1－3917,SMA。

231 信函,卫生局、土地局致市长,1947 年 1 月 23 日;信函,土地局致卫生局,1948 年 4 月 13 日;信函,土地局致卫生局,1948 年 6 月 26 日,Q400－1－39124,SMA。

232 信函,卫生局致土地局,1948 年 6 月 8 日;信函,土地局致卫生局,1948 年 7 月 7 日;信函,土地局致卫生局,1948 年 9 月 30 日,Q400－1－3916,SMA。

233 信函,土地局致卫生局,1948 年 11 月 10 日,Q400－1－3924,SMA。

234 备忘录,卫生局,1949 年 9 月 16 日,B242－1－123,SMA。

235 参见卢家湾公墓详图,U38－4－3282,SMA。

236 Memorandum, First District Office (former International Settlement) to SZF, 6 April 1944, U1－14－3185, SMA.

237 Letter, DASM to DG, 11 August 1939, U38－4－3280, SMA.

238 《广肇山庄捡拾骸骨广告》,《申报》,1916 年 11 月 8 日。

239《伶界联合会为公墓迁葬事紧要启》《申报》,1929 年 5 月 4 日。

240《上海市伶界联合会全体会员启事》,《申报》,1934 年 10 月 20 日。

241 信函,上海市伶界联合会,1939 年 8 月 9 日,U38－5－1485,SMA。

242《真如清真第二别墅昨日落成》,《申报》,1934 年 1 月 24 日。

243《申报》,1939 年 10 月;《日方勒迁回教公墓》,《申报》,1939 年 10 月 6 日。

244 备忘录,警察局,1945 年 5 月 11 日,R1－9－361,SMA。

245 信函,岭南公墓、广肇公墓致用户,1947 年 10 月 21 日,Q117－2－217,SMA。

246 报告,广东旅沪同乡会,1950 年 9 月 27 日;信函,广东旅沪同乡会,1950 年 10 月 23 日,Q117－2－217,SMA。

247 信函,广东旅沪同乡会致卫生局,1947 年 10 月 23 日;信函,卫生局致广东旅沪同乡会,1947 年 11 月 10 日,Q117－2－217,SMA。

248 信函,广东旅沪同乡会,1947 年 11 月 13 日,Q117－2－217,SMA。

249 文件,广东旅沪同乡会,n.d.[1948],Q117－2－216,SMA。参见 Q117－2－217 中的个人迁坟授权表,SMA。

250 信函,广东旅沪同乡会致其成员,1948 年 3 月 17 日;信函,广东旅沪同乡会致其成员,1948 年 4 月 4 日,Q117－2－216,SMA。骨灰盒是火葬后放置遗骸骨灰的私人骨罐。针对这些盒子有一些不一样的称呼:枢塔,或者骨塔。

251 信函,广东旅沪同乡会致董事会成员,1951 年 1 月 24 日,Q117－2－217,SMA。

252 信函,岭南公墓董事会致用户,1950 年 9 月 8 日;会议记录,岭南公墓董事会,1950 年 9 月 13 日;报告,广东旅沪同乡会,1950 年 9 月 27 日,Q117－2－217,SMA。

253 信函,西安公墓致卫生局,1948 年 12 月 20 日;备忘录,卫生局,1948,Q400－1－3905,SMA。

254 备忘录,卫生局,1946 年 3 月,Q400－1－3926,SMA。亦可见备忘录,卫生局,1945 年 11 月 15 日,Q400－1－3926,SMA。

255 信函,英国领事致市长,1948 年 8 月 30 日;信函,市长致卫生局,1948 年 9 月 13 日,Q400－1－3903,SMA。

256《山东路上外国坟山》,1949 年 4 月 2 日,Q400－1－3903,SMA。

257 便笺,卫生局,1949 年 4 月 4 日,Q400－1－3903,SMA。

258 Letter, Ingénieur-en-chef to DASM, 2 August 1935, U38－4－3286, SMA.

259 Letter, BHPA to DASM, 25 September 1935, U38－4－3286, SMA.

260 Letter, Wai Wou Yuen soy sauce factory to FMC, 15 October 1935, U38－4－3286, SMA.

261 Letter, Wai Wou Yuen soy sauce factory to FMC, 19 February 1936, U38－4－3286, SMA.

262 Letter, Rabaute, BHPA to DASM, 15 November 1935; Letter, Rabaute, BHAPDA, 19 January 1937; Letter, Rabaute, BHPA to DASM, 4 April 1937, U38－4－3286, SMA.

263 Letter, BHPA to DASM, 11 March 1936, U38－4－3286, SMA.

264 Letter, Watchman to BHPA, 17 April 1936, U38－4－3286, SMA.

265 Letter, Watchman to Chef inspecteur de l'hygiène, 26 January 1936, U38 - 5 - 374, SMA.

266 信函,圣三一堂致市长,1947 年 11 月 11 日;信函,殡葬管理所,1949 年 4 月 12 日, Q400 - 1 - 3918, SMA。

267 报告,守门人,1948 年 7 月 19 日;备忘录,1948 年 10 月 29 日;信函,律师致卫生局,1948 年 10 月 22 日,Q400 - 1 - 3916, SMA。

268 信函,殡葬管理所致卫生局,1949 年 5 月 14 日,Q400 - 1 - 3923, SMA。

269 便笺,卫生局,1948 年 1 月 15 日,Q400 - 1 - 4004, SMA。

270 便笺,卫生局,1948 年 8 月 5 日,Q400 - 1 - 4004, SMA。

271 报告,卫生局,n.d.[1949 年 11 月],B242 - 1 - 226, SMA。

272 与会者包括人民政府秘书处、卫生局、内务局、工务局、人民法院和其他各式地方机构。信函,人民政府,1949 年 11 月 14 日,B242 - 1 - 226, SMA。

273 报告,《市府关于私立公墓的说明》,n.d.[1949 年 11 月],B242 - 1 - 226, SMA。

274 《处理私立公墓问题座谈会会议记录簿》,1950 年 4 月 4 日,B242 - 1 - 226, SMA。在"绿化带"之外,市府当局所授权的新公墓根据市政规定被委托给地方当局。

275 报告,《市府关于私立公墓的说明》,n.d.[1949 年 11 月],B242 - 1 - 226;《核定私立公墓售价计算表》,1949 年 12 月 6 日,B242 - 1 - 226, SMA。

276 《上海市运柩所管理规则》《上海市私立火葬场管理规则》《上海市丙舍管理规则》《上海市殡仪馆管理规则》,1950 年 3 月,B242 - 1 - 226, SMA。

277 《上海市私立公墓管理规则》,1950 年 3 月,B242 - 1 - 124,B242 - 1 - 226, SMA。

278 一系列规定的草案在 B242 - 1 - 226 中,SMA。

279 《上海市私立公墓申请设立暂行审核办法》,1950 年 3 月 25 日,B242 - 1 - 226, SMA(以及 B242 - 1 - 124 - 80)。

280 《处理私立公墓问题座谈会会议记录簿》,1950 年 4 月 4 日,B242 - 1 - 226, SMA。

281 会议记录,关于私立公墓的会议,1950 年 4 月 4 日,B242 - 1 - 226, SMA。

282 《各有关机关审核私立公墓申请设立案件意见表》,1950 年 8 月;《商讨审核私立公墓改进事宜座谈会》,1950 年 9 月 12 日,B242 - 1 - 226, SMA。

283 信函,卫生局致上海市郊区土改委员会,1951 年 7 月 3 日,B14 - 1 - 26, SMA。

284 信函,卫生局致上海市郊区土改委员会,1951 年 11 月 20 日,B14 - 1 - 26, SMA。

285 《市立公墓墓穴统计表》,1953,B1 - 2 - 841, SMA。

286 信函,人民政府致上海市人民政治法律委员会,1954 年 4 月 2 日;信函,上海市人民政治法律委员会致人民政府,1954 年 7 月 1 日,B1 - 2 - 839, SMA。

287 郑祖安,《山东路公墓的变迁》,《档案与历史》,2001 年第 6 期,第 72 页。

288 通知,民政局,1953 年 10 月 18 日,B1 - 2 - 840, SMA。

289 文件,《关于前静安寺公墓情况及今后具体措施意见》,n.d.[1953],B1 - 2 - 840, SMA。

290 回函见"British Civil and Military Cemeteries in China: Future of Bubbling Well Cemetery in Shanghai — 1953," FO 369/4909; "British Civil and Military Cemeteries in China: Future of Bubbling Well Cemetery in Shanghai — 1953," FO 369/4910, FO 369/

4911；"Closure of Bubbling Well Cemetery, Shanghai; British and American Cemeteries in China," FO 369/5018, British National Archives.

291 "Removal of Pa Hsien Cemetery in Shanghai to Meet Municipal Construction Requirements — 1957," FO 35/6160, British National Archives.

292 信函，公用事业管理致所有有关单位，1959 年 5 月 26 日；《市立卢湾公墓迁葬计划》，1959 年 5 月 21 日，B257-1-1500，第 34 页，SMA。

293 报告，《关于对龙华中心公墓火葬场工作检查报告》，1960 年 2 月 16 日，B168-1-148-102，SMA。

294 同上。

295 同上。

296《上海民政志》，http：//www.shtong.gov.cn/node2/node2245/node65977/node66002/node66042/userobject1ai61642.html。

297 同上。

第五章

本章是下文的修改和扩张版：Christian Henriot, "The Colonial Space of Death in Shanghai(1844 - 1949)," in *Twentieth-Century Colonialism and China: Localites, the Everyday and the World*, ed. Bryna Goodman and David S. G. Goodman (Milton Park, UK: Routledge, 2012), 108 - 133.

1 关于这个过程最好的介绍是 Robert A. Bickers, The Scramble for China: Foreign Devils in the Qing Empire, 1832 - 1914 (London: Allen Lane, 2011).

2 至今为止关于这个问题最好的研究是 Pär Kristoffer Cassel, *Grounds of Judgment: Extraterritoriality and Imperial Power in Nineteenth-Century China and Japan* (Oxford: Oxford University Press, 2012).

3 邹依仁：《旧上海人口变迁的研究》，第 141 页。

4 同上，第 138 页。

5 Arthur Stanley, "Health and Hospitals," in Twentieth Century Impressions of Hongkong, Shanghai, and Other Treaty Ports of China: Their History, People, Commerce, Industries, and Resources, ed. Arnold Wright (London: Lloyds Greater Britain Publishing Company, 1908), 435.

6 "Brief History," 4 May 1939, U1-14-6912, SMA.

7 Chris Brooks, Mortal Remains: The History and Present State of the Victorian and Edwardian Cemetery (Exeter, UK: Wheaton, 1989), 38 - 42.

8 Letter, PHD to Secretary, 23 February 1925, U1-14-6912, SMA.

9《北华捷报》，1855 年 9 月 15 日。

10 详见文件 58—61，1924 年，U1-14-6921，SMA。截止当时，墓地总共有 1 783 个士兵和水手的坟墓。

11 由于这还不是一家公共租界的市政企业，最后由捐款买单。摘录自 *Annual Report*, 17 March 1865, U1-16-2453, SMA.

12 Letter, H. W. Dent to SMC, 8 February 1866, U1-14-6921; Extract from *Annual Report*, 1865-1866, U1-16-2452, SMA;《北华捷报》,1926 年 11 月 8 日、1927 年 3 月 8 日。

13 兰宁和库龄提到三一和六七皇家炮兵部队、皇家工程及后勤部队,以及许多 Belluchis。很多士兵因伤病或者霍乱而死。George Lanning and Samuel Couling, *The History of Shanghai* (Shanghai: Kelly and Walsh, 1923), 2: 254-55.

14 实际上墓地从未全部用足。1867 年时还有 80 个墓位。信函,1867 年 5 月 27 日, U1-2-1111,SMA;《北华捷报》,1908 年 1 月 24 日。

15 信函,上海工部局,1867 年 5 月 27 日,U1-2-1111,SMA。

16《北华捷报》,1935 年 9 月 30 日。

17《北华捷报》,1935 年 9 月 28 日。

18 摘录自 *Annual Report*, 1896, 167.

19 Technical note, 2 December 1938, U1-14-6913, SMA.

20 Letter, PHD to Secretary, 26 June 1928, U1-16-2443, SMA.

21 Letter, PHD to Secretary, 26 June 1928; Letter, PHD to Secretary, 23 June 1930; Letter, PHD to Secretary, 4 May 1939; Letter, PWD to Secretary, 11 May 1939; Letter, Superintendent of cemeteries to PHD, 4 March 1941, U1-16-2443, SMA

22 "Plan du cimetière de Lokawei," U38-4-3282, SMA.

23 Letter, DASM to DG, 11 December 1939, U38-4-3280, SMA.

24 1939 年 9 月有 738 座私人坟墓,但是墓地也会落葬穷人。大世界爆炸案有 560 名无主受害者尸体,都被葬在这里。Letter, DASM to DG, 11 December 1939, U38-4-3280, SMA.

25 Letter, DASM to DG, 11 December 1939, U38-4-3280, SMA.

26 Letter, DASM to DG, 11 August 1939, U38-4-3280, SMA.

27 Letter, DASM to DG, 8 November 1939, U38-4-3280, SMA.

28 "Décisions de la commission municipale," 29 June 1943, U38-1-1000, SMA.

29 Letter, PWD to Secretary, 11 August 1932, 1933 (documents 18-22), 1935 (documents 23-35, including map), U1-16-2450, SMA.

30 同上。

31 报告,n.d.[1949 年 11 月],B242-1-226-62,SMA.

32 关于英国殖民者,这方面的经典著作是 Robert A. Bickers, *Britain in China: Community, Culture and Colonialism 1900-1949* (Manchester, UK: Manchester University Press, 1999). 还可参考 Robert A. Bickers and Christian Henriot, *New Frontiers: Imperialism's New Communities in East Asia, 1842-1953* (Manchester, UK: Manchester University Press, 2000).

33 Letter, PHD to Secretary, 20 October 1931, U1-3-1183, SMA.

34 Note, PHD, 16 June 1933; Memo, no author, 29 June 1933, U1-16-2423, SMA.

35 Superintendent of cemeteries to PHD, 23 November 1937; List, n.d., but 1940,

U1-16-2423，SMA.

36 关于这个问题，详见 Note, PHD, 16 June 1933; Memo, 29 June 1933, U1-16-2423, SMA. See 详见新规定，Municipal notification 4361, 4 May 1933, *Municipal Gazette*, U1-16-2423, SMA.

37 Letter, Superintendent of cemeteries to PHD, 23 November 1937, U1-16-2423, SMA.

38 Letter, Health inspector to Secretary, 14 March 1913, U1-14-3195, SMA.

39 相似的情况在公园问题上也一样，大部分中国人直到20世纪20年代都被排斥在外。为了弥补这种排外的情况，一个为中国人开放的公园在1890年于苏州河沿岸开放。关于这个问题，详见 Robert A. Bickers and Jeffrey N. Wasserstrom, "Shanghai's 'Dogs and Chinese Not Admitted' Sign: Legend, History and Contemporary Symbol," *China Quarterly* 142 (1995): 444-66.

40 Letter, Secretary to PWD, 5 September 1924, U1-14-3195, SMA.

41 Madeleine Lassère, "L'espace urbain et la mort: La création d'un cimetière communal à Grenoble (XVIIIe-XIXe siècles)," *Cahiers d'Histoire* 39, no. 2 (1994): 117.

42 Letter, FMC to SMC, 24 February 1911, U1-16-2453, SMA.

43 "Notes and Instructions for the Guidance of the Inspector Undertaking Cemetery Duties," 15 June 1923, U1-16-2423, SMA.

44 "Règlement du cimetière de la route de Zikawei," Ordonnance consulaire, 12 October 1933; "Règlement du cimetière de Lokawei," Ordonnance consulaire, 12 October 1933, U38-1-2174, SMA.

45 Letter, PHD to SMC, 21 July 1938, U1-4-712, SMA; Municipal notification 4030, *Municipal Gazette* 23, no. 1275, 14 November 1930.

46 "Notes and Instructions for the Guidance of the Inspector Undertaking Cemetery Duties," 15 June 1923; Letter, Secretary, 6 July 1929, with two new regulations, U1-16-2423, SMA.

47 Letter, P. W. Massey to SMC, n.d.; Draft regulation, PHD to Secretary, 6 August 1924; Letter, PHD to Massey, 11 August 1924; Letter, Secretary to PHD, 17 September 1924, U1-16-2423, SMA.

48 Letter, PWD to Secretary, 28 December 1942, U1-4-712, SMA.

49 Christine Cornet, "Ordre et désordre à Shanghai: Les policiers tonkinois et la Concession française, 1907-1946" (HDR, University of Lyon, 2014).

50 Letter, DASM to DG, 11 August 1939, U38-4-3280, SMA.

51 同上。

52 同上。

53 Minutes, Watch Committee, 7 November 1907; Letter, Park keeper to Chief municipal engineer, 5 April 1908, U1-14-6907, SMA.

54 Letter, Sikh assistant superintendent, 12 April 1911, U1-14-690, SMA.

55 Letter, Secretary to SMP, 4 May 1911; Letter, SMP to Secretary, 10 September

1913，U1-14-690，SMA．

56 Letter，PWD，10 September 1923，U1-14-690，SMA．

57 Memorandum，SMP to Secretary，2 April 1932，U1-3-3010，SMA；Shanghai Municipal Council，*Report for the Year 1903*（Shanghai：Kelly and Walsh，1904），187．

58 1900 年上海外国租界地图（视觉上海，地图 ID 342）。

59 回函见文件 U1-16-2453，SMA。

60 Letter，FMC to SMC，13 February 1911，U1-16-2453，SMA．

61 Letter，PWD to Secretary，29 July 1940，U1-16-2453，SMA．

62 Françoise Kreissler，"Exil ou asile à Shanghai? Histoire des réfugiés d'Europe centrale（1933-1945）"（HDR，University of Paris VIII，2000）；Chiara Betta，"From Orientals to Imagined Britons：Baghdadi Jews in Shanghai，" *Modern Asian Studies* 37，no. 4（2003）：999-1023；Marcia R. Ristaino，*Port of Last Resort：The Diaspora Communities of Shanghai*（Stanford，CA：Stanford University Press，2001）；Bei Gao，*Shanghai Sanctuary：Chinese and Japanese Policy toward European Jewish Refugees during World War II*（Oxford：Oxford University Press，2013）．

63 1900 年上海外国租界地图（视觉上海，地图 ID 342）；1919 年上海地图，上海工部局调查绘制，1919 年（视觉上海，地图 ID 28）。

64 Letter，China Realty Company to SMC，28 February 1936；Letter，SMC，4 March 1936，U1-14-6927，SMA．

65 Letter，PWD to Nissim［Jewish community］，20 March 1936，U1-14-6927，SMA．

66 Letter，Secretary to PHD，11 December 1939；Letter，Superintendent of cemeteries to PHD，14 December 1939；Letter，PWD to Secretary，15 December 1939，U1-16-2422，SMA．

67 Letter，Jewish Liberal Community to SMC，11 December 1940；Letter，PWD to Secretary，5 March 1941；Letter，PWD to Secretary，15 January 1941，U1-14-6927，SMA．

68 Minutes，Council meeting，19 February 1941，U1-14-6927，SMA．

69 Letter，PHD to Secretary，28 February 1941，U1-14-6927，SMA．

70 Note，"Visit to Jewish Cemetery on 27 June 1942," n.d.，U1-14-6927，SMA．

71 Letter，Committee for Assisting Jewish Refugees to PWD，3 July 1942；Letter，Juedische Gemeinde to PWD，4 November 1942；Letter，Juedische Gemeinde to Secretary general，First Special District，21 September 1943，U1-14-6927，SMA．

72 Letter，PWD to Secretary，6 October 1943；Letter，PWD to Juedische Gemeinde，8 October 1943；Letter，Juedische Gemeinde to PWD，8 November 1943；Letter，Secretary to PWD，15 December 1943，U1-14-6927，SMA．

73 备忘录，卫生局，n.d.［1947 年］，Q400-1-3914，SMA。

74 备忘录，卫生局，1946 年 6 月 12 日，Q400-1-3914，SMA。

75 信函，土地局致卫生局，1946 年 8 月，Q400-1-3914，SMA。

76 备忘录,卫生局,1947年9月3日;信函,卫生局致律师,1947年10月21日,Q400-1-3914,SMA。

77 *Saishin Shanhai chizu*[最新上海地图],1908(视觉上海,地图 ID 269);*Plan of Shanghai 1919*(视觉上海,地图 ID 28)。

78 *Plan of Shanghai 1919*(视觉上海,地图 ID 28)。

79 《申报》,1923年1月27日、1925年3月31日、1926年3月7日、1933年4月2日。

80 有3次小的扩建:1934年的0.7亩、1935年的1.65亩和1936年的1.64亩;"Agreement," U1-14-6931,SMA.扩建文件参见 U1-14-6931,SMA。

81 Memo, PWD, 14 September 1938, U1-14-6931, SMA.

82 参见 U1-14-6931中的文件和地图,SMA。

83 信函,市长致土地局,1946年5月9日,Q400-1-4001,SMA。

84 训令,市长,1946年7月18日,Q400-1-4001,SMA。

85 Letter, SMC, 3 December 1942; Letter, PHD to Secretary, 11 December 1942; Letter, PWD to Secretary, 19 December 1943, 28 December 1942; Minutes, Coordinating Committee (SMC), 4 January 1943, 6 January 1943, U1-4-712, SMA.

86 《上海泰晤士报》,1933年3月3日。

87 信函,卫生局致市长,1949年3月9日,Q400-1-3916,SMA。

88 Memo on Shantung Road Cemetery, 23 February 1940, U1-14-6912, SMA.

89 Letter, Secretary to Legal adviser, 2 February 1925; Letter, Legal adviser to SMC, 22 May 1925, U1-14-6912, SMA.

90 Letter, E. S. Little to SMC, 28 March 1939; Letter, SMC to Legal adviser, 2 February 1925; Letter, Legal adviser to SMC, 22 May 1925, U1-14-6912, SMA.

91 Memo on Shantung Road Cemetery, 23 February 1940; Memo on Shantung Road Cemetery, 26 February 1940, U1-14-6912, SMA.

92 备忘录,卫生局,1945年11月15日;手稿便笺,1946年3月14日,Q400-1-3935;备忘录,1946年3月,Q400-1-3926;报纸(未能识别)文章,1949年4月2日;便笺,卫生局,1949年4月4日,Q400-1-3903,SMA。

93 见文件38-40,1913、1917,U1-14-6921,SMA。

94 见文件45和47-50,1920年,U1-14-6921,SMA。

95 Letter, SMC to Shanghai Dock and Engineering Company, 14 September 1927, and agreement, U1-14-6921, SMA.

96 Letter, PHD/PWD, 18 June 1928, U1-16-2452, SMA.

97 Letter, PHD to Secretary, 29 January 1932; Letter, SMC to SZF, 21 November 1932; Letter, SMC to Gong'anju, n.d.[1932], U1-16-2452, SMA.

98 Letter, Superintendent of cemeteries to PHD, 1 November 1938, U1-16-2452; Report, Superintendent of cemeteries to PHD, 17 September 1942, Letter, Secretary to PHD, 23 October 1942, U1-16-2443, SMA.

99 《北华捷报》,1912年2月3日。

100 Letter, PWD to Secretary, 15 July 1924, U1-16-2454; Letter, Superintendent

of cemeteries to PHD, 27 May 1926; Letter, Consul to SMC, 5 July 1926; Letter, SMC to Consul, 21 January 1927, U1-4-711, SMA.

101 Letter, PHD to Secretary, 4 February 1938; Letter, PWD to Secretary, 28 March 38, U1-16-2454, SMA.

102 Letter, PWD to Secretary, 28 March 1938, U1-16-2454, SMA.

103 Minutes, 6 April 1938, U1-16-2454, SMA.

104 Letter, SMC to Consulate, 9 April 1938, U1-16-2454, SMA.

105 Letter, Consulate to SMC, 13 August 1938, U1-16-2454, SMA. The SMC even consulted the East Surrey Regiment about the design of the memorial. Letter, PHD to PWD, 9 January 1939, U1-16-2454, SMA.

106 Letter, Superintendent of cemeteries to PHD, 9 December 1938, U1-16-2454, SMA; Lanning and Couling, *History of Shanghai*, 2: 254.

107 《字林西报》,1938 年 12 月 14 日;《大陆报》,1939 年 3 月 1 日。

108 《上海泰晤士报》,1939 年 9 月 27 日;《字林西报》,1939 年 9 月 30 日;《大陆报》,1939 年 10 月 4 日;《字林西报》,1939 年 10 月 4 日。

109 《英军公墓》,《申报》,1939 年 1 月 9 日。

110 "Ghouls Rob Foreign Graves, Steal Bones,"《字林西报》,1949 年 2 月 3 日;信函,卫生局致《字林西报》,1949 年 2 月 4 日;备忘录,1949 年 2 月 8 日,Q400-1-3916,SMA。

111 《字林西报》,1949 年 2 月 3 日。

112 Charles B. Maybon and Jean Fredet, *Histoire de la Concession française de Changhai* (Paris: Plon, 1929), 61.

113 Bryna Goodman, *Native Place, City, and Nation: Regional Networks and Identities in Shanghai, 1853-1937* (Berkeley: University of California Press, 1995), 159-169.

114 同仁辅元堂的案例详细参考了 Fuma Susumu, "Shanhai — Shinmatsu shanhai no kindaika to tsuka mondai" [Shanghai — Problems of modernization and charitable cemeteries at Shanghai at the end of the Qing era], in *Kōza tenkanki ni ōkeru nigen*, no. 4, *Toshi no wa* [Studies in the rise of mankind, no. 4, What are cities?] (Tokyo: Iwanami, 1989), 287-290.

115 "Agreement," 18 July 1893, U1-14-6928, SMA.

116 "Site for Chinese Public School," extract from *Annual Report*, 1902, U1-14-6928, SMA.

117 Letter, Engineer and surveyor to TRFYT, 5 January 1906, U1-14-6928, SMA.

118 Map of Tongren Fuyuantang Cemetery, 27 January 1927, with notes by PWD inspector, U1-14-6928, SMA.

119 Letter, PHD to PWD, 28 July 1930, U1-14-6928, SMA.

120 Memo, "Fu Yun Tang Cemetery," 6 October 1932, U1-14-6928, SMA.

121 Report and map, PWD, 22 November 1933; Letter, SMC to TRFYT, 14 April 1934; Note, PWD, 8 June 1934, U1-14-6928, SMA.

122 Note, 19 March 1936, U1-14-6928, SMA.

123 Letter, Zhonghua School to SMC, 25 March 1937, 22 December 1937; Letter, SMC to TRFYT, 17 January 1938, U1－14－6928, SMA.

124 Letter, Federation to SMC, 10 February 1938; Letter, SMC to Federation, 15 February 1938, U1－14－6928, SMA.

125 Memo, PWD, 3 October 1940, U1－14－6928, SMA.

126 Susumu, "Shanhai," 294－295.

127 Letter, PWD to PHD, 21 November 1939, U1－16－2450, SMA.

128 Letter, PWD to PHD, 11 August 1941, U1－16－2450, SMA.

129 Letter, PHD to PWD, 15 August 1941, U1－16－2450, SMA.

130 Letter, PHD to Secretary, 3 February 1943, U1－16－2450, SMA.

131 Departmental report, 1 February 1907, U1－14－6913, SMA.

132 Memo of interview, 16 October 1907, U1－14－6913, SMA.

133 Memo of interview, 18 October 1907, U1－14－6913, SMA.

134 Memo of general meeting, 15 November 1907, U1－14－6913, SMA.

135 Proclamation poster, 12 December 1907, U1－14－6913, SMA.

136 Minutes, 23 March 1908, U1－14－6913, SMA.

137 Letter, Secretary to PWD, 23 December 1911; Letter, PWD to Secretary, 27 December 1911, U1－14－6913, SMA.

138 See maps 62 and 63 in file U1－14－6913, SMA.

139 Minutes, Works Committee, 8 January 1908, U1－14－6913, SMA.

140 Secretary, 25 November 1914, U1－14－6913, SMA.

141 Minutes, Works Committee, 20 April 1916, U1－14－6913, SMA.

142 Letter, PWD to Secretary, 14 February 1920; Letter, Secretary to PWD, 26 January 1926, U1－14－6913, SMA.

第六章

本章是下文的增改版：Christian Henriot, "'Invisible Deaths, Silent Deaths': 'Bodies without Masters' in Republican Shanghai," *Journal of Social History* 43, no. 2 (2009): 407－437.

1 暴露在外的尸体的中文表达方式是"无主尸体"，弃棺则是"无主棺材"。

2 关于慈善机构的兴起，参见 Raymond Lum, "Philanthropy and Public Welfare in Late Imperial China (Canton, Kwangtung, Charity)" (Ph.D. diss., Harvard University, 1985); Fuma Susumu, *Chūgoku zenkai zendōshi kenkyū* [A study of the history of benevolent associations in China] (Kyoto: Dōhō sha Shuppan, 1997).

3 Angela Ki Che Leung, "To Chasten Society: The Development of Widow Homes in the Qing, 1773－1911," *Late Imperial China* 14, no. 2 (1993): 1－32; 梁其姿：《施善与教化：明清的慈善组织》，联经出版实业公司1997年版；Angela Ki Che Leung, "Organized Medicine in Ming-Qing China: State and Private Medical Institutions in the Lower Yangzi Region," *Late Imperial China* 8, no. 1 (1987): 134－166.

4 Lum,"Philanthropy and Public Welfare," 146-147.

5 Chris Brooks, Mortal Remains: The History and Present State of the Victorian and Edwardian Cemetery (Exeter, UK: Wheaton, 1989), 33-37.

6 合同时期的欧洲城市相比,该现象和前现代的法国城市所发生的更接近,当时法国城市也是将郊区人口大量吸纳进程,用以维持城市生活。Jean-Pierre Bardet, Rouen aux XVIIe et XVIIIe siècles: Les mutations d'un espace social (Paris: Société d'Édition d'Enseignement Supérieur, 1983); John Landers, Death and the Metropolis: Studies in the Demographic History of London, 1670-1830 (Cambridge: Cambridge University Press, 1993); Louis Chevalier, Laboring Classes and Dangerous Classes in Paris during the First Half of the Nineteenth Century (New York: Fertig, 1973); Richard J. Evans, Death in Hamburg: Society and Politics in the Cholera Years, 1830-1910 (Oxford: Clarendon, 1987).

7 关于同仁辅元堂的历史,参看"Préface pour le rapport de la gestion des affaires et des comptes du Bureau de Bienfaisance, Shanghai," January 1933, U38-5-1641, SMA; Letter, Qin Yan, administrator of the SPBC, to FMC, 22 November 1938, U38-5-1641;《同仁辅元堂申请补助、免费车罩及清毒用具、药水等》,1939,U38-5-1641,SMA; William Charles Milne, Life in China (London: Routledge, 1858), 68-69.

8 普善山庄首次发布声明是在1914年12月13日,第二次则是在1915年11月9日。《申报》,1914年12月13日、1915年11月9日。普善山庄在1920年至1937年还经营一座门诊诊所(白十字普善产科)以及给穷人孩子开设的小学(普善小学)。《上海泰晤士报》,1942年9月13日;《普善山庄播音募款特刊》,1947年7月26日,4,Q1-12-1502,SMA。

9 "Is It There Still?"《字林西报》,1939年1月11日。

10 "Each Forever Laid,"《上海星期日泰晤士报》,1923年2月11日。

11《中国报》,1934年1月28日、1937年1月15日、1939年3月29日。

12《大美晚报》,1939年3月29日。

13《上海泰晤士报》,1939年3月29日、1940年4月6日、1942年11月17日;《字林西报》,1941年10月6日;《大美晚报》,1942年9月14日。

14 Letter, SPBC to SMC, 18 March 1926, U1-16-2458, SMA.

15 有中国和外国的慈善机构提供地方以供孩子父母"遗弃"其新生儿或者婴儿,就像在欧洲一样,但是和欧洲不同的是,将死去的儿童遗弃在大街上的做法普遍存在。在欧洲城市,一些父母会将其死去的新生儿置于教堂墓地,希望其能获得一个体面的葬礼,但这并不常见。关于这个问题,参见 Rachel Ginnis Fuchs, Abandoned Children: Foundlings and Child Welfare in Nineteenth-Century France (Albany: State University of New York Press, 1984); Volker Hunecke, I trovatelli di Milano: Bambini esposti e famiglie espositrici dal XVII al XIX secolo (Bologna: Mulino, 1989).

16 Jan Jakob Maria de Groot, The Religious System of China (Leyden [Leiden]: E. J. Brill, 1892), 1: 240, 329-330.

17《上海泰晤士报》,1942年9月13日。

18《上海泰晤士报》,1942年11月17日;《大美晚报》,1942年9月14日。

19 De Groot, *Religious System of China*, 1：320. 在法租界, 居民必须从当局获得许可才被允许在一个有限的时间段内将灵柩保存在私人寓所。1935 年, 在 1 057 个申请里, 只有 3‰是保管在私人寓所。Conseil d'Administration Municipale de la Concession Française, *Compte rendu de la gestion pour l'exercice 1935* （Shanghai：Imprimerie Municipale, 1936）, 141.

20 De Groot, *Religious System of China*, 3：1388."它们由石头或者砖头搭成, 直径大约是 5 米, 形状可以是圆形、多边形或是方形, 构成有瓦屋顶的隔间。尸体从一个像窗户一样的小孔扔入, 小孔带有方形的木门以防风、鸟和蝙蝠从此进入……有一些婴儿塔会有两个隔间, 相对而建, 左侧或者主侧间用来容纳男婴尸体, 另一边则容纳女婴尸体。"亦可见 Milne, *Life in China*, 44 - 45.

21 Milne, *Life in China*, 68 - 69.

22 《北华捷报》, 1860 年 8 月 25 日、1862 年 8 月 23 日。

23 E. J. Powell, City and Environs of Shanghai （Shanghai：Hydrographic Office, 1862）.

24 《北华捷报》, 1881 年 10 月 25 日、1921 年 10 月 15 日。

25 Shanghai Municipal Council, *Report for the Year 1903* （Shanghai：Kelly and Walsh, 1904）, 79 - 80.

26 《普善山庄简史》,《普善山庄播音募款特刊》, 1。

27 比如, 它一开始开设了两个点, 一个在新闻的一所佛教寺庙中, 另一个在一个善堂中, 人们可以将其孩子的尸体送到那里。但是, 尽管它刊登广告说所有的服务都是免费的, 这对于穷人来说并没有吸引力, 他们发现直接将死尸仍在他们住处附近更方便。《申报》, 1915 年 11 月 9 日。

28 1918 年那场席卷全球的流行感冒于 1919 年 3 月袭击上海, 但是感染者大部分都是成人。Shanghai Municipal Council, *Report for the Year 1919* （Shanghai：Kelly and Walsh, 1920）, 105A.

29 《普善山庄警告伤害者注意》,《申报》, 1918 年 1 月 12 日。

30 Letter, PHD to Secretary, 12 February 1932, U1 - 16 - 2539, SMA.

31 关于上海难民问题, 参见 Christian Henriot,"Shanghai and the Experience of War：The Fate of Refugees," *European Journal of East Asian Studies* 5, no. 2 （2006）：215 - 245; Jan Kiely,"For Whom the Bells Ring and the Drums Beat：Pure Land Buddhist Refugee Relief Activism in Wartime Shanghai, 1937 - 1945"（Conference in Honor of Frederic Wakeman, Institute of East Asian Studies, University of California at Berkeley, 2006）.

32 《上海公共租界工部局卫生处关于普善山庄补助事宜的文件》, U1 - 16 - 2458, SMA。

33 Letter, Chief health inspector, 3 April 1939, U1 - 16 - 2530, SMA.

34 文件 U38 - 5 - 1262, U38 - 5 - 1263, U38 - 5 - 1264, SMA.

35 Jan Sundin,"Child Mortality and Causes of Death in a Swedish City, 1750 - 1860," *Historical Methods* 29, no. 3 （1996）：101.

36 Anne Hardy, "Diagnosis, Death, and Diet: The Case of London, 1750 – 1909," Journal of Interdisciplinary History 18, no. 3 (1988): 387 – 401.

37 关于中国的杀婴问题,参见 Michelle Tien King, Between Birth and Death: Female Infanticide in Nineteenth-Century China (Stanford, CA: Stanford University Press, 2014); David E. Mungello, Drowning Girls in China: Female Infanticide *since 1650* (Lanham, MD: Rowman and Littlefield, 2008).

38 关于气象的数据根据徐家汇气象站的记录绘制,该记录尚待全面发掘。参见 Observatoire de Zi-Ka-Wei, *Revue Mensuelle*, no. 437 – 438 (January – February 1942), no. 443 – 44 (July – August 1942).

39 这项分析基于详尽的表格、图表和地图,数据收集于下列文件:"The Shanghai Public Cemetery — Report of Unclaimed Corpses Collected and Buried" for 1931, 1935, 1936, 1937, U1 - 16 - 2458; 1939, U1 - 16 - 2460, U1 - 16 - 2461(2); 1940, 1942, 1943, U1 - 16 - 2459, U1 - 16 - 2461(3), SMA.

40 Police report, 13 February 1931, U38 - 2 - 3507, SMA.

41 案例包含了 August 1937 – March 1938, July 1938 – January 1939, September 1939 – March 1940. "Cadavres trouvés au cours de la journée du [date]," U38 - 5 - 1262, U38 - 5 - 1641, SMA。

42 Caroline Reeves, "Grave Concerns: Bodies, Burial, and Identity in Early Republican China," in *Cities in Motion: Interior, Coast, and Diaspora in Transnational China*, ed. Sherman Cochran, David Strand, and Wen-hsin Yeh (Berkeley: Institute of East Asian Studies, University of California, 2007), 27 – 52.

43 "Préface pour le rapport de la gestion des affaires et des comptes du Bureau de Bienfaisance, Shanghai," January 1933, U38 - 5 - 1641, SMA; Letter, Qin Yan, administrator of the SPBC, to FMC, 22 November 1938, U38 - 5 - 1641;《同仁辅元堂申请补助、免费车罩及清毒用具、药水等》,1939, U38 - 5 - 1641, SMA.

44 Milne, Life in China, 68 – 69.

45 关于普善山庄的历史,参见 Q6 - 9 - 470 和章程,n.d.[1929], Q114 - 1 - 9, SMA。

46《申报》,1880 年 3 月 14 日。

47《北华捷报》,1870 年 3 月 15 日。

48 Lum, "Philanthropy and Public Welfare," 140.

49 广州市卫生局统计室,《广州市卫生局 shou jianlushi shulian》,1946 年 9 月 20 日。笔者从 Xavier Paulès 这里拿到了他在台湾"国史馆"所找到的这张地图,地图上没有出版地址和出版商的信息。

50 Madeleine Yue Dong, *Republican Beijing: The City and Its Histories* (Berkeley: University of California Press, 2003); Madeleine Yue Dong and Joshua L. Goldstein, *Everyday Modernity in China* (Seattle: University of Washington Press, 2006); Ruth Rogaski, *Hygienic Modernity: Meanings of Health and Disease in Treaty-Port China* (Berkeley: University of California Press, 2004).

51 De Groot, Religious System of China, 1: 135 – 139.

52 同上，3：863 - 65；Jean Malval，"Le sort des cadavres dans la Concession française，" *Revue d'Hygiène et de Médecine Préventive* 61，no. 1 (1939)：44 - 45.

53 *Municipal Gazette*，11 March 1938.

54 Draft report，PHD to Secretary，5 April 1940，U1 - 16 - 2533，SMA.

55 《普善山庄播音募款特刊》，1。当大学提出需要医学解剖练习时，善会也会提供尸体。Letter，Director BHPA to TRFYT，15 January 1943，U38 - 5 - 1638，SMA. On the use of paupers' bodies for anatomy in Great Britain，see Elizabeth T. Hurren，"Whose Body Is It Anyway? Trading the Dead Poor，Coroner's Disputes，and the Business of Anatomy at Oxford University，1885 - 1929，" *Bulletin of the History of Medicine* 82，no. 4 (2008)：775 - 818.

56 Letter，Li Yi Benevolent Society to SMC，30 January 1929；Letter，Li Yi Benevolent Society to SMC，4 February 1929；Note，PHD，5 February 1929，U1 - 16 - 2458；Letter，Health inspector，4 April 1939，U1 - 16 - 2530，SMA.

57 Letter，Li Yi Benevolent Society to SMC，30 January 1929；Letter，Li Yi Benevolent Society to SMC，4 February 1929；Note，PHD，5 February 1929，U1 - 16 - 2458，SMA.

58 Letter，Health inspector，4 April 1939，U1 - 16 - 2530，SMA.

59 《普善山庄一周年报告》（普善山庄 1925 年的报告），U1 - 4 - 198，SMA。1925 年时：594 coffins from Renji Shantang，344 from Lianyi Shantang，3,807 from 广肇山庄 213 from Tongyuan Xizihui，1,933 from Fulai Gongsi，and 50 from Shenshi Hospital；"List Showing Coffins Supplied and Buried during 1930，" SPBC，U1 - 3 - 2399，SMA.

60 Letter，SMC to SPBC，15 February 1938，U1 - 16 - 2530，SMA.

61 Letter，SPBC to SMC，24 March 1938，U1 - 16 - 2457，SMA；《申报》，1938 年 8 月 11 日。

62 每一艘帆船都会用白底黑大字"同仁辅元堂"作为标识，然后再画一个红圈。每一艘船都有不同的编号。U38 - 5 - 1260 - 1，SMA.

63 普善山庄事实上从未恢复启用其大场公墓，该公墓在战争中被完全摧毁。这一大块土地被接管用于建设大场军用机场。《普善山庄播音募款特刊》，1。

64 Letter，PHD to SMC，21 January 1938，U1 - 16 - 2530，SMA.

65 Letter，SPBC to SMC，29 November 1937，6 December 1937；Letter，Japanese consul to SMC，17 December 1937；Letter，PHD to SMC，30 December 1937，U1 - 16 - 2530；Letter，PHD to SMP，21 January 1938，U1 - 16 - 2530，SMA；*North China Daily News*，Reader's letter，23 February 1938.

66 Letter，SMC to SPBC，15 February 1938，U1 - 16 - 2530，SMA。参见公开声明：the Chinese Women's Club，Woman's Christian Temperance Union of China，YWCA，Women's Vocational Association，and Chinese Women's League. *Municipal Gazette*，11 March 1938.

67 报告，卫生局，n.d.［1947 年 6 月］，Q400 - 1 - 3932，SMA。

68 Letter，Health inspector to PHD，7 January 1941，U1 - 16 - 2457，SMA。

69 报告,SPBC,n.d.[1947 年 7 月],Q6-9-470,SMA。

70 报告,卫生局,n.d.[1947 年 6 月],Q400-1-3932,SMA。

71 信函,SPBC 致市政府,1948 年 9 月 9 日,Q109-1-790;回函,1949 年 5 月,Q400-1-3929,SMA。

72 Lum, "Philanthropy and Public Welfare," 149.

73 Untitled memo (et seq.), R. Y. Yorke, A.C., June 1928, U1-3-2399, SMA.

74 "Coffin Dumping: Kiaochow Rd 1920-25," U1-3-590, SMA.

75 Letter, SPBC to SMC, n.d.[1921], U1-3-1806, SMA.

76 Letter, SPBC to SMC, 15 February 1922, U1-3-1806; Letter, SPBC to SMC, 6 April 1923, U1-16-2458, SMA. 相同的信件被呈递给法租界和领事馆。

77 Memo, Health inspectors, 22 March 1926, U1-16-2458, SMA.

78 Letter, SMC to SPBC, 27 March 1926, U1-16-2458, SMA.

79 Conseil d'Administration Municipale de la Concession Française, *Compte rendu de la gestion pour l'exercice 1926* (Shanghai: China Printing Company, 1927), 63-64.

80 Untitled memo (et seq.), R. Y. Yorke, A.C., June 1928, U1-3-2399, SMA.

81 Letter, Secretary SMC to Commissioner of police, 29 August 1928, U1-16-2465; Office note (SMP), 7 August 1928; Letter, SMC to SPBC, 24 September 1928; Memo, PHD, 15 January 1929, U1-16-2458; Letter, SMP to SMC, 18 August 1928; Letter, PHD to SMC, 21 August 1928, U1-3-2399, SMA.

82 Report, SMP, 11 February 1931, U1-3-2399; Letter, SMC to SPBC, 24 March 1937; Letter, SPBC to SMC, 5 May 1937, U1-16-2458, SMA.

83 私人方面的捐献占据了 1939 年总收入的 10%左右($ 233 142)。补偿金额是根据对所收集的尸体进行估算从而得出。Letter, French deputy director of public health to Chief health inspector, 16 March 1938; Letter, SPBC to French Concession, 28 March 1938;《同仁辅元堂申请补助、免费车罩及清毒用具、用水等》,1939 年,U38-5-1641,SMA。

84《同仁辅元堂申请补助、免费车罩及清毒用具、用水等》,1939,U38-5-1642,SMA。

85 除了市民的遗体(大约 4 000 具)之外,普善山庄还负责埋葬被遗弃在战场上的死去的士兵。在 1931—1932 年的战乱中,普善山庄埋葬了超过 3 000 具遗体。报告,SPBC,n.d.[1947 年 7 月],Q6-9-470,SMA;《上海战区难民临时救济会、上海战时难民临时救济会工作报告书》(上海:上海战区难民临时救济会,1933),第 54 页。

86 Letter, Commissioner of public health to Secretary SMC, 12 February 1932, U1-16-2539, SMA.

87 Memo, SPBC to SMC, 7 March 1932, U1-16-2539, SMA.

88 第一个对难民及当地精英进行彻底研究的是 Yi Feng, "Élites locales et solidarités régionales: L'aide aux réfugiés à Shanghai (1937-1940)," *Études Chinoises* 15, no. 1-2 (1996): 71-106;亦可见 Henriot, "Shanghai and the Experience of War."

89 Letter, F. R. W. Graham (SVC) to Secretary, 25 August 1937, U1-16-2530, SMA.

90 Letter, TRFYT to Consul general, n.d.[1938], U38-1-507, SMA.

91 Letter, Secretary to PHD, 18 August 1937, U1-16-2530, SMA.

92 Letter, Naigai Wata Kaisha Cotton Mill, 20 May 1938; Letter, PHD to SMP, 9 July 1938; Letter, China Chemical Works, 21 April 1938; Memo, Health inspector, 26 May 1938; Letter, PHD to SMC, 13 June 1938, U1-16-2532, SMA.

93 Note, PHD to SMC, March 1938, U1-16-2457, SMA.

94 未签名文件, Divisional office "B," 21 May 1938, U1-16-2532, SMA.

95 Letter, J. H. Jordan to Superintendent of police, 27 May 1938, U1-16-2532, SMA.

96 Municipal Gazette, 11 March 1938.

97 Memorandum, PHD, 4 February 1937, U1-4-198; Letter, SMC to SPBC, 24 March 1937; Letter, SPBC to SMC, 5 May 1937, U1-16-2458, SMA.

98 *Municipal Gazette*, 11 March 1938; Letter, Secretary, 27 August 1937, U1-16-2449, SMA.

99 Letter, Director of police to Director BHPA, 9 May 1938, U38-1-507, SMA. 火葬的引入是拜一次争论所赐,争议所在是要将维尔蒙路(今普安路)上宁波公所的灵柩移走。公所从双方呈现敌对状态开始已经积压了6 650具灵柩,其中一半是以同仁辅元堂的名义寄存的。

100 Office note, SMP, 7 August 1928, U1-16-2458, SMA; Letter, TRFYT to Consul general, [May 1938], U38-1-507, SMA.

101 Note, Palud, Director BHPA, 7 June 1938, U38-1-507, SMA.

102 Letter, Director BHPA, 23 December 1939; Communication, Administrative director, 29 December 1939, U38-5-158, SMA.

103 采用火葬来解决露尸的办法似乎已经在舆论中生根。1944年8月,《申报》的一篇文章主张为穷人设立火葬场以用低成本来解决街头的露尸问题。《改革葬殓》,《申报》,1944年8月8日。

104 Letter, SMC to SPBC, 15 February 1938; Letter, SPBC to SMC, 17 February 1938, U1-16-2533, SMA.

105 Memorandum, PHD to Secretary, 3 December 1938, U1-4-198, SMA.

106 Report, April 1943; Report, September 1943, U1-16-4649, SMA.

107 Letter, PHD to Secretary, 27 August 1937, U1-16-2449; Report, PHD, October 1943, U1-16-4649; "Incinération des cadavres humains abandonnés sur la concession: Quelques considérations," BHPA, 20 April 1938, U1-16-2465, SMA.

108 Letter, J. H. Jordan to Secretary SMC, 8 August 1938, U1-16-2534, SMA.

109 Memo, Acting chief inspector of health to J. H. Jordan, 11 September 1939, U1-16-2465, SMA.

110 1938年,法租界公共卫生救济处监督了11 416次火葬。Conseil d'Administration Municipale de la Concession Française, *Compte-rendu de la gestion pour l'exercice 1937* (Shanghai: Imprimerie Municipale, 1938), 157.

111 在小说中,有几次提到了在街头的露尸或者即将死去的人。其中一名角色山口曾是一名建筑师,已经改行贩卖弃尸的遗骨。Yokomitsu Riichi, *Shanghai: A Novel* (Ann Arbor: Center for Japanese Studies, University of Michigan, 2001), 49, 62, 110, 205, 208, and chap. 42.

112 Letter, residents, 28 February 1920; Letter, Chinese commissioner, 27 March 1920, 28 February 1921; Letter, Health officer, 11 January 1921, 19 November 1921, U1-3-590, SMA.

113 Letter, Commissioner of health, 26 February 1926, U1-3-590, SMA.

114 Letter, Health officer, 27 July 1922, 30 July 24, 10 March 1935, U1-53-590, SMA.

115 Letter, residents, 9 July 1937; Report, Health inspector, 13 July 1937, U1-16-2457, SMA.

116 Letter, foreign residents, Race Course Apartments, 17 August 1937; Letter, PHD to SPBC, 17 August 1937, U1-16-2457 SMA.

117 Letter, Miss Ada Lum, 15 December 1937, U1-16-2473, SMA.

118 一名23岁的年轻男子在一片荒地上打破一口灵柩时被捕,因亵渎和破坏一口灵柩的罪名被判一年徒刑。最长的监禁时间是5年。《大美晚报》,1937年12月17日。

119 信函,市长苏锡文致警察局,1938年2月25日;信函,市长苏锡文致警察局,1938年4月22日;信函,社会局致市长苏锡文,1938年5月9日,R36-13-221,SMA。

120 Letter, Mr. Kobayashi, Naigai Wata Kaisha, 18 May 1938, U1-14-3175 (General — Cemeteries — Coffin Repositories, Burial Grounds and Funeral Parlors), SMA.

121 "Complaints about Corpses and Coffins," 1937-1940, U1-16-2473, SMA.

122 Letter, Health inspector to PHD, 27 December 1937, U1-16-2530; Report, Chief health inspector to PHD, 9 February 1938; Letter, PHD to SPBC, 12 February 1938, U1-16-2457; Letter, SMC to SPBC, 27 March 1939, U1-16-2457; Report, BHPA to Director general of services, 21 February 1941; Report, Chief health inspector, 24 April 1941, 20 May 1941; Report, BHPA to Director general of services, 3 September 1942, U38-5-1368, SMA.

123 Letter, PHD to SPBC, 12 February 1938, U1-16-2457, SMA.

124 Letter, SMC to SPBC, 27 March 1939, U1-16-2457, SMA.

125 Memorandum, BHPA, 16 March 1938, U38-5-1641, SMA.

126 Letter, Secretariat of the French Municipal Council to TRFYT, 11 March, 1938, U38-5-1641;《同仁辅元堂申请补助、免费车罩及清毒用具、用水等》,1939年,U38-5-1641; Decisions of the Municipal Commission, 7 March 1938, U38-1-507, SMA.

127 Letter, "The Residents of Rue de Ningpo," 21 August 1941, U38-5-1638, SMA.

128 "Bureau de bienfaisance," Chief health inspector, 23 July 1941, U38-5-1638, SMA.

129 Report, Chief health inspector, 14 June 1941, U38-5-1638, SMA.

130 Letter, Palud (BHPA) to TRFYT, 27 February 1941, 8 June 1941; Report, Palud (BHPA) to FMC, 20 May 1941, 24 June 1941; Report, Palud (BHPA) to FMC, 3 September 1942, U38-5-1638, SMA.

131 笔者发现1939年时普善山庄的五名卡车司机都是三十来岁的年轻人。三人来自宁波,其余两人来自南通和东海。Letter, SPBC to SMC, 18 September 1939, U1-16-2457, SMA.

132 Letter, SPBC to SMC, 25 February 1938, U1-16-2457, SMA.

133 Letter, SPBC to SMC, 14 June 1938, U1-16-2457, SMA.

134 Letter, Treasurer to SMC, 23 December 1939, U1-16-2457, SMA.

135 Letter, Chief health inspector to Y. Palud, Director BHPA, 6 December 1938, U38-5-1641, SMA.

136 Letter, Chief health inspector to Y. Palud, Director BHPA, 6 December 1938, U38-5-1641, SMA.

137 《同仁辅元堂安埋队工作员工名单》,n.d.[战前], Q400-1-3995, SMA。

138 Report, Chief inspector of hygiene, 29 August 1942, U38-5-1638, SMA。

139 1942年时,一具大型棺材的成本是$37.65元,但到了1943年4月时成本跃升至$88.35元。成本上升的情况还发生在劳力、运输和埋葬的环节。所有这些加在一起,埋葬一具无主尸体的成本从$88.69上涨至$205.30。Report, Crime and Special Branch, 23 April 1943, U1-16-2458, SMA. 警务局的报告对普善山庄增加补助金的申请是一种支持。

140 Letter, Health inspector to PHD, 16 December 1941, U1-16-2457, SMA.

141 "Collection of Corpses," PHD, 3 January 1942; Memo, Commissioner of public health, 16 January 1942, U1-16-2537, SMA.

142 Letter, TRFYT to Director BHPA, 26 December 1941, U38-5-1638, SMA.

143 Memo, Commissioner of public health, 16 January 1942, U1-16-2537, SMA.

144 Memo, Commissioner of public health, 16 January 1942, U1-16-2537, SMA.

145 Letter, Secretary of Transport Control Committee to Superintendent of police, 16 January 1942, U1-16-2537, SMA.

146 Letter, Secretary of Transport Control Committee to Superintendent of police, 2 March 1942, U1-16-2537, SMA.

147 Report, August 1943, U1-16-4649, SMA.

148 Letter, Chief health inspector to Superintendent of police, 8 April 1942, U1-16-2537, SMA.

149 Letter, Chief health inspector to Deputy director of public health, 3 December 1943, U1-16-2537, SMA; Letter, Chief health inspector to Deputy director of public health, 12 January 1944, U1-16-2537, SMA.在这份文件上的一条手写评论证实了工务局只收集了一部分露尸。

150 Report, Chief inspector of hygiene, 13 February 1943, U38-5-1638, SMA.在移动尸体之前让警察做调查的必要性部分解释了居民所抱怨的延误收尸的问题。参见文件

U38 - 5 - 1264 - 1、U38 - 5 - 1262 - 1、U38 - 5 - 1263 - 1、U38 - 5 - 1262 - 2、U38 - 5 - 1263 - 2、U38 - 5 - 1264 - 2；Daily register of the police photographer of the French police, June 1940 - December 1942, U38 - 2 - 2713, SMA。

151 Letter, Director BHPA to French consul, May 1938, U38 - 5 - 379.参见文件 U38 - 5 - 1264 - 1、U38 - 5 - 1262 - 1、U38 - 5 - 1263 - 1、U38 - 5 - 1262 - 2、U38 - 5 - 1263 - 2、U38 - 5 - 1264 - 2,SMA。

152 Daily register of the police photographer of the French police, June 1940 - December 1942, U38 - 2 - 2713, SMA.

153 备忘录,卫生局,n.d.；备忘录,卫生局,12月19日[1946],Q400 - 1 - 3995,SMA。

154 报告,SPBC,n.d.[1947年7月],Q6 - 9 - 470,SMA。

155 信函,SPBC致社会局,1945年12月17日；信函,SPBC致社会局,1947年7月21日,Q6 - 9 - 117,SMA。

156 《申报》,1948年8月19日；信函,同仁辅元堂致卫生局,1949年5月18日,Q400 - 1 - 3995,SMA。

157 Jeffrey G. Williamson, "Was the Industrial Revolution Worth It? Disamenities and Death in 19th Century British Towns," *Explorations in Economic History* 19, no. 3 (1982): 221 - 245.

158 会议记录,上海残废养老工作委员会,1951年2月10日—1951年6月20日,Q115 - 22 - 40,SMA。

159 《上海市市民尸体移动处理暂行办法》。1953年12月21日,S440 - 4 - 18,SMA。

160 《生命统计总报告》,1950年7月—1951年6月,50 - 51,B242 - 1 - 255,SMA。

161 《生命统计总报告》,1950年7月—1951年6月,22,B242 - 1 - 255,SMA。

162 《上海民政志》,http://www.shtong.gov.cn/node2/node2245/node65977/node66002/node66042/userobject1ai61641.html, http://www.shtong.gov.cn/node2/node2245/node65977/node66002/node66042/userobject1ai61642.html.

163 《上海市市民尸体移动处理暂行办法》。1953年12月21日,S440 - 4 - 18,SMA。

164 《上海市人民政府卫生局关于上海市三年来卫生工作》,n.d.[1951],B242 - 1 - 381 - 1,SMA。

165 《上海市人民政府卫生局填报华东区上海市1951年卫生事业成果报告表》,n.d.[1951],B242 - 1 - 250,14；《上海市人民政府卫生局工作报告总结》,1951,B242 - 1 - 248,SMA。

第七章

1 William R. Jankowiak, *Sex, Death, and Hierarchy in a Chinese City: An Anthropological Account* (New York: Columbia University Press, 1993); Emily M. Ahern, *The Cult of the Dead in a Chinese Village* (Stanford, CA: Stanford University Press, 1973); Janet Lee Scott, *For Gods, Ghosts and Ancestors: The Chinese Tradition of Paper Offerings* (Hong Kong: Hong Kong University Press, 2007); Chee Kiong Tong, *Chinese Death Rituals in Singapore* (London: RoutledgeCurzon, 2004); Shaoming Zhou,

Funeral Rituals in Eastern Shandong, China: An Anthropological Study (Lewiston, NY: Edwin Mellen, 2009); Akira Satō, *Chūgoku bochishi* [A history of Chinese cemeteries] (Tokyo: Nihon Kōenryokuchi Kyōkai, 1987); Kenneth Dean, "Funerals in Fujian," *Cahiers d'Extrême-Asie* 4, no. 1 (1988): 19 - 78; Ellen Oxfeld, "'When You Drink Water, Think of Its Source': Morality, Status, and Reinvention in Rural Chinese Funerals," *Journal of Asian Studies* 63, no. 4 (2004): 961 - 990.

2 James L. Watson, "The Structure of Chinese Funerary Rites: Elementary Forms, Ritual Sequence, and the Primacy of Performance," in *Death Ritual in Late Imperial and Modern China*, ed. James L. Watson and Evelyn S. Rawski (Berkeley: University of California Press, 1988), 3 - 19; James L. Watson, "Rites or Beliefs? The Construction of a Unified Culture in Late Imperial China," in *China's Quest for Naional Identity*, ed. Lowell Dittmer and Samuel S. Kim (Ithaca, NY: Cornell University Press, 1993), 80 - 103. For a discussion of Watson's work, see Melissa J. Brown, "Ethnic Identity, Cultural Variation, and Processes of Change: Rethinking the Insights of Standardization and Orthopraxy," *Modern China* 33, no. 1 (2007): 91 - 124.

3 Ruby Watson, "Remembering the Dead: Graves and Politics in Southeastern China," in *Death Ritual in Late Imperial and Modern China*, ed. James L. Watson and Evelyn S. Rawski (Berkeley: University of California Press, 1988), 203 - 227; A. P. Cheater, "Death Ritual as Political Trickster in the People's Republic of China," *Australian Journal of Chinese Affairs*, no. 26 (1 July 1991): 67 - 97.

4 Miranda Brown, *The Politics of Mourning in Early China* (Albany: State University of New York Press, 2007); Constance A. Cook, *Death in Ancient China: The Tale of One Man's Journey* (Leiden: Brill, 2006); Norman Kutcher, *Mourning in Late Imperial China: Filial Piety and the State* (Cambridge: Cambridge University Press, 2006); Stephen F. Teiser, *The Ghost Festival in Medieval China* (Prince-ton, NJ: Princeton University Press, 1988); Satō, *Chūgoku bochishi*.

5 Mechthild Leutner, Geburt, Heirat und Tod in Peking: Volkskultur und Elitekultur vom 19. Jahrhundert bis zur Gegenwart (Berlin: Reimer, 1989).

6 一组最早的统计数据 W. W. Wood, Sketches of China: With Illustrations from Original Drawings (Philadelphia: Carey and Lea, 1830), 165 - 168.

7 Susan Naquin, "Funerals in North China: Uniformity and Variation," in *Death Ritual in Late Imperial and Modern China*, ed. James L. Watson and Evelyn S. Rawski (Berkeley: University of California Press, 1988), 37 - 70; Donald S. Sutton, "Death Rites and Chinese Culture: Standardization and Variation in Ming and Qing Times," *Modern China* 33, no. 1 (2007): 125 - 153.

8 Jan Jakob Maria de Groot, The Religious System of China (Leyden [Leiden]: E. J. Brill, 1892); Justus Doolittle, *Social Life of the Chinese: A Daguerreotype of Daily Life in China* (London: S. Low, Son, and Marston, 1868); John Henry Gray, *China: A History of the Laws, Manners, and Customs of the People* (London: Macmillan, 1878).

9 Annie Cormack, *Everyday Customs in China* (Edinburgh: Moray, 1935); H. Y. Lowe, *The Adventures of Wu: The Life Cycle of a Peking Man*, 2 vols. (1940; repr., Princeton, NJ: Princeton University Press, 1983).

10 Juwen Zhang and Guoliang Pu, A Translation of the Ancient Chinese: The Book of Burial (Zang Shu) by Guo Pu (276 - 324) (Lewiston, NY: Edwin Mellen, 2004).

11 Marcel Granet, "Le langage de la douleur d'après le rituel funéraire de la Chine ancienne," *Journal de Psychologie* (February 1922): 97 - 118.

12 Kutcher, *Mourning in Late Imperial China*.

13 关于中国台湾地区葬礼习俗的叙述,参见 Hsu Fu-ch'uan [Xu Fuquan], *Zhongguo sang zang li, su* [Chinese funeral rites] (Taipei: Orient Cultural Service, 1983).

14 These beliefs persist in contemporary Taiwan. Ahern, *Cult of the Dead*, 170 - 173.

15 De Groot, *Religious System of China*, 1: 68, 208.

16 高延在中国待了两段时间,第一段是1877年2月至1878年2月,第二段是1886年至1890年。他同时还是一位狂热的手工制品收集者。关于他的生平和成就,参见 R. J. Zwi Werblowsky, *The Beaten Track of Science: The Life and Work of J.J.M. de Groot* (Wiesbaden: Harrassowitz, 2002); and the excellent informative review by Barend ter Haar, "Review," *T'oung Pao* 92, no. 4 - 5 (2006): 540 - 560.

17 如太平天国运动期间的大规模死亡这样的极端情况打乱了下葬死者的节奏,恢复秩序之后,下葬死者成了一件主要而系统性的大工程。参见由梅尔清所写的巨著,*What Remains: Coming to Terms with Civil War in 19th Century China* (Stanford, CA: Stanford University Press, 2013), 100 - 101, 124 - 125.

18 Jean Malval, "Le sort des cadavres dans la Concession française," *Revue d'Hygiène et de Médecine Préventive* 61, no. 1 (1939): 40 - 47.

19 关于佛教在晚明和清朝葬俗礼仪方面的影响,参见 Timothy Brook, "Funerary Ritual and the Building of Lineages in Late Imperial China," *Harvard Journal of Asiatic Studies* 49, no. 2 (1989): 465 - 499.

20 De Groot, *Religious System of China*, 1: 69, 97.

21 关于灵柩结构的详细叙述,参见徐吉军:《长江流域的丧葬》,湖北教育出版社2004年版,第404—412页。

22 Malval, "Sort des cadavres dans la Concession française," 41.

23 根据一份少见的、关于北京木材生意的研究,木制品作坊大概有1 000家左右,尽管只有柜厂是专门制作灵柩的。*Pekin mokuzaigyō no enkaku* [The evolution of the timber business in Beijing], Chōsa shiryō 12 (Beijing: Kahoku Sangyō Kagaku Kenkyūjo, 1940), 3 - 4, 14.

24 Chris Townsend, *Art and Death* (London: Tauris, 2008), 22.

25 "Census of Coffin Shops Paying Municipal Rates," September 1923, U1 - 1 - 180, SMA.

26 De Groot, *Religious System of China*, 1: 88.

27 高延收集了各式殡葬用的物件,包括棺材模型、寿衣和丧服。它们现在是荷兰民族学博物馆的藏品,可以在线预览(照片)(http://www.volkenkunde.nl/)。

28 De Groot, *Religious System of China*, 1: 95.

29 Malval, "Sort des cadavres dans la Concession française," 41.

30 尽管这项研究并没有集中在葬礼和覆盖整个江南区域,但还是可以参考 Vincent Goossaert, "A Question of Control: Licensing Local Ritual Specialists in Jiangnan, 1850 – 1950," in *Proceedings of the Fourth International Conference of Sinology* (Taipei: Zhongyang Yanjiuyuan, 2013), 569 – 604.

31 关于北京的殡葬研究专家,参见 Nianqun Yang, "The Establishment of Modern Health Demonstration Zones and the Regulation of Life and Death in Early Republican Beijing," *East Asian Science, Technology, and Medicine*, no. 22 (1 January 2004): 69 – 95.

32 De Groot, *Religious System of China*, 1: 11.

33 Susan Mann, *The Talented Women of the Zhang Family* (Berkeley: University of California Press, 2007), 10 – 11, 79, 152 – 153, 238; Wen-hsin Yeh, *Provincial Passages: Culture, Space, and the Origins of Chinese Communism* (Berkeley: University of California Press, 1996), 174 – 176.

34 这些研究大部分审视了前现代中国社会的情况。Pei-yi Wu, "Childhood Remembered: Parents and Children in China, 800 to 1700," in *Chinese Views of Childhood*, ed. Anne Behnke Kinney (Honolulu: University of Hawai'i Press, 1995), 138 – 145; Keith Nathaniel Knapp, *Selfless Offspring: Fil-ial Children and Social Order in Early Medieval China* (Honolulu: University of Hawai'i Press, 2005), 137 – 163; Allan H. Barr, "Marriage and Mourning in Early-Qing Tributes to Wives," *Nannü* 15, no. 1 (2013): 137 – 178; Katherine Carlitz, "Mourning, Personality, Display," *Nannü* 15, no. 1 (2013): 30 – 68; Lynn A. Struve, "Song Maocheng's Matrixes of Mourning and Regret," *Nannü* 15, no. 1 (2013): 69 – 108.

35 Ning Yao, "Commemorating the Deceased: Chinese Literati Memorial Painting — A Case Study of Wu Li's 'Remembering the Past at Xingfu Chapel' (1672)" (Ph.D. diss., University of Heidelberg, 2013).

36 James Stevens Curl, The Victorian Celebration of Death (Detroit: Partridge, 1972), 2 – 7.

37 De Groot, *Religious System of China*, 1: 152 – 153.

38 Thomas W. Laqueur, "Bodies, Death, and Pauper Funerals," *Representa-tions* 1, no. 1 (1983): 109.

39 "Registration of Chinese Deaths in the Western District," 22 December 1913, U1 - 1 - 180, SMA.

40 《申报》,1878 年 6 月 2 - 6 日。

41 J. Lust, "The 'Su-Pao' Case: An Episode in the Early Chinese National-ist Movement," *Bulletin of the School of Oriental and African Studies* 27, no. 2 (1964): 408 – 429; Y. C. Wang, "The Su-Pao Case: A Study of Foreign Pressure, Intellectual

Fermentation, and Dynastic Decline," *Monumenta Serica* 24 (1965): 84 - 129.

42 Curl, *Victorian Celebration of Death*, 4.

43 San Tiao Hsiao, *Peking on Parade: A Pocket Guide* (Peiping [Beijing]: Standard Press, 1935), 51; *Guide to Peking* (Peking [Beijing]: The Leader, 1930), 52.

44 视觉上海,图片 ID 2267, http://www.virtualshanghai.net/Photos/ Images?ID=2267.

45 视觉上海,图片 ID202, http://www.virtualshanghai.net/Photos/ Images?ID=202.

46 De Groot, *Religious System of China*, 1: 172。

47 同上,1: 152 - 53。

48 Jiegang Gu, "Funeral Processions," in *Chinese Civilization: A Sourcebook*, ed. Patricia Ebrey (New York: Free Press, 1993), 389. Original text in Gu Jiegang and Liu Wanzhang, *Su Yue de hun sang* [Weddings and funerals in Jiangsu and Guangdong] (Taipei: Dongfang Wenhua Gongyingshe, 1970).

49 "Xi yue ying shen,"《点石斋画报》[上海],辛卷,第9页。

50 Shanghai Municipal Council, *Report for the Year 1931* (Shanghai: Kelly and Walsh, 1932), 54.

51 R. Barz, *Shanghai: Sketches of Present-Day Shanghai* (n.p.: Centurion, 1935), 110.

52 Townsend, Art and Death, 26.

53 De Groot, *Religious System of China*, 1: 180.

54 Gu, "Funeral Processions," 389.

55 Barz, *Shanghai*, 106.

56 De Groot, *Religious System of China*, 1: 192.

57 高延在19世纪的福建所收集的所有中国哭丧用品均可在荷兰莱顿的民族学博物馆看到(http://volkenkunde.nl/en)。

58 De Groot, *Religious System of China*, 1: 180.

59 除了视觉材料之外,笔者在这部分的研究极大地受惠于下列完善的研究:同上,1: 152 - 208;Gu, "Funeral Processions"; Gray, *China*, 278 - 328; Doolittle, *Social Life of the Chinese*, 198 - 204.

60 Gu, "Funeral Processions," 388 - 390.

61 De Groot, *Religious System of China*, 1: 203.

62 Albert Feuerwerker, *China's Early Industrialization: Sheng Hsuan-Huai (1844 - 1916) and Mandarin Enterprise* (Cambridge, MA: Harvard University Press, 1958);丁离:《盛宣怀:中国商父与他的商业帝国》,海鸽文化出版图书有限公司2004年版;王伟:《晚清第一官商:盛宣怀的正面与背面》,华中师范大学出版社2012年版。

63 Richard J. Meyer, *Ruan Ling-Yu: The Goddess of Shanghai* (Hong Kong: Hong Kong University Press, 2005); Miriam Bratu Hansen, "Fallen Women, Rising Stars, New Horizons: Shanghai Silent Film as Vernacular Modernism," *Film Quarterly* 54, no. 1 (2000): 10 - 22. On female suicide, see Bryna Goodman, "The New Woman Commits

Suicide: The Press, Cultural Memory and the New Republic," *Journal of Asian Studies* 64, no. 1 (2005): 67 - 101.

64 盛宣怀的葬礼和威灵顿的送葬队伍(1852 年 11 月 18 日)形成很好的对比。Curl, *Victorian Celebration of Death*, 4 - 6.

65 《字林西报》,1916 年 4 月 23 日。

66 《申报》,1917 年 11 月 2 - 22 日。

67 《盛杏荪出丧之劳民伤财》,《申报》,1917 年 11 月 2 日。

68 《轰动远近之大出殡》,《申报》,1917 年 11 月 18 日。

69 苗青:《盛宣怀与近代上海社会》,博士论文,上海师范大学,2010 年,第 141 - 42 页。

70 《商定盛杏荪出殡路由》,《申报》,1917 年 11 月 8 日。

71 诸多报纸对此都有详细报道。参见《盛杏荪出殡之盛况》,《申报》,1917 年 11 月 19 日。

72 苗青:《盛宣怀与近代上海社会》,第 137 页。

73 Gu, "Funeral Processions," 390.

74 苗青,《盛宣怀与近代上海社会》,第 143 页。

75 Conseil d'Administration Municipale de la Concession Française, *Compte rendu de la gestion pour l'exercice 1917 — Budget 1918* (Shanghai: Imprimerie Municipale, 1918), budget tables.

76 《申报》,1935 年 3 月 9 日。亦可参见 Goodman, "New Woman Commits Suicide."

77 《阮玲玉今日出殡安葬》,《申报》,1935 年 3 月 14 日;《阮玲玉昨日殡葬》,《申报》,1935 年 3 月 15 日;"Funeral of a Chinese Favourite,"《北华捷报》, 20 March 1935.

78 《报丧》,《申报》,1935 年 7 月 17 日;《郑正秋先生追悼大会》,《申报》,1935 年 8 月 25 日。

79 Anne Kerlan, *Hollywood à Shanghai: L'épopée des studios Lianhua à Shanghai* (Rennes, France: Presses Universitaires de Rennes, 2015), 303.

80 Letter, Resident to PHD, n.d.[1938], U1 - 14 - 3176, SMA.

81 De Groot, *Religious System of China*, 1: 203.

82 Shanghai Municipal Council, *Report for the Year 1902* (Shanghai: Kelly and Walsh, 1903), 343.

83 参见如 the "Indemnité de funérailles" (29 June 1943) in the *Règlement administratif — Personnel municipal — Personnel chinois*, U38 - 1 - 1434, SMA.

84 参见"Funeral of Sub-inspector John Crowley, SMP, 1928"; "Historical Photographs of China," http://hpc.vcea.net/.

85 一套 8 张图片,n.d., H1 - 1 - 14 - 2328, SMA。

86 《北华捷报》,1934 年 4 月 25 日。

87 一套 58 张图片,n.d.[1934], H1 - 1 - 14 - 262, SMA。

88 欧洲国家对高级官员葬礼的介入倾向于淡化宗教的角色并提倡世俗葬礼。Dino Mengozzi, La morte e l'immortale: La morte laica da Garibaldi a Costa (Manduria, Italy:

P. Lacaita,2000).

89 Rebecca Nedostup, "Civic Faith and Hybrid Ritual in Nationalist China," in *Converting Cultures: Religion, Ideology, and Transformations of Modernity*, ed. Dennis E. Washburn and Kevin A. Reinhart (Leiden: Brill, 2007), 27-56.

90 关于国葬,参见《国葬法》,1930年,Q215-1-6827,SMA。

91 《北华捷报》,1936年12月16日。

92 《申报》,1940年10月27日、1940年10月28日。

93 一套24张照片,n.d.[1940],H1-1-14-2183,SMA。

94 《北华捷报》,1940年10月16日、1940年10月30日。

95 Shanghai Municipal Council, *Report for the Year 1897* (Shanghai: Kelly and Walsh, 1898), 36.

96 Shanghai Municipal Council, *Report for the Year 1903* (Shanghai: Kelly and Walsh, 1904), 68-69.

97 Shanghai Municipal Council, *Report for the Year 1938* (Shanghai: North China Daily News and Herald, 1939), 104.

98 Shanghai Municipal Council, *Report for the Year 1939* (Shanghai: North China Daily News and Herald, 1940), 97; Shanghai Municipal Council, *Report for the Year 1940* (Shanghai: North China Daily News and Herald, 1941), 117.

99 Letter, Police to Secretary, 12 May 1938, U1-14-3177, SMA.

100 *Draft Regulations Governing Crematoriums in the Shanghai Special Municipality*, translated from《市政公报》December 1942, U1-16-2423, SMA.

101 《上海市殡仪馆管理规则》,n.d.[1950],B242-1-226,SMA。

102 文件,U1-4-2452,SMA。

103 《申报》,1934年1月。

104 《字林西报》,1934年11月12日;《申报》,1934年11月5日、1934年11月12日。

105 关于太平天国运动的后果,详见Meyer-Fong, *What Remains*, 205-6.

106 关于中华帝国城隍神的塑造,参见,David Johnson, "The City-God Cults of T'ang and Sung China," *Harvard Journal of Asiatic Studies* 45, no. 2 (1985): 363-457.

107 《申报》,1877年11月26日。

108 《申报》,1890年9月4日、1892年4月5日。

109 《变卖公地》,《申报》,1908年11月2日。

110 《申报》,1909年10月20日。

111 Hsi-yuan Chen, "Summoning the Wandering Ghosts of the City: The Li Sacrifice in the State Cult and the Popular Festival in Suzhou" (paper presented at the Berkeley Summer Research Institute, University of California, Berkeley, August 2011).

112 《申报》,1886年8月16日。

113 《妓女冲神导》,《申报》,1875年4月6日;《中元赈弧》,《申报》,1875年8月16日。

114 《申报》,1876年4月5日、1890年4月3日、1890年4月5日、1893年4月5日。

115 《申报》,1875年8月19日、1877年8月23日、1886年8月17日、1887年9月3

日、1890 年 8 月 30 日、1896 年 8 月 22 日。

116《申报》，1886 年 8 月 16 日。

117《登船入室》，《申报》，1875 年 8 月 19 日。

118《中元赛会》，《申报》，1878 年 8 月 12 日；《节曾例志》，《申报》，1890 年 8 月 30 日。

119《申报》，1890 年 4 月 5 日、1890 年 8 月 30 日、1890 年 11 月 12 日。

120《申报》，1896 年 8 月 22 日、1896 年 8 月 31 日。

121《妓女冲神道》，《申报》，1875 年 4 月 6 日。

122《红班被打》，《申报》，1885 年 4 月 7 日。

123《申报》，1886 年 8 月 16 日。

124《申报》，1893 年 4 月 5 日。

125 直到 1920 年，游鬼游行都是在三个节日（清明、中元、下元）之后进行，但最终被更常规的"三巡会"游行取代。《申报》，1920 年 11 月 10 日、1926 年 8 月 23 日。

126《申报》，1898 年 4 月 7 日。

127《申报》，1902 年 4 月 7 日、1904 年 5 月 5 日、1906 年 9 月 3 日、1907 年 4 月 6 日、1909 年 8 月 30 日、1910 年 11 月 1 日。

128《改良风俗之一斑》，《申报》，1910 年 8 月 9 日。

129《恢复迎神赛会之旧例》，《申报》，1915 年 4 月 5 日。

130《警厅之失职》，《申报》1919 年 11 月 22 日；《警厅预禁赛会》，《申报》，1920 年 3 月 27 日；《警厅禁止迎神之效力》，《申报》，1920 年 4 月 5 日。

131《申报》，1920 年 4 月 5 日、1920 年 1 月 10 日。

132《申报》，1921 年 4 月 5 日、1921 年 8 月 18 日、1922 年 9 月 6 日、1923 年 4 月 6 日、1923 年 8 月 26 日、1923 年 11 月 8 日、1924 年 4 月 4 日、1924 年 8 月 14 日、1925 年 9 月 3 日、1926 年 4 月 5 日、1926 年 8 月 22 日、1926 年 11 月 18 日、1927 年 3 月 15 日、1935 年 4 月 6 日、1936 年 4 月 5 日、1936 年 8 月 31 日、1937 年 4 月 4 日、1939 年 2 月 15 日、1946 年 11 月 18 日。

133《上海城隍庙议》，《申报》，1939 年 2 月 15 日。

134《城隍会》，《申报》，1947 年 8 月 31 日。

135 Michel Lauwers, *La naissance du cimetière: Lieux sacrés et terre des morts dans l'Occident médiéval* (Paris：Aubier, 2005).

136 Julie-Marie Strange, *Death, Grief and Poverty in Britain, 1870 – 1914* (Cambridge：Cambridge University Press, 2005), 18；Patricia Jalland, *Death in the Victorian Family* (Oxford：Oxford University Press, 1996), 200 – 203.

137 Laurence Croq, "Le dernier hommage：La comptabilité des frais funéraires et du deuil dans la société parisienne aux XVIIe et XVIIIe siècles," *Histoire et Mesure* 27, no. 1 (2012)：171.

138 农村在葬礼上的花费取决于不同的情况，大部分钱是花在单独买地或者把钱集中用于支付父母的葬礼。在中华帝国晚期，给家庭成员举办葬礼既是道德上的又是法律上的义务。David Wakefield, *Fenjia Household Division and Inheritance in Qing and Republican China* (Honolulu：University of Hawai'i Press, 1998), 79, 121, 135, 164, 167.

139 Manuscript table, 3 June 1954, S440-4-18-10, SMA. The surveyed parlors were Leyuan, Anle, Guohua, Dazhong, Hunan, Yong'an, Hong'an, Zhongguo, Liyuan, and Xieqiao.

140 信函,FBTA 致卫生局,1943 年 11 月 20 日,S440-1-7,SMA。

141 信函,FBTA 致经济局,1943 年 10 月 29 日;信函,FBTA 致卫生局,1943 年 11 月 18 日;信函,FBTA 致其成员,1943 年 11 月 16 日,S440-1-7;信函,FBTA 致经济局(第一区),1944 年 3 月 20 日;信函,卫生局致 FBTA,1944 年 1 月 21 日,S440-1-15,SMA。

142 信函,居民致卫生局,1946 年 5 月 23 日;备忘录,卫生局,1946 年 6 月 6 日;备忘录,未深股,1946 年 6 月 29 日,Q400-1-4015,SMA。

143 信函,卫生局,1946 年 6 月 12 日,Q400-1-4015,SMA。

144 报告,卫生局,1946 年 8 月 14 日,Q400-1-4015,SMA。

145 备忘录,卫生局,1946 年 6 月 29 日,Q400-1-4015,SMA。

146 备忘录,卫生局,1947 年 9 月 22 日;信函,社会局致卫生局,1947 年 9 月 25 日;信函,FBTA 致其成员,1947 年 9 月 1 日;信函,FBTA 致社会局,1947 年 9 月 16 日,Q400-1-4015,SMA。

147 信函,FBTA 致报纸,1947 年 8 月 25 日,S440-1-7,SMA;《大公报》,1947 年 11 月 7 日;《大公报》,1947 年 8 月 29 日;信函,社会局致卫生局,1947 年 8 月 16 日,Q400-1-4015,SMA。

148 信函,FBTA 致其成员,1948 年 8 月 25 日,S440-1-9,SMA。

149 信函,FBTA 致其成员,1948 年 11 月 13 日,S440-1-9,SMA。

150 会议记录,FBTA,1948 年 11 月 5 日,S440-4-5,SMA。

151 会议记录,FBTA,1949 年 10 月 28 日,S440-4-5,SMA。

152 报告,SPBC,1941 年 3 月 12 日,U1-4-198,SMA。

153《上海泰晤士报》,1941 年 2 月 28 日。

154 信函,SPBC 致法国领事,n.d.[1942 年 6 月],U38-5-1638,SMA.

155《上海市公所会馆山庄联合会半年来工作概况》,n.d.[1950],Q118-1-2-33,SMA。

156《申报》,1947 年 6 月 15 日。

157《国际殡仪馆寄柩价目表》,1947 年 5 月,S440-1-15,SMA。

158《万安殡仪馆价目表》,1948 年;《江淮殡仪馆价目表》,1948 年 8 月 16 日,S440-1-15,SMA。

159 Letter, PHD to Secretariat, 20 October 1931, U1-3-1183, SMA; *Municipal Gazette*, Municipal notification 4150, 19 November 1931.

160 "Tarif des concessions de cimetières," 8 March 1943; "Ordonnance consulaire 82," 13 March 1943, U38-1-2174; "Décisions de la commission municipale du 29 juin 1943," U38-1-1000, SMA.

161《上海市立公墓管理规则》,第三章,1935 年,Q215-1-8144,SMA。

162 信函,卫生局致所有殡仪馆,1942 年 3 月 9 日,R50-1-421,SMA。

163 信函,卫生局致市长,1946 年 1 月 2 日;信函,市长致卫生局,1946 年 1 月 30 日,

Q400-1-3902,SMA。

164 信函,卫生局,1946 年 9 月 23 日,Q400-1-3902,SMA。事实上,上海公共租界工部局下属的市政公墓的账户显示了其在 20 世纪 20 年代中期一直处于亏损状态。"Cemeteries and Crematoriums — Scale of Charges," 19 February 1925, U1-16-2425(1), SMA.

165 会议记录,卫生局,1946 年 10 月 31 日,Q400-1-3902,SMA;备忘录,卫生局,1946 年 10 月 4 日,Q400-1-3923,SMA。

166 连续的调整参见 Q400-1-3902,SMA。

167 广告,《申报》,1928 年 3—5 月。

168《申报》,1930 年 11 月 30 日、1937 年 8 月 2 日。

169《上海私立西园公墓简章》,1946 年 12 月 20 日,Q400-1-3905,SMA。

170 申请表,太平公墓,1947 年 3 月 17 日;申请表,仙乐公墓,1947 年 3 月 17 日,Q400-1-3905,SMA。

171《申报》,1947 年 3 月 9 日。

172《申报》,1948 年 4 月 3 日。

173 信函,卫生局致市长,1949 年 3 月 5 日,Q400-1-3902,SMA。

174 会议记录,《广肇山庄整理计划》,1949 年 5 月 13 日,Q118-12-6-16,SMA。

175 要换算中国人所用的计量单位"担""石"是非常头疼的事情,不同的时期、地区和谷物种类导致差异很大。笔者这里采用的转换率是 108 磅生米为 1 担。

176 会议记录,《广肇山庄整理计划》,1949 年 5 月 13 日、1949 年 6 月 29 日,Q118-12-6-16,SMA。

177 会议记录,《广肇山庄整理计划》,1949 年 7 月 8 日、1949 年 8 月 6 日,Q118-12-6-16,SMA。

178 一亩地可以容纳 100 座坟墓。

179《核定私立公墓售价计算表》,1949 年 12 月 6 日,B242-1-226,SMA。

180《上海市私立公墓管理规则》,1950 年 3 月 5 日,B242-1-226-1,SMA。

181《上海市私立殡仪寄柩运葬业同业公会公墓组会员穴地议价表》,n.d.[1951],S440-4-18,SMA。

182 信函,人民政府致上海市人民政治法律委员会,1954 年 4 月 2 日;信函,上海市人民政治法律委员会致人民政府,1954 年 1 月 1 日;《上海市人民政府民政局关于市立公墓墓穴申请使用暂行办法》,1954 年 9 月 1 日,B1-2-839,SMA。

183 信函,人民政府致民政局,1954 年 9 月 1 日,B1-2-839,SMA。

184《上海市人民政府民政局关于火葬场暂行办法》,n.d.[1954 年 9 月],B1-2-839,SMA。

185 报告,《关于对龙华中心公墓火葬场工作检查报告》,1960 年 2 月 16 日,B168-1-148-102,SMA。

186 手写表格,1954 年 11 月 2 日,S440-4-18,SMA。

187 朱晓明,"La police de la Concession française de Shanghai (1910-1937)" (Ph.D. diss., École Normale Supérieure de Lyon, 2012), 71.

188 费率由工部局统计,*Report for the Year 1906* (Shanghai: Kelly and Walsh, 1907),

439.

189 Memorandum, "Survey Staff," 1 November 1927, U1-14-585, SMA.

190 上海市地方协会:《上海市统计》,商务印书馆1933年版,行政,第21-23页。

191 Wakefield, Fenjia Household Division, 78-79, 135.

192 上海特别市社会局:《上海特别市劳资纠纷统计报告》,大东书局1929年版,第27页。

193 International Labour Office, *Shanghai laogong tongji, 1930–1937* [Labor statistics of Shanghai] (Geneva: International Labour Office, 1938), 21; Shehuiju, *Shanghai shi zhi gongzilü* [Wage rates in Shanghai] (Shanghai: Shangwu Yinshuguan, 1935).

194 社会局:《上海劳工生活水平》,上海市政府社会局1934年版,第13-17页。关于数据的分析,参张忠民:《近代上海工人阶层的工资与生活——以20世纪30年代调查为中心的分析》,《中国经济史研究》no. 2 (n.d.):第1-16页。

195 社会局:《上海劳工生活水平》,第111—114页。关于民国上海时期上海工人社会调查的讨论,参见Mark Swislocki, "Feast and Famine in Republican Shanghai: Urban Food Culture, Nutri-tion, and the State" (Ph.D. diss., Stanford University, 2002), 29-43。

196《申报》,1948年1月25日、1948年2月5日、1948年4月3日、1948年5月18日、1948年7月8日、1948年8月15日、1948年8月30日、1938年12月31日。

197《会员单位职工工资概况表》,1953年11月11日,S440-4-19,SMA。

198《核定私立公墓售价计算表》,1949年12月6日,B242-1-226,SMA。

第八章

1 Mark Jenner, "Death, Decomposition and Dechristianisation? Public Health and Church Burial in Eighteenth-Century England," *English Historical Review* 120, no. 487 (2005): 615-32; Paul Pasteur, "Les débuts de la crémation moderne en France," *Mouvement Social*, no. 179 (1 April 1997): 59-80.

2 Douglas James Davies, *A Brief History of Death* (Malden, MA: Blackwell, 2005), 63; Lisa Kazmier, "Leading the World: The Role of Britain and the First World War in Promoting the 'Modern Cremation' Movement," *Journal of Social History* 42, no. 3 (2009): 557-579.

3《火葬议今》,《申报》,1877年8月31日;《论今火葬》,《申报》,1877年9月6日;《申报》,1882年1月2日。

4 Patricia Ebrey, "Cremation in Sung China," *American Historical Review* 95, no. 2 (1990): 406.之后论述极大地借鉴了这篇相当出色的论文。

5 同上,428。

6 Jan Jakob Maria de Groot, *The Religious System of China* (Leyden [Leiden]: E. J. Brill, 1892), 3: 1408.

7 Ebrey, "Cremation in Sung China," 425-426.

8 Timothy Brook, "Funerary Ritual and the Building of Lineages in Late Imperial China," *Harvard Journal of Asiatic Studies* 49, no. 2 (1989): 465 - 499.

9 Ebrey, "Cremation in Sung China," 424.

10 "Lun fen hai esu,"《申报》,1891 年 1 月 27 日。

11 Tobie Meyer-Fong, What Remains: Coming to Terms with Civil War in *19th Century China* (Stanford, CA: Stanford University Press, 2013), 124 - 125.

12《申报》,1873 年 1 月 17 日。

13《申报》,1874 年 12 月 10 日。

14《申报》,1875 年 4 月 20 日、1877 年 11 月 27 日。

15《申报》,1877 年 8 月 31 日。

16《论今火葬》,《申报》,1877 年 9 月 6 日。

17《上海县某告示》,《申报》,1924 年 3 月 16 日。

18《申报》,1882 年 1 月 2 日。

19《公墓不如深葬》,《申报》,1924 年 4 月 21 日。

20《欧人火葬》,《申报》,1914 年 5 月 4 日。

21《申报》,1921 年 4 月 23 日。

22《申报》,1917 年 6 月 25 日。

23 Justus Doolittle, *Social Life of the Chinese: A Daguerreotype of Daily Life in China* (London: S. Low, Son, and Marston, 1868), bk. 1, 244 - 245. On the disposal of Buddhist dead, see W. Perceval Yetts, "Notes on the Disposal of Buddhist Dead in China," *Journal of the Royal Asiatic Society of Great Britain and Ireland* (1 July 1911): 699 - 725.

24 Letter, PHD to Secretariat, 25 June 1930, U1 - 3 - 3010, SMA.布鲁克伍德实际上就是运作中的火葬场的意思,这是第一座在英国设立的火葬场,时间是 1878 年,尽管这座火葬场要到 1884 年火葬合法之后才投入使用。爱丁堡火葬场建立时间稍晚,于 1929 年开设在沃利斯顿墓地(设于 1843 年)内。James Stevens Curl, *The Victorian Celebration of Death* (Detroit: Partridge, 1972), 144.

25 Memorandum, PHD, 23 October 1930, U1 - 3 - 1330; "Modification of Regulations for Crematorium," 15 May 1936, U1 - 14 - 6929, SMA.

26 Shanghai Municipal Council, *Report for the Year 1903* (Shanghai: Kelly and Walsh, 1904), 187.

27 Patricia Jalland, *Death in the Victorian Family* (Oxford: Oxford University Press, 1996), 205.

28 Peter C. Jupp, *From Dust to Ashes: Cremation and the British Way of Death* (Basingstoke, UK: Palgrave Macmillan, 2006), 147. 关于大英帝国的火葬史有一本详细的论: Brian Parsons, *Committed to the Cleansing Flame: The Development of Cremation in Nineteenth-Century England* (Reading: Spire, 2005).

29 Catherine Merridale, "Death and Memory in Modern Russia," *History Workshop Journal*, no. 42 (1 October 1996): 9.

30 Davies, Brief History of Death, 63.

31 Shanghai Municipal Council, *Report for the Year 1897* (Shanghai: Kelly and Walsh, 1898), 145.

32 公共卫生处最早设定的费率是 40 两。费率在战后的大部分时期都保持稳定,只有在 1923 年至 1929 年略上涨至 50 两。1936 年,火葬的费用升至 70 元。然而战争带来的通货膨胀将价格进一步抬升。1941 年 8 月,公共卫生处将提供给居民的价格升至 150 元,在 1943 年 1 月又升至 220 元。Letter, PHD to Secretary, 20 October 1931, U1-3-1183; "Modification of Regulations for Crematorium," 15 May 1936, U1-4-712, SMA.

33 Shanghai Municipal Council, *Report for the Year 1923* (Shanghai: Kelly and Walsh, 1924), 144; "Extraordinary Expenditure 1923," PHD; Letter, PWD to PHD, 14 April 1924, U1-14-3197, SMA.

34 Shanghai Municipal Council, *Report for the Year 1938* (Shanghai: North China Daily News and Herald, 1939), 212.

35 Shanghai Municipal Council, *Report for the Year 1906* (Shanghai: Kelly and Walsh, 1907), 176.

36 Jupp, From Dust to Ashes, 147.

37 关于锡克教徒的火葬,暂看 U1-14-6907, SMA。

38 Minutes, Watch Committee, 7 November 1907, U1-14-6907, SMA.

39 Memorandum, SMP, 15 March 1932, U1-3-1330, SMA.

40 Letter, PWD to SMC, 18 July 1911, U1-14-3210, SMA.

41 Memorandum, SMP, 25 April 1935, U1-16-2463, SMA.

42 Letter, SZF (Li Ting'an) to WSJ, 2 April 1935; Memorandum, Superintendent SMP, 11 April 1935; Letter, SMC to SZF, 29 April 1935; Letter, SZF to SMC, 19 June 1935; Letter, SMC to SZF, 19 June 1935; Letter, SZF to SMC, 14 September 1935; Letter, SMC to SZF, 19 September 1935, U1-16-2463, SMA.

43 Christian Henriot, "'Little Japan' in Shanghai: An Insulated Community, 1875-1945," in *New Frontiers: Imperialism's New Communities in East Asia, 1842-1953*, ed. Robert Bickers and Christian Henriot (Manchester, UK: Manchester University Press, 2000), 147.

44 Andrew Bernstein, "Fire and Earth: The Forging of Modern Cremation in Meiji Japan," *Japanese Journal of Religious Studies* 27, no. 3-4 (2000): 299-300.

45 Henriot, "'Little Japan' in Shanghai."

46 Shanghai Municipal Council, *Report for the Year 1903*, 77.

47 Shanghai Municipal Council, *Report for the Year 1906*, 176.

48 Notification 6331, SMC, *Municipal Gazette*, 19 April 1931.

49《社会局办理公益事业之方针》,《申报》,1928 年 8 月 20 日。

50《申报》,1938 年 12 月 10 日。

51《府令筹办义冢火葬场》,《申报》,1931 年 7 月 7 日;《申报》,1932 年 10 月 9 日。

52《申报》,1935 年 4 月 12 日。

53 《筹建市立火葬场》,《申报》,1936 年 6 月 17 日。

54 《伍连德筹组中国火葬协会》,《申报》,1936 年 6 月 20 日。

55 《申报》,1937 年 3 月 2 日。

56 在笔者查阅的档案文件中,只有广肇公所有次声称会涨价以购买更多土地来建立一个火葬场,"为社会开创先例"。但从未有过下文。《章程》,1924 年 11 月 1 日,《上海广肇新山庄建成纪念》,B168 - 1 - 798,SMA。

57 《申报》,1937 年 3 月 27 日。

58 《申报》,1937 年 6 月 13 日。

59 《申报》,1937 年 7 月 2 日。

60 报告,浦东旅人医院致卫生局,1939 年 9 月 15 日;调查报告,卫生局,1939 年 9 月 23 日;报告,浦东旅人医院致卫生局,1939 年 10 月 24 日;报告,卫生局,1939 年 10 月 19 日;备忘录,卫生局,1939 年 11 月 17 日;闸北旅人医院,1939 年 9 月 19 日,R1 - 3 - 1432,SMA。

61 《佛教界筹建浦东火葬塔》,《申报》,1940 年 12 月 1 日;傅教石:《近代上海的佛教慈善事业及其社会作用》,《内明》no. 242 (1 May 1992):第 25 - 30 页。亦可见《佛学半月刊》,no.225(1940)。

62 《对改良坟墓的讨论》,《申报》,1932 年 8 月 27 日。

63 《改良坟墓之雏见》,《申报》,1932 年 9 月 4 日。

64 Letter, SMC to WSJ, 29 April 1935; Letter, SZF to SMC, 19 June 1935; Letter, SMC to SZF, 21 June 1935; Letter, SZF to SMC, 14 September 1935; Letter, SMC to SZF, 19 September 1935, U1 - 16 - 2463, SMA.

65 Memorandum, PHD to SMC, 4 February 1937, U1 - 4 - 198, SMA.

66 Letter, SMC to SPBC, 24 March 1937; Letter, SPBC to SMC, 5 May 1937, U1 - 16 - 2458, SMA.

67 Report, Inspector, Eastern District, 25 April 1938, U1 - 16 - 2533, SMA.

68 Shanghai Municipal Council, *Report for the Year 1938*, 178.

69 Letter, PHD, 13 June 1938; Letter, Superintendent, 30 June 1938; Letter, PHD, 2 July 1938; Letter, Secretariat, 5 July 1938, U1 - 16 - 2533, SMA.

70 Report, Superintendent PHD, 15 February 1938, U1 - 16 - 2533, SMA.

71 Letter, Secretary to Emergency Supplies and Fuel Subcommittee, 27 August 1937, U1 - 16 - 2449, SMA.

72 《申报》,1937 年 11 月 8 日。

73 《申报》,1938 年 11 月 28 日、1938 年 12 月 26 日。

74 Report, Superintendent PHD, 29 November 1937, U1 - 16 - 2533, SMA.

75 Report, PHD to Secretariat, 30 November 1937, U1 - 16 - 2533, SMA.

76 Report, Superintendent WSJ, 9 February 1938; Letter, SPBC to PHD, 8 February 1938, U1 - 16 - 2533, SMA.

77 Letter, PHD to Secretariat, 11 February 1938, U1 - 16 - 2533, SMA.

78 Letter, PHD to SPBC, 15 February 1938, U1 - 16 - 2530, SMA.

79 Letter, Junior health officer to Superintendent PHD, 14 February 1938, U1-16-2533, SMA.

80 Report, Superintendent of police, 17 April 1939, U1-16-2533, SMA.

81 Letter, PHD to Chief health inspector, 14 May 1938, U1-16-2533, SMA.

82 Memorandum, PHD to Secretary, 3 December 1938, U1-4-198, SMA.

83 Letter, Hungjao Association, 7 March 1939; Letter, PHD to Hungjao Association, 8 March 1939; Letter, Cumming to PHD, 9 March 1939, U1-16-2530, SMA.

84 Report, PHD, April 1943, U1-16-4649, SMA.

85 《申报》,1941年3月18日;备忘录,PHD,1939,U1-16-2533,SMA.

86 Memorandum, "Cost of Cremation — 1939 Unclaimed Coffins and Bodies," 1939, U1-16-2533, SMA.

87 Letter, PHD to PWD, 4 March 1939, U1-16-2533, SMA.

88 Report, PHD, October 1943, U1-16-4649, SMA.

89 Memorandum, "Cost of Cremation — 1939 Unclaimed Coffins and Bodies," 1939, U1-16-2533, SMA.

90 报告,n.d. 1943年8月—1944年7月,R50-1-1393,SMA.

91 《从 ximai 问题说到火葬》,《申报》,1940年5月25日。

92 同上。

93 《申报》,1940年5月31日(吴江会馆)。

94 《申报》,1940年6月11日(广肇公所);1940年6月30日(南市和闸北会馆)。

95 《提倡火葬》,《申报》,1940年10月18日。

96 《火葬》,《申报》,1940年8月20日。

97 Memorandum, PHD to Secretariat, 24 February 1943, U1-4-706, SMA.

98 《改革葬殓》,《申报》,1944年8月8日。

99 信函,沪西警察局致卫生局,1941年8鳄鱼26日,R50-1-1320,SMA。

100 信函,私人企业主致卫生局,1942年8月18日;信函卫生局致私人企业主,1942年9月2日,R50-1-1324,SMA。

101 "Huozang Zhaiyichang gufen youxian gongsi",1942年10月12日;信函,沪西警察局,1942年11月4日,R50-1-1324,SMA。

102 *Draft Regulations Governing Crematoriums in the Shanghai Special Municipality*, translated from 《市政公报》December 1942, U1-16-2423, SMA.

103 信函,工务局致市长,1942年5月28日;信函,工务局、卫生局致市长,1943年8月,R50-1-1320,SMA。

104 信函,卫生局致市长,1944年4月10日,S440-1-16,SMA。

105 信函,市政府致 FBTA,1944年3月29日,R50-1-1324,SMA。

106 信函,上海地方法院检察处,1944,R44-1-193,SMA。

107 信函,上海地方法院检察处致卫生局,1945年10月26日,Q400-1-3935;信函,卫生局致人民法院,n.d.[July 1949],B242-1-124-14,SMA。

108 《葬身无地卫生局提倡火葬》,《申报》,1946年11月4日。

109 《申报》,1946年11月21日。

110 《寄柩有尸五万具,火葬场不敷应用》,《申报》,1946年12月18日。

111 信函,FBTA致市政府,1946年12月11日;信函,FBTA致市政府,1946年12月24日;信函,FBTA致市政府,1946年12月26日,S440-1-8,SMA。

112 《申报》,1947年1月7日;报纸文章,1947年3月6日,S440-1-16,SMA。

113 报纸文章,1947年4月9日,S440-1-16,SMA。

114 会议记录,FBTA,1948年4月16日;信函,FBTA致其成员,1948年4月30日,S440-1-8,SMA。

115 《公告》,《大公报》,1948年4月14日。

116 便笺,卫生局,1946年11月19日,Q400-1-3918,SMA。

117 信函,中央信托局致卫生局,1946年11月16日;信函,卫生局致中央信托局,1947年3月19日;备忘录,卫生局,1947年7月10日,Q400-1-4004,SMA。

118 信函,市议员致市政府,1947年6月24日。亦可见解决方案(第一次大会,第三个会议),Q109-1-162;卫生局致市长,1947年6月2日;信函,警察局致市长,1947年8月26日,Q400-1-4004;决定,市政府,n.d.[1947],Q109-1-163;信函,市政府致袁科长,1947年9月9日,Q400-1-4004,SMA。

119 备忘录,卫生局,1947年5月8日;备忘录,1947年6月18日,Q400-1-4004,SMA。

120 信函,卫生局致市长,1948年6月22日,Q400-1-4004;解决方案,市议员,1947年8月24日,Q109-1-163,SMA。

121 信函,市长致卫生局,1947年10月3日、1947年10月6日;信函,中央信托局致卫生局,1947年11月5日;信函卫生局致第一卫生汽车队,1947年12月9日,Q400-1-4004,SMA。

122 备忘录,卫生局,1947年8月28日;信函,卫生局致市长,1947年12月6日;电报,上海港口司令部致袁科长,1947年12月,Q400-1-4004,SMA。

123 信函,市长致卫生局,1948年5月5日,Q400-1-4005;信函,SPBC致卫生局,1947年8月11日,Q400-1-4004,SMA。

124 《取缔殡仪馆厝柩限年底分别应葬》,《申报》,1946年10月18日。

125 信函,SPBC致卫生局,1946年6月19日,Q400-1-4005,SMA。

126 信函,58居民,1946年9月19日,Q400-1-4005,SMA。

127 信函,卫生局致《中央日报》,1948年8月31日,Q400-1-4005,SMA。

128 训令,卫生局,1948年8月7日,Q400-1-4005,SMA。

129 报纸文章(没有来源),1947年8月22日,S400-1-16,SMA;《火葬记》,《申报》,1949年4月9日。

130 公共卫生局广告,《申报》,1948年5月2日。

131 报纸文章,1947年8月22日,S400-1-16,SMA;《申报》,1948年12月18日。

132 信函,卫生局致燃气公司,1949年7月26日,Q400-1-3918,SMA。

133 《上海市市立公墓火葬场及露尸土葬火葬人数》,1949年,Q400-1-4071,SMA。

134 信函,卫生局致市长,1948年12月2日,Q124-1-2033;统计文件,1949年3月,

Q124-1-2034,SMA。要精确换算1担木头的分量是不可能的,但几乎和一捆柴火一样。一个人可以在肩上挑两担。1948年12月时,1担柴火价值88元(备忘录,卫生局,1948年12月5日,Q124-1-2033);1939年3月时,价格蹿升至3 600金元。

135 报告,《市府关于私立公墓的说明》,n.d.[1949年11月],B242-1-226,SMA。

136 《上海市私立火葬场管理规则》,1952年2月8日,S440-4-18,SMA。

137 会议记录,上海市会馆公所山庄联合会,1950年9月29日,Q118-12-9,SMA。

138 《殡葬管理》,《上海民政志》,http://www.shtong.gov.cn/node2/node2245/node65977/node66002/node66042/userobject1ai61641.html。

139 信函,上海市人民政治法律委员会致人民政府,1954年4月2日,B1-2-839,SMA。

140 《上海市人民政府卫生局关于三年来卫生工作总结》,1952年,B242-1-381-1,SMA。

141 信函,民政局致人民政府,n.d.[1953年];信函,民政局,1953年6月18日;信函,财政局,1953年7月20日,B1-2-839;文件,FBTA,1953年6月3日,S440-4-18,SMA。

142 信函,卫生局致人民政府,1954年4月17日,B1-2-839,SMA。《上海市立公墓墓穴申请使用暂行办法》修改。

143 信函,人民政府致卫生局,1954年5月18日,B1-2-1513,SMA。

144 手写便笺,信函,人民政府致上海市人民政治法律委员会,1954年4月2日,B1-2-839,SMA。

145 信函,人民政府致民政局,1954年9月1日,B1-2-839,SMA。

146 《殡葬管理》,《上海民政志》。

147 同上。

148 信函,上海市人民政治法律委员会致人民政府,1954年4月2日,B1-2-839,SMA。

149 报告,卫生局,1956年2月11日,B2-2-73,SMA。

150 《殡葬管理》,《上海民政志》。

151 信函,FBTA致工商联,1957年6月27日,S440-4-23,SMA。

152 文件,人民委员会,1962年6月26日,A72-2-965-106,SMA。

153 报告,《关于对龙华中心公墓火葬场工作检查报告》,1960年2月16日,B168-1-148-102,SMA。

154 每公顷相应产出6.8、45和60吨,而欧洲在1961年的胡萝卜平均产量是23—34吨,2010年的世界米产量是每公顷4吨。U.S. Department of Agriculture, "Rice Yearbook," http://usda.mannlib.cornell.edu/MannUsda/viewDocumentInfo.do?documentID=1229; "U.S. Carrots Statistics," http://usda.mannlib.cornell.edu/MannUsda/viewDocumentInfo.do?documentID=1229。

155 报告,《西宝兴路火葬场检查工作报告》,1960年2月18日,B168-1-148-117,SMA。

156 报告,《西宝兴路火葬场检查工作报告》n.d.[1960年2月],B168-1-148-117,

SMA。

157 报告,《关于对龙华中心公墓火葬场工作检查报告》,1960 年 2 月 16 日,B168 - 1 - 148 - 102,SMA。

158 报告,《西宝兴路火葬场检查工作报告》,1960 年 2 月 18 日,B168 - 1 - 148 - 117,SMA。

159 《殡葬管理》,《上海民政志》。

160 同上。

161 报告,卫生局,1964 年 1 月 23 日,B168 - 1 - 585 - 1,SMA。涌泉路火葬场在 1974 年 11 月被改造成静安公园,建筑物在四年后被拆除。《静安寺》,《上海 360 度》,http://shtong.gov.cn/node2/node4429/node4438/node70484/node70700/node70702/userobject1ai72122.html。

162 报告,卫生局,1964 年 1 月 23 日,B168 - 1 - 585 - 1,SMA。

163 同上。

164 《设施和服务》,《上海民政志》,http://shtong.gov.cn/node2/node2245/node65977/node66002/node66042/userobject1ai61642.html。

165 《清真寺,公墓》,《上海通志》,http://shtong.gov.cn/node2/node2247/node79044/node79327/node79347/userobject1ai103689.html。

第九章

本章节有部分已经在下文中发表:Christian Henriot, "The Socialist Transformation of Funeral Companies in Shanghai (1949 - 57)," *European Journal of East Asian Studies* 13, no. 2 (2014): 186 - 211。

1 信函,卫生局、民政局致人民政府,1953 年 4 月 14 日,B1 - 2 - 841。该文件包括所有在两个部门之间管理权转换的文件。

2 《新民晚报》,1950 年 5 月 21 日。

3 尽管政府没有在公司或者商业机构的层面审视改造过程,但下列著作为研究中共在接收主要城市时的早期政策提供了坚实基础。Kenneth Lieberthal, *Revolution and Tradition in Tientsin, 1949 - 1952* (Stanford, CA: Stanford University Press, 1980); James Zheng Gao, *The Communist Takeover of Hangzhou: The Transformation of City and Cadre, 1949 - 1954* (Honolulu: University of Hawai'i Press, 2004).

4 《上海市殡仪寄柩运葬商业同业公会章程》,1950 年 7 月,S440 - 4 - 1,SMA。

5 信函,工商联致 FBTA,1950 年 6 月 28 日,S440 - 4 - 1,SMA。

6 会议记录,1950 年 7 月 3 日、1950 年 7 月 4 日,Q118 - 1 - 1,SMA。

7 登记信,1951 年 6 月 5 日,S440 - 4 - 1,SMA。

8 登记信,1952 年 6 月 20 日;登记信,1952 年 7 月 1 日,S440 - 4 - 1,SMA。

9 登记信,普济公墓,1956 年 1 月 6 日;登记信,1956 年 6 月 1 日,S440 - 4 - 1,SMA。

10 登记信,1956 年 6 月 25 日,S440 - 4 - 1;会议记录,FBTA,1956 年 7 月 9 日,S440 - 4 - 8,SMA。

11 杨奎松:《新中国"镇压反革命"运动研究》,《史学月刊》2006 年 1 月第一期,第 45 - 61 页;Kuisong Yang, "Reconsidering the Campaign to Suppress Counterrevolutionaries,"

China Quarterly 193 (2008)：102‐21；冯筱才：《身份、仪式与政治：1956 年后中共对资本家的思想改造》，《华东师范大学学报》2012 年第一期：第 32—38 页。

12 报告，FBTA，1958 年 9 月 15 日，S440‐4‐1，SMA。

13 Gao, *Communist Takeover of Hangzhou*, 18.

14 同上。

15 报告，FBTA，1954 年 8 月 12 日，S440‐4‐2，SMA。

16 同上。

17 报告，FBTA，1954 年 4 月 13 日，S440‐4‐2，SMA。

18 会议记录，FBTA，1950 年 9 月 14 日，S440‐4‐5，SMA。

19 会议记录，FBTA，1950 年 12 月 26 日，S440‐4‐5，SMA

20 《上海市丙舍管理规则》，1952 年 12 月 8 日，S440‐4‐18，SMA。

21 Christian Henriot, "Scythe and Sojourning in Wartime Shanghai," *Karunungan* 27 (2007)：127‐31.

22 报告，FBTA，1954 年 8 月 12 日，S440‐4‐2，SMA。

23 会议记录，FBTA，1955 年 7 月 23 日，S440‐4‐8，SMA。

24 会议记录，FBTA，1955 年 12 月 12 日，S440‐4‐8，SMA。

25 会议记录，FBTA，1955 年 12 月 20 日，S440‐4‐8，SMA。

26 会议记录，FBTA，1956 年 7 月 9 日、1956 年 9 月 22 日，S440‐4‐8，SMA。

27 同上。

28 李小蔚：《1949—1956 年国家政权与民间慈善组织的关系解析》，《中国党史研究》2012 年第九期，第 66—73 页。

29 会议记录，公所会馆山庄联合会，1951 年 6 月 27 日，Q118‐1‐22，SMA。

30 另外两个善会是德本善堂和上海残废养老堂，1951 年 2 月 10 日至 1952 年 6 月 20 日，Q115‐22‐40，SMA。

31 关于慈善组织的改造，详见 Nara Dillon, "New Democracy and the Demise of Private Charity in Shanghai," in *Dilemmas of Victory: The Early Years of the People's Republic of China*, ed. Jeremy Brown and Paul Pickowicz (Cambridge, MA: Harvard University Press, 2007), 80‐102. Dillon 没有说清一个中心问题，即会馆和一般的慈善机构是互相独立的，尽管它们互相之间有很多重合的联系，但绝对不能因为在两个领域活跃的精英成员是同一批人就认为它们是同一种机构。

32 义济善会(亦称四川旅沪义济善会)是一个由四川人在上海设立的组织。《上海市民政局民政处关于旧社团上海济心会，三班公所，江浙昌善局，保息局，四川旅沪义济善会五个非行业性的组织的处理意见》，1957 年 10 月 24 日，B168‐1‐820‐70，SMA。

33 《上海市公所会馆山庄联合会章程》，n.d.[1950 年 7 月 4 日]，Q118‐1‐2，SMA。关于协会早期的活动，参见《上海市公所会馆山庄联合会半年来工作概况》，n.d.[1951]，Q118‐1‐2，SMA。

34 会议记录，《上海市一般救济团体联席会议记录》，1951 年 6 月 26 日，Q115‐22‐23‐10，SMA。

35 政府在财政方面的重拳出击也是为了通过急剧减少流通的货币来解决通货膨胀

问题。

36　调查表,广肇公所,1950年7月31日,Q118-1-6-19,SMA。

37　会议记录,公所会馆山庄联合会,1952年11月18日,Q118-1-21,SMA。

38　会议记录,公所会馆山庄联合会,1952年7月21日,Q118-1-21,SMA。

39　会议记录,公所会馆山庄联合会,1953年10月25日,Q118-1-21,SMA。

40　《上海市市民尸体移动处理暂行办法》,1953年12月21日,S440-4-18,SMA。

41　会议记录,FBTA,1950年2月1日,1950年2月7日,S440-4-5,SMA。

42　政府在1955年5月废除了该税。会议记录,FBTA,1955年5月6日,S440-4-8,SMA。

43　《上海市各业工商业户1955年盈余分配申请书》,1956年1月13日,S7-4-16-45,SMA。

44　Lieberthal, Revolution and Tradition in Tientsin, 20-21.

45　会议记录,FBTA,1950年5月16日,S440-4-5,SMA。

46　会议记录,FBTA,1950年5月27日,S440-4-8,SMA。

47　中共在天津也使用一样的策略。Lieberthal, *Revolution and Tradition in Tientsin*, 84。

48　会议记录,FBTA,1950年9月4日,S440-4-5,SMA。

49　报告,FBTA,1950年9月4日,S440-4-5,SMA。

50　同上。

51　同上。

52　会议记录,FBTA,1955年1月14日,S440-4-8,SMA。

53　会议记录,FBTA,1955年2月27日,S440-4-8,SMA。

54　会议记录,FBTA,1955年7月18日,S440-4-8,SMA。

55　会议记录,1955年7月23日,S440-4-8,SMA。

56　会议记录,1955年10月26日,S440-4-8,SMA。

57　报告,FBTA,1953年5月19日,S440-4-2,SMA。

58　Annual report, 1954, S440-4-2-18, SMA. John Gardner, "The 'Wu-Fan' Campaign in Shanghai: A Study in the Consolidation of Urban Control," in *Chinese Communist Politics in Action*, ed. A. Doak Barnett (Seattle: University of Washington Press, 1969), 477-539.

59　参见 Kuisong Yang, "The Evolution of the Chinese Communist Party's Policy on the Bourgeoisie (1949-1952)," *Journal of Modern Chinese History* 1, no. 1 (2007): 13-30.

60　会议记录,1955年6月2日,S440-4-8,SMA。

61　会议记录,1955年7月21日,S440-4-8,SMA。

62　报告,1957年1月30日,S440-4-23,SMA。

63　Gao, *Communist Takeover of Hangzhou*, 308.

64　会议记录,1955年7月23日,S440-4-8,SMA。

65　工作报告,FBTA,1955年7月,S440-4-21,SMA。

66 财产调查是私人公司改造的标准程序。Gao, *Communist Takeover of Hangzhou*，166。

67 会议记录，1955 年 8 月 11 日，S440－4－8，SMA。

68 关于更多上海的整改情况，参见冯筱才：《政治生存与经济生存：上海商人如何走上公私合营之路？》，《中国当代史研究》，九州出版社 2011 年版，第 91－138 页。

69 会议记录，FBTA，1955 年 12 月 6 日，S440－4－8，SMA。

70 会议记录，FBTA，1955 年 12 月 10 日、1955 年 12 月 12 日，S440－4－8，SMA。

71 申请书，殡葬公司，1955 年 12 月 15 日；信函，上海市殡仪馆寄柩运葬商业同业公会，1955 年 12 月 16 日，S440－4－23，SMA。

72 《上海市殡仪寄柩运葬业清产核资实施办法》(FBTA)，1956 年 4 月 27 日，S440－4－23，SMA。

73 申请书，殡葬公司，1956 年 6 月 18 日，S440－4－23，SMA。

74 会议记录，FBTA，1956 年 3 月 19 日、1956 年 4 月 19 日，S440－4－8，SMA。

75 如参见下列文件：S440－4－24，S440－4－25，S440－4－26，S440－4－27，SMA。

76 会议记录，FBTA，1956 年 5 月 30 日，S440－4－8，SMA。

77 会议记录，FBTA，1956 年 6 月 15 日，S440－4－8，SMA。

78 会议记录，清产核资小组，1956 年 1 月 26 日—1957 年 2 月 11 日，S440－4－23，SMA。

79 大同和安乐的资产总额超过 11 万元、斜桥的资产为该数额的一半。合营后三家公司的平均资产是 1 万元—1.2 万元，其他的公司都低于 5 000 元。《殡葬业合营户账面与自估数额和百分之比》，1956 年 5 月 16 日，S440－4－23，SMA。

80 会议记录，FBTA，1956 年 7 月 9 日，S440－4－8，SMA。

81 信函，重工业局第一号，1956 年 1 月 13 日，Q1－6－437，SMA。

82 信函，民政局致市委会，1956 年 6 月 26 日，B2－2－73，SMA。

83 会议记录，FBTA，1956 年 7 月 9 日，S440－4－8；工作报告，1956 年 12 月 19 日，S440－4－21，SMA。

84 会议记录，FBTA，1956 年 10 月 9 日，S440－4－8；报告，1957 年 1 月 30 日，S440－4－23，SMA。

85 会议记录，FBTA，1956 年 7 月 9 日，S440－4－8，SMA。

86 会议记录，FBTA，1956 年 3 月 3 日，S440－4－8，SMA。

87 会议记录，FBTA，1955 年 6 月 9 日，S440－4－8，SMA。

88 会议记录，FBTA，1955 年 8 月 19 日，S440－4－8，SMA。

89 同上。

90 信函，安乐殡仪馆致 FBTA，1955 年 8 月 20 日，S440－4－8，SMA。

91 会议记录，FBTA，1955 年 10 月 20 日，S440－4－8，SMA。

92 会议记录，FBTA，1956 年 7 月 27 日，S440－4－8，SMA。

93 会议记录，FBTA，1955 年 3 月 3 日，S440－4－8，SMA。

94 汇报，民政局，1957 年 1 月 30 日，S440－4－23，SMA。

95 《上海市寿器寿衣商业同业共寿会变更殡仪馆附带经营寿器寿衣的意见书》，1956

年 9 月,S439 - 3 - 33 - 15,SMA。

96 会议记录,FBTA,1957 年 2 月 11 日,S440 - 408,SMA。

97 同上。

98 同上。

99 会议记录,FBTA,1956 年 10 月 9 日、1956 年 10 月 20 日,S440 - 408,SMA。

100 会议记录,FBTA,1957 年 5 月 24 日,S440 - 408,SMA。

101 同上。

102 会议记录,FBTA,1957 年 2 月 11 日,S440 - 408,SMA。

103 同上。

104 会议记录,FBTA,1957 年 5 月 24 日,S440 - 408,SMA。

105 同上。

106 同上。

107 会议记录,FBTA,1957 年 2 月 11 日,S440 - 408,SMA。

108 会议记录,FBTA,1957 年 2 月 24 日,S440 - 408,SMA。

109 会议记录,FBTA,1957 年 6 月 17 日、1957 年 6 月 21 日、1957 年 6 月 24 日、1957 年 7 月 23 日,S440 - 408,SMA。

参考文献

ARCHIVES AND PRIMARY SOURCES
Archives Diplomatiques de Nantes
635PO/A/39，635PO/A/84，635PO/A-87，635PO/B/27

National Archives（U.K.）
FO 369/6160，Works 55/23，WO106/5566

Shanghai Municipal Archives
A72-2-965-106，B1-2-839，B1-2-840，B1-2-841，B1-2-1513，B2-2-73，B14-1-26，B34-2-150-36，B34-2-256-11，B128-2-517，B168-1-148，B168-1-585，B168-1-798，B168-1-820，B242-1-74-61，B242-1-123，B242-1-124，B242-1-157，B242-1-225，B242-1-226，B242-1-255，B242-1-381，B242-1-489，B257-1-1500，H1-1-14-2328，Q1-6-437，Q1-18-125，Q1-18-171，Q6-9-470，Q6-10-389，Q109-1-162，Q109-1-163，Q109-1-1407，Q109-1-1938，Q114-1-9，Q115-22-23，Q115-22-40，Q117-2-216，Q117-2-217，Q117-2-224，Q117-19-31，Q117-19-32，Q117-25-32，Q118-1-1，Q118-1-2，Q118-1-5-87，Q118-1-6，Q118-1-7-207，Q118-1-8-21，Q118-1-21，Q118-1-22，Q118-2-1，Q118-2-11-14，Q118-9-2，Q118-12-6-16，Q118-12-9，Q118-12-42，Q118-12-53，Q118-12-140，Q123-1-871，Q124-1-1805，Q131-7-1592，Q165-6-33，Q165-6-34，Q165-6-36，Q165-6-37，Q165-6-38，Q165-6-39，Q165-6-42，Q165-6-43，Q165-6-45，Q185-3-2432，Q185-3-13166，Q185-3-15380，Q207-1-183，Q215-1-6279，Q215-1-6886，Q215-1-8081，Q215-1-8142，Q215-1-8143，Q215-1-8144，Q215-1-8277，Q400-1-1371，Q400-1-1537，Q400-1-3864，Q400-1-3867，Q400-1-3868，Q400-1-3869，Q400-1-3870，Q400-1-3871，Q400-1-3902，Q400-1-3903，Q400-1-3904，Q400-1-3905，Q400-1-3907，Q400-1-3910，Q400-1-3914，Q400-1-3916，Q400-1-3917，Q400-1-3918，Q400-1-3923，Q400-1-3924，Q400-1-3926，Q400-1-3929，Q400-1-3932，Q400-1-

3935, Q400-1-3953, Q400-1-3956, Q400-1-3957, Q400-1-3958, Q400-1-3959, Q400-1-3960, Q400-1-3961, Q400-1-3962, Q400-1-3963, Q400-1-3964, Q400-1-3965, Q400-1-3966, Q400-1-3967, Q400-1-3968, Q400-1-3970, Q400-1-3973, Q400-1-3974, Q400-1-3977, Q400-1-3995, Q400-1-4004, Q400-1-4005, Q400-1-4010, Q400-1-4012, Q400-1-4013, Q400-1-4014, Q400-1-4015, Q400-1-4071, R1-3-1432, R1-9-284, R1-12-58, R1-18-1231, R36-13-139, R36-13-210, R36-13-211, R36-13-213, R36-13-214, R36-13-221, R36-13-223, R44-1-193, R50-1-160, R50-1-421-1, R50-1-431, R50-1-433, R50-1-458, R50-1-459, R50-1-1320, R50-1-1324, R50-1-1393, R50-1-1414, S7-4-16-45, S40-17-15, S246-1-58, S250-1-90, S439-3-33-15, S440-1-1, S440-1-3, S440-1-7, S440-1-8, S440-1-9, S440-1-12, S440-1-13, S440-1-15, S440-1-16, S440-1-17, S440-1-19, S440-1-27, S440-4-1, S440-4-2, S440-4-3, S440-4-4, S440-4-5, S440-4-8, S440-4-18, S440-4-19, S440-4-21, S440-4-23, S440-4-24, S440-4-25, S440-4-26, S440-4-27, S440-17-15, U1-1-180, U1-2-1111, U1-3-590, U1-3-1183, U1-3-1330, U1-3-1806, U1-3-2399, U1-3-3010, U1-4-198, U1-4-706, U1-4-712, U1-4-2452, U1-14-585, U1-14-690, U1-14-3175, U1-14-3176, U1-14-3177, U1-14-3178, U1-14-3185, U1-14-3195, U1-14-3197, U1-14-3210, U1-14-6907, U1-14-6912, U1-14-6913, U1-14-6921, U1-14-6927, U1-14-6928, U1-14-6929, U1-14-6931, U1-16-2108, U1-16-2422, U1-16-2425(1), U1-16-2426, U1-16-2443, U1-16-2449, U1-16-2450, U1-16-2452, U1-16-2453, U1-16-2454, U1-16-2457, U1-16-2458, U1-16-2459, U1-16-2460, U1-16-2461(2), U1-16-2461(3), U1-16-2463, U1-16-2465, U1-16-2468, U1-16-2471, U1-16-2477, U1-16-2504, U1-16-2530, U1-16-2532, U1-16-2533, U1-16-2534, U1-16-2536(1), U1-16-2536(2), U1-16-2537, U1-16-2539, U1-16-4649, U1-16-4879, U38-1-507, U38-1-1000, U38-1-1434, U38-1-2174, U38-2-1153, U38-2-2090, U38-2-2713, U38-4-2476, U38-4-3280, U38-4-3282, U38-4-3286, U38-5-158, U38-5-374, U38-5-379, U38-5-524, U38-5-1260, U38-5-1262, U38-5-1263, U38-5-1264, U38-5-1274, U38-5-1277, U38-5-1485, U38-5-1638, U38-5-1641, U38-5-1667, Y3-1-58, Y4-1-210, Y4-1-762, Y4-1-763, Y4-1-765

Newspapers
North China Daily News (1854-1949)
North China Herald (1850-1941)
Shenbao (1872-1949)

Secondary Litera Ture
Aberth, John. *Plagues in World History*. Lanham, MD: Rowman and Littlefield, 2011.

Agulhon, Maurice, and Pierre Nora. *Essais d'ego-histoire*. Paris: Gallimard, 1987.
Ahern, Emily M. *The Cult of the Dead in a Chinese Village*. Stanford, CA: Stanford University Press, 1973.
Åhrén, Eva. *Death, Modernity, and the Body: Sweden 1870–1940*. Rochester, NY: University of Rochester Press, 2009.
Ai Ping 艾萍. "Shuangguizhi xia minguo gongmuzhi de chuangshe—Yi Shanghai wei ge'an" 双轨制下民国公墓制的创设——以上海为个案 [The creation of a national scheme of public cemeteries under a dual-track system]. *Huadong Shifan Daxue Xuebao* 华东师范大学学报（人文社会科学版）, no. 3 (2012): 104–111.
Allen-Emerson, Michelle, Tina Young Choi, and Christopher Hamlin. *Sanitary Reform in Victorian Britain*. London: Pickering and Chatto, 2012.
Ameskamp, Simone. "On Fire—Cremation in Germany, 1870s–1934." Ph.D. diss., Georgetown University, 2006.
Ariès, Philippe. *The Hour of Our Death*. New York: Knopf, 1981.
——. "The Reversal of Death: Changes in Attitudes toward Death in Western Societies." *American Quarterly* 26, no. 5 (1974): 536–560.
——. *Western Attitudes toward Death: From the Middle Ages to the Present*. Baltimore: Johns Hopkins University Press, 1974.
Asen, Daniel. "Dead Bodies and Forensic Science: Cultures of Expertise in China, 1800–1949." Ph.D. diss., Columbia University, 2012.
Bala, Poonam. "Colonizing the Body: State Medicine and Epidemic Disease in Nineteenth-Century India (review)." *Bulletin of the History of Medicine* 70, no. 1 (1996): 135–136.
Banthia, Jayant. "Fractured States: Smallpox, Public Health and Vaccination Policy in British India, 1800–1947 (review)." *Bulletin of the History of Medicine* 82, no. 1 (2008): 207–208.
Bardet, Jean-Pierre. *Rouen aux XVIIe et XVIIIe siècles: Les mutations d'un espace social*. Paris: Société d'Édition d'Enseignement Supérieur, 1983.
Barnes, David S. *The Great Stink of Paris and the Nineteenth-Century Struggle against Filth and Germs*. Baltimore: Johns Hopkins University Press, 2006.
Barr, Allan H. "Marriage and Mourning in Early-Qing Tributes to Wives." *Nannü* 15, no. 1 (2013): 137–178.
Barrow, Julia. "Urban Cemetery Location in the High Middle Ages." In *Death in Towns: Urban Responses to the Dying and the Dead, 100–1600*, edited by Steven Bassett, 78–100. Leicester, UK: Leicester University Press, 1992.
Barz, R. *Shanghai: Sketches of Present-Day Shanghai*. N.p.: Centurion, 1935.
Bassett, Steven, ed. *Death in Towns: Urban Responses to the Dying and the Dead, 100–1600*. Leicester, UK: Leicester University Press, 1992.
Bates, Barbara. *Bargaining for Life: A Social History of Tuberculosis, 1876–1938*. Philadelphia: University of Pennsylvania Press, 1992.

Becker, Annette. *La guerre et la foi: De la mort à la mémoire*, 1914–1930. Paris: Armand Colin, 1994.

Bell, Amy. "Landscapes of Fear: Wartime London, 1939–1945." *Journal of British Studies* 48, no. 1 (2009): 153–175.

Belsky, Richard D. "Bones of Contention: The Siming Gongsuo Riots of 1874 and 1898." *Papers on Chinese History*, no. 1 (Spring 1992): 56–73.

———. *Localities at the Center: Native Place, Space, and Power in Late Imperial Beijing*. Cambridge, MA: Harvard University Asia Center, 2005.

Benedict, Carol. "Policing the Sick: Plague and the Origins of State Medicine in Late Imperial China." *Late Imperial China* 14, no. 2 (1993): 60–77.

Bernstein, Andrew. "Fire and Earth: The Forging of Modern Cremation in Meiji Japan." *Japanese Journal of Religious Studies* 27, no. 3–4 (2000): 297–334.

Bertrand, Régis. "L'histoire de la mort, de l'histoire des mentalités à l'histoire religieuse." *Revue d'Histoire de l'Église de France* 86, no. 217 (2000): 551–559.

Bertrand, Régis, Anne Carol, and Jean-Noël Pelen, eds. *Les narrations de la mort*. Aix-en-Provence, France: Publications de l'Université de Provence, 2005.

Bestor, Theodore C. *Neighborhood Tokyo*. Stanford, CA: Stanford University Press, 1990.

Betta, Chiara. "From Orientals to Imagined Britons: Baghdadi Jews in Shanghai." *Modern Asian Studies* 37, no. 4 (2003): 999–1023.

Bickers, Robert A. *Britain in China: Community, Culture and Colonialism 1900–1949*. Manchester, UK: Manchester University Press, 1999.

———. *The Scramble for China: Foreign Devils in the Qing Empire, 1832–1914*. London: Allen Lane, 2011.

Bickers, Robert A., and Christian Henriot. *New Frontiers: Imperialism's New Communities in East Asia, 1842–1953*. Manchester, UK: Manchester University Press, 2000.

Bickers, Robert A., and Jeffrey N. Wasserstrom. "Shanghai's 'Dogs and Chinese Not Admitted' Sign: Legend, History and Contemporary Symbol." *China Quarterly* 142 (1995): 444–466.

"Binzang guanli" 殡葬管理. *Shanghai minzheng zhi* 上海民政志 [Shanghai civil affairs gazetteer]. http://www.shtong.gov.cn/node2/node2245/node65977/node66002/node66042/userobject1ai61641.html.

Bjorklund, Ruth. *Cholera*. New York: Marshall Cavendish, 2010.

Blair, John, ed. *Minsters and Parish Churches: The Local Church in Transition, 950–1200*. Oxford: Oxford University Committee for Archaeology, 1988.

Booth, Charles. *Life and Labour of the People in London: Population Classified by Trades*. London: Macmillan, 1896.

Bo Run 博润 and Yao Guangfa 姚光发. *Songjiang fu xuzhi* 松江府续志 [Songjiang Prefecture supplementary gazetteer]. 1884. Reprint, Taipei: Chengwen Chubanshe, 1974.

Bourdelais, Patrice, and Jean-Yves Raulot. *Une peur bleue: Histoire du choléra en France, 1832–1854*. Paris: Payot, 1987.

Brook, Timothy. "Funerary Ritual and the Building of Lineages in Late Imperial China." *Harvard Journal of Asiatic Studies* 49, no. 2 (1989): 465–499.

Brooks, Chris. *Mortal Remains: The History and Present State of the Victorian and Edwardian Cemetery*. Exeter, UK: Wheaton, 1989.

Brown, Melissa J. "Ethnic Identity, Cultural Variation, and Processes of Change: Rethinking the Insights of Standardization and Orthopraxy." *Modern China* 33, no. 1 (2007): 91–124.

Brown, Miranda. *The Politics of Mourning in Early China*. Albany: State University of New York Press, 2007.

Buck, John Lossing. *Chinese Farm Economy*. New York: Garland, 1980.

Buckler, Steve. *Identity, Memory and History*. London: Sage, 1996.

Bureau of Social Affairs. *Standard of Living of Shanghai Laborers* 上海市工人生活程度. Shanghai: Shanghai Shi Zhengfu Shehuiju, 1934.

Burgess, John Stewart. *The Guilds of Peking*. New York: Columbia University Press, 1928.

Burnet, Sir Frank Macfarlane, and David O. White. *Natural History of Infectious Disease*. New York: Cambridge University Press Archive, 1972.

Carlitz, Katherine. "Mourning, Personality, Display." *Nannü* 15, no. 1 (2013): 30–68.

Carnevale, Diego. "Dynamiques du marché funéraire dans la ville de Naples entre l'âge napoléonien et la Restauration: La naissance d'un service public." *Histoire et Mesure* 27, no. 1 (2012): 29–58.

Carol, Anne. "Faire un 'beau' cadavre: Difficultés techniques et ambiguïtés esthétiques de l'embaumement au XIXe siècle (France)." In *Rencontres autour du cadavre*, edited by Hervé Guy, 139–142. Saint-Germain-en-Laye, France: Groupe d'Anthropologie et d'Archéologie Funéraire, 2012.

———. "Le cadavre et la machine au XIXe siècle." In *Corps et machines à l'âge industriel*, edited by Laurence Guignard, Pascal Raggi, and Étienne Thévenin, 87–98. Rennes, France: Presses Universitaires de Rennes, 2011.

———. *Les médecins et la mort XIXe–XXe siècles*. Paris: Aubier, 2004.

Cassel, Pär Kristoffer. *Grounds of Judgment: Extraterritoriality and Imperial Power in Nineteenth-Century China and Japan*. Oxford: Oxford University Press, 2012.

Chang Hsiu-Jung 张秀蓉. "Yi chaozhou huiguan wei li xilun qingdai de huiguan yu shangye huodong" 以潮洲会馆为例析论清代的会馆与商业活动 [Guild and commercial activity: A case study of the Chaozhou Guild in the Ch'ing dynasty]. *Baisha Renwen Shehui Xuebao* 白沙人文社会学报, no. 1 (October 2002): 261–293.

Cheater, A. P. "Death Ritual as Political Trickster in the People's Republic of China." *Australian Journal of Chinese Affairs*, no. 26 (1 July 1991): 67–97.

Chemouilli, Philippe. "Le choléra et la naissance de la santé publique dans le Japon de Meiji: Modernité, choléra et pensée hygiénique." *M/S: Médecine Sciences* 20, no. 1 (2004): 109–114.

Chen, Hsi-yuan. "Summoning the Wandering Ghosts of the City: The Li Sacrifice in the State Cult and the Popular Festival in Suzhou." Paper presented at the Berkeley Summer Research Institute, University of California, Berkeley, August 2011.

Chen, Janet Y. *Guilty of Indigence: The Urban Poor in China, 1900–1953*. Princeton, NJ: Princeton University Press, 2012.

Chen, Joseph Tao. *The May Fourth Movement in Shanghai*. Leiden: Brill, 1971.

Chen, Ta. "Births, Deaths, and Marriages." *American Journal of Sociology* 52 (1947): 25–42.

Chen Huawen 陈华文. *Sangzangshi* 丧葬史 [A history of funerals]. Shanghai: Shanghai Wenyi Chubanshe, 1999.

Chen Mingyuan 陈明远. 人民币的历史和购买力演变 [The history of the renminbi and the evolution of its purchasing power]. *Shehui Kexue Luntan* 社会科学论坛, no. 11 (2011): 144–158.

Chen Shujun 陈淑君 and Chen Huawen 陈华文. *Minjian sangzang xisu* 民间丧葬习俗 [Popular funeral customs]. Beijing: Zhongguo Shehui Chubanshe, 2006.

Chen Wenqian 陈蕴茜 and Wu Min 吴敏. "Zhiminzhuyi wenhua baquan yu jindai zhongguo fengsu bianqian—Yi jindai shanghai gongmu wei zhongxin de kaocha" 殖民主义文化霸权与近代中国风俗变迁——以近代上海公墓为中心地考察 [Colonial cultural dominance and the transformation of Chinese customs: A study centered on modern Shanghai cemeteries]. *Jianghai Xuekan* 江海学刊, no. 6 (2007): 131–136.

Chevalier, Louis. *Laboring Classes and Dangerous Classes in Paris during the First Half of the Nineteenth Century*. New York: Fertig, 1973.

Chi Zihua 池子华 and Shao Xiaofu 邵晓芙. "20 shiji ersanshi niandai Shanghai nüxing zisha xianxiang Jiedu" 20世纪二三十年代上海女性自杀现象解读 [An analysis of female suicide in Shanghai in the 1920s–1930s]. *Xuzhou Shifan Daxue Xuebao* 徐州师范大学学报, 32, no. 2 (2006): 75–79.

Chong xiu Shanghai xian zhi 重修上海县志 [Revised Shanghai County gazetteer]. [Shanghai]: Wumen Xian Shu, 1871.

Chuan Jiaoshi 传教石. "Jindai Shanghai de fojiao cishan shiye ji qi shehui zuoyong" 近代上海的佛教慈善事业及其社会作用 [Buddhist benevolent activities and their social function in modern Shanghai]. *Neiming* 内明, no. 242 (1 May 1992): 25–30.

Cobb, Augustus G. "Earth-Burial and Cremation." *North American Review* 135, no. 310 (1882): 266–282.

Colgrove, James Keith. "Between Persuasion and Compulsion: Smallpox Control in Brooklyn and New York, 1894–1902." *Bulletin of the History of Medicine* 78, no. 2 (2004): 349–378.

Conseil d'Administration Municipale de la Concession Française. *Compte rendu de la gestion pour l'exercice 1917—Budget 1918*. Shanghai: Imprimerie Municipale, 1918.

——. *Compte rendu de la gestion pour l'exercice 1926*. Shanghai: China Printing Company, 1927.

——. *Compte rendu de la gestion pour l'exercice 1935*. Shanghai: Imprimerie Municipale 1936.

——. *Compte rendu de la gestion pour l'exercice 1937*. Shanghai: Imprimerie Municipale, 1938.

——. *Compte rendu de la gestion pour l'exercice 1939*. Shanghai: Imprimerie Municipale, 1940.

Cook, Constance A. *Death in Ancient China: The Tale of One Man's Journey*. Leiden: Brill, 2006.

Cooper, Donald B. "The New 'Black Death': Cholera in Brazil, 1855–1856." *Social Science History* 10, no. 4 (1986): 467–488.

Cormack, Annie. *Everyday Customs in China*. Edinburgh: Moray, 1935.

Cornet, Christine. "Ordre et désordre à Shanghai: Les policiers tonkinois et la Concession française, 1907–1946." HDR, University of Lyon, 2014.

Croq, Laurence. "Le dernier hommage: La comptabilité des frais funéraires et du deuil dans la société parisienne aux XVIIe et XVIIIe siècles." *Histoire et Mesure* 27, no. 1 (2012): 161–214.

Curl, James Stevens. *The Victorian Celebration of Death*. Detroit: Partridge, 1972.

Davies, Douglas James. *A Brief History of Death*. Malden, MA: Blackwell, 2005.

Dean, Kenneth. "Funerals in Fujian." *Cahiers d'Extrême-Asie* 4, no. 1 (1988): 19–78.

De Groot, Jan Jakob Maria. *The Religious System of China*. Leyden [Leiden]: E. J. Brill, 1892.

Dennie, Garrey Michael. "Flames of Race, Ashes of Death: Re-inventing Cremation in Johannesburg, 1910–1945." *Journal of Southern African Studies* 29, no. 1 (2003): 177–192.

Dianshizhai Huabao 点石斋画报. [Shanghai]: n.p., 1884.

Dillon, Nara. "New Democracy and the Demise of Private Charity in Shanghai." In *Dilemmas of Victory: The Early Years of the People's Republic of China*, edited by Jeremy Brown and Paul Pickowicz, 80–102. Cambridge, MA: Harvard University Press, 2007.

Dixon, Diana. "The Two Faces of Death: Children's Magazines and Their Treatment of Death in the Nineteenth Century." In *Death, Ritual, and Bereavement*, edited by Ralph A. Houlbrooke, 136–150. London: Routledge, 1989.

Dong, Madeleine Yue. *Republican Beijing: The City and Its Histories*. Berkeley: University of California Press, 2003.

Dong, Madeleine Yue, and Joshua L. Goldstein. *Everyday Modernity in China*. Seattle:

University of Washington Press, 2006.

Doolittle, Justus. *Social Life of the Chinese: A Daguerreotype of Daily Life in China*. London: S. Low, Son, and Marston, 1868.

Dormandy, Thomas. *The White Death: A History of Tuberculosis*. London: Hambledon, 1999.

Durand-Fardel, Ch. L. Maxime. *La Chine et les conditions sanitaires des ports ouverts au commerce étranger*. Paris: J. B. Baillière, 1877.

Dyhouse, Carol. "Working Mothers and Infant Mortality in England, 1895 – 1914." In *Biology, Medicine and Society 1840 – 1940*, edited by Charles Webster, 73 – 98. Cambridge: Cambridge University Press, 2003.

Ebrey, Patricia. "Cremation in Sung China." *American Historical Review* 95, no. 2 (1990): 406 – 428.

Edkins, Joseph. "The Chinese Treatment of Cholera." In *Modern China: Thirty-One Short Essays on Subjects Which Illustrate the Present Condition of the Country*, 39 – 40. Shanghai: Kelly and Walsh, 1891.

Elvin, Mark. "The Administration of Shanghai, 1905 – 1914." In *The Chinese City between Two Worlds*, edited by Mark Elvin and William Skinner, 239 – 262. Stanford, CA: Stanford University Press, 1974.

——. "The Gentry Democracy in Shanghai, 1905 – 1914." In *Modern China's Search for a Political Form*, edited by Jack Gray, 41 – 65. Oxford: Oxford University Press, 1969.

Evans, Richard J. *Death in Hamburg: Society and Politics in the Cholera Years, 1830 – 1910*. Oxford: Clarendon, 1987.

Fang, Fu-an. *Chinese Labour: An Economic and Statistical Survey of the Labour Conditions and Labour Movements in China*. Shanghai: Kelly and Walsh, 1931.

Fang Hongkai 方鸿铠, Lu Binglin 陆炳麟, and Huang Yanpei 黄炎培. *Chuansha xian zhi* 川沙县志 [Gazetteer of Chuansha County]. Shanghai: Guoguang Shuju, 1937.

Faron, Olivier. *La ville des destins croisés: Recherches sur la société milanaise du XIXe siècle (1811 – 1860)*. Rome: École Française de Rome, 1997.

Feng, Yi. "Élites locales et solidarités régionales: L'aide aux réfugiés à Shanghai (1937 – 1940)." *Études Chinoises* 15, no. 1 – 2 (1996): 71 – 106.

Feng Xianliang 冯贤亮. "Fenyin yizhong: Ming-Qing jiangnan de minzhong shenghuo yu huanjing baohu" 坟茔义塚: 明清江南的民众生活与环境保护 [Charity cemeteries: People's life and the protection of environment in Ming-Qing Jiangnan]. *Zhongguo Shehui Lishi Pinglun* 中国社会历史评论, no. 2 (2006): 1 – 22.

Feng Xiaocai 冯筱才. "Shenfen, yishi yu zhengzhi: 1956 nian hou Zhong-Gong dui zibenjia de sixiang gaizao" 身份、仪式与政治: 1956 年后中共对资本家的思想改造 [Class, ideology and politics: The thought reform of capitalists by the Chinese Communist Party after 1956]. *Huadong Shifan Daxue Xuebao* 华东师范大学学报 (哲学社会科学版), no. 1 (2012): 32 – 38.

———. "Zhengzhi shengcun yu jingji shengcun: Shanghai shangren ruhe zoushang gongsi heying zhi lu?" 政治生存与经济生存：上海商人如何走上公私合营之路 [Political survival and economic survival: How Shanghai businessmen took the road to joint private-public ownership]. In *Zhongguo dangdaishi yanjiu* 中国当代史研究 [Research on Chinese contemporary history], edited by Han Gang 韩钢 and Wang Haiguang 王海光, 91–138. Beijing: Jiuzhou Chubanshe, 2011.

———. "Zhengzhi yundong de jiceng luoji yu richanghua: Yi ge 'hanjian' de faxian yu shencha" 政治运动的基层逻辑与日常化：一个"汉奸"的发现与审查 [The basic logic and normalization of political campaigns: The discovery and investigation of a "traitor"]. *Ershiyi Shiji* 二十一世纪, no. 134 (December 2012): 38–48.

Feuchtwang, Stephan. *The Anthropology of Religion, Charisma, and Ghosts: Chinese Lessons for Adequate Theory*. Berlin: De Gruyter, 2010.

Feuerwerker, Albert. *China's Early Industrialization: Sheng Hsuan-Huai (1844–1916) and Mandarin Enterprise*. Cambridge, MA: Harvard University Press, 1958.

Finlay, Roger. *Population and Metropolis: The Demography of London, 1580–1650*. Cambridge: Cambridge University Press, 1981.

Fox, Daniel F. "Social Policy and City Politics: Tuberculosis Reporting in New York, 1889–1900." *Bulletin of the History of Medicine* 49, no. 2 (1975): 169–195.

French, Paul. *Through the Looking Glass: China's Foreign Journalists from Opium Wars to Mao*. Hong Kong: Hong Kong University Press, 2009.

Fritz, Paul S. "The Undertaking Trade in England: Its Origins and Early Development, 1660–1830." *Eighteenth-Century Studies* 28, no. 2 (1994): 241–253.

Fuchs, Rachel Ginnis. *Abandoned Children: Foundlings and Child Welfare in Nineteenth-Century France*. Albany: State University of New York Press, 1984.

———. *Poor and Pregnant in Paris: Strategies for Survival in the Nineteenth Century*. Piscataway, NJ: Rutgers University Press, 1992.

Galle, Paul-Édouard. *Shang-Hai au point de vue médical: Contribution à la climatologie médicale*. Paris: A. Delahaye, 1875.

Gao, Bei. *Shanghai Sanctuary: Chinese and Japanese Policy toward European Jewish Refugees during World War II*. Oxford: Oxford University Press, 2013.

Gao, James Zheng. *The Communist Takeover of Hangzhou: The Transformation of City and Cadre, 1949–1954*. Honolulu: University of Hawai'i Press, 2004.

Gao Hongxia 高红霞. "Cong quanzhang huiguan kan Shanghai minshang de xingshuai" 从泉漳会馆看上海闽商的兴衰 [An examination of the rise and decline of Fujianese merchants in Shanghai through the Quanzhang Guild]. In *Guojia, difang, minzhong de hudong yu shehui bianqian guoji xueshu taolunhui ji di jiu jie Zhongguo shehuishi nianhui lunwenji* 国家、地方、民众的互动与社会变迁国际学术讨论会暨第九届中国社会史论文集 [Interaction between state, locality, and people and social change: Proceedings of the ninth international conference on Chinese social history], edited by

Tang Lixing 唐力行, 274 - 84. Beijing: Shangwu Yinshuguan, 2004.

Garden, Maurice. *Lyon et les Lyonnais au XVIIIe siècle*. Paris: Belles Lettres, 1970.

Gardner, John. "The 'Wu-Fan' Campaign in Shanghai: A Study in the Consolidation of Urban Control." In *Chinese Communist Politics in Action*, edited by A. Doak Barnett, 477 - 539. Seattle: University of Washington Press, 1969.

Glaise, Anne. "L'évolution sanitaire et médicale de la Concession française de Shanghai entre 1850 et 1950." Ph.D. diss., Université Lumière Lyon 2, 2005.

Glynn, Ian, and Jenifer Glynn. *The Life and Death of Smallpox*. Cambridge: Cambridge University Press, 2004.

Goldstein, J. "Scissors, Surveys, and Psycho-Prophylactics: Prenatal Health Care Campaigns and State Building in China, 1949 - 1954." *Journal of Historical Sociology* 11, no. 2 (1998): 153 - 184.

Goodman, Bryna. "The Locality as Microcosm of the Nation? Native Place Networks and Early Urban Nationalism in China." *Modern China* 21, no. 4 (1995): 387 - 419.

——. *Native Place, City, and Nation: Regional Networks and Identities in Shanghai, 1853 - 1937*. Berkeley: University of California Press, 1995.

——. "The New Woman Commits Suicide: The Press, Cultural Memory and the New Republic." *Journal of Asian Studies* 64, no. 1 (2005): 67 - 101.

——. "The Vocational Woman and the Elusiveness of 'Personhood' in Early Republican China." In *Gender in Motion: Divisions of Labor and Cultural Change in Late Imperial and Modern China*, edited by Bryna Goodman and Wendy Larson, 265 - 286. Lanham, MD: Rowman and Littlefield, 2005.

Goodman, David C., and Colin Chant. *European Cities and Technology: Industrial to Post-industrial City*. London: Routledge, 1999.

Goossaert, Vincent. "A Question of Control: Licensing Local Ritual Specialists in Jiangnan, 1850 - 1950." In *Proceedings of the Fourth International Conference of Sinology*, 569 - 604. Taipei: Zhongyang Yanjiuyuan, 2013.

Granet, Marcel. "Le langage de la douleur d'après le rituel funéraire de la Chine ancienne." *Journal de Psychologie* (February 1922): 97 - 118.

Gray, John Henry. *China: A History of the Laws, Manners, and Customs of the People*. London: Macmillan, 1878.

Guide to Peking. Peking [Beijing]: The Leader, 1930.

Gu, Jiegang. "Funeral Processions." In *Chinese Civilization: A Sourcebook*, edited by Patricia Ebrey, 385 - 390. New York: Free Press, 1993.

Gu Jiegang 顾颉刚 and Liu Wanzhang 刘万章. *Su Yue de hun sang* 苏粤的婚丧[Weddings and funerals in Jiangsu and Guangdong]. Taipei: Dongfang Wenhua Gongyingshe, 1970.

Guo Yuhua 郭于华. *Si de kunrao yu sheng de zhizhuo: Zhongguo minjian sangzang yili yu chuantong shengsiguan* 死的困扰与笙的执著：中国民间丧葬仪礼与传统生死观

[The trouble of death and persistence of life: Chinese funeral rituals and traditional views of life and death]. Beijing: Zhongguo Renmin Daxue Chubanshe, 1992.

Haagensen, Cushman Davis, and Wyndham Edward Buckley Lloyd. *A Hundred Years of Medicine*. New York: Sheridan House, 1943.

Haar, Barend ter. "Review." *T'oung Pao* 92, no. 4–5 (2006): 540–560.

Hamlin, Christopher. *Cholera: The Biography*. Oxford: Oxford University Press, 2009.

Hansen, Miriam Bratu. "Fallen Women, Rising Stars, New Horizons: Shanghai Silent Film as Vernacular Modernism." *Film Quarterly* 54, no. 1 (2000): 10–22.

Harding, Vanessa. "Burial Choice and Burial Location in Later Medieval London." In *Death in Towns: Urban Responses to the Dying and the Dead, 100–1600*, edited by Steven Bassett, 119–135. Leicester, UK: Leicester University Press, 1992.

——. *The Dead and the Living in Paris and London, 1500–1670*. Cambridge: Cambridge University Press, 2002.

Hardy, Anne. "Diagnosis, Death, and Diet: The Case of London, 1750–1909." *Journal of Interdisciplinary History* 18, no. 3 (1988): 387–401.

——. "Urban Famine or Urban Crisis? Typhus in the Victorian City." *Medical History* 32, no. 4 (1988): 401–425.

Harrison, Henrietta. *The Making of the Republican Citizen: Political Ceremonies and Symbols in China, 1911–1929*. Oxford: Oxford University Press, 1999.

Hatt-Diener, Marie-Noël, Jean-Luc Pinol, and Bernard Vogler. *Strasbourg et strasbourgeois à la croisée des chemins: Mobilités urbaines 1810–1840*. Strasbourg, France: Presses Universitaires de Strasbourg, 2004.

He Bin 何彬. *Jiang-Zhe hanzu sangzang wenhua* 江浙汉族丧葬文化 [The funeral culture of the Han in Jiangsu and Zhejiang]. Beijing: Zhongyang Minzu Daxue Chubanshe, 1995.

Henderson, James. *Memorials of James Henderson, M. D.—Medical Missionary to China*. London: J. Nisbet, 1867.

Hendry, Joy. *Interpreting Japanese Society: Anthropological Approaches*. London: Routledge, 2012.

Henriot, Christian. "Beyond Glory: Civilians, Combatants, and Society during the Battle of Shanghai." *War and Society* 31, no. 2 (2012): 106–135.

——. "The Colonial Space of Death in Shanghai (1844–1949)." In *Twentieth Century Colonialism and China: Localities, the Everyday and the World*, edited by Bryna Goodman and David S. G. Goodman, 108–133. Milton Park, UK: Routledge, 2012.

——. "'Invisible Deaths, Silent Deaths': 'Bodies without Masters' in Republican Shanghai." *Journal of Social History* 43, no. 2 (2009): 407–437.

——. "'Little Japan' in Shanghai: An Insulated Community, 1875–1945." In *New Frontiers: Imperialism's New Communities in East Asia, 1842–1953*, edited by Robert Bickers and Christian Henriot, 146–169. Manchester, UK: Manchester

University Press, 2000.

———. "Regeneration and Mobility: The Spatial Dynamics of Industries in Wartime Shanghai." *Journal of Historical Geography* 38, no. 2 (2012): 167–180.

———. "Rice, Power and People: The Politics of Food Supply in Wartime Shanghai (1937–1945)." *Twentieth-Century China* 26, no. 1 (n.d.): 41–84.

———. "Scythe and Sojourning in Wartime Shanghai." *Karunungan* 27 (2007): 127–131.

———. *Shanghai, 1927–1937: Municipal Power, Locality, and Modernization*. Berkeley: University of California Press, 1993.

———. "Shanghai and the Experience of War: The Fate of Refugees." *European Journal of East Asian Studies* 5, no. 2 (2006): 215–245.

———. "The Socialist Transformation of Funeral Companies in Shanghai (1949–1957)." *European Journal of East Asian Studies* 13, no. 2 (2014): 186–211.

———. "Wartime Shanghai Refugees: Chaos, Exclusion, and Indignity: Do Images Make Up for the Absence of Memory?" In *History in Images: Pictures and Public Space in Modern China*, edited by Christian Henriot and Wen-hsin Yeh, 12–54. Berkeley: Institute of East Asian Studies, University of California, 2012.

Henriot, Christian, and Wen-hsin Yeh. *History in Images: Pictures and Public Space in Modern China*. Berkeley: Institute of East Asian Studies, University of California, 2012.

———. *Visualising China, 1845–1965: Moving and Still Images in Historical Narratives*. Leiden: Brill, 2013.

Hokari, Hiroyuki 帆刈浩之. "Kindai shanhai ni okeru itai shori mondai to shimei kosho—Dokyo girudo to Chugoku no toshika" 近代上海における遺体処理問題と四明公所—同郷ぎるどと中国の都市化 [The management of human remains in modern Shanghai and the Siming Gongsuo—Native-place guilds and China's urbanization]. *Shigaku Zasshi* 史学杂志 103 (1994): 67–93.

———. "Shinmatsu shanhai shime kō shō no 'unkan nettwaku' no keisei: Kindai chū goku shakai ni okeru dō kyō ketsugo ni tsuite" 清末上海四明公所の"运棺ネットァク"の形成：近代中国社会における同郷結合について [The formation of the "coffin sending network" of the Siming Gongsuo in late-Qing Shanghai: A study of native-place ties in modern China]. *Shakai-Keizai Shigaku* 社会经济史学 59, no. 6 (1994): 1–32.

Honig, Emily. *Sisters and Strangers: Women in the Shanghai Cotton Mills, 1919–1949*. Stanford, CA: Stanford University Press, 1986.

Hopkins, Donald R. *The Greatest Killer: Smallpox in History*. Chicago: University of Chicago Press, 2002.

———. *Princes and Peasants: Smallpox in History*. Chicago: University of Chicago Press, 1985.

Hopkins, Eric. *Childhood Transformed: Working-Class Children in Nineteenth-Century England*. Manchester, UK: Manchester University Press, 1994.

Houlbrooke, Ralph A., and Ruth Richardson. "Why Was Death So Big in Victorian England?" In *Death, Ritual, and Bereavement*, edited by Ralph A. Houlbrooke, 105–117. London: Routledge, 1989.

Hou Yanxing 侯艳兴. *Shanghai nüxing zisha wenti yanjiu（1927–1937）*上海女性自杀问题研究（1927–1937）[A study of women's suicide in Shanghai (1927–1937)]. Shanghai: Shanghai Cishu Chubanshe, 2008.

Howlett, Jonathan. "Accelerated Transition: British Enterprises in Shanghai and the Transition to Socialism." *European Journal of East Asian Studies* 13, no. 2 (2014): 163–187.

Hsiao, San Tiao. *Peking on Parade: A Pocket Guide*. Peiping [Beijing]: Standard Press, 1935.

Hsu Fu-ch'uan 徐福全 [Xu Fuquan]. *Zhongguo sangzang lisu* 中国丧葬礼俗 [Chinese funeral rites]. Taipei: Orient Cultural Service, 1983.

Humphreys, Margaret. "Epidemics and History: Disease, Power, and Imperialism (review)." *Bulletin of the History of Medicine* 73, no. 4 (1999): 747–748.

Hunecke, Volker. *I trovatelli di Milano: Bambini esposti e famiglie espositrici dal XVII al XIX secolo*. Bologna: Mulino, 1989.

Hunt, Nigel C. *Memory, War, and Trauma*. Cambridge: Cambridge University Press, 2010.

Huo Wei 霍巍 and Huang Wei 黄伟. *Sichuan sangzang wenhua* 四川丧葬文化 [The funeral culture of Sichuan]. Chengdu: Sichuan Renmin Chubanshe, 1992.

Hurren, Elizabeth T. "Whose Body Is It Anyway? Trading the Dead Poor, Coroner's Disputes, and the Business of Anatomy at Oxford University, 1885–1929." *Bulletin of the History of Medicine* 82, no. 4 (2008): 775–818.

International Labour Office. *Shanghai laogong tongji, 1930–1937* 上海劳工统计 [Labor statistics of Shanghai]. Geneva: International Labour Office, 1938.

Isaacs, Harold R. *The Tragedy of the Chinese Revolution*. Stanford, CA: Stanford University Press, 1961.

Jackson, Isabella Ellen. "Managing Shanghai: The International Settlement Administration and the Development of the City, 1900–1943." Ph.D. diss., University of Bristol, 2012.

Jalland, Patricia. *Death in the Victorian Family*. Oxford: Oxford University Press, 1996.

Jankowiak, William R. *Sex, Death, and Hierarchy in a Chinese City: An Anthropological Account*. New York: Columbia University Press, 1993.

Jenner, Mark. "Death, Decomposition and Dechristianisation? Public Health and Church Burial in Eighteenth-Century England." *English Historical Review* 120, no. 487 (2005): 615–632.

Jessup, James Brooks. "The Householder Elite: Buddhist Activism in Shanghai, 1920–1956." Ph.D. diss., University of California, Berkeley, 2010.

"'Jing'an si' 静安寺, Shanghai 360 Du" 上海 360 度 [Shanghai 360 degrees]. http://shtong.gov.cn/node2/node4429/node4438/node70484/node70700/node70702/userobject1ai72122.html.

Jing Jun 景军 and Luo Jinwen 罗锦文. "Jing-Hu qingnian nüxing zai minguo shiqi de zisha wenti" 京沪青年女性在民国时期的自杀问题 [The problem of suicide of women in Beijing and Shanghai in the Republican era]. *Qingnian Yanjiu* 青年研究 28, no. 4 (2011): 38-45.

Johnson, David. "The City-God Cults of T'ang and Sung China." *Harvard Journal of Asiatic Studies* 45, no. 2 (1985): 363-457.

Johnson, Linda Cooke. "Shanghai: An Emerging Jiangnan Port, 1683-1840." In *Cities of Jiangnan in Late Imperial China*, edited by Linda Cooke Johnson, 151-182. Albany: State University of New York Press, 1993.

——. *Shanghai: From Market Town to Treaty Port, 1074-1858*. Stanford, CA: Stanford University Press, 1995.

Johnson, Tina Phillips. *Childbirth in Republican China: Delivering Modernity*. Lanham, MD: Lexington, 2011.

Jones, Greta. *"Captain of All These Men of Death": The History of Tuberculosis in Nineteenth and Twentieth Century Ireland*. Amsterdam: Rodopi, 2001.

Jones, Margaret. "Tuberculosis, Housing and the Colonial State: Hong Kong, 1900-1950." *Modern Asian Studies* 37, no. 3 (2003): 653-682.

Jordan, David K. *Gods, Ghosts, and Ancestors: The Folk Religion of a Taiwanese Village*. Berkeley: University of California Press, 1972.

Jordan, Donald A. *China's Trial by Fire: The Shanghai War of 1932*. Ann Arbor: University of Michigan Press, 2001.

Jupp, Peter C. *From Dust to Ashes: Cremation and the British Way of Death*. Basingstoke, UK: Palgrave Macmillan, 2006.

Jupp, Peter C., and Glennys Howarth. *The Changing Face of Death: Historical Accounts of Death and Disposal*. New York: St. Martin's, 1997.

Kalifa, Dominique. "Crime Scenes: Criminal Topography and Social Imaginary in Nineteenth-Century Paris." *French Historical Studies* 27, no. 1 (2004): 175-194.

Kazmier, Lisa. "Leading the World: The Role of Britain and the First World War in Promoting the 'Modern Cremation' Movement." *Journal of Social History* 42, no. 3 (2009): 557-579.

Kerlan, Anne. *Hollywood à Shanghai: L'épopée des studios Lianhua à Shanghai*. Rennes, France: Presses Universitaires de Rennes, 2015.

Kerr, Matthew L. Newsom. "Cleansing the City: Sanitary Geographies in Victorian London (review)." *Bulletin of the History of Medicine* 83, no. 2 (2009): 405-406.

Khosla, S. N. *Typhoid Fever: Its Cause, Transmission and Prevention*. New Delhi: Atlantic, 2008.

Kiely, Jan. "For Whom the Bells Ring and the Drums Beat: Pure Land Buddhist Refugee Relief Activism in Wartime Shanghai, 1937–1945." Conference in Honor of Frederic Wakeman, Institute of East Asian Studies, University of California at Berkeley, 2006.

King, Michelle Tien. *Between Birth and Death: Female Infanticide in Nineteenth-Century China*. Stanford, CA: Stanford University Press, 2014.

Klein, Ira. "Urban Development and Death: Bombay City, 1870–1914." *Modern Asian Studies* 20, no. 4 (1986): 725–754.

Knapp, Keith Nathaniel. *Selfless Offspring: Filial Children and Social Order in Early Medieval China*. Honolulu: University of Hawai'i Press, 2005.

Koslofsky, Craig. *The Reformation of the Dead: Death and Ritual in Early Modern Germany, 1450–1700*. London: Macmillan, 2000.

Kreissler, Françoise. "Exil ou asile à Shanghai? Histoire des réfugiés d'Europe centrale (1933–1945)." HDR, University of Paris VIII, 2000.

Kutcher, Norman. *Mourning in Late Imperial China: Filial Piety and the State*. Cambridge: Cambridge University Press, 2006.

Landers, John. *Death and the Metropolis: Studies in the Demographic History of London, 1670–1830*. Cambridge: Cambridge University Press, 1993.

Lanning, George, and Samuel Couling. *The History of Shanghai*. Shanghai: Kelly and Walsh, 1923.

Laqueur, Thomas W. "Bodies, Death, and Pauper Funerals." *Representations* 1, no. 1 (1983): 109–131.

———. "Cemeteries, Religion, and the Culture of Capitalism." In *Revival and Religion since 1700: Essays for John Walsh*, edited by Jane Garnett and H. C. G. Matthew, 183–200. London: Hambledon, 1993.

———. "The Places of the Dead in Modernity." In *The Age of Cultural Revolutions: Britain and France, 1750–1820*, edited by Colin Jones and Dror Wahrman, 17–32. Berkeley: University of California Press, 2002.

Lary, Diana, and Stephen R. MacKinnon, eds. *The Scars of War: The Impact of Warfare on Modern China*. Vancouver: University of British Columbia Press, 2001.

Lassère, Madeleine. "L'espace urbain et la mort: La création d'un cimetière communal à Grenoble (XVIIIe–XIXe siècles)." *Cahiers d'Histoire* 39, no. 2 (1994): 119–132.

———. "Les pauvres et la mort en milieu urbain dans la France du XIXe siècle: Funérailles et cimetières." *Revue d'Histoire Moderne et Contemporaine* 42, no. 1 (1995): 107–125.

———. *Villes et cimetières en France de l'ancien régime à nos jours: Le territoire des morts*. Paris: Harmattan, 1997.

Lauwers, Michel. *La naissance du cimetière: Lieux sacrés et terre des morts dans l'Occident médiéval*. Paris: Aubier, 2005.

Lee, Bradford A. *Britain and the Sino-Japanese War, 1937–1939: A Study in the Dilemmas of British Decline*. Stanford, CA: Stanford University Press, 1973.

Leung, Angela Ki Che. "The Business of Vaccination in Nineteenth-Century Canton." *Late Imperial China* 29, no. 1S (2008): 7-39.

——. "The Evolution of the Idea of Chuanran Contagion in Imperial China." In *Health and Hygiene in Chinese East Asia: Policies and Publics in the Long Twentieth Century*, edited by Angela Ki Che Leung and Charlotte Furth, 25-50. Durham, NC: Duke University Press, 2010.

——. "Organized Medicine in Ming-Qing China: State and Private Medical Institutions in the Lower Yangzi Region." *Late Imperial China* 8, no. 1 (1987): 134-166.

——. "To Chasten Society: The Development of Widow Homes in the Qing, 1773-1911." *Late Imperial China* 14, no. 2 (1993): 1-32.

Leung, Angela Ki Che, and Charlotte Furth. *Health and Hygiene in Chinese East Asia: Policies and Publics in the Long Twentieth Century*. Durham, NC: Duke University Press, 2010.

Leutner, Mechthild. *Geburt, Heirat und Tod in Peking: Volkskultur und Elitekultur vom 19. Jahrhundert bis zur Gegenwart*. Berlin: Reimer, 1989.

Lewis, Milton, and Roy MacLeod. "A Workingman's Paradise? Reflections on Urban Mortality in Colonial Australia 1860-1900." *Medical History* 31, no. 4 (1987): 387-402.

Liang Qizi 梁其姿 [Leung Ki-che]. *Shishan yu jiaohua: Ming Qing de cishan zuzhi* 施善与教化：明清的慈善组织 [Charity and moral transformation: Philanthropic organizations of the Ming and Qing periods]. Taibei [Taipei]: Lianjing Chuban Shiye Gongsi, 1997.

Li Ding 丁离. *Sheng Xuanhuai: Zhongguo shangfu yu ta de shangye diguo* 盛宣怀：中国商父与他的商业帝国 [Sheng Xuanhuai: The father of Chinese trade and his commercial empire]. Taipei: Haige Wenhua Chuban Tushu Youxian Gongsi, 2004.

Lieberthal, Kenneth. *Revolution and Tradition in Tientsin, 1949-1952*. Stanford, CA: Stanford University Press, 1980.

Lien, Ling-ling. "Leisure, Patriotism, and Identity: The Chinese Career Women's Club in Wartime Shanghai." In *Creating Chinese Modernity: Knowledge and Everyday Life, 1900-1940*, edited by Peter Zarrow, 213-240. New York: Peter Lang, 2006.

Lien Ling-ling 连玲玲. "'Zhuiqiu duli' huo 'chongshang modeng'? Jindai Shanghai nüdian zhiyuan de chuxian ji qi xingxiang suzao" "追求独立"或"崇尚摩登"? 近代上海女店职员的出现及其塑造 ["Seeking independence" or "coveting modernity"? The emergence of women clerks and the formation of their images in modern Shanghai]. *Jindai Zhongguo Funüshi Yanjiu* 近代妇女史研究, no. 14 (2006): 1-50.

Li Erling 李二苓. "Ming-Qing Beijing yidi fenbu de bianqian" 明清北京义地分布的变迁 [Changes in the distribution of public cemeteries in Beijing during the Ming and Qing dynasties]. *Chengshishi Yanjiu* 城市史研究 (2011): 1-14.

Li Linsong 李林松. *Jiaqing Shanghai xian zhi* 嘉庆上海县志 [Shanghai local gazetteer (Jiaqing reign)]. N.p., 1812.

Lipkin, Zwia. *Useless to the State: "Social Problems" and Social Engineering in Nationalist Nanjing, 1927–1937*. Cambridge, MA: Harvard University Asia Center, 2006.

Li Shaonan 李劭南. *Dangdai Beijing sangzang shihua* 当代北京丧葬史话 [An anecdotal history of funerals in contemporary Beijing]. Beijing: Dangdai Zhongguo Chubanshe, 2009.

Liu Shiji 刘仕骥. *Zhongguo zangsu souqi* 中国葬俗搜奇 [Searching for odd burial customs in China]. Hong Kong: Shanghai Shuju, 1957.

Liu Shiji 刘仕骥 and Wen Zhitai 文之泰. *Zhongguo zangsu* 中国葬俗 [Chinese funeral customs]. Hong Kong: Huaxue Yanjiushe, 1976.

Liu Xiyuan 刘喜元. "Shilun 20 shiji ersanshi niandai Shanghai de zisha yufang yu jiuji jizhi" 试论 20 世纪二三十年代上海的自杀预防与救济机制 [An essay on the mechanisms of suicide prevention and relief in 1930s Shanghai]. *Xinyang Shifan Xueyuan Xuebao* 信阳师范学院学报 28, no. 4 (2008): 146–149.

Li Xiaowei 李小尉. "1949–1956 nian guojia zhengquan yu minjian cishan zuzhi de guanxi jiexi" 1949–1956 年国家政权与民间慈善组织的关系解析 [An analysis of the relations between charity organizations and state power, 1949–1956]. *Zhonggong Dangshi Yanjiu* 中共党史研究, no. 9 (2012): 66–73.

Loch, Granville G. *The Closing Events of the Campaign in China: The Operations in the Yang-Tze-Kiang and Treaty of Nanking*. London: J. Murray, 1843.

Lowe, H. Y. *The Adventures of Wu: The Life Cycle of a Peking Man*. 2 vols. 1940. Reprint, Princeton, NJ: Princeton University Press, 1983.

Lum, Raymond. "Philanthropy and Public Welfare in Late Imperial China (Canton, Kwangtung, Charity)." Ph.D. diss., Harvard University, 1985.

Luo Kaiyu 罗开玉. *Zhongguo sangzang yu wenhua* 中国丧葬与文化 [Funerals and culture in China]. Haikou: Hainan Renmin Chubanshe, 1988.

Luo Zhiru 罗志如. *Tongjibiao zhong zhi Shanghai* 统计表中之上海 [Shanghai in statistics]. Nanjing: Zhongyang Yanjiuyuan, 1932.

Lust, J. "The 'Su-Pao' Case: An Episode in the Early Chinese Nationalist Movement." *Bulletin of the School of Oriental and African Studies* 27, no. 2 (1964): 408–429.

MacDougall, Heather Anne. "Histoire du service de santé de la ville de Montréal, 1865–1975 (review)." *Bulletin of the History of Medicine* 78, no. 1 (2004): 235–237.

Macpherson, Kerrie L. "The Head of the Dragon: The Pudong New Area and Shanghai's Urban Development." *Planning Perspectives* 9, no. 1 (1994): 61–85.

——. *A Wilderness of Marshes: The Origins of Public Health in Shanghai, 1843–1893*. Hong Kong: Oxford University Press, 1987.

Malval, Jean. "Le sort des cadavres dans la Concession française." *Revue d'Hygiène et de Médecine Préventive* 61, no. 1 (1939): 40–47.

Mann, Susan. *The Talented Women of the Zhang Family*. Berkeley: University of

California Press, 2007.

Martin, Bernd. *Die Deutsche Beraterschaft in China 1927 – 1938: Militär, Wirtschaft, Aussenpolitik = The German Advisory Group in China: Military, Economic, and Political Issues in Sino-German Relations, 1927 – 1938.* Düsseldorf, Germany: Droste, 1981.

Martin, Emily, and Arthur P. Wolf, eds. *Religion and Ritual in Chinese Society.* Stanford, CA: Stanford University Press, 1974.

Matossian, Mary Kilbourne. "Death in London, 1750 – 1909." *Journal of Interdisciplinary History* 16, no. 2 (1985): 183 – 197.

Maybon, Charles B., and Jean Fredet. *Histoire de la Concession française de Changhai.* Paris: Plon, 1929.

McManners, John. *Death and the Enlightenment: Changing Attitudes to Death among Christians and Unbelievers in Eighteenth-Century France.* Oxford: Clarendon, 1981.

McNeill, William Hardy. "Naples in the Time of Cholera, 1884 – 1911 (review)." *Bulletin of the History of Medicine* 71, no. 3 (1997): 546 – 547.

Mengozzi, Dino. *La morte e l'immortale: La morte laica da Garibaldi a Costa.* Manduria, Italy: P. Lacaita, 2000.

Merridale, Catherine. "Death and Memory in Modern Russia." *History Workshop Journal*, no. 42 (1 October 1996): 1 – 18.

———. *Ivan's War: Life and Death in the Red Army, 1939 – 1945.* New York: Metropolitan, 2006.

Meslé, France, Jacques Vallin, and Alfred Nizard. *Les causes de décès en France de 1925 à 1978: Reclassement par catégories étiologiques et anatomiques.* Paris: Presses Universitaires de France, 1987.

Meyer, Richard J. *Ruan Ling-Yu: The Goddess of Shanghai.* Hong Kong: Hong Kong University Press, 2005.

Meyer-Fong, Tobie. *What Remains: Coming to Terms with Civil War in 19th Century China.* Stanford, CA: Stanford University Press, 2013.

Miao Qing 苗青. "Sheng Xuanhuai yu jindai Shanghai shehui" 盛宣怀与近代上海社会 [Sheng Xuanhuai and modern Shanghai society]. Ph. D. diss., Shanghai Normal University, 2010.

Milne, William Charles. *Life in China.* London: Routledge, 1858.

Minsky, Lauren. "Pursuing Protection from Disease: The Making of Smallpox Prophylactic Practice in Colonial Punjab." *Bulletin of the History of Medicine* 83, no. 1 (2009): 164 – 190.

Mitsuru, Hagiwara. "The Japanese Air Campaigns in China, 1937 – 1945." In *The Battle for China: Essays on the Military History of the Sino-Japanese War of 1937 – 1945*, edited by Mark R. Peattie, Edward J. Drea, and Hans J. Van de Ven, 237 – 255. Stanford, CA: Stanford University Press, 2011.

Mittler, Barbara. "Imagined Communities Divided: Reading Visual Regimes in Shanghai's Newspaper Advertising (1860s–1910s)." In *Visualising China, 1845–1965: Moving and Still Images in Historical Narratives*, edited by Christian Henriot and Wen-hsin Yeh, 267–378. Leiden: Brill, 2013.

Mo Jin 莫晋 and Song Rulin 宋如林. *Songjiang fu zhi* 松江府志 [Songjiang gazetteer]. N. p., 1817.

Morley, John. *Death, Heaven, and the Victorians*. Pittsburgh: University of Pittsburgh Press, 1971.

Mueggler, Erik. *The Age of Wild Ghosts: Memory, Violence, and Place in Southwest China*. Berkeley: University of California Press, 2001.

Mungello, David E. *Drowning Girls in China: Female Infanticide since 1650*. Lanham, MD: Rowman and Littlefield, 2008.

Nakajima, Chieko. "Health and Hygiene in Mass Mobilization: Hygiene Campaigns in Shanghai, 1920–1945." *Twentieth-Century China* 34, no. 1 (2008): 42–72.

Naquin, Susan. "Funerals in North China: Uniformity and Variation." In *Death Ritual in Late Imperial and Modern China*, edited by James L. Watson and Evelyn S. Rawski, 37–70. Berkeley: University of California Press, 1988.

Nedostup, Rebecca. "Civic Faith and Hybrid Ritual in Nationalist China." In *Converting Cultures: Religion, Ideology, and Transformations of Modernity*, edited by Dennis E. Washburn and Kevin A. Reinhart, 27–56. Leiden: Brill, 2007.

———. "Two Tombs: Thoughts on Zhu Yuanzhang, the Kuomintang, and the Meanings of National Heroes." In *Long Live the Emperor! The Uses of the Ming Founder across Six Centuries of East Asian History*, edited by Sarah K. Schneewind, 355–390. Minneapolis: Society for Ming Studies, 2008.

Nora, Pierre. "L'ego-histoire est-elle possible?" *Historein* 3 (2001): 19–26.

Oestigaard, Terje. *The Deceased's Life Cycle Rituals in Nepal: Present Cremation Burials for the Interpretations of the Past*. Oxford: British Archaeological Reports, 2000.

Osborne, Michael A. "Defeated Flesh: Medicine, Welfare, and Warfare in the Making of Modern France (review)." *Bulletin of the History of Medicine* 76, no. 1 (2002): 166–167.

Oxfeld, Ellen. "'When You Drink Water, Think of Its Source': Morality, Status, and Reinvention in Rural Chinese Funerals." *Journal of Asian Studies* 63, no. 4 (2004): 961–990.

Palmer, David. "Chinese Redemptive Societies and Salvationist Religion: Historical Phenomenon or Sociological Category?" *Journal of Chinese Ritual, Theatre and Folklore* 172 (2011): 21–72.

Pan Junxiang 潘君祥. "Shanghai huiguan gongsuo jianzhilu" 上海会馆公所见智录 [Learned from guild and corporation records]. http://wenku.baidu.com/view/70b4f31652d380eb62946de6.html.

Parsons, Brian. *Committed to the Cleansing Flame: The Development of Cremation in Nineteenth-Century England*. Reading, UK: Spire, 2005.

Passerini, Luisa, and Alexander Geppert, eds. *European Ego-Histoires: Historiography and the Self, 1970–2000*. Athens: Nefeli, 2001.

Pasteur, Paul. "Les débuts de la crémation moderne en France." *Mouvement Social*, no. 179 (1 April 1997): 59–80.

Peattie, Mark R. "Japanese Treaty Port Settlements in China, 1895–1937." In *The Japanese Informal Empire in China, 1895–1937*, edited by Peter Duus, Ramon H. Myers, and Mark R. Peattie, 166–209. Princeton, NJ: Princeton University Press, 1989.

———. *Sunburst: The Rise of Japanese Naval Air Power, 1909–1941*. Annapolis, MD: Naval Institute Press, 2001.

Peattie, Mark R., Edward J. Drea, and Hans J. Van de Ven. *The Battle for China: Essays on the Military History of the Sino-Japanese War of 1937–1945*. Stanford, CA: Stanford University Press, 2011.

Pekin mokuzaigyō no enkaku 北京木材业ノ沿革 [The evolution of the timber business in Beijing]. Beijing: Kahoku Sangyō Kagaku Kenkyū jo, 1940.

Perry, Elizabeth J. *Shanghai on Strike: The Politics of Chinese Labor*. Stanford, CA: Stanford University Press, 1995.

Peters, Stephanie True. *Cholera: Curse of the Nineteenth Century*. New York: Marshall Cavendish, 2004.

Pinol, Jean-Luc. *Les mobilités de la grande ville: Lyon fin XIXe-début XXe*. Paris: Presses de la Fondation Nationale des Sciences Politiques, 1991.

Plotkin, Stanley A., ed. *History of Vaccine Development*. New York: Springer, 2011.

Poon, Shuk-Wah. "Cholera, Public Health, and the Politics of Water in Republican Guangzhou." *Modern Asian Studies* 47, no. 2 (2013): 436–466.

Porter, Dorothy. "Municipal Medicine: Public Health in Twentieth-Century Britain, and Body and City: Histories of Urban Public Health (review)." *Bulletin of the History of Medicine* 77, no. 3 (2003): 732–736.

Porter, Roy. *London: A Social History*. Cambridge, MA: Harvard University Press, 1998.

"Qingzhensi, gongmu" 清真寺、公墓 [Mosque, graves]. *Shanghai tongzhi* 上海通志 [Shanghai annals]. http://shtong.gov.cn/node2/node2247/node79044/node79327/node79347/userobject1ai103689.html.

Ray, Kurt. *Typhoid Fever*. New York: Rosen, 2001.

Reeves, Caroline. "Grave Concerns: Bodies, Burial, and Identity in Early Republican China." In *Cities in Motion: Interior, Coast, and Diaspora in Transnational China*, edited by Sherman Cochran, David Strand, and Wen-hsin Yeh, 27–52. Berkeley: Institute of East Asian Studies, University of California, 2007.

Riichi, Yokomitsu. *Shanghai: A Novel*. Ann Arbor: Center for Japanese Studies, University of Michigan, 2001.

Ristaino, Marcia R. *Port of Last Resort: The Diaspora Communities of Shanghai*. Stanford, CA: Stanford University Press, 2001.

Rogaski, Ruth. *Hygienic Modernity: Meanings of Health and Disease in Treaty Port China*. Berkeley: University of California Press, 2004.

Rollet, Catherine. "Childhood Mortality in High-Risk Groups: Some Methodological Reflections Based on French Experience." In *The Decline of Infant and Child Mortality: The European Experience, 1750–1990*, edited by Carlo A. Corsini and Pier Paolo Viazzo, 213–226. The Hague: Kluwer Law International, 1997.

Rosen, George. *A History of Public Health*. Baltimore: Johns Hopkins University Press, 1993.

Rosenberg, Charles E. "Cholera in Nineteenth-Century Europe: A Tool for Social and Economic Analysis." *Comparative Studies in Society and History* 8, no. 4 (1966): 452–463.

Rosenwaike, Ira. *Population History of New York City*. Syracuse, NY: Syracuse University Press, 1972.

Rosner, David. "No One Was Turned Away: The Role of Public Hospitals in New York City since 1900 (review)." *Bulletin of the History of Medicine* 74, no. 3 (2000): 634–637.

Rowe, William T. *Hankow: Commerce and Society in a Chinese City, 1796–1889*. Stanford, CA: Stanford University Press, 1984.

———. *Hankow: Conflict and Community in a Chinese City, 1796–1895*. Stanford, CA: Stanford University Press, 1989.

Rugg, Julie. "Managing 'Civilian Deaths Due to War Operations': Yorkshire Experiences during World War II." *Twentieth Century British History* 15, no. 2 (2004): 152–173.

———. "The Origins and Progress of Cemetery Establishment in Britain." In *The Changing Face of Death: Historical Accounts of Death and Disposal*, edited by Peter C. Jupp and Glennys Howarth, 105–119. New York: St. Martin's, 1997.

Sabatier, François-Henry. *Quelques considérations sur les maladies observées pendant une campagne dans les mers de Chine (1859–1863)*. N.p., 1864.

Satō, Akira 佐藤昌. *Chūgoku bochishi* 中国墓地史 [A history of Chinese cemeteries]. Tokyo: Nihon Kōenryokuchi Kyōkai, 1987.

Scandura, Jani. "Deadly Professions: Dracula, Undertakers, and the Embalmed Corpse." *Victorian Studies* 40, no. 1 (1996): 1–30.

Scott, Janet Lee. *For Gods, Ghosts and Ancestors: The Chinese Tradition of Paper Offerings*. Hong Kong: Hong Kong University Press, 2007.

Shanghai Bowuguan 上海博物馆. *Shanghai beike ziliao xuanji* 上海碑刻资料选辑 [Selected materials from Shanghai stone inscriptions]. Shanghai: Shanghai Renmin

Chubanshe, 1980.

Shanghai huiguanshi yanjiu 上海会馆史研究 [A study of the history of Shanghai guilds]. Shanghai: Shanghai Shehui Kexueyuan Chubanshe, 2011.

Shanghai minzheng zhi 上海民政志 [Shanghai civil affairs gazetteer]. Shanghai: Shanghai Shehui Kexueyuan Chubanshe, 2000. http://www.shtong.gov.cn/node2/node2245/node65977/node66002/node66042/userobject1ai61642.html.

Shanghai Municipal Council. *Report for the Year 1897*. Shanghai: Kelly and Walsh, 1898, 1903, 1904, 1907, 1923, 1924, 1925, 1926, 1927, 1929, 1932 (North-China Daily News and Herald) 1938, 1939, 1940, 1941.

Shanghai Shi Difang Xiehui 上海市地方协会. *Shanghai shi tongji* 上海市统计 [Statistics of Shanghai]. Shanghai: Shangwu Yinshuguan, 1933.

Shanghai shi shehui xingzheng tongji 上海市社会行政统计 [Administrative and social statistics of Shanghai municipality]. Shanghai: Shanghai Shi Shehuiju, 1948.

Shanghai Shi Tongjiju 上海市统计局. *Shanghai shi guomin jingji he shehui fazhan lishi tongji ziliao（1949－2000）*上海市国民经济和社会发展历史统计资料 [Historical statistical materials on the social and economic development of Shanghai municipality]. Beijing: Zhongguo Tongji Chubanshe, 2001.

——. *Shanghai shi renkou tongji ziliao huibian: 1949－1988* 上海市人口统计资料汇编: 1949－1988 [Compilation of population statistical materials in the Shanghai municipality]. Beijing: Zhongguo Tongji Chubanshe, 1989.

——. *Shanghai tongji nianjian 1986* 上海统计年鉴 [Shanghai statistical yearbook]. Shanghai: Shanghai Renmin Chubanshe, 1986.

——. *Shanghai tongji nianjian 1993* 上海统计年鉴 [Shanghai statistical yearbook]. Beijing: Zhongguo Tongji Chubanshe, 1993.

——. *Shanghai tongji nianjian 1999* 上海统计年鉴 [Shanghai statistical yearbook]. Beijing: Zhongguo Tongji Chubanshe, 1999.

Shanghai Shi Wenxian Weiyuanhui 上海市文献委员会. *Shanghai shi nianjian* 上海市年鉴 [Shanghai municipal yearbook]. Shanghai: Shanghai Shi Wenxian Weiyuanhui, 1947.

Shanghai Tebie Shi Shehuiju 上海特别市社会局. *Shanghai tebie shi laozi jiufen tongji baogao* 上海特别市劳资纠纷统计报告 [Statistical report on labor disputes in the Shanghai municipality]. Shanghai: Dadong Shuju, 1929.

"Shanghai wanguo gongmu 'wenge' zhong bei hui" 上海万国公墓"文革"中被毁 [The destruction of Shanghai International Cemetery during the 'Cultural Revolution']. http://tieba.baidu.com/p/2476216350.

Shanghai xian xu zhi 上海县续志 [Supplement to Shanghai County gazetteer]. N. p., 1876.

Shanghai xian zhi 上海县志 [Shanghai County gazetteer]. Shanghai, 1683.

Shanghai xian zhi 上海县志 [Shanghai County gazetteer]. [Kiangsu Province]: Nanyuan Zhiju Chongjiaoben, 1872.

Shanghai xian zhi 上海县志 [Shanghai County gazetteer]. N.p., 1935.

Shapiro, Ann-Louise. *Housing the Poor of Paris, 1850–1902*. Madison: University of Wisconsin Press, 1985.

Shehuiju 社会局. *Shanghai shi zhi gongzilü* 上海市之工资率 [Wage rates in Shanghai]. Shanghai: Shangwu Yinshuguan, 1935.

"Sheshi he fuwu" 设施和服务 [Infrastructures and services]. *Shanghai minzheng zhi* 上海民政志 [Shanghai civil affairs gazetteer]. http://shtong.gov.cn/node2/node2245/node65977/node66002/node66042/userobject1ai61642.html.

Sinn, Elizabeth. "Moving Bones: Hong Kong's Role as an 'In-between Place' in the Chinese Diaspora." In *Cities in Motion: Interior, Coast, and Diaspora in Transnational China*, edited by Sherman Cochran, David Strand, and Wen-hsin Yeh, 247–271. Berkeley: Institute of East Asian Studies, University of California, 2007.

———. *Pacific Crossing: California Gold, Chinese Migration, and the Making of Hong Kong*. Hong Kong: Hong Kong University Press, 2013.

Smith, Philippa Mein, and Lionel Frost. "Suburbia and Infant Death in Late Nineteenth and Early Twentieth-Century Adelaide." *Urban History* 21, no. 2 (1994): 251–272.

Snell, K. D. M. "Gravestones, Belonging and Local Attachment in England 1700–2000." *Past and Present* 179, no. 1 (2003): 97–134.

Snowden, Frank Martin. *Naples in the Time of Cholera, 1884–1911*. Cambridge: Cambridge University Press, 1995.

Song Yuanpeng 宋元鹏, Wei Mingde 卫明德, and Jiang Jiazhen 姜嘉镇. *Shanghai minfang zhi* 上海民防志 [Shanghai civil defense gazetteer]. Shanghai: Shanghai Shehui Kexueyuan Chubanshe, 2001.

Song Zuanyou 宋钻友. *Guangdong ren zai Shanghai (1843–1949)* 广东人在上海 [The Cantonese in Shanghai (1843–1949)]. Shanghai: Shanghai Renmin Chubanshe, 2007.

Spink, Wesley William. *Infectious Diseases: Prevention and Treatment in the Nineteenth and Twentieth Centuries*. Minneapolis: University of Minnesota Press, 1978.

Standaert, Nicolas. *The Interweaving of Rituals: Funerals in the Cultural Exchange between China and Europe*. Seattle: University of Washington Press, 2008.

Stanley, Arthur. "Health and Hospitals." In *Twentieth Century Impressions of Hongkong, Shanghai, and Other Treaty Ports of China: Their History, People, Commerce, Industries, and Resources*, edited by Arnold Wright, 434–437. London: Lloyds Greater Britain Publishing Company, 1908.

Strange, Julie-Marie. *Death, Grief and Poverty in Britain, 1870–1914*. Cambridge: Cambridge University Press, 2005.

Struve, Lynn A. "Song Maocheng's Matrixes of Mourning and Regret." *Nannü* 15, no. 1 (2013): 69–108.

Sundin, Jan. "Child Mortality and Causes of Death in a Swedish City, 1750–1860." *Historical Methods* 29, no. 3 (1996): 93–106.

Susumu, Fuma 夫马进. *Chū goku zenkai zendō shi kenkyū* 中国善会堂史研究 [A study of the history of benevolent associations in China]. Kyoto: Dō hō sha Shuppan, 1997.

———. "Shanhai—Shinmatsu shanhai no kindaika to tsuka mondai" 上海-清末上海の近代化と塚问题 [Shanghai—Problems of modernization and charitable cemeteries at Shanghai at the end of the Qing era]. In *Kō za tenkanki ni ō keru nigen*, no. 4, *Toshi no wa* [Studies in the rise of mankind, no. 4, What are cities?], 285–298. Tokyo: Iwanami, 1989.

Sutton, Donald S. "Death Rites and Chinese Culture: Standardization and Variation in Ming and Qing Times." *Modern China* 33, no. 1 (2007): 125–153.

Swislocki, Mark. "Feast and Famine in Republican Shanghai: Urban Food Culture, Nutrition, and the State." Ph.D. diss., Stanford University, 2002.

Tang Lixing 唐力行. "Huizhou lühu tongxianghui de shehui baozhang gongneng (1923–1949)" 徽州旅沪同乡会的社会保障功能 (1923–1949) [The social protection function of the Huizhou Native-Place Association in Shanghai (1923–1949)]. *Shanghai Shifan Daxue Xuebao* 上海师范大学学报 (哲学社会科学版) 41, no. 3 (2012): 33–44.

Teiser, Stephen F. *The Ghost Festival in Medieval China*. Princeton, NJ: Princeton University Press, 1988.

Thibaut-Payen, Jacqueline. *Les morts, l'Église et l'État: Recherches d'histoire administrative sur la sépulture et les cimetières dans le ressort du parlement de Paris aux XVIIe et XVIIIe siècles*. Paris: Fernand Lanore, 1977.

Tong, Chee Kiong. *Chinese Death Rituals in Singapore*. London: RoutledgeCurzon, 2004.

Townsend, Chris. *Art and Death*. London: Tauris, 2008.

Townsend, Eleanor. *Death and Art: Europe 1200–1530*. London: V&A Publishing, 2009.

Utley, Jonathan G. *Going to War with Japan, 1937–1941*. New York: Fordham University Press, 1985.

Van de Ven, Hans. *War and Nationalism in China, 1925–1945*. London: Routledge Curzon, 2003.

Virtual Shanghai. "Images." http://www.virtualshanghai.net/Photos/Images.

Vovelle, Michel. *La mort et l'Occident: De 1300 à nos jours*. Paris: Gallimard, 1983.

———. *Mourir autrefois: Attitudes collectives devant la mort aux XVIIe et XVIIIe siècles*. Paris: Gallimard, 1974.

———. *Piété baroque et déchristianisation en Provence au XVIIIe siècle: Les attitudes devant la mort d'après les clauses des testaments*. Paris: Plon, 1973.

Vovelle, Michel, Régis Bertrand, Centre Méridional d'Histoire Sociale des Mentalités et des Cultures, Université de Provence, and Institut de Recherches Méditerranéennes. *La ville des morts: Essai sur l'imaginaire urbain contemporain d'après les cimetières provençaux*. Paris: Éditions du Centre National de la Recherche Scientifique, 1983.

Wakefield, David. *Fenjia Household Division and Inheritance in Qing and Republican*

China. Honolulu: University of Hawai'i Press, 1998.

Wakeman, Frederic E. *The Shanghai Badlands: Wartime Terrorism and Urban Crime, 1937–1941*. Cambridge: Cambridge University Press, 1996.

———. "Shanghai Smuggling." In *In the Shadow of the Rising Sun: Shanghai under Japanese Occupation*, edited by Christian Henriot and Wen-hsin Yeh, 116–155. Cambridge: Cambridge University Press, 2004.

Walter, Tony. "Why Different Countries Manage Death Differently: A Comparative Analysis of Modern Urban Societies." *British Journal of Sociology* 63, no. 1 (2012): 123–145.

Wang, Di. *Street Culture in Chengdu: Public Space, Urban Commoners, and Local Politics, 1870–1930*. Stanford, CA: Stanford University Press, 2003.

Wang, Gungwu, and Chin-Keong Ng. *Maritime China in Transition 1750–1850*. Wiesbaden: Harrassowitz, 2004.

Wang, Y. C. "The Su-Pao Case: A Study of Foreign Pressure, Intellectual Fermentation, and Dynastic Decline." *Monumenta Serica* 24 (1965): 84–129.

Wang Hequn 王合群. "Ershi shiji ersanshi niandai shanghai zisha wenti de shehui toushi" 20世纪二三十年代上海自杀问题的社会透视 [The social perspective on the problem of suicide in Shanghai in the 1920s–1930s]. *Shixue Yuankan* 史学月刊, no. 5 (2001): 74–79.

Wang Wei 王卫. *Wan Qing di yi guan shang: Sheng Xuanhuai de zhengmian yu beimian* 晚清第一官商盛宣怀的正面与背面 [The first bureaucrat-merchant in late Qing: The front face and back face of Sheng Xuanhuai]. Wuhan: Huazhong Shifan Daxue Chubanshe, 2012.

Watson, James L. "Funeral Specialists in Cantonese Society: Pollution, Performance, and Social Hierarchy." In *Death Ritual in Late Imperial and Modern China*, edited by James L. Watson and Evelyn S. Rawski, 109–134. Berkeley: University of California Press, 1988.

———. "Rites or Beliefs? The Construction of a Unified Culture in Late Imperial China." In *China's Quest for National Identity*, edited by Lowell Dittmer and Samuel S. Kim, 80–103. Ithaca, NY: Cornell University Press, 1993.

———. "The Structure of Chinese Funerary Rites: Elementary Forms, Ritual Sequence, and the Primacy of Performance." In *Death Ritual in Late Imperial and Modern China*, edited by James L. Watson and Evelyn S. Rawski, 3–19. Berkeley: University of California Press, 1988.

Watson, James L., and Evelyn S. Rawski, eds. *Death Ritual in Late Imperial and Modern China*. Berkeley: University of California Press, 1988.

Watson, Ruby. "Remembering the Dead: Graves and Politics in Southeastern China." In *Death Ritual in Late Imperial and Modern China*, edited by James L. Watson and Evelyn S. Rawski, 203–227. Berkeley: University of California Press, 1988.

Watts, Sheldon. "The Geographical Structure of Epidemics (review)." *Bulletin of the History of Medicine* 76, no. 1 (2002): 152-153.

Werblowsky, R. J. Zwi. *The Beaten Track of Science: The Life and Work of J.J.M. de Groot*. Wiesbaden: Harrassowitz, 2002.

Williams, Paul, and Patrice Ladwig. *Buddhist Funeral Cultures of Southeast Asia and China*. Cambridge: Cambridge University Press, 2012.

Williamson, Jeffrey G. "Was the Industrial Revolution Worth It? Disamenities and Death in 19th Century British Towns." *Explorations in Economic History* 19, no. 3 (1982): 221-245.

Winter, Jay M. *Remembering War: The Great War between Memory and History in the Twentieth Century*. New Haven, CT: Yale University Press, 2006.

——. *Sites of Memory, Sites of Mourning: The Great War in European Cultural History*. Cambridge: Cambridge University Press, 1995.

Wohl, Anthony S. *Endangered Lives: Public Health in Victorian Britain*. Cambridge, MA: Harvard University Press, 1983.

Wood, W. W. *Sketches of China: With Illustrations from Original Drawings*. Philadelphia: Carey and Lea, 1830.

Wright, Arnold, ed. *Twentieth Century Impressions of Hongkong, Shanghai, and Other Treaty Ports of China: Their History, People, Commerce, Industries, and Resources*. London: Lloyds Greater Britain Publishing Company, 1908.

Wu, Liande. *Cholera, a Manual for the Medical Profession in China*. Shanghai: National Quarantine Service, 1934.

Wu, Pei-yi. "Childhood Remembered: Parents and Children in China, 800 to 1700." In *Chinese Views of Childhood*, edited by Anne Behnke Kinney, 138-145. Honolulu: University of Hawai'i Press, 1995.

Wu Meiling 吴美玲. *Sangzang wenhua* 丧葬文化 [Funeral culture]. Changchun: Jilin Wenshi Chubanshe, 2012.

Xu, Guangqiu. *War Wings: The United States and Chinese Military Aviation, 1929-1949*. Westport, CT: Greenwood, 2001.

Xu Dabiao 徐大标 and Xu Runliang 徐润良. "Shanghai binzangye yu baoxing binyiguan" 上海殡葬业与宝兴殡仪馆 [Shanghai funeral business and the Baoxing Funeral Parlor]. *Shanghai difang zhi* 上海地方志 [Shanghai local gazetteer], no. 3 (1999). http://www.shtong.gov.cn/node2/node70393/node70403/node72489/node72503/userobject1ai81103.html.

Xu Jijun 徐吉军. *Changjiang liuyu de sangzang* 长江流域的丧葬 [Funerals in the Yangzi Valley]. Wuhan: Hubei Jiaoyu Chubanshe, 2004.

——. *Zhongguo sangzang shi* 中国丧葬史 [A history of Chinese funerals]. Nanchang: Jiangxi Gaoxiao Chubanshe, 1998.

Xu Jijun 徐吉军 and He Yun'ao 贺云翱. *Zhongguo sangzang lisu* 中国丧葬礼俗 [Chinese funeral rituals]. Hangzhou: Zhejiang Renmin Chubanshe, 1991.

Yang, Kuisong. "The Evolution of the Chinese Communist Party's Policy on the Bourgeoisie (1949–1952)." *Journal of Modern Chinese History* 1, no. 1 (2007): 13–30.

———. "Reconsidering the Campaign to Suppress Counterrevolutionaries." *China Quarterly* 193 (2008): 102–121.

Yang, Nianqun. "The Establishment of Modern Health Demonstration Zones and the Regulation of Life and Death in Early Republican Beijing." *East Asian Science, Technology, and Medicine*, no. 22 (1 January 2004): 69–95.

Yang, Tianshi. "Chiang Kai-Shek and the Battles of Shanghai and Nanjing." In *The Battle for China: Essays on the Military History of the Sino-Japanese War of 1937–1945*, edited by Mark R. Peattie, Edward J. Drea, and Hans J. Van de Ven, 143–158. Stanford, CA: Stanford University Press, 2011.

Yang Guozhu 杨国柱. "Wo guo gongmudi guanli fagui yange, shiyong yu yanxiu zhi tantao" 我国公墓地管理法规沿革、使用与研修之探讨 [A discussion of the evolution, application, and testing of the regulations on the management of cemeteries in China]. *Jingshe Fazhi Luncong* 经社法治论丛, no. 8 (1981): 399–418.

Yang Kuisong 杨奎松. "Xin zhongguo 'zhenya fangeming' yundong yanjiu" 新中国"镇压反革命"运动研究 [A study of New China's "Suppression of Counterrevolutionaries Campaign"]. *Shixue Yuankan* 史学月刊, no. 1 (January 2006): 45–61.

Yang Xiaoyong 杨晓勇 and Xu Jijun 徐吉军. *Zhongguo binzang shi* 中国殡葬史 [A history of Chinese funerals]. Beijing: Zhongguo Shehui Chubanshe, 2008.

Yang Yi 杨逸. *Shanghai shi zizhi zhi* 上海市自治志 [Shanghai municipality selfgovernment gazetteer]. N.p., 1915.

Yao, Ning. "Commemorating the Deceased: Chinese Literati Memorial Painting—A Case Study of Wu Li's 'Remembering the Past at Xingfu Chapel' (1672)." Ph.D. diss., University of Heidelberg, 2013.

Yao Wennan 姚文楠. *Shanghai xian xuzhi* 上海县续志 [Shanghai County supplementary gazetteer]. Shanghai: Nanyuan, 1918.

Yeh, Wen-hsin. *Provincial Passages: Culture, Space, and the Origins of Chinese Communism*. Berkeley: University of California Press, 1996.

Yetts, W. Perceval. "Notes on the Disposal of Buddhist Dead in China." *Journal of the Royal Asiatic Society of Great Britain and Ireland* (1 July 1911): 699–725.

Yick, Joseph K. S. *Making Urban Revolution in China: The CCP-GMD Struggle for Beiping-Tianjin, 1945–1949*. Armonk, NY: Sharpe, 1995.

Yip, Ka-che. *Health and National Reconstruction in Nationalist China: The Development of Modern Health Services, 1928–1937*. Ann Arbor, MI: Association for Asian Studies, 1995.

Yue Qintao 岳钦韬. "Hu-Ning, Hu-Hang-Yong tielu yanjiu" 沪宁沪杭甬铁路研究 [A study of Shanghai-Nanjing, Shanghai-Hangzhou-Ningbo railways]. Ph.D. diss., Fudan

University, 2013.

Yu Yue, Ying Baoshi, and Mo Wei. *Shanghai xian zhi* [Shanghai County gazetteer]. N. p., 1882.

Zhang, Juwen, and Guoliang Pu. *A Translation of the Ancient Chinese: The Book of Burial (Zang Shu) by Guo Pu (276‐324)*. Lewiston, NY: Edwin Mellen, 2004. Zhang Jiefu 张捷夫. *Zhongguo sangzang shi* 中国丧葬史 [A history of Chinese funerals]. Taipei: Wenjin Chubanshe, 1995.

Zhang Mingdao 张明岛. *Shanghai weisheng zhi* 上海卫生志 [Shanghai public health gazetteer]. Shanghai: Shanghai Shehui Kexueyuan Chubanshe, 1998.

Zhang Zhongmin 张忠民. "Jindai Shanghai gongren jieceng de gongzi yu shenghuo—Yi ershi shiji sanshi niandai diaocha wei zhongxin de fenxi" 近代上海工人阶层的工资与生活——以20世纪30年代调查为中心的分析 [The life and wages of the working class in modern Shanghai: An analysis based on 1930s surveys]. *Zhongguo Jingjishi Yanjiu* 中国经济史研究, no. 2 (n.d.): 1‐16.

Zhao Baoai 赵宝爱. "Jindai chengshi fazhan yu yizhong, bingshe wenti: Yi Shanghai wei ge'an" 近代城市发展余义塚, 丙舍问题：以上海为个案 [The problem of coffin repositories and charity cemeteries in the development of modern cities: The case of Shanghai]. *Changsha Minzheng Zhiye Jishu Xueyuan Xuebao* 长沙民政职业技术学院学报 12, no. 1 (2005): 11‐14.

Zheng Zu'an 郑祖安. "Shandong lu gongmu de bianqian" 山东路公墓的变迁 [The vicissitudes of the "Shandong Road Cemetery"]. *Dang'an yu Lishi* 档案与历史, no. 6 (2001): 69‐72.

Zhou, Shaoming. *Funeral Rituals in Eastern Shandong, China: An Anthropological Study*. Lewiston, NY: Edwin Mellen, 2009.

Zhu, Xiaoming. "La police de la Concession française de Shanghai (1910‐1937)." Ph.D. diss., École Normale Supérieure de Lyon, 2012.

Zhu Jianming 朱建明. "Shanghai Chenghuangmiao de Sanxun Huijiji" 上海城隍庙的三巡会祭祀 [The Sanxunhui sacrifice of the Shanghai City God Temple]. *Minsu Quyi* 民俗曲艺, no. 135 (May 2000): 119‐132.

Zhu Minyan 朱敏彦 and Wang Xiaohong 王孝泓. *Shanghai mingyuan zhi* 上海名园志 [Shanghai famous gardens gazetteer]. Shanghai: Shanghai Huabao Chubanshe, 2008, http://www.shtong.gov.cn/node2/node71994/node82435/node82449/userobject1ai111963.html.

Zou Yiren 邹依仁. *Jiu Shanghai renkou bianqian de yanjiu* 旧上海人口变迁的研究 [Population change in old Shanghai]. Shanghai: Shanghai Renmin Chubanshe, 1980.

图书在版编目(CIP)数据

镰刀与城市：以上海为例的死亡社会史研究／（法）安克强（Christian Henriot）著；刘喆译 .— 上海：上海社会科学院出版社，2022

书名原文：Scythe and the City：A Social History of Death in Shanghai

ISBN 978-7-5520-2834-8

Ⅰ.①镰… Ⅱ.①安… ②刘… Ⅲ.①死亡—文化史—研究 Ⅳ.①B086

中国版本图书馆 CIP 数据核字(2020)第 161455 号

Scythe and the City: A Social History of Death in Shanghai, by Christian Henriot, published in English by Stanford University Press.
Copyright © 2016 by the Board of Trustees of the Leland Stanford Jr. University. All rights reserved. This translation is published by arrangement with Stanford University Press, www.sup.org.
本书中文简体翻译版权由上海社会科学院出版社独家出版。未经出版者书面许可，不得以任何方式复制或发行本书任何部分。
版权登记号：09-2018-421

镰刀与城市：以上海为例的死亡社会史研究

著　　者：[法]安克强
译　　者：刘　喆
责任编辑：章斯睿
封面设计：冯　艺
出版发行：上海社会科学院出版社
　　　　　上海顺昌路 622 号　邮编 200025
　　　　　电话总机 021-63315947　销售热线 021-53063735
　　　　　http://www.sassp.cn　E-mail:sassp@sassp.cn
排　　版：南京展望文化发展有限公司
印　　刷：上海盛通时代印刷有限公司
开　　本：710 毫米×1010 毫米　1/16
印　　张：25.75
字　　数：465 千
版　　次：2022 年 1 月第 1 版　2022 年 1 月第 1 次印刷

ISBN 978-7-5520-2834-8/B·285　　定价：88.00 元

版权所有　翻印必究